普通高等教育“十三五”规划教材
基于移动终端学习的创新教材

QICHE GOUZAO

汽车构造

主　审　马才伏
主　编　曹永军　刘智婷
副主编　戴晓锋　钱爱文　曲晓红
　　　　阚建辉　叶永辉

吉林大学出版社

图书在版编目(CIP)数据

汽车构造 / 曹永军，刘智婷主编. —长春 ：吉林大学出版社，2017.4

ISBN 978-7-5677-9584-6

Ⅰ.①汽… Ⅱ.①曹… ②刘… Ⅲ.①汽车－构造－教材 Ⅳ.①U463

中国版本图书馆 CIP 数据核字(2017)第 102614 号

书　　名：汽车构造
　　　　　QICHE GOUZAO

作　　者：曹永军　刘智婷　主编
策划编辑：刘　佳
责任编辑：李国宏
责任校对：刘　佳
装帧设计：北京宽一文化有限公司
出版发行：吉林大学出版社
社　　址：长春市朝阳区明德路 501 号
邮政编码：130021
发行电话：0431－89580028/29/21
网　　址：http://www.jlup.com.cn
电子邮箱：jlup@mail.jlu.edu.cn
印　　刷：北京永顺兴望印刷厂
开　　本：787×1092　1/16
印　　张：28.5
字　　数：780 千字
版　　次：2017 年 4 月　第 1 版
印　　次：2017 年 4 月　第 1 次
书　　号：ISBN 978-7-5677-9584-6
定　　价：59.80 元

前言

PREFACE

汽车，作为工业时代科技的结晶，历经近 130 年的发展，创造了百余年的辉煌。中国汽车自 2009 年产销量跃居世界第一，到 2015 年，已经连续 7 年蝉联全球第一。汽车保有量的增加，必然带来更多汽车及相关产业的从业者。目前，汽车行业人才需求旺盛，各高等职业院校纷纷开设汽车技术服务与营销、汽车运用技术、汽车检测与维修、汽车电子技术等专业，为满足汽车专业及其他相关专业的需要，编写了本教材。

本教材作为高等职业院校汽车专业基础课，为学生后续专业课的学习及解决实际问题奠定了基础。本教材可作为高职高专汽车运用、汽车检测与维修、汽车营销等专业的教材，也可作为汽车制造、营销、运输、检测、维修等企业的培训教材及相关行业的工程技术人员的参考书。

本教材分 16 个单元，每个单元按照“单元目标—知识脉络图—理论知识—知识拓展—思考与练习”的过程展开。教材重点突出常见问题解析，注重学生的理论知识和实践技能，知识脉络图囊括各单元所需掌握的知识点，学习目标清晰；知识目标反映该单元所需掌握的理论知识；能力目标突出需要达到的实践效果，将理论与实践相结合，体现工学结合的本质特征，着力培养学生的综合职业能力，提升学生的主动性、知识性和成就感。

本教材具有以下特色：

1. 目标清晰，便于学习

学习目标清晰，能够让学习者更好地掌握各单元的知识目标和技能目标，重点突出；理论知识力求准确、新颖、与时俱进，注重知识的衔接，逻辑清楚；通过知识拓展，进一步加大对本教材理论知识或相关知识的延伸；通过常见问题解析板块，将编者在教学实践中易混淆或者易弄错的知识点，梳理出来，有利于学习者学习。

2. 文字准确，内容详略得当

本教材力求做到文字准确、简练、流畅，符合规范，图文并茂，内容安排注重循序渐进，富有启发性。本教材主要从汽车的发动机、底盘、车身和汽车电子与电气设备四大部分进行阐述，四大部分各有侧重，对应的篇幅比重也有所侧重，相对发动机和底盘部分比重较大，便于学习。

3. 本教材配有相应的实训，便于理论与实践相结合。

本教材在编写的过程中，组织编写了实训手册，注重学生理论应用实践、实践促进理论的掌握，注重学生综合实践能力的培养。

本教材建议的课时量为108学时，具体分配见下表：

序号	内容	学时建议
单元1	总论	4
单元2	汽车发动机基本知识	4
单元3	曲柄连杆机构	4
单元4	配气机构	6
单元5	燃料供给系统	6
单元6	进排气与排气净化装置	6
单元7	发动机增压	4
单元8	发动机冷却系统与润滑系统	6
单元9	发动机点火系统	6
单元10	发动机启动系统	4
单元11	传动系统	20
单元12	行驶系统	12
单元13	转向系统	4
单元14	制动系统	12
单元15	汽车车身	4
单元16	汽车电子与电气设备	6
合计		**108**

本书由马才伏主审，曹永军和刘智婷主编，具体编写分工为：曹永军（第1、13、14、15单元及对应实训内容），刘智婷（第2、3、4、5单元及对应实训内容），戴晓锋（第11、16单元及对应实训内容），钱爱文（第8单元及对应实训内容），曲晓红（第12单元及对应实训内容），阚建辉和叶永辉（第6、7、9、10单元及对应实训内容），在此对大家的辛勤付出表示衷心的感谢，在编写过程中，引用了大量文献资料，在此，全体编者向所有原作者们表示衷心的感谢！同时，由于作者的水平有限，书中的不当之处恳请读者批评指正。

编　者

目录

CONTENTS

1

单元 总 论

单元目标

知识目标

1. 了解汽车的发展概况
2. 了解汽车的类型
3. 掌握汽车的总体构造和行驶原理
4. 了解汽车的主要参数和辨识汽车 VIN 码

能力目标

1. 认识汽车及各部件
2. 熟悉汽车的总体构造的四部分
3. 拆装主要的总成或部件
4. 根据 VIN 码，区分汽车的国别及生产年代

知识脉络图

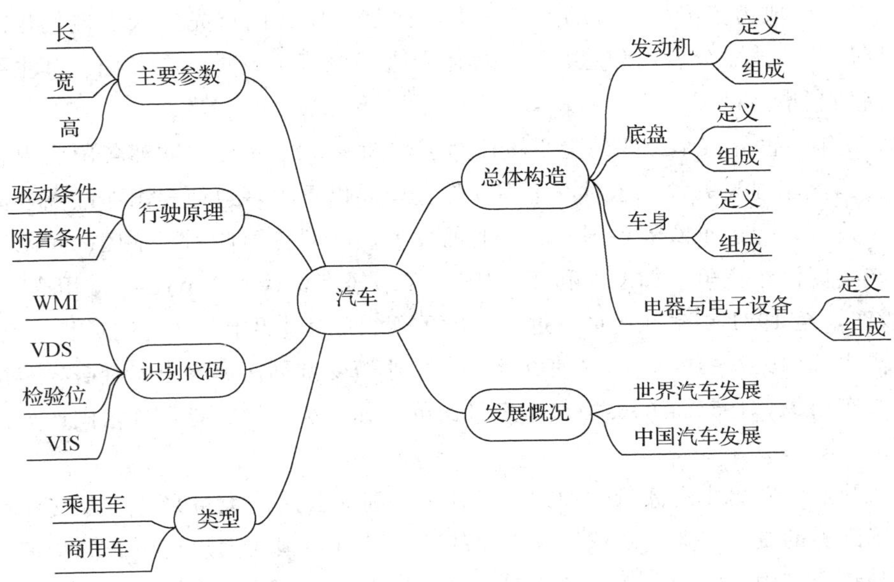

1.1 汽车概论

1.1.1 汽车发展概况

1. 世界汽车工业发展史

1889 年 1 月 29 日，卡尔·本茨为自己的第一辆三轮车在德国申请专利，宣告了汽车的诞生。从汽车发明至今约 130 年中，世界汽车工业从无到有、从小到大，汽车产量大幅度增加，汽车技术也日新月异。世界汽车工业的发展过程可分为以下几个阶段：

(1)1900～1950 年，世界汽车工业的重心在美国。尽管汽车诞生于德国，但成长在法国，成熟在美国，兴旺于欧洲，挑战于日本。因为当时的欧洲诸国并不看好汽车，都用红旗法限制汽车的最高车速不得超过 6.4 km/h(只有法国例外)。且当时的欧洲也并不具备大规模生产汽车所必需的技术和条件，又遭受第一次世界大战(1914～1918 年)的极大破坏，因此欧洲的汽车工业始终没有形成。只有在美国，汽车工业突飞猛进，特别是美国的享利·福特(Henry Ford)，他于 1908 年通过生产流水线并通过产品系列化、通用化与标准化，大规模地生产普及型 Ford-T 型轿车。由于该车简单实用、性能完善且售价低廉，其年产量在 1914 年就达到 30 万辆，1926 年达到 200 万辆，而售价却由首批的 850 美元降到 1923 年的 265 美元。投产后的 20 年里，该车共生产 1 500 万辆。可以说从 Ford－T 型汽车开始，人类才真正跨入了汽车时代，Ford 汽车常被誉为汽车现代化的先驱。

美国福特(Ford)汽车公司是 1903 年建立的全能性公司(所有零部件都自己制造)，而美国通用(GM)汽车公司却是 1908 年建立的联合性公司(由各零部件专业厂协作组建)。由于美国 GM 汽车公司实施集中装配和统一管理，使其在 1927 年就跃居成为世界上产量最大的汽车制造公司。美国 GM 汽车公司与美国 Ford 汽车公司构成的美国汽车工业，在 1923 年的总产量达到 400 万辆(占世界汽车年产量的 91%)，不仅使汽车工业成为美国最主要的支柱工业，而且也使美国首先进入了现代化。美国汽车大量销往欧洲，并在欧洲各国建立分公司和总装厂，标志着世界汽车工业重心在美国。其主要特点是产品单一、产量很大且高档豪华。

(2)1950～1970 年，世界汽车工业的重心转移到了欧洲。1930 年后，欧洲各国为保护本国的民族汽车工业，开始对美国汽车提高关税，还对汽车零部件进口课以重税，迫使美国在欧洲各国的汽车总装厂逐步演变为汽车制造厂，促进了欧洲各国汽车工业的发展。欧洲各国还利用本国的技术优势，以多种轻便普及型新产品与美国汽车竞争，如意大利菲亚特(FIAT)轿车，德国 VW-Beetle 甲壳虫轿车等。其中，后者于 1940 年投产，至 1981 年累计产量超过 2 000 万辆，成为世界上生产时间最长、产量最大的车型。然而，第二次世界大战(1937～1945 年)又使欧洲汽车工业遭受重创而始终未能翻身，美国汽车又以绝对优势占领了欧洲汽车市场，1950 年的美国汽车产量比英、苏、法、德、意、日六国产量的总和还要多好几倍。

第二次世界大战后，随着中东廉价石油的大量开采、高速公路的大量兴建以及交通运输业的蓬勃发展，又大大刺激了欧洲的汽车工业。欧洲汽车工业的特点既有美国式大规模生产的特征，又有欧洲式多品种、高技术的趋势，其中，特别是德国博世(Bosch)公司成功地研制了车用燃油喷射技术、废气净化技术和稀燃技术，促使传统发动机技术获得了重大突破，随后由于石油价格暴涨，全球性能源危机迫使高档豪华而费油的美国汽车陷入僵局。而欧洲紧凑型、经济实用型汽车则迅速发展，终于使欧洲汽车的年产总量超过美国，于是欧洲各大汽车公司也纷纷到美国去投资建厂，明显改变了第二次世界大战以前美国 Ford 与 GM 汽车公司在欧洲投资建厂的格局，世界汽车工业重心开始转向欧洲，但由于社会经济及生活习惯等的影响，欧洲汽车与美国汽车在性能设计和造型风格上差别较大，这是因为当时的欧洲经济尚处在恢复阶段，人民生活俭朴，因此设计出来的汽车大多结构紧凑而经济实用，而美国人生活富裕，因此设计出来的汽车大多宽敞气派而费油。

(3)1970～1990 年，世界汽车工业的重心转移到了日本。在第二次世界大战之前，日本的汽车工业规模很小，第二次世界大战又以战败而告终，使日本经济几乎崩溃，正当美国与欧洲的汽车工业激烈竞争时，1950 年朝鲜战争爆发，为了战争，美国以日本为基地向日本各汽车公司大量订货，给正在战后复苏的日本经济注入了强心剂，通过 1946～1955 年十年的恢复和调整，又通过 1956～1975 年二十年的高速发展，日本这个资源贫乏的国家，依靠美国的先进技术与创新的经营管理制度，奇迹般地一跃成为世界的经济大国，其中，特别是丰田(Toyota)汽车公司提出的为适应市场经济条件的订单管理模式以及包括全面质量管理在内的丰田生产方式，使以高质量、低消耗、价廉精巧而省油的日本汽车畅销全世界。1950 年，日本汽车年产量只有 3 万辆，但在 1970 年却迅速增加到 529 万辆，到 1980 年达到 1 104 万辆，1987 年日本汽车年产总量占世界汽车年产总量的 26.6%，超过了美国和欧洲而居世界第一位，于是日本各大汽车制造厂商也纷纷到美国投资建厂，标志着世界汽车工业重心转移到了日本。

(4)1990～2010 年，世界汽车工业的重心出现了多极化。由于能源危机和环境污染的冲击，各国的汽车技术开始追求安全、节能和环保，为此，迫使各国在汽车设计制造和使用维修方面投入了大量的人力、财力和物力，也迫使世界汽车工业由此进入到大规模、多品种、低消耗、高技术的新阶段，在此阶段中，世界各国都在努力简化机械结构并努力减轻汽车自重(小型化和轻量化)，为了改善汽车的使用性能，汽车技术还明显地向柴油机化和电子化方向发展，并向多功能、高精度、智能化方向发展，由此出现了电控燃油喷射技术、分层稀燃技术、代用燃料技术以及新型润滑剂等，而在汽车电子化进程中，美国又占尽了先机，自 1985 年后，美国汽车工业的发展速度又超过日本，使世界汽车工业重心又回到美国。

但近年来，由于发达国家的汽车保有量和需求量已经趋于饱和，汽车工业发展势头明显减缓，企业竞争也日益激烈，贸易保护主义明显增加。例如，美国的汽车产量连年波动，西欧的汽车产量则停滞不前，国外汽车企业被迫由产品输出逐步转变为资本输出和技术输出，汽车的生产与经营日渐国际化，而此时，发展中国家的汽车工业则迅速崛起，其中包括韩国、西班牙、巴西、中国与墨西哥等。

2. 中国汽车工业发展史

中国的汽车工业是 1949 年新中国成立之后才逐步建立起来的，其发展过程大致可分为以下三个阶段：

(1)第一阶段是新中国成立后的 25 年(1953～1978 年)——中国汽车工业从无到有。1953 年 7 月 15 日在长春破土兴建第一汽车制造厂，1956 年 7 月 15 日，第一批国产"解放"牌汽车下线，1958 年 5 月 5 日又推出我国第一辆东风牌轿车，并开始小批量生产红旗牌 CA770 高级轿车。之后，我国于 1968 年在湖北十堰建成第二汽车制造厂，生产中型载货汽车 EQ1090，全国各地也相继改建了一批汽车制造厂，如陕西汽车制造厂、南京汽车制造厂、北京汽车制造厂、北京第二汽车制造厂、上海汽车制造厂、四川汽车制造厂等。

(2)第二阶段是改革开放后的15年(1978～1993年)——中国汽车工业从弱到强。自1978年改革开放后，中央提出要将汽车制造业作为支柱产业。1987年国务院又确定以发展轿车工业来振兴我国汽车工业的发展战略，确立了汽车工业在国民经济中的重要地位以及汽车工业的发展重点，我国的汽车工业开始进入了大发展时期。例如，调整了解放、东风、重型三大中央企业集团，组建了以天津、上海、沈阳等城市为中心的三小地方性汽车企业集团。为发展轿车工业，我国还有侧重地选择引进国外先进技术，组建了一汽、二汽、上海三大轿车生产基地以及天津、北京、广州三小轿车生产基地。经过近40年的艰苦创业、巩固、调整与发展，虽然我国的汽车工业与世界先进水平相比还有相当大的差距，汽车品种也不能完全满足我国国民经济发展的需要，但却已经形成了相当的规模并明确了发展方向。近年来，我国的汽车年产量连年大幅度增加，从1978年的14.9万辆猛增至1993年的129万辆，2009年我国汽车产销量达到1 379.1万辆和1 364.5万辆，首次跃居世界第一，2015年产销量达到2 450.33万辆和2 459.76万辆，连续七年蝉联全球第一。

(3)第三阶段是1994年至今——中国汽车工业出现新的飞跃。1994年2月，国家经委颁发了指导我国汽车工业发展的纲领《汽车工业产业政策》，并致力于加入世界贸易组织的谈判，努力调整与改革我国的经济结构。但随着能源危机及排放污染的困扰，当前世界各国正在竞相研制电动汽车。我国则为了摆脱石油依赖，承诺节能减排，也在2010年明确提出了经济转型。这是一次极好的机遇，因为在生产传统汽车方面，我国已经落后了许多年，但在生产新能源汽车及电动汽车方面，我国与国外几乎同步。因此，当前我国汽车工业的主要任务是：如何增强我国汽车产品的自主开发能力，提高产品质量和技术装备，以迅速赶上国际先进水平，力争从汽车生产大国变为汽车生产强国。

1.1.2 汽车类型

现行国家标准GB/T 3730.1-2001中对汽车定义为：由自身的动力装置驱动，具有四个或四个以上车轮的非轨道承载车辆，其主要用于载运人员和(或)货物、牵引载运人员和(或)货物。

汽车的类型较多，分类方法也很多，通常可按发动机类型、使用燃料、汽车用途等进行分类。

(1)按发动机类型分类。按发动机类型分类，汽车可以分为活塞式发动机与燃气轮机汽车两类。其中传统汽车大多采用往复活塞式发动机，其压缩比较高而比油耗较低；燃气轮机虽然功率大而比质量轻，但由于耗油量与噪声较大，制造成本也较高，故多用于飞机与竞赛汽车。

(2)按使用燃料分类。按发动机所用燃料，汽车分为汽油车和柴油车两种，因石油是不可再生资源，目前各汽车制造商都在大力开发各种新能源汽车或代用燃料汽车，如压缩天然气、液化石油气、醇类、氢气、电动汽车等。

(3)按用途分类。现行国家标准《汽车和挂车类型的术语和定义》(GB/T 3730.1-2001)按用途将汽车分为乘用车和商用车两大类，所谓乘用车是指在设计和技术特性上主要用于载运乘客及其随身行李和临时物品的汽车，包括驾驶员座位在内最多不超过9个座位，它也可以牵引一辆挂车。所谓商用车是指在设计和技术特性上用于运送人员和货物的汽车，并且也可牵引挂车。具体分类见表1-1。

表 1-1　汽车按用途分类

分　类			说　明					图　例
乘用车	轿车	普通乘用车	封闭车身	硬车顶	座位数 ≥4	车门数 2 或 4	车窗数 ≥2	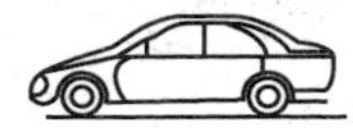
		活顶乘用车	可开启车身	硬车顶 软车顶	座位数 ≥4	车门数 2 或 4	车窗数 ≥4	
		高级乘用车	封闭车身	硬车顶	座位数 ≥4	车门数 4 或 6	车窗数 ≥6	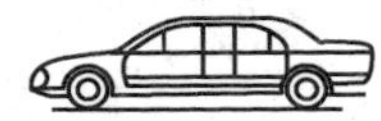
		小型乘用车	封闭车身	硬车顶	座位数 ≥2	车门数 2	车窗数 ≥2	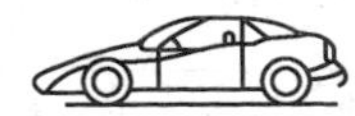
		敞篷车	可开启车身	硬车顶 软车顶	座位数 ≥2	车门数 2 或 4	车窗数 ≥2	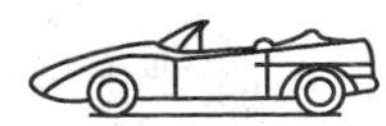
		舱背乘用车	封闭车身	硬车顶	座位数 ≥4	车门数 2 或 4	车窗数 ≥2	车身后部有一个舱门
		旅行车	封闭车身	硬车顶	座位数 ≥4	车门数 2 或 4	车窗数 ≥4	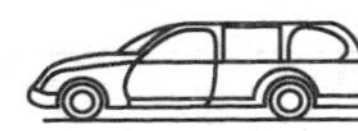
		多用途乘用车	座位数超过 7 个，多用途					
		短头乘用车	短头					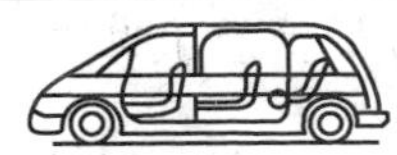
		越野乘用车	可在非道路上行驶					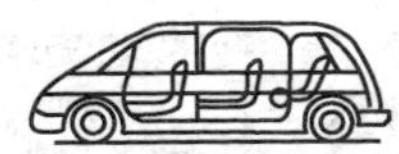
		专用乘用车	专门用途（救护车、旅居车、防弹车、殡仪车）					运载乘员或物品并完成特定功能
商用车	客车	小型客车	载客，≤16 座（除驾驶员座）					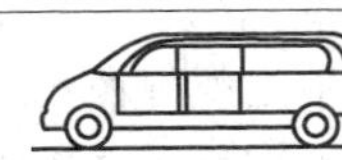
		城市客车	城市用公共汽车					
		长途客车	长途客车					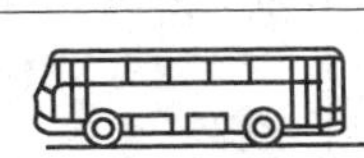
		旅游客车	旅游用车					旅行用途
		铰接客车	有两节刚性车厢铰接组成的客车					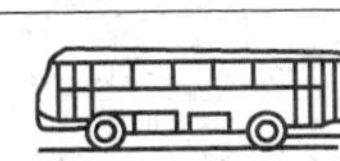
		无轨电车	经架线由电力驱动的客车					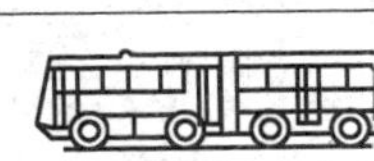
		越野客车	可在非道路上行驶的客车					全轮驱动
		专用客车	专门用途的客车					特殊功能

（续表）

分类		说明	图例
货车	半挂牵引车	牵引半挂车的商用车	
	普通货车	敞开或封闭的载货车	
	多用途货车	驾驶座后可载 3 人以上的货车	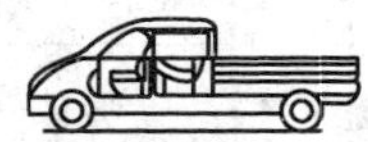
	全挂牵引车	牵引杆式挂车的货车	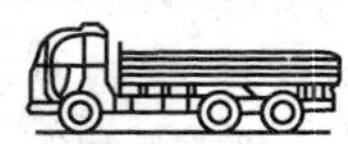
	越野货车	可在非道路上行驶	全轮驱动
	专用作业车	特殊工作的货车（消防车、救险车、垃圾车、应急车、街道清扫车、扫雪车、清洁车等）	
	专用货车	运输特殊物品的货车（罐式车、乘用车运输车、集装箱运输车等）	

（4）按乘客座位数及汽车总质量分类。国家标准 GB/T 15089-2001 按乘客座位数及汽车总质量对汽车进行了分类，见表 1-2。

表 1-2　机动车辆及挂车分类（GB/T 15089-2001）

汽车类型			乘客座位数[①]	厂定汽车最大总质量/t	说明
M 类	至少有四个车轮并且用于载客的机动车辆	M_1类	≤9	—	包括驾驶员座位在内，座位数不超过 9 座的载客车辆
		M_2类	≤9	≤5.0	包括驾驶员座位在内，座位数不超过 9 个，且最大设计总质量不超过 5.0 t 的载客车辆
		M_3类	>9	>5.0	包括驾驶员座位在内，座位数超过 9 个，且最大设计总质量超过 5.0 t 的载客车辆
N 类	至少有四个车轮并且用于载货的机动车辆	N_1类	—	≤3.5	最大设计总质量不超过 3.5 t 的载货车辆
		N_2类	—	>3.5～12	最大设计总质量超过 3.5 t，但不超过 12 t 的载货车辆
		N_3类	—	>12	最大设计总质量超过 12 t 的载货车辆

（续表）

汽车类型			乘客座位数①	厂定汽车最大总质量/t	说明
O类	挂车（包括半挂车）	O_1类	—	≤0.75	最大设计总质量不超过0.75 t的挂车
		O_2类	—	>0.75～3.5	最大设计总质量超过0.75 t，但不超过3.5 t的挂车
		O_3类	—	>3.5～10	最大设计总质量超过3.5 t，但不超过10 t的挂车
		O_4类	—	>10	最大设计总质量超过10 t的挂车

1.1.3 汽车总体构造

虽然汽车有各种类型，但汽车的总体构造基本相同，通常由发动机、底盘、车身以及电器与电子设备四大部分组成。典型轿车的总体构造如图1-1所示。

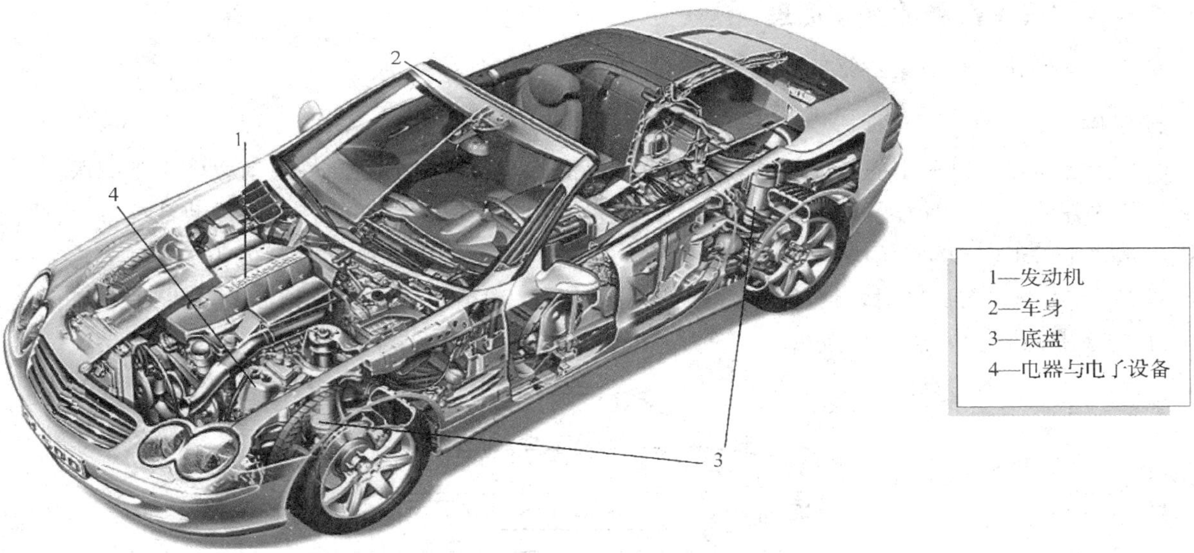

图1-1 典型轿车的总体构造

(1)发动机。发动机是汽车的动力装置，它是使输送进来的燃料燃烧而发出动力的部件。在现代汽车上广泛应用的发动机是往复活塞式汽油和柴油内燃机，它一般是由曲柄连杆机构、配气机构、燃料供给系统、冷却系统、润滑系统、点火系统(仅用于汽油内燃机)和启动系统组成。

(2)底盘。底盘是接受发动机的动力，使汽车运动并按驾驶员的操纵而正常行驶的部件。它是汽车的基体，发动机、车身、电器与电子设备及各种附属设备都直接或间接地安装在底盘上。汽车底盘主要由传动系统、行驶系统、转向系统和制动系统四大部分组成。

①传动系统是将发动机的动力传给驱动轮的一套装置。传动系统包括离合器、变速器、传动轴、主

减速器及差速器和半轴等部分。

②行驶系统支承整车的质量，并传递和承受路面作用于车轮上的各种力和力矩，缓和冲击，吸收振动，保证汽车在各种条件下正常行驶。

③转向系统使汽车按驾驶员意愿改变汽车行驶方向。转向系统通常由带转向盘的转向操纵机构、转向器和转向传动机构组成。有的汽车还装有动力转向加力装置、碰撞防护装置、转向减震器等。

④制动系统使汽车减速甚至停车，并保证汽车可靠地长时间停驻。制动系统包括前轮制动器、后轮制动器以及控制装置、传动装置和供能装置等。

(3)车身。车身既是驾驶员工作的场所，也是装载乘客和货物的总成。它有承载式车身和非承载式车身之分。车身主要包括发动机罩、车身本体及副车架，还包括货车的驾驶室和货箱以及某些汽车上的特种作业设备。

(4)电器与电子设备。电器设备包括电源组(蓄电池、发电机)、发动机启动设备、发动机点火设备、照明和信号装置、空调、仪表、刮水器、音像设备、门窗玻璃电动升降设备等。电子设备包括导航系统、电控燃油喷射及电控点火设备、电控自动变速设备、电子防抱死制动设备(ABS)、电子驱动防滑设备(ASR)、车门锁的遥控及自动防盗报警设备等各种人工智能装置。

1.1.4 汽车行驶的基本原理

要使汽车行驶，必须具备驱动和附着两个基本条件。

1. 驱动条件

汽车要运动，并以一定的速度行驶，必须由外界沿汽车行驶方向施加一驱动力，用于克服汽车行驶中所受到的各种阻力。汽车驱动力由发动机产生。发动机工作时，输出的转矩经传动系统各部件传至驱动轮，此时作用于驱动轮上的转矩 M_t，对地面产生一个切向作用力 $\boldsymbol{F}_0$，其数值为 $\boldsymbol{M}_t$ 与车轮半径 $\boldsymbol{r}$ 之比，即 $\boldsymbol{F}_0=\boldsymbol{M}_t/\boldsymbol{r}$；与此同时，地面对车轮产生一个与 $\boldsymbol{F}_0$ 数值相等、方向相反的反作用力 $\boldsymbol{F}_t$，这个反作用力 $\boldsymbol{F}_t$ 就是驱动力，图 1-2 为汽车驱动力产生的示意图。

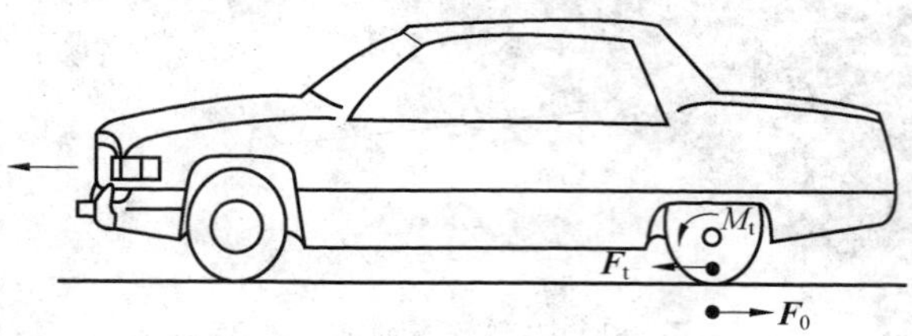

图 1-2　汽车驱动力的产生示意图

汽车的行驶总的阻力 $\sum F$ 包括滚动阻力 F_f、空气阻力 F_w、上坡阻力 F_i 和加速阻力 F_j，即

$$\sum F = F_f + F_w + F_i + F_j \tag{1-1}$$

滚动阻力 F_f 是指汽车车轮在路面上滚动时，由于轮胎和路面变形造成阻碍运动的力；空气阻力 F_w 是汽车行驶时，要冲破气流而承受阻力，空气阻力 F_w 与汽车正面的投影面积和汽车行驶速度成正比；上坡阻力 F_i 是汽车重力沿坡道上的分力；加速阻力 F_j 是汽车加速行驶时需要克服其质量加速运动时的惯性力。

在汽车行驶的过程中，当 $F_t=\sum F$ 时，汽车匀速行驶；当 $F_t>\sum F$ 时，汽车加速行驶，同时空气阻力 F_w 也随车速的增加而急剧增大，在某个较高速度处达到新的平衡然后匀速行驶；当 $F_t<\sum F$ 时，汽车减速乃至停驶，这时，如果要维持较高的车速，就需要加大发动机的输出功率或将变速器换入较低的挡位以维持较大的驱动力。

2. 附着条件

驱动力 F_t 的最大值一方面取决于发动机可能发出的最大转矩和变速器换入最低挡时的传动比，另一方面又受轮胎与地面的附着作用的限制。

当汽车在平整干硬路面上行驶时，车轮的附着作用是由轮胎与路面存在着的摩擦力而产生的。这个摩擦力可阻碍车轮的滑动，从而使车轮能够正常地向前滚动并承受路面的反作用力——驱动力。如果驱动力大于摩擦力，车轮与路面之间就会发生滑动。在松软地面上，除了轮胎与地面的摩擦之外，还存在嵌入轮胎花纹凹部的软地面部所起的抗滑作用。在汽车技术中，把车轮与路面之间的相互摩擦以及轮胎花纹与路面凸起部分的相互作用综合在一起称为附着作用。由附着作用所决定的阻碍车轮滑动的力的最大值称为附着力，用 F_φ 表示。附着力与车轮承受垂直于地面的法向力 G(附着重力) 成正比。

$$F_\varphi=G\cdot\varphi \tag{1-2}$$

式中 φ——附着系数。

由此可知，附着力是汽车所能发挥驱动力的极限，其表达式为：

$$F_t\leqslant F_\varphi \tag{1-3}$$

式(1-3)称为汽车行驶的附着条件。

在冰雪路面上，由于附着力小，汽车的驱动力受附着力的限制而不能克服较大的阻力，导致汽车减速甚至不能前进，即使加大节气门开度或者换入低挡，车轮只会滑转而驱动力不会增大。为了增加车轮在冰雪路面上的附着力，可采用特殊花纹的轮胎、镶钉轮胎或者在普通轮胎上绕转防滑链，以提高对冰雪路面的抓着作用。非全轮驱动的汽车的附着重力仅为分配到驱动轮上的那一部分汽车重力，而全轮驱动汽车的附着重力则为全车的总重力，因而其附着力较前者显著增大。

常见问题解析

下雨天或在乡间路上行车时，经常遇到车轮陷入泥坑的情况。一旦发现车轮陷入泥坑，要试探性地将车开出，可以将油门缓缓踩下，一旦汽车能前行或后退，则保持加速踏板位置不变，以低速开出泥泞路段。但在多数情况下，车轮陷入泥坑后，汽车无法前后移动。这时，首先应下车仔细观察陷车状态，采取相应的应急措施。如果车身没有擦地，一般情况下，通过自救，可以将车驶出泥坑。

往泥坑里填石块、砖头、树枝等，可以增加车轮与地面的附着力，使汽车开出泥坑。对前置后驱的汽车，可以尽量使汽车重心后移，增大后轮与地面的附着力，将汽车开出泥坑。可将所有随车物品尽量摆在后备厢的后部，其他乘车人也可坐在后备厢上。根据情况还可以给后轮放气，增大驱动轮的附着力。

开车时要选低挡，一般二挡较好。拉住手刹，控制车轮转速不能太高，踩油门时动作不能太猛，力量不能太大，否则车轮转速过高，车轮与路面之间的附着效果会变差。

如果手边有工具的话，可以将车轮前后的泥土铲去，将泥坑修成缓斜坡状。如果坑里有水，应设法将水除去。这样，汽车就很容易开出来了。

1.2 汽车主要技术参数和车辆识别代号

1.2.1 汽车主要技术参数

为了说明汽车的主要技术性能，经常用下列参数来表示：

(1)整备质量(kg)：汽车完全装备好的质量。除了整车质量外，还包括燃料、润滑油、冷却液、随车工具、备用车轮及备品等的质量，但不包括人员和货物。

(2)最大总质量(kg)：汽车满载时的总质量。

(3)最大装载质量(kg)：最大总质量和整车整备质量之差。

(4)汽车的轴荷分配：指汽车空载和满载时的整车质量分配到各个车轴上的百分比(对汽车的牵引性、通过性、制动性、操纵性和稳定性等主要性能以及轮胎的寿命，都有很大的影响)。

(5)汽车整备质量利用系数：指载货汽车的装载量与其整备质量之比。它表明单位汽车整备质量所承受的汽车装载质量。

(6)车长 L(mm)：垂直于车辆纵向对称平面并分别抵靠在汽车前、后最外端突出部位的两垂面间的距离。对于载货汽车及越野汽车不大于 12 m，牵引汽车带半挂车不大于 16 m，汽车拖带挂车不大于 20 m，挂车不大于 8 m，大客车不大于 12 m，铰接式大客车不大于 18 m。

(7)车宽 B(mm)：平行于车辆纵向对称平面并分别抵靠车辆两侧固定突出部位(除后视镜、侧面标志灯、方位灯、转向指示灯等)的两平面之间的距离。车宽(不包括后视镜)不大于 2.5 m，左、右后视镜等突出部分的侧向尺寸总共不大于 250 mm。

(8)车高 H(mm)：车辆支承平面与车辆最高突出部位相抵靠的水平面之间的距离，不大于 4 m。

(9)轴距 L_1，L_2(mm)：汽车直线行驶位置时，同侧相邻两轴的车轮落地中心点到车辆纵向对称平面的两条垂线间的距离。

(10)轮距 A_1，A_2(mm)：在支承平面上，同轴左右车轮两轨迹中心间的距离(轴两端为双轮时，为左右两条双轨迹的中线间的距离)。

(11)前悬 S_1(mm)：在直线行驶位置时，汽车前端刚性固定件的最前点到通过两前轴线的垂面间的距离。

(12)后悬 S_2(mm)：汽车后端刚性固定件的最后点到通过最后车轮轴线的垂面间的距离。

(13)最小离地间隙 C(mm)：满载时，车辆支承平面与车辆最低点之间的距离。

(14)接近角 α_1：汽车前端突出点向前轮引的切线与地面的夹角。

(15)离去角 α_2：汽车后端突出点向后轮引的切线与地面的夹角。

(16)最小转弯半径(mm)：当转向盘转到极限位置、汽车以最低稳定车速转向行驶时，外侧转向轮的中心平面在支承平面上滚过的轨迹圆半径。

(17)最高车速(km/h)：指在水平良好路面(混凝土或沥青)上和规定载质量条件下汽车所能达到的最高车速(km/h)，目前普通轿车最高车速一般为150～200 km/h。

(18)最大爬坡度：指汽车满载在良好路面等速行驶的最大爬坡度。一般要求在30%(即16.7°)左右。越野车要求更高，一般在60%(即31°)左右。

(19)平均燃料消耗量(L/100 km)：通常以百公里油耗衡量，即汽车在良好的水平硬路面上以一定载荷(轿车半载、货车满载)及最高挡等速行驶时的百公里燃料消耗量。

1.2.2 车辆识别代号

车辆识别代号VIN(Vehicle Identification Number)是制造厂为了识别而给一辆车指定的一组字码。它由一组字母(除I、O、Q)和数字组成，共17位，又称17位识别代号编码，一车一码，应保证在30年内不重号，就如人的身份证一样，具有在世界范围内对一辆车的唯一识别性。当每一辆新出厂的车被刻上VIN代号后，此代号将伴随着车辆的注册、保险、年检、维修与保养，直至回收或报废而载入每辆车的服役档案。利用VIN代码可方便地查找车辆的制造者、销售者及使用者。

车辆识别代号VIN位于易于看到并且能够防止磨损或替换的部位。所选择的部位一般在仪表与前风挡左下角的交界处、发动机前横梁上、左前门边或立柱上、驾驶员左腿前方或前排左座椅下方等处。如我国规定9座以下的乘用车和最大总质量≤3.5 t的货车，车辆识别代号应位于仪表板上靠近风窗立柱的位置，以便于观察检查。

我国颁布了国家标准《道路车辆车辆识别代号(VIN)》(GB 16735-2004)。此标准为我国汽车生产的强制性标准，在每一辆出厂的汽车上必须标有VIN代号。

VIN一般由四部分组成，见表1-3，通过VIN，人们可以识别汽车的产地、制造厂商、种类型式、品牌、系列、装载质量、轴距以及汽车生产时间等信息。

表1-3　车辆识别代号VIN的组成

1	2	3	4	5	6	7	8	9	10	11	12	13	14	15	16	17
□	□	□	□	□	□	□	□	□	□	□	□	□	○	○	○	○
WMI			VDS					X	VIS							

其中：□代表字母或者数字；○代表数字。

第1位：生产地理地区代码；

第2位：生产国家代码；

第3位：生产厂被批准备案的车型类别代号；

第4位：厂定最大总质量分级代码；

第5位：车型种类代码；

第6位：装配类型代码；

第7位：车身类型代码；

第 8 位：发动机类型代码；

第 9 位：工厂检验位代码；

第 10 位：车型年款代码；

第 11 位：装配工厂代号；

第 12～17 位：汽车生产序号。

(1)第一部分：世界制造厂识别代码(WMI)，它具有世界车辆制造厂的唯一性。WMI 共有 3 位字码，是由制造厂以外的组织预先指定的，用来代表生产国、厂家、车辆类别。如 LFV 为中国一汽大众、LFW 为中国第一汽车集团公司、WDB 为德国奔驰，WBA 为德国宝马、KMH 为韩国现代等。其中，第一位字码代表生产国，为国际汽车厂通用。如 1 为美国、2 为加拿大、I 为墨西哥、J 为日本、L 为中国、Z 为意大利等。国际标准化组织授权美国汽车工程师学会 SAE 作为国际代理，负责为世界各国指定地区代码及国别代码，负责 WMI 的保存与核对。我国机械汽车行业管理处获得授权负责中国境内(包括中国内地和港、澳、台地区)的车辆识别代号的统一管理，负责 WMI 代号的分配。

(2)第二部分：车辆特征代码(VDS)，由 5 位字码(第 4～8 位)组成，表示车辆的一般特征，如品牌、种类、系列、车身类型、底盘类型、发动机类型、制动系统类型和额定总质量等，其代码及顺序由制造厂自行决定。

(3)第三部分：检验位。占 VIN 第 9 位，其目的是核对数字，检验位 VIN 码填写是否正确，能防止假冒产品。它是其他 16 位字码对应的数值乘以其所在位权数的和除以 11 所得的余数，当余数是 0～9 时，余数就是检验数字；当余数是 10 时，用字母“X”表示。

(4)第四部分：车辆指示部分(VIS)，是 VIN 的最后部分，由 8 位字码组成。一般情况下，VIS 部分的第 1 位字码指示年份，用数字和字母表示，共 30 个，其中数字是 1～9 (共 9 个)和 21 个字母(即：26 个英语字母从 A～Z，去除 5 个：I、O、Q、U 和 Z)，见表 1-4。第 2 位字码指示生产厂址；后 6 位指示生产序号。

表 1-4　标示年份的字码

年份	代码	年份	代码	年份	代码
2001(2031)	1	2011(2041)	B	2021(2051)	M
2002(2032)	2	2012(2042)	C	2022(2052)	N
2003(2033)	3	2013(2043)	D	2023(2053)	P
2004(2034)	4	2014(2044)	E	2024(2054)	R
2005(2035)	5	2015(2045)	F	2025(2055)	S
2006(2036)	6	2016(2046)	G	2026(2056)	T
2007(2037)	7	2017(2047)	H	2027(2057)	V
2008(2038)	8	2018(2048)	J	2028(2058)	W
2009(2039)	9	2019(2049)	K	2029(2059)	X
2010(2040)	A	2020(2050)	L	2030(2060)	Y

常见问题解析

检验位及其计算方法

检验位是 VDS 的最后一位(即 VIN 的第九位)字码，它可为 0～9 中任一数字或字母“X”。其作用是核对 VIN 记录的准确性。制造厂在确定了 VIN 的其他十六位字码后，检验位应由以下方法计算得出：

1. VIN 中的数字和字母对应值见表 1-5、表 1-6。

表 1-5 VIN 中的数字对应值

数字	0	1	2	3	4	5	6	7	8	9
对应值	0	1	2	3	4	5	6	7	8	9

表 1-6 VIN 中的字母对应值

字母	A	B	C	D	E	F	G	H	J	K	L	M	N	P	R	S	T	U	V	W	X	Y	Z
对应值	1	2	3	4	5	6	7	8	1	2	3	4	5	7	9	2	3	4	5	6	7	8	9

2. 按表 1-7 给 VIN 中的每一位字码指定一个加权系数。

表 1-7 VIN 字码位置对应的加权系数

VIN 中的位置	1	2	3	4	5	6	7	8	9	10	11	12	13	14	15	16	17
加权系数	8	7	6	5	4	3	2	10	※								

3. 检验位之外的 16 位字码，每一位对应的加权系数乘以此位数字或字母的对应值，再将各乘积相加求和，该和被 11 除所得的余数即为检验位的数字，如果余数是 10，则检验位应为字母“X”。

例如，2000 年 JETTAGiX 轿车总装厂第一辆下线车的 VIN 代号是：LFVAA11G3Y3000001，其中第九位“3”——检验位是这样计算出来的，见表 1-8：

表 1-8 检验位的计算实例

VIN 代码	L	F	V	A	A	1	1	G	检验位	Y	3	0	0	0	0	0	1
对应值	3	6	5	1	1	1	1	7	8	3	0	0	0	0	0	1	3
加权系数	8	7	6	5	4	3	2	10	9	8	7	6	5	4	3	2	
乘积总和	24＋42＋30＋5＋4＋3＋2＋70＋72＋24＋0＋0＋0＋0＋0＋2＝278																
检验位	278/11＝25 余 3 此时 检验位即为 3																

知识拓展

国产汽车编号规则

1988 年中国汽车工业联合会批准，自 1989 年开始实施新的汽车产品型号编制规则，即 GB 9417-88。此标准适用于新设计定型的各类汽车和半挂车，不适用于军事特种车辆(如装甲车、水陆两用车、导弹发射车等)。

汽车的产品型号由企业名称代号、车辆类别代号、主参数代号、产品序号组成，必要时附加企业自定代号。企业名称代号用代表企业名称的两个或三个汉语拼音字母表示。各类汽车的类别代号用一位阿拉伯数字表示，按表 1-9 规定。

表 1-9　类别代号

车辆类型代码	车辆种类	车辆类型代码	车辆种类	车辆类型代码	车辆种类
1	载货汽车	4	牵引汽车	7	轿车
2	越野汽车	5	专用汽车	8	
3	自卸汽车	6	客车	9	半挂车或专用半挂车

各类汽车的主参数代号用两位阿拉伯数字表示。

载货汽车、越野汽车、自卸汽车、牵引汽车、专用汽车与半挂车的主参数代号为车辆的总质量(t)。牵引汽车的总质量包括牵引座上的最大质量。当总质量在 100 t 以上时，允许用三位数字表示。

客车及半挂客车的主参数代号为车辆长度(m)。当车辆长度小于 10 m 时，应精确到小数点后一位，并以长度(m)值的十倍数值表示。

轿车的主参数代号为发动机排量(L)，应精确到小数点后一位，并以其值的十倍数值表示。

主参数不足规定位数时，在参数前以“0”占位。

各类汽车的产品序号用阿拉伯数字表示，数字由 0，1，2，…依次使用。

例如，型号 CA1092 表示第一汽车厂生产的货车，总质量为 9 t，末尾数字 2 表示在原车型 CA1091 的基础上改进的型号；型号 CA7226L 表示第一汽车厂生产的轿车，发动机工作容积为 2.2 L，序号 6 表示安装 5 缸发动机的车型，末尾字母 L 表示加长型。

思考与练习

一、 填空题

1. 世界上第一辆汽车诞生于 ____年____月____日，________被称为“汽车之父”。

2. 现代汽车的类型虽然很多，各类汽车的总体构造有所不同，但它们的基本组成大体都可分为______、______、______和________四大部分。

3. 汽车从静止到开始运动和正常行驶过程中，都不可避免地受到外界的各种阻力。假定汽车做等速直线行驶，这时汽车所受到的阻力有________、________和________。

4. 未来的汽车造型更趋于流线型，将有陆空两用优点的“______”；可在泥泞道路或沼泽地自由行走的______汽车；有仿动物行走特征的四“腿”无轮______汽车；水陆空三用汽车及______汽车、________汽车。

5. 我国汽车工业的建立是在 1956 年 10 月以________的建成投产为标志的，从此结束了我国不能制造汽车的历史。1968 年我国在湖北十堰市又开始建设了________。它们的第一代产品分别是______型、______型；第二代产品分别是____型、____型；第三代产品分别是______型、______型。

6. 按照国标《汽车和挂车的术语和定义》(GB 3730.1-88) 中规定的术语和汽车类型，汽车分为______车、______车、______车、______车、______车、______车和______车等七类。

7. 1889 年法国的别儒研制成功了____和______；1891 年______在法国开发成功；1891 年法国首先采用了前置发动机______驱动。

8. 汽车底盘主要由______、______、______和______四部分组成。

9. 车辆识别代号 VIN 共______位。

10. 车辆识别代号 VIN 由______、______、______和______四部分组成。

二、 问答题

1. EQ1040 是什么类型的汽车？其总质量是多少？
2. 汽车发动机的基本作用是什么？
3. 汽车底盘的含义是什么？其基本作用是什么？
4. 什么是附着作用和附着力？
5. 保证汽车正常行驶的必要充分条件是什么？
6. 汽车的驱动力是如何产生的？
7. 汽车正常行驶的驱动附着条件是什么？
8. 汽车主要参数有哪些？列举 5 个以上。
9. 说出 8 个以上的汽车品牌。
10. 汽车的主要参数有哪些？列举 5 个以上并作简要说明。

单元 2 汽车发动机基本知识

单元目标

知识目标

1. 了解发动机的分类及工作原理
2. 了解发动机的总体构造
3. 理解四冲程发动机的工作原理
4. 了解发动机主要性能指标与特性
5. 了解内燃机产品的名称和型号编制规则

能力目标

1. 认识汽车发动机总体构造
2. 认识发动机型号
3. 根据发动机性能指标评价发动机性能

知识脉络图

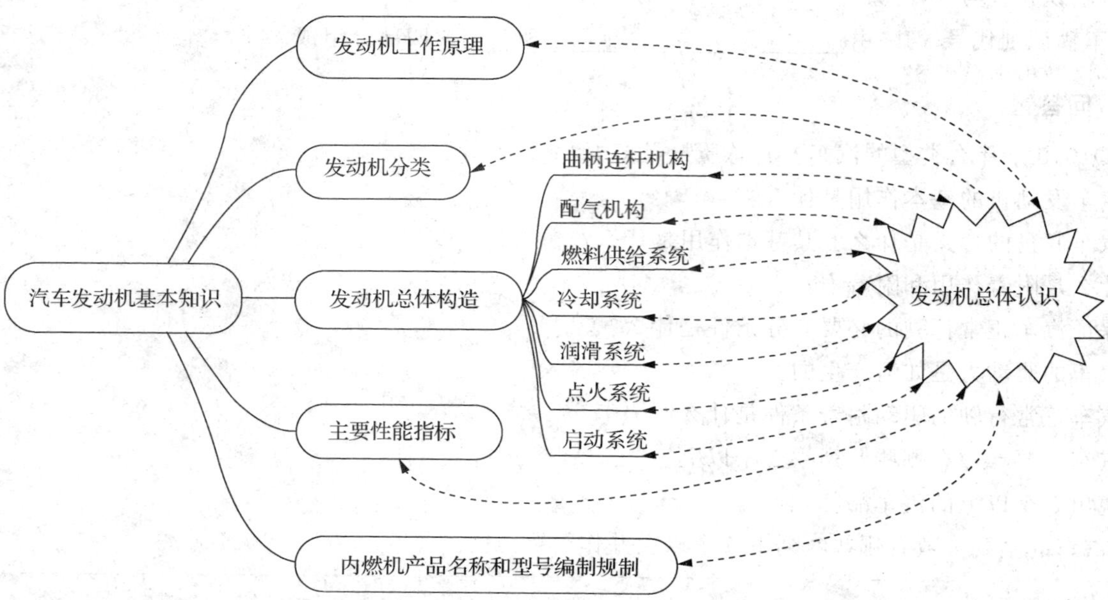

2.1 汽车发动机概述

2.1.1 发动机的定义

发动机是将某一种形式的能量转换成机械能的机器，它是汽车的动力源。将燃料燃烧所产生的热能转变成机械能的发动机，被称为热力发动机(简称热机)。热力发动机一般分为内燃机和外燃机。内燃机是将液体燃料或气体燃料和空气混合后直接输入机器内部燃烧产生热能，再由热能转变成机械能的装置。外燃机是指在机器外部的锅炉燃烧，将锅炉内水加热产生水蒸气，利用水蒸气推动机器运动，将热能转变成机械能的一种装置。

内燃机与外燃机相比，具有热效率高、体积小、启动性能好、便于移动和维修方便等优点，因而被广泛应用于现代汽车及其他交通运输工具当中。

根据发动机将热能转变成机械能的主构件的不同，车用发动机可以分为活塞式内燃机和燃气轮机两类。活塞式内燃机按照活塞运动方式分为往复活塞式和旋转活塞式两种。往复活塞式内燃机在汽车上的应用较为广泛。

2.1.2 汽车用内燃机的分类

汽车内燃机专指在汽缸内部燃烧，利用燃烧后工质的膨胀做功的发动机。其分类方法很多，按照不同的分类方法可以把发动机分成不同的类型。

1. 按汽车使用的燃油不同划分

按汽车使用的燃油分可分为汽油机、柴油机和气体燃料发动机三大类。使用汽油为燃料的内燃机称为汽油机，使用柴油为燃料的内燃机称为柴油机。汽油机的特点是转速高、质量小、噪声小、启动容易及制造成本低；而柴油机的特点是压缩比大、热效率高、经济性能和排放性能都比汽油机好。

2. 按汽车发动机完成一个工作循环所需要行程数的不同划分

按汽车发动机完成一个工作循环所需要行程数可分为四冲程发动机和二冲程发动机。曲轴旋转两周，活塞在汽缸内上下往复运动四个行程完成一个工作循环的发动机称为四冲程发动机；曲轴旋转一周，活塞在汽缸内上下往复运动两个行程完成一个工作循环的发动机称为二冲程发动机。目前，汽车发动机大多都采用的是四冲程发动机。

3. 按汽车发动机的汽缸数目不同划分

按汽车发动机的汽缸数目不同可分为单缸发动机和多缸发动机。只有一个汽缸的发动机称为单缸发动机；有两个或两个以上汽缸的发动机称为多缸发动机(如双缸、三缸、四缸、五缸、六缸、八缸、十二缸等)。现代车用发动机大多采用四缸、六缸、八缸发动机。

4. 按汽车发动机冷却方式的不同划分

按汽车发动机冷却方式的不同可分为水冷式发动机和风冷式发动机。水冷式发动机是利用冷却液作为冷却介质进行冷却的；而风冷式发动机则是利用流动于汽缸体与汽缸盖外表面散热片之间的空气作为冷却介质进行冷却的。水冷式发动机冷却均匀、工作可靠性高、冷却效果好，因此被广泛应用于现代汽车发动机上。

5. 按汽车发动机的汽缸排列形式的不同划分

按汽车发动机的汽缸排列形式的不同，发动机可分为单列式和双列式两种。单列式发动机的各个汽缸排成一列，通常是垂直布置的，但是为了降低高度，可把汽缸布置成倾斜的或水平的；双列式发动机把汽缸排成两列，两列之间的夹角小于180°(一般为90°)时称为V形发动机，两列之间的夹角等于180°时称为水平对置式发动机(图2-1)。

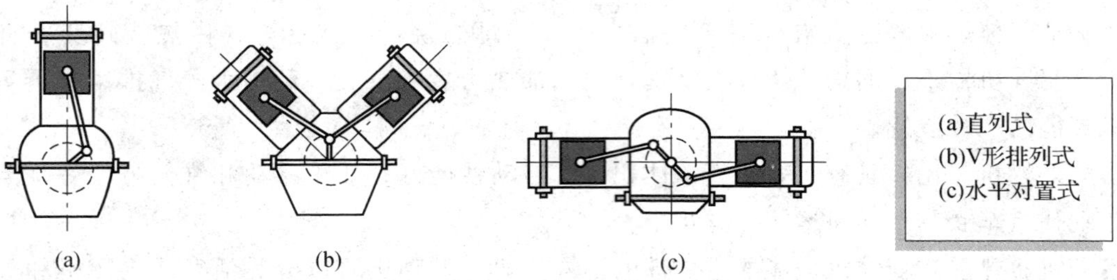

图2-1　多缸的排列形式示意图

6. 按汽车发动机点火方式的不同划分

按汽车发动机点火方式的不同划分，发动机可分为点燃式和压燃式两种。汽油机为点燃式发动机，而柴油机则为压燃式发动机。

7. 按汽车发动机进气方式的不同划分

按汽车发动机进气方式的不同划分，发动机可分为自然吸气式(非增压式)发动机和强制进气式(增压式)发动机两类。增压后可使柴油机的最大功率提高25%～50%，并且还可以降低噪声、排烟及燃油消耗率。近几年增压式汽油机受到了重视，并得到了较大、较好的发展。

2.1.3　四冲程发动机的工作原理

汽车的工作过程可分为进气行程、压缩行程、做功行程和排气行程四个行程，如图2-2所示。

(1)进气行程，如图2-2(a)所示。在进气行程开始时，活塞位于上止点，进气门开启，排气门关闭。曲轴旋转，活塞从上止点向下止点移动，活塞上方容积增大，压力降低，可燃混合气在压力差作用下进入汽缸。

(2)压缩行程，如图2-2(b)所示。在压缩行程开始时，进气门、排气门关闭。活塞从上止点向下止点移动。活塞上方容积缩小，压缩混合气，使其压力和温度升高到易燃的程度。

(3)做功行程，如图2-2(c)所示。在做功行程时，进气门、排气门还是关闭的，当压缩接近终了时，火花塞发出电火花，点燃混合气做功。

(4)排气行程，如图2-2(d)所示。在排气行程开始时，进气门仍然关闭，排气门开启，使活塞由下止点向上止点移动，把燃烧后的废气挤出汽缸。

由此可见，曲轴旋转两周，而发动机完成了四个行程的一个循环：进气、压缩、做功、排气，就这样周而复始连续不断地工作。但化油器式汽油机的充气及混合气分配不能得到理想控制，对于提高它的动力性、经济性以及改善废气排放都会有一定的局限性，应运而生的汽油直接喷射系统解决了这些问题。

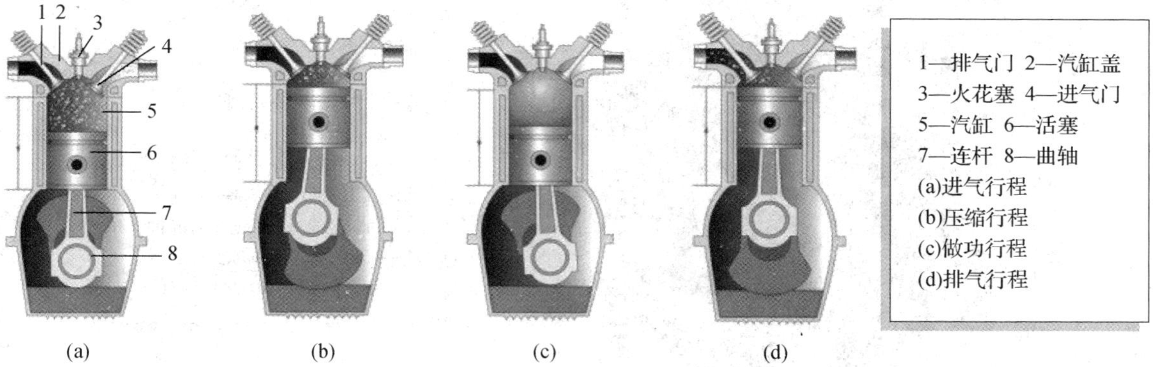

图 2-2 四冲程汽油机工作原理示意图

常见问题解析

什么是汽车发动机的排量?

发动机的排量是指发动机的工作容积，即发动机各缸工作容积之和，发动机工作容积不是发动机的总容积，不包括汽缸的燃烧室部分的体积。一般汽车尾部标出的排量，为该车发动机的工作容积的约数，不代表精确的发动机排量。

2.2 发动机的总体构造

2.2.1 汽油发动机的总体构造

为了保证汽车持续稳定地行驶，发动机实现工作循环、能量的转换、动力的输出，内燃发动机必须至少具备两大机构(曲柄连杆机构、配气机构)、五大系统(燃料供给系统、润滑系统、冷却系统、启动系统、点火系统)。如果是柴油机，则应不具备点火系统。图 2-3 为汽油机的典型结构。

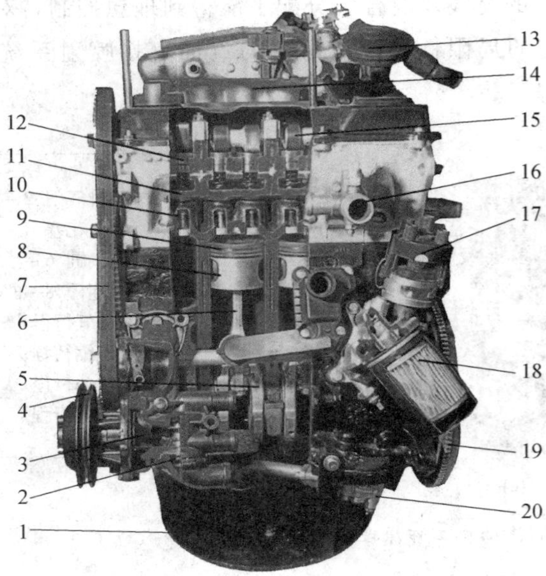

1—油底壳 2—节温器
3—水泵 4—皮带轮
5—曲轴 6—连杆
7—正时皮带 8—活塞
9—活塞环 10—气门
11—汽缸盖 12—气门顶筒
13—加机油口盖 14—汽缸盖罩
15—凸轮轴 16—缸盖出水管
17—分电器 18—机油滤清器
19—飞轮 20—机油泵

图 2-3 汽油机的典型结构

1. 曲柄连杆机构

曲柄连杆机构是由机体组、活塞连杆组和曲轴飞轮组等组成。它是发动机实现工作循环、完成能量转换的主要运动零件。在做功行程中，活塞承受燃气压力在汽缸内做直线运动，通过连杆把运动形式转换成曲轴的旋转运动，并从飞轮向外输出动力。而在进气、压缩和排气行程中，飞轮释放能量，又把曲轴的旋转运动转化成活塞的直线运动。

2. 配气机构

配气机构的功用是按照发动机的工作顺序和工作过程，定时开启和关闭进、排气门，使可燃混合气或空气进入汽缸，并使废气从缸内排出，从而实现换气过程。配气机构一般大多采用顶置式配气机构，通常由气门组、气门传动组组成。

3. 燃料供给系统

汽油机燃料供给系统和柴油机燃料供给系统因供油和燃烧过程不同，所以在结构上也有很大的区别。

汽油机燃料供给系统主要由汽油箱、汽油滤清器、电喷装置、空气滤清器、进气管、排气管、排气消声器等组成。它的功用是按发动机不同工况的要求，配制一定数量和浓度的可燃混合气，供入汽缸，并将燃烧做功后的废气从汽缸排到大气中去。

柴油机燃料供给系统主要由燃油箱、柴油滤清器、输油泵、喷油泵、进气管、排气管、排气消声器等组成。它的功用是向汽缸内供给纯空气并在规定的时刻向缸内喷入一定量的柴油，以调节发动机的输出功率和转速，最后将燃烧后的废气排出汽缸到大气中去。

4. 润滑系统

润滑系统主要由机油泵、集滤器、限压阀、机油滤清器、油底壳和油道等组成。它的功用是向做相对运动的零件表面输送定量的清洁润滑油，实现液体摩擦，减小摩擦阻力，减轻机件的磨损，并对零件表面进行清洁和冷却，从而延长发动机的使用寿命。

5. 冷却系统

冷却系统有水冷和风冷两种方式。现代汽车一般都采用水冷式。水冷式冷却系统主要由水泵、散热器、风扇、水套和节温器等组成。它的功用是将从受热零部件吸收的部分热量散发出去，保证发动机在最适宜的温度状态下工作。

6. 点火系统

在汽油机中，汽缸内的可燃混合气是靠电火花塞点燃的，因此在汽油机的汽缸盖上装有火花塞，火花塞头部伸入燃烧室内。能定时在火花塞电极间产生火花，并点燃汽缸内的可燃混合气的全部设备称为点火系统。点火系统一般由蓄电池、发动机、点火线圈、分电器和火花塞等组成。柴油机发动机是压缩自燃，故没有点火系统。

7. 启动系统

要使发动机由静止状态过渡到工作状态，必须先用外力使发动机曲轴旋转，致使活塞做往复运动，汽缸内的可燃混合气燃烧膨胀做功，推动活塞向下运动使曲轴旋转，发动机才能自行运转，工作循环才能得以自动进行。所以曲轴在外力作用下开始转动到发动机怠速运转的全过程，即称为发动机的启动。完成启动过程所需要的装置称为发动机的启动系统。

2.2.2 柴油发动机的总体构造

柴油发动机包括两大机构(曲柄连杆机构、配气机构)、四大系统(燃料供给系统、润滑系统、冷却系、启动系统)。柴油机则应不具备点火系统。

常见问题解析

为了减少汽车尾气排放对人类生态环境的危害，一般有哪些措施?

可以在发动机上加装废气再循环阀、曲轴箱强制通风阀和活性炭罐等装置。

从 2008 年起，我国对于尾气的排放标准正式实施欧洲Ⅲ号标准(HC，0.66%；CO，2.1%；NO_x，5%；PM，0.1%)。

2.3 发动机主要性能指标与特性

发动机的性能指标是用来衡量发动机性能好坏的标准的各种物理量的总称，主要包括动力性指标、经济性指标和排放性指标。它也可以用来评定发动机维修质量的好坏。

2.3.1 发动机的动力性指标

动力性指标是指曲轴对外做功能力的指标，主要包括有效转矩、有效功率和曲轴转速。

1. 有效转矩

有效转矩是指作用在活塞顶部的气体压力通过连杆传给曲轴产生的转矩，并克服了摩擦、驱动附件等损失之后从曲轴对外输出的净转矩。常用 M_e 表示，单位为 N·m。

2. 有效功率

有效功率是指发动机通过飞轮对外输出的功率，一般用 P_e 表示，单位为 kW。一般通过台架试验直接测量发动机的有效转矩 M_e(N·m)和转速 n(r/min)，并根据式(2-1)计算出发动机的有效功率 P_e。

$$P_e = M_e \cdot 2\pi n/60 \times 10^{-3} = M_e \cdot n/9\ 550 \tag{2-1}$$

3. 曲轴转速

曲轴转速是指发动机曲轴每分钟的转数，常用 n 表示，单位为 r/min。发动机产品铭牌上标明的功率及相应转速称为额定功率和额定转速。根据汽车发动机可靠性试验方法的规定，汽车发动机应能在额定工况下连续运行 300～1 000 h。

2.3.2 发动机的经济性指标

发动机经济性指标主要是指有效燃油消耗率和有效热效率。

1. 有效燃油消耗率

有效燃油消耗率是指单位有效功率的燃油消耗量，也就是发动机每发出 1 kW 有效功率在 1 h 内所消耗的燃油量，通常用 g_e 表示，单位为 g/(kW·h)。可以用式(2-2)计算。

$$g_e = G_T/P_e \times 10^3 \tag{2-2}$$

式中　G_T——发动机每小时耗油量，kg/h。

很明显，有效燃油消耗率越小，表示发动机曲轴输出净功率所消耗的燃油越少，其经济性越好。一般发动机铭牌上给出的有效燃油消耗率 g_e 是最小值。

2. 有效热效率

有效热效率是指燃料燃烧所产生的热量转化为有效功的百分数，用 η_e 表示。η_e 越高，发动机经济性能越好。

2.3.3 发动机的速度特性

发动机性能指标随发动机调整情况和使用工况而变化的关系，称为发动机特性。这种变化关系用曲线表示成为发动机特性曲线。

当发动机负荷不变时，其性能指标随着其转速变化而变化的关系，称为发动机的速度特性，如图 2-4 所示。不同的节气门开度，就会有不同的速度特性曲线，所以发动机的特性曲线有无限多条。当节气门全开时，其速度特性称为发动机的外特性，如图 2-4 所示；当节气门部分开启时的速度特性称为发动机的部分负荷速度特性，如图 2-5 所示。

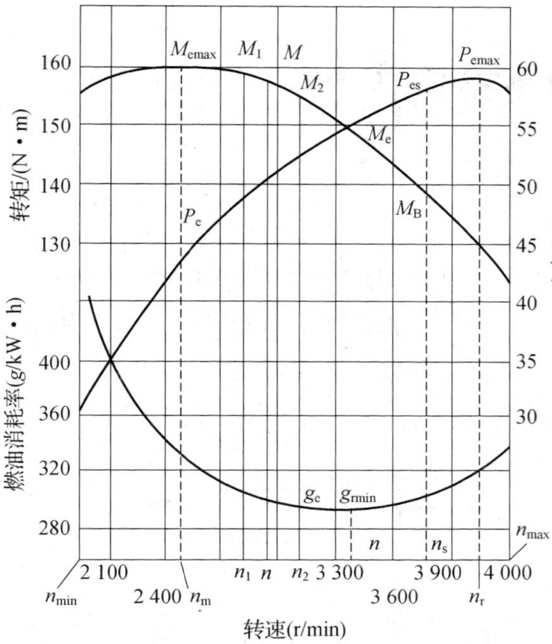

图 2-4　某型号汽油机的外特性曲线

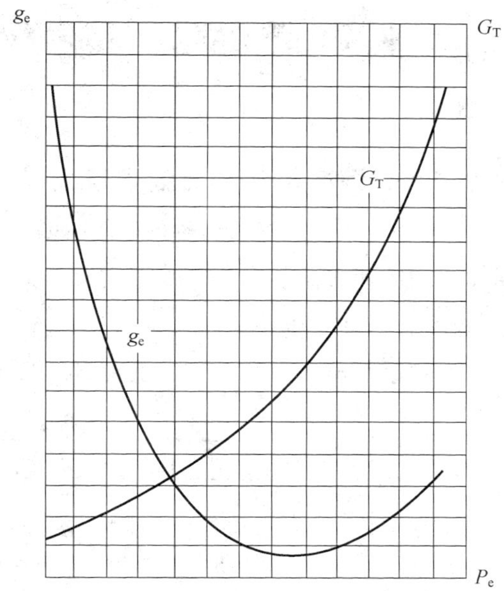

图 2-5　6100 型车用汽油机的负荷特性

2.3.4　发动机工作状况与负荷

发动机工作状况(简称发动机工况)一般用它的功率与曲轴转速来表征，有时也可用负荷与曲轴转速来表征。内燃机在某一转速下发生的有效功率与相同转速下所能发出的最大有效功率的比值称为负荷率，简称负荷。

常见问题解析

什么是发动机的额定功率?

发动机工作时，有效转矩和有效功率是随工况变化而变化的。不同用途的发动机，为了保证其工作的可靠性和使用寿命，最大工作转速和与之相对应的有效功率都必须限制在一定范围内。

我国国家标准规定：在允许的最大使用转速下，允许使用的最大的有效功率称为额定功率。汽车发动机的额定功率一般用 15 min 功率表示。15 min 功率是指发动机允许连续运转 15 min 的最大功率。

2.4 内燃机产品名称和型号编制规则

2.4.1 国产车辆产品型号及编号规则

为了生产、使用、管理、维修中便于识别不同的汽车，国家制定了统一的型号编制规则。1988 年颁布了国家标准《汽车产品型号编制规则》(GB/T 9417-1988)，规定汽车型号由汉语拼音字母和阿拉伯数字组成。

1. 汽车产品型号组成

汽车产品型号由首部、中部和尾部三部分组成，如图 2-6 所示。

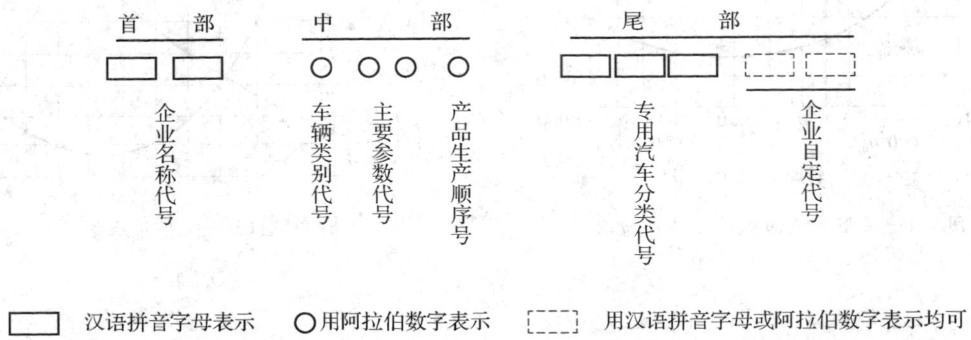

图 2-6 汽车产品型号

(1)首部：企业名称代号，由 2～3 个大写汉语拼音字母组成。

(2)中部：表示汽车类别、主要参数和生产顺序，由 4 位阿拉伯数字组成，见表 2-1。

表 2-1 汽车类别代号

<table>
<tr><th colspan="2">首位数字</th><th>中间两位数</th><th>末尾数字</th></tr>
<tr><td colspan="2">表示车辆类别</td><td>表示汽车的主要特征参数</td><td>生产顺序号</td></tr>
<tr><td>1</td><td>载货汽车</td><td rowspan="5">表示汽车的总质量 t①数值</td><td rowspan="9">由企业自定</td></tr>
<tr><td>2</td><td>越野汽车</td></tr>
<tr><td>3</td><td>自卸汽车</td></tr>
<tr><td>4</td><td>牵引汽车</td></tr>
<tr><td>5</td><td>专用汽车</td></tr>
<tr><td>6</td><td>客车</td><td>表示汽车的总长度(0.1 m)②数值</td></tr>
<tr><td>7</td><td>轿车</td><td>表示发动机的总工作容积(0.1 L)数值</td></tr>
<tr><td>8</td><td></td><td></td></tr>
<tr><td>9</td><td>半挂车及专用半挂车</td><td>表示汽车的总质量 t③数值</td></tr>
</table>

注：①专用汽车是指专用货车和特种作业车；

②当汽车总质量大于 100 t 时，允许用 3 位数表示；

③当汽车总长度大于 10 m 时，单位为 m。

(3)尾部：表示专用汽车分类代号和企业自定代号，由若干个汉语拼音字母和若干个阿拉伯数字组成。专用汽车分类代号用反映车辆结构和用途特征的三个汉语拼音字母表示，用其识别专用汽车的结构特征和用途。其中结构特征代号位于最左边，用一位表示，见表 2-2。用途特征代号按 ZB/T T5005 的规定。

表 2-2　专用汽车结构特征代号

厢式汽车	罐式汽车	专用自卸汽车	特种结构汽车	起重举升汽车	仓栅式汽车
X	G	Z	T	J	C

2. 型号示例

(1)CA1092：表示的是一汽集团生产的总质量为 9 485 kg 的中型普通载货汽车，经二次改型。

(2)CA7220AE：表示的是一汽集团轿车股份有限公司生产的中级轿车，发动机的排量为 2.2 L，第一代产品。

(3)DD6112H6A：表示的是辽宁黄海汽车有限责任公司生产的大型高级旅游客车，车身总长为 11.2 m，经二次改型。

(4)EQ2081：表示的是东风汽车集团公司生产的总质量为 8 t 的中型越野汽车，经一次改型。

(5)JG5090XBW：表示的是济南汽车改装厂生产的总质量为 9 t 的第一代厢式保温车。

2.4.2 发动机型号的编制规则

1. 内燃机产品型号的组成和编制规则

为了便于内燃机的生产管理和使用，我国于 1991 年颁布了国家标准《内燃机产品名称和型号编制规则》(GB/T 725-1991)。这个标准规定内燃机型号由阿拉伯数字和汉语拼音字母组成，型号则由下列四部分构成。

(1)首部：包括产品系列符号和换代符号。由制造厂根据需要自选相应字母表示，但必须经行业标准化归口单位核准、备案。

(2)中部：由缸数符号、汽缸排列形式符号、冲程符号和缸径符号组成。缸数由阿拉伯数字表示，缸径用 mm 表示。

(3)后部：包括结构特征符号和用途特征符号，用字母表示。

(4)尾部：区分符号表示同一系列产品的一些差别，由制造厂确定。

内燃机型号的排列顺序及符号所代表的意义规定，如图 2-7 所示。

汽油内燃机型号编制示例：

EQ6100-1：表示东风汽车工业公司，六缸，四冲程，直列式，缸径 100 mm，水冷，通用型，第一种类型产品。

1E65F：表示单缸，二冲程，缸径 65 mm，风冷，通用型。

柴油内燃机型号编制示例：

CA6110：表示第一汽车集团公司生产，六缸，四冲程，直列式，缸径 110 mm，水冷，通用型。

12V135ZG：表示 12 缸，V 形，四冲程，缸径 135 mm，水冷，增压，工程机械用。

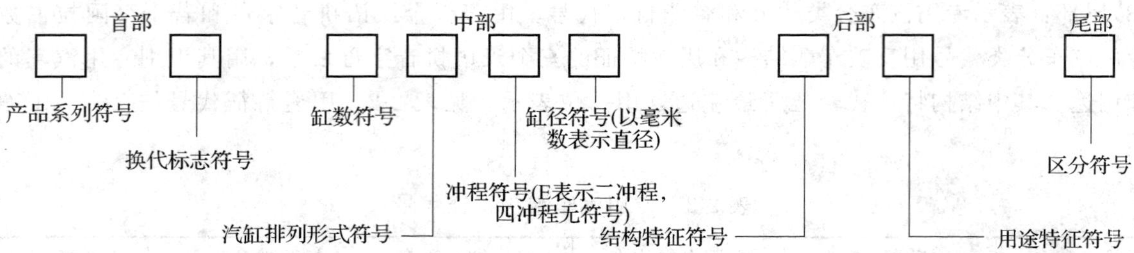

符号	排列形式
无符号	直列及单列
V	V形
P	平卧

符号	结构特征
无符号	水冷
F	风冷
N	凝气冷却
S	十字头式
D	可倒转(直接换向)
Z	增压

符号	用途特征
无符号	通用型
T	拖拉机
M	摩托车
G	工程机械
Q	车用
J	铁路机车
D	导电机组
C	船用主机，右机基本型
C_1	船用主机，左机基本型

图 2-7　内燃机型号

2. 发动机的识别——发动机铭牌主要内容

每台发动机都有一个铭牌，固定的位置根据发动机的不同可能不同，根据这个铭牌，我们可以识别发动机。铭牌的主要内容如下：

制造日期：采用 8 位数字。前 4 位是年，中间两位是月，后两位是日。如 1989 年 9 月 9 日打印成 19890909。装配试验合格后打印。

常见问题解析

发动机基本运行故障有哪些?

(1)发动机的汽缸衬垫烧损，会使相邻两缸窜气导致发动机逐渐熄火。应更换汽缸垫。

(2)发动机运转不稳，并渐渐感到行驶无力，随后熄火，并且不能启动。可能是凸轮轴正时齿轮损坏或正时带松动，个别齿轮损坏，造成进、排气门开闭错乱，破坏了配气相位所导致的。应更换损坏的正时齿轮或正时带，调整正气门时。

(3)汽车在运行中发动机忽然熄火，且不能再启动，当摇转曲轴时，各缸压缩压力不均。可能是凸轮轴正时齿轮损坏，正时带折断或分电器驱动轴折断所导致的。维修方法：

①拆下分电器盖，用手指拨动分火头，若能旋转，表明分电器驱动轴折断。

②如果分火头不能任意拨转，表示凸轮轴正时齿轮部分损坏。

③更换损坏的零部件，重新调整气门正时和点火正时。

④汽车运行时，发动机突然出现有节奏并连续的金属敲击声，继续行驶，其响声更加严重，以致突然熄火，且不能转动曲轴。这时曲轴轴承合金层熔化、烧损以致抱死。

知识拓展

发动机工作时，有效转矩和有效功率是随工况变化而变化的。不同用途的发动机，为了保证其工作的可靠性和使用寿命，最大工作转速和与之相对应的有效功率都必须限制在一定范围内。

我国国家标准规定：在允许的最大使用转速下，允许使用的最大的有效功率称为额定功率。汽车发动机的额定功率一般用 15 min 功率表示。15 min 功率是指发动机允许连续运转 15 min 的最大功率。

思考与练习

一、填空题

1. 汽油发动机由__________机构和__________机构以及__________、__________、__________、__________、__________等五大系统组成。
2. 柴油发动机比汽油发动机少了__________系统。
3. 发动机可分为__________式和__________式两种。汽油机为点燃式发动机，而柴油机则为__________式发动机。
4. 按汽车发动机冷却方式的不同可分为__________式发动机和__________式发动机。
5. 曲柄连杆机构是由__________、__________和__________等组成。
6. 动力性能指标是指曲轴对外做功能力的指标，主要包括__________、__________和__________。
7. 我国国家标准规定：在允许的最大使用转速下，允许使用的最大的有效功率称为__________。
8. 发动机性能指标随发动机调整情况和__________而变化的关系，称为发动机特性。
9. 柴油机的特点是__________、__________、经济性能和__________都比汽油机好。
10. __________是指作用在活塞顶部的气体压力通过连杆传给曲轴产生的转矩，并克服了摩擦、驱动附件等损失之后从曲轴对外输出的净转矩。常用 M_e 表示，单位为 N·m。

思考与练习

二、问答题

1. 发动机由几部分组成？它们各有什么作用？
2. 发动机的基本术语有哪些？各有什么含义？
3. 试述四冲程发动机的工作原理。
4. 试述发动机主要组成部分名称和作用，说出各个组成部分的主要部件的名称。
5. 试述四冲程发动机与二冲程发动机的不同点。
6. 我国发动机编号规则包括哪几部分？各有什么含义？
7. 什么是发动机工作循环？四冲程汽油机与四冲程柴油机的工作循环有什么不同？
8. 排量为 2 520 mL 的六缸发动机，其燃烧室容积是 60 mL，求压缩比是多少？
9. 试述发动机的保养。
10. 为什么四冲程发动机被广泛用于汽车，而二冲程发动机却没有广泛用于汽车？

单元3 曲柄连杆机构

单元目标

知识目标

1. 了解曲柄连杆机构的功用及组成
2. 了解机体组的结构与组成
3. 了解活塞连杆组的结构与原理
4. 了解曲轴飞轮组的结构与原理

能力目标

1. 掌握曲柄连杆机构的拆装
2. 熟悉曲柄连杆机构的装配关系

知识脉络图

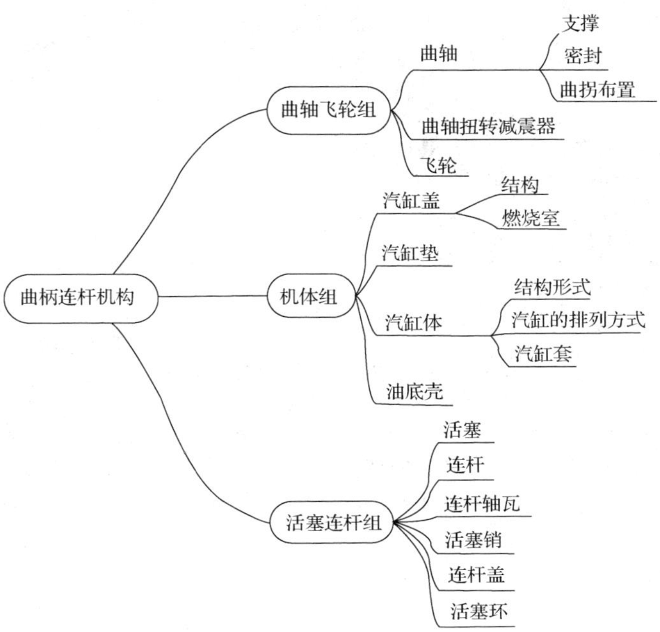

3.1 曲柄连杆机构概述

3.1.1 曲柄连杆机构的功用

曲柄机构是往复活塞式发动机将热能转化为机械能的主要机构。其功用是提供燃料燃烧的场所，并且将燃气作用在活塞顶上的压力转变为曲轴旋转运动的转矩，对外输出动力。当发动机工作时，燃料燃烧产生的气体压力直接作用于活塞顶上，推动活塞做往复直线运动，经过活塞销、连杆、曲轴将活塞的往复直线运动转换为曲轴的旋转运动。发动机产生的动力大部分是由曲轴后端的飞轮传给传动系统，还有一小部分是通过曲轴前端的齿轮和带轮驱动本机其他机构和系统。

3.1.2 曲柄连杆机构的组成

曲柄连杆机构是由机体组、活塞连杆组和曲轴飞轮组三部分组成，如图 3-1 所示。

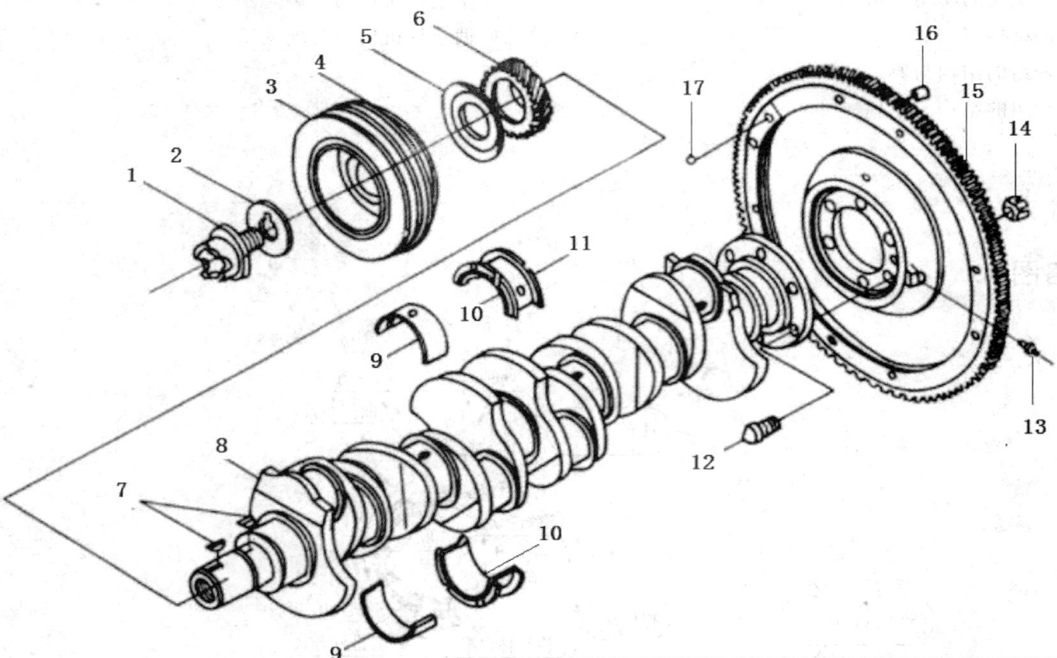

1—启动爪　2—启动爪锁紧垫圈　3—扭转减震器　4—带轮　5—挡油片
6—定时齿轮　7—半圆键　8—曲轴　9—主轴承上下轴瓦　10—中间主轴瓦
11—止推片　12—螺栓　13—润滑脂嘴　14—螺母　15—齿环
16—圆柱销　17—一、六缸活塞处在上止点的记号（钢球）

图 3-1　曲柄连杆机构主要零件

常见问题解析

曲柄连杆机构常见故障有哪些?

(1)汽缸或汽缸套、活塞、活塞环等，由于磨损及活塞环卡死在环槽内，造成活塞间隙大，产生响声，压力不足，使内燃机启动困难、功率下降、机油变质等。应维修磨损、卡死机件。

(2)主轴承、连杆轴承、活塞销磨损超过使用极限，间隙过大，造成金属敲击声，严重时造成机件损坏。应更换磨损超过使用极限的机件。

(3)汽缸盖衬垫或预热室漏气、漏水，内燃机启动困难、功率下降、机油盘或排气管内有水。应拧紧连接部分或更换衬垫。

3.2 机体组

机体组是发动机的骨架，是发动机各个机构和各个系统的安装基础。其内、外安装有发动机的所有零件和附件，并且承受一定量的载荷。因此，机体组必须具有足够的强度和刚度。机体组主要是由汽缸体、汽缸盖、汽缸垫、油底壳(下曲轴箱)等零件组成。

3.2.1 汽缸体

发动机的汽缸体通常和上曲轴箱铸成一体，称为汽缸体，如图 3-2 所示。

汽缸体是安装和固定汽缸体套及其他机构系统的装配基体，并且由它来保持发动机各运动件相互之间的准确位置关系。它的结构复杂，通常采用高强度灰铸铁或铝合金材料铸造而成。轿车发动机大多采用铝合金材料。以下为汽缸的排列形式和结构形式。

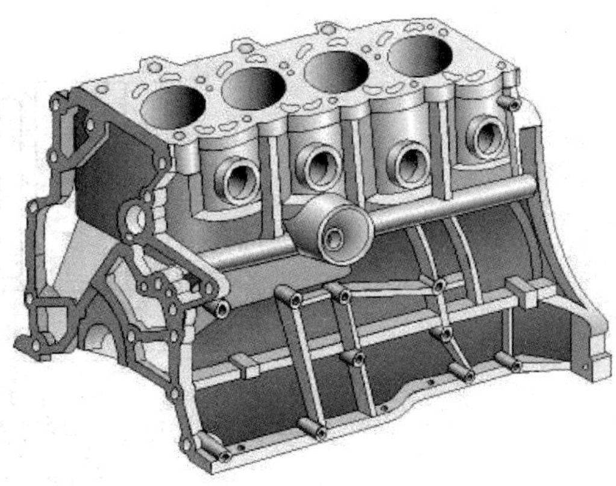

图 3-2 汽缸体

1. 汽缸的排列方式

现代汽车多采用多缸发动机，一般按汽缸的排列方式不同可分为直列式、V 形式和对置式三种，如图 3-3 所示。

(1)直列式。汽缸体的各大汽缸排列成一列，一般是垂直布置。其结构简单、加工容易、维修和保养方便，但发动机长度和高度较大。一般六缸以下发动机大多采用直列式，如捷达、富康轿车发动机。为了降低发动机高度，有的发动机采用斜置式汽缸体，如桑塔纳、夏利轿车发动机等。

(2)V 形式。汽缸排成两列，左右两列汽缸中心线的夹角小于 180°，一般为 60°或 90°，V 形汽缸体与缸数相同的直列式汽缸体相比，高度降低、长度缩短、刚度增强、重量减轻，但宽度增大、形状复杂、加工困难，通常用于缸数大于六缸或等于六缸的发动机。

(3)对置式。汽缸也排成两列，左右两列汽缸在同一水平面上，即左右两列汽缸中心线的夹角等于180°。它的特点是发动机高度比其他形式小得多，但宽度太大，维修保养不方便。其多用于发动机后置的轿车和大型客车上，这时发动机装在车厢底板下面，可以增大有效装载空间，使总布置更为方便。

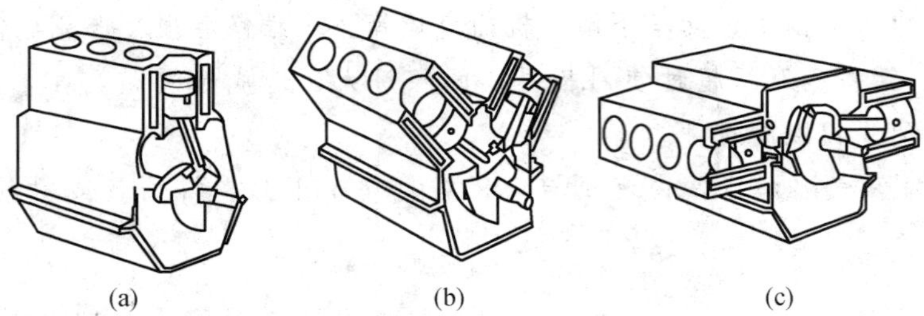

(a)直列式
(b)V形式
(c)对置式

图 3-3　汽缸的排列方式

2. 汽缸体与汽缸套

汽缸体内引导活塞做往复运动的圆柱形空腔称为汽缸。汽缸的工作表面除了要承受燃气的高温高压外，还要承受活塞往复运动的摩擦作用，故其材料必须是耐高温高压、耐磨损和耐化学腐蚀，并且具有足够的刚度和强度。

为了提高耐磨性，有时在铸铁中加入了一些合金元素，如镍、钼、铬、磷等。若汽缸体全部采用优质耐磨材料，则成本太高，因为除与活塞配合的汽缸壁表面外，其他部分对耐磨性要求并不高，因而现代汽车发动机广泛采用在汽缸体内镶入汽缸套，形成汽缸工作表面。这样，汽缸套可以用耐磨性较好的合金铸铁或合金钢制造，而汽缸体则用价格较低的普通铸铁或铝合金等材料制造。

汽缸体有无汽缸套式、干式汽缸套式和湿式汽缸套式三种结构形式，如图 3-4 所示。

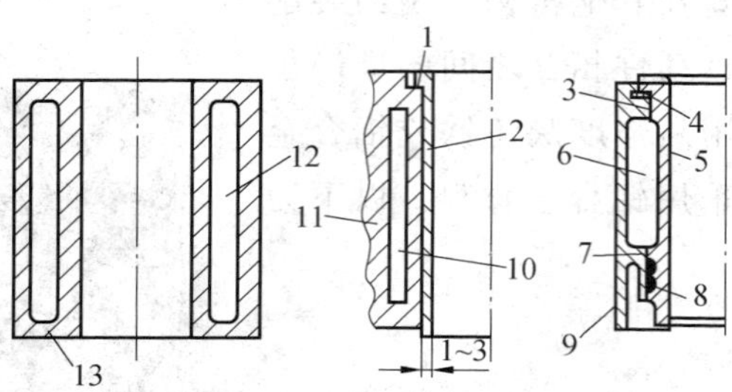

1—定位凸缘　2，5—汽缸套　3—上支承定位带　4—铜垫圈　6，10，12—水套
7—下支承密封带　8—橡胶密封圈　9，11，13—汽缸体

图 3-4　汽缸套的结构

(1)无汽缸套式。即在汽缸体上直接加工出汽缸水套，汽缸内壁直接对活塞起导向作用，汽缸的外壁直接由冷却液冷却。它的特点是强度和刚性好，汽缸中心距短且结构简单紧凑，但汽缸磨损后需要镗缸的方法来进行修理。一般轿车发动机采用无缸套汽缸结构。如国产轿车中捷达、桑塔纳 1.8L 等采用

这种结构。

(2)干式汽缸套式。由于汽缸套不与冷却水直接接触使冷却效果较差，但加工和安装都比较方便，其壁厚为 1～3 mm，铝合金机体干式汽缸套将合金铸铁的缸套与机体铸在一起。它被广泛用于负荷较小的轿车发动机中。

(3)湿式汽缸套式。缸套直接与冷却水接触，故冷却效果好，但加工和安装工艺较为复杂，汽缸体刚度差、易漏水，壁厚一般为 5～9 mm。湿式汽缸套靠上支承定位带和下支承密封带保证径向定位，而轴向定位是利用定位凸缘来保证。为了保证水套的密封，湿式汽缸套安装后，一般其顶端要高出汽缸体平面 0.05～0.15 mm，以便汽缸盖将汽缸垫压得更紧，从而提高了汽缸的密封性。它主要用于高负荷发动机和铝合金汽缸发动机。

3. 汽缸体的结构形式

水冷发动机的汽缸体和上曲轴箱常被铸在一起，故统称为汽缸体。

汽缸体下部包围着曲轴的部分称上曲轴箱。为安装曲轴，在上曲轴箱内加工了若干个同心的主轴承座孔，并在汽缸体上有主油道、分油道润滑这些轴承。汽缸体按曲轴箱的剖面位置不同可分为三种结构形式，如图 3-5 所示。

(1)平分式。汽缸体下平面与曲轴中心线在同一个平面上，此结构形式便于加工、刚度小，与油底壳结合面的密封较困难，多用于中小型发动机。

(2)龙门式。汽缸体下平面位于曲轴中心线以下。此结构形式的强度和刚度均比平分式大，密封简单可靠、维修方便，但工艺性较差，多用于大中型发动机。

(3)隧道式。曲轴箱的主轴承座孔为整体式，其刚度和强度最高，但工艺性差，只用于少数机械负荷较大、采用组合式曲轴的发动机。

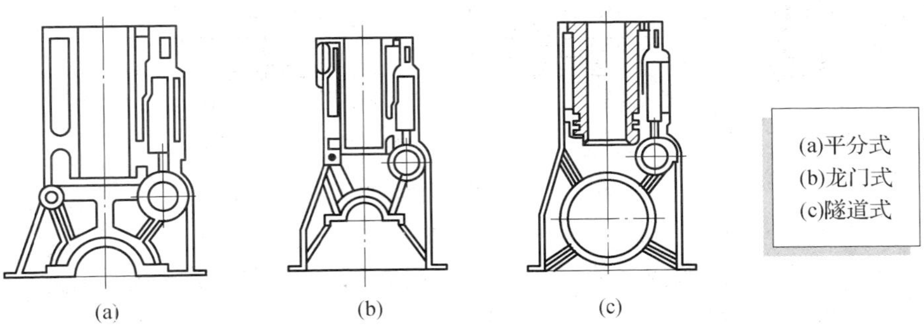

图 3-5 汽缸体的结构形式

3.2.2 汽缸盖与汽缸盖衬垫

1. 汽缸盖

汽缸盖用来封闭汽缸上部，它与活塞顶部及汽缸壁共同构成燃烧室。

汽缸盖一般用铸铁或铝合金材料铸造而成。其中铝合金缸盖导热性好，有利于提高压缩比，但刚度低且易变形。

汽缸盖的结构随着发动机的类型、冷却方式、气门和凸轮轴的布置、进排气道以及燃烧室形状而异，但其有许多共同点，如图 3-6 所示。在汽缸盖上加工有气门座、气门导气管孔、气道、摇臂轴安装座或凸轮轴安装座孔等。为润滑安装在汽缸上的运动零件，在汽缸盖内加工出了油道。

在水冷式发动机的汽缸盖内设置有水套，其端面上的冷却水孔相通，以便用循环冷却水对燃烧室等高温机件进行冷却。

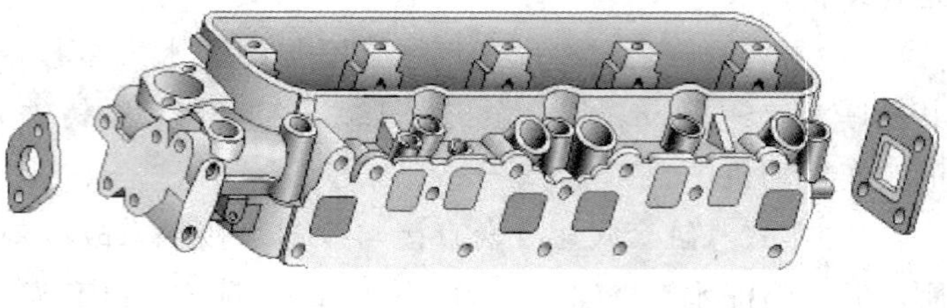

图 3-6　汽缸盖

汽油发动机的汽缸盖上还加工有火花塞及喷油器安装座孔，而柴油发动机汽缸盖加工有喷油器安装座孔。

为使制造和维修方便，减少缸盖变形对汽缸密封性的影响，缸径较大、缸数较多的发动机一般采用分开式汽缸，即一缸一盖、两缸一盖或三缸一盖；缸径较小、负荷较轻的汽油机则多采用整体式汽缸盖，这可以缩短缸心距和整机长度，但刚性较差、易变形。

燃烧室的形状对发动机的工作性能影响很大，对汽油机燃烧室的要求是结构紧凑、面容比小、火焰传播距离短等，以减少爆燃倾向而减小热的损失，能产生适当的压缩涡流，以提高燃烧速度，充气效率高等，汽油机燃烧室常见的形式有半球形、楔形和盆形三种，如图 3-7 所示。

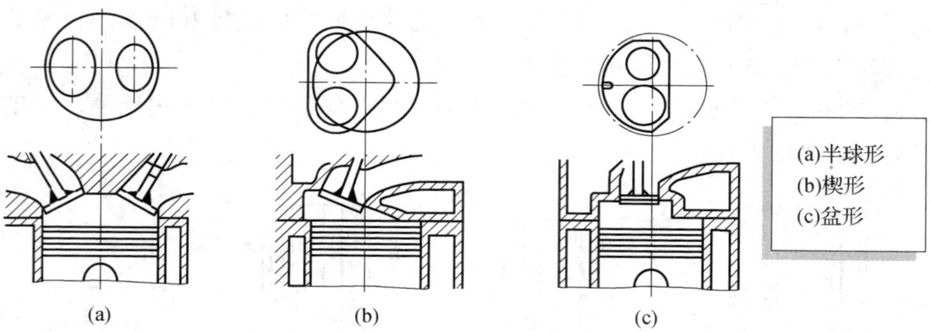

图 3-7　汽油机燃烧室的形式

(1)半球形燃烧室。其结构最紧凑、充气性好、气门直径较大，使发动机的动力性最好，激冷面积小，对排气净化有利。因而它被广泛应用，如桑塔纳轿车的发动机。

(2)盆形燃烧室。其工艺好、结构紧凑、制造成本低。但缺点是气门直径受限制较大，充气性相对楔形差，因此高速时动力性稍差，如捷达轿车的发动机。

(3)楔形燃烧室。其结构紧凑，采用较大直径的进气门，充气性、经济性和动力性都较好。

2. 汽缸盖衬垫

汽缸盖衬垫简称汽缸垫。汽缸垫用来保证汽缸体和汽缸盖结合面间的密封，防止漏水、漏油和漏气，其结构如图 3-8 所示。目前在汽车发动机上使用的汽缸垫主要有金属石棉汽缸垫、金属骨架石棉汽缸垫以及金属缸垫。

随着新型密封材料的研制，一些发动机开始使用单层金属片加耐热密封胶或只有耐热密封胶，从而彻底取代了传统的汽缸垫，但此种材料的发动机对汽缸体和汽缸盖结合面的加工精度要求很高。

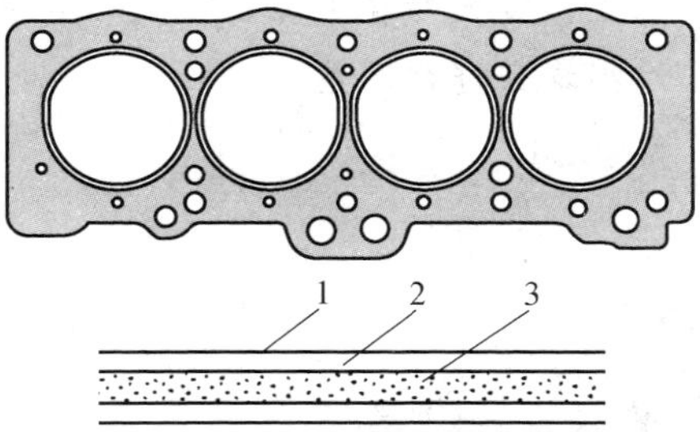

图 3-8　汽缸垫

3.2.3　油底壳

油底壳主要用来存储润滑油并封闭曲轴箱。油底壳的受力很小，一般采用薄钢板冲压而成，如图3-9所示。其形状取决于发动机的总体布置和机油的容量。为了加强散热，有的油底壳用铝合金铸造，且铸有散热片。

为了保证发动机纵向倾斜时机油泵能容易吸到机油，油底壳后部一般做得比较深，并在最低处装放油塞。放油塞一般带磁性，可吸附机油中的铁屑。油底壳内部还设有稳油挡板，以利于机油泵的正常工作和机油内杂质的沉淀。

汽缸体与油底壳之间一般垫有密封衬垫来防止漏油，也有的铸造油底壳用密封胶来进行密封。

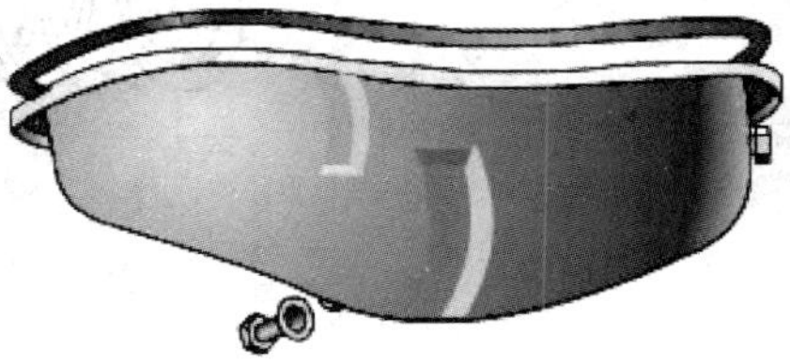

图 3-9　油底壳

常见问题解析

燃烧室积碳怎么办？

内燃机在工作过程中，燃油里的杂质和窜入燃烧室内的机油燃烧后形成积碳，留在活塞顶、预燃室和气门顶。内燃机长时间工作后，积碳就会增多，造成燃烧室容积变小、散热不良等后果。因此，定期保养和及时清除积碳，就极为重要。清除积碳的方法有：

(1)放出冷却水。

(2)卸掉内燃机罩盖和妨碍工作的机件。

(3)按要领拆下汽缸盖。

(4)把活塞移至上止点，在活塞与汽缸壁之间涂上润滑脂。

(5)用洗油浸湿黏附在活塞顶、气门顶及汽缸盖燃烧室等机件上的积碳，然后利用木质刮刀刮去积碳，再用洗油洗干净。

(6)安装汽缸盖和附件，安装前应检查有无脏物掉入汽缸内，并擦净润滑脂，按要领装复汽缸盖。必要时应测量存气间隙(即活塞在上止点时，活塞与汽缸盖平面之间间隙)，如135型柴油机为1.4～2.3 mm；120型柴油机为0.95～1.42 mm；CA-10B型汽油机为0.8 mm。方法是：用直径

3～4 mm的铅丝放在活塞的顶部，然后装复汽缸盖。慢慢转动曲轴一周，取出被压的铅丝，测量其厚度，即为存气间隙数值。气间隙数值过大、过小均需进行调整。

3.3 活塞连杆组

活塞连杆组由活塞、活塞环、活塞销、连杆以及连杆轴瓦等主要机件组成，如图 3-10 所示。

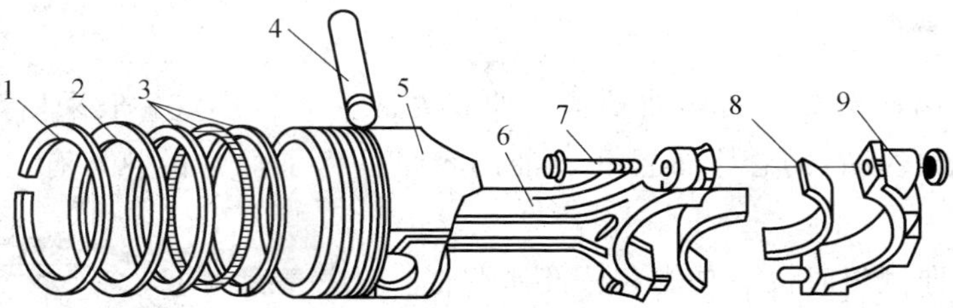

1—第一道气环 2—第二道气环 3—组合油环 4—活塞销 5—活塞
6—连杆 7—连杆螺栓 8—连杆轴瓦 9—连杆盖

图 3-10 活塞连杆组

3.3.1 活塞

活塞主要是在做功过程中承受汽缸中气体的压力，并将此压力通过活塞传递给连杆，从而推动曲轴旋转。另外活塞的顶部还与汽缸盖和汽缸壁共同组成燃烧室。

现代汽车的发动机广泛采用高强度铝合金活塞，它具有质量小、导热性好且摩擦系数小的优点，但热膨胀系数大，高温时强度和刚度下降较大。其构造如图 3-11 所示，主要由活塞顶部、活塞头部和活塞裙部三部分组成。

1—活塞顶部
2—活塞头部
3—活塞销座
4—活塞裙部

图 3-11 活塞的构造

其中活塞顶部的基本形状有平顶、凸顶、凹顶及成形顶。活塞裙部为沿轴线方向上小下大的圆锥形，在活塞裙部的上部有活塞销座。

3.3.2 活塞环

虽然活塞环被称为环，但在环上切有一个开口，称活塞环开口。活塞环因为有了这个开口不仅便于拆装，而且可以使活塞环的直径稍大于汽缸直径，靠其弹性在缸内压紧汽缸壁，来加强密封性。一般发动机上都装有两道气环和一道油环。

当发动机工作时，活塞环随着活塞在汽缸内做往复运动，会有径向胀缩变形现象。故活塞环在汽缸内应有开口间隙(又称端隙)，与活塞环槽间应有侧隙和背隙。

开口间隙是活塞处于冷态下装入汽缸后开口处的间隙。为减少气体的泄漏，装入汽缸时，第一道环的开口位置应避开做功行程的受压面，且各道环的开口应相互错开来获得较长的、迷宫式的漏气路线，增大漏气阻力，减少漏气量。

活塞环的端隙、侧隙和背隙过大就会漏气严重；而过小，则环膨胀后易卡死而折断，也会因背压过小影响汽缸的密封性。

活塞环安装在活塞环槽中，按其功用可以分为气环和油环两大类，如图 3-12 所示。

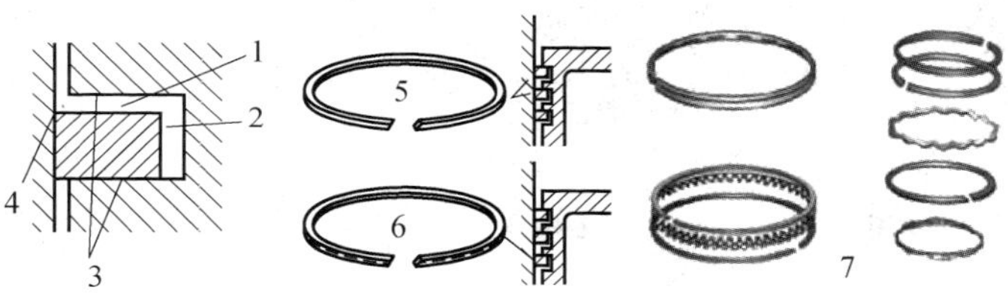

1—侧隙
2—背隙
3—第二密封面
4—第一密封面
5—气环
6—整体式油环
7—组合式油环

图 3-12 活塞环构造

1. 气环

又称压缩环，它用来密封活塞和汽缸之间的间隙，防止漏气和漏油，并将活塞头部承受的热量通过汽缸壁传给冷却液或者空气。

密封是气环的主要作用，它是传热的前提。如果密封不良，不仅发动机的动力性、经济性下降，并且活塞的传热也会受到破坏，导致活塞和活塞环被烧坏，气环与汽缸壁之间的磨损加剧。

气环在高温、高压、高速以及润滑困难等恶劣的条件下工作，因此是发动机磨损最快的零件之一。为了保证工作的可靠性，气环材料一般为合金铸铁，而特殊情况下会选择球墨铸铁、金属陶瓷、优质灰铸铁和合金钢等，并经常对气环进行磷化、镀锡、硫化或喷石墨处理。对工作条件最恶劣的第一道气环，则在其工作表面进行多孔镀铬或喷钼。

装配前一定要检验环的弹性及环与缸壁的漏光度，气环工作时漏气的唯一通道是环的端隙，由二道气环、三道气环组成迷宫式通道，经节流后达到密封效果。

汽油机多采用二道气环，而柴油机多采用三道气环。安装时应使各道环的开口相互错开，以减少端隙漏气。

在不同的发动机上装用不同的气环，按其断面形状可分为锥形环、矩形环、梯形环、桶面环、扭曲环以及反扭曲矩形环。

2. 油环

油环的功用是刮去汽缸壁上多余的润滑油，并在汽缸壁上均匀布油，另外油环还起密封作用。目前汽车发动机采用的油环有整体式油环和组合式油环。

3.3.3 活塞销

活塞销连接活塞与连杆小头，并将活塞承受的压力传给连杆。活塞销的内孔有三种形状：圆柱形、两段截锥以及一段圆柱组合、两段截锥形。

活塞销常在高温下承受很大的周期性冲击载荷，且润滑条件差，所以要求其具有足够的刚度和强度，表面耐磨且质量尽可能小，故活塞销通常是用低碳合金钢制造成的空心圆柱体。

活塞销与连杆小头、活塞销座之间的连接方式一般有全浮式和半浮式两种，如图 3-13 所示。

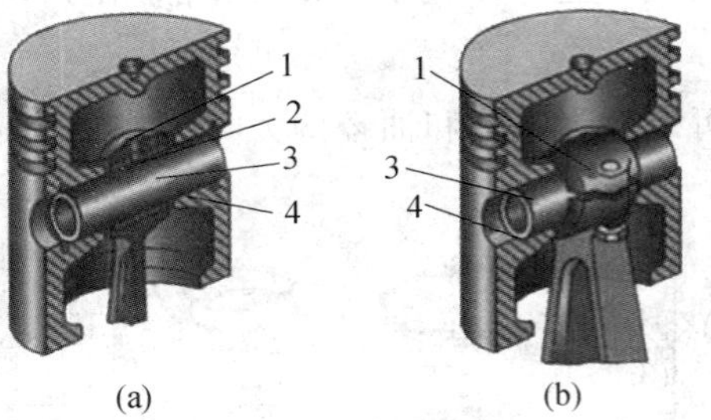

1—连杆小头
2—连杆衬套
3—活塞销
4—活塞销座
(a)全浮式
(b)半浮式

图 3-13 活塞销的连接方式

1. 全浮式

当发动机工作时，活塞销可以在连杆小头的衬套孔内自由转动，并在销座孔内也可以缓慢转动。

为了减少磨损并使其均匀磨损，连杆小头内安装小头衬套；为了防止销轴向晃动而刮伤汽缸壁，在活塞销座两端皆用卡环加以轴向固定；为了保证高温时的工作有正常的工作间隙，在冷态时活塞销与活塞销座孔为过渡配合。

2. 半浮式

活塞销与销座孔、连杆小头两处，一处固定，而一处可以自由转动。其中大多数采用活塞销与连杆小头固定的方式，这种固定方式有两种类型：一种是用螺栓将活塞销夹紧在连杆小头孔内；另一种是销与小头孔以过盈配合的方式固定。

半浮式活塞销可以降低发动机的噪声并消除卡环可能引起的事故，一般用于轻型高速发动机中。

3.3.4 连杆

连杆连接活塞与曲轴，将活塞往复直线运动转变为曲轴的旋转运动。连杆由连杆小头、连杆杆身以及连杆大头三部分组成，如图 3-14 所示。

连杆小头和活塞销采用全浮式连接时，在连杆小头孔内装有连杆衬套。为了润滑连杆衬套及活塞销，在连杆小头和连杆衬套加工有集油孔或集油槽。

连杆杆身一般采用“工”字形截面，使连杆强度和刚度得到保证的前提下，减轻连杆的质量。

有些发动机在连杆杆身中钻了油孔，压力机油可由杆身中的油孔引导到小头衬套中部去，可润滑连杆衬套、活塞销及冷却活塞。另外杆身还用来识别安装方向的标记。

连杆大头是分开的，其分开的部分称为连杆盖，两部分在同侧刻有配对的记号和朝前标记。连杆盖与连杆作用螺栓连接。连杆螺栓是特制的，其根部有一段直径较大的部分，它与螺栓孔配合起定位作用，防止工作时松动。

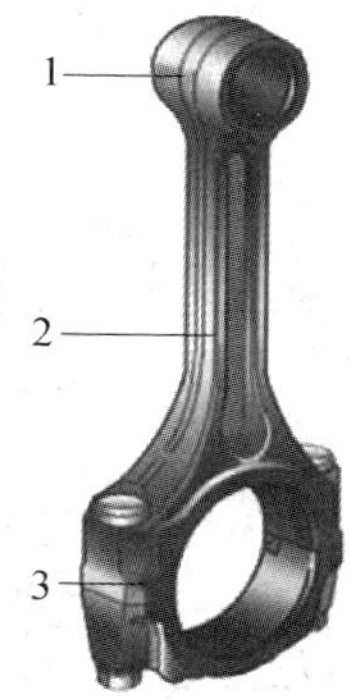

图 3-14　连杆构造

连杆大头与连杆盖切分面方向可分为平分切口和斜切口两种，一般采用的是平切口。有些负荷较大的柴油发动机连杆的连杆大头与连杆盖切分面采用斜切口形式。连杆大头内孔装有上、下两片轴承，轴承有一定的弹性，在自由状态下并不是半圆形的，它的半周长度大于轴承座的半周长，安装后轴承背面的凸键卡在凹槽中，使连杆轴承正确定位。轴承的内表面加工的油槽用于储油，保证可靠润滑。有的连杆轴承及连杆大头还加工有径向小油孔，从油孔中喷出的油可使汽缸壁承受侧压力较大的一侧得到更好的润滑及冷却。

常见问题解析

发动机连杆轴承有故障时怎么办？

内燃机在定期保养时或工作中发现有杂音，初步判断是连杆轴承有故障时，可在车上进行检查。其方法是：

(1)拆下检视孔盖，若无检视孔盖，应拆下机油盘、机油泵和油管等。

(2)连杆轴承间隙的检查：用手锤敲击连杆大头，稍能移动为间隙正常；不能移动为间隙过小。若感觉松旷为间隙过大，应更换新轴承(如轴承座与轴承之间有垫片，可增加垫片进行调整)。

(3)装复各部机件，启动内燃机，从无负荷、小负荷逐渐到正常工作。

3.4　曲轴飞轮组

3.4.1　曲轴

曲轴用来承受活塞和连杆传来的力，并由此产生绕自身轴线的旋转力矩，此力矩通过飞轮输送给底盘来驱动汽车行驶。另外，曲轴还用来驱动发动机的配气机构、发电机、水泵、空调压缩机以及动力转向泵等附件。

曲轴主要由主轴颈、连杆轴颈、曲柄、平衡块、前端轴、后端凸缘和润滑油道等组成，其构造如图

3-15 所示。

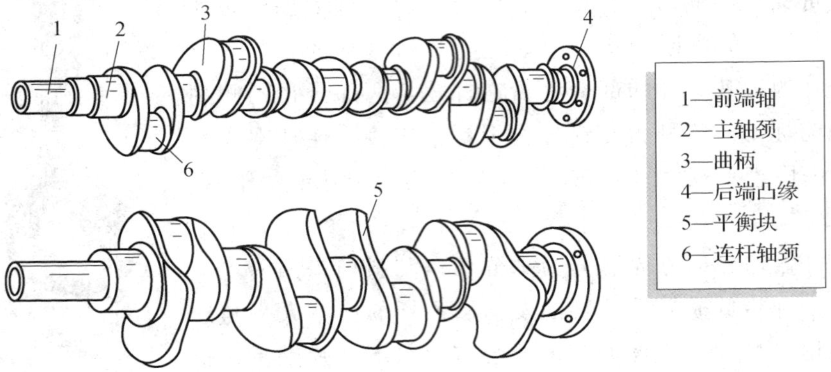

图 3-15　曲轴构造

连杆轴颈和主轴颈连接到一起的部分称为曲柄，连杆轴颈和曲柄共同将连杆传来的力转变成曲轴的旋转力矩。轴颈与曲柄之间有过渡圆角。一个连杆轴颈与它两端的曲柄及主轴颈构成一个曲拐，而曲拐的数目取决于汽缸的数目以及排列方式。前端轴用来安装水泵带轮、曲轴正时齿轮等。后端凸缘用来安装飞轮。

为了平衡连杆大端、连杆轴颈和曲柄等产生的旋转离心力及其力矩，使发动机运转平稳并减小曲轴主轴承的负荷，通常在连杆轴颈的相对位置安装有平衡块。

结合曲轴的受力情况和工作条件，需要对曲轴的支撑、密封以及曲拐的布置等进行合理的设计。

1. 曲轴的支承

相邻的两个连杆轴颈之间都设有主轴颈的曲轴称为全支承曲轴，否则称为非全支承曲轴。全支承曲轴的主轴颈数比连杆轴颈数多一个，而非全支承曲轴的主轴颈数则等于连杆轴颈数或者小于连杆轴颈数。

2. 曲轴的密封

曲轴的前后端都伸出曲轴箱，为了防止润滑油流出曲轴箱，在曲轴前后端均设有密封装置。为了保证密封可靠，曲轴前端常用挡油盘、挡油凸缘和自紧式油封这几种密封装置。

因油封的唇边带有螺旋槽，在曲轴旋转时，这些螺旋槽可使机油回到曲轴箱内，故随着自紧式油封性能的不断提高，曲轴前、后端的密封采用自紧式油封的结构也越来越多。

3. 曲拐布置

曲拐布置主要取决于发动机对平衡性以及发火均匀性的要求，以确保发动机的工作平稳。

多缸发动机的曲拐布置因汽缸数、汽缸排列形式、做功顺序的不同而不同，但总的布置原则是：应尽可能使连续做功的两个汽缸距离远，且力求使各缸做功间隙均匀。

常见的几种发动机的曲拐布置和做功顺序如下：

(1)直列四缸发动机。直列四缸发动机的曲轴曲拐对称布置于同一平面内，如图 3-16 所示。

曲拐的做功间隙角为 720°/4＝180°，发动机点火顺序为 1—3—4—2 或 1—2—4—3 两种，其做功循环见表 3-1。

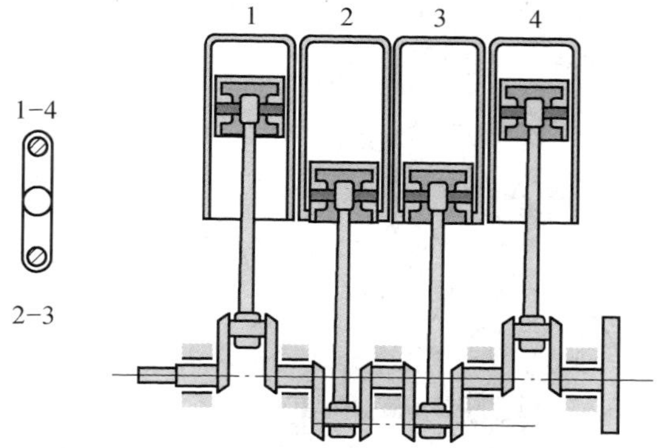

图 3-16　直列四缸发动机曲拐布置图

表 3-1　直列四缸发动机点火顺序为 1—3—4—2 的工作循环表

曲轴转角	第一缸	第二缸	第三缸	第四缸
0～180°	做功	排气	压缩	进气
180°～360°	排气	进气	做功	压缩
360°～540°	进气	压缩	排气	做功
540°～720°	压缩	做功	进气	排气

（2）直列六缸发动机。曲拐均匀布置在互成 120°角的三个平面，各缸做功间隔角为 720°/6＝120°，发动机点火顺序为 1—5—3—6—2—4，见表 3-2。

表 3-2　直列六缸发动机点火顺序为 1—5—3—6—2—4 的工作循环表

<table>
<tr><th>曲轴转角</th><th>第一缸</th><th>第二缸</th><th>第三缸</th><th>第四缸</th><th>第五缸</th><th>第六缸</th></tr>
<tr><td>0～60°</td><td rowspan="3">进气</td><td rowspan="2">压缩</td><td>做功</td><td>进气</td><td rowspan="2">排气</td><td rowspan="3">做功</td></tr>
<tr><td>60°～120°</td><td rowspan="3">排气</td><td rowspan="3">压缩</td></tr>
<tr><td>120°～180°</td><td rowspan="3">做功</td><td rowspan="3">进气</td></tr>
<tr><td>180°～240°</td><td rowspan="3">压缩</td><td rowspan="3">排气</td></tr>
<tr><td>240°～300°</td><td rowspan="3">进气</td><td rowspan="3">做功</td></tr>
<tr><td>300°～360°</td><td rowspan="3">排气</td><td rowspan="3">压缩</td></tr>
<tr><td>360°～420°</td><td rowspan="3">做功</td><td rowspan="3">进气</td></tr>
<tr><td>420°～480°</td><td rowspan="3">压缩</td><td rowspan="3">排气</td></tr>
<tr><td>480°～540°</td><td rowspan="3">进气</td><td rowspan="3">做功</td></tr>
<tr><td>540°～600°</td><td rowspan="3">排气</td><td rowspan="3">压缩</td></tr>
<tr><td>600°～660°</td><td rowspan="2">做功</td><td rowspan="2">进气</td></tr>
<tr><td>660°～720°</td><td>压缩</td><td>排气</td></tr>
</table>

(3)V 形八缸发动机。左右两列中相对应的一对连杆共用一个曲拐，因此只有四个曲拐控制八缸，且各曲拐互成 90°夹角，称为空间曲拐，如图 3-17 所示。

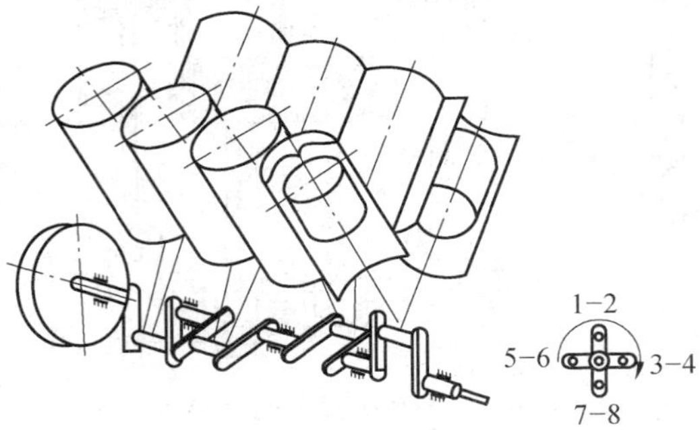

图 3-17　V 形八缸发动机曲拐布置图

各缸做功间隔角为 720°/8=90°，发动机点火顺序为 1—8—4—3—6—5—7—2，见表 3-3。

表 3-3　V 形八缸发动机点火顺序为 1—8—4—3—6—5—7—2 的工作循环表

<table>
<tr><th>曲轴转角</th><th>第一缸</th><th>第二缸</th><th>第三缸</th><th>第四缸</th><th>第五缸</th><th>第六缸</th><th>第七缸</th><th>第八缸</th></tr>
<tr><td>0～90°</td><td rowspan="2">做功</td><td>做功</td><td>进气</td><td rowspan="2">压缩</td><td>进气</td><td rowspan="2">进气</td><td rowspan="2">排气</td><td>压缩</td></tr>
<tr><td>90°～180°</td><td rowspan="2">排气</td><td rowspan="2">压缩</td><td rowspan="2">压缩</td><td rowspan="2">做功</td></tr>
<tr><td>180°～270°</td><td rowspan="2">排气</td><td rowspan="2">做功</td><td rowspan="2">压缩</td><td rowspan="2">进气</td></tr>
<tr><td>270°～360°</td><td rowspan="2">进气</td><td rowspan="2">做功</td><td rowspan="2">做功</td><td rowspan="2">排气</td></tr>
<tr><td>360°～450°</td><td rowspan="2">进气</td><td rowspan="2">排气</td><td rowspan="2">做功</td><td rowspan="2">压缩</td></tr>
<tr><td>450°～540°</td><td rowspan="2">压缩</td><td rowspan="2">排气</td><td rowspan="2">排气</td><td rowspan="2">进气</td></tr>
<tr><td>540°～630°</td><td rowspan="2">压缩</td><td rowspan="2">进气</td><td rowspan="2">排气</td><td rowspan="2">做功</td></tr>
<tr><td>630°～720°</td><td>做功</td><td>进气</td><td>进气</td><td>压缩</td></tr>
</table>

3.4.2　曲轴扭转减震器

当发动机工作时，经过连杆传给曲轴的作用力呈周期性变化，所以使曲轴旋转的瞬时角速度也呈周期性变化，而安装在曲轴后端的飞轮，由于转动惯量较大，其瞬时角速度比较均匀。这样就使曲轴相对于飞轮的转动速度不稳定而产生了扭转振动。

为了削减曲轴的扭转振动，在发动机的曲轴前端一般装有扭转减震器，有橡胶式、摩擦式、硅油式等类型，如图 3-18 所示。

现在轿车发动机使用的扭转减震器一般都不单独设置惯性盘，而是将减震器圆盘用螺栓与曲轴带轮、轮毂紧固在一起，将橡胶层与减震器圆盘、惯性盘硫化在一起。当曲轴发生扭转振动时，等速转动的惯性盘便使橡胶层发生内摩擦，消除扭转减震器的能量，从而避免了扭转。

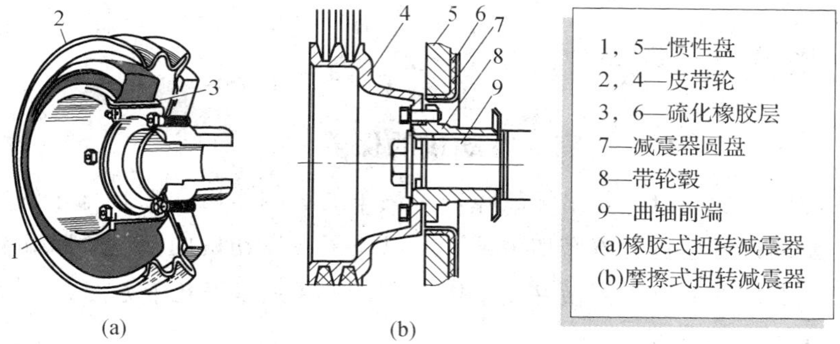

图 3-18　扭转减震器

3.4.3　飞轮

飞轮是一个转动惯量较大的金属圆盘，它的边沿一般较厚，并压装有启动用的齿圈，如图 3-19 所示。

飞轮在发动机做功行程中储存输入曲轴的一部分能量，再利用惯性释放出能量来克服其他行程中的阻力，直至做功行程。这样可使曲轴的旋转角速度以及输出转矩尽量均匀，保证了发动机运转的平稳性。同时也使发动机具有克服短时超载的能力，有利于汽车的启动和起步。

在使飞轮有足够的转动惯量的前提下，应尽可能地减小飞轮质量。飞轮通过螺栓与曲轴后端凸缘连接，为使飞轮与曲轴的位置安装正确，一般用定位销或不对称螺栓孔来定位。飞轮上大多刻有上止点和点火提前角的标记，以便于安装和校准点火正时。

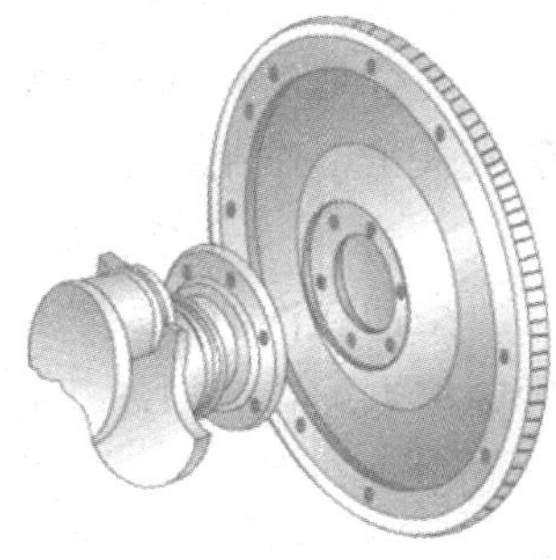

图 3-19　飞轮

常见问题解析

活塞环如何更换？

内燃机定期保养时，或工作中发现严重烧机油，应检查更换活塞环。其方法是：

(1)拆洗汽缸盖和机油盘。

(2)将要拆的活塞连杆组转到下止点，取下连杆轴承盖，用锤柄或木棒将活塞连杆组推出汽缸。

(3)取出活塞连杆组后，应将轴承盖、连杆螺栓按原来组合，不得混乱。

(4)拆下活塞环检查其配合间隙，如超过使用极限应更换。发现活塞环卡死，可在洗油中浸泡 24 h，然后轻轻振击，即可取出。

(5)检查新活塞环的配合间隙。

(6)清除环槽积碳，并刮除缸肩。

(7)把各活塞环装入环槽内。

(8)按照要领装复连杆轴承及其他附件。

知识拓展

发动机的保养

发动机是汽车的心脏，发动机一旦出了故障，对汽车的影响是巨大的。汽车的经济性、动力性、排放环保等各个方面与发动机的运行有着密切关系。所以，了解发动机的基本故障和做好汽车发动机的保养工作是保养汽车最重要的任务之一。做好发动机保养，应注意以下几个方面：

1. 足——油足、水足、空气足

燃油和空气供应不及时或中断，就会容易启动困难、燃烧不良、功率下降，发动机不能正常运转。若机油供应不足或中断，会使发动机润滑不良、机体磨损严重。若冷却水不足就会使机温过高，功率下降、磨损加剧，降低使用寿命。

2. 磨——磨合

磨合是延长汽车使用寿命的基础，无论是新车还是大修后的发动机，都必须按规程进行磨合后，方能投入正常作业。

3. 净——油净、水净、气净和机体净

柴油和汽油是发动机的主燃料，如果柴油、汽油不纯净，就会使精密的配合机体产生磨损，使配合间隙增大，造成漏油、滴油，供油压力降低，间隙变大，甚至造成油路堵塞，抱轴烧瓦等严重故障。若空气中含有大量尘土，将会加速缸套、活塞和活塞环的磨损。若冷却水不纯净，会使冷却系统被水垢堵塞，使发动机散热困难，润滑条件变差，机体磨损严重。若机体外表不净，会使表面受到腐蚀，缩短使用寿命。

4. 检——经常检查紧固部件

柴油和汽油使用过程中受震动冲击和负荷不均匀等影响，螺栓、螺母容易松动，各部位的调整螺栓都要检查，以免造成因松动而损坏机体的事故。

5. 调——调整气门间隙等细节

柴油机或汽油机的气门间隙、配气相位、供油提前角、喷油压力以及点火正时等都应及时检查并调整，以保证发动机经常处于良好的技术状态，方能节省燃油，延长使用寿命。

6. 用——正确使用发动机

行驶前，应使各轴瓦等润滑部位得到润滑。启动后应待水温达到 40～50℃时再投入作业。严禁长时间超负荷或低速作业。停机前，应先卸掉负荷降低转速。冬季停车后应待水温下降至 40～50℃时，放净冷却水(已注防冻液的发动机除外)。平时要经常性地做好发动机的保养工作，使机器始终保持在良好状态下运转。要勤观察、勤检查，发现故障，及时排除。

思考与练习

一、 填空题

1. ________是安装和固定汽缸体套及其他机构系统的装配基体，并且由它来保持发动机各运动件相互之间的准确位置关系。
2. 现代汽车多采用多缸发动机，一般按汽缸的排列方式不同可分为________、________和________三种。
3. 汽缸体有________式、________式和________式三种结构形式。
4. ________用来封闭汽缸上部，它与活塞顶部及汽缸壁共同构成燃烧室。
5. 为了削减曲轴的扭转振动，在发动机的曲轴前端一般装有扭转减震器，有________、________、________等类型。
6. 直列六缸发动机曲拐均匀布置在互成________角的三个平面，各缸做功间隔角为________°。
7. ________汽缸也排成两列，左右两列汽缸在同一水平面上，即左右两列汽缸中心线的夹角等于180°。
8. 在使飞轮有足够的转动惯量的前提下，应尽可能地________飞轮质量。
9. 为了削减曲轴的扭转振动，在发动机的曲轴前端一般装有________。
10. 相邻的两个连杆轴颈之间，都设有主轴颈的曲轴称为________。

二、 问答题

1. 机体组在发动机内具有怎样的作用？它由哪几部分组成？
2. 汽油机燃烧室常见的形式有哪些？各类型的特点是什么？
3. 汽缸垫以及油底壳有哪些功用？
4. 气环和油环分别有何作用？
5. 半浮式活塞销和全浮式活塞销有何不同？
6. 曲轴的功用有哪些？
7. 列举几种常见发动机的曲拐布置和做功顺序。
8. 试述飞轮及扭转减震器的功用。
9. 试述曲柄连杆机构的故障有哪些。
10. 试述曲柄连杆机构的保养。

单元4 配气机构

单元目标

知识目标

1. 了解配气机构的功用及组成
2. 了解配气机构的分类
3. 了解配气机构的工作原理
4. 了解配气机构各零件的结构原理

能力目标

1. 掌握气门组的拆装
2. 掌握配气机构的拆装和调整
3. 掌握气门间隙的调整方法
4. 掌握配气正时原理

知识脉络图

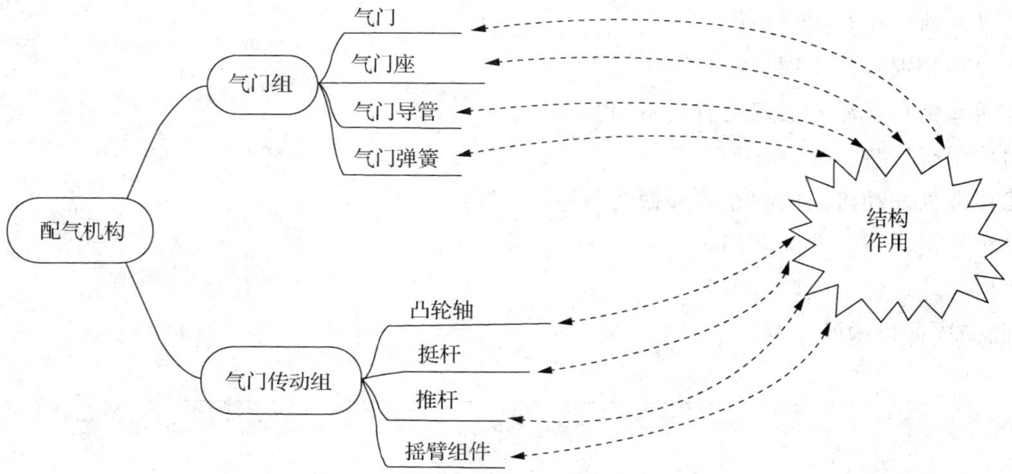

4.1 配气机构概述

4.1.1 配气机构的功用和组成

配气机构的功能是按照发动机每一汽缸的工作循环和点火顺序的要求，在规定的时间开启和关闭各汽缸的进、排气门，使新鲜的可燃混合气或新鲜空气(柴油机进气时)及时地进入汽缸，并使废气及时且尽可能多地排出汽缸，以确保发动机各种工作状况对换气质量的要求。

配气机构工作的好坏以及可靠性直接影响到发动机的工作性能，因此配气机构是发动机的一个重要机构。发动机各类型配气机构按零件的作用可分为气门组和气门传动组。

4.1.2 配气机构的分类

各种配气机构一般在气门布置形式和数量、凸轮轴位置和驱动方式、气门的驱动方式上有所不同。现代汽车发动机多采用顶置气门式，即进、排气门安装在燃烧室的顶部。气门有 2 气门式、3 气门式、4 气门式和 5 气门式，并沿发动机纵向排成一列或两列；凸轮轴的驱动方式有链传动、齿轮传动和带传动三种方式，如图 4-1 所示；气门驱动方式有摆臂驱动、摇臂驱动以及直接驱动三种形式；凸轮轴的安装位置有顶置式、中置式和下置式三种，如图 4-2 所示。

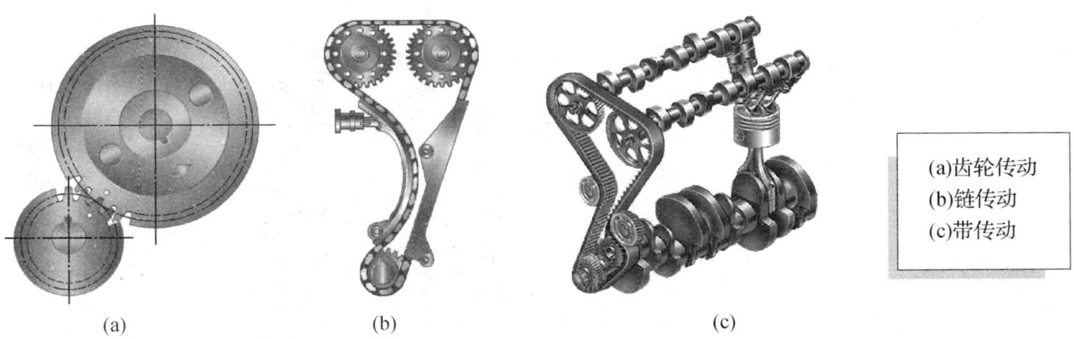

图 4-1 凸轮轴的驱动方式

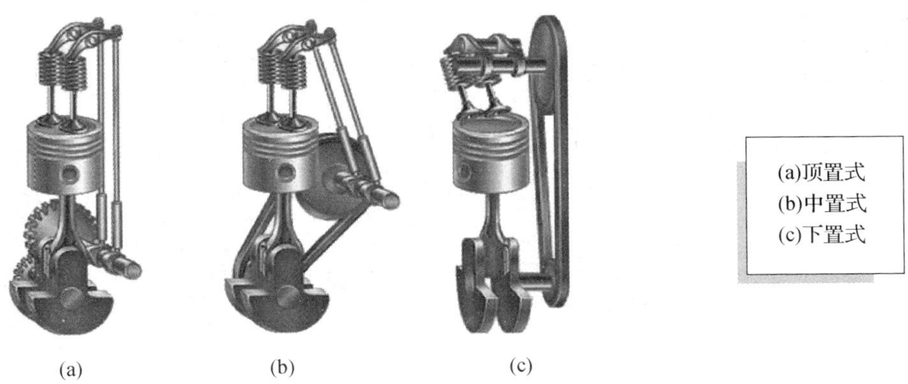

图 4-2 凸轮轴的安装位置

1. 顶置式凸轮轴配气机构

顶置式凸轮轴配气机构主要特点是凸轮轴安装在汽缸盖上部，其构造如图 4-3 所示。由于凸轮轴远离曲轴，多采用链传动或者带传动。

顶置式凸轮轴配气机构根据凸轮轴数通常分为单顶置式凸轮轴和双顶置式凸轮轴两种；顶置式凸轮轴也可分为有挺杆或无挺杆的直接驱动式、摇臂驱动式两类。其气门传动组直接用凸轮轴或摇杆来驱动气门而无须推杆，不仅减少了配气机构的零件，并使往复运动的惯量大大减小，更有利于高速发动机的运转，因此在轿车发动机上得到了广泛的应用。

(1)单顶置式凸轮轴配气机构。单顶置式凸轮轴的布置形式有很多种，但都是用安装在汽缸盖上的一根凸轮轴通过挺杆直接(无摇臂总成)或者间接(有摇臂总成)驱动所有汽缸的进气门和排气门。

(2)双顶置式凸轮轴配气机构。双顶置式凸轮轴是用两根凸轮轴分别驱动排成两列的进气门和排气门，该结构形式一般在多气门发动机上采用。可以通过凸轮轴直接驱动气门或通过摇臂间接驱动气门。

2. 中置式凸轮轴配气机构

该类配气机构的凸轮轴安装在汽缸体上部的汽缸一侧，其构造与下置式凸轮轴配气机构类似，如图 4-4 所示。中置式凸轮轴配气机构的推杆长度较短甚至被省略，而由凸轮轴经过推杆直接驱动摇臂，减小了气门传动机构往复运动的惯量。在中置式凸轮轴配气机构中，由于凸轮轴离曲轴较远，多采用链传动、带传动或齿轮传动。

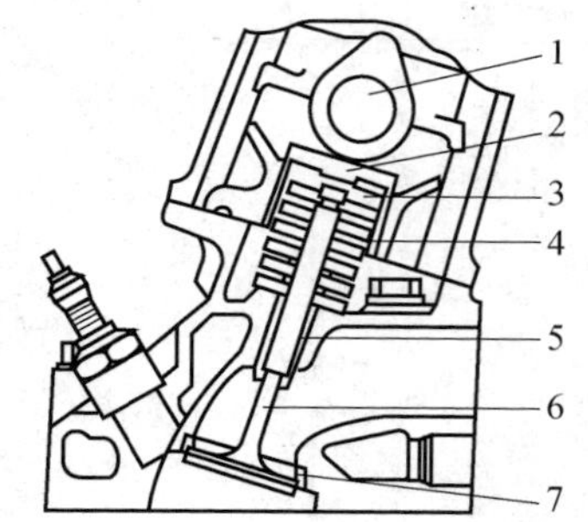

1—凸轮轴
2—机械挺杆
3—气门弹簧座
4—气门弹簧
5—气门导管
6—气门
7—气门座圈

图 4-3 顶置式凸轮轴配气机构构造

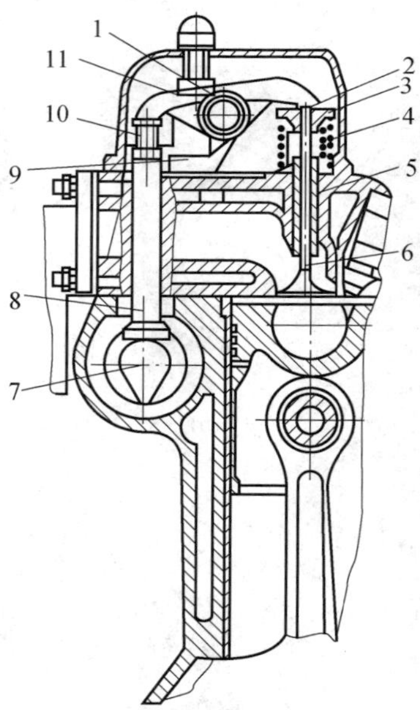

1—摇臂轴
2—锁片
3—气门弹簧座
4—气门弹簧
5—气门导管
6—气门
7—凸轮轴
8—挺杆
9—支架
10—调整螺钉
11—摇臂

图 4-4 中置式凸轮轴配气机构

3. 下置式凸轮轴配气机构

该类配气机构的特点是凸轮轴安装在汽缸体下部的曲轴箱内，与曲轴的位置较近，用一对分别安装在凸轮轴远离气门和曲轴前端的正时齿轮驱动，如图 4-5 所示。

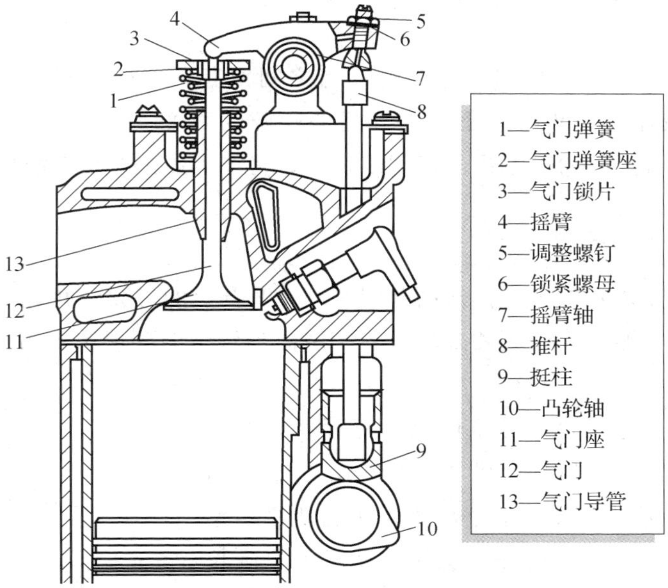

图 4-5　下置式凸轮轴配气机构

下置式凸轮轴配气机构的传动装置比较简单，且润滑比较方便，但凸轮轴远离气门，因此传动环节多，在发动机高速运转时，造成其运动惯量太大，且长推杆弹性大，易引起严重的振动与噪声，甚至使气门失效，所以它不适用于高速发动机。

当曲轴转动，通过正时机构将转动传给凸轮轴，凸轮轴上的凸轮转动将挺柱顶起，挺柱推动推杆，推杆的另一端通过摇臂上的调整螺钉带动摇臂绕摇臂轴转动，摇臂的另一端推动气门杆尾端，并通过用锁块与气门杆连接的气门弹簧上座，克服气门弹簧张力，使气门沿气门导管下移，并使气门头离开气门座圈。当凸轮转到凸轮顶部时，气门升程达最大值，凸轮继续转动时，升程减小，推杆与挺柱因自身重量随着凸轮轮廓面下降。与此同时，气门在气门弹簧的作用下，气门上升，直至气门头落座在气门座圈上。在此过程中，气门杆尾端平面也推动摇臂反方向转动，使摇臂的另一端的调整螺钉逐渐消除气门间隙，直到与推杆端平面接触，使推杆、挺柱随凸轮下移。

4.1.3　配气机构的工作原理

发动机工作时，曲轴通过正时齿轮(或皮带)驱动凸轮轴旋转。当凸轮轴转到凸轮的凸起部分顶起挺柱时，通过推杆和调整螺钉使摇臂绕摇臂轴摆动，压缩气门弹簧，气门开启。当凸轮凸起部分离开挺柱后，气门便在气门弹簧力作用下关闭。

四行程发动机每完成一个工作循环，曲轴需要旋转两周，各缸的进、排气门各开、闭一次，此时，曲轴旋转两周，凸轮轴只旋转一周。因此，曲轴与凸轮轴之比(即传动比)应为 2∶1。

4.1.4 气门间隙

发动机工作时，气门在高温作用下会因受热膨胀而伸长，如果气门及其传动件之间在冷态时无间隙或间隙过小，气门只能离开气门座方向伸长而使气门关闭不严，导致发动机在压缩和做功行程中漏气，使功率下降，严重时甚至不易启动。

因此发动机冷态装配时常在气门组和气门传动组之间留有一定的间隙，以补偿气门受热后的膨胀量，这一间隙称为气门间隙。一般冷态下，进气门的间隙为 0.25～0.3 mm，排气门的间隙为 0.3～0.35 mm(排气温度高，间隙大些)。如果气门间隙过大，将产生撞击，加速磨损。

4.1.5 配气相位

配气相位即以曲轴转角表示的进、排气门开闭时刻及其开启的持续时间。

通常将进、排气门的实际启闭时刻和开启过程，用曲轴转角的环形图来表示，这种图形称为配气相位图，如图 4-6 所示。

由于现代高速发动机转速很高，活塞的每一行程经历的时间十分短促，例如，桑塔纳一个行程大概 0.005 7 s，这么短的时间内，会使发动机进气不足或排气不净，从而使发动机功率下降，所以为了使进气充分、排气彻底，现代发动机采取延长进、排气时间的举措。

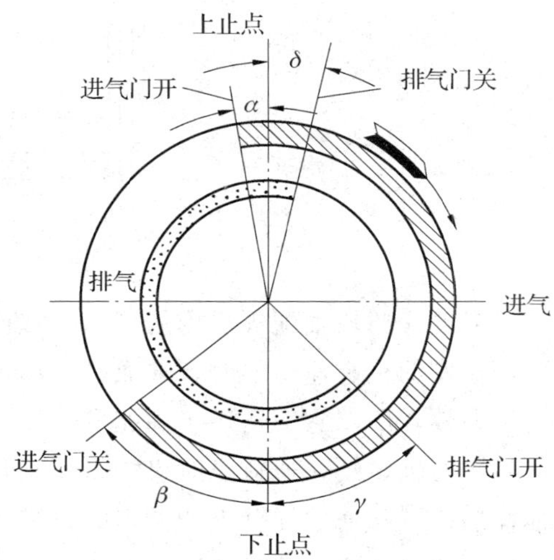

图 4-6 配气相位图

1. 进气门的配气相位

进气门早开：为了当活塞到达上止点时，进气门已经开大，使进气行程开始时新鲜气体能顺利进入汽缸。进气提前角 α 为 10°～30°。

进气门晚关：利用进气行程终了时缸内压力仍低于大气压所形成的压力差和气流惯性继续进气。进气迟闭角 β 为 40°～80°。

进气门早开晚关：实际开启时间，$180°+\alpha+\beta$ 进气持续角。

2. 排气门的配气相位

排气门早开：利用做功行程接近终了时，缸内余压 0.3～0.4 MPa，对活塞做功无多大意义，此时可进行自然排气，使大部分废气迅速排出，减小活塞上行时的强制排气阻力，高温废气的迅速排出，还可以防止发动机过热。排气提前角 γ 为 40°～80°。

排气门晚关：为了利用排气行程终了时燃烧室的废气压力仍高于大气压力，使废气在压力差和气流惯性的作用下继续排气，使废气排放得更干净。排气迟闭角 δ 为 10°～30°。

排气门早开晚关：实际开启时间，$180°+\gamma+\delta$ 排气持续角。

3. 气门重叠

同一时间内，进气门和排气门同时开启的现象称为气门重叠或气门叠开。气门重叠角为 $\alpha+\delta$。气门重叠角选择适当，有利于换气而不会造成废气倒流入进气管和新鲜气体随同废气排出的可能。

常见问题解析

配气机构常见故障有哪些？

配气机构常见故障及其原因见表 4-1。

表 4-1　配气机构常见故障及其原因

故障	现象	原因	排除措施
气门关闭不严	汽缸在工作中漏气，引起内燃机启动困难，功率和经济性下降，同时还可能产生排气管“放炮”或化油器“回火”	主要是气门工作面产生积碳、烧蚀及气门间隙过小等	研磨气门或调整气门间隙
气门在工作中有敲击声	内燃机低速时，在气门室处能听到清脆密集的敲击声。这种故障会加速气门零件的磨损	主要是气门间隙过大，其是由于调整不当或长期工作零件磨损所造成	调整间隙
气门弹簧弹性减弱	气门关闭不严	气门弹簧在高温高速振动下工作，使用日久，其弹性将逐渐减弱甚至折断。冷内燃机启动之后立即以高速运转，也易折断弹簧。弹簧工作失常后，能严重影响内燃机的启动、功率和经济性，甚至使内燃机停止工作	更换气门弹簧

4.2　配气机构组成与结构

4.2.1　气门组

气门组包括气门、气门座、气门导管和气门弹簧四个部分。

1. 气门

气门由头部和杆身两部分组成，用来封闭气道。气门头部与气门座相互配合，密封汽缸。气门杆身则与气门导管配合，在气门开启或关闭过程中起导向作用。

气门是在散热困难且高温高压、润滑差、接触汽缸内燃烧生成的腐蚀性介质的条件下工作，所以应当选用具有足够的强度、刚度、耐热、耐磨、耐腐蚀能力的材料。

进气门的材料采用中碳合金钢(如镍铬钢)；排气门由于热负荷大，采用耐热合金钢(如硅铬钢、硅铬钼钢)制造。为了节约成本，有的排气门头部用耐热合金钢，而杆部用普通合金钢制造，再将其对焊在一起。

(1) 气门头部。图 4-7 所示为气门的结构示意图。常见的气门头顶部的形状有平顶、凹顶和凸顶，如图 4-8 所示。

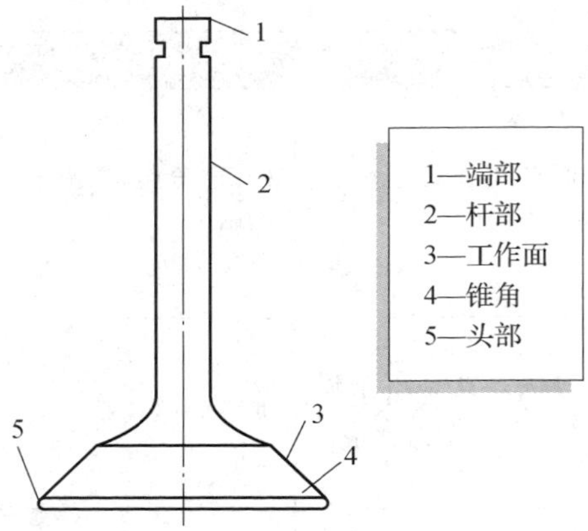

图 4-7　气门的结构

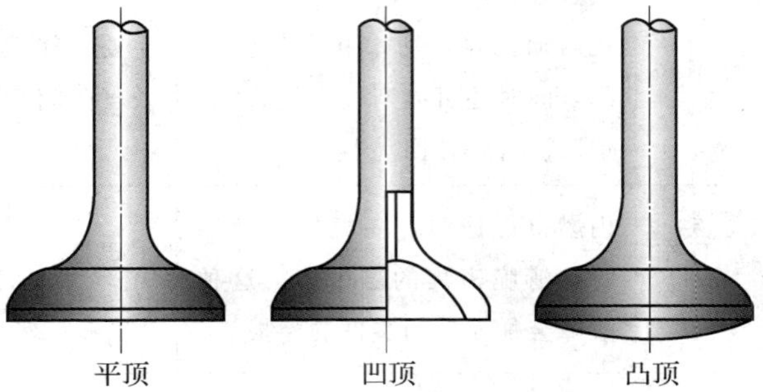

图 4-8　气门头顶部的形状

因平顶气门结构简单易制造、受热面积小，进、排气门都可采用，因此被广泛应用；凸顶气门头部的刚度大，用作排气门时，排气阻力小且耐高温能力强，但受热面积大、质量大、加工较复杂；凹顶气门头部与杆身有较大的过渡圆角，用作进气门时可减少进气阻力，而且它具有较大的弹性，能较好地适应气门座圈的变形，但是因受热面积大，不适合用作排气门。

气门头部与气门座接触的工作面称为气门密封锥面，该密封锥面与气门顶面的夹角为气门锥角，气门锥角一般比气门座锥角小 0.5°～1°，以使二者不以锥面的全宽接触，能增加密封锥面的接触压力，加速磨合且切断和挤出二者之间的积碳，保证锥面良好的密封性。气门顶边缘与气门密封锥面之间应有 1～3 mm的厚度，以防在工作中受冲击损坏或被高温气体烧坏。气门锥角一般有 45°，有些进气门锥角为 30°，因为在气门升程相同的情况下，气门锥角小，气门通过断面大且进气阻力较小，可以增加进气量。一般发动机进气面积比排气面积大。

(2) 气门杆。圆柱形的气门杆在靠近尾部处加工有环形槽或者锁销孔，以便用锁片或锁销固定气门弹簧座，固定方式如图 4-9 所示。

锁销固定是将锁销插入气门杆上的孔内，因锁销长度大于气门弹簧座孔的直径，可使弹簧座固定。

锁片固定的气门杆上有环形槽，外圆为锥形且内孔有环形凸台的锁片分为两半。气门组装配到汽缸盖上后，在气门弹簧的作用下，锁片外圆锥面和气门弹簧座锥形内孔配合，使气门弹簧座固定。有些气门在

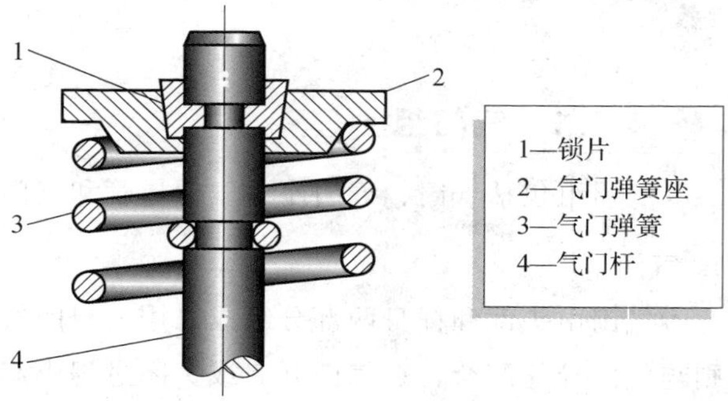

图 4-9　气门杆的固定方式

杆尾部锁片槽下面另有一环槽并装有一个卡环，若气门杆尾部发生断裂，卡环就被气门导管挡住，防止气门掉入汽缸内而损坏活塞和汽缸盖。

2. 气门座

汽缸盖的进、排气口与气门锥面相结合的部位被称为气门座，如图 4-10 所示。

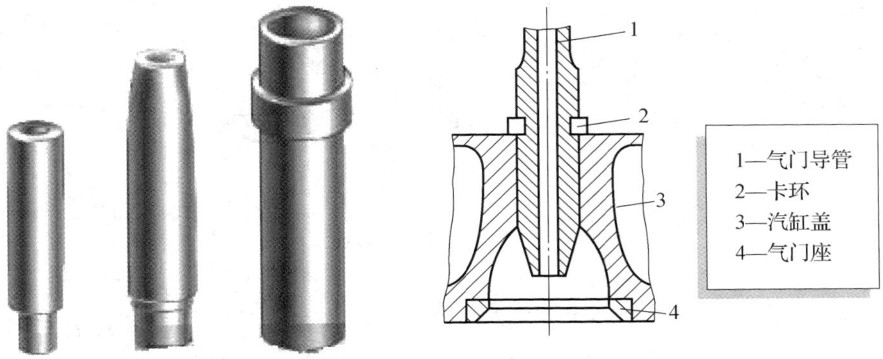

图 4-10　气门导管及气门座

气门座靠其内锥面与气门锥面的紧密贴合密封汽缸，它可在汽缸盖上直接镗出或用耐热合金钢、合金铸铁等单独制成一个气门座圈，再镶嵌到汽缸盖上，便于修理或者更换。而当汽缸采用铝合金制造时，就要单独镶嵌气门座圈。气门座以较大的过盈量与汽缸盖相互配合，以防止发动机工作时气门座圈脱落，还可在气门座圈外圆上车环槽，以备压入后缸盖材料塑性变形嵌入环槽中。

3. 气门导管

气门导管是为气门的运动作导向，使气门直线运动，并将气门杆所承受的热量传递给汽缸盖，其构造如图 4-10 所示。

气门导管多采用含石墨较多的铸铁或粉末冶炼制成，以提高自润滑性能。气门导管为空心管状结构并压装在汽缸盖上的导管孔中，其外圆柱面与导管孔有一定的过盈量或利用卡环对气门导管定位，来保证良好的传热性能及防止松脱。气门导管的下端伸入气道，为减少对气流造成的阻力，伸入气道的部分制成锥形。

气门导管内孔与气门杆之间是间隙配合，在气门导管的上端安装气门油封来防止过多的润滑油从气门杆与气门导管的间隙中漏入燃烧室。

4. 气门弹簧

气门弹簧能使气门自动回位，防止气门传动机构及气门在关闭过程中因惯性力的作用产生间隙，保证气门与气门座的紧密贴合，因此气门弹簧应具有足够的弹力及安装预紧力。

气门弹簧的类型如图 4-11 所示，一般发动机上一个气门只安装一个等螺距弹簧，但在使用中易因振动而折断。有些发动机采用变螺距弹簧，安装变螺距弹簧时，其窄节距端朝向气门头部。还有些发动机采用内、外双弹簧并旋向相反，以防止工作时一个弹簧卡入另一个弹簧圈内。

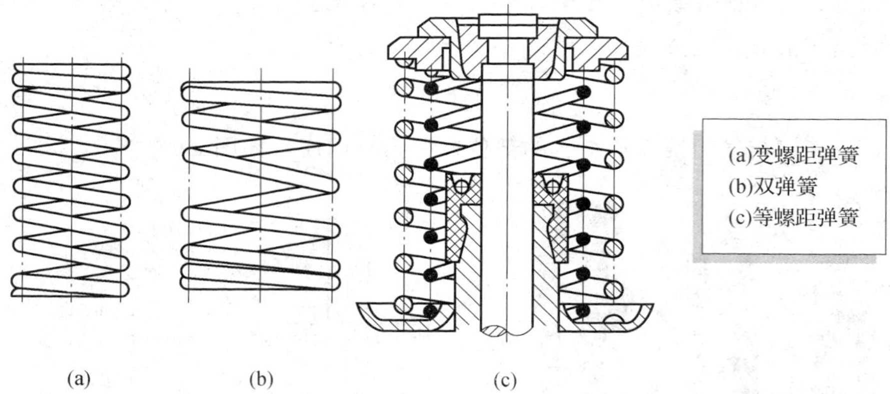

图 4-11 气门弹簧的类型

气门弹簧为圆柱弹簧，材料为铬钒钢、高碳锰钢等冷拔钢丝，加工后要经过各种热处理。弹簧两端被磨平，装配后弹簧的一端支承在汽缸盖上，另一端靠气门弹簧座和锁片或锁销与气门杆定位。有些发动机为了改善气门与气门座密封的工作条件而装有气门旋转机构，可以使气门在工作中能相对气门座缓慢旋转，即使气门头部沿圆周方向温度均匀，减小气门头部热变形。

4.2.2 气门传动组

气门传动组包括凸轮轴、挺杆、推杆及摇臂组件等。

1. 凸轮轴

凸轮轴能按照发动机的工作顺序、配气相位和升程规律及时地开启或关闭气门。凸轮轴主要由凸轮和轴颈两部分组成，有些凸轮轴还设有螺旋齿轮用来驱动机油泵和分电器。凸轮轴的前端有用来安装正时齿轮或正时带轮等的键或销。由发动机的总体布置可在一根凸轮轴上单独配置进气凸轮或排气凸轮，也可以同时配置进气凸轮或排气凸轮，如图 4-12 所示。

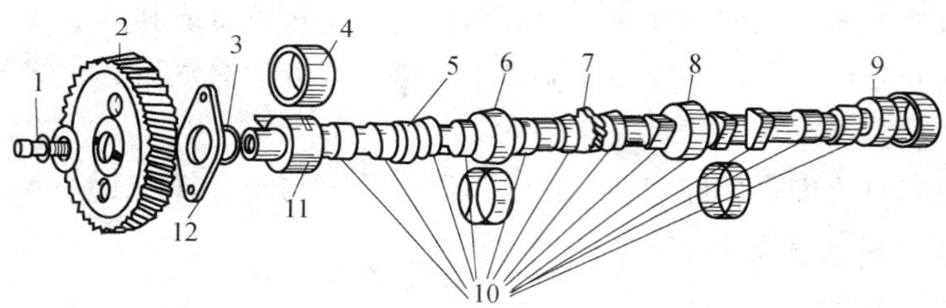

1—螺栓　2—正时齿轮　3—止推座　4—凸轮轴衬套
5—偏心轮　6，8，9，11—凸轮轴轴颈
7—螺旋齿轮　10—进、排气凸轮　12—止推凸缘

图 4-12 凸轮轴构造

凸轮轴一般采用优质钢模锻而成，或用合金铸铁、球墨铸铁铸造而成。其表面经过淬火处理可以达到足够的硬度和耐磨性。

制造厂根据发动机工作需要所设计的凸轮的轮廓形状决定了气门的最大升程、气门开启和关闭时的运动规律及持续时间。

凸轮轴承受的载荷和轴本身的刚度决定了其轴颈数。一般采用对应每个汽缸设有一道轴颈的全支撑凸轮轴和每隔两个或多个汽缸设置一个轴颈的非全支撑凸轮轴两种形式。前者支撑点多，能有效地防止凸轮轴变形后对配气相位的影响，从而适用于高速、负荷大的凸轮轴。

在下置式和中置式凸轮轴配气机构中，安装凸轮轴的座孔和压装在座孔内的凸轮轴轴承通常为整体式，其轴颈的半径比凸轮轴的尺寸大。为使拆装方便，凸轮轴轴颈直径由前向后逐渐减小。而在顶置式凸轮轴配气机构中，安装凸轮轴的座孔和凸轮轴轴承一般为剖分式，凸轮轴各轴颈直径都相等。

凸轮轴轴颈采用压力润滑，凸轮与挺杆采用飞溅润滑。有些凸轮轴的轴颈上加工有各种形状的油槽和油孔，这些油槽或油孔用来储存润滑油或作为润滑油通道，并与汽缸或汽缸盖的油道相通。

为防止凸轮轴发生轴向晃动，凸轮轴都设有轴向定位装置。常见的轴向定位装置有止推凸缘和推力轴承两种。

2. 挺杆

挺杆与凸轮轴直接接触，将凸轮的推力传递给推杆或气门，在有些发动机上它仅作为摇臂的一个支点，甚至没有挺杆。挺杆可分为菌形挺杆、筒形挺杆或平面挺杆。它也可分为机械挺杆和液力挺杆，其中液力挺杆的使用越来越广泛。气门挺杆的形式如图 4-13 所示。

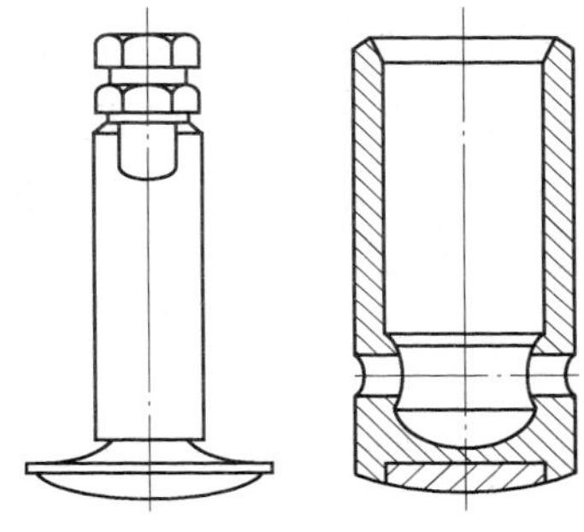

(a)—菌形挺杆
(b)—筒形挺杆或机械挺杆

图 4-13　气门挺杆的形式

(1)机械挺杆多应用于下置式或中置式凸轮轴配气机构中，一般为筒式结构。

当发动机工作时，挺杆底部与凸轮轴相接触，为使挺杆底部磨损均匀，将挺杆底部的工作面制成球面。挺杆的下端设有油孔，将漏入挺杆内的润滑油排到凸轮上进行润滑。挺杆内孔的底部也被制成球面，它与推杆下端的球面接触，以降低磨损。

(2)液力挺杆能够自动保持配气机构无间隙传动，从而降低噪声和磨损，且不需要调整气门间隙，因此在轿车发动机上应用很广泛。

当配气机构的零件受热膨胀时，挺杆体内腔的部分油液从间隙中被挤出，使其容积减小，挺杆自动缩短；当配气机构零件冷缩时，柱塞被柱塞弹簧顶起，则挺杆体内腔容积增大，气门关闭后，增加向挺杆体内腔的补油量，液力挺杆自动伸长。因此，液力挺杆能自动补偿配气机构零件的热胀冷缩，来保持无间隙传动。

3. 推杆

在下置式和中置式凸轮轴配气机构中，通常都设有推杆。作为中间传动件，它的功用是将从凸轮轴经过挺杆传递的推力传给摇臂。推杆一般为细长的厚壁空心钢杆或实心铝杆，其两端焊有不同形状的球头或球窝，以便与挺杆和摇臂上的支座相对应。推杆端头均经过磨光处理，以降低磨损。推杆结构如图 4-14 所示。

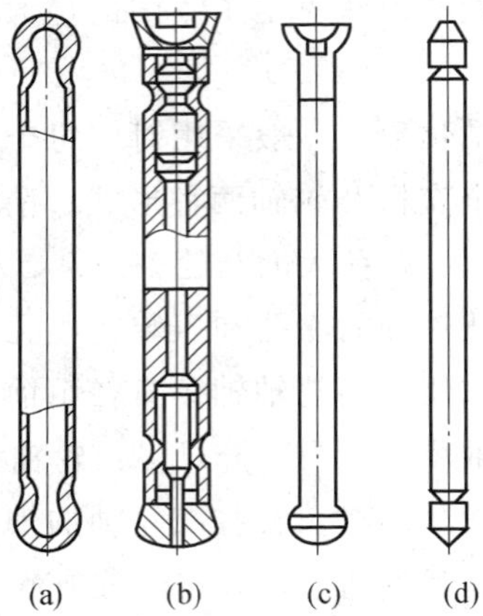

(a)(b)—空心推杆
(c)(d)—实心推杆

图 4-14　推杆结构

4. 摇臂组件

摇臂组件的功用是将推杆或凸轮传来的力改变方向后传给气门，使之开启。它主要由摇臂轴、摇臂轴支座、摇臂及定位弹簧等组成，其构造如图 4-15 所示。

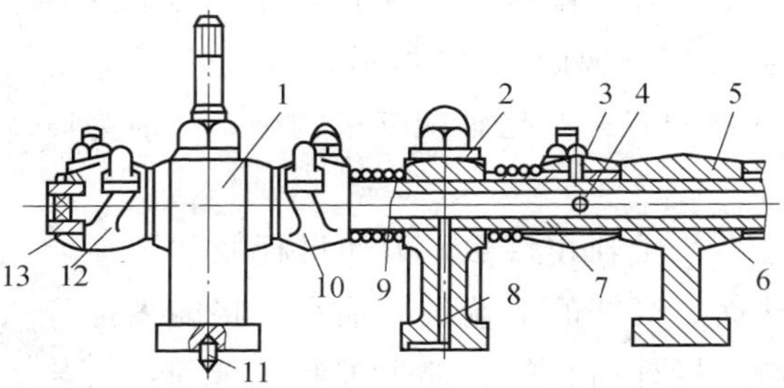

1，2，5—摇臂轴支座　3，4，8—油孔　6—摇臂轴
7，10，12—摇臂　9—定位弹簧　11—定位销　13—锁簧

图 4-15　摇臂组件构造

摇臂组件的零件都安装在摇臂轴上，并通过摇臂轴支座用螺栓安装在汽缸盖上。为防止摇臂轴在其支座孔内转动或轴向移动，用紧固螺钉将其固定。摇臂通过镶嵌在其中间轴孔内的衬套装在摇臂轴上，并用装在摇臂侧面的定位弹簧将各摇臂的轴向位置定位。

两端用堵塞封闭的摇臂轴为空心结构，润滑油经汽缸盖和摇臂支座上的油道进入摇臂轴内，摇臂轴和摇臂上都设有相应的油孔，使摇臂轴与摇臂之间及摇臂两端都能得到较好的润滑。

摇臂是两臂长度不相等的双臂杠杆，其中推动气门的一端较长，以利用小的凸轮升程而获得较大的气门升程。短臂端设有螺纹孔用来拧入气门间隙调整螺钉，长臂端被加工成圆弧面与气门杆尾端接触。不同的配气机构中装用的摇臂结构形式不一样，如有些发动机采用无摇臂轴的浮动摇臂，浮动摇臂是支点在浮动摇臂的一端的单臂杠杆。为了减轻摩擦及磨损，可将凸轮与浮动摇臂的接触方式由滑动改为滚动。

常见问题解析

如何检查气门间隙?

气门间隙的检查和调整。内燃机在工作过程中，因振动和磨损气门间隙会发生变化。气门间隙过大或过小在进行技术保养时，均应进行检查和调整。检查调整气门间隙，必须使气门处于完全关闭时才能进行，在什么状态下(冷车或热车)调整，则按各型内燃机规定进行。以下是气门间隙检查与调整的简单方法：

当任何一缸处于压缩终了位置时，依据内燃机工作顺序和气门的排列，全部气门可两次检查调整完毕。如 CA-10B 型汽油机从前端按气门顺序可调 1，2，3，5，7，9 六个气门；6135 型柴油机按气门顺序可调 1，2，3，6，7，10 六个气门；然后转动曲轴 360°，使第六缸在压缩终了位置，调整剩余气门。

应用两次调整法要注意不同内燃机工作顺序和进、排气门排列顺序，准确掌握其特定的两次调整气门序号，不能千篇一律。

知识拓展

进、排气门的尺寸大小

进气门和排气门的尺寸大小通常是不一样的，这和发动机设计有关。对于进、排气门个数相等的气缸，进气门比排气门要大，而对于进、排气门个数不等的发动机，通常进气门比排气门个数多一个，且进气门比排气门小。如每缸 3 气门式的发动机，其进气门数目为 2，排气门数目为 1，且单个进气门尺寸比排气门尺寸要小。但无论进气门尺寸大还是排气门尺寸大，该汽缸的进气面积总和通常比排气面积要大。

思考与练习

一、 填空题

1. 配气机构的组成包括________和________。
2. 气门组包括________、________、________、________、________、________。
3. 气门顶置式配气机构分为________和________。
4. 凸轮的轮廓形状决定了气门的________、________和________。
5. ________是为气门的运动作导向，使气门直线运动，并将气门杆所承受的热量传递给汽缸盖。

思考与练习

6. 凸轮轴轴颈采用________润滑，凸轮与挺杆采用________润滑。
7. 在下置式和中置式凸轮轴配气机构中，通常都设有________。作为中间传动件，它的功用是将从凸轮轴经过挺杆传递的推力传给摇臂。
8. 气门弹簧能使气门________，防止气门传动机构及气门在关闭过程中因惯性力的作用产生间隙，保证气门与气门座的________，因此气门弹簧应具有足够的弹力及安装预紧力。
9. 气门头部与气门座接触的工作面称为________，该密封锥面与气门顶面的夹角为________，气门锥角一般比气门座锥角________ 0.5°～1°。
10. ________结构简单易制造、受热面积小，进、排气门都可采用，因此被广泛应用。

二、 问答题

1. 配气机构如何分类？各分为哪些类型？
2. 凸轮轴有哪些布置形式？各形式的特点是什么？
3. 气门由哪几部分组成？有何功用？
4. 如何固定气门杆？
5. 气门弹簧有哪几种类型？各有什么特点？
6. 凸轮轴由哪几部分组成？有何功用？
7. 简述挺杆及推杆的作用。
8. 摇臂和浮动摇臂各有何特点？
9. 配气机构的故障有哪些？
10. 试述配气机构的保养。

单元 5 燃料供给系统

单元目标

知识目标

1. 了解燃料供给系统的组成
2. 了解电控燃油喷射系统的工作原理
3. 理解混合气浓度对发动机性能的影响
4. 了解电控发动机组成及其工作原理
5. 了解柴油机的工作原理

能力目标

1. 掌握电控燃油供给系统常见故障的排除方法
2. 掌握柴油机常见故障的排除方法

知识脉络图

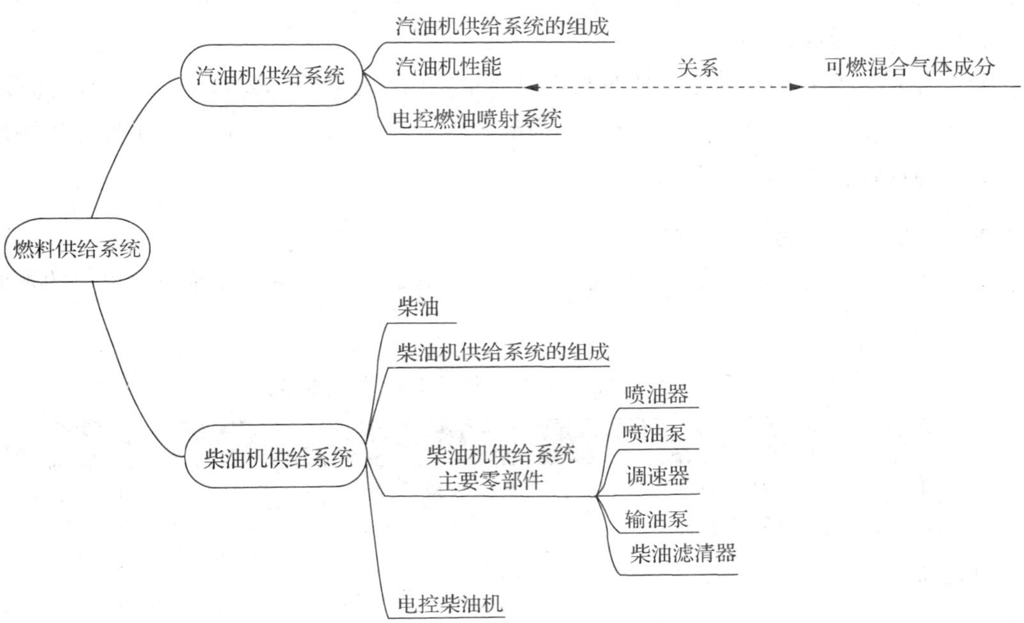

5.1 汽油机供给系统

5.1.1 概述

汽车燃料供给系统的任务是贮存、输送、清洁燃油，并且按发动机各种不同的工况，将适量的燃油与空气混合，以供给汽缸一定浓度和数量的可燃混合气。汽油机燃油供给系统有化油器式和燃油喷射式两种。

化油器是一个很复杂的机件，其具有为满足发动机各种工况的需要所必需的基本计量装置、各种子装置和改善化油器性能的附属装置。燃油喷射系统是在恒定的压力下，利用喷油器将一定数量的汽油直接喷入进气管或者汽缸内。燃油喷射系统，特别是电子控制的燃油喷射系统，要比化油器式燃油系统具有更多优点，其能使汽油机的综合性能得到全面的提高。目前，燃油喷射系统已经被广泛地应用在轿车发动机上。

5.1.2 可燃混合气成分与汽油机性能的关系

汽油在燃烧之前必须与空气形成可燃混合气。可燃混合气是按照一定比例混合的汽油与空气的混合物。可燃混合气中燃料含量的多少称为可燃混合气浓度。

1. 可燃混合气浓度的表示方法

可燃混合气浓度有两种表示方法：过量空气系数 α 和空燃比 A/F。

(1)过量空气系数。过量空气系数是理论上燃烧 1 kg 燃料实际供给的空气质量与理论上完全燃烧时所需要空气质量之比。由此可知，$\alpha=1$ 的可燃混合气称为标准混合气；$\alpha<1$ 的可燃混合气称为浓混合气；$\alpha>1$ 的可燃混合气称为稀混合气。

(2)空燃比。空燃比是在燃烧时空气质量与燃料质量之比。理论上，1 kg 汽油完全燃烧需要 14.7 kg 空气，故空燃比为 $A/F=14.7$ 的可燃混合气称为标准混合气；$A/F<14.7$ 的可燃混合气称为浓混合气；$A/F>14.7$ 的可燃混合气称为稀混合气。

2. 汽油机不同工作状况对混合气的要求

汽油机在启动、怠速、中等负荷、大负荷和加速五种基本状况条件下对混合气浓度的不同要求，见表 5-1。

表 5-1 汽油机不同工作状况对混合气的要求

工况	工况特征	对混合气要求
启动	冷车启动，发动机温度低，曲轴转速慢，汽油雾化、蒸发不良，大量汽油处于油粒和油膜状态	极浓的混合气保证混合气中有足够浓度的汽油蒸气，以利于顺利着火
怠速	发动机暂不对外输出动力，处于最低稳定转速状态，进气量少，汽油雾化、蒸发仍很差	量少而浓的混合气，以保持发动机能稳定运转

普通高等教育“十三五”规划教材
基于移动终端学习的创新教材

QICHE
GOUZAO
SHIXUN

汽车构造实训

主　审　马才伏
主　编　曹永军　刘智婷
副主编　戴晓锋　钱爱文　曲晓红
　　　　阚建辉　叶永辉

吉林大学出版社

目录

实训 1 更换发动机机油滤清器

实训目标

1. 学生能认识汽车的总体构造。
2. 认识发动机机油及机油滤清器。
3. 学生能检查汽车机油量是否符合标准刻度。

课时安排

2 学时

实训准备

实训车（一汽丰田威驰轿车），一台；钳式滤清器扳手，一把。

实训步骤

1. 机油放出之前应启动发动机怠速运转 5 min，拧下排油塞，用机油盘接纳机油，排净发动机机油，使用钳式滤清器扳手拆下机油滤清器。

2. 检查并清洁机油滤清器安装表面，在新的机油滤清器胶圈上涂抹新的机油。

3. 先用手轻轻地旋入机油滤清器，直到胶圈接触到机油滤清器安装表面，再用钳式滤清器扳手将机油滤清器拧四分之三圈。

4. 清洁并使用新的垫片安装排油塞。

5. 补充机油 3.0 L，发动发动机，检查有无漏油。停机后，再检查机油量，不符合要求时按需加注机油。

实训报告

1. 机油的选用。
2. 如何更换机油滤清器。
3. 更换机油滤清器后，应检查机油量是否符合标准。

实训总结

结合实训，认识汽车总体构造，辨识汽车 VIN 码，能独立动手更换汽车机油滤清器。

教师评阅

序号	考核内容	配分	评分标准	考核记录	扣分	得分
1	正确使用工量具	10	工具使用错误扣 10 分			
			量具使用错误扣 10 分			
2	拆卸顺序、要求符合标准	15	拆卸顺序错误一次扣 5 分			
3	装配顺序、间隙检查、力矩要求合适	15	装配检查错误一次扣 5 分			
4	操作规范、有序、不超时	10	每项扣 2 分，扣完为止			
	遵守安全规范，无人身设备事故		有人身、设备事故，此项得 0 分			
5	实训报告	50	完成实训报告和实训总结			

实训 2
发动机基本部件的认识

实训目标

1. 学生能说出汽车发动机的基本结构。
2. 学生能识别发动机型号。
3. 学生能说出发动机各零件的结构关系。

课时安排

4 学时

实训准备

实训用（丰田威驰轿车）发动机，一台；扭力扳手；17 号、21 号套筒，短接杆；13 号、15 号梅花扳手；一字平口起子；10 号、12 号、14 号 T 字套筒、棘轮扳手。

实训步骤

拆卸：

1. 观察发动机外观，找出发动机编号。
2. 观察发动机外观，分清楚发动机的前后。
3. 观察发动机外观，找出曲轴前端动力传动关系。
4. 识别发动机的结构形式。

实训报告

1. 发动机的结构形式和型号。
2. 汽油发动机的附件。
3. 掌握四冲程发动机的工作原理。

实训总结

结合实训，分析各部件的相互关系。

教师评阅

序号	考核内容	配分	评分标准	考核记录	扣分	得分
1	正确使用工量具	10	工具使用错误扣 10 分			
			量具使用错误扣 10 分			
2	拆卸顺序、要求符合标准	15	拆卸顺序错误一次扣 5 分			
3	装配顺序、间隙检查、力矩要求合适	15	装配检查错误一次扣 5 分			
4	操作规范、有序、不超时	10	每项扣 2 分，扣完为止			
	遵守安全规范，无人身设备事故		有人身、设备事故，此项得 0 分			
5	实训报告	50	完成实训报告和实训总结			

实训 3 活塞连杆组的拆装

实训目标

1. 学生能说出活塞连杆组的完整组成。
2. 学生能辨别活塞连杆组的缸号标记等。
3. 学生能说出活塞连杆组各零件的结构和工作关系。

课时安排

4 学时

实训准备

实训用（丰田威驰轿车）发动机，一台；扭力扳手；17 号、21 号套筒，短接杆；13 号、15 号梅花扳手；一字平口起子；10 号、12 号、14 号 T 字套筒；棘轮扳手；活塞环套；铜棒；木柄榔头。

实训步骤

拆装：

1. 观察活塞连杆组的结构和工作关系。
2. 观察发动机外观，分清楚发动机的前后。
3. 将活塞置于下止点，实施活塞连杆组的拆卸。
4. 成套拆卸活塞连杆组后，识别活塞连杆组活塞、连杆、连杆盖的前后和缸号标记。
5. 将活塞连杆组按顺序规范安装。

实训报告

1. 发动机型号。
2. 活塞连杆组的标记特点。
3. 连杆盖螺栓的标准扭力和安装规范。

实训总结

结合实训，分析各部件的相互关系。

教师评阅

序号	考核内容	配分	评分标准	考核记录	扣分	得分
1	正确使用工量具	10	工具使用错误扣 10 分			
			量具使用错误扣 10 分			
2	拆卸顺序、要求符合标准	15	拆卸顺序错误一次扣 5 分			
3	装配顺序、间隙检查、力矩要求合适	15	装配检查错误一次扣 5 分			
4	操作规范、有序、不超时	10	每项扣 2 分，扣完为止			
	遵守安全规范，无人身设备事故		有人身、设备事故，此项得 0 分			
5	实训报告	50	完成实训报告和实训总结			

实训 4 气门组的拆装

实训目标

1. 学生能说出气门组的组成。
2. 学生能辨别进、排气门，并掌握辨别方法。
3. 学生能说出气门间隙的作用。

课时安排

4 学时

实训准备

实训用（丰田威驰轿车）发动机，一台；扭力扳手；17 号、21 号套筒；一字平口起子；气门钳；尖嘴钳。

实训步骤

拆装：

1. 观察进排气门的布置形式和气门组的组成。
2. 辨别进排气门。
3. 使用气门钳拆卸气门组。
4. 使用气门钳安装气门组。

实训报告

1. 配气机构的结构形式。
2. 气门组的装配关系。
3. 气门组的拆装工艺。

实训总结

结合实训，分析各部件的相互关系。

教师评阅

序号	考核内容	配分	评分标准	考核记录	扣分	得分
1	正确使用工量具	10	工具使用错误扣 10 分			
			量具使用错误扣 10 分			
2	拆卸顺序、要求符合标准	15	拆卸顺序错误一次扣 5 分			
3	装配顺序、间隙检查、力矩要求合适	15	装配检查错误一次扣 5 分			
4	操作规范、有序、不超时	10	每项扣 2 分，扣完为止			
	遵守安全规范，无人身设备事故		有人身、设备事故，此项得 0 分			
5	实训报告	50	完成实训报告和实训总结			

实训5 燃油供给系统的认识

实训目标

1. 了解电控燃油喷射系统各部件的名称、作用、结构。
2. 掌握电控轿车燃油喷射系统各零件的工作原理。
3. 掌握电控燃油喷射系统的循环线路。

课时安排

4 学时

实训准备

实训用（丰田威驰轿车）发动机，一台。

实训步骤

1. 观察燃油供给系统的燃油线路。
2. 观察燃油压力调节器的各接口。
3. 观察汽油泵的布置和结构。

实训报告

1. 燃油供给系统的组成和燃油线路。
2. 燃油压力调节器的作用。

实训总结

结合实训，分析各部件的相互关系。

教师评阅

<table>
<tr><th>序号</th><th>考核内容</th><th>配分</th><th>评分标准</th><th>考核记录</th><th>扣分</th><th>得分</th></tr>
<tr><td rowspan="2">1</td><td rowspan="2">正确使用工量具</td><td rowspan="2">10</td><td>工具使用错误扣 10 分</td><td></td><td></td><td></td></tr>
<tr><td>量具使用错误扣 10 分</td><td></td><td></td><td></td></tr>
<tr><td>2</td><td>拆卸顺序、要求符合标准</td><td>15</td><td>拆卸顺序错误一次扣 5 分</td><td></td><td></td><td></td></tr>
<tr><td>3</td><td>装配顺序、间隙检查、力矩要求合适</td><td>15</td><td>装配检查错误一次扣 5 分</td><td></td><td></td><td></td></tr>
<tr><td rowspan="2">4</td><td>操作规范、有序、不超时</td><td rowspan="2">10</td><td>每项扣 2 分，扣完为止</td><td></td><td></td><td></td></tr>
<tr><td>遵守安全规范，无人身设备事故</td><td>有人身、设备事故，此项得 0 分</td><td></td><td></td><td></td></tr>
<tr><td>5</td><td>实训报告</td><td>50</td><td>完成实训报告和实训总结</td><td></td><td></td><td></td></tr>
</table>

6

实训 废气再循环装置

实训目标

1. 学生能说出汽车废气再循环装置的作用基本知识。

2. 学生能识别废气再循环装置的结构、特点及各零部件。

3. 学生能说出废气再循环装置的工作原理及可能出现的故障分析。

课时安排

4 学时

实训准备

实训车（2012 年帕萨特 1.8T），一台；大众汽车专用 38 件套工具；棘轮扳手；汽车专业万用表；手动真空泵。

实训步骤

EGR 阀的故障检测与保养：

1. 准备工作

阅读维修手册，制定拆装方案，准备所需仪器、设备和工具。

2. 操作步骤

（1）初步检查

对于 EGR 控制系统，应首先检查其真空软管有无破损，接头处有无松动、漏气等。若无，再做进一步检查。

（2）就车检查

在发动机热车后再踩下加速踏板。使发动机转速上升至 2 000 r/min 左右，此时手指应能感觉到 EGR 阀膜片的动作（EGR 阀开启），同时 EGR 电磁阀也有动作。若 EGR 电磁阀与 EGR 阀都不动作，则检测 EGR 电磁阀及其线路。若 EGR 电磁阀动作而 EGR 阀不动作，则要检查 EGR 阀。

（3）EGR 控制电磁阀的检查

①测电源。在发动机热车后再踩下加速踏板。使发动机转速上升至 2 000 r/min 左右，用万用表检测电源应有 12 V 电压。

②测电阻。将点火开关置于“OFF”位置，拔下 EGR 控制电磁阀线束插接器，用万用表欧姆挡测量电磁阀电磁线圈的电阻，一般为 20～50 Ω，否则，应更换 EGR 控制电磁阀。

（4）EGR 阀的检查

如图 6-1 所示，启动发动机怠速运转，拔下 EGR 阀与 EGR 电磁阀真空软管。用手动真空泵对 EGR 阀真空室施加 19.95 kPa 的真空度。若此时发动机怠速情况变坏甚至熄火，说明 EGR 阀工作正常；若发动机运转情况无变化，则是 EGR 阀卡滞或损坏，应清洗、更换。

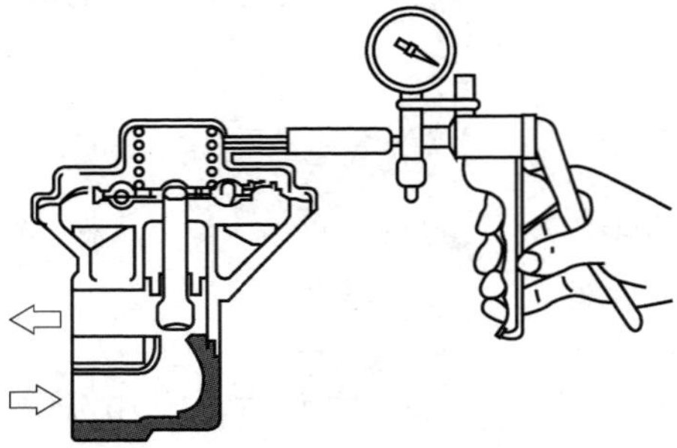

图 6-1　EGR 阀真空检测

（5）EGR 阀清洗

EGR 阀内有废气经过，容易产生积碳，引起 EGR 阀卡滞。如果锥阀卡在打开位置就会造成发动机启动困难、怠速抖动故障；如果锥阀卡在关闭位置会造成发动机排放不达标。

实训报告

1. 废气再循环装置的特点。
2. 废气再循环装置的构成及重要部件。
3. 写出废气再循环装置的工作原理。

实训总结

结合实训，分析各部件的相互关系，同时把测量和观察结果与各标准数据进行比较，分析数据产生偏差的原因。

教师评阅

<table>
<tr><th>序号</th><th>考核内容</th><th>配分</th><th>评分标准</th><th>考核记录</th><th>扣分</th><th>得分</th></tr>
<tr><td rowspan="2">1</td><td rowspan="2">正确使用工量具</td><td rowspan="2">10</td><td>工具使用错误扣 10 分</td><td></td><td></td><td></td></tr>
<tr><td>量具使用错误扣 10 分</td><td></td><td></td><td></td></tr>
<tr><td>2</td><td>拆卸顺序、要求符合标准</td><td>15</td><td>拆卸顺序错误一次扣 5 分</td><td></td><td></td><td></td></tr>
<tr><td>3</td><td>装配顺序、间隙检查、力矩要求合适</td><td>15</td><td>装配检查错误一次扣 5 分</td><td></td><td></td><td></td></tr>
<tr><td rowspan="2">4</td><td>操作规范、有序、不超时</td><td rowspan="2">10</td><td>每项扣 2 分，扣完为止</td><td></td><td></td><td></td></tr>
<tr><td>遵守安全规范，无人身设备事故</td><td>有人身、设备事故，此项得 0 分</td><td></td><td></td><td></td></tr>
<tr><td>5</td><td>实训报告</td><td>50</td><td>完成实训报告和实训总结</td><td></td><td></td><td></td></tr>
</table>

7 实训 燃油蒸汽回收系统

实训目标

1. 学生能说出汽车燃油蒸汽回收装置的作用的基本知识。

2. 学生能识别燃油蒸汽回收装置的结构、特点及各零部件。

3. 学生能说出燃油蒸汽回收装置的工作原理及可能出现的故障分析。

课时安排

4 学时

实训准备

实训车（2012 年帕萨特 1.8T），一台；大众汽车专用 38 件套工具；汽车专业万用表；打气泵及管道。

实训步骤

EGR 阀的故障检测与保养：

1. 准备工作

阅读维修手册，制定拆装方案，准备所需仪器、设备和工具。

2. 实施工作

（1）炭罐检测

活性炭罐不得有泄漏，活性炭罐壳体应无裂纹，各条管路不得阻塞，可通过向一个管路吹入压缩空气的方法检查，如图 7-1 所示。

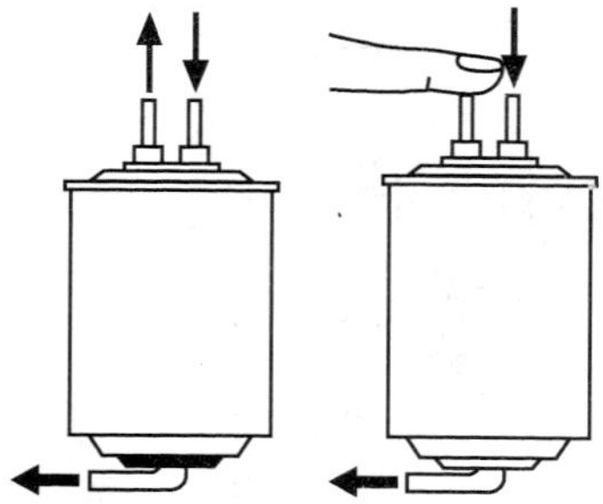

图 7-1　炭罐检测

（2）炭罐电磁阀检测（2012 年帕萨特），电路及实物如图 7-2 所示。

①就车检查。启动发动机至正常温度，加速发动机，用手触摸活性炭罐电磁阀，应有明显的振动感。如没有，检查活性炭罐电磁阀及电磁阀线束。

②电阻检测。关闭点火开关，拔下活性炭罐电磁阀插头，测量电磁阀两端之间的电阻，标准值为 20～30 Ω。如果所测得的值不在规定范围内，则更换新的活性炭罐电磁阀。

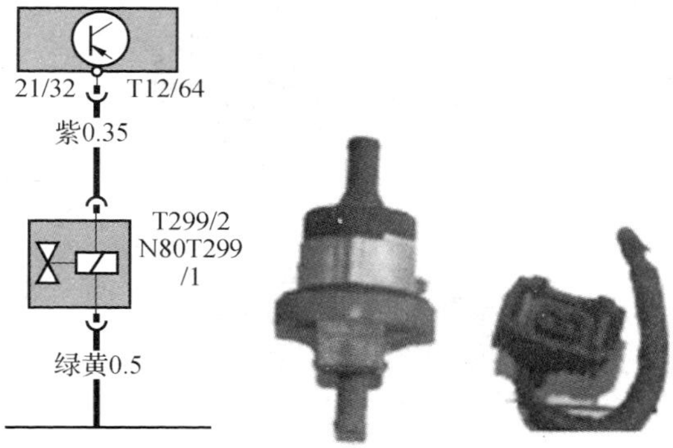

图 7-2　炭罐电磁阀检测

③电压检测。如图 7-3 所示，打开点火开关让发动机怠速运转至工作温度，加速使发动机稳定在 2 000 r/min，用万用表检测插头端子 1 与搭铁间的电压，应为 12 V（蓄电池电压）。当用发光二极管检测灯 V. A. G1527（或由一个发光二极管串联 300 Ω 电阻）连接插头端子 1 和发动机搭铁点时，检测灯应当闪亮。

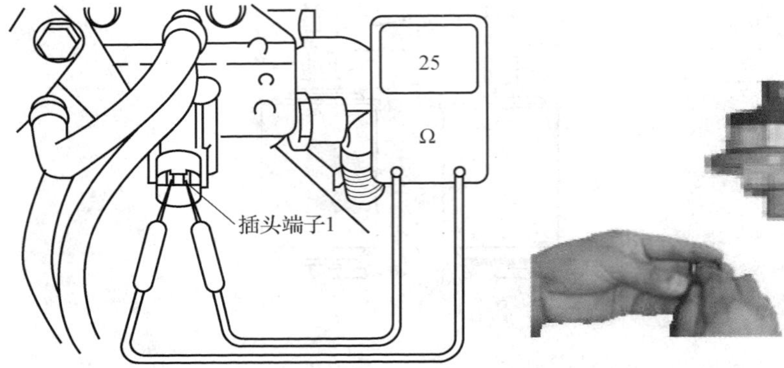

图 7-3 电压检测

④密封性检验。如图 7-4 所示，拔下活性炭罐电磁阀的连接软管，将一辅助软管连接到阀的接口上，对准电磁阀进气孔吹气，用电瓶给电磁阀供电，检查电磁阀开、关是否良好。如果需要，更换新的活性炭罐电磁阀。

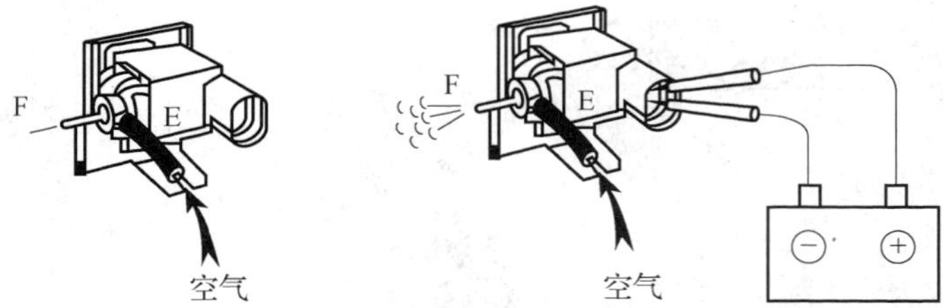

图 7-4 密封性检验

实训报告

1. 燃油蒸气回收装置的特点。
2. 燃油蒸气回收装置的构成及重要部件。
3. 写出燃油蒸气回收装置的工作原理。

实训总结

结合实训，分析各部件的相互关系，同时把测量和观察结果与各标准数据进行比较，分析数据产生偏差的原因。

教师评阅

序号	考核内容	配分	评分标准	考核记录	扣分	得分
1	正确使用工量具	10	工具使用错误扣 10 分			
			量具使用错误扣 10 分			
2	拆卸顺序、要求符合标准	15	拆卸顺序错误一次扣 5 分			
3	装配顺序、间隙检查、力矩要求合适	15	装配检查错误一次扣 5 分			
4	操作规范、有序、不超时	10	每项扣 2 分，扣完为止			
	遵守安全规范，无人身设备事故		有人身、设备事故，此项得 0 分			
5	实训报告	50	完成实训报告和实训总结			

8 实训 发动机增压

实训目标

1. 学生能说出发动机增压系统的作用、分类等基本知识。

2. 学生能识别发动机机械及涡轮增压的结构、特点及各零部件。

3. 学生能说出涡轮的工作原理及可能出现的故障分析。

课时安排

4 学时

实训准备

实训车（2008 年的帕萨特汽车），一台；扭力扳手；17 号、21 号套筒，短接杆；大众汽车专用 38 套件工具；棘轮扳手；百分表；游标卡尺；手电筒。

实训步骤

1. 在车上进行故障检查

首先检查发动机基本工作条件、压缩和泄漏及点火系统和燃油供给系统。如果供油量和压力都正常，则再检查点火系统的穿透电压是否足以点燃由涡轮增压产生的高度压缩的混合气，点火时刻是否正确。

2. 检查涡轮增压器

(1) 如果必须从车上拆下涡轮增压器，则在检修时务必保持清洁，任何脏物或污染都会导致严重后果。在拆卸涡轮机前，应将壳体和零件的相对位置加上标志，以保证重新装配时正确无误。拆开涡轮装置，仔细检查增压涡轮和动力涡轮，检查是否存在弯曲、破裂或过度磨损现象。

(2) 检查涡轮壳体内部是否存在由于轴的摆动范围过量、进入脏物或润滑不当而造成的磨损或冲击损伤。用手旋转涡轮，手感阻力应是均匀的，不应过大。转动应无黏滞感，即应无擦伤或任何接触。

（3）由于对轴承间隙有严格要求，应按生产厂家规定的程序检查轴向和径向间隙。以丰田汽车的涡轮增压为例，可将百分表插入涡轮壳的孔中，使其接触轴端，沿轴向移动涡轮机轴，测量轴的轴向间隙不应大于 0.13 mm，如图 8-1（a）所示。将百分表从机油排出孔插过轴承隔圈的孔，使其接触涡轮机轴的中心，上下移动涡轮机轴，测量轴的径向间隙不应大于 0.18 mm，如图 8-1（b）所示。若轴向间隙或径向间隙不符合要求，则应更换涡轮增压器。

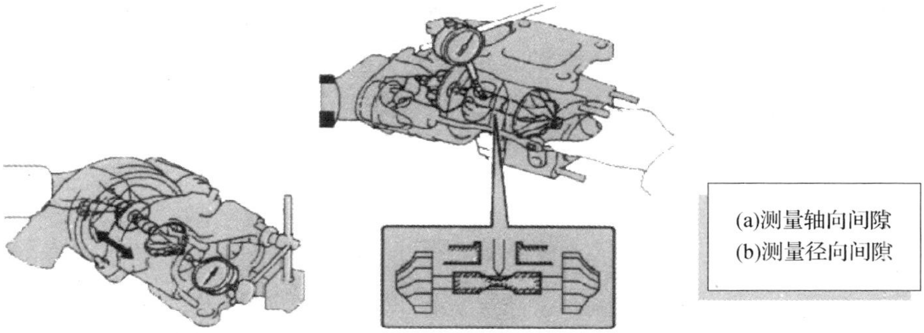

(a)　　(b)

图 8-1　测量间隙

实训报告

1. 涡轮增压系统的特点。
2. 涡轮增压器的构成及重要部件。
3. 写出涡轮增压器的工作原理。

实训总结

结合实训，分析各部件的相互关系，同时把测量和观察的结果与各标准数据进行比较，分析数据产生偏差的原因。

教师评阅

序号	考核内容	配分	评分标准	考核记录	扣分	得分
1	正确使用工量具	10	工具使用错误扣 10 分			
			量具使用错误扣 10 分			
2	拆卸顺序、要求符合标准	15	拆卸顺序错误一次扣 5 分			
3	装配顺序、间隙检查、力矩要求合适	15	装配检查错误一次扣 5 分			
4	操作规范、有序、不超时	10	每项扣 2 分，扣完为止			
	遵守安全规范，无人身设备事故		有人身、设备事故，此项得 0 分			
5	实训报告	50	完成实训报告和实训总结			

9 实训 发动机冷却系统的拆装

实训目标

1. 学生能说出发动机冷却系统的功用、组成、冷却方式等基本知识。

2. 学生能识别发动机冷却系统主要零部件结构与工作原理。

3. 学生能说出发动机冷却系统的循环水路及可能出现的故障分析。

课时安排

2 学时

实训准备

丰田 5A-FE 发动机，1 台；发动机拆装架，1 台；零部件存放台，1 个；节温器工作原理实验的相关装置；套筒扳手，1 套（26 件）；梅花扳手（10～12），1 个；冷却系统专用拆卸工具及相关量具。

实训步骤

拆卸：

1. 观察发动机冷却系统主要机件的安装位置、连接关系；观察散热器、风扇、水泵、缸体与缸盖水套、水温表传感器、节温器、百叶窗等主要机件的总体构造，并找出冷却水进行大、小循环的流动路线。

2. 拆下传动螺栓、风扇和皮带轮，再拆下水泵，检查水泵和正时链轮有无裂纹，结合表面有无损伤，观察水泵油封是否损坏。

3. 拆下进水凸缘，拆卸节温器，将节温器浸在水中，并逐渐将水加热，检查阀门的开启温度和开启量。

安装：

1. 按照拆卸相反的顺序安装各零部件。安装节温器时认真清洁所有零件，尤其是外壳结合表面，保证拧紧冷却套的螺栓不能生锈或损坏，清洁螺栓，以防损坏发动机上的螺孔。

2. 安装节温器，用力矩扳手将进水凸缘装上。

3. 水泵安装时基本顺序与拆卸顺序相反。但是，除更换衬垫及密封圈外，首先要对清洗好的零件进行检查测量，磨损超差的，必须更换新件，各零部件检查合格才能装复。

实训报告

1. 冷却系统的功用，冷却液大、小循环的路线。
2. 冷却水泵的结构与工作原理。
3. 节温器的结构与工作原理。

实训总结

结合实训，分析各部件的相互关系，同时把测量结果与各标准数据进行比较，分析数据产生偏差的原因。

教师评阅

序号	考核内容	配分	评分标准	考核记录	扣分	得分
1	正确使用工量具	10	工具使用错误扣 10 分			
			量具使用错误扣 10 分			
2	拆卸顺序、要求符合标准	15	拆卸顺序错误一次扣 5 分			
3	装配顺序、间隙检查、力矩要求合适	15	装配检查错误一次扣 5 分			
4	操作规范、有序、不超时	10	每项扣 2 分，扣完为止			
	遵守安全规范，无人身设备事故		有人身、设备事故，此项得 0 分			
5	实训报告	50	完成实训报告和实训总结			

实训10 发动机润滑系统的拆装

实训目标

1. 学生能说出发动机润滑系统的功用、组成、工作原理等基本知识。

2. 学生能识别发动机润滑系统的主要零部件结构与工作原理。

3. 学生能说出润滑方式及可能出现的故障分析。

课时安排

2 学时

实训准备

丰田 5A-FE 发动机 1 台；发动机拆装架，1 台；零部件存放台，1 个；节温器工作原理实验的相关装置；套筒扳手，1 套（26 件）；梅花扳手（10～12），1 个；专用拆卸工具，1 套；汽车发动机常用润滑油样品一套；机油壶；棉纱等。

实训步骤

拆卸：

1. 观察发动机润滑系统的总体组成与润滑油路，认识发动机润滑系统的各组成部分。

2. 拆卸发动机油底壳，旋松分电器轴向限位卡板的紧固螺栓，拆去卡板，拔出分电器总成；旋松并拆卸两只将机油泵盖、机油泵体紧固到机体上去的长紧固螺栓，将机油吸油部件一起拆下；拧松并拆下吸油管组紧固螺栓，拆下吸油管组，检查并清洗滤网；旋松并拆下机油泵盖短紧固螺栓，取下机油泵组件，检查泵盖上的限压阀；分解主、被动齿轮，再分解齿轮和轴，垫片更换新件。

3. 检查主、被动齿轮的磨损情况，必要时更换，最好成对更换；检查主、被动齿轮的啮合间隙，标准为 0.05 mm，使用极限为 0.20 mm。

4. 旋松拉紧螺帽，即可取下滤芯组件、壳体组件等零部件。机油滤清器常带有机油压力调整装置，只要旋松螺母，即可旋出调压螺钉、拆卸调压弹簧和钢球阀。

5. 观察汽油机机油的 SC，SD，SF，SG，SH 六个级别机油外观、气味和黏度；观察使用中的汽油机机油的外观、气味和黏度。

安装：

1. 按照拆卸相反的顺序安装各零部件。安装油底壳的固定螺钉时，应注意从内到外分次拧紧油底壳各螺钉。

2. 安装机油泵时，将所有零件清洗干净，按分解的逆顺序进行装配。

3. 安装机油滤清器时装配顺序与安装时相反。其机油压力调整需根据发动机要求，启动发动机，通过旋转调压螺钉进行调整。使用的工具是专用工具。

实训报告

1. 润滑系统的功用，润滑油循环路线与润滑油牌号的认识。

2. 机油泵的结构与工作原理。

3. 机油滤清器的结构与工作原理。

实训总结

结合实训，分析各部件的相互关系，同时把测量结果与各标准数据进行比较，分析数据产生偏差的原因。

教师评阅

序号	考核内容	配分	评分标准	考核记录	扣分	得分
1	正确使用工量具	10	工具使用错误扣 10 分			
			量具使用错误扣 10 分			
2	拆卸顺序、要求符合标准	15	拆卸顺序错误一次扣 5 分			
3	装配顺序、间隙检查、力矩要求合适	15	装配检查错误一次扣 5 分			
4	操作规范、有序、不超时	10	每项扣 2 分，扣完为止			
	遵守安全规范，无人身设备事故		有人身、设备事故，此项得 0 分			
5	实训报告	50	完成实训报告和实训总结			

实训 11 霍尔电子点火系统检测

实训目标

1. 学生能说出汽车点火系统的作用、分类等基本知识。

2. 学生能识别电子式和传统式点火系统的结构、特点及各零部件。

3. 学生能说出点火系统的工作原理及可能出现的故障分析。

课时安排

4 学时

实训准备

实训车（老式普通桑塔纳汽车），一台；一字平口起子；大众汽车 38 件套专业拆装工具；万用表。

实训步骤

1. 准备工作

阅读维修手册，制定拆装方案，准备所需仪器、设备和工具。

2. 操作步骤

（1）观察电子点火系统线路的连接和走向（STN）

蓄电池的电流正极流出→启动机→中央接线板→点火开关→中央接线板→点火线圈正极接线柱。然后分两路：一路由点火线圈负极→点火控制器→发动机机体搭铁→蓄电池负极；另一路由点火线圈正极→点火控制器→发动机机体搭铁→蓄电池负极。

（2）点火系统线路的检测

①电源电压及搭铁的检查：12V 的电源及良好的搭铁。

②初步检查：线路是否有脱离、松动及接触不良等现象。观察线路是否破皮等。

(3) 霍尔点火信号发生器的检查(霍尔传感器)

①将中央高压线插头从分电器上拔下并搭铁。

②拔掉点火控制器连接插头的橡皮套管。

③将电压表接在控制器上。

④打开点火开关,按发电机旋转方向缓慢地转动发动机,观察电压的变化。

(4) 更换霍尔电子点火器,观察故障是否消除

注意事项:

①正确操作,注意人身及机件安全。

②注意拆装顺序,保持场地整洁及零部件、工具清洁。

③禁止采用搭铁试火法检测电子点火线路。

④检查点火器控制初级电流通断时,应提前使中央高压线搭铁,防止内部晶体管被击穿。

技术要求:

①电子点火系统线路的连接应符合原车技术要求。

②高压线及插头电阻如下:

STN:点火线圈与分电器之间电阻:0～2.8 kΩ;分电器与火花塞之间总电阻:0.6～7.4 kΩ;高压导线电阻:0 kΩ;点火线圈端或分电器盖端插头电阻:1±0.4 kΩ;火花塞插头电阻:无屏蔽 1±0.4 kΩ,有屏蔽 5±1 kΩ。

夏利车:中央线:6.1～9.2 kΩ;1,2 缸线 8.1～12.1 kΩ;3 缸线 6.8～10.0 kΩ。

实训报告

1. 霍尔式电子点火系统的特点。
2. 霍尔式电子点火系统的构成及重要部件。
3. 写出霍尔式电子点火系统的工作原理。

实训总结

结合实训,分析各部件的相互关系,同时把测量结果与各标准数据进行比较,分析数据产生偏差的原因。

教师评阅

<table>
<tr><th>序号</th><th>考核内容</th><th>配分</th><th>评分标准</th><th>考核记录</th><th>扣分</th><th>得分</th></tr>
<tr><td rowspan="2">1</td><td rowspan="2">正确使用工量具</td><td rowspan="2">10</td><td>工具使用错误扣 10 分</td><td></td><td></td><td></td></tr>
<tr><td>量具使用错误扣 10 分</td><td></td><td></td><td></td></tr>
<tr><td>2</td><td>拆卸顺序、要求符合标准</td><td>15</td><td>拆卸顺序错误一次扣 5 分</td><td></td><td></td><td></td></tr>
<tr><td>3</td><td>装配顺序、间隙检查、力矩要求合适</td><td>15</td><td>装配检查错误一次扣 5 分</td><td></td><td></td><td></td></tr>
<tr><td rowspan="2">4</td><td>操作规范、有序、不超时</td><td rowspan="2">10</td><td>每项扣 2 分，扣完为止</td><td></td><td></td><td></td></tr>
<tr><td>遵守安全规范，无人身设备事故</td><td>有人身、设备事故，此项得 0 分</td><td></td><td></td><td></td></tr>
<tr><td>5</td><td>实训报告</td><td>50</td><td>完成实训报告和实训总结</td><td></td><td></td><td></td></tr>
</table>

12 实训 启动机的拆装

实训目标

1. 学生能说出汽车启动系统的作用、分类等基本知识。

2. 学生能识别启动机的结构、特点及各零部件。

3. 学生能说出启动机的工作原理及可能出现的故障分析。

课时安排

4 学时

实训准备

实训车（2010 年帕萨特的启动机），一台；13 号套筒；短接杆；13 号、15 号梅花扳手；一字平口起子；百分表；游标卡尺等。

实训步骤

1. 准备工作

阅读维修手册，制定拆装方案，准备所需仪器、设备和工具。

2. 操作步骤

（1）启动机的分解

①吸力开关的拆卸。用扳手旋下电磁开关的接线柱的螺母，取下导线，拆卸吸力开关固定螺栓，取下吸力开关。

②启动机衬套及端盖的拆卸。旋下启动机贯穿螺钉和衬套螺钉，取下衬套座和端盖，取出垫片组件和衬套。

③启动机电刷架及定子线圈拆卸。取下定子时注意定子与前壳体的位置。

④启动机转子拆卸。拆下拨叉固定螺栓，取下转子，取下转子时注意拨叉。

（2）启动机的检测

①电枢轴的检修。电枢轴上的花键齿槽严重磨损或损坏，应进行修复或更换。电枢轴轴颈与衬套的配合间隙不得超过 0.15 mm。间隙过大，应更换新套，进行铰配。

②换向器的检修。查看换向器有无脏污和表面烧蚀，若出现此情况，用 400 号砂纸或在车床上修整。检查底部凹槽深度，应清洁无异物，边缘光滑。若凹槽深度小于最小值，用手锯条修正。

③电枢绕组的检修。电枢绕组的常见故障有匝间短路、断路或搭铁等。用欧姆表检查换向器与电枢绕组铁芯之间的导通性，应不导通；若导通，应更换电枢。用欧姆表检查换向器片之间的导通性，应导通；若换向器片之间不导通，应更换电枢。

④励磁绕组的检修。励磁绕组的常见故障有接头脱焊，绕组短路、断路或搭铁等。

⑤电刷与电刷架的检修。检查电刷的高度，一般不应低于标准的 2/3，电刷的接触面积不应少于 75%，并且要求电刷在电刷架内无卡滞现象。

⑥单向离合器的检修。单向离合器常见的故障是打滑。可以用扭力扳手检测单向离合器的转矩。若转矩小于规定值，则应更换单向离合器。

⑦电磁开关的检修。电磁开关的常见故障一般是吸拉线圈和保位线圈断路、短路和搭铁，导电盘（或接触盘）及触点表面烧蚀等。线圈的断路故障可用万用表的低阻值挡检测其阻值，搭铁故障可用万用表的高阻值挡测量其电阻来检查。导电盘及触点表面烧蚀轻微的可以用锉刀或砂布修整。回位弹簧过弱应予以更换。

3. 启动机的组装

启动机的组装可按启动机的分解相反顺序进行，但应注意以下事项：

（1）安装时，衬套中应涂上润滑脂。

（2）用止推垫圈调整驱动齿轮的轴向间隙（推到极限位置），标准值为 0.3～1.5 mm。

实训报告

1. 启动机的组成线路。

2. 启动机的构成及重要部件。

3. 说出启动机的工作原理。

实训总结

结合实训，分析各部件的相互关系，同时把测量结果与各标准数据进行比较，分析数据产生偏差的原因。

教师评阅

<table>
<tr><th>序号</th><th>考核内容</th><th>配分</th><th>评分标准</th><th>考核记录</th><th>扣分</th><th>得分</th></tr>
<tr><td rowspan="2">1</td><td rowspan="2">正确使用工量具</td><td rowspan="2">10</td><td>工具使用错误扣 10 分</td><td></td><td></td><td></td></tr>
<tr><td>量具使用错误扣 10 分</td><td></td><td></td><td></td></tr>
<tr><td>2</td><td>拆卸顺序、要求符合标准</td><td>15</td><td>拆卸顺序错误一次扣 5 分</td><td></td><td></td><td></td></tr>
<tr><td>3</td><td>装配顺序、间隙检查、力矩要求合适</td><td>15</td><td>装配检查错误一次扣 5 分</td><td></td><td></td><td></td></tr>
<tr><td rowspan="2">4</td><td>操作规范、有序、不超时</td><td rowspan="2">10</td><td>每项扣 2 分，扣完为止</td><td></td><td></td><td></td></tr>
<tr><td>遵守安全规范，无人身设备事故</td><td>有人身、设备事故，此项得 0 分</td><td></td><td></td><td></td></tr>
<tr><td>5</td><td>实训报告</td><td>50</td><td>完成实训报告和实训总结</td><td></td><td></td><td></td></tr>
</table>

13 实训 传动系统总体构造认识

实训目标

1. 让学生了解传动系统总体组成和作用。
2. 让学生熟练掌握传动系统总成拆装的方法和步骤。

课时安排

2 学时

实训准备

传动系统实训台和常用维修工具

实训步骤

1. 拆卸传动系统实训台的外部结构（简单拆卸，可以看到各个传动系统各个组成部分即可）。

2. 认识传动系统总成的组成和作用。

3. 认识传动系统中离合器、变速器、万向节、传动轴、主减速器、差速器、半轴的位置。

4. 认识传动系统各组成部分的作用。

实训报告

1. 传动系统的组成、工作原理、功用。
2. 传动系统各个组成部分的结构和作用。

实训总结

结合实训，分析各部件的相互关系；结合实训，撰写实训报告。

教师评阅

序号	考核内容	配分	评分标准	考核记录	扣分	得分
1	正确使用工量具	10	工具使用错误扣 10 分			
			量具使用错误扣 10 分			
2	拆卸顺序、要求符合标准	15	拆卸顺序错误一次扣 5 分			
3	装配顺序、间隙检查、力矩要求合适	15	装配检查错误一次扣 5 分			
4	操作规范、有序、不超时	10	每项扣 2 分，扣完为止			
	遵守安全规范，无人身设备事故		有人身、设备事故，此项得 0 分			
5	实训报告	50	完成实训报告和实训总结			

14

▶实训 离合器拆装

实训目标

1. 让学生掌握离合器的构造及工作原理。
2. 让学生了解从动片及扭转减振器的构造及工作原理。
3. 学生通过自己动手熟练拆卸离合器。

课时安排

2 学时

实训准备

离合器实训台和常用维修工具。

实训步骤

拆卸：

1. 在台钳上夹紧离合器盖及压盘。
2. 松开压盘上传动片的连接螺钉。
3. 缓慢松开台钳，使离合器盖与压盘分开。
4. 拆下一分离杠杆。
5. 待观察清楚后，再按相反的顺序装复。

观察要求：

1. 分离杠杆支撑装置的结构和工作原理。
2. 压紧弹簧的布置和压盘与离合器盖的结构。
3. 从动盘总成的结构、扭转减振器的结构与工作原理。
4. 发动机动力传到从动盘的路线。

5. 分离杠杆内端面高度以及踏板自由行程的调整方法。

实训报告

1. 离合器的组成、工作原理、功用。
2. 离合器各个零部件的连接的认识和拆装。

实训总结

结合实训，分析各部件的相互关系；结合实训，撰写实训报告。

教师评阅

<table>
<tr><th>序号</th><th>考核内容</th><th>配分</th><th>评分标准</th><th>考核记录</th><th>扣分</th><th>得分</th></tr>
<tr><td rowspan="2">1</td><td rowspan="2">正确使用工量具</td><td rowspan="2">10</td><td>工具使用错误扣 10 分</td><td></td><td></td><td></td></tr>
<tr><td>量具使用错误扣 10 分</td><td></td><td></td><td></td></tr>
<tr><td>2</td><td>拆卸顺序、要求符合标准</td><td>15</td><td>拆卸顺序错误一次扣 5 分</td><td></td><td></td><td></td></tr>
<tr><td>3</td><td>装配顺序、间隙检查、
力矩要求合适</td><td>15</td><td>装配检查错误一次扣 5 分</td><td></td><td></td><td></td></tr>
<tr><td rowspan="2">4</td><td>操作规范、有序、不超时</td><td rowspan="2">10</td><td>每项扣 2 分，扣完为止</td><td></td><td></td><td></td></tr>
<tr><td>遵守安全规范，无人身设备事故</td><td>有人身、设备事故，此项得 0 分</td><td></td><td></td><td></td></tr>
<tr><td>5</td><td>实训报告</td><td>50</td><td>完成实训报告和实训总结</td><td></td><td></td><td></td></tr>
</table>

实训 15 手动变速器拆装实训

实训目标

1. 让学生掌握普通齿轮式手动变速器、分动器的构造和工作原理。
2. 让学生熟练掌握手动变速器总成拆装的方法和步骤。
3. 学生通过自己动手认识手动变速器挂挡原理。

课时安排

2 学时

实训准备

手动变速器实训台和常用维修工具。

实训步骤

拆装：

1. 拆下变速器盖及第一、第二轴承盖。
2. 取出第二轴及其上的各齿轮。
3. 取出中间轴。
4. 取出第一轴。
5. 取出塔形齿轮。
6. 待观察清楚后再按相反的顺序装复。

观察要求：

1. 变速器在汽车上的位置。
2. 变速器上倒车开关、加油口、放油口、驱动马表软轴的各部位及装置。
3. 变速器的自锁装置、互锁装置及倒挡锁装置的工作原理。

4. 惯性同步器的结构和工作原理。

5. 各挡的动力传递路线。

实训报告

1. 手动变速器的组成、工作原理、功用。

2. 手动变速器挂挡原理。

3. 同步器结构和工作原理。

实训总结

结合实训，分析各部件的相互关系；结合实训，撰写实训报告。

教师评阅

序号	考核内容	配分	评分标准	考核记录	扣分	得分
1	正确使用工量具	10	工具使用错误扣 10 分			
			量具使用错误扣 10 分			
2	拆卸顺序、要求符合标准	15	拆卸顺序错误一次扣 5 分			
3	装配顺序、间隙检查、力矩要求合适	15	装配检查错误一次扣 5 分			
4	操作规范、有序、不超时	10	每项扣 2 分，扣完为止			
	遵守安全规范，无人身设备事故		有人身、设备事故，此项得 0 分			
5	实训报告	50	完成实训报告和实训总结			

实训16 驱动桥拆装实训

实训目标

1. 让学生掌握主减速器和差速器的拆装步骤和技术要求。
2. 熟悉驱动桥主要零部件的名称、作用及相互装配关系。

课时安排

2 学时

实训准备

轿车 PASSAT 主减速器 1 台；常用汽车维修工具 1 套。

实训步骤

拆装：

上海桑塔纳轿车主减速器、差速器装在变速器的前壳体内，主减速器主动齿轮和变速器输出轴制成一体。

1. 差速器的解体

差速器的解体与变速器的解体同时进行。其基本顺序如下：

①从主减速器盖上拆下车速表被动齿轮及其轴套。

②拧下螺栓，拆下半轴凸缘。

③拆下主减速器盖的固定螺栓，拆下主减速器盖、差速器总成。

④从差速器壳上拆下车速表齿轮锁紧套筒，用双臂拉力器拉下车速表驱动齿轮和差速器圆锥滚子轴承内圈。

⑤从主减速器盖内取出油封，再将圆锥滚子轴承外圈从主减速器盖内拉出。

⑥将变速器壳内圆锥滚子轴承外圈拉出。

⑦拆卸从动锥齿轮。在从动齿轮和差速器罩上做上记号，拆下从动齿轮螺栓，然后用铜棒从差速器外壳敲下从动锥齿轮。

⑧拆下弹性锁销，用铜件敲击行星齿轮轴并拆下。

2. 差速器的装配

①行星齿轮的安装。

a. 将复合式止推垫片涂上薄层润滑油，装入差速器壳内。

b. 在半轴齿轮装上螺纹套后装入差速器壳内，再装入行星齿轮，并用六角螺栓拧紧。

c. 将两个小行星齿轮错开 180°，转动半轴，使行星齿轮、止推垫片和差速器罩壳对正。

d. 推入行星齿轮轴，用锁销或弹性挡圈锁紧。

e. 检查行星齿轮和半轴齿轮的啮合间隙（正常值为 0.05～0.20 mm），或检查半轴齿轮差速器壳之间的间隙（正常值为 0.10～0.20 mm）。

②从动锥齿轮的安装。将从动齿轮加热到 100℃左右，用定心销导向，迅速安装到差速器壳上，然后用匹配的螺栓以对角的方式逐渐将其旋紧，旋紧力距为 70 N·m。安装后应检验从动齿轮的翘曲摆差不应超过 0.05 mm。

③差速器轴承和车速表主动齿轮的安装。将圆锥滚柱轴承内圈加热到 100℃左右，放好并压紧，然后再压入车速表主动齿轮，压入深度 $x=1.4$ mm。只有通过使用厚度为 1.4～1.5 mm 的垫圈式挡圈才能保证上面规定的压入深度。最后旋紧锁紧套筒。

④轴承外圈的压入。用专用工具（和拆卸相同工具）将变速器壳内和主传动器盖上的轴承外圈压入。

⑤差速器总成的安装。将差速器总成和主减速器盖一齐装入变速器壳内并用螺栓紧固。

实训报告

1. 驱动桥的组成、工作原理、功用。
2. 减速器的结构和工作原理。

实训总结

结合实训，分析各部件的相互关系，撰写实训报告。

教师评阅

序号	考核内容	配分	评分标准	考核记录	扣分	得分
1	正确使用工量具	10	工具使用错误扣 10 分			
			量具使用错误扣 10 分			
2	拆卸顺序、要求符合标准	15	拆卸顺序错误一次扣 5 分			
3	装配顺序、间隙检查、力矩要求合适	15	装配检查错误一次扣 5 分			
4	操作规范、有序、不超时	10	每项扣 2 分，扣完为止			
	遵守安全规范，无人身设备事故		有人身、设备事故，此项得 0 分			
5	实训报告	50	完成实训报告和实训总结			

实训17 前悬架总成的拆装

实训目标

1. 学生能说出汽车行驶系前悬架总成的作用等基本知识。
2. 学生能识别轮毂和传动轴的结构、特点。
3. 学生能说出前悬架总成的安装注意事项。

课时安排

2 学时

实训准备

实训车（2013 款标致 408），一台；扭力扳手；17 号、21 号套筒；短接杆；13 号、15 号梅花扳手；一字平口起子；

T30 中号套筒、E20 套筒；棘轮扳手；空压机一台；举升机，一台；轮胎充气机，一台；

清洗剂；润滑剂、润滑脂少许；棉纱和油盆等清洗工具。

实训步骤

拆卸：

1. 取下车轮装饰罩。
2. 旋下轮毂与传动轴的紧固螺母，车轮必须着地。
3. 卸下垫圈。
4. 旋下制动钳紧固螺栓，旋下制动盘。
5. 取下制动软管支架，并用铁丝将制动钳固定在车身上，拆下球形接头紧固螺母。
6. 压出横拉杆接头，旋下稳定杆的紧固螺栓。
7. 向下撬压下臂，拆下压力装置。

安装：

1. 前悬架安装（安装时注意：制动盘不能倾斜）。

2. 轮毂与传动轴的安装，应擦净齿面上的油污，去除防护剂的残留物。

3. 安装制动软管压上横拉杆接头。

4. 安装时，所有螺栓和螺母的紧固力矩应符合规定，所有自锁螺母必须更换新件。

实训报告

1. 前悬架的特点。

2. 前悬架的构成及重要部件。

3. 前悬架总成并对故障检测。

实训总结

结合实训，分析各部件的相互关系，同时把测量结果与各标准数据进行比较，分析数据产生偏差的原因。

教师评阅

序号	考核内容	配分	评分标准	考核记录	扣分	得分
1	正确使用工量具	10	工具使用错误扣 10 分			
			量具使用错误扣 10 分			
2	拆卸顺序、要求符合标准	15	拆卸顺序错误一次扣 5 分			
3	装配顺序、间隙检查、力矩要求合适	15	装配检查错误一次扣 5 分			
4	操作规范、有序、不超时	10	每项扣 2 分，扣完为止			
	遵守安全规范，无人身设备事故		有人身、设备事故，此项得 0 分			
5	实训报告	50	完成实训报告和实训总结			

实训18 后桥与后悬架的拆装

实训目标

1. 学生能说出汽车行驶系后桥与后悬架的作用等基本知识。

2. 学生能识别后悬架的结构、特点。

3. 学生能说出后桥与后悬架安装注意事项。

课时安排

4 学时

实训准备

实训车（2013 款标致 408），一台；

扭力扳手；17 号、21 号套筒，短接杆；13 号、15 号梅花扳手；一字平口起子；

T30 中号套筒、E20 套筒；棘轮扳手；空压机，一台；举升机，一台；轮胎充气机，一台；

清洗剂；润滑剂、润滑脂少许；棉纱和油盆等清洗工具。

实训步骤

拆卸：

1. 将驻车制动拉锁从拉杆上吊出，必要时脱开制动蹄。

2. 分开轴体上的制动管和制动软管。

3. 松开车身上的支撑座，仅留一个螺母支撑。

4. 拆下排气管吊环，用专用工具。

5. 取下车内饰减震器盖板，从车身上旋下支撑杆座螺母。

6. 拆下车身上整个支撑座。

7. 慢慢升起车辆，将驻车制动拉索从排气管上拉出。

8. 将后桥从车子底下拆出。

安装：

1. 将驻车制动拉索铺设在排气管上面，然后将后桥装到车身上。

2. 将减震器支撑杆座装入车身的支架中，并用螺母固定。

3. 横梁必须放平，车身与横梁夹角为 $17^\circ \pm 2^\circ 36'$。

4. 更换所有自锁螺母，并按规定力矩拧紧。

实训报告

1. 后悬架的特点。

2. 后桥和后悬架的构成及重要部件。

3. 后悬架总成并对故障检测。

实训总结

结合实训，分析各部件的相互关系，同时把测量结果与各标准数据进行比较，分析数据产生偏差的原因。

教师评阅

序号	考核内容	配分	评分标准	考核记录	扣分	得分
1	正确使用工量具	10	工具使用错误扣 10 分			
			量具使用错误扣 10 分			
2	拆卸顺序、要求符合标准	15	拆卸顺序错误一次扣 5 分			
3	装配顺序、间隙检查、力矩要求合适	15	装配检查错误一次扣 5 分			
4	操作规范、有序、不超时	10	每项扣 2 分，扣完为止			
	遵守安全规范，无人身设备事故		有人身、设备事故，此项得 0 分			
5	实训报告	50	完成实训报告和实训总结			

19 实训 副车架、下摇臂和稳定杆的拆装

实训目标

1. 学生能说出副车架、下摇臂和稳定杆的作用等基本知识。
2. 学生能识别副车架、下摇臂和稳定杆的结构、特点。
3. 学生能说出下摇臂和稳定杆总成的安装注意事项。

课时安排

2 学时

实训准备

实训车（2013 款标致 408），一台；扭力扳手；17 号、21 号套筒，短接杆；13 号、15 号梅花扳手；一字平口起子；

T30 中号套筒、E20 套筒；棘轮扳手；空压机，一台；举升机，一台；轮胎充气机，一台；

清洗剂；润滑剂、润滑脂少许；棉纱和油盆等清洗工具。

实训步骤

拆卸：

1. 旋下副车架与车身固定的前悬架螺栓，拆下副车架下摇臂与稳定杆组件。
2. 旋松下摇臂与副车架连接橡胶轴套的螺栓螺母，拆下下摇臂。
3. 旋松稳定杆与下摇臂连接螺栓的紧固螺母，并拆下固定在副车架处的支架螺栓，拆下稳定杆。
4. 用专用工具压出副车架前后端橡胶支撑四个。
5. 用专用工具压出下摇臂两端橡胶轴。

安装：

1. 用专用工具压入下摇臂橡胶轴承。

2. 用专用工具压入副车架前后端四个橡胶支撑。

3. 安装稳定杆。

4. 拧紧固定下摇臂与副车架的连接螺栓螺母。

5. 发动机悬架安装之后，发动机悬架内部都要用防腐剂处理。

6. 如果要装一个新的副车架，在前悬架下臂安装之后，这个新的副悬架内部必须用防护蜡进行处理。

7. 副车架安装固定至车身上，其固定螺栓按车辆行驶方向拧紧，顺序为后左、后右、前左、前右。

实训报告

1. 副车架、下摇臂和稳定杆的特点。

2. 副车架、下摇臂和稳定杆的构成及重要部件。

3. 副车架、下摇臂和稳定杆并对故障检测。

实训总结

结合实训，分析各部件的相互关系，同时把测量结果与各标准数据进行比较，分析数据产生偏差的原因。

教师评阅

序号	考核内容	配分	评分标准	考核记录	扣分	得分
1	正确使用工量具	10	工具使用错误扣 10 分			
			量具使用错误扣 10 分			
2	拆卸顺序、要求符合标准	15	拆卸顺序错误一次扣 5 分			
3	装配顺序、间隙检查、力矩要求合适	15	装配检查错误一次扣 5 分			
4	操作规范、有序、不超时	10	每项扣 2 分，扣完为止			
	遵守安全规范，无人身设备事故		有人身、设备事故，此项得 0 分			
5	实训报告	50	完成实训报告和实训总结			

实训20 转向器总成件更换

实训目标

1. 学生能说出汽车转向系统的作用、分类等基本知识。

2. 学生能识别机械转向器的结构、特点及各零部件。

3. 学生能说出方向器的工作原理及可能出现的故障分析。

课时安排

4 学时

实训准备

实训车（2010 年的帕萨特 1.8T），一台；扭力扳手；大众汽车专用 38 套件拆装工具，短接杆；13 号、15 号梅花扳手；一字平口起子；手锤。

实训步骤

1. 准备工作

阅读维修手册，制定拆装方案，准备所需仪器、设备和工具。

2. 转向器总成拆卸

（1）依次拆卸车轮、两转向器横拉杆外球头、防尘罩和内球头。

（2）拆卸转向器进回油管，左右转动方向盘，将转向器内的液压油排出。

（3）转动方向盘至左侧极限位置并锁定方向盘，拆卸转向柱与转向器的花键横销螺栓，做好相互位置标记。

（4）拆下转向器两端与车身之间的固定螺栓，退出转向器与转向柱十字轴的连接花键，取出转向器。

3. 转向器的安装

(1) 举升车辆，将转向器装入机座，安装两侧固定支架及螺栓。

(2) 安装变速器排挡杆拉线及其防护盖，安装排气管（注意排气管垫的安装）。

(3) 锁紧锁片，同时安装防尘罩，卡上卡箍。安装横拉杆外球头，并将其与转向节固定。

(4) 降下车辆，安装转向柱与转向器的万向节。

(5) 安装转向器进回油管，加注转向助力油至标准位置，排空气。

(6) 安装车轮，对各部件安装情况进行复检。

实训报告

1. 齿轮齿条式转向器的特点。
2. 齿轮齿条式转向器的构成及重要部件。
3. 齿轮齿条式转向器的工作原理。

实训总结

结合实训，分析各部件的相互关系，同时对拆装流程与拆装注意事项进行比较，掌握转向器的正确拆装方法。

教师评阅

序号	考核内容	配分	评分标准	考核记录	扣分	得分
1	正确使用工量具	10	工具使用错误扣 10 分			
			量具使用错误扣 10 分			
2	拆卸顺序、要求符合标准	15	拆卸顺序错误一次扣 5 分			
3	装配顺序、间隙检查、力矩要求合适	15	装配检查错误一次扣 5 分			
4	操作规范、有序、不超时	10	每项扣 2 分，扣完为止			
	遵守安全规范，无人身设备事故		有人身、设备事故，此项得 0 分			
5	实训报告	50	完成实训报告和实训总结			

实训 21 更换前轮制动摩擦片

实训目标

1. 掌握盘式制动器的结构与原理。

2. 让学生熟练操作盘式制动器的拆装。

3. 让学生了解制动器摩擦片的失效标准与拆装工作的使用。

课时安排

2 学时

实训准备

实训车（2013 款标致 408），一台；汽车举升机；轮胎拆卸专用套筒扳手；世达套筒工具组件；扭力扳手；专用复位工具；一字螺丝刀和抹布。

实训步骤

1. 将汽车开进举升机车位，利用轮胎拆卸专用套筒扳手松开轮胎螺帽，再把汽车举升到适当高度，卸下两个前轮轮胎。

2. 用螺丝刀从制动钳体上撬下并取下制动摩擦片的定位弹簧，从制动钳内侧拧下两导向销。

3. 取下制动钳壳体，放下时，注意不要拉紧或损坏制动软管。

4. 从制动钳壳体上或制动托架上拆下制动衬片和制动摩擦片。

5. 检查制动摩擦片厚度和制动盘厚度。

6. 用复位工具将活塞压入制动钳壳体，压入时，要防止制动液溢出。

7. 用抹布清洁制动钳，装上新的制动摩擦片和制动衬片，装上制动钳壳体，在两导向销上抹上专用润滑脂，拧上两导向销。

8. 用力将制动踏板踏下几次，以保证衬片就位，同时检查制动液的液位，如果缺制动液，应按规定添加制动液。

9. 在检查各项操作无误后，装上轮胎。

实训报告

1. 盘式制动器的特点。
2. 盘式制动器的构成及重要部件。
3. 盘式制动器的工作原理。

实训总结

结合实训，分析各部件的相互关系，同时对测量结果与各标准数据进行比较，分析数据产生偏差的原因。

教师评阅

序号	考核内容	配分	评分标准	考核记录	扣分	得分
1	正确使用工量具	10	工具使用错误扣 10 分			
			量具使用错误扣 10 分			
2	拆卸顺序、要求符合标准	15	拆卸顺序错误一次扣 5 分			
3	装配顺序、间隙检查、力矩要求合适	15	装配检查错误一次扣 5 分			
4	操作规范、有序、不超时	10	每项扣 2 分，扣完为止			
	遵守安全规范，无人身设备事故		有人身、设备事故，此项得 0 分			
5	实训报告	50	完成实训报告和实训总结			

实训22 前盘制动器的拆装

实训目标

1. 学生能说出汽车制动系统的作用、分类等基本知识。
2. 学生能识别盘式制动器的结构、特点及各零部件。
3. 学生能说出制动器的工作原理及可能出现的故障分析。

课时安排

4 学时

实训准备

实训车（2013 款标致 408），一台；扭力扳手；17 号、21 号套筒，短接杆；13 号、15 号梅花扳手；一字平口起子；T30 中号套筒、E20 套筒；棘轮扳手；百分表游标卡尺；压制动分泵专用工具。

实训步骤

拆卸：

1. 将车辆驶入工位，利用举升机托盘支撑车。
2. 升举升机支撑车辆，松轮胎螺丝，检查托盘及车辆四周。
3. 将车辆升至合适位置，检查举升机安全保险，拆卸轮胎螺丝及轮胎。
4. 拆卸制动分泵（弹簧先拆），取下分泵螺丝帽，拆下分泵螺丝。
5. 取出刹车片，拆卸制动钳。
6. 检查制动分泵是否漏油，检查制动盘盘面有无明显沟痕，检查盘面圆跳动。
7. 拆卸制动盘螺丝，取出制动盘，检查制动片厚度是否合适。

6. 启动汽车，在驾驶的过程中制动，感觉制动是否有力，如果感觉制动无力，则必须对制动系统重新排气。

7. 把汽车提速到 40 km/h 后开始紧急制动，感觉制动踏板是否有振动感，再看路面是否有制动拖滞的痕迹，如果制动踏板没有振动感，地上有明显的拖滞痕迹，则需要重新对 ABS 制动系统进行检修。

实训报告

1. ABS 的工作原理。
2. ABS 各零部件的认识和拆装。
3. ABS 制动系统排气。

实训总结

结合实训，分析各部件的相互关系；结合实训，撰写实训报告。

教师评阅

序号	考核内容	配分	评分标准	考核记录	扣分	得分
1	正确使用工量具	10	工具使用错误扣 10 分			
			量具使用错误扣 10 分			
2	拆卸顺序、要求符合标准	15	拆卸顺序错误一次扣 5 分			
3	装配顺序、间隙检查、力矩要求合适	15	装配检查错误一次扣 5 分			
4	操作规范、有序、不超时	10	每项扣 2 分，扣完为止			
	遵守安全规范，无人身设备事故		有人身、设备事故，此项得 0 分			
5	实训报告	50	完成实训报告和实训总结			

实训 24 制动总泵的更换

实训目标

1. 让学生了解制动主缸的结构和原理。

2. 让学生熟练掌握制动系统排气的方法和步骤。

3. 学生通过自己动手给制动系统排气。

课时安排

2 学时

实训准备

标致 408（2013 款），一台；废液收集器；常用维修工具。

实训步骤

1. 总泵的拆卸

（1）从总泵上断开制动器的管路。

（2）断开液面传感器电气接头。

（3）拆卸总泵的安装螺母。

（4）拆卸总泵。

（5）卸放总泵储液箱中的所有制动液。

（6）拆卸总泵储液箱。

2. 总泵的安装

（1）安装总泵储液箱。

（2）安装总泵。

（3）安装螺母。

（4）连接液面传感器电气接头。

（5）将制动器管路连接到总泵上。

（6）将制动液加注到总泵储液箱中。

（7）排放制动系统（液压制动系统排气）。

实训报告

1. 制动主缸的工作原理。

2. 制动主缸与制动助力器及其他管路的连接的认识和拆装。

3. 制动系统排气。

实训总结

结合实训，分析各部件的相互关系；结合实训，撰写实训报告。

教师评阅

序号	考核内容	配分	评分标准	考核记录	扣分	得分
1	正确使用工量具	10	工具使用错误扣 10 分			
			量具使用错误扣 10 分			
2	拆卸顺序、要求符合标准	15	拆卸顺序错误一次扣 5 分			
3	装配顺序、间隙检查、力矩要求合适	15	装配检查错误一次扣 5 分			
4	操作规范、有序、不超时	10	每项扣 2 分，扣完为止			
	遵守安全规范，无人身设备事故		有人身、设备事故，此项得 0 分			
5	实训报告	50	完成实训报告和实训总结			

25 实训 车门饰板总成拆装

实训目标

1. 学生能说出汽车车身的作用、分类等基本知识。
2. 学生能识别承载式车身的结构、特点及各零部件。
3. 学生能说出汽车车身出现碰撞可能出现的故障分析。

课时安排

4 学时

实训准备

实训车（2010 年的帕萨特 1.8T），一台；大众汽车专用 38 件套拆装工具，短接杆；13 号、15 号梅花扳手；一字平口起子；十字口起子；棘轮扳手；大众卡扣拆卸工具。

实训步骤

1. 准备工作

阅读维修手册，制定拆装方案，准备所需仪器、设备和工具。

2. 操作步骤

（1）准备操作。

①穿戴好防护用品。

②打开车门，扶住边框，让车门开到最大。

③打开发动机罩，将蓄电池负极端子电缆线拆除。

（2）拆卸后视镜内盖板、车门内把手及扶手坐总成。

①使用小号螺丝刀撬开后视镜内盖板（避免损坏塑料扣）。

②使用小号一字螺丝刀撬开内拉手装饰扣（力度适当，防止损坏）。

③使用十字螺丝刀拆卸内拉手装饰扣螺钉（一只手按住装饰扣，另一只手用十字螺丝刀旋出螺钉）。

④使用十字螺丝刀拆卸车门饰板扶手座上的螺钉，并将螺钉取下。

⑤使用一字螺丝刀将车门扶手座上板从端部轻轻撬开。

⑥将扶手座上板拉起，取下车门扶手座。

⑦将玻璃升降器线束插接器与控制器分离。

⑧拆卸车门内饰板下端的两个螺钉。

⑨拆下后视镜内盖板。

（3）拆卸车门装饰板总成。

①用双手或塑料撬棒将车门装饰板从下端轻轻拉开，使得卡扣与车门分离。

②双手握住车门饰板总成向上轻轻提拉，将车门饰板总成与车门分离。

③将车门饰板倾斜 30°左右，用手扶车门装饰板总成，将车门把手与车门遥控拉索分离。

④取下车门饰板。

（4）安装车门饰板总成：按先拆的后装，后拆的先装的原则装好。

（5）清洁整理工位。

（6）整理工具，清扫地面。

实训报告

1. 写出承载式车身的特点。

2. 承载式车身的构成及重要部件。

实训总结

结合实训，分析各部件的相互关系，同时学会车门等板件的拆装及调整，更要注意拆装的流程及拆装注意事项。

教师评阅

序号	考核内容	配分	评分标准	考核记录	扣分	得分
1	正确使用工量具	10	工具使用错误扣 10 分			
			量具使用错误扣 10 分			
2	拆卸顺序、要求符合标准	15	拆卸顺序错误一次扣 5 分			
3	装配顺序、间隙检查、力矩要求合适	15	装配检查错误一次扣 5 分			
4	操作规范、有序、不超时	10	每项扣 2 分，扣完为止			
	遵守安全规范，无人身设备事故		有人身、设备事故，此项得 0 分			
5	实训报告	50	完成实训报告和实训总结			

实训 26 汽车电子与电气设备实训

实训目标

1. 认识汽车电器和辅助电子系统。
2. 掌握常见汽车电路图的识图方法。

课时安排

2 学时

实训准备

汽车整车，一台；常见的汽车电子及电气设备；汽车万用表。

实训步骤

1. 汽车电器与辅助电子系统认识
(1) 电源设备：蓄电池、发电机、调节器。
(2) 用电设备：启动系统、点火系统、照明与信号、辅助电器。
(3) 检测装置：各类仪表、报警装置。
(4) 配电装置：接线盒、开关、继电器保险等。
(5) 全车电路：电路图、电路分析。
2. 启动机的性能测试
(1) 启动机的拆解。
(2) 启动机主要部件的检测。
(3) 启动机的装配及性能检测。
3. 电源系统的检测
(1) 蓄电池技术状况的检测。
(2) 交流发电机拆解。

（3）交流发电机整体检测、主要零部件检测。

（4）交流发电机的组装。

4. 雨刮系统的检测

（1）雨刮的高速、低速、间歇，停机复位工作原理与操作。

（2）雨刮喷水的操作。

5. 点火系统的检测

（1）发动机点火系统的特点分析。发动机点火系统采用无分电器双火花塞直接点火系统，当两组点火线圈发生故障时，发动机立即熄火或不能启动，ECU 不能检测到该故障信息。如果一个火花塞由于开路使这个点火回路断开，那么和它共用一个点火线圈的火花塞也因电气线路故障而不能跳火；如果一个火花塞由于短路而不能跳火，但电气回路没有断开，那么和它共用一个点火线圈的火花塞仍然能够跳火。

（2）电阻测试。电阻测试为辅助性测试，主要是检测线束的导通性，以确认线束通畅，无短路，插接器牢靠，各信号传递无干扰。

（3）电压测试。该项目电压测试有电源电压测试和信号电压测试两部分，其中信号电压测试是确定点火线圈是否失效的主要依据。

6. 汽车照明系统的检测

（1）前照灯。远近光的转换操作与原理、灯光水平与高度的调整。

（2）雾灯。雾灯的操作与电路原理、雾灯高低位置的调整。

（3）小灯、尾灯、停车灯。小灯、尾灯用作停车灯操作与电路原理；做小灯、尾灯的操作与电路原理。

（4）行李箱照明灯与顶灯。行李箱照明灯与顶灯操作与电路原理。

（5）牌照灯。牌照灯操作与电路原理。

（6）各种照明灯。仪表盘照明灯、时钟照明灯、点烟器照明灯、烟灰缸照明灯、除霜器开关照明灯、雾灯开关照明灯、空调开关控制面板照明灯等的控制。

7. 信号和仪表系统的检测

（1）转向灯。转向灯操作与电路原理。

（2）报警灯。报警灯操作与电路原理。

（3）倒车灯与制动灯。倒车灯、制动灯的操作与电路原理。

8. 电动车窗的检测

（1）车窗升降器检测。正向通电，正转；反向通电，反转。把电机的两端通电，观察其是否正转或反转，并观察联动机构运动是否通畅。

（2）控制开关的检测。司机侧控制开关有 11 根线，开关内包含 4 个升降开关和一个限制开关。

实训报告

常见汽车电子与电气设备的工作原理、点火系统检测的过程。

实训总结

结合实训，分析各部件的相互关系；结合实训，撰写实训报告。

教师评阅

<table>
<tr><th>序号</th><th>考核内容</th><th>配分</th><th>评分标准</th><th>考核记录</th><th>扣分</th><th>得分</th></tr>
<tr><td rowspan="2">1</td><td rowspan="2">正确使用工量具</td><td rowspan="2">10</td><td>工具使用错误扣 10 分</td><td></td><td></td><td></td></tr>
<tr><td>量具使用错误扣 10 分</td><td></td><td></td><td></td></tr>
<tr><td>2</td><td>拆卸顺序、要求符合标准</td><td>15</td><td>拆卸顺序错误一次扣 5 分</td><td></td><td></td><td></td></tr>
<tr><td>3</td><td>装配顺序、间隙检查、
力矩要求合适</td><td>15</td><td>装配检查错误一次扣 5 分</td><td></td><td></td><td></td></tr>
<tr><td rowspan="2">4</td><td>操作规范、有序、不超时</td><td rowspan="2">10</td><td>每项扣 2 分，扣完为止</td><td></td><td></td><td></td></tr>
<tr><td>遵守安全规范，无人身设备事故</td><td>有人身、设备事故，此项得 0 分</td><td></td><td></td><td></td></tr>
<tr><td>5</td><td>实训报告</td><td>50</td><td>完成实训报告和实训总结</td><td></td><td></td><td></td></tr>
</table>

（续表）

工况	工况特征	对混合气要求
中等负荷	发动机工作时间最长的状态，进气量较多，节气门开度适中，转速较高，汽油雾化、蒸发良好	稍稀的混合气，以保证获得一定动力和最经济的油耗
大负荷	汽车需克服很大的阻力，进气量很多，节气门接近全开	量多而浓的混合气，以保证燃烧迅速，达到最大的动力
加速	要求发动机转速急速提高，节气门突然开大状态，由于空气流量的增长比汽油喷出增长快得多，混合气瞬间变稀，不仅不能加速，甚至还会熄火	在突然开大节气门的同时，要瞬间加浓混合气，以保证及时提高动力性

5.1.3 汽油机供给系统的组成

为了极大地提高发动机的动力性、燃料经济性，降低尾气的排放，传统的化油器由于受到自身结构的限制，已经逐渐地被汽油喷射系统所取代。

与化油器式发动机相比，汽油喷射式发动机具有以下特点：进气阻力小；雾化程度高，各汽缸混合气更加均匀；汽油滞后性小，加速性能提高；空燃比控制精度高，发动机始终在最佳的空燃比状态下工作；可以实现汽车减速断油控制，极大地降低了油量消耗和排放污染等。

汽油供给系统主要是由汽油箱、电动汽油泵、汽油滤清器、汽油压力调节器及喷油器等组成。

5.1.4 电控燃油喷射系统

1. 汽油机电控燃油喷射系统的组成

电控汽油喷射形式多样，但其都具有相同的控制原则，就是以电子控制单元(ECU)为控制核心，以空气流量和发动机转速为控制基础，以喷油器为控制对象，保证发动机在各种工况下都可获得最佳的混合气浓度，以满足发动机动力性、经济性和排放要求。相同的控制原则决定了各类电控汽油喷射系统具有相同的组成和类似的结构，具体组成如图 5-1 所示。电控汽油喷射系统是由空气供给系统、汽油供给系统和电子控制系统三个子系统组成。

(1)空气供给系统。空气供给系统的功用是向发动机提供与负荷相适应的清洁的空气，与此同时，测量和控制进入发动机汽缸的空气量，使它们在系统中与喷油器喷出的汽油形成空燃比符合要求的可燃混合气。空气供给系统的组成和流程如图 5-2 所示。

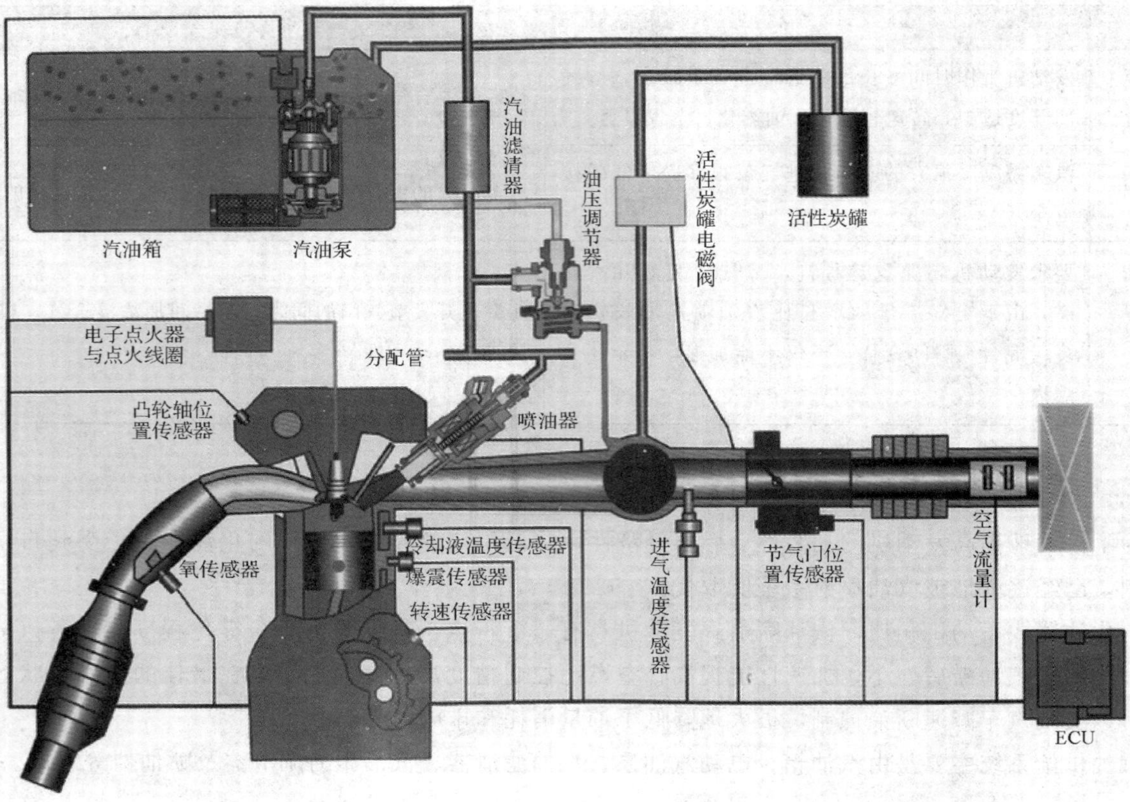

图 5-1 电控汽油喷射系统组成

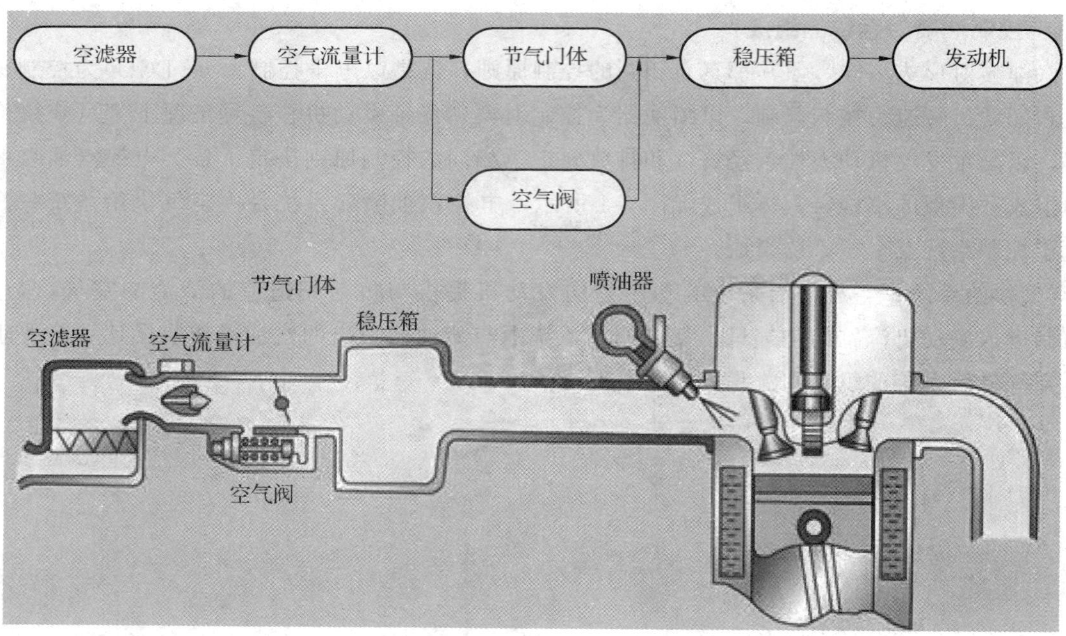

图 5-2 空气供给系统的组成和流程图

(2)汽油供给系统。汽油供给系统的功用是利用电动汽油泵向喷油器提供足够压力的汽油，喷油器再根据来自 ECU 的控制信号，向进气歧管内节气门体中或者进气门上方喷射定量的汽油。汽油供给系统的组成和流程如图 5-3 所示。

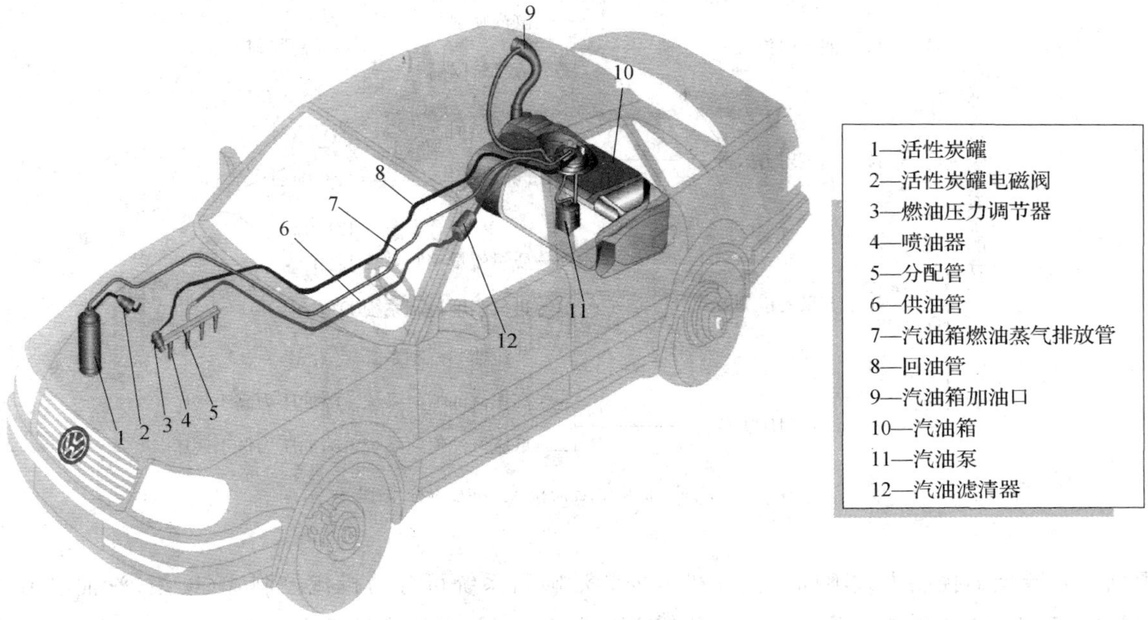

图 5-3　汽油供给系统的组成和流程

(3)电子控制系统。电子控制系统的主要作用是根据发动机和汽车不同的运行工况，检测各传感器的工作，对喷油时刻、喷油量以及点火时刻等进行确定和修正，并且将工作参数储存和输出。图 5-4 为电子控制系统的工作示意图。电子控制系统将发动机的运行工况(如进气量、节气门位置、曲轴位置及转速、冷却液温度、进气温度、排气成分信息等)和车辆运行状况(如车速等)信息，通过传感器转换成相应的电信号并输送给电控单元，电控单元对这些电信号进行分析、判断、比较、计算等实时处理后，得出最佳控制方案并向各有关执行元件发出控制指令，控制最佳的空燃比和点火时刻，使发动机在各种工况下都能处于最佳的工作状态。

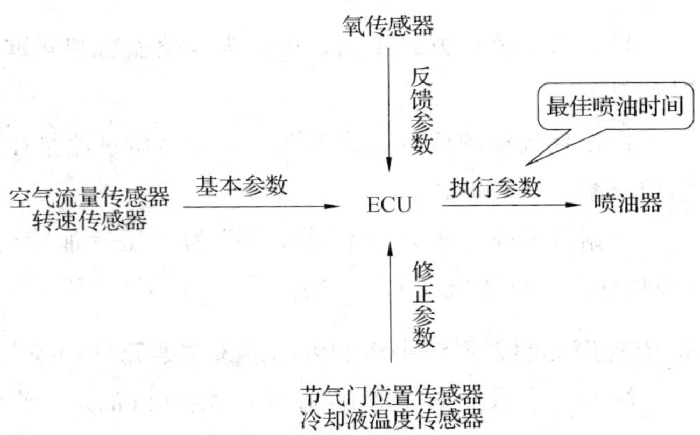

图 5-4　电子控制系统的工作示意图

2. 汽油机电控燃油喷射系统的分类

汽油机电控燃油喷射系统根据结构原理不同，可以分为如图 5-5 所示几种方式。

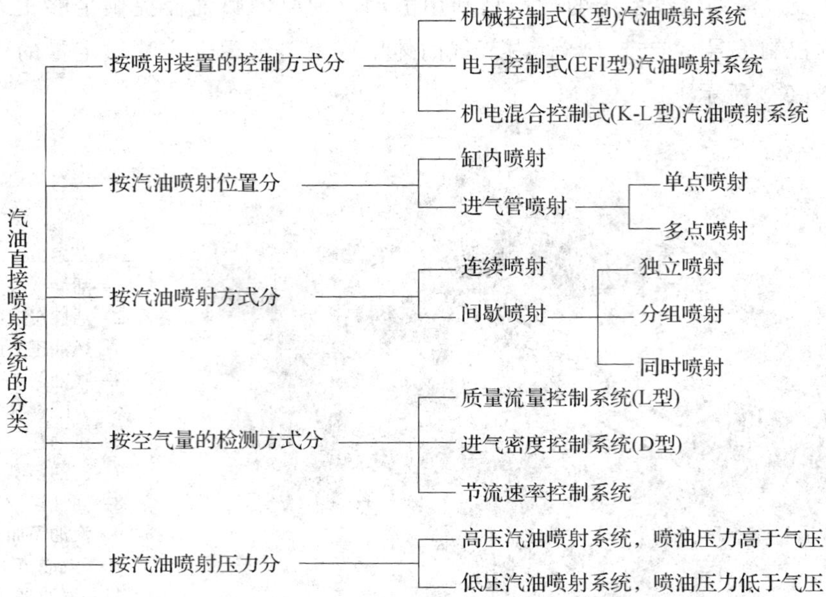

图 5-5　汽油机油控燃油喷射系统的分类图

根据喷射装置的控制方式不同，汽油机电控燃油喷射系统可分为机械控制式(K 型)汽油喷射系统、电子控制式(EFI 型)汽油喷射系统、机电混合控制式(K-L 型)汽油喷射系统三种。

根据汽油喷射的位置不同，可分为缸内喷射和进气管喷射。而进气管喷射又有单点喷射和多点喷射两种。

根据汽油喷射方式不同，可分为连续喷射和间歇喷射。间歇喷射又可分为独立喷射、分组喷射和同时喷射。

根据空气量的检测方式不同，可分为质量流量控制系统(L 型)、进气密度控制系统(D 型)和节流速率控制系统三种形式。

根据汽油喷射压力的不同，可分为高压汽油喷射系统(即喷油压力高于气压)和低压汽油喷射系统(即喷油压力低于气压)。

3. 电控燃油喷射系统中汽油供给系统主要元件的构造

汽油供给系统主要是由汽油箱、电动汽油泵、汽油滤清器、汽油压力调节器及喷油器等组成。在工作时，电动汽油泵源源不断地将汽油从汽油箱中泵出，经过汽油滤清器滤除水分和杂质，经过压力调节器调压稳压后，以一定压力将汽油送至喷油器，再由 ECU 依据发动机负荷工况按某种特定方式，将汽油喷入进气管或汽缸内，与空气混合成一定浓度的混合气。

(1)电动汽油泵。电动汽油泵是一种由小型直流电动机驱动的汽油泵，它的作用是给电控燃油喷射系统提供具有一定压力的燃油。电动汽油泵的电动机和汽油泵连成一体，密封在同一壳体内。

现代电控燃油喷射系统中的电动汽油泵大多采用的是涡轮式电动汽油泵，其安装在汽油箱内部，具有噪声小、不易产生气阻、不易泄漏、安装管路较简单、泵油量大、泵油压力较高(可达 600 kPa 以上)、供油压力稳定、使用寿命长等优点。有的车型在油箱内还装设一个小油箱，并将汽油泵置于小油箱中，这样可以防止在油箱汽油不足时，因汽车转弯或倾斜引起汽油泵周围汽油的移动，使汽油泵吸入空气而产生气阻。

如图 5-6 为涡轮式电动汽油泵的结构图，主要由叶轮、叶片、泵壳体和泵盖组成。叶轮安装在油泵电动机的转子轴上。在油泵电动机通电时，油泵电动机驱动涡轮泵叶轮旋转，叶轮周围的叶片将汽油从进油室带往出油室。因为进油室的汽油不断被带走，所以形成一定的真空度，将油箱内的汽油经进油口吸入；而出油室汽油不断增多，汽油压力升高，当汽油压力达到一定值时，其顶开单向止回阀经过出油口输出。单向止回阀还可以在汽油泵停止工作时，密封油路，防止汽油倒流回油箱，以保持油路中有一定的残余压力，便于发动机下一次的启动。限压阀是一种安全保护装置，当汽油泵输出的汽油压力达到 0.4 MPa 时，此阀开启，使汽油回流到进油门，防止输油压力过高损坏电动汽油泵。

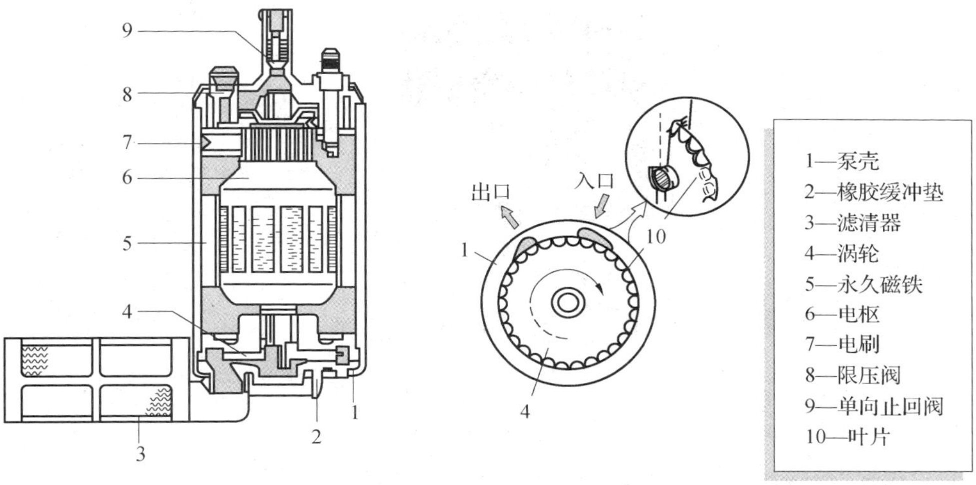

图 5-6 涡轮式电动汽油泵结构图

油箱内的油泵和电动机都浸在燃油中，在汽油泵工作时，汽油不断穿过油泵电动机内腔，对油泵电动机起到冷却和润滑的作用。因此，要绝对禁止在无油的情况下运转电动汽油泵，也不要等到油用光后才去加油，以免烧坏电动燃油泵。

(2) 汽油压力调节器。汽油压力调节器的主要作用是使系统油压(即供油总管内油压)与进气歧管内压力之差保持为恒定值，一般为 250～300 kPa。这样，从喷油器喷出的汽油量便取决于喷油器的开启时间。因为发动机所要求的汽油喷射量，是按照 ECU 加给喷油器的通电时间的长短来控制的，随节气门开度和发动机转速的变化，进气歧管内压力即喷射环境压力肯定也会发生变化。若不控制汽油压力，在加给喷油器的通电时间相同的情况下，当进气歧管内压力高时，汽油喷射量也会减少；进气歧管内压力低时，汽油喷射量会增加。因此，为了使系统油压与进气歧管压力差保持稳定，汽油压力调节器所控制的系统油压应随着进气歧管压力的变化而变化。

汽油压力调节器位于汽油分配管的一端，结构如图 5-7 所示。膜片将金属壳体内部分成弹簧室和燃料室两个部分。弹簧室一侧通过管路与进气歧管相通，膜片下方承受油压，膜片上方为歧管负压与弹簧压力之和。因为电动汽油泵泵送的油量远大于喷射所需的油量，所以在油压作用下膜片移向弹簧室一侧，阀门打开，部分汽油流回汽油箱，汽油分配管内保持一定的油压。当歧管真空度增大时，膜片进一步上移，使阀门开度增大，回油量增加，从而使汽油分配管内油压略降，保持与变化了的歧管压力差值恒定；反之亦然。在汽油泵停止工作时，汽油泵单向阀关闭，在弹簧力作用下，调压器阀门关闭，使汽油泵单向阀与调压器阀门之间的油路内保持一定的残余压力。汽油分配管内油压与进气歧管压力的关系如图 5-8 所示。

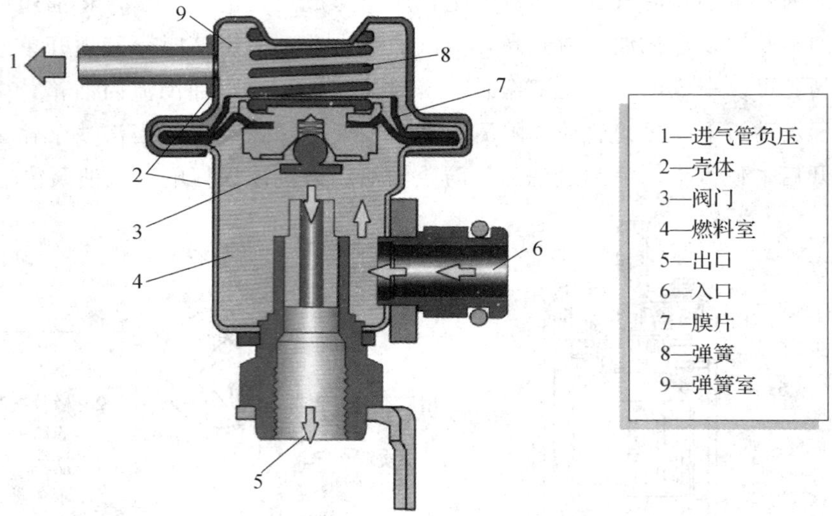

图 5-7　汽油压力调节器的结构

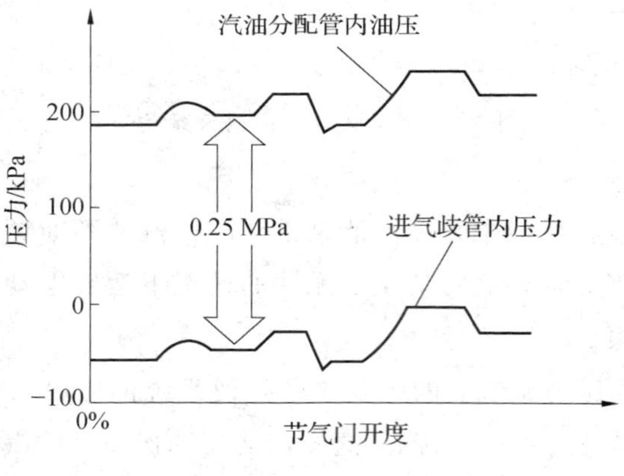

图 5-8　汽油分配管内油压与进气歧管压力的关系

(3)汽油分配管。汽油分配管安装在进气歧管或者汽缸盖上，它的功用是安装喷油器并将高压汽油输送给各个喷油器。汽油分配管与喷油器之间用 O 形圈和卡环密封，O 形圈可以防止汽油渗漏，并且具有隔热和隔振的作用。卡环将喷油器固定在汽油分配管上，如图 5-9(a)所示。

大多数汽油分配管上都有汽油压力测试口，可用于检查和释放油压。另外，汽油压力调节器通常也安装在汽油分配管上。

(4)喷油器。电控燃油喷射系统的执行元件是喷油器。喷油器的功用是根据 ECU 提供的电信号(即脉冲宽度)控制汽油喷射量。电控燃油喷射系统全部采用电磁式喷油器，单点喷射系统的喷油器安装在节气门体空气入口处，多点喷射系统的喷油器安装在各缸进气歧管或汽缸盖上的各缸进气道处，并用汽油分配管固定，如图 5-9(b)所示。

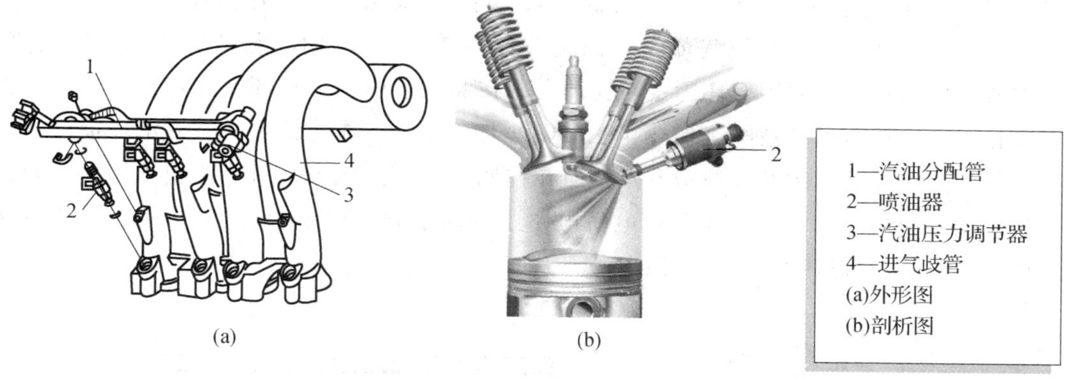

图 5-9　喷油器安装位置

根据喷油器的结构不同，喷油器可分为孔式和轴针式两种，如图 5-10 所示，孔式喷油器多为双孔式或四孔式，喷口喷出的燃油雾化较好；而轴针式喷油器的喷口不易堵塞。轴针式喷油器主要是由滤网、线束插接器、电磁线圈、回位弹簧、衔铁和针阀等组成，针阀与衔铁制成一体。

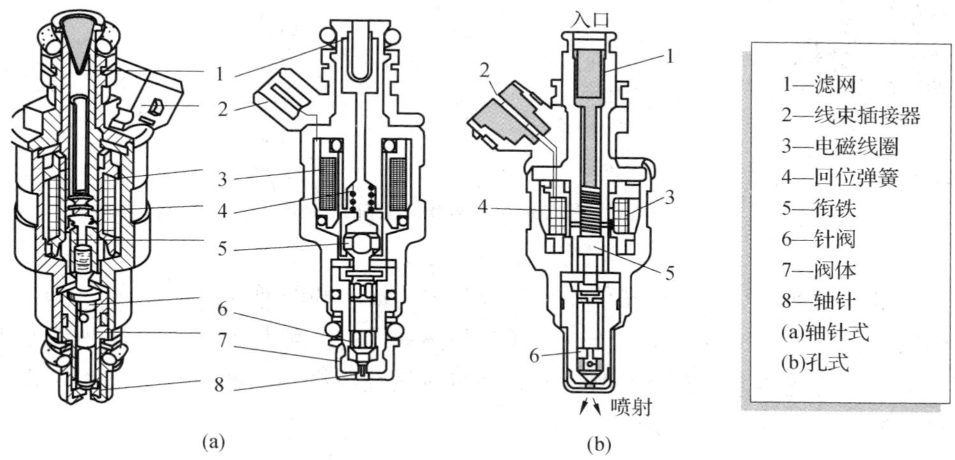

图 5-10　喷油器结构

喷油器的结构如图 5-10(a)所示，一端为进油口，与汽油分配管连接；另一端为喷油口，插入进气歧管中，两端分别用 O 形圈密封。

喷油器内部有一个电磁线圈，经线束与电脑连接。喷油器头部的针阀与衔铁连接为一体。当电磁线圈通电时，便产生吸力，将衔铁和针阀吸起，打开喷孔，汽油经针阀头部的轴针与喷孔之间的环形间隙高速喷出，并被粉碎成雾状。当电线圈不通电时，磁力消失，弹簧将衔铁和针阀下压，关闭喷孔，停止喷油。

4. 空气供给系统主要元件的构造

电控燃油喷射系统的空气供给系统主要是由空气滤清器、空气流量计(或绝对压力传感器)、节气门总成、节气门位置传感器、进气管和怠速控制阀等组成。

(1) 空气流量计。空气流量计的功用是直接测量发动机运转时吸入空气量，并将进气量信号输入发动机控制单元 ECU。根据空气流量计测量原理的不同，可以分为热线式、热膜式。

①热线式空气流量计。热线式空气流量计的构造如图 5-11(a)所示。测试管置于空气流道的中央，空气流道安装有金属防护网，并用异环固定在壳体上。在测试管内的支承环上固定有一根直径为 70 μm 的铂金属丝，在工作中铂金属丝被电流加热至 100℃以上，因此又称为铂热线。支承环前端安装有铂薄膜温度补偿电阻，支承环后端黏结有精密电阻，而在控制电路板上则安装有高阻值电阻。铂热线、温度补偿电阻、精密电阻和高阻值电阻构成单臂电桥电路中的四个臂，如图 5-11(b)所示。混合电路用来调节供给四个臂的电流使电桥保持平衡。

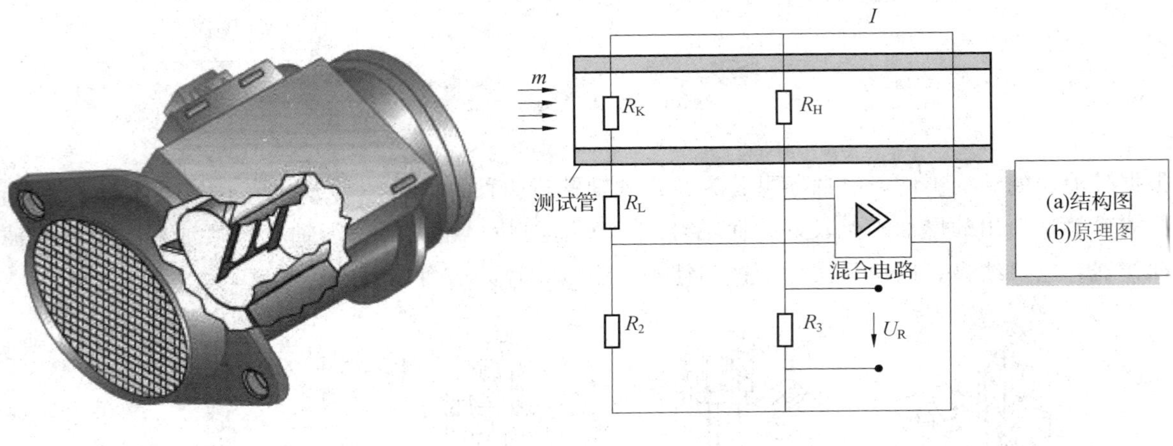

(a) (b)

图 5-11 主流测量式热线式空气流量计

热线式空气流量计根据电热体的放置位不同，又分为主流式和旁通式两种形式。

电热体为热线且空气温度传感器安装于进气通道的热线式空气流量计称为主流测量方式，其热线直接承受空气流动所产生的作用力；而旁通测量方式是指热线缠绕在陶瓷螺旋线管上并安装于怠速旁通道中的热线式空气流量计，如图 5-12 所示。

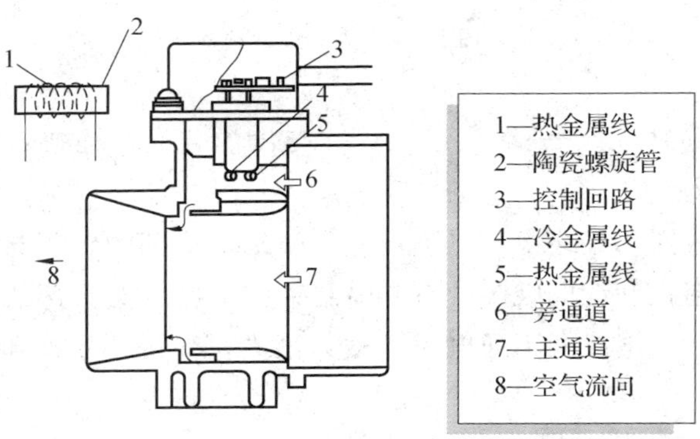

图 5-12 旁通测量式热线式空气流量传感器

②热膜式空气流量计。热膜式空气流量计的结构如图 5-13 所示，它的结构和工作原理与热线式空气流量计基本相同。只是采用热膜代替昂贵的铂丝热线，并且将热膜镀在陶瓷片上，使发热体不直接承受空气流动所产生的作用力，以提高使用寿命，降低制造成本，且不会受黏附污物影响其测量精度。桑塔纳 2000GSi 轿车装用的 AJR 发动机便是采用热膜式空气流量计。

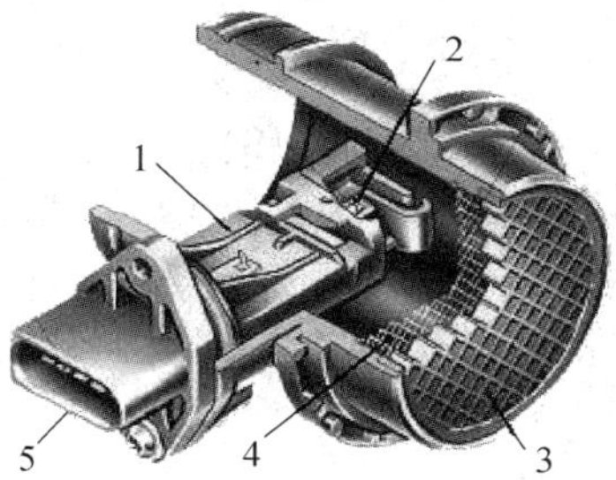

1—控制电路
2—热膜
3—导流格栅
4—滤网
5—插座

图 5-13 热膜式空气流量计结构图

(2)节气门体。节气门体是用于安装节气门、节气门位置传感器等节气门控制部件。不同车款、不同的汽油喷射方式，由于对发动机的控制方式不同，其节气门体的结构组成有很大的差异。早期使用的单点喷射式节气门体，除了节气门、节气门位置传感器之外，还装有集中喷油的喷油器、汽油压力调节器、冷启动喷油器、怠速空气阀等部件。

图 5-14 为多点喷射式的节气门体结构图。它由节气门、节气门位置传感器、怠速调整螺钉、怠速空气阀等组成。

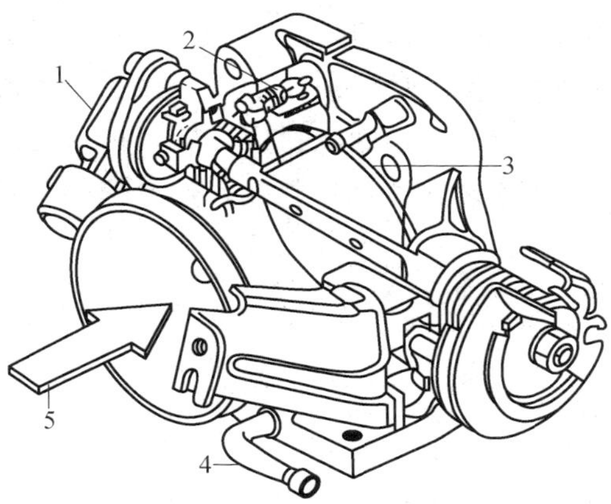

1—节气门位置传感器
2—怠速调整螺钉
3—节气门
4—冷却水连接管
5—从空气滤清器来的空气

图 5-14 多点喷射式的节气门体结构图

桑塔纳 2000GSi 轿车装用的 AJR 发动机上的节气门体如图 5-15 所示。它的特点是取消了旁通道式的怠速空气阀、怠速调节螺钉(怠速的调节是通过专用仪器对 ECU 中的怠速数据进行基本设定的)。发动机怠速的控制是利用怠速电机及其传动机构直接控制节气门的开度来调节怠速空气进气量。节气门开度由驾驶员通过操纵加速踏板来控制，并且由怠速节气门电位计和节气门电位计将其转换成电信号输入给 ECU。

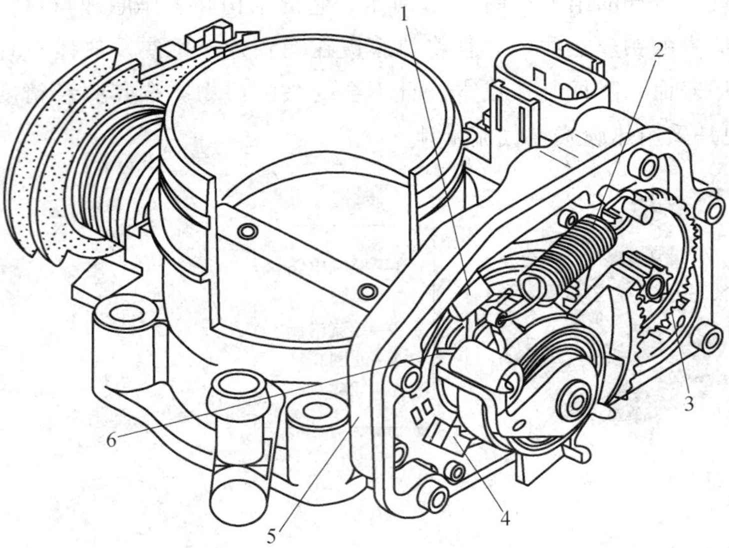

1—怠速节气门电位计
2—应急弹簧
3—怠速电机
4—节气门电位计
5—节气门控制器
6—怠速触点

图 5-15 桑塔纳 AJR 发动机的节气门体

(3)节气门位置传感器(TPS)。节气门位置传感器的作用是将节气门的位置或者开度转换成电信号输入给电控单元 ECU，电控单元以此作为判定发动机运行工况的依据。节气门位置传感器是安装在节气门轴上，与节气门联动，可以分为线性可变电阻型、开关型和综合型三种。

(4) 怠速控制阀。怠速控制阀是指对发动机怠速时运转的转速进行控制的装置，控制的实质是对发动机怠速时的进气量进行控制。发动机怠速工作的质量直接影响它工作的稳定性、经济性及排放性能。

电控发动机可以在各种怠速使用条件下由 ECU 控制怠速控制装置，控制怠速时的进气量，同时 ECU 还修正喷油量和点火正时，以保证发动机在最佳怠速转速下稳定运转。在怠速状态下，ECU 根据发动机转速信号，通过怠速控制装置对发动机实施怠速转速反馈控制，使怠速保持在目标转速上稳定运转。

按照进气量调节方式不同，怠速控制装置可以分为两种结构形式：旁通空气式和节气门直动式，如图 5-16 所示。

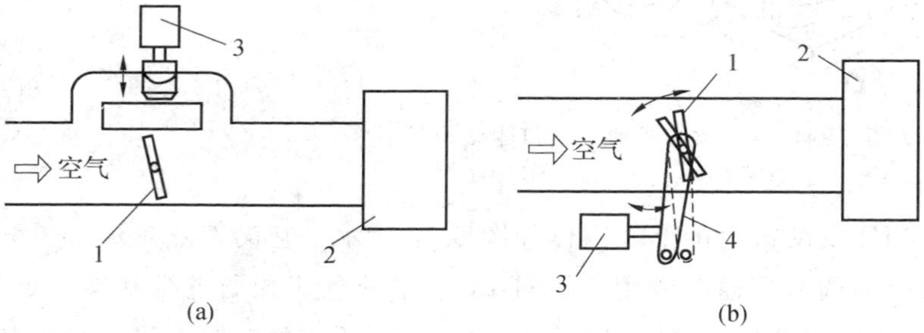

1—节气门
2—发动机
3—执行机构
4—节气门操纵臂
(a)旁通空气式
(b)节气门直动式

图 5-16 怠速控制装置的结构形式

①旁通空气式怠速控制阀。旁通空气式怠速控制阀一般安装在节气门体上，设有旁通节气门的怠速空气道，由执行元件控制流经怠速空气道的空气量。旁通空气式怠速控制阀可分为步进电机式、旋转滑

阀式、占空比控制电磁阀式、开关阀式等。目前被应用较多的是步进电机式和旋转滑阀式两种。

a. 步进电机式怠速控制阀。步进电机式怠速控制阀螺旋机构中螺母与步进电动机的转子制成一体，螺杆与控制旁通空气道的锥阀制成一体，并且与步进电动机壳体之间花键相连接。在步进电动机转动时，螺母驱动轴杆做轴向移动，步进电动机转子每转动一圈螺杆就移动一个螺距。螺杆向前或者向后移动带动锥阀关小或开大旁通空气道的流通截面。ECU 通过控制步进电动机的转动方向和转动角度(即步级)来控制螺杆的移动方向和移动距离，从而达到控制怠速进气量的目的，如图 5-17 所示。

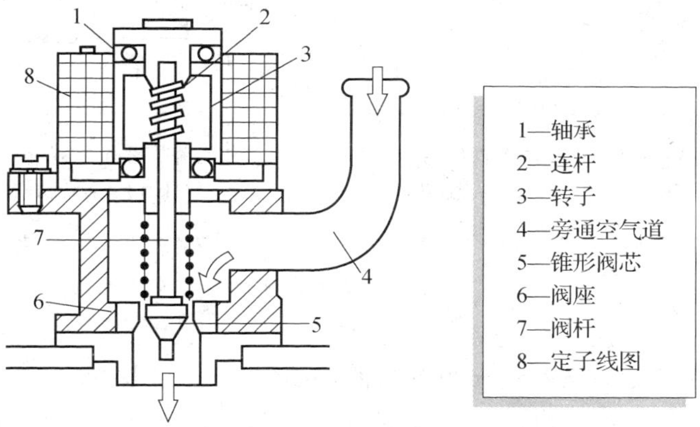

图 5-17　步进电机式怠速控制阀

b. 旋转滑阀式怠速控制阀。旋转滑阀式怠速控制阀主要由旁通空气阀和电动机两部分组成。旁通空气阀固定在电动机的转子轴上，在电动机的驱动下可限定在 90°转角范围内转动，通过改变旁通空气道截面大小控制怠速转速。ECU 使用占空比脉冲信号控制旋转滑阀。占空比是指一个电脉冲内高电位时间与脉冲周期的比值，如图 5-18 所示。

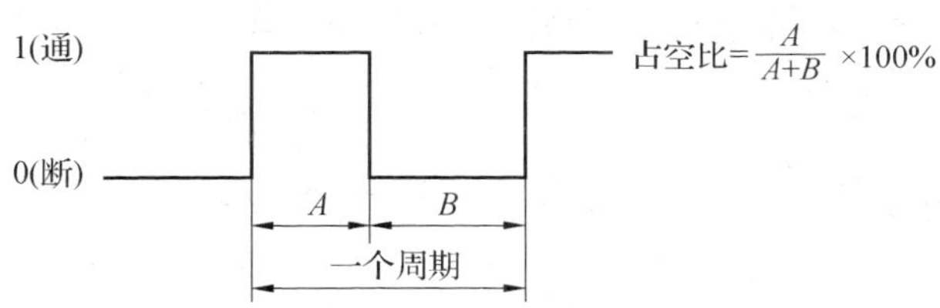

图 5-18　占空比

②节气门直动式怠速控制阀。节气门直动式怠速控制阀在发动机怠速运转时利用直流电动机和减速机构来直接驱动节气门的开闭来控制怠速转速在目标转速范围内，如图 5-19 所示。它由节气门电位计(即节气门位置传感器)、节气门定位电位计(即怠速节气门位置传感器)、节气门定位器(即怠速电动机)和怠速开关(即怠速触点)四部分组成。

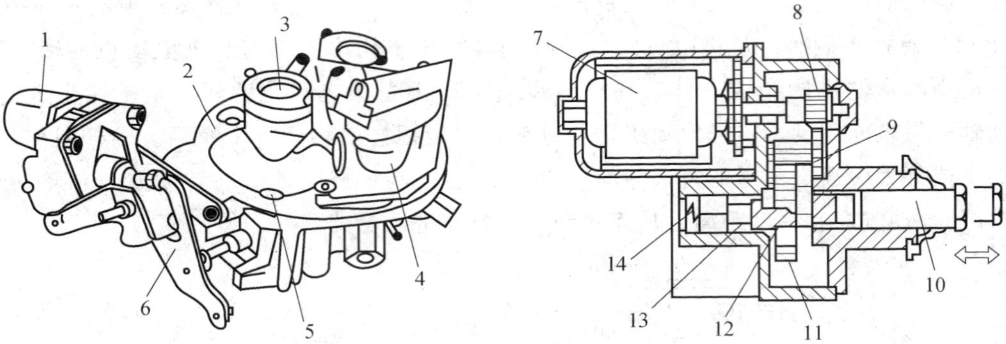

1—怠速执行机构 2—节气门体 3—喷油器 4—燃油压力调节器 5—节气门 6—节气门操纵臂
7—直流电动机 8，9，11—减速齿轮 10—传动轴 12—丝杆 13—防转动六角孔 14—弹簧

图 5-19 节气门直动式怠速控制阀

(5)进气歧管。电子控制汽油喷射式发动机取消化油器，进气阻力小，充气效率高。其进气歧管采用了特殊的结构(如长进气管、设置动力腔等)，能充分地利用进气时的空气动力效应，进一步提高发动机在各种转速下的进气量，增加发动机动力输出，改善其扭矩输出特性。

进气动力效应包括气流惯性效应和气流压力波动效应两种。

①气流惯性效应是指气流高速流动时，由于惯性作用，当活塞到达下止点时，进气系统仍可以继续向汽缸充气。故电子控制汽油喷射发动机通常采用大弧度的长进气管，以增加进气气流的惯性。

②气流压力波动效应是由于各汽缸进气过程的间歇性和周期性，在进气管产生一定幅度的进气压力波动。进气压力波动沿进气管以音速传播，并且在进气管内反复反射，在进气管内设置动力腔，有利于压力波的反射并产生共振，即可以利用共振后的压力波增加进气量。

5. 电子控制系统主要元件的构造

电子控制系统主要是由控制单元 ECU、各种传感器以及连接各种传感器、执行器的控制电路等组成。

(1)电子控制单元 ECU 的组成。发动机整个电子控制系统 ECU 主要由以下五个部分组成：

①输入装置和输出装置。即是由线束和插接器组成的装置。

②输入和输出控制。包括数字/模拟转换器和模拟/数字转换器。

③存储器。包括只读存储器(ROM)和随机存储器(RAM)。

④CPU 中央处理器。主要有数字和指令寄存器，算术、逻辑运算部件，时钟和输出累加寄存器。

⑤数据总线。即控制总线和数据指令总线。

(2) 传感器。传感器是电子控制系统的“眼睛”和“耳朵”，其作用是将发动机的工况及状态等物理量转变为电信号，输送给电子控制系统，下面介绍几种传感器。

①进气管绝对压力传感器(MAP)。进气管绝对压力传感器采用速度密度方式间接地测量发动机吸入的空气量，它直接测量出进气管的压力，并将压力信号输入 ECU，作为燃油喷射和点火控制的主控制信号。

进气管绝对压力传感器的种类较多，根据其信号检测原理可以分为压敏电阻式、电容式、膜盒式、表面弹性波式等，其中广泛应用的是压敏电阻式和电容式两种。

a. 压敏电阻式进气管绝对压力传感器。压敏电阻式进气管绝对压力传感器如图 5-20 所示，主要是由压力转换元件、IC 集成电路、绝对真空室、滤清器和壳体等组成。压力转换元件是利用半导体的压阻效应制成的硅膜片。硅膜片的一侧是绝对真空室，而另一侧承受进气管内的压力，硅膜片是边长大约为 3 mm 的正方形，它的中央部分经过光刻腐蚀成薄膜，薄膜周围有四个应变电阻组成惠斯通电桥，当进气支管内的绝对压力变化时，硅膜片将产生变形，附着在硅膜片上的应变电阻的阻值与变形成正比例关系变化，故通过惠斯通电桥将硅膜片的变形转化为电信号，经过 IC 集成电路放大后输送给 ECU。

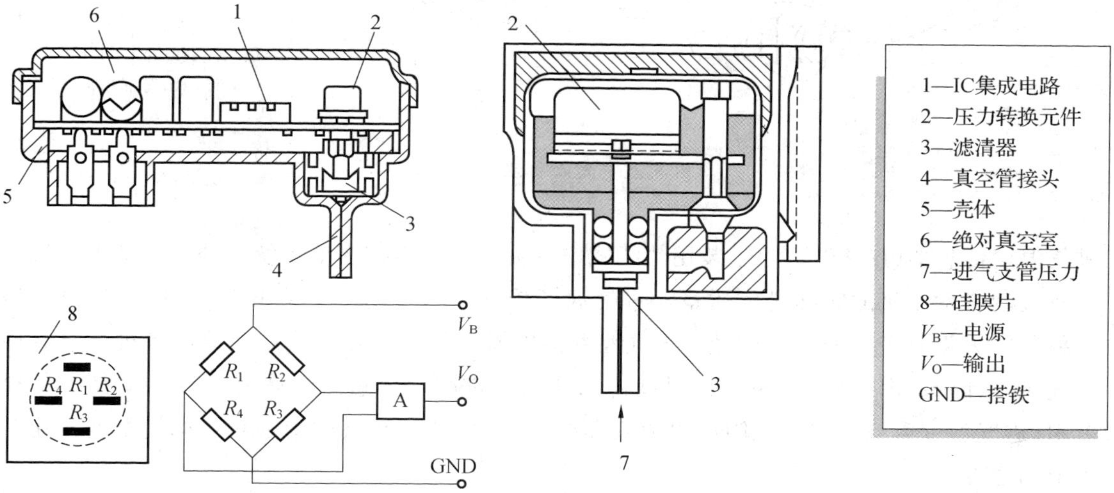

图 5-20　压敏电阻式进气管绝对压力传感器

b. 电容式进气管绝对压力传感器。电容式进气管绝对压力传感器是利用电容效应检测进气管绝对压力。其结构如图 5-21 所示，位于传感器壳体内脏的弹性膜片用金属制成，弹性膜片上、下两个凹玻璃的表面也都有金属涂层，这样在弹性膜片与两个金属涂层之间形成两个串联的电容。

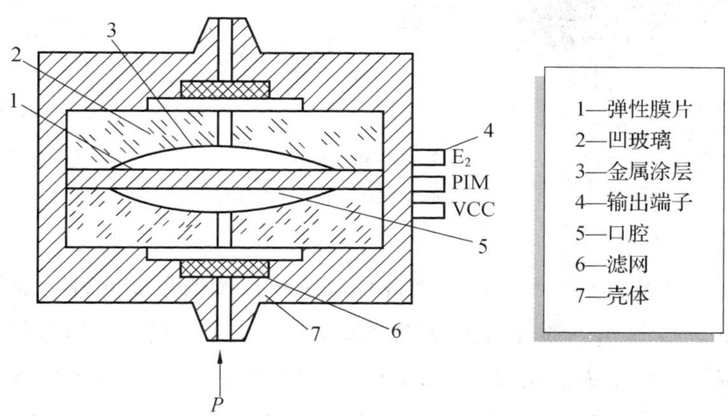

图 5-21　电容式进气管绝对压力传感器

②发动机温度传感器。由于发动机的温度用冷却液的温度表征，故发动机温度传感器又称为冷却液温度传感器。它安装在发动机机体或汽缸盖上，与冷却液接触，用来检测发动机循环冷却液的温度，并将检测结果传输给电子控制单元以便修正喷油量。

发动机温度传感器内部是一个半导体热敏电阻，如图 5-22 所示。冷却液温度越低，热敏电阻的阻值就越大，反之亦然。传感器的两根导体都和电子控制单元连接，其中一根为搭铁线。

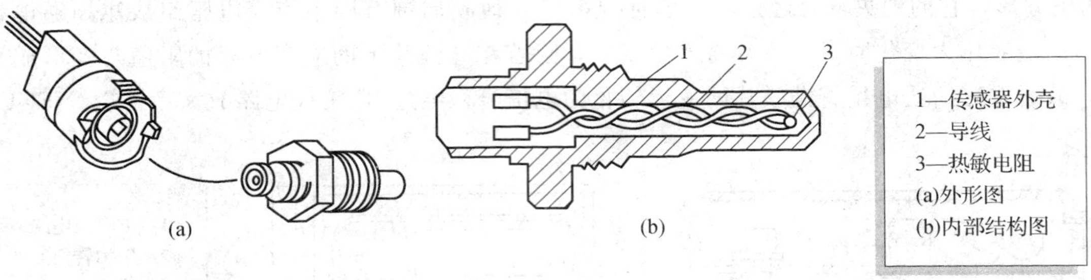

图 5-22　发动机温度传感器

③进气温度传感器(IATS)。除了装用热线式空气流量计的电控燃油系统之外，其他电控燃油喷射系统都不能直接测量发动机的实际进气质量，进气温度传感器的功用就是给 ECU 提供进气温度信号，作为燃油喷射和点火正时控制的修正信号。进气温度传感器通常安装在空气滤清器或者进气总管内，有的安装在空气流量计内。图 5-23(a)为进气温度传感器的结构图，传感器壳体内装有一个具有负温度系数的热敏电阻(进气温度升高，热敏电阻的阻值逐渐减小)，外部用环氧树脂密封。进气温度变化时，热敏电阻的阻值随之发生变化。

图 5-23(b)为进气温度传感器电路图，ECU 中有一标准电阻与传感器的热敏电阻串联，并由 ECU 提供标准电压，E_2 端子通过 E_1 端子搭铁。当热敏电阻的阻值随着进气温度发生变化时，ECU 通过 THA 端子测得的分压值随之变化，ECU 根据此分压值来判断进气温度。

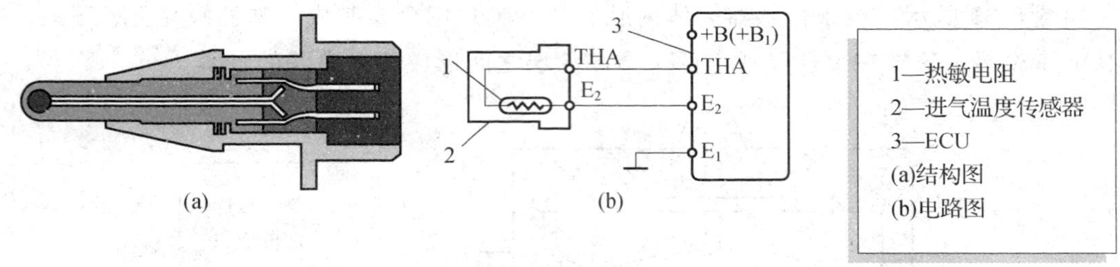

图 5-23　进气温度传感器

④氧传感器。氧传感器是电子控制系统实现混合气闭环控制的重要元件，一般安装在排气管上，它的外形及接线原理如图 5-24 所示。通过氧传感器探测废气中的含氧量，可以获得上次喷油时间是否过长或过短的信号，并将该信号转变为电信号传给 ECU，实现对本次喷油持续时间的修正。

混合气通过氧传感器闭环控制后，能够将空燃比控制在最佳范围内，能得到一个最佳的混合气浓度，从而降低有害物的排放量。

⑤爆燃传感器。爆燃传感器一般安装在第二缸和第三缸之间的缸体侧面上，通过检测爆燃时发动机

机体振动，获取爆燃信息，将模拟信号转变为电信号，由 ECU 对爆燃气缸的点火时间进行调整(即将点火时间推迟)，直至爆燃消除。爆燃传感器的外形及接线原理如图 5-25 所示。

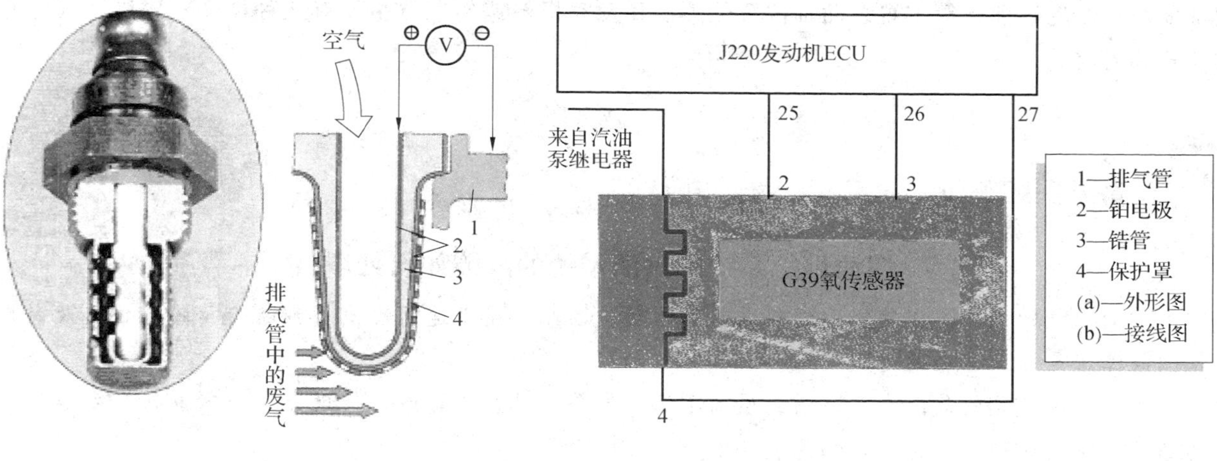

(a) (b)

图 5-24 氧传感器

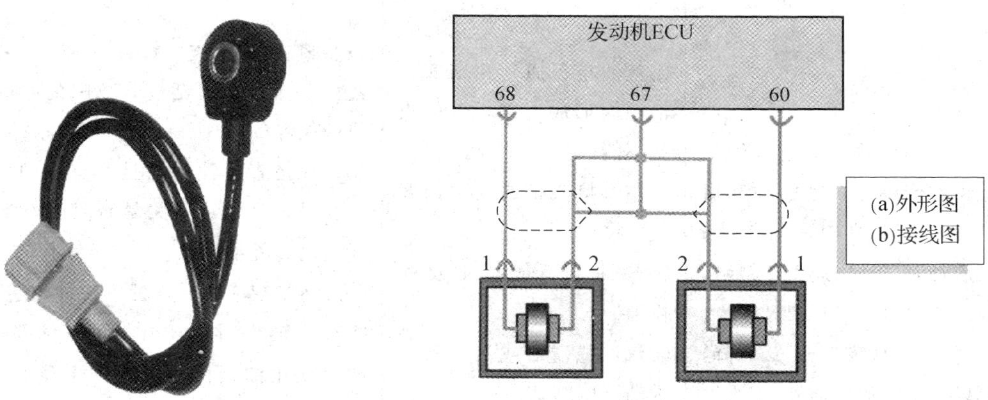

(a) (b)

图 5-25 爆燃传感器

⑥曲轴位置传感器和发动机转速传感器。曲轴位置传感器和发动机转速传感器都是发动机电控系统中最重要的传感器，曲轴位置传感器给 ECU 提供曲轴转角基准位置(即第一缸压缩上止点)信号，是控制点火时刻、点火提前角和喷油时刻的重要信号来源；发动机转速传感器是向 ECU 提供发动机转速信号，以此作为燃油喷射控制和点火控制的主控制信号。

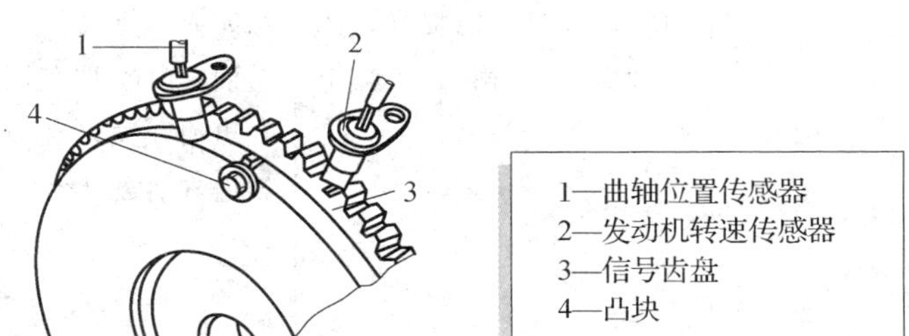

图 5-26 曲轴位置传感器和发动机转速传感器

曲轴位置传感器和发动机转速传感器的结构和工作原理基本相同，而且一般都安装在一起，只是不同车型安装位置不同，但必须安装在与曲轴有精确传动关系的位置处，如分电器内、飞轮上(图 5-26)、曲轴前端、凸轮轴前端等位置。曲轴位置传感器和发动机转速传感器主要有三种类型：磁脉冲式、霍尔效应式和光电式。

常见问题解析

燃油供给系统的供油系统的故障如何处理？

供油系统的故障是在使用中经常遇到的问题。因此，能迅速而准确地判断出故障部位，及时地排除故障，是必须掌握的过硬技术。

供油系统常见的故障有：断油或供油不畅，混合气过稀或过浓等。供油系统容易发生的故障主要部位为供油途径及部件，具体见表 5-2。

表 5-2　供油系统主系故障现象原因及检查方法

故障	现象	原因	检查方法
断油或供油不畅	①启动困难，向进气管倒少许汽油后，就能顺利启动，而汽油烧完又熄火；启动后有慢慢熄火趋势，而关闭阻风门时情况好转。 ②工作中转速逐步下降，以后是伴随化油器“回火”，迅速关闭阻风门情况略有好转，否则就熄火。 ③加速性不好，开大节气门时，转速不能提高，严重时化油器“回火”，甚至熄火	①汽油箱盖通气孔堵塞后油箱内形成真空，致使汽油不能吸出。 ②油管接头松或断裂而漏气、漏油。 ③汽油泵不能按量及时供油。 ④汽油滤清器或汽化器的进油滤网堵塞。 ⑤化油器内的量孔或油路堵塞。 ⑥汽油内有水，使油管内结冰或油管被杂物堵塞。 ⑦油管内产生“气阻”现象。 ⑧出油开关未打开或汽油箱内汽油数量太少	按步骤要领检查、排除故障，迅速而准确。乱拆乱卸只会拖延排除故障的时间，甚至造成新故障的出现。 ①首先检查汽油箱内是否有汽油，油箱盖通气孔是否畅通，开关是否打开，油管接头有无松动或漏油现象。 ②上述情况完好，再拆下化油器进油管接头，摇动曲轴或用手摇臂泵油，油管喷油良好，故障在化油器内，应拆洗主量孔及主喷管。否则，故障在汽油泵至汽油箱的油路系统内。 ③用打气筒逐段吹通油管。 ④如果油管畅通，则故障在汽油泵或汽油泵进油管接头至汽油箱的油管接头处漏气。 ⑤全面检查汽油泵。当用手摇臂泵油时，若汽油泵发出“咕、咕”的叫声，一般来说它是好的。则故障可能是油管接头漏气。 ⑥逐个将油管接头缠上胶布或涂上肥皂做泵油试验，如果泵油正常，说明该处漏气

（续表）

故障	现象	原因	检查方法
混合气过稀	转速不易提高，动力不足；汽化器“回火”；汽油机过热等	浮子室油面过低；主量孔堵塞或调整不当；加浓装置不起作用，进气管漏气	首先用加速装置做泵油试验，如果情况好转，说明供油良好，则可能是浮子室油面过低或主量孔堵塞。如果泵油后情况不变，应全面检查供油装置。经检查上述情况良好，可能是进气管漏气。进气管严重漏气时，漏气处发出“哒、哒”的响声。如果进气管固定螺钉不松动，则应更换其接合部位的衬垫。如果上述情况均正常，则应全面检查加浓装置
混合气过浓	动力不足，油耗增多；排气管冒黑烟，并有放炮声，废气带有浓汽油味；燃烧室有大量的积碳，机油变稀，汽油机不易启动等	浮子室油面过高；主量孔调整不当或磨损扩大；加浓阀关闭不严；空气滤清器堵塞，风门不能全打开	首先，检查浮子室油面高度。其次，若拆下空气滤清器后情况好转，则是它堵塞了，应清洗。如果情况不变再看风门关闭是否灵活。再次，将主量孔的调整针拧紧一些，如果情况好转，就是主量孔调整不当。否则，应检查加浓阀的封闭情况

5.2 柴油机供给系统

5.2.1 柴油及其使用性能

为了保证高速柴油机正常、高效地工作，轻柴油应具有良好的发火性、蒸发性、低温流动性、化学安定性、防腐性和适当的黏度等诸多的使用性能。

(1)发火性。发火性指柴油的自燃能力，用十六烷值评定。柴油的十六烷值大，发火性好，容易自燃。国家标准规定轻柴油的十六烷值不小于 45。

(2)蒸发性。蒸发性指柴油蒸发汽化的能力，用柴油馏出某一百分比的温度范围即馏程和闪点表示。比如，50%馏出温度即柴油馏出 50%的温度，此温度越低，柴油的蒸发性越好。国家标准规定此温度不得高于 300℃，但没有规定最低温度。为了控制柴油的蒸发性不致过强，标准中规定了闪点的最低数值。柴油的闪点指在一定的试验条件下，当柴油蒸气与周围空气形成的混合气接近火焰时，开始出现闪火的温度。闪点低，蒸发性好。

(3)低温流动性。用柴油的凝点和冷滤点评定低温流动性。凝点是指柴油失去流动性开始凝固时的温度；而冷滤点则是指在特定的试验条件下，在 1 min 内柴油开始不能流过过滤器 20 mL 时的最高温度。一般柴油的冷滤点比其凝点高 4℃～6℃。

(4)黏度。黏度是评定柴油稀稠度的一项指标，与柴油的流动性有关。黏度随温度而变化，当温度升高时，黏度减小，流动性增强；当温度降低时，黏度增大，流动性减弱。GB/T 252-2000 中规定的实际胶质、10%蒸余物残炭和氧化安定性、总不溶物等三项指标，是柴油安定性的评定指标。柴油的防腐性则用硫含量、硫醇硫含量、酸度、铜片腐蚀及水溶性酸或碱等指标来评定。柴油中的灰分、水分和机械杂质，是评定柴油清洁性的指标。汽车柴油机应使用各项指标均符合国家标准的柴油。

5.2.2 柴油机供给系统的组成

柴油机燃料供给系统是柴油机的重要组成部分。柴油机燃料供给系统的功用是按照柴油机的工作要求，将柴油准时、快速、定量、保质地按柴油机的工作次序喷入各个汽缸，与吸入汽缸内的空气迅速、充分地混合和燃烧。燃油供给对柴油机动力性、经济性、使用可靠性和排除污染等都有重要影响。

柴油机燃料供给系统由燃油供给、空气供给、混合气形成及废气排出四部分组成，如图 5-27 所示。

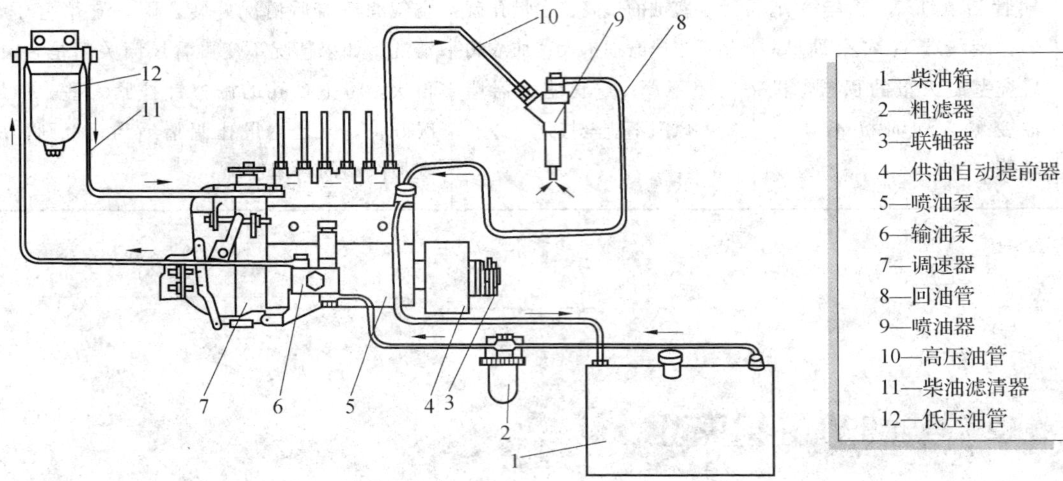

图 5-27 柴油机燃料供给系统示意图

1. 燃油供给装置

燃油供给装置由燃油箱、输油泵、低压油管、滤清器、喷油泵、高压油管和喷油器及回油管等组成。

2. 空气供给装置

空气供给装置由空气滤清器、进气管等组成，有的柴油机还安装有增压器。

3. 混合气形成装置

柴油机混合气是在燃烧室内形成的，故燃烧室的结构形式对混合气的形成和燃烧过程均有直接影响。柴油机燃烧室形状很多，通常可以分为统一式和分隔式两大类。

4. 废气排出装置

废气排出装置由排气管及排气消声器组成。为了保证柴油机可靠并稳定地运转，还安装有与喷油泵组成一体的调速器，来自动调节燃油的供给量。在车用柴油机的喷油泵传动轴上，大都安装有喷油角度自动提前器。在增压柴油机的喷油泵上，还安装了烟度补偿器。

5.2.3 柴油机供给系统主要零部件

1. 喷油器

喷油器的作用是将喷油泵送来的高压柴油以一定的射程和分布面积以雾状形式喷入燃烧室，以利于可燃混合气的形成和燃烧。

喷油器的种类有很多，目前，中小功率高速柴油机大多采用闭式喷油器，即喷油器除喷射柴油的时刻之外，喷油器内部与柴油机燃烧室之间被喷油器的针阀隔断。车用柴油机喷油器常见的形式有孔式喷油器和轴针式喷油器两种。

(1)孔式喷油器。孔式喷油器主要是用于具有直接喷射燃烧室的柴油机。图 5-28 为 6120 型柴油机所用的双孔闭式喷汝器。喷油器由针阀、针阀体、顶杆、调压弹簧、调压螺钉及喷油器体等零件组成。其中最关键的零件是针阀和针阀体，二者合称为针阀偶件。针阀上部的圆柱表面同针阀体的相应内圆柱面为高精度的滑动配合，配合间隙为 0.002～0.003 mm。若此间隙过大则易发生漏油而使油压下降，影响喷雾质量；而间隙过小则针阀将不能自由滑动。针阀中部的锥面全都露出在针阀体的环形油腔中，用来承受油压，称承压锥面。针阀下端的锥面与针阀体上相应的内锥面相配合，来实现喷油器内腔的密封，称密封锥面。针阀偶件是经选配和研磨以保证其配合精度的，在维修过程中针阀偶件不能互换。

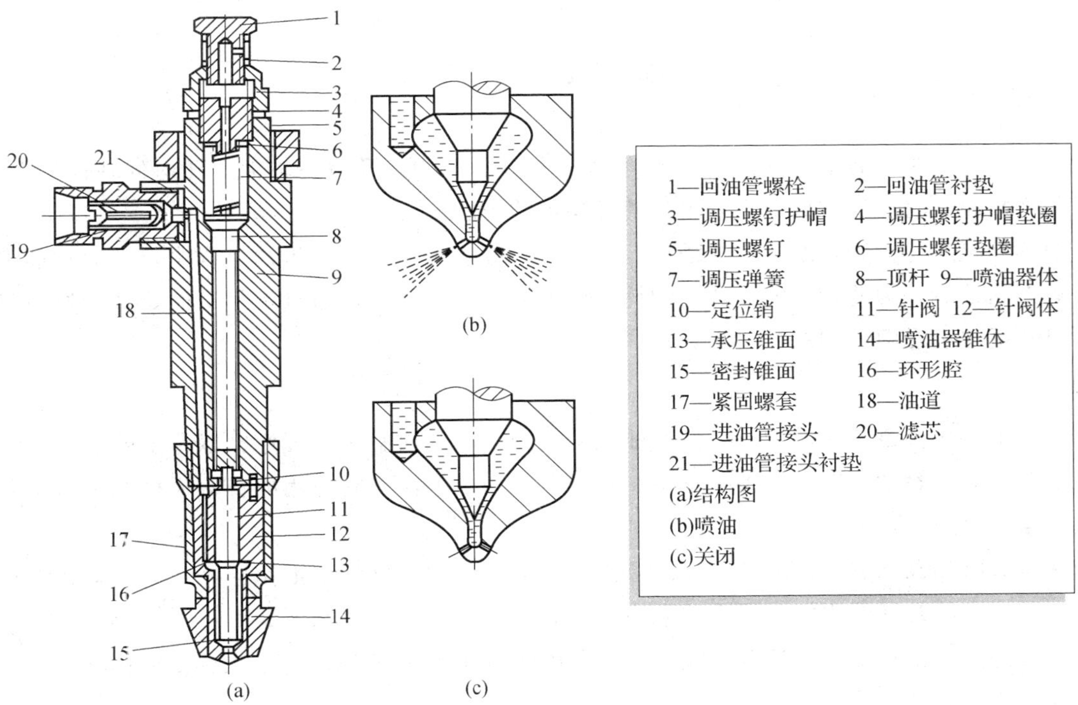

图 5-28 双孔闭式喷油器

装在喷油器体上部的调压弹簧是通过顶杆使针阀紧压在针阀体的密封锥面上，将喷孔关闭。由喷油泵输出的高压柴油从进油管接头经喷油器体与针阀体中的孔道进入针阀中部周围的环状空间。油压作用在针阀的承压锥面上，造成一个向上的轴向推力，当这个推力克服调压弹簧的预紧力以及针阀与针阀体间的摩擦力后，针阀就向上移而打开喷孔，高压柴油便从针阀体下端的两个喷油孔喷出。当喷油泵停止供油时，因为油压迅速下降，所以针阀在调压弹簧作用下及时回位，将喷孔关闭。在喷射开始时的喷油压力取决于调压弹簧的预紧力，其预紧力用调压螺钉调节。

在喷油器工作期间，有少量柴油从针阀体与针阀之间的间隙渗出。这部分柴油对针阀起润滑作用，并沿顶杆周围的空隙上升，通过回油管螺栓上的孔进入回油管，流回燃油箱。

(2)轴针式喷油器。轴针式喷油器大多用于对喷雾要求不高的分隔式燃烧室，工作原理与孔式喷油器相同，构造也相似。不同之处在于针阀下端的密封锥面以下还延伸出一个轴针，其形状可以是倒锥形或圆柱形。故在喷射时喷柱将呈空心的柱形或锥形，如图 5-29 所示。因为轴针伸出喷孔外，所以使喷孔嘴为圆环状狭缝(一般轴针与孔的径向间隙为 0.05 mm)。轴针式喷油器喷孔形状与喷雾锥角取决于轴针的形状和升程，因此要求轴针的形状加工非常精确。

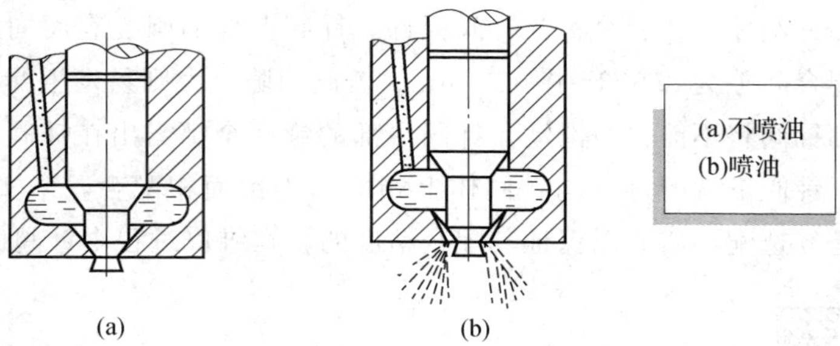

图 5-29　轴针式喷油器的喷油

轴针式喷油器通常只有一个喷孔，孔径为 1～3 mm。因为喷孔直径较大，孔内的轴针又不断地上、下运动，因而喷孔不易积碳，而且还有自行清理积碳的功能。

为了使柴油机工作柔和，改善燃烧条件，喷油器最好在每一循环的供油过程中，初期喷油少，中期喷油多，后期喷油少。为此轴针喷油器的轴针做成可变的节流断面，通过密封锥面及轴针处的节流断面作用，可以较好地满足喷油的特性要求。

2. 喷油泵

喷油泵又称高压油泵，它的功用是按柴油机的运行工况和汽缸工作顺序，以一定的规律，定时定量地向喷油器输送高压燃油。喷油泵种类很多，在汽车柴油机上被广泛应用的有直列柱塞式喷油泵和转子分配式喷油泵，另外，还有泵一喷油器等。

直列柱塞式喷油泵创制、发展和应用的历史比较久远，性能良好，工作可靠，被大多数汽车柴油机所采用。我国生产的几种车用柱塞式喷油泵为Ⅰ、Ⅱ、Ⅲ和 A、B、P、Z 等系列。

柱塞式喷油泵的基本结构。柱塞式喷油泵的总体构造如图 5-30 所示，它主要由泵体、分泵、油量调节机构、驱动机构四部分组成。

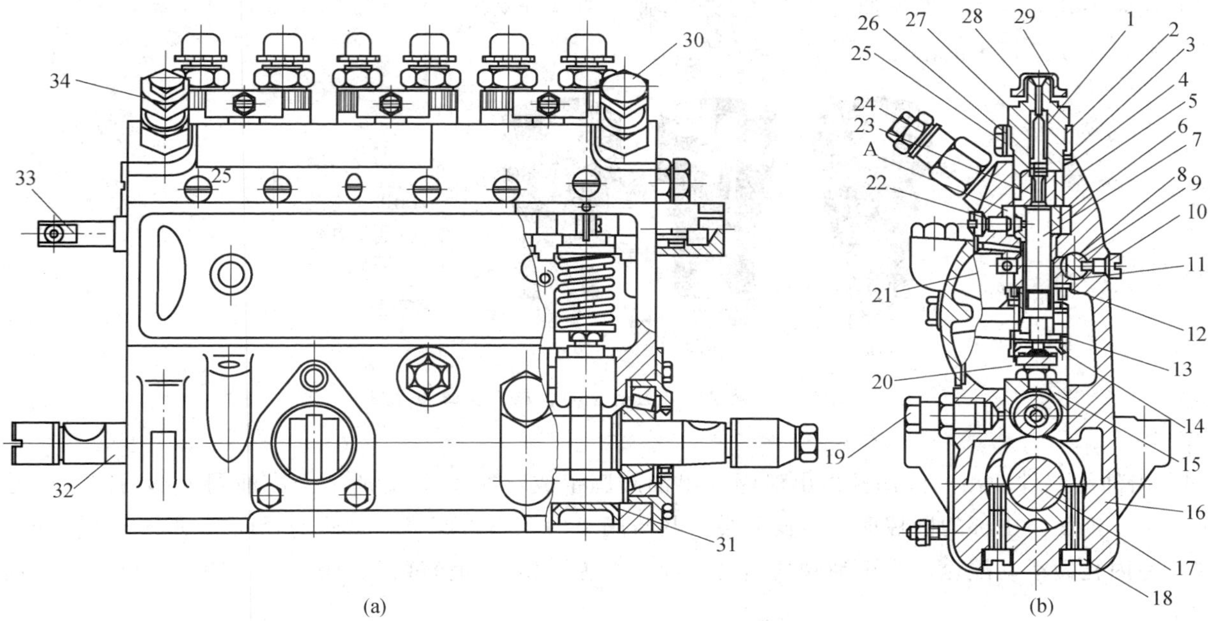

1—出油阀弹簧 2—后夹板 3—O形密封圈 4—垫圈 5—出油阀座 6—柱塞套 7—柱塞 8，33—可调齿圈 9—调节齿杆 10—齿杆限位螺钉 11—控制套筒 12—弹簧上支座 13—柱塞弹簧 14—弹簧下支座 15，32—滚轮架部件 16—泵体 17—凸轮轴 18—紧固螺钉 19，30—机油进油空心螺栓 20—调整螺钉 21—检查窗盖 22—挡油螺钉 23—出油阀 24，34—限压阀部件 25—槽形螺钉 26—前夹板 27—出油阀压紧座 28—减容器 29—护帽 31—堵塞 A—齿圈 (a)外形图 (b)结构图

图 5-30 柱塞式喷油泵

①泵体是喷油泵的基体，采用整体式结构。它的中部有低压油腔，输油泵输出的柴油经过滤清后，先进入低压油腔，再进入各分泵。输油泵输出的油量是喷油泵出油量的 3～4 倍，当低压油腔的油压大于 0.05 MPa 时，油腔另一端的溢流阀就开启，多余的燃油经过回油管流回输油泵的进口。泵体的下部有放气螺钉(有的溢流阀兼有放气功能)，在需要放气时，拧松该螺钉，按手动输油泵即可以驱除低压油腔内空气。泵体下腔中盛有润滑油，采用飞溅润滑方式润滑传动机构。该腔室与调速器内腔相连通，喷油泵凸轮轴前端轴承外安装有油封。

②分泵是多缸柴油机上与缸数相等的每组相同的泵油机构。将各分泵组安装在同一泵体中，共用一根凸轮轴驱动，并且对其供油量进行统一调节，即构成喷油泵总成。

分泵主要由柱塞偶件(柱塞和柱塞套筒)、出油阀偶件(出油阀和阀座)、柱塞弹簧、出油阀弹簧、弹簧上下支座、减容器、出油阀压紧螺母等组成。

a. 柱塞偶件。如图 5-30 所示，柱塞偶件是由柱塞和柱塞套组成。柱塞与柱塞套是一对精密偶件，由耐磨性高的优质合金钢制成，通过精密加工和研磨试配，形成间隙为 0.001～0.003 mm 的高精度配合，不能互换。柱塞套安装于泵体座孔内固定不动，柱塞由凸轮轴驱动，在柱塞套内做上下往复运动，另外它还可绕本身轴线在一定角度内转动，来达到泵油和调节供油量的目的。如图 5-31 所示，柱塞头部铣有斜槽(直线形或螺旋形)和直槽，直槽使斜槽与柱塞上方泵腔相连通。柱塞套上部开有一个进油和回油用的径向小孔与泵体上低压油腔相连通。柱塞弹簧通过弹簧座将柱塞推向下方，使柱塞下端与滚轮式挺杆接触，并使挺杆中的滚轮与下方凸轮接触。

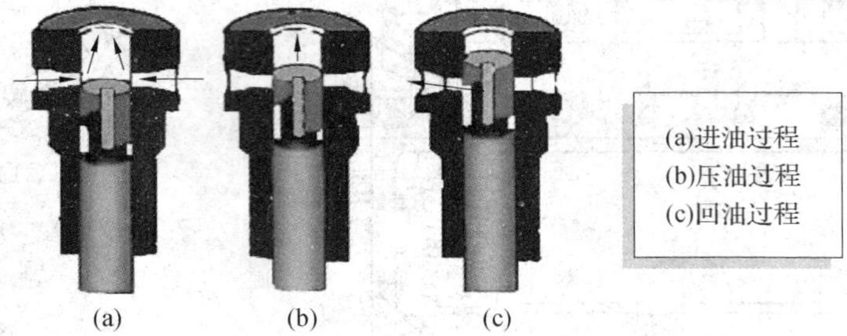

图 5-31　柱塞喷油泵的进油、压油和回油过程

b. 出油阀偶件。出油阀偶件由出油阀和出油阀座组成，如图 5-32 所示。出油阀上部的圆锥面是阀的轴向密封锥面。中部的圆柱面是减压环带，其与阀座内孔精密配合，是阀的径向滑动密封面。阀的尾部同阀座内孔做滑动配合，为出油阀的运动作导向。为了留出油流通道，阀尾铣有四个直槽，其断面呈“十”字形。

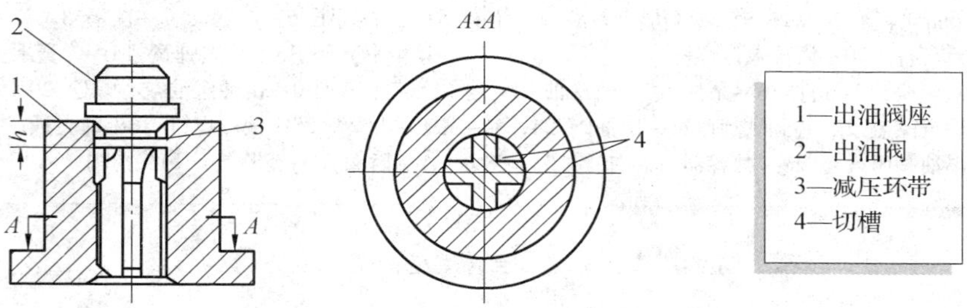

图 5-32　出油阀及阀座的结构

出油阀偶件位于柱塞套上面，两者的接触平面要求严密配合。压紧螺母以规定力矩拧入后，通过高压密封圈将阀座与柱塞套压紧，同时使出油阀弹簧将出油阀紧压在阀座上。出油阀压紧座内腔空间的容积，在高压系统中占有相当大的比例(高压油管的内径仅为 1 mm)，因此，在内腔中安装有带槽的减容体，用于减小这部分空间容积，有利于改善喷油过程，同时起限制出油阀最大升程的作用。

③油量调节机构的功用是根据柴油机的负荷和转速，改变供油量并且保证各缸供油量一致。供油量的调节机构也可称为转动柱塞的机构，一般有拨叉式和齿条式两种形式。

拨叉式油量调节机构如图 5-33(a)所示，它主要是由调节臂、调节叉、油量调节拉杆等组成。调节臂的一端安装在柱塞的下端，另一端插入调节叉的凹槽内，调节叉用螺钉固定在油量调节拉杆上，调节拉杆安装在泵体上的导向套管中。油量调节拉杆的轴向位置由驾驶员或者调速器控制。在它轴向移动时，通过调节叉和调节臂带动柱塞相对于柱塞套筒旋转，改变柱塞的有效行程，以达到改变供油量的目的。拨叉式调节机构如果需调节各缸供油量的不均匀度，可以松开拨叉固定螺钉，轴向移动拨叉位置即可以改变供油量。

齿条式油量调节机构如图 5-33(b)所示，它主要是由油量调节套筒、油量调节齿轮和油量调节齿条等组成。通过控制油量调节齿条轴向移动，就可以带动油量调节齿轮做相应的转动。油量调节齿轮是套在油量调节套筒上并且用螺钉紧固的。这样，油量调节套筒也做同样的转动。在油量调节套筒的下部开有槽，柱塞上的凸块在其中做上下运动。当油量调节套筒旋转一个角度时，带动柱塞相对于固定不动的柱塞套筒旋转相同的角度，由此改变柱塞上的斜槽与柱塞套筒上的油孔相通的时刻，即压缩过程的终止点，从而改变柱塞的有效行程，以达到改变供油量的目的。齿条式调节机构可以通过调节油量调节齿轮与油量调节套筒的相对位置来保证各缸供油量的均匀性。

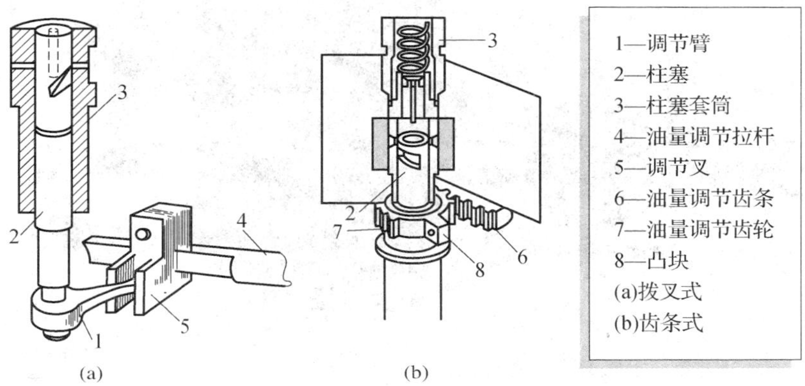

图 5-33 油量调节机构

④驱动机构。驱动机构主要是由喷油泵凸轮轴和挺杆(滚轮体传动件)组成，它的作用是推动柱塞往复运动。

凸轮轴的两端是用滚动轴承支承在泵体上，前端安装有联轴器和供油提前角自动调节器，后部与调速器相连。凸轮轴由柴油机通过曲轴正时齿轮驱动，其上的凸轮使柱塞按照一定的规律供油，凸轮的数目与缸数相同，排列顺序与柴油机的工作顺序相同。四冲程柴油机喷油泵的凸轮轴转速与配气机构凸轮轴转速相同，即曲轴旋转两圈凸轮旋转一圈，各泵油机构都供油一次。

3. 分配式喷油泵

分配式喷油泵简称分配泵，它是利用转子的转动来实现燃油向各汽缸分配。

(1)分配泵与柱塞式喷油泵的区别

①分配泵结构简单，零件数目，特别是精密零件数目少、体积小、质量轻、成本低。

②分配泵精密偶件加工精度高，供油均匀性好，因此不需要进行各缸供油量和供油定时的调节。

③分配泵的运动件靠喷油泵体内的柴油进行润滑和冷却，故对柴油的清洁度要求很高。

④分配泵凸轮的升程小，有利于提高柴油机转速。

(2)轴向式分配泵的结构。轴向式分配泵是由驱动机构、二级滑片式输油泵、高压分配泵和电磁式断油阀等部分组成。此外，机械式调速器和液压式喷油提前器也安装在分配泵体内。

如图 5-34 所示，驱动轴由柴油机曲轴定时齿轮驱动。驱动轴带动二级滑片式输油泵工作，并且通过调速器驱动齿轮带动调速器轴转动。在驱动轴的右端通过万向节与平面凸轮盘相连接，利用平面凸轮盘上的传动销带动分配柱塞。柱塞弹簧将分配柱塞压紧在平面凸轮盘上，并使平面凸轮盘压紧凸轮机构的滚轮，滚轮轴嵌入静止不动的滚轮架上。当驱动轴转动时，平面凸轮盘与分配柱塞同步旋转，而且在滚轮、平面凸轮和柱塞弹簧的共同作用下，凸轮盘还带动分配柱塞在柱塞套内做往复运动。往复运动使柴油增压，旋转运动进行柴油分配。

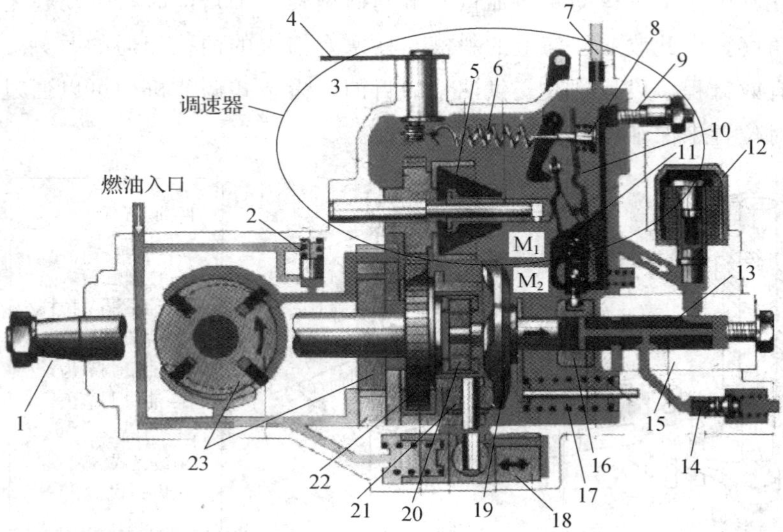

1—驱动轴 2—柴油滤清器 3—限压阀 4—调压阀 5—离心飞块 6—调速弹簧 7—操纵杆 8—操纵轴 9—回油管 10—怠速缓冲弹簧 11—全负荷油量调节螺钉 12—张紧杆 13—预调杠杆 14—停车断油电磁阀 15—柱塞 16—柱塞套筒 17—出油阀 18—油量调节套筒 19—柱塞复位弹簧 20—凸轮盘 21—供油提前角调节器 22—凸轮机构 23—联轴器

图 5-34 轴向压缩式分配泵

4. 调速器

调速器是一种自动调节装置，能根据柴油机负荷的变化，自动增减喷油泵的供油量，使柴油机能够以稳定的转速运行。

汽车柴油机调速器按其工作原理的不同，除了因结构简单、工作可靠且性能良好而应用最广泛的机械式调速器，还可分为气动式、液压式、机械气动复合式、机械液压复合式和电子式等多种形式；按调速器起作用的转速范围不同，又可分为全程式调速器和两极式调速器。在重型汽车上多采用全程式调速器，此调速器除了能防止超速和稳定怠速外，还能对柴油机工作转速范围内的任何转速起调节作用，使柴油机在各种转速下都能稳定运转。中小型汽车柴油机则多数采用两极式调速器，以起到防止超速和稳定怠速的作用。

(1)全程式调速器。机械离心式全程调速器的结构形式很多，有与柱塞式喷油泵配套的和装在分配式喷油泵体内的。以 VE 型分配泵的调速器为例，其结构示意图如图 5-35 所示。

在飞锤支架上装有四个飞锤，飞锤通过止推片推动调速套筒移动。张力杠杆、启动杠杆和导杆组成了调速器杠杆系统。这三个杠杆通过销轴连接在一起并可分别绕销轴摆动。导杆通过销轴固定在分配泵体上。启动杠杆的下端是球头销，嵌入供油量调节套筒的凹槽中，当启动杠杆摆动时，球头销将拨动供油量调节套筒，改变它与分配柱塞上的泄油孔的相对位置，来改变分配柱塞的有效行程。张力杠杆上端通过怠速弹簧与调速弹簧连接，调速弹簧的另一端挂在调速手柄的销轴上。导杆的下端受复位弹簧的推压，使其上端靠在最大供油量调节螺钉上。另外，在 VE 型分配泵调速器上还装有一些附加装置，如增压补偿器和转矩校正装置等。

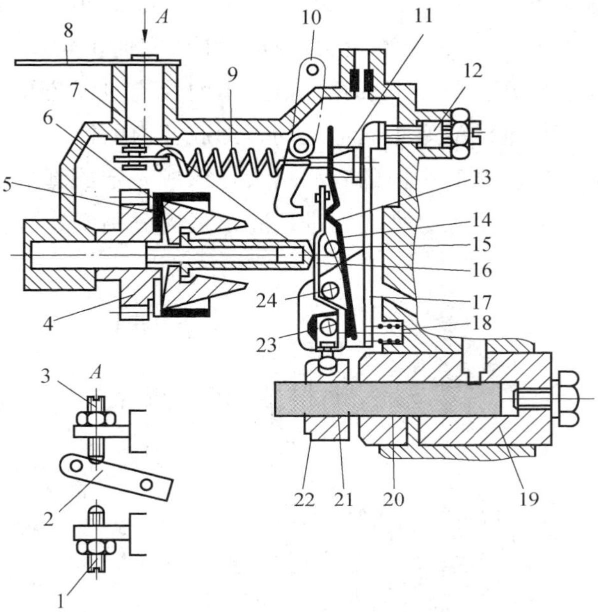

1—怠速调节螺钉　2，8—调速手柄　3—最高速限止螺钉　4—调速器传动齿轮　5—飞锤支架
6—飞锤　7—调速套筒　9—调速弹簧　10—停车手柄　11—怠速弹簧　12—最大供油量调节螺钉
13—张力杠杆　14—启动弹簧　15—张力杠杆挡销　16—启动杠杆　17—导杆　18—复位弹簧　19—柱塞套
20—分配柱塞　21—泄油孔　22—供油量调节套筒　23—启动杠杆、张力杠杆及导杆支承销轴(可动)
24—导杆支承销轴(固定)

图 5-35　VE 型分配泵调速器构造

(2)两极式调速器。两极式调速器仅在柴油机的最高转速和怠速时起自动调节作用，而在最高转速和怠速之间的其他任何转速，调速器都不起调节作用。在此转速范围内，由驾驶员直接控制供油量和柴油机转速的变化。

德国波许公司生产的 RQ 型调速器是典型的两极式调速器，型号中的 R 表示机械离心式，Q 表示可变杠杆比。它与 A、B、P 型等柱塞式喷油泵配套。

调速器一般由感应元件、传动元件和附加装置三部分构成。感应元件包括飞锤等零件，传动元件指由角形杠杆、调速套筒、调速杠杆和连接杆等组成的杠杆系统。

5. 输油泵

输油泵的功用是保证向喷油泵输送一定压力和足够数量的柴油。它不仅要克服低压管路及柴油滤清器的阻力，还要维持一定的供油压力，以避免柴油中残存的微量空气造成的不良影响。输油泵的供油量可达到发动机全负荷需要量的 3～4 倍，除了供喷油之外，大部分柴油经过喷油泵或柴油滤清器回油口上设置的溢流阀流回燃油箱。

输油泵的结构形式很多，常见的有活塞式、转子式、滑片式、齿轮式。其中，活塞式输油泵工作可靠，应用广泛。

活塞式输油泵安装在喷油泵前侧面上，主要是由机械泵总成和手油泵总成组成，它的基本结构如图5-36所示。机械泵总成有滚轮部件(包括滚轮、滚轮轴和滚轮架)、顶杆、活塞、活塞弹簧等。在喷油泵凸轮轴转动时，轴上的偏心轮驱动滚轮、滚轮架、推杆和活塞向下运动，泵腔工作容积减小，油压升高，进油阀被关闭，出油阀被压开，柴油由泵腔Ⅰ通过出油阀流向泵腔Ⅱ。当喷油泵凸轮轴上的偏心轮转过时，在活塞弹簧的作用下，推动活塞Ⅰ向上运动，泵腔Ⅱ内的油压升高，出油阀被关闭，泵腔Ⅱ内的柴油经出油管输出。与此同时，泵腔Ⅰ内的容积增大，形成一定的真空度，将进油阀吸开，油箱内的柴油经进油管和进油阀被吸入泵腔Ⅰ。另外，在进油和出油侧分别安装有止回阀，以控制进出油口和活塞室的开闭。

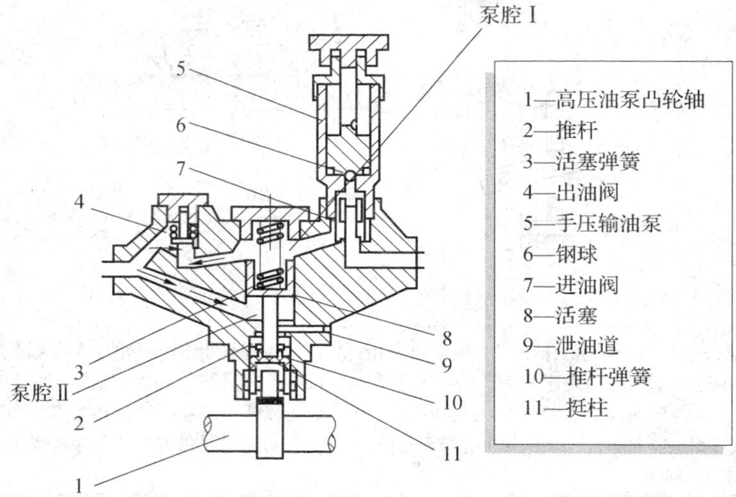

图5-36 活塞式输油泵结构

6. 柴油滤清器

柴油滤清器的作用是滤去柴油中的杂质、水分和石蜡，以减小各精密偶件的磨损，保证喷雾质量。滤清器一般是串联在输油泵和喷油泵之间，其结构形式有单级滤清器和双级滤清器。

(1)单级滤清器。目前，通常采用的单级滤清器是微孔纸芯滤清器，其典型结构如图5-37所示。它的优点是滤清效率高、重量轻、体积小、价格低。

由微孔滤纸制成的滤芯装入后，滤芯的两端分别与滤清器盖和壳体密闭接触，并形成内外两个油腔；输油泵泵出的柴油，经过进油管接头进入壳体外腔，再渗透过滤芯而进入滤芯内腔，最后经出油管接头输出给喷油泵。在这个过程中，滤去柴油中的机械杂质和尘土，水分沉淀在壳体内，有的滤清器下方还安装有放水螺钉。

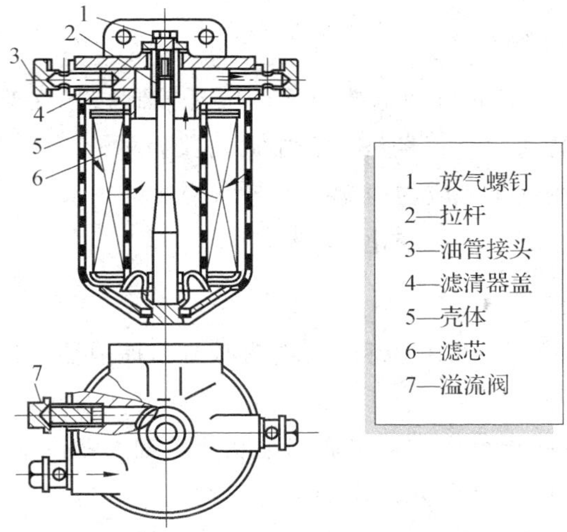

图 5-37　单级柴油滤清器

当滤清器内油压超过溢流阀的开启压力(0.1～0.15 MPa)时，溢流阀开启，使多余的柴油流回油箱，从而保证了滤清器内油压在一定限度内。

(2)双级滤清器。柴油机采用的两级双联柴油滤清器如图 5-38 所示，其结构与单级滤清器基本相同。第一级是纸质滤芯，又称为粗滤器；第二级是毛毡或纸质滤芯，又称为细滤器。由输油泵来的柴油先进入左边第一级滤清器的外腔，穿过滤芯后进入内腔。再经过盖内油道流向第二级滤清器。

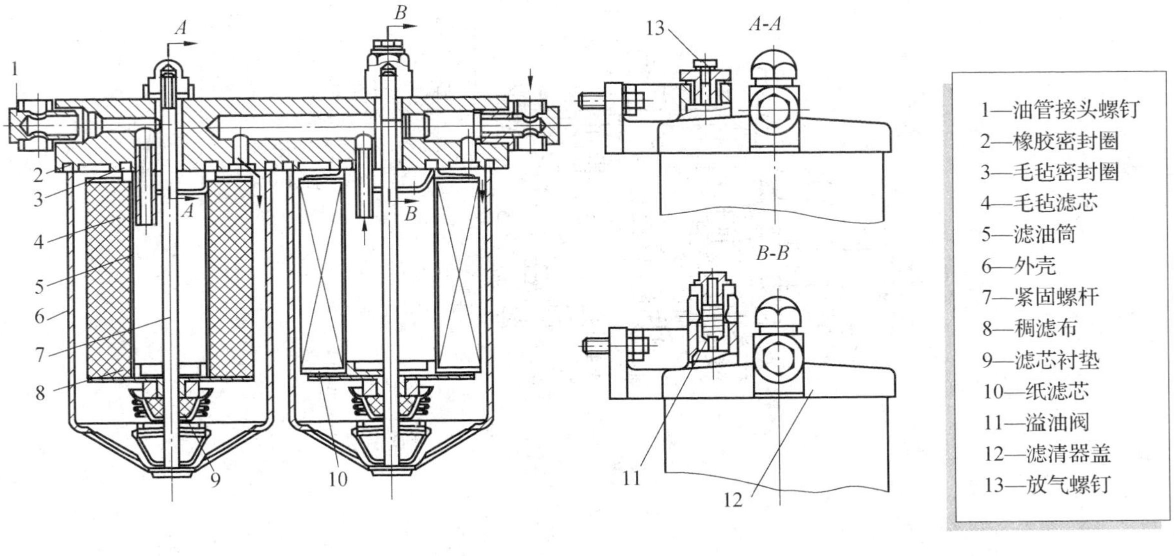

图 5-38　双级滤清器

5.2.4 电控柴油机

20 世纪 80 年代以来，以微型计算机为电控单元的电子控制技术在柴油机上的应用，形成了现代汽车柴油机电控系统，使柴油机的动力性、经济性、排放污染及噪声等各个方面的指标得到进一步改善，同时也提高了柴油机与汽油机在汽车上应用的竞争优势，柴油机技术进入了一个新的发展阶段。

柴油机电控燃油喷射系统经历了三代变化。

1. 第一代：凸轮压油＋位置控制

在第一代电子控制式燃油喷射系统中，将机械式调速器和提前器换成了电子控制的机构，燃油的压送机构和机械式燃油系统的相同。

喷油时间控制：根据 ECU 的指令由发动机驱动轴和凸轮轴的相位差进行控制。

喷油量的控制：根据 ECU 的指令由齿杆或者溢流环的位置进行控制。

ECU 根据各种传感器检出的发动机运行状态及环境条件等，计算出适合于发动机状态的最佳控制量，并向执行机构发出相应的指令。

图 5-39 为电子控制分配泵系统——位置控制式；图 5-40 为电子控制直列泵系统——位置控制、电子调速器式。

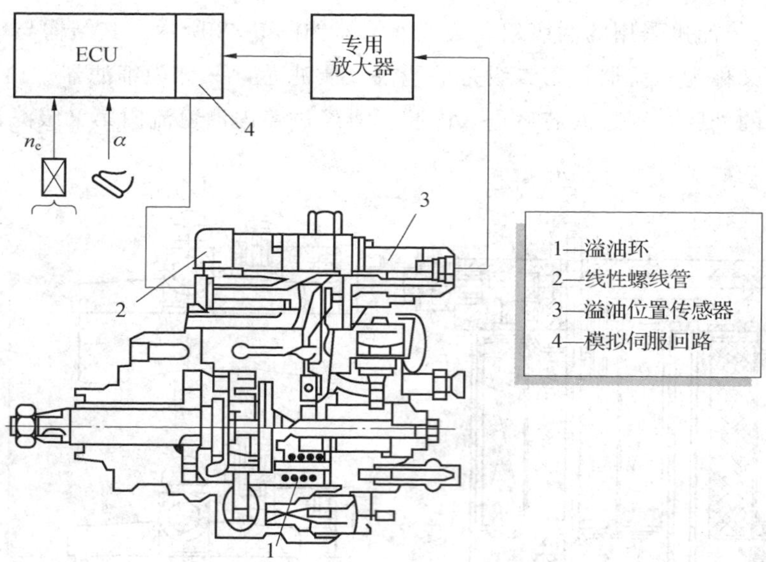

图 5-39 电子控制分配泵系统——位置控制式

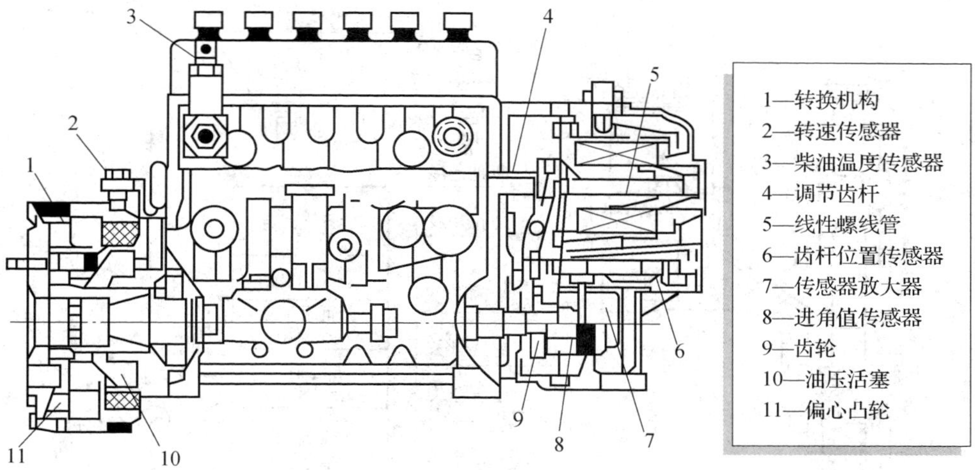

图 5-40 电子控制直列泵系统——位置控制、电子调速器式

2. 第二代：凸轮压油+电磁阀时间控制

第二代电控燃油喷射系统是在第一代位置控制式的基础上发展起来的。利用高速电磁阀对喷油量和喷油时间进行时间控制。

图 5-41 为电子控制分配泵——时间控制式；图 5-42 为电子控制泵喷嘴系统——时间控制式。

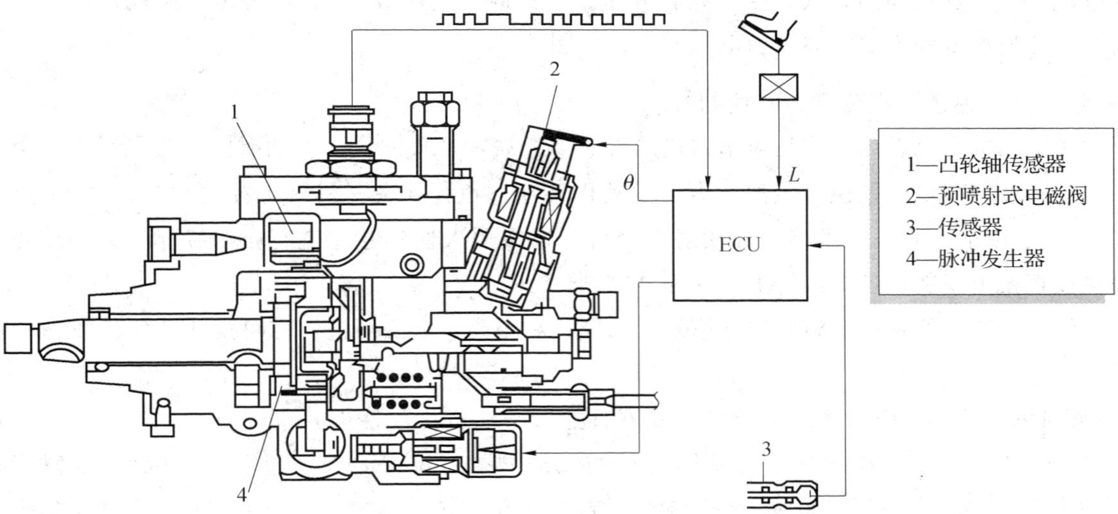

图 5-41 电子控制分配泵——时间控制式

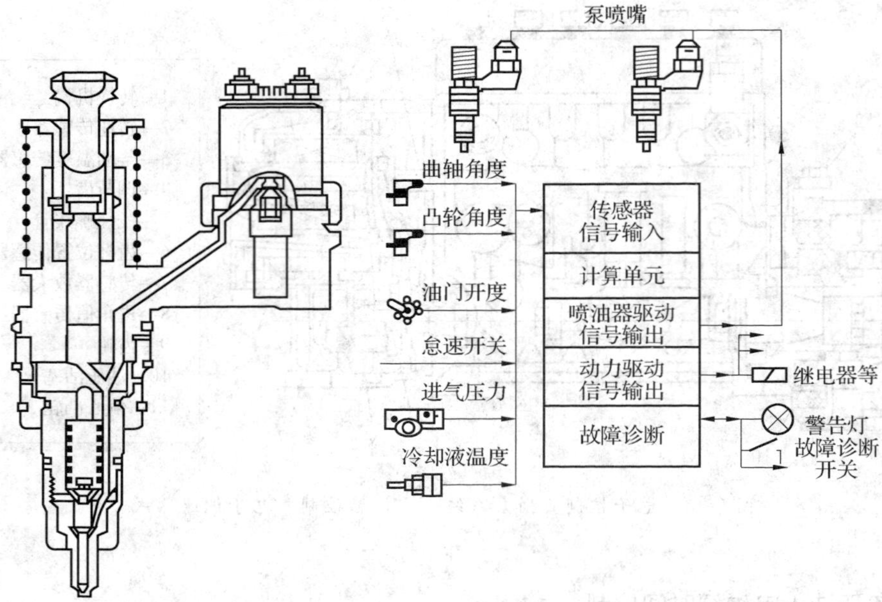

图 5-42　电子控制泵喷嘴系统——时间控制式

第二代电控喷油装置的特征是：通过喷油泵或发动机凸轮实现燃油升压。升压开始的时间(与喷油时间对应)以及升压终了时间(从升压开始到升压终了的时间与喷油量相当)是由电磁阀的接通或者断开来控制的，即喷油量和喷油时间是由电磁阀直接控制的。

3. 第三代： 燃油蓄压＋电磁阀时间控制

第三代柴油机电控燃油系统是对第二代的进一步发展，将喷油量和喷油时间的控制融为一体，使燃油的升压机构独立，也就是说，燃油压力与发动机转速、负荷无关，具有可独立控制压力的蓄压器(即共轨)。这样，以前一直很困难的燃油喷射压力就可以按照人们的意志进行自由控制了。喷油量、喷油时间等参数直接由安装在各个汽缸上的喷油器控制。

第三代电控装置的具体实施方法与第二代相同，利用高速电磁阀进行时间控制。图 5-43 为电控共轨式燃料系统。

(1)柴油机电控燃油喷射系统的类型。随着日益对柴油机排放性能要求的提高和电子技术的迅速发展，柴油机出现了由电子控制的各种不同类型的燃油喷射系统(EDC)。通常按高压燃油机构的不同，EDC 可以分为直列泵电控喷射系统、分配泵电控喷射系统、泵喷嘴电控喷射系统和蓄压式共轨电控喷射系统，其中以蓄压式共轨电控燃油喷射系统最先进。它是将多个电控式的喷油器并联在一个高压蓄油器上，由电子控制单元(ECU)控制喷油，称为共轨(CR)喷油。

蓄压式共轨电控燃油喷射系统(EDC-CR)是柴油机发展的新技术，也是现代柴油机应用最多的电控燃油喷射系统。

(2)柴油机电控燃油喷射系统的组成。柴油机电控燃油喷射系统主要由信号输入装置、电控单元(ECU)和执行器三部分组成。

①信号输入装置。信号输入装置即各种传感器，主要是用来采集控制系统所需要的信息，并将其转

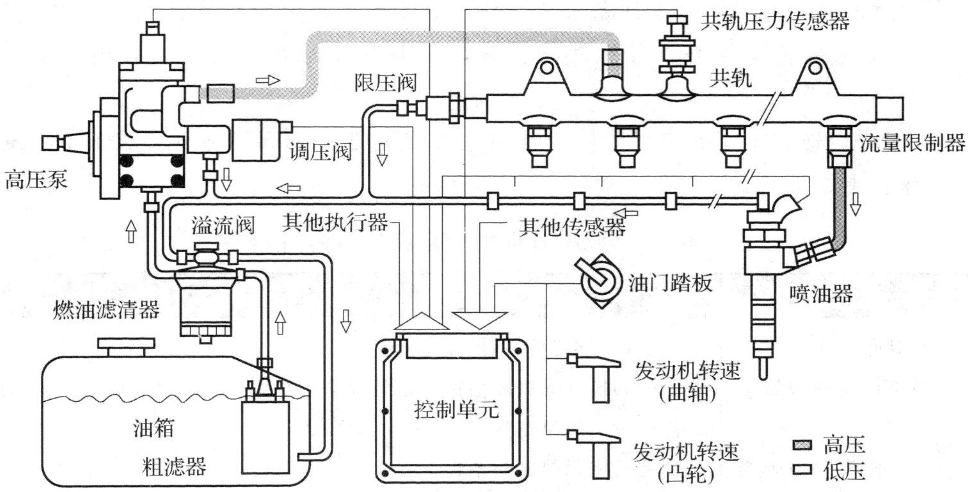

图 5-43 电控共轨式燃料系统

换成电信号，通过线路输入电控单元(ECU)中。传感器有运行工况传感器(曲轴转速传感器、油门踏板位置传感器、曲轴/凸轮轴位置传感器、空气流量传感器等作为控制系统在工作时的主控信号，来确定基本循环供油量或者供油提前角)，修正信号传感器(进气温度传感器、燃油温度传感器、冷却液温度传感器以及进气压力传感器等作为供油量和供油提前角的修正信号)和反馈信号传感器(供油齿条位置传感器、滑套位置传感器、燃油压力传感器等用来检测控制系统执行元件的实际位置)。

②电控单元(ECU)。在电控单元存储器中，存有由统计或实测得到的发动机的各有关调控参数或者状态的目标数据或参数图谱(MAP 图)。当由传感器检测到的实际参数输入 ECU 后，首先会与存储器中的相应参数作比较，当实际参数偏离目标参数时，ECU 将按照一定的控制对策进行有关信息的处理，经运算处理后再通过 I/O 接口将控制指令输出到执行器。

③执行器。执行器是由执行电器和机械执行机构两部分组成，它的功用是根据 ECU 的执行指令，调节喷油量和喷油正时以及控制启动喷油量、怠速转速、各缸喷油均匀性，从而调节柴油机的运行状态。执行器有溢流控制电磁阀、电子调速器、电子控制正时控制阀、电子控制正时器、电磁溢流阀、高速电磁阀和电子液力控制喷油器等。这些执行器也是螺线管、电磁铁、直流电动机、步进电动机和力矩电动机等电器。

常见问题解析

柴油机不能启动或启动困难如何处理?

启动机正常工作，但发动机不能启动，时伴有排出白色或黑色烟气。这是柴油机最常见的故障，多是由供油系统工作不良引起的。

柴油机燃料供给系统燃油供给路线分为低压油路、高压油路和回油油路，所以在对柴油机燃料供给系统故障判断的时候，首先应该判断故障是出在供给系统的低压油路还是高压油路。因此应该先将喷油泵上的放气螺塞旋松，用手油泵泵油。如果放气螺孔不流油或流出泡沫柴油，表明低压油路有故障；如果放气螺孔流油正常且无气泡出现，但各缸喷油器无油喷出，则说明故障在高压油路。

(1)柴油机不能启动，排气管不冒烟。此故障主要是由于柴油供给系统不工作，不能向燃烧室喷油所致，具体见表5-3。

表5-3　低压油路和高压油路故障原因

低压油路故障原因	高压油路故障原因
①熄火拉钮没有退回。 ②油管堵塞、破裂、折断或管接头松动。 ③输油泵进、出油阀磨损或弹簧失效；活塞、推杆卡死或胶圈失效。 ④柴油滤清器滤芯和输油泵滤网堵塞。 ⑤油路中有空气、水分和漏气部位	①供油拉杆卡死在不供油位置。 ②凸轮和挺杆滚轮磨损过甚，使柱塞脚与挺杆间隙过大，造成泵油量下降。 ③供油时间过早或过迟。 ④喷油器密封垫密封不良。 ⑤喷油压力调整过高，使燃油无法喷入汽缸内；喷油器(调压)弹簧变形或折断，致使燃油不能雾化，成油束喷入缸内。 ⑥针阀过热卡死在关闭位置，喷孔被积碳堵塞；针阀磨损过甚而漏油。 ⑦高压油管破裂或接头松动，高压油管内有空气。 ⑧喷油泵驱动联轴节损坏，柴油机不能驱动喷油泵。 ⑨油门操纵拉杆脱落

(2)发动机不能启动，排气管冒白烟。这种现象的出现表示柴油已进入汽缸，但未能正常燃烧，故障原因如下：

①柴油机启动预热装置损坏，发动机温度过低。

②喷油压力低或针阀磨损，使喷入缸内的柴油雾化不良。未燃烧部分呈灰白色烟状，随废气排出。

③ 供油时间不准，使进入汽缸内的柴油未能完全燃尽，未参加燃烧部分呈灰白色烟雾状，随废气自排气管口排出。

④ 汽缸压缩压力过低。

知识拓展

为了改善混合气的形成，缩短备燃期，使柴油机工作柔和，除选用十六烷燃烧值较高的柴油，采用较高的压缩比来提高汽缸内空气温度，促进柴油的蒸发之外，还应该适当地提高喷油压力，并且利用燃料喷注与燃烧室形状的相配合，使柴油呈雾状均匀地分布在汽缸内高温空气中，与此同时，还应该利用进气道空气流动涡流和活塞压缩空气的气流，使柴油与空气混合均匀。

思考与练习

一、 填空题

1. 汽车燃料供给系统的任务是________、________、________燃油，并且按发动机各种不同的工况，将适量的燃油与空气混合，以供给汽缸一定浓度和数量的________。
2. 可燃混合气浓度有两种表示方法：________和________。
3. 电控汽油喷射系统都是由________、________和________三个子系统组成。
4. ________的功用是向发动机提供与负荷相适应的清洁的空气，与此同时，测量和控制进入发动机汽缸的空气量，使它们在系统中与喷油器喷出的汽油形成空燃比符合要求的可燃混合气。
5. ________的功用是利用电动汽油泵向喷油器提供足够压力的汽油，喷油器再根据来自 ECU 的控制信号，向进气歧管内节气门体中或者进气门上方喷射定量的汽油。
6. ________的主要作用是根据发动机和汽车不同的运行工况，检测各传感器的工作，对喷油时刻、喷油量以及点火时刻等进行确定和修正，并且将工作参数储存和输出。
7. 汽油供给系统主要是由________、________、________、________及________等组成。
8. 为了使柴油机工作柔和，改善燃烧条件，喷油器最好在每一循环的供油过程中，初期喷油________，中期喷油________，后期喷油少。
9. 根据汽油喷射的位置不同，可分为________和________。而进气管喷射又有________和________两种。
10. ________的作用是滤去柴油中的杂质、水分和石蜡，以减小各精密偶件的磨损，保证喷雾质量。

二、 问答题

1. 车用发动机对各运行工况的混合气浓度有何要求？
2. 汽油机电控汽油喷射系统有哪些优点？
3. 汽油机电控系统由哪几部分组成？它们各起什么作用？
4. 在供油系统中，为什么设有压力调节器？它是怎样工作的？
5. 节气门位置传感器有哪几种类型？各有什么特点？
6. 电子控制器由哪几部分组成？它们各起什么作用？
7. 柴油机可燃混合气的形成特点有哪些？
8. 柱塞式喷油泵燃油供给系统主要由哪些零部件组成？
9. 柴油机燃料供给系统应满足的基本要求有哪些？
10. 柴油机喷油泵应满足哪些使用要求？

项目6 进排气与排气净化装置

单元目标

知识目标

1. 了解进、排气系统的功用及组成
2. 理解进气系统的主要零部件
3. 理解排气净化装置的组成及工作原理
4. 掌握废气再循环和三元催化器的结构原理
5. 理解汽油机蒸发排放控制系统的原理

能力目标

1. 认识进、排气系统的组成
2. 拆卸和装配空气滤清器
3. 对排气净化装置的认知

知识脉络图

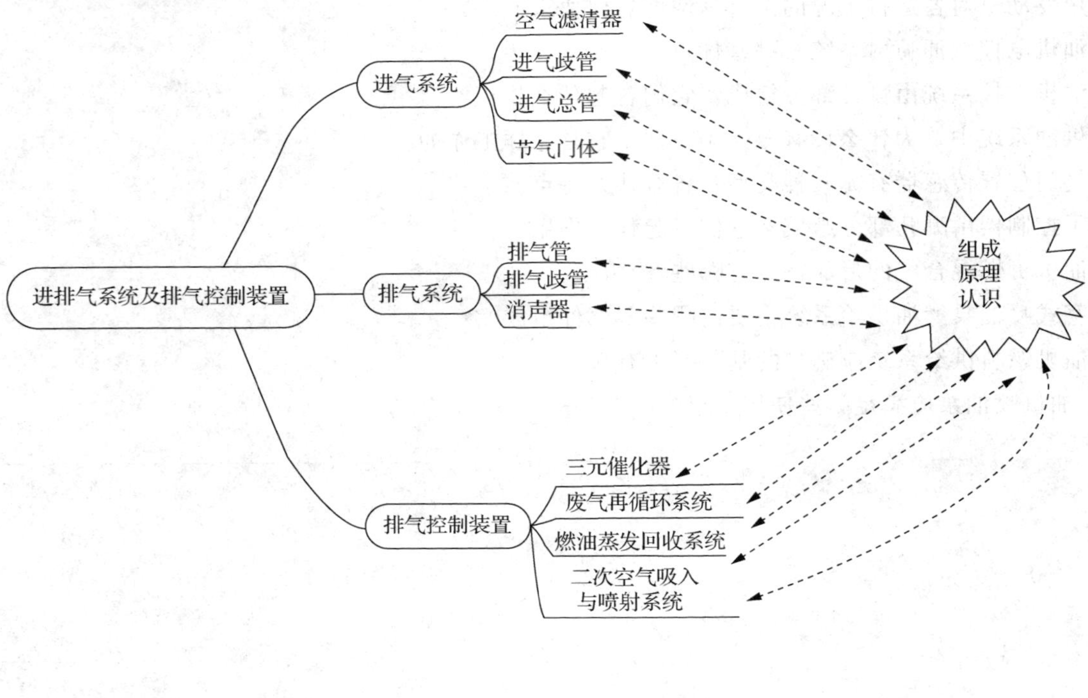

6.1 进排气系统

6.1.1 进气系统

进气系统主要是由空气滤清器、节气门体等组成。

1. 空气滤清器

空气滤清器简称空滤。空气滤清器主要有纸质空滤和油浴空滤两种。图 6-1 为空气滤清器种类。空滤的安装方向非常重要，其中纸质空滤上面有滤网，而油浴空滤下方则盛有机油。空气滤清器主要由滤盒、空滤、卡箍、进气管等组成。图 6-2 为空气滤清器总成。

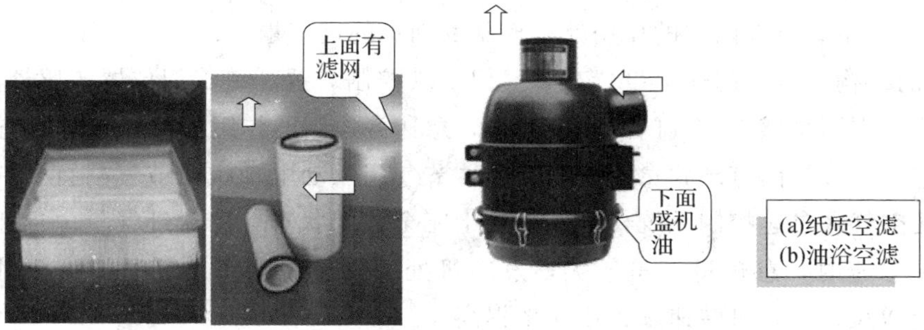

(a) (b)

图 6-1 空气滤清器种类

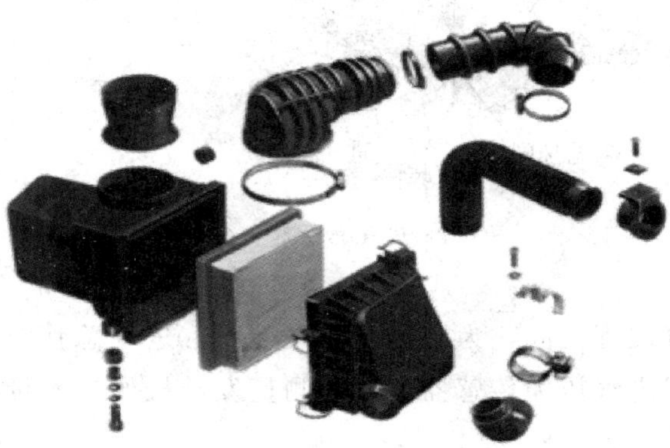

图 6-2 空气滤清器总成

空气滤清器的作用是滤去进气中的灰尘和沙砾，以减少活塞、活塞环和汽缸的磨损。现在汽车主要用纸质滤清器。空气滤清器需要定期清理和更换。

2. 节气门体

节气门体主要有拉索控制式和电子节气门两种。图 6-3 为节气门体种类。

图 6-3　节气门体种类

(1)节气门体安装位置。节气门体一般位于空气滤清器和进气总管之间。

(2)节气门体的作用。节气门体的作用就是控制发动机的进气量。

(3)节气门体的结构。节气门体上设置有节气门及其控制装置、节气门位置传感器、怠速旁通阀等。节气门位置传感器的作用是感知节气门的开度大小，怠速旁通阀的作用是控制怠速的进气量。

发动机在怠速时，节气门直动式怠速控制系统，节气门驱动电动机使节气门打开一定程度，控制怠速进气量。而旁通空气式怠速控制系统，节气门处于完全关闭状态，怠速进气量由怠速旁通阀控制其进入进气总管。低温怠速时，怠速进气量较大，发动机处于快怠速状态。踩油门踏板时，节气门开度增大，发动机进气量增大，发动机转速增大或功率提高。

进气总管和进气歧管，如图 6-4 所示。

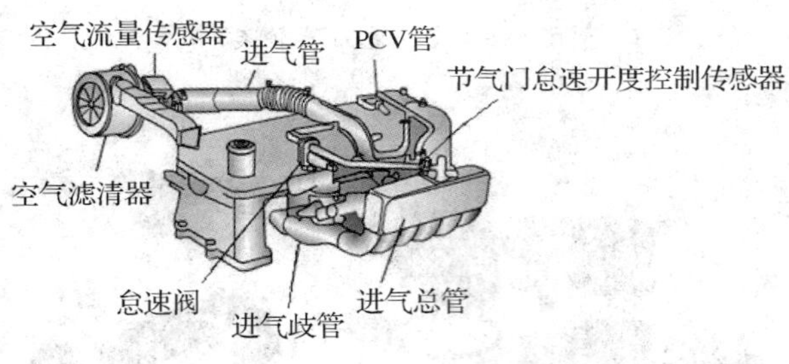

图 6-4　进气总管和进气歧管

进气总管位于空滤与进气歧管之间，为了提高进气效率，进气总管的长度、形状都经过精确设计。进气总管还装有空气流量计或进气压力传感器，用来测量发动机的进气量。有的装有进气温度传感器，用来测量进气温度。

进气歧管必须将空气—燃油混合气或洁净空气尽可能均匀地分配到各个汽缸，为此进气歧管内气体流道的长度应尽可能相等。为了减小气体流动阻力，提高进气能力，进气歧管的内壁应该光滑。进气管一般采用铝合金铸造，排气管一般采用铸铁铸造。

6.1.2 排气系统

排气系统一般由排气歧管、排气管、消声器组成。

1. 排气歧管

排气歧管与发动机汽缸盖相连，发动机的废气从排气门排出后，直接进入排气歧管。排气歧管由铸铁或钢管制成，能够承受高温高压。

2. 排气管

排气管由几个钢管组成，它连接排气歧管与三元催化转换器和消声器。通常有单排气管和双排气管两种，单排气管常用于直列发动机，双排气管常用于 V 型发动机。图 6-5 为排气歧管和排气管。

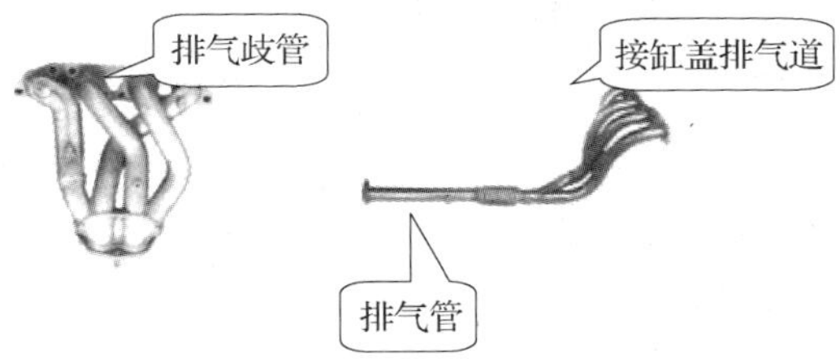

图 6-5　排气歧管和排气管

3. 消声器

如图 6-6 所示，消声器整体图、解剖图、原理图。

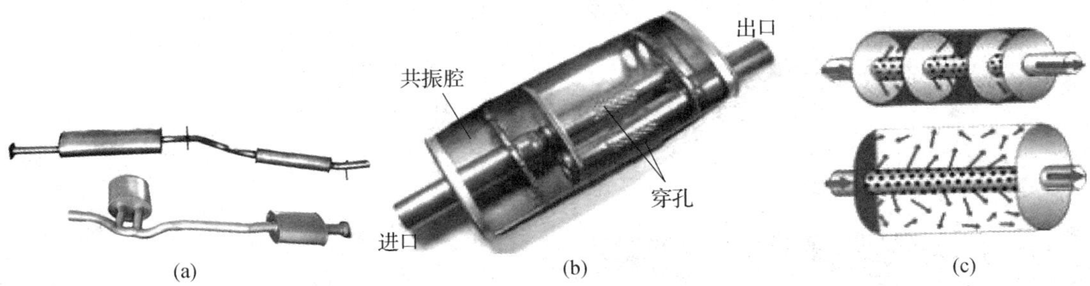

(a)整体图 (b)解剖图 (c)原理图

图 6-6　消声器

(1)消声器功用。消声器的作用就是削减排气噪声，通过逐渐衰减排气压力及其脉动来减少排气噪声并消除废气中的火星，使废气安全地排入大气。消声器消除噪声的方式一般采用以下几种方式：一是多次改变气流方向；二是重复使气流通过收缩而又扩大的断面；三是将气流分割为很多小支流。

(2)消声器原理。当排气门打开时发动机的排气压力为 0.3～0.5 MPa，温度为 500～700℃，具有一定的能量。同时，由于排气的间歇性，在排气管内引起排气压力的脉动。如果将发动机废气直接排放到大气中，废气高速喷出时势必产生强烈的噪声，同时高温气体直接排入大气也会对环境造成危害。为消除上述问题，汽车上必须安装消声器。其基本原理是消耗废气流的能量平衡气流的压力波动。

有的消声器还在其内部填充耐热的吸声材料，吸声材料多为玻璃纤维或石棉。废气进入多孔管和消声室后，在里面膨胀冷却，受到反射，又多次与消声器内壁碰撞消耗能量，结果压力下降，振动减轻，最后从多孔管排到大气。加装排气消声器，不可避免地会增加气流的阻力，使发动机功率有所下降。

常见问题解析

1. 故障案例

一辆猎豹汽车刚大修后，渐渐地启动困难，在加速时发闷，提速很慢，怠速不稳。

2. 故障原因

(1)油压偏低，油泵损坏。

(2)油道堵塞，汽油滤清器过脏。

(3)空气滤清器堵塞。

(4)进气道漏气，混合气过稀。

(5)排气管堵塞，造成排气不畅。

(6)检测点火系统的故障。

3. 检测及排除

(1)用燃油压力表检测管道油压，判断油压应在0.25～0.30 MPa为正常。

(2)拆下空气滤清器，启动发动机是否正常，判断空滤是否正常。

(3)检查进气管道是否漏气，如有，则排除。

(4)检测高压火，同时检测高压线及火花塞是否正常。

(5)可以拆下排气管检测，一般若三元催化转换器堵塞，很易造成上述故障。

6.2 汽车排气净化装置

随着人们对治理环境越来越重视，对汽车排放污染物的控制也越来越严格。根据污染物来自排气管、曲轴箱和燃油系统的不同，一般分为排气污染物控制系统和非排气污染物控制系统。排气污染物主要是指从排气管排出的CO、HC、NO_x 等有害污染物。

1. CO

CO(一氧化碳)是一种无色、无味的有毒气体，它能使血液的输氧能力降低，从而使心脏、头脑等重要器官严重缺氧，引起头晕、头痛、恶心等症状，轻则使中枢神经系统受损，重则会使心血管工作困难，直至死亡。CO主要是由于燃油混合气过浓，燃烧时的氧气不足造成。

2. HC

HC(碳化氢)包括未燃烧和未完全燃烧的燃油、润滑油及其裂解产物和部分氧化物，其中有些成分会对眼睛和皮肤有强刺激作用，浓度高时会引起头晕、恶心、贫血甚至急性中毒。HC 是由于混合气过稀、喷油器过脏、点火不良(点火正时不当或火花塞过脏)、排气门泄漏等，导致燃烧不完全而产生。

3. NO_x

NO_x(氮氧化合物)是燃烧过程中形成的多种氮氧化物，主要是 NO，还有 NO_2，N_2O_3，N_2O_5 等，其中 NO 是无色无味的气体，具有轻度刺激性，毒性不大；NO_2 是一种棕红色强刺激性的有毒气体；NO_x 是由于混合气在高温、富氧下燃烧时，含在混合气中的 N_2 和 O_2 发生化学反应产生的。

6.2.1 三元催化转换器

1. 三元催化转换器作用

三元催化转换器串联在排气系统中，通过系列化学反应将发动机产生有害的燃烧产物转换成无害气体。

2. 三元催化转换器组成与原理

三元催化转换器主要由铂(或钯)和铑的混合物组成，它们促使有害气体 HC、CO 和 NO_x 发生反应生成无害的 CO_2、N_2 和 H_2O，如图 6-7 所示，为三元催化转换器的内部结构。

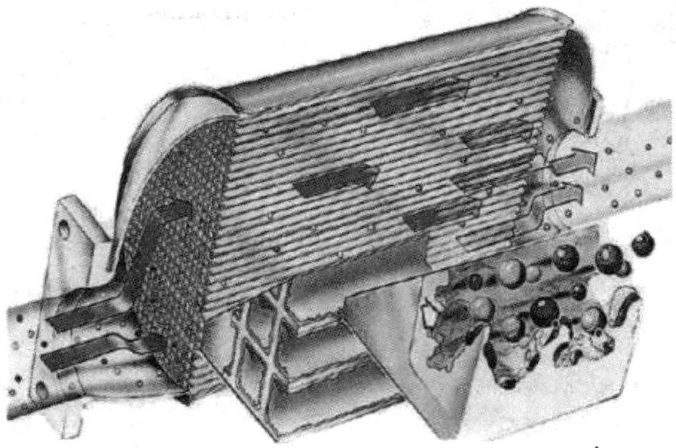

图 6-7 三元催化转换器的内部结构

为了将实际空燃比精确地控制在理论空燃比为14.7∶1附近，使三元催化转换器工作在最佳状态，在发动机控制系统中采用氧传感器(O_2S)实现空燃比反馈控制，即闭环控制。

3. 影响三元催化转化器转化效率的因素

(1)温度。催化剂的活性是要用排气本身的温度激发(在 250～1 000℃)。在 400～800℃是活性最强、转化率最高的。

(2)理论空燃比。只有在理论空燃比为 14.7∶1 附近很窄的范围内对三种有害气体的转化率较高。

4. 三元催化转换器的使用

(1)铂、钯、铑等贵金属易“中毒”。对其威胁最大的是铅、硫和磷三种元素。铅主要存在于汽油中，是为了增加汽油的抗爆性而人为添加进去的，必须使用无铅汽油；硫是石油中的伴生物；磷主要在发动机油和密封胶中，必须使用无磷机油和无磷密封胶。

(2)三元催化转换器大多与排气管制成一体，在行车时，尽量选择良好的路况行驶，避免底盘的刮碰，导致陶瓷体碎裂而报废。

(3)不要长时间怠速运行。

(4)发动机工作异常时尽快维修，如果点火系统工作不良，混合气不能完全燃烧，很容易导致排气管过热，使三元催化转换器失效。

(5)节气门、进气道、燃烧室清洗不当会造成三元催化转换器堵塞、中毒。

6.2.2 曲轴箱强制通风系统(PCV)

1. PCV 安装位置

PCV 安装在曲轴箱上或气门室盖。PCV 安装位置，如图 6-8 所示。

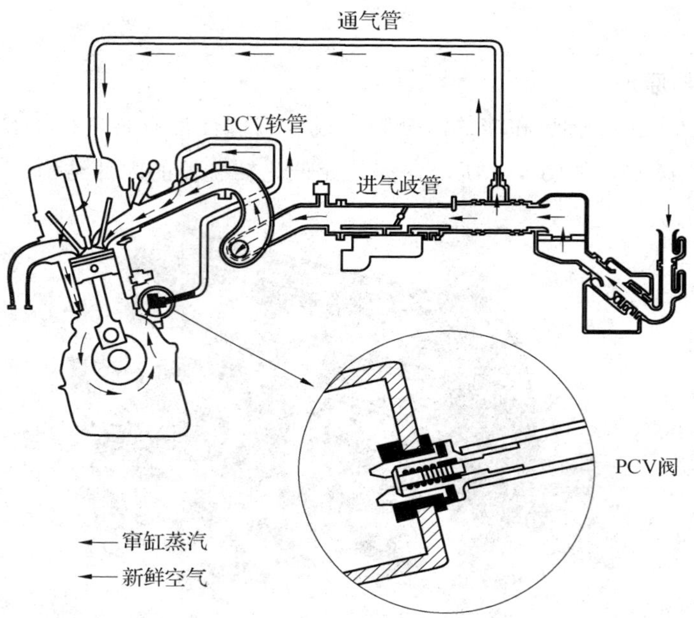

图 6-8　曲轴箱强制通风系统安装位置

2. PCV 组成

PCV 是由 PCV 阀和两根软管组成，其中一根软管一端与 PCV 阀连接，另一端与进气歧管连接，另一根软管一端连接在进气管中，另一端连接在气门室盖上。

3. PCV 作用

PCV 作用是防止曲轴箱窜气对发动机的危害。曲轴箱窜气是指在发动机运转过程中，部分燃气经过汽缸与活塞之间的间隙进入曲轴箱，曲轴箱窜气会造成机油的变质加快、燃料浪费、曲轴油封损坏等。

4. PCV 工作原理

PCV 把曲轴箱的窜气不断吸入进气管中，同新鲜的混合气一起进入汽缸进行燃烧，同时另一根软管把新鲜空气送入曲轴箱(气门室盖)以保证曲轴箱内压力。

(1)发动机不工作时，PCV 阀在弹簧作用下，处于关闭状态，防止发动机在熄火后曲轴箱内气体窜入大气，如图 6-9(a)所示。

(2)发动机怠速或减速时，阀的真空管受到强真空作用，阀移到最右面位置，PCV 阀完全打开，但通风流量很小，因为阀完全打开时，通道的截面积很小，如图 6-9(b)所示。

(3)发动机处于部分负荷时，进气歧管的吸力减弱，阀左移，此时空气流通截面积增大，通风的流量也增大，如图 6-9(c)所示。

(4)发动机处于大负荷时阀右方的吸力减小，阀左移但未关闭，此时阀的流通面积最大，通风量最大，如图 6-9(d)所示。

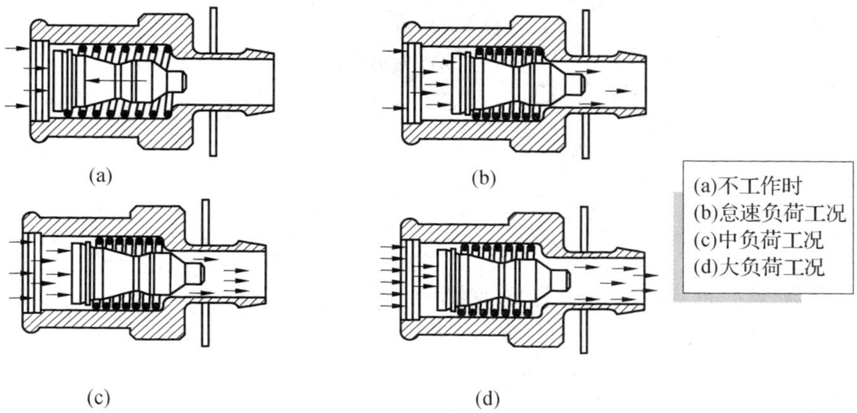

图 6-9　PCV 阀在不同工况下的状态

6.2.3 燃油蒸汽回收系统(EVAP)

1. EVAP 作用

可以防止汽油箱内蒸发的蒸汽漏到大汽中而造成环境污染，同时将汽油箱的汽油蒸汽进行收集后，适时地送入进气歧管，与空气混合后进入发动机燃烧，使汽油得到充分利用。

2. EVAP 构成和工作原理

EVAP 主要由油箱、活性炭罐、炭电磁阀及油气管路等部件构成，如图 6-10 所示。

在发动机温度低于正常值，发动机停机或怠速运转时，在 ECU 的控制下，炭罐电磁阀线圈不通电，电磁阀的阀门处于关闭状态，此时汽油箱中的汽油蒸汽被活性炭罐吸收并临时储存。当发动机温度达正常值或中高速运转时，ECU 控制炭罐电磁阀线圈电路接通，电磁阀的阀门开启，储存在活性炭罐内的汽油蒸汽经软管被吸入发动机燃烧。此时，由于发动机的进气量较大，少量的汽油蒸汽进入发动机不会影响混合气的浓度。

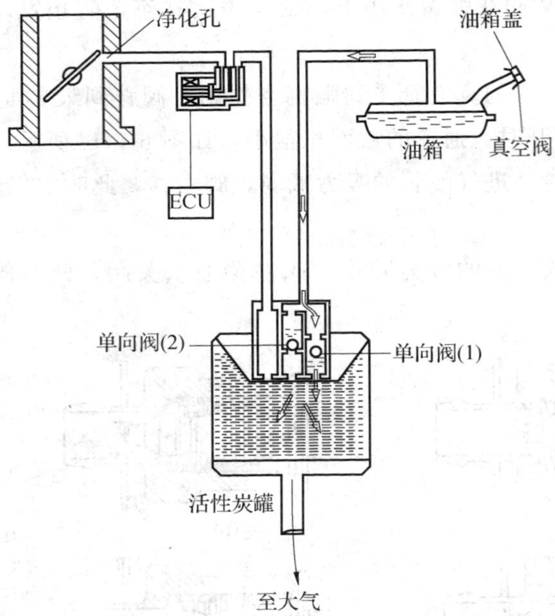

图 6-10　燃油蒸汽回收系统(EVAP)

3. 零部件组成

(1)活性炭罐。活性炭罐安装在发动机舱或油箱附近，作用是把燃油蒸汽吸收存储起来，在炭罐电磁阀打开时把燃油蒸汽稀释并送入进气歧管。它由电磁阀、碳粒、空气过滤器组成，如图 6-11 所示。

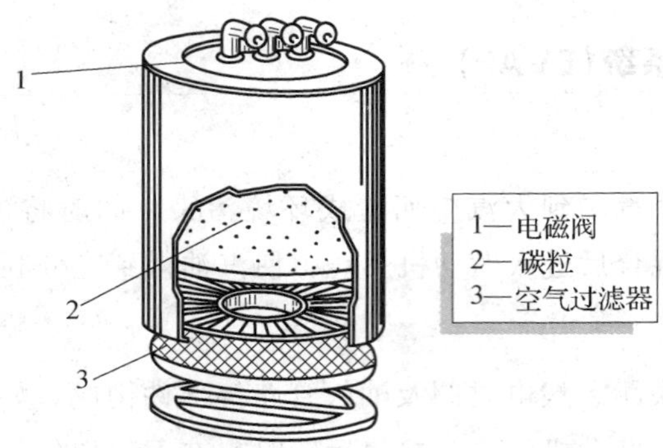

图 6-11　炭罐

(2)炭罐电磁阀。炭罐电磁阀一般安装在炭罐上或独立安装。如图 6-12 所示，为炭罐电磁阀安装位置。炭罐电磁阀受 ECU 控制，当发动机怠速或温度较低时关闭，使燃油蒸汽不能进入进气歧管；当发动机在较高转速且温度正常时打开。

图 6-12　炭罐电磁阀安装位置

6.2.4　废气再循环控制系统（EGR）

1. EGR 作用

EGR 将一部分废气引到吸入的新鲜空气(或混合气)中，废气可将燃烧产生的部分热量吸收并带出汽缸，因此降低了发动机燃烧的最高温度，从而减少了 NO_x 化合物的生成量。

但是过度的废气再循环将会影响发动机的正常工作，特别是在怠速、低转速小负荷及发动机处于冷态运行时，再循环的废气将对发动机的性能产生严重的影响。因此，应根据发动机的实际工况及工作条件的变化，能够自动调整参与再循环的废气量。实践证明，参与再循环的废气量一般在 6%～13%变化为宜。

2. EGR 结构与工作原理

EGR 主要由 EGR 电磁阀、EGR 控制阀，水温、转速等传感器和 ECU 等组成，如图 6-13 所示。

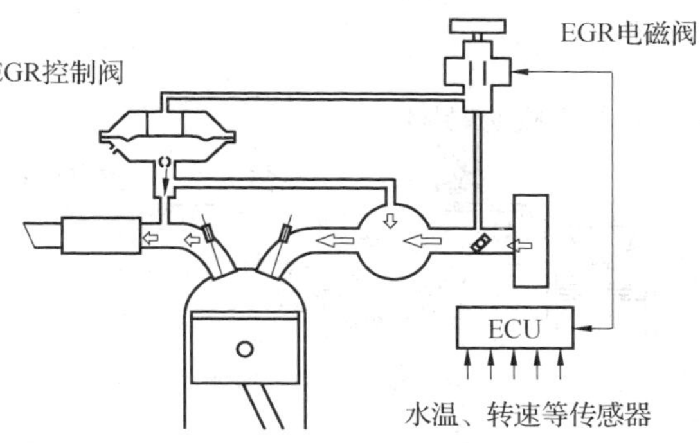

图 6-13　废气再循环控制系统(EGR)

在发动机工作过程中，电控单元(ECU)根据发动机转速、空气流量、冷却水温度、点火等信号，控制 EGR 电磁阀和线圈通电时间的长短，从而控制 EGR 控制阀真空气室上方的真空度，使 EGR 控制阀的开启状态发生变化，改变进入进气道的废气量。

3. EGR 阀

(1) EGR 阀结构。如图 6-14 所示，EGR 阀主要由膜片、回位弹簧、阀门和阀座等组成。

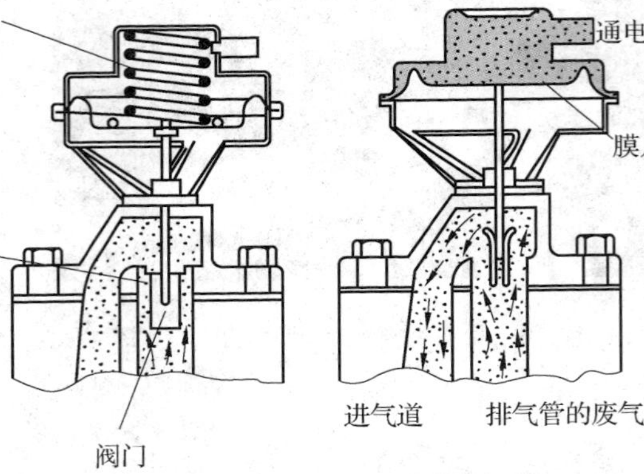

图 6-14　EGR 阀结构

(2)EGR 阀工作原理。系统工作时，电磁阀打开，进气管的真空经真空通道传送到 EGR 阀膜片室，吸引膜片、膜片推杆和锥阀一起向上位移，打开废气再循环通道；系统不工作时，电磁阀断电，关闭真空通道，打开大气口，大气进入 EGR 阀膜片室，膜片下移，关闭废气再循环通道。

6.2.5　二次空气吸入与喷射系统（AIR）

1. AIR 作用

AIR 的作用是为了进一步降低排气中的有害排放物，并提高三元催化转换器的转换效率。

AIR 利用电子空气泵将新鲜空气经空气喷管控制阀喷入排气管或催化转换器，使排气中的 CO 和 HC 进一步氧化或燃烧成为 CO_2 和 H_2O，如图 6-15 所示。

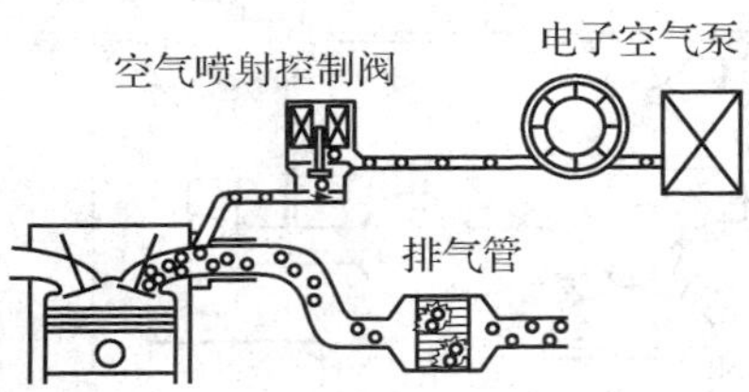

图 6-15　二次空气喷射图

2. AIR 组成与原理

如图 6-16 所示，AIR 系统结构原理图。真空控制空气旁通阀和空气分流阀，又控制从空气泵到排气口或催化转换器的空气量。空气分流阀到排气口和催化转换器之间各有一个单向阀，以防止在减速等情况时，排气管中的废气倒流至二次空气喷射系统。

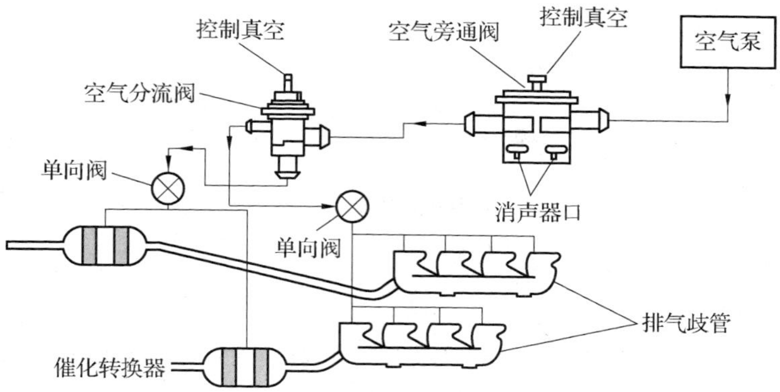

图 6-16　AIR 系统结构原理图

常见问题解析

1. 故障案例

一辆本田雅阁怠速抖动。加速到 1 700 r/min 时，故障消失了。

2. 故障原因

(1)油压偏低，油道堵塞，汽油滤清器过脏。

(2)喷油器堵塞。

(3)发动机汽缸磨损过大。

(4)EGR 漏气而造成汽缸工作不良。

(5)检测点火系统的故障。

(6)活性炭罐电磁阀不正常工作。

3. 检测及排除

(1)用燃油压力表检测管道油压，判断油压应在 0.25～0.30 MPa 为正常。

(2)经过清洗喷油器，喷油器供电和汽缸压力检测，都正常。

(3)检测高压线线路和火花塞，同时更换高压线及火花塞是否正常。

(4)活性炭罐电磁阀不正常工作，会造成发动机怠速游车，而电磁阀损坏不工作时会造成车内有汽油味。

(5)更换 EGR 阀，故障消除，则判断 EGR 卡住了，始终处于打开状态，使废气总是进入汽缸造成汽缸工作不良。

知识拓展

氧传感器的认知

宝来车主在老家加完汽油后，出现汽车故障灯亮、怠速不稳、油耗高、尾气不达标等现象。这很有可能是由于加了不合格汽油，是含铅汽油。发动机一旦使用含铅汽油，氧传感器就会“中毒”而“死亡”。氧传感器出现故障，将使电子燃油喷射系统电脑不能检测到排气管中氧浓度的信息，因而不能对空燃比进行反馈控制，必须及时地排除故障或更换。氧传感器出现故障时发动机经常出现以上故障现象。

在使用三元催化转换器来降低排放污染的发动机上，氧传感器是必不可少的。一旦空燃比偏离理论数值，那么催化剂对 CO、HC 和 NO_x 的净化能力就会急剧下降。故在排气管之中插入氧传感器，根据排气中的氧气浓度来计算汽缸内混合气的浓度，进而向发动机控制模块发出反馈信号，以控制喷油器的喷油量，使其收敛于理论空燃比附近。

氧传感器英文缩写为 HO_2S 或 O_2S，一般安装在排气管上，通常在三元催化转换器前后各安装一个，分别叫作上、下游氧传感器，或前、后氧传感器，如图 6-17 所示，为氧传感器安装位置。

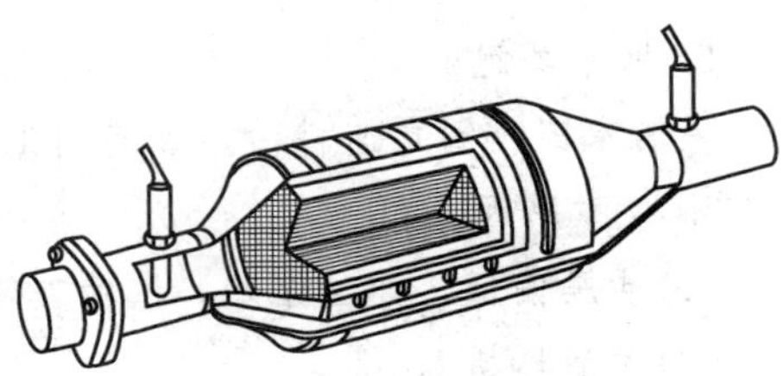

图 6-17 氧传感器安装位置

安装在三元催化器前面的氧传感器，检测排气中氧离子含量获取混合气的空燃比信号，并将该信号传递给 ECU。ECU 根据来自氧传感器信号，并相应地修正喷油脉宽，形成闭环控制，提高燃油经济性，有效地提高三元催化转换器转换效率和降低排放污染。安装在三元催化转换器后面的氧传感器作用是检测三元催化转换器的转换效率的高低。

思考与练习

一、 填空题

1. 进气系统由________、________、________、动力管及进气歧管等组成。
2. 排气系统由________、________、消声器等组成。
3. 汽车排出的废气中包括了________、________、________、尾气颗粒；排气控制系统包括了________、________、________、________、三元催化器等。
4. 氧传感器的作用是________。
5. 空气滤清器主要有________和________两种。

思考与练习

6. 消声器作用就是________。
7. 三元催化转换器串联在________系统中。
8. 燃油蒸汽回收系统主要由________、________、炭电磁阀及油气管路等部件构成。
9. PCV 作用是防止曲轴箱________对发动机的危害。
10. 活性炭罐由电磁阀、________、空气过滤器组成。

二、问答题

1. 汽车排放主要的污染物有哪些?
2. 各种汽车污染物对人体分别有什么危害?
3. 简述 CO 的生成机理。
4. 简述汽油机中未燃 HC 化合物生成与排放的途径。
5. 简述 HC 的生成机理及主要的生成方式。
6. 简述 NO_x 生成的主要影响因素。
7. 什么是废气再循环技术?简述其净化原理。
8. 三效催化剂的主要活性成分有哪几种?各主要起什么作用?
9. AIR 有什么作用?
10. 简述 EGR 结构与工作原理。

单元 7 发动机增压

单元目标

知识目标

1. 理解机械增压系统的原理及结构
2. 理解涡轮增压系统的原理及结构
3. 掌握增压谐波进气的原理及结构

能力目标

1. 认识汽车发动机的增压系统
2. 掌握拆卸和装配涡轮增压器

知识脉络图

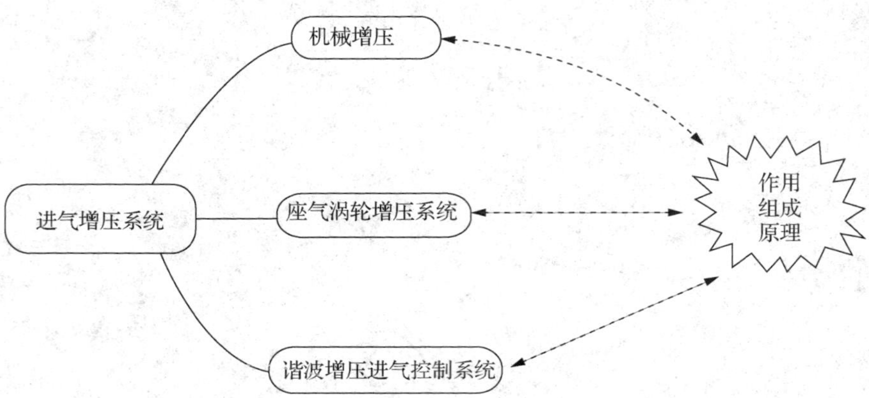

7.1 机械增压

机械增压直接取自发动机的动力，也就是说只要发动机一启动，机械增压就在运转，此时的发动机相当于扩大了排量。在低速时，机械增压比涡轮增压有更好的表现。

7.1.1 机械增压的作用

机械增压是解决发动机在高转速区域会出现进气效率低落的问题，也就是想办法提升进气歧管内的空气压力，克服气门干涉阻力，虽然进气歧管、气门、凸轮轴的尺寸不变，但由于进气压力增加的结果，让每次气门开启时能挤入燃烧室的空气增加，因此喷油量也能相对增加，发动机的工作能量比增压之前更为强大。

7.1.2 机械增压的分类

1. 双叶转子增压器

机械增压器以双叶转子增压器较普遍，其结构如图 7-1 所示，是在椭圆形的壳体中装两个茧形的转子，转子之间保有极小的间隙而不直接接触。两转子有两个螺旋齿轮连接，其中一个转子的转轴与驱动的皮带轮连接。部分高档车上的转子转轴的皮带轮上装有电磁离合器，在不需要增压时即放开离合器以停止增压。离合器的开合则由计算机控制以达到省油的目的。

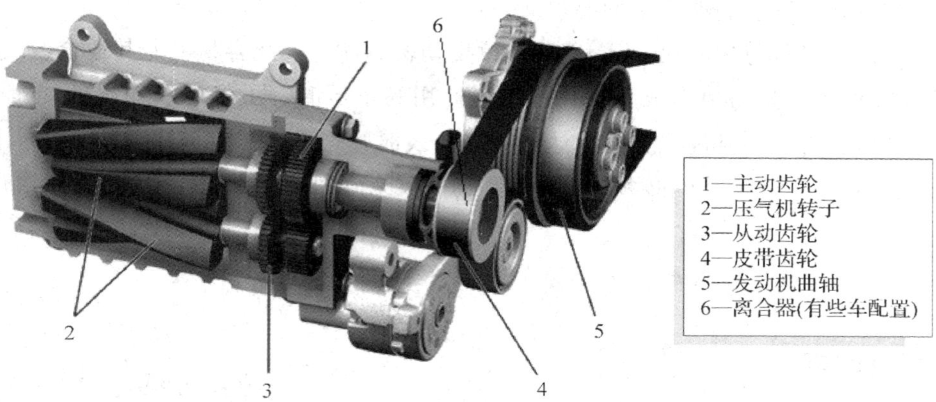

图 7-1　双叶转子增压器结构

机械增压器本质有两个转子，每个转子都扭转一定的角度，如 60°形成一个螺旋。机械增压器与曲轴之间存在固定的传动比。这两个相向旋转的转子各有若干个突齿，在工作时互相啮合。扭曲的转子跟特殊设计的进口和出口几何形状相结合，有助于减少压力波动，使空气流动平稳，工作时噪声较低。

2. 机械增压器

机械增压器在汽油机上的安装情况跟涡轮增压器一样，也可以带中间冷却器。

机械增压器有个特殊设计的旁通阀，它是由发动机节气门产生的真空度操纵。当发动机不需增压时，这个旁通阀就会使增压空气进行环流，以便节省能源。

发动机进气系统跟安装机械增压器的底座连成一体，如图 7-2 所示。由于每台发动机都有独特的安装要求，所以大多机械增压器都被设计成用于特定的发动机。

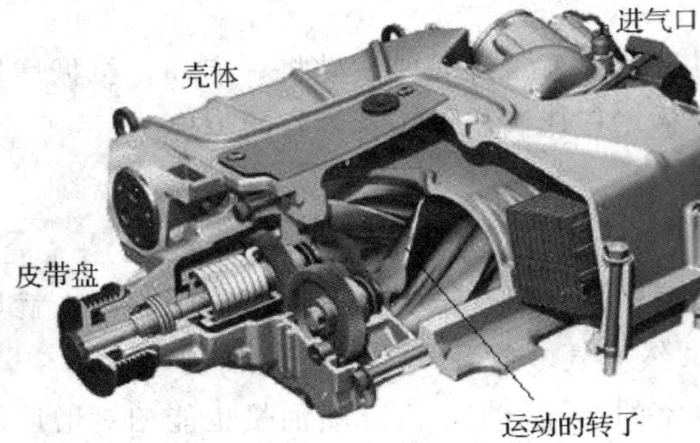

图 7-2 进气系统跟安装机械增压器连成一体

7.1.3 机械增压的特性

(1)速度特性。机械增压的动作原理，使其在低转速下便可获得增压。增压的动力输出也与曲轴转速成一定的比例，即机械增压引擎的动力输出随着转速的提高，也随之增强。

(2)工作特性。机械增压器由于利用发动机转速来带动机械增压器内部机构，其整体结构简单，工作温度介于 70～100℃，比起靠废气驱动的涡轮增压器的 400～900℃的高温工作环境要舒服得多。因此，机械增压系统对于冷却系统、润滑系统的要求低一点。

(3)体积小。机械增压优点是体积小，不需修改发动机本体、安装容易，尤其适合改装。

(4)机械增压器的进风量与阻力成正比关系。当使用高增压时，虽然引擎输出的能量大增，但相对增压器内部叶片受风阻力也会升高，当阻力达到某一界线时，这个阻力会使引擎承受极大的负荷，严重影响转速的提升。因此，机械增压必须在增压值与引擎负荷间取得平衡，以避免高增压带来的负面效应。

常见问题解析

1. 故障案例

机械增压器的异常噪声。增压发动机正常工作时，具有一定的噪声级，有经验的司机很容易就可分辨出来。如果噪声级发生变化或出现异常噪声，则说明有故障发生。

2. 故障原因

(1)机械增压器的动力叶片损坏，导致平衡破坏，引起噪声。

(2)机械增压器转子部件和固定件发生碰撞产生噪声。

(3)增压器缺乏机油的润滑。

3. 检测及排除

(1)主要原因是安装涡轮壳和压气机壳时，装配不正。

(2)检查内部是否有损伤、脏污，转子转动是否平顺、转动时是否有响声等，确认有问题后进行适当的修复或更换。

(3)检查发动机的机油，再检查机械增压器是否缺油。

7.2 废气涡轮增压系统

7.2.1 废气涡轮增压概述

1. 废气涡轮增压作用

废气涡轮增压发动机是利用发动机排出废气的能量将进入汽缸的新鲜空气预先进行压缩，使发动机获得更高的充气效率，由于增加了压缩空气的量，所以允许喷入较多的燃油，使发动机产生更大的功率，并具有更高的燃烧效率。

发动机当空燃比达到某一值后，再增加燃油，除了黑烟和未燃尽的燃油排到大气中外，不会产生更多的功率。为获得更大的功率，目前在一些较高档的汽车发动机上陆续安装废气涡轮增压器。

2. 废气涡轮增压组成

废气涡轮增压由增压压力调节执行器、排气旁通阀、ECU、压力限制电磁阀等组成。

(1)增压压力调节执行器。增压压力调节执行器安装在涡轮增压器前端，其膜片式控制阀通过橡胶软管经增压压力限制电磁阀与节气门后面的真空度相连接。电磁阀开度大小决定执行器膜片的真空吸力大小。

(2)涡轮室内的排气旁通阀。涡轮室内的排气旁通阀是由增压压力调节执行器的膜片阀通过推杆控制。当冲击涡轮的废气量增加，涡轮转速加快，增压压力提高，当增压压力达到一定值时，ECU 控制压力限制电磁阀的开度，执行器内膜片阀随后移动，通过推杆和杠杆使废气旁通阀打开一个角度，此时冲击涡轮的废气量减少，涡轮转速下降，相应地增压压力也下降。如增压压力继续增大，则旁通阀开度也增大，从而实现对增压压力的自动调节。

3. 废气涡轮增压原理

废气涡轮增压是利用发动机排出的具有一定能量的废气，驱动涡轮增压器中的动力涡轮，再带动与动力涡轮同轴的增压涡轮一起转动。增压涡轮一般位于空气流量传感器与进气门之间的进气管道中。增压涡轮转动时，对从空气滤清器进入的新鲜空气进行压缩，然后再送入燃烧室。如图 7-3 所示，为废气增压原理图。

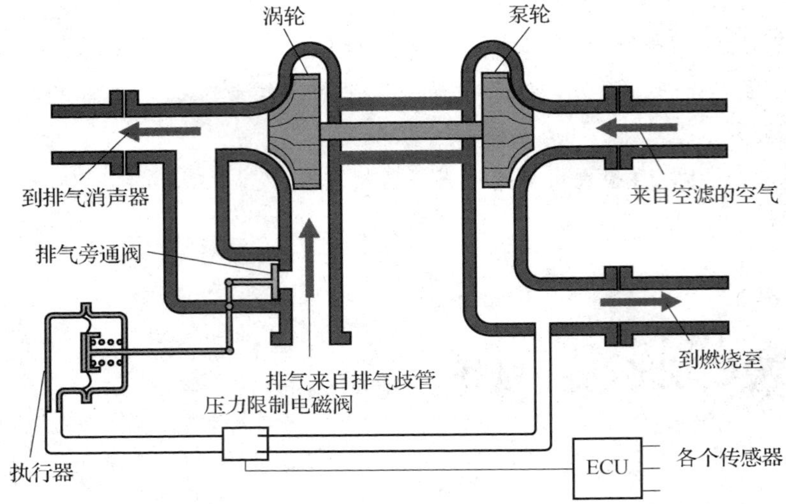

图 7-3 废气增压原理图

4. 废气涡轮增压系统的主要部件

(1)涡轮增压器。涡轮增压器内有动力涡轮和增压涡轮，它们安装在同一根轴上，当废气从排气歧管流至动力涡轮机叶轮处，其压力就使动力涡轮叶轮转动，同时增压涡轮也转动，迫使空气进入汽缸。图 7-4 为奥迪 A61.8T 的涡轮增压器。

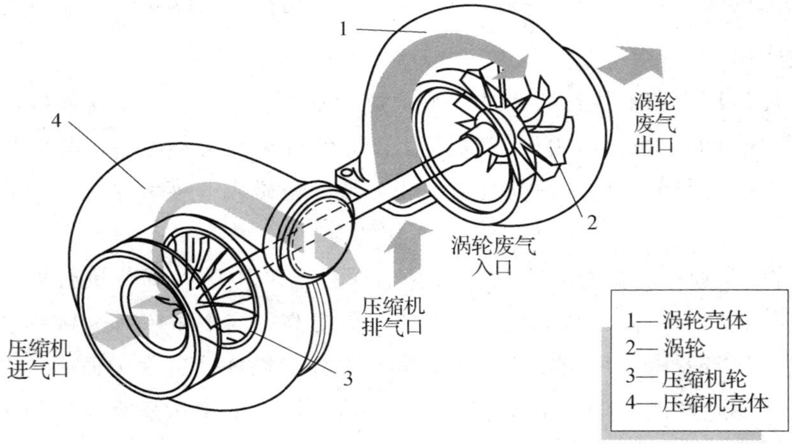

图 7-4 奥迪 A61.8T 的涡轮增压器

(2)增压限制电磁阀和执行器。增压限制电磁阀，发动机控制膜块通过增压限制电磁阀，使旁通阀门动作，从而改变实际涡轮增压压力。执行器阀门打开，增压压力下降；执行器阀门关闭，增压压力上升。如图 7-5 所示，增压限制电磁阀和执行器。

(3)冷却器。在废气涡轮增压系统中，一般都带有冷却器(也称为中冷器)，如图 7-6 所示，它可降低进气温度，对消除发动机爆震、提高进气效率等都十分有利。

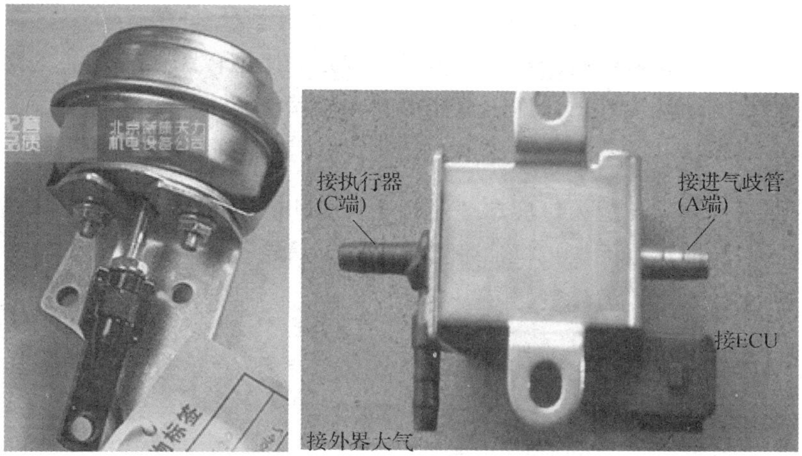

图 7-5 增压限制电磁阀和执行器

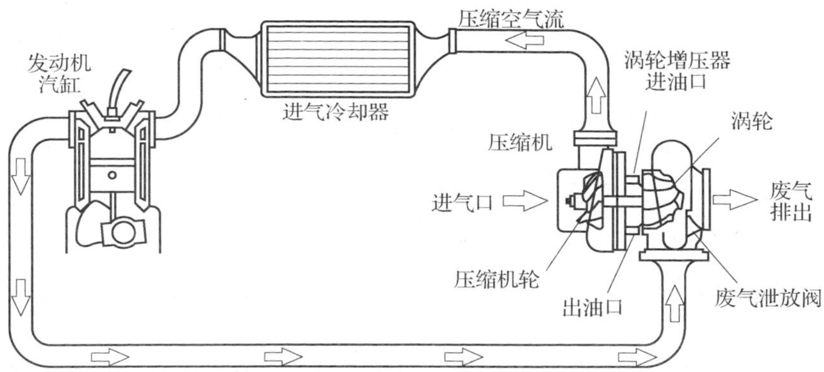

图 7-6 进气冷却器的位置

5. 废气涡轮增压的优点

(1)能提高进气密度。废气涡轮增压可以增加充气量，能使发动机在各种转速下达到较高的充气效率，增加输出功率、提高扭矩、降低油耗。

(2)能消除大气压力的不同。实际充气量的变化对发动机的影响，对一般发动机来说海拔高度升高 1 000 m，功率下降 8%～10%，油耗增加 4%～5%。

(3)增压器所消耗的功率。增压器所消耗的功率是由排出的废气提供，对发动机输出的有效功率影响不大。

7.2.2 废气涡轮增压的正确使用与维护

涡轮增压器工作转速很高(最高可达 180 000 r/min)，所以对润滑和自身清洁度的要求很高。造成涡轮增压器故障的主要原因是润滑问题；其次是外来杂物进入压气机叶轮或废气涡轮，所以对空气滤清器和机油滤清器的维护保养很重要。

1. 发动机启动后

发动机启动后，不可立即急踩油门踏板起步运行，应先怠速运转 3～5 min，之后才能起步行驶。这是为了使机油温度升高，流动性变好，让增压器能得到充分润滑。

2. 车辆停车后

车辆停车后，发动机不可立即熄火，应怠速运行 3～5 min，待机体温度降下来后再熄火，否则机油润滑中断，涡轮增压器内部的热量无法被机油带走，而此时涡轮仍在高速旋转，容易造成涡轮增压器转轴与轴套之间“咬死”。

常见问题解析

1. 故障案例

增压发动机功率下降。

2. 故障原因

(1)旁通阀门关闭不严。

(2)空气进口阻力损失过大。

(3)增压器叶轮、壳体和流道脏污。

(4)动力涡轮壳流道和叶轮上严重积碳。

(5)增压涡轮出口管路漏气。

(6)发动机排气管连接处漏气。

3. 检测及排除

(1)一般是旁通阀处有积碳，过脏或增压压力控制电磁阀或膜片控制电磁阀损坏造成。

(2)应检查清洁空气滤清器及管道，减少阻力损失。

(3)应拆下增压器进行清洁。

(4)排除积碳的方法有：更换密封环、排除漏油故障；检查发动机供油系统和机油消耗情况，拆开涡轮增压器，清除动力涡轮端的积碳。

(5)增压涡轮出口管路漏气原因大多是软管接头松动脱开、管子焊接处损坏、锁紧机构松动失效等。应根据需要采取相应的措施加以排除。

(6)发动机排气管连接处漏气。主要是由于发动机的排气歧管、排气管垫片或排气管与涡轮壳之间连接不紧、螺栓松动或垫片损坏，还可能是涡轮壳体产生了裂纹引起漏气，必须更换新的涡轮壳。

7.3 谐波增压进气控制系统（ACIS）

7.3.1 ACIS 作用

以丰田的发动机来说明 ACIS 作用。丰田的发动机采用谐波增压进气控制系统。它的进气管长度不能变化，但由于在进气管中加设了一个大容量的空气室和电控真空阀，实现了压力波传播路线长度的改变，从而达到了低速和高速的进气增压效果。

7.3.2 ACIS 原理

（1）发动机低转速时。电磁阀电路不通（真空通道阀关闭），真空罐的真空度不能进入真空驱动器，受真空气室控制的进气增压阀处于关闭状态。进气管内的脉动压力波传递长度是从空气滤清器到进气门的距离，这一距离较长，适应于发动机中低速时增加气体动力。如图 7-7 所示，为发动机低转速时，谐波增压进气控制原理图。

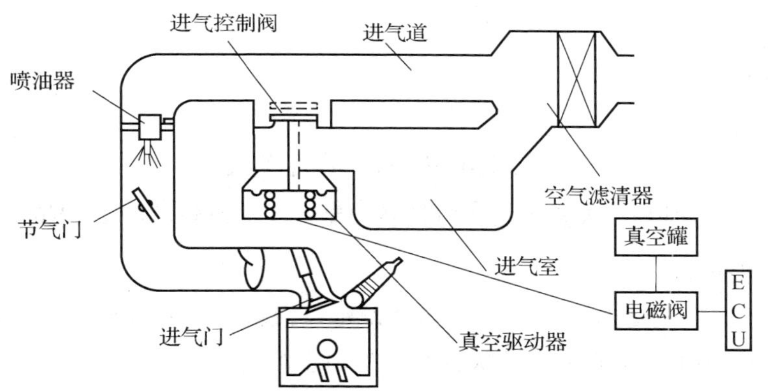

图 7-7　发动机低转速时，谐波增压进气控制原理图

（2）发动机高转速时。ECU 接通电磁真空通道阀的电路（真空通道阀打开），真空罐的真空进入真空室，吸动膜片，将进气增压控制阀打开，由于大容量空气室的参与，使进气脉动压力波只能从空气室出口到进气门之间传播，缩短了压力波的传播距离，使发动机在高速区也能得到较好的气体动力增压效果。

常见问题解析

1. 故障案例

一辆丰田 2JZ-GE 发动机，怠速不稳，中速以上很正常。进气时出现异常声，说明有故障发生。

2. 故障原因

(1)空气滤清器堵塞。

(2)进气道有泄漏问题。

(3)进气门或怠速孔道有积碳。

(4)点火系统的故障。

(5)燃油压力不足或喷油器堵塞。

3. 检测及排除

(1)拿掉空气滤清器后，检测故障是否消除。

(2)检测进气道是否堵塞。

(3)检测点火系统是否有问题。

(4)检测燃油压力均正常。

(5)发现在进气谐波增压管道上接头未扎紧，造成漏气。

知识拓展

大众可变气门正时系统

大众车系的可变气门正时系统大多采用正时链条控制。下面以帕萨特 2.8V6 发动机为例讲解。

1. 大众可变气门正时组成

大众可变气门正时安装在发动机后端，主要由调整电磁阀、可移动活塞、正时链条、凸轮轴调整器、进排气凸轮轴构成。如图 7-8 所示，为大众可变气门正时组成。

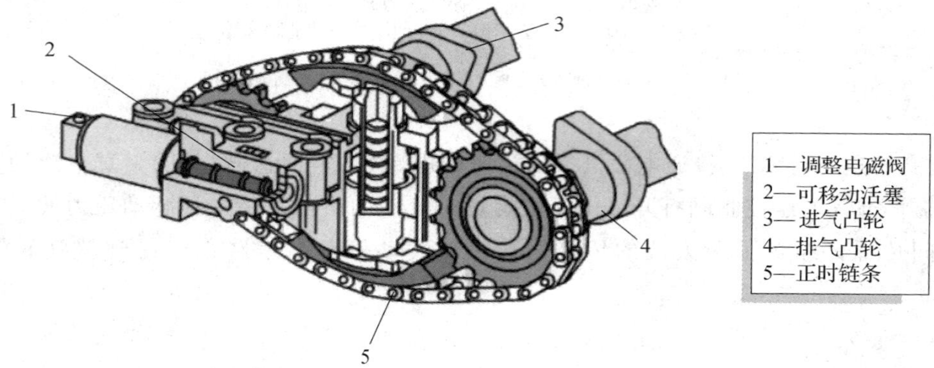

图 7-8　大众可变气门正时组成

2. 大众可变气门正时工作原理

(1)如果发动机转速低，活塞在汽缸中的移动速度慢，对混合气的压缩速度慢，此时进气门可以相对晚关。反之，发动机高转速运转时，此时进气门应该相对提前打开，这样才能提高进气效率，如图7-9所示。

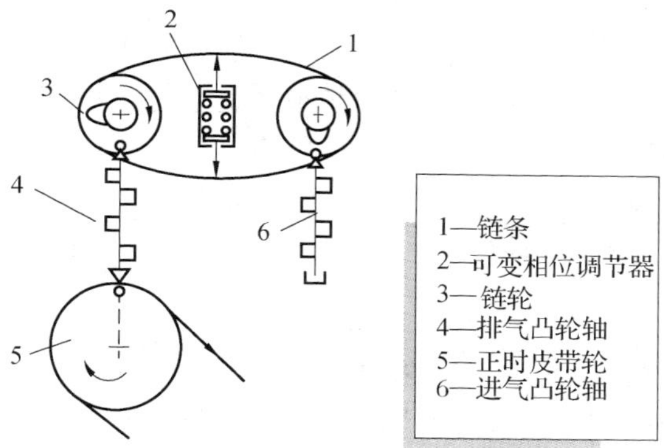

图 7-9 可变气门正时原理图

(2)在活塞发动机转速变化时，依据发动机 ECU 程序来判定可变气门系统是否投入工作，如果 ECU 判定系统工作，则会给可变气门正时系统电磁阀通电。电磁阀通电后，就会改变正时调整器内的机油的流向，使可移动活塞上下的机油压力发生变化，从而改变可移动活塞的位置，可移动活塞的上下移动导致链条调整器上下移动，从而推动链条上下的长度发生变化。

(3)发动机转速在 1 000 r/min 以上时，活塞下行，链条下部长，上部短，因为排气凸轮由正时皮带驱动，进气凸轮轴通过链条由排气凸轮轴驱动。所以排气凸轮轴被齿形带固定了，此时排气凸轮轴不能被转动，进气凸轮轴顺时针一定角度的旋转，从而使进气门打开时间提前，进气门关闭提前，提高进气效率和发动机功率。在这个位置时，中、低转速发动机可获得大扭矩输出，如图 7-10 所示。

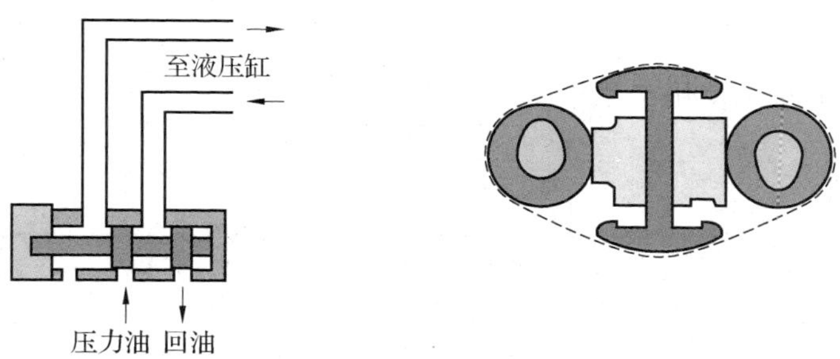

图 7-10 可变气门正时机构工作状态

3. 大众可变气门正时特点

凸轮轴调整机构只能对进气凸轮轴进行调整；排气凸轮轴被曲轴正时齿带驱动，不能调整；进气凸轮轴通过正时链条被排气凸轮轴驱动；凸轮轴调整是通过电控液压活塞将油压作用于链条张紧器来完成的；凸轮轴调整机构的工作油路与汽缸盖上的油道相通。

思考与练习

一、 填空题

1. 发动机的增压系统包括________、________、进气谐波增压等。
2. 涡轮增压器的组成包括________、________、________、旁通电磁阀等。
3. 发动机增压系统适应于不同的转速，涡轮增压适应于________，机械增压适应于________。
4. 废气涡轮增压发动机是利用________排出废气的能量。
5. 涡轮增压器内有动力涡轮和________。
6. 废气涡轮增压由增压压力调节执行器、________、ECU、压力限制电磁阀等组成。
7. 机械增压器在汽油机上的安装可以带________。
8. 机械增压器跟曲轴之间存在________的传动比。
9. 涡轮室内的排气旁通阀是由增压压力调节执行器的膜片阀通过________控制。
10. 机械增压的特性有________、________、________ 和________。

二、 问答题

1. 简述发动机机械增压的原理及特点。
2. 简述发动机涡轮增压的原理及特点。
3. 为什么部分宝马车均采用了机械与涡轮同时增压？
4. 涡轮增压为什么对发动机润滑油的要求高？
5. 大众汽车可变进气正时损坏了，可能出现哪些问题？
6. 简述机械增压的特性。
7. 简述废气涡轮增压的优点。
8. 简述废气涡轮增压原理。
9. 简述废气涡轮增压组成。
10. 简述废气涡轮增压的正确使用与维护。

单元 8 发动机冷却系统与润滑系统

单元目标

知识目标

1. 了解冷却系统的组成
2. 理解水冷系统的工作原理
3. 掌握冷却系统主要零部件的结构原理
4. 了解润滑系统的功用及组成
5. 理解润滑系统的润滑方式
6. 掌握润滑系统主要零部件的结构原理

能力目标

1. 认识发动机冷却系统与润滑系统
2. 拆装发动机冷却系统
3. 拆装发动机润滑系统

知识脉络图

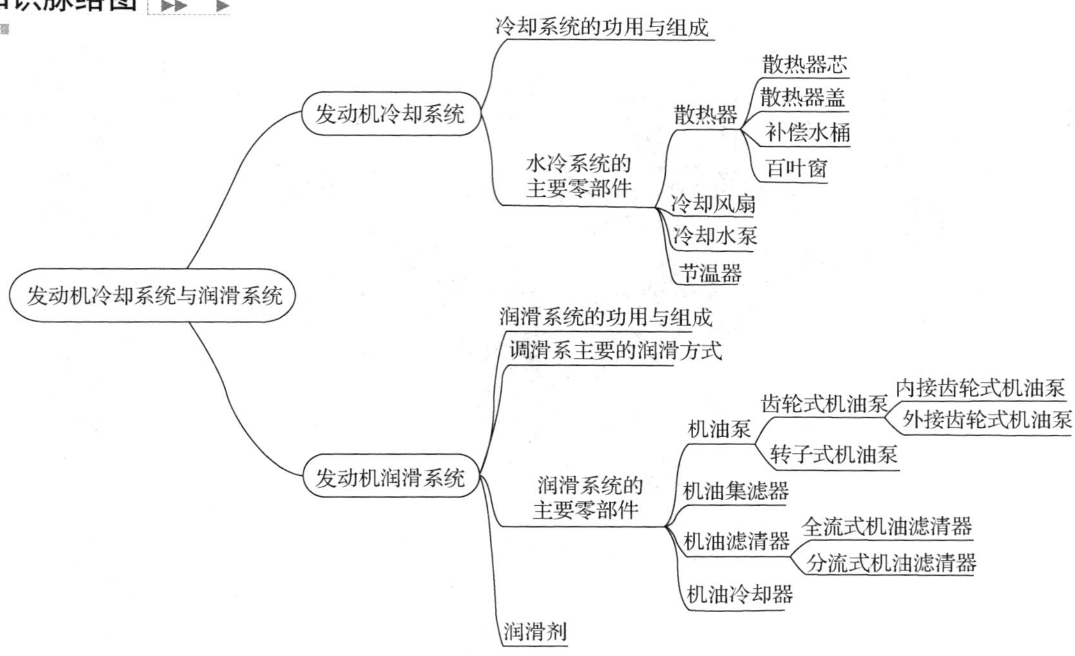

8.1 发动机冷却系统

8.1.1 冷却系统的功用与组成

1. 冷却系统的功用

发动机冷却系统是发动机的基本组成之一。冷却系统的功用是使发动机在所有工况下都保持在适当的温度范围内。冷却系统既要防止发动机过冷，也要避免冬季发动机过热。在发动机冷启动之后，冷却系统还要保证发动机迅速升温，尽快达到正常的工作温度。

发动机工作期间，最高燃烧温度可能高达 2 500℃，即使在怠速或中等转速下，燃烧室的平均温度也在 1 000℃以上。因此，与高温燃气接触的发动机被强烈地加热，若不及时加以冷却，发动机会过热，工作过程恶化，零件强度降低，机油变质，磨损加剧，动力性、经济性、可靠性及耐久性全面下降。如果冷却过度，发动机长时间在低温下工作，会造成着火燃烧条件变差，启动困难；散热损失及摩擦损失增加，零件磨损加剧；排放恶化；发动机工作粗暴，导致发动机功率下降及燃油消耗率增加。

2. 冷却系统的组成

发动机常见的冷却方式有两种，即水冷却和风冷却。以空气为冷却介质的冷却系统称为风冷系统；以冷却液为冷却介质的冷却系统称为水冷系统。汽车发动机，尤其是轿车发动机大都采用水冷系统，只有少数汽车发动机采用风冷系统。因此本任务只介绍水冷系统。

发动机的冷却系统为强制循环水冷系统，即利用水泵提高冷却液的压力，强制冷却液在发动机中循环流动。如图 8-1 所示，汽车发动机强制循环水冷系统一般由散热器 1、补偿水桶 3、节温器 10、水泵 11、冷却风扇 12、发动机机体及其他附属装置组成。

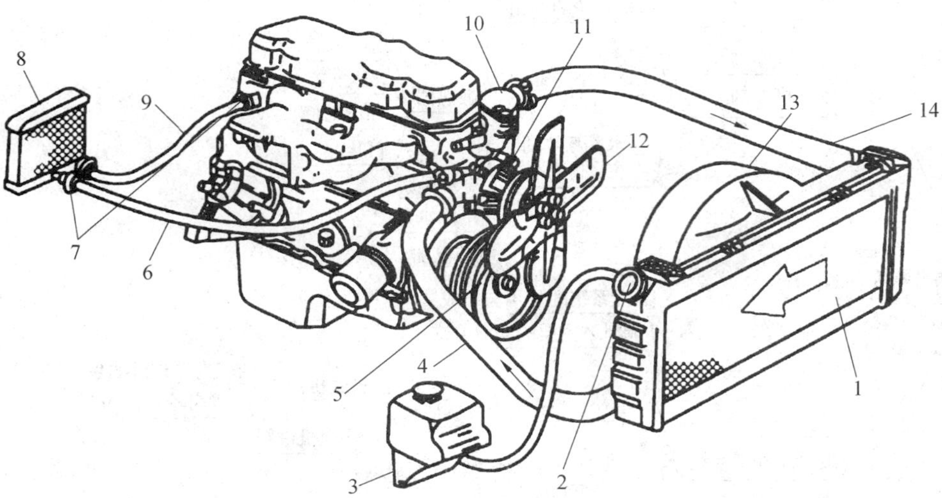

1—散热器
2—散热器盖
3—补偿水桶
4—散热器出水软管
5—风扇传动带
6—暖风机出水软管
7—管箍
8—暖风机芯
9—暖风机进水软管
10—节温器
11—水泵
12—冷却风扇
13—护风圈
14—散热器进水软管

图 8-1 汽车发动机水冷系统组成

冷却液在强制循环水冷系统中的循环路径如图 8-2 所示。冷却液在水泵 5 中增压后，经分水管 10 进入发动机的机体水套 9。在此，冷却液从水套壁周围吸收热量，温度升高，继而流到汽缸盖水套 7，再次受热升温后经节温器 6 及散热器进水软管流入散热器 13 内，由于冷却风扇 4 的强力抽吸，空气流由前向后以高速从散热器中通过。因此受热后的冷却液在流经散热器的过程中其热量不断散发到大气中，使冷却液本身得到冷却。经过冷却的冷却液流到散热器底部后，在水泵的作用下，经水管再流入机体水套 9，如此循环不止，在高温条件下工作的发动机零部件不断地得到冷却。

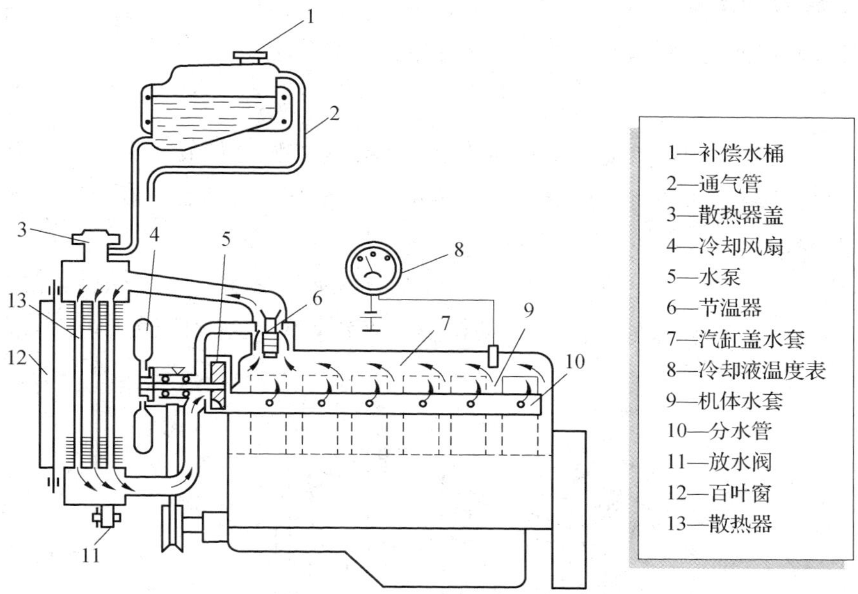

图 8-2　冷却液在强制循环水冷系统的循环路径示意图

设置分水管或分水道的目的是使多缸发动机各汽缸冷却强度均匀。铜制或不锈钢制的分水管或直接铸在机体上的分水道，沿纵向开有分水孔，并与机体水套相通，离水泵越远出水孔越大，其数目通常与汽缸数相同。这就使水流速度较低的发动机后部汽缸有足够的冷却强度。

为了保证发动机在不同的负荷和转速条件下，经常在最适宜的温度范围内工作，水冷系统中还设有调节温度的装置，如百叶窗 12 和节温器 6 等。此外，为使大多数驾驶员能经常掌握冷却系统工作情况，设有水温表等指示装置。

大多数汽车装有暖风系统。暖风机是一个热交换器，也可称作第二散热器。如图 8-1 所示，在装有暖风机的水冷系统中，热的冷却液从汽缸盖或机体水套经暖风机进水软管 9 流入暖风机芯 8，然后经暖风机出水软管 6 流回冷却水泵 11。吹过暖风机芯的空气被冷却液加热之后，一部分送到风窗玻璃除霜器，另一部分送入驾驶室或车厢。

3. 冷却液

冷却液是发动机冷却系统最重要的工作介质，汽车常用的冷却液有水和添加防冻剂的冷冻剂。

水冷却液是指直接用水作为冷却液，但这种水应该是清洁的软水。井水、河水、海水等因含有大量的矿物质而称之为硬水。在高温作用下，这些矿物质会在水中沉淀而产生水垢，这些水垢会积附在水套的内壁和软管的接口处，影响冷却液的循环，造成高温零件散热困难而使发动机过热。更应注意的是，水在严寒冬季易结冰，需放水过夜，否则会造成结冰时体积膨胀，胀裂机体、汽缸盖的严重事故。

现代轿车普遍采用防冻液，以提高冷却液防冻、防沸的能力。防冻液通常由一定比例的乙二醇和蒸馏水混合而成，其冰点可达 238 K，沸点则高达 400 K 左右。在优质的冷却液中还常含有水泵润滑剂、防尘剂、防腐剂和酸碱中和剂，以减少保养维修工作量，延长发动机的使用寿命。在防冻剂中一般还要加入着色剂，使冷却液呈蓝绿色或黄色以便识别。

8.1.2 水冷系统的主要零部件

水冷系统主要由散热器、冷却风扇、冷却水泵和节温器等组成。

1. 散热器

散热器俗称水箱，安装在发动机前的车架横梁上，其作用是将冷却液在水套中所吸收的热量传给外界大气，使冷却液温度下降。为了将散热器传出的热量尽快带走，散热器一般用铜和铝制成，在散热器后面装有风扇与散热器配合工作。

散热器主要由进水室、散热器芯和出水室等部分组成，如图 8-3 所示。冷却液在散热器芯内流动，空气在散热器芯外通过。热的冷却液由于向空气散热而变冷，冷空气则因为吸收冷却液散出的热量升温，所以散热器是一个热交换器。

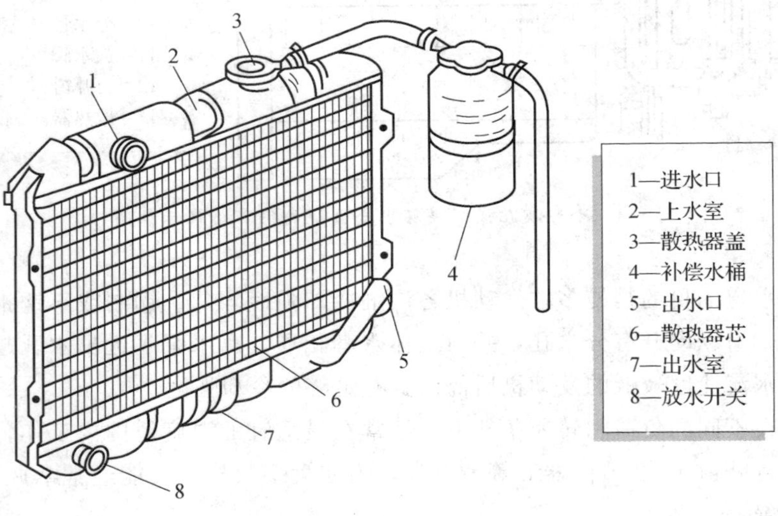

图 8-3　散热器

按照散热器中冷却液流动的方向可将散热器分为纵流式和横流式两种。纵流式散热器芯竖直布置，上接进水室，下连出水室，冷却液由进水室自上而下地由散热器芯进入出水室[图 8-4(a)]。横流式散热器芯横向布置，左右两端分别为进、出水室，冷却液自进水室经散热器芯到出水室横向流过散热器[图 8-4(b)]。大多数新型轿车均采用横流式散热器，这可以使发动机罩的外廓较低，有利于改善车身前端的空气流动性。

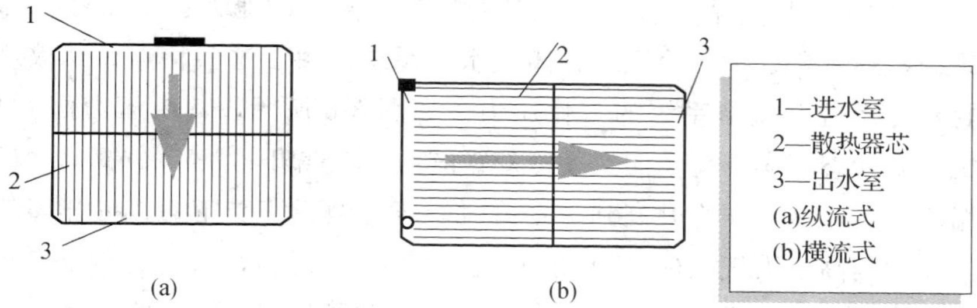

图 8-4 散热器类型

(1)散热器芯。散热器芯构造形式有多种，常见的有管片式、管带式和板式三种，如图 8-5 所示。

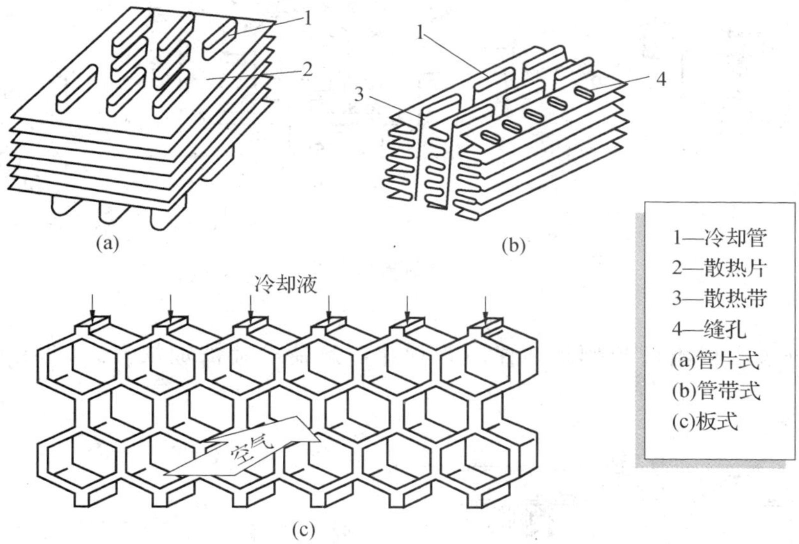

图 8-5 散热器芯的结构

①管片式散热器芯[图 8-5(a)]由扁平冷却管 1 和散热片 2 组成。冷却管的断面大多为扁管，也有使用圆管的，如上海桑塔纳轿车和南京依维柯轻型轿车采用了全铝合金圆形冷却管散热器，扁管与圆管相比，在容积相同的前提下有更大的散热面积。冷却管连通上、下水室，是冷却液的通道。散热带 3 套装在扁形冷却管周围以增大散热面积及整个散热器的刚度和强度。空气吹过扁形冷却管和散热片，使管内流动的冷却液得到冷却。管片式散热器因结构刚度较好而广泛应用于汽车发动机。

②管带式散热器芯[图 8-5(b)]的冷却管 1 和散热带 3 焊接成蜂巢状，冷却管和散热带纵向间隔排列，散热带上的缝孔 4 是为了破坏空气流在散热带上形成的附面层，使散热能力增强。这种散热器芯散热能力强，制造工艺简单，成本低，但其刚度不如管片式，一般多为轿车发动机采用。

③板式散热器芯[图 8-5(c)]的冷却液通道由成对的金属薄钢板焊合而成。这种散热器芯散热效果好，制造简单，但焊缝多不坚固，容易沉积水垢且不易维修。

传统的散热器芯由黄铜制造，但近年来更多的是用铝制造，而且有些散热器的进、出水室由复合塑料制造，使散热器质量大为减轻。

(2)散热器盖。现代的汽车强制循环水冷系统都用散热器盖严密地盖在散热器冷却液加注口上，使水冷系统成为封闭系统，通常称这种水冷系统为闭式水冷系统。由于这些特点，其散热器多采用压力式散热器盖，用来密封水冷系统并调节系统的工作压力。如图 8-6 所示，其由压力阀 4 和真空阀 6 组成，均为单向阀。发动机正常状态时阀门均关闭，使冷却系统与大气隔开。

当冷却系统内温度升高，蒸汽压力升高到一定值时，压力阀弹簧受压缩，打开阀门，以防止散热器胀裂，使冷却系统内压力稍高于大气压(一般超过大气压 26%～37%)，从而提高冷却液沸点。

当散热器内压力下降到大气压压力以下出现真空时，真空阀开启，使外部空气进入散热器，防止散热器内产生真空。

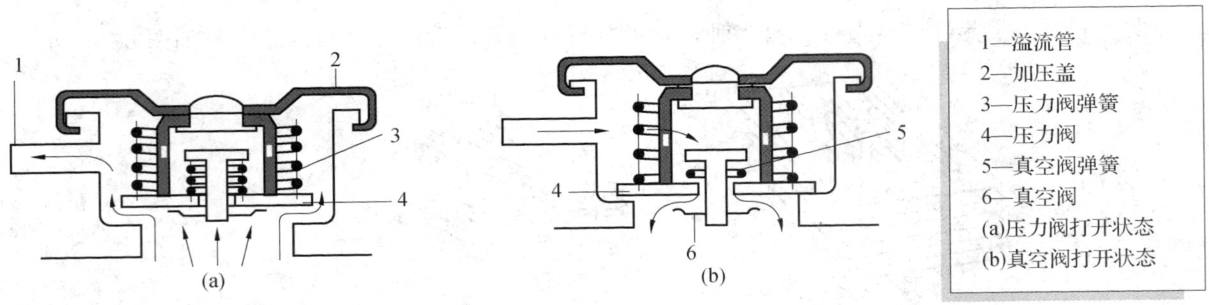

图 8-6 散热器工作状态

(3)补偿水桶。补偿水桶由塑料制造，并用软管与散热器冷却液加注口上的溢流管连接，如图 8-7 所示。

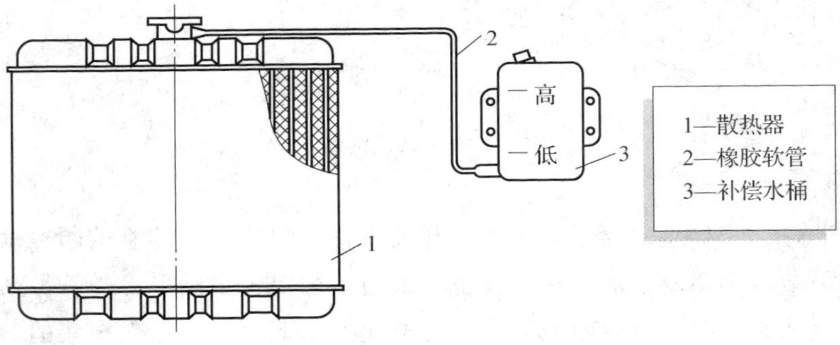

图 8-7 补偿水桶调节示范图

当散热器内蒸汽压力升高到某一值时，冷却液受热膨胀，压力阀打开，部分冷却液通过压力阀和溢流管流入补偿水桶；当温度下降时，冷却液又从补偿水桶通过真空阀进入散热器内部，所以冷却液不会溢失，同时还可以消除冷却系统中的气泡，避免气泡影响传热和腐蚀金属。

补偿水桶的外表面上刻有两条标记线：“低”线和“高”线，补偿水桶内的液面应位于两条标记线之间。若液面低于“低”线时，应向桶内补充冷却液。在向桶内添加冷却液时，液面不应超过“高”线。

(4)百叶窗。有些货车和大客车在散热器前面装有百叶窗，其作用是通过改变吹过散热器的空气量来调节发动机的冷却强度，以保证发动机经常在适当的温度范围内工作。在发动机冷启动或暖车期间，冷却液的温度较低，这时将百叶窗部分或完全关闭，以减少吹过散热器的空气流量，使冷却液的温度迅速升高。

百叶窗可由驾驶人通过驾驶室内的手柄来操纵其开闭，也可用感温器自动控制。图 8-8 为货车上使用的散热器百叶窗的自动控制系统。控制系统的感温器 2 安装在散热器进水管上，用来感受来自发动机的冷却液温度。在发动机冷启动或暖机期间，百叶窗关闭。当发动机达到正常温度后，感温器打开空气阀，使制动空气压缩机 3 产生的压缩空气进入空气缸，并推动空气缸内的活塞连同调整杆 5 一起下降，带动杠杆使百叶窗 9 开启。

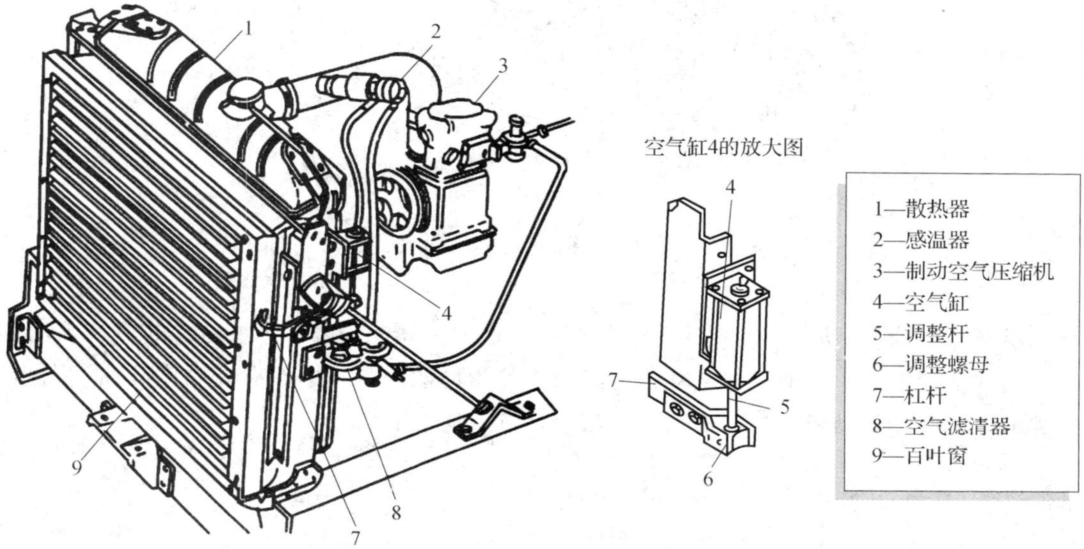

图 8-8　货车上使用的散热器百叶窗的自动控制系统

2. 冷却风扇

冷却风扇置于散热器后面。当发动机在车架上纵向布置时，风扇一般安装在水泵轴上，并由水泵隔阂发电机的同一根 V 带传动。风扇的功用是当风扇旋转时吸进空气，使其通过散热器，以增强散热器的散热能力，加速冷却液的冷却，达到散热的目的。

汽车发动机水冷系统多采用低压头、大风量、高效率的轴流式风扇，即风扇旋转时，空气沿着风扇旋转轴的轴线方向流动。如图 8-9 所示，在风扇外围设有导风罩 3，使冷却风扇 4 吸进的空气全部通过散热器 1，以提高风扇效率。

风扇的转速与发动机的运行工况有关。当发动机转速慢时，不易得到足够快的风扇转速；而当发动机转速较高，即汽车高速行驶，或者在天气寒冷时，则不希望风扇的转速过高，以免增加发动机的功率损失和风扇噪声。所以在现代轿车中，常采用各种措施来控制风扇的转速。常用的措施包括采用硅油液力离合器、电动风扇和电控液力驱动式风扇等。

(1)硅油液力离合器。在风扇和风扇皮带轮之间布置一个硅油离合器，利用流经散热器的空气温度来控制风扇转速的变化。

硅油风扇离合器如图 8-10 所示，主动轴 11 固定在风扇带轮上由曲轴驱动。主动板 7 紧固在主动轴的左端随主动轴一起旋转。从动板 8、前盖 2 和壳体 9 用螺钉连成一体。风扇 15 固定在壳体上，壳体则

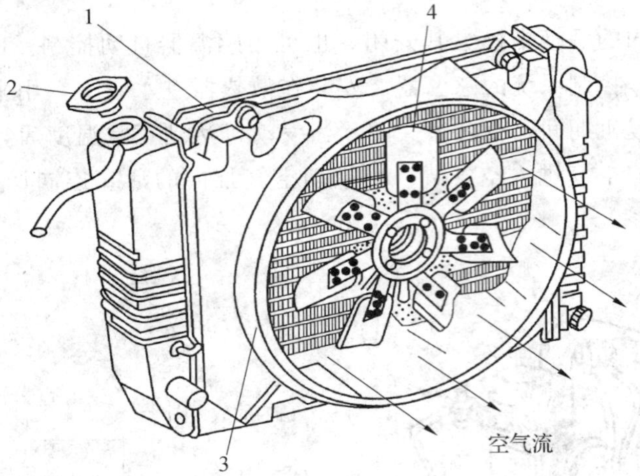

1—散热器
2—散热器盖
3—导风罩
4—冷却风扇

图 8-9 冷却风扇与导流罩

通过滚珠轴承 10 支撑在主动轴上。在前盖上装有螺旋形双金属感温器 4。感温器的一端固定在前盖上，另一端嵌在阀片传动销 5 中。前盖与从动板之间的空腔为储油腔，其中储有高黏度硅油。壳体与从动板之间的空腔为工作腔。从动板上有进油孔 A、回油孔 B、泄油孔 C。

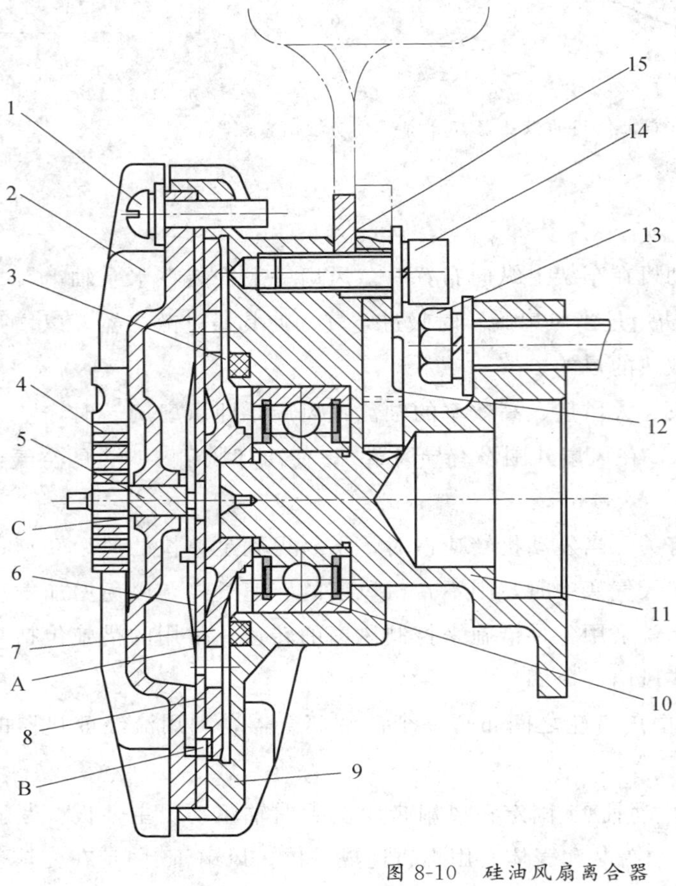

1—螺钉
2—前盖
3—毛毡密封圈
4—双金属感温器
5—阀片传动销
6—阀片
7—主动板
8—从动板
9—壳体
10—滚珠轴承
11—主动轴
12—锁止板
13—螺栓
14—内六角螺钉
15—风扇
A—进油孔
B—回油孔
C—泄油孔

图 8-10 硅油风扇离合器

当发动机温度低时，流过散热器的空气温度也较低。从动板 8 上的进油孔 A 被阀片 6 封闭。此时储油腔内硅油不能进入工作腔，工作腔内无硅油，离合器处于分离状态。这时风扇不转或在毛毡密封圈 3 及滚珠轴承 10 的摩擦力作用下转得很慢。当流过散热器的空气温度超过 65℃时，热空气吹在双金属感温器 4 上使螺旋双金属片发生变形，并带动阀片传动销 5 使阀片 6 转过一定角度，从动板上的进油孔 A 被打开，硅油从储油腔通过进油孔进入工作腔，并流进从动板、主动板及主动板与壳体之间的间隙内。由于硅油黏度很大，因此主动板可以通过硅油带动从动板及壳体一起高速旋转，这时离合器处于结合状态。进入工作腔的硅油在离心力的作用下被甩向外缘，经回油孔 B 流回工作腔，如此循环不止。当吹过散热器的空气温度降低到 35℃以下时，感温器操纵阀片将进油孔 A 封闭。此时硅油不再流入工作腔，先前流入工作腔的硅油在离心力作用下返回储油腔，直到甩空为止，离合器又处于分离状态。

(2)电动风扇。电动风扇是指用电动机驱动的风扇，如图 8-11 所示。它不使用发动机做直接动力源，而是使用蓄电池的电脑，所以其转速与发动机转速无关。只在冷却液温度超过一定值时才开始工作。所以电动风扇无动力损失，结构简单，总体布置方便，为大多数现代轿车所使用。

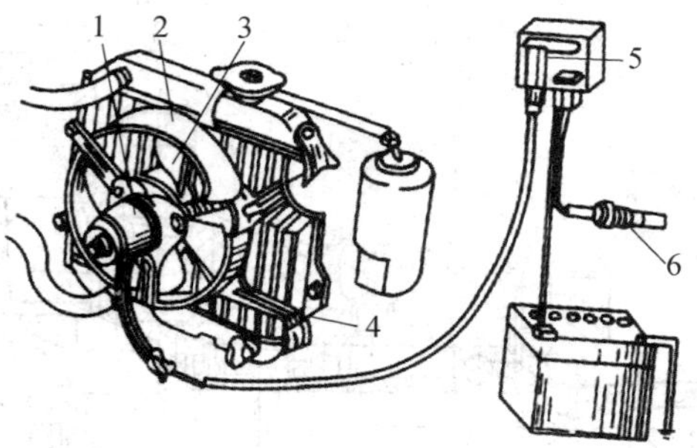

1—电动机
2—护风罩
3—风扇
4—风扇框架
5—继电器
6—温控开关

图 8-11　电动风扇

电动机一般有高速和低速两个挡位。风扇转速由温控热敏电阻开关控制。当冷却液流出散热器的温度为 92～97℃时，热敏开关接通风扇电动机的 1 挡 ，这时风扇转速为 2 300 r/min；当冷却液温度升高到 92～105℃时，热敏开关接通风扇电动机的 2 挡，这时风扇转速为 2 800 r/min；若冷却液温度降到 92～98℃时，风扇电动机恢复 1 挡转速，当冷却液温度降到 84～91℃时，热敏开关切断电源，风扇停转。

3. 冷却水泵

(1)离心式水泵。水泵的功用是对冷却液加压，保证其在冷却系统中循环流动。

①水泵的基本结构及工作原理。汽车发动机广泛采用离心式水泵，如图 8-12 所示，其基本结构由水泵壳体 1、水泵叶轮 2、进水管 3、出水管 4 及水泵轴 5 等组成。当水泵叶轮按图示方向旋转时，水泵中的冷却液被叶轮带动一起旋转，并在离心力的作用下被甩向水泵壳体的边缘，同时产生一定的压力，然后从出水管流出。在叶轮的中心处由于冷却液被甩出而压力下降，散热器中的冷却液在水泵进口与叶轮中心的压差作用下经进水管流入叶轮中心。

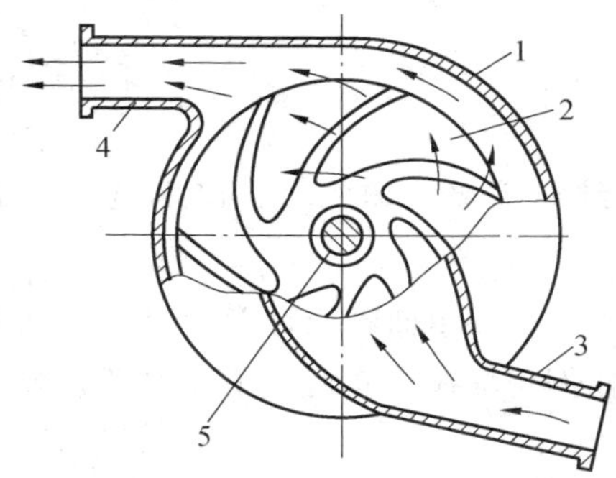

1—水泵壳体
2—水泵叶轮
3—进水管
4—出水管
5—水泵轴

图 8-12　离心式水泵示意图

图 8-13 为汽车发动机采用的离心式水泵结构图。水泵轴 12 的一端用两个球轴承 11 支承在水泵壳体 1 内，其伸出壳体以外的部分用半圆键 13 与安装风扇带轮的凸圆盘 14 连接。水泵轴的另一端安装水泵的叶轮 2，并用螺栓 5 紧固。在叶轮 2 与球轴承 11 之间装有水封，用来防止水泵内的冷却液沿水泵轴渗漏。水封中的弹簧 7 通过水封环 18 将水封皮碗 6 的一端压在水封座圈 10 上，而将水封皮碗 6 的另一端压在夹布胶木密封垫圈 3 上。夹布胶木密封垫圈在弹簧的压力下与水泵叶轮毂的端面贴合。密封垫圈上有两个凸耳卡在水泵上的槽孔内，因此在水泵工作时，水封不随水泵轴旋转。水泵壳体上有泄水孔 C，位于水封之前，一旦有冷却液漏过水封，可从泄水孔泄出，以防止冷却液进入轴承而破坏轴承的润滑。如果发动机停机后仍有冷却液流出，表明水封已被破坏。

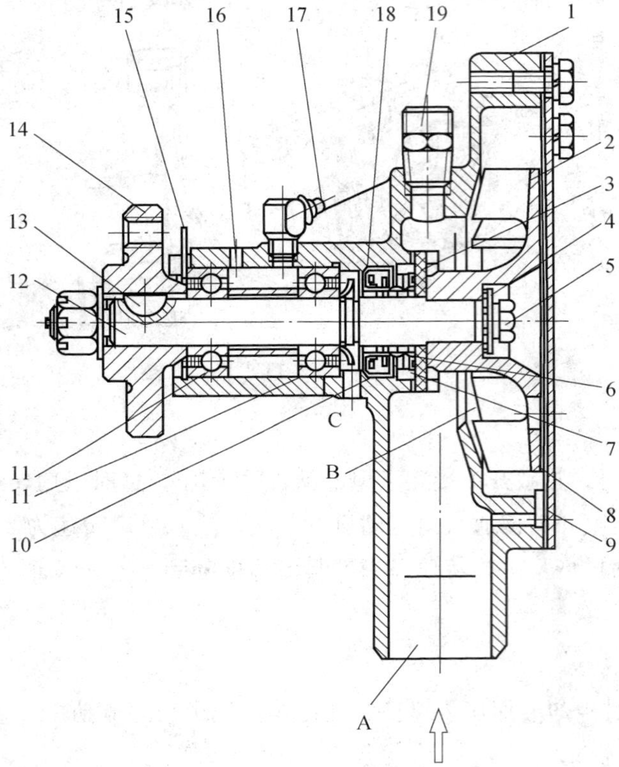

1—水泵壳体
2—叶轮
3—密封垫圈
4，8—衬垫
5—螺栓
6—水封皮碗
7—弹簧
9—水泵盖
10—水封座圈
11—球轴承
12—水泵轴
13—半圆键
14—凸圆盘
15—轴承卡环
16—隔离套
17—润滑脂嘴
18—水封环
19—管接头
A—进水口
B—水泵内腔
C—泄油孔

图 8-13　离心式水泵结构图

离心式水泵具有结构简单、体积小、出水量大、工作可靠等优点，因而在汽车上得到了广泛的应用。

②水泵的驱动。水泵一般由曲轴通过 V 带驱动。传动带环绕在曲轴带轮和水泵带轮之间，因此水泵转速与发动机转速成比例。奥迪 100 型轿车发动机的水泵即由曲轴通过 V 带驱动，泵转速为曲轴转速的 1.6 倍。

(2)电动水泵。与传统机械水泵相比，电动水泵由电动机驱动，因此不受发动机转速的影响。发动机控制单元通过电流控制，根据发动机的实际冷却需要灵活工作。由于电动水泵消耗的发动机功率非常少，因此采用电动水泵后，发动机的燃油消耗量可以有所降低，如图 8-14 所示。

4. 节温器

图 8-14 电动水泵

(1)蜡式节温器。节温器是控制冷却液流动路径的阀门。它根据发动机冷却液温度的高低，打开或关闭冷却液通向散热器的通道，保证发动机在最适宜的温度下工作。当发动机冷启动时，冷却液的温度较低，这时节温器将冷却液流向散热器的通道关闭，使冷却液经水泵入口直接流入机体或汽缸盖水套，以便使冷却液能够迅速升温。如果不装节温器，让温度较低的冷却液经过散热器冷却后返回发动机，则冷却液的温度将长时间不能升高，发动机也将长时间在低温下运转。同时，车厢内的暖风系统以及用冷却液加热的进气管、化油器预热系统都在长时间内不能发挥作用。

汽车发动机装用的节温器基本是蜡式节温器，如图 8-15 所示，主要由主阀门 2、副阀门 6、推杆 3、节温器壳体 7 和石蜡 4 等组成。推杆 3 的一端固定在支架 8 上，另一端插入胶管 5 的中心孔内。石蜡 4 装在胶管与节温器壳体 7 之间的腔体内。当冷却液温度低于规定值时，石蜡呈固态，主阀门在弹簧的作用下关闭发动机与散热器间的通道，冷却液经水泵返回发动机，进行小循环[图 8-16(a)]。当冷却液温度达到规定值后，石蜡开始溶化逐渐变成液体，体积随之增大并压迫橡胶管使其收缩。在橡胶管收缩的同时对推杆作用以向上的推力。由于推杆上端固定，因此，推杆对胶管和节温器壳体产生向下的反推力使主阀门开启。这时冷却液经由散热器和主阀门，再经水泵流回发动机，进行大循环[图 8-16(b)]。

国产轿车捷达、桑塔纳及奥迪 100 型等，均采用蜡式节温器，其特性为：当冷却液温度达到 85℃时，节温器阀开始打开；当温度达到 105℃时，节温器阀全开，其升程应超过 7 mm。

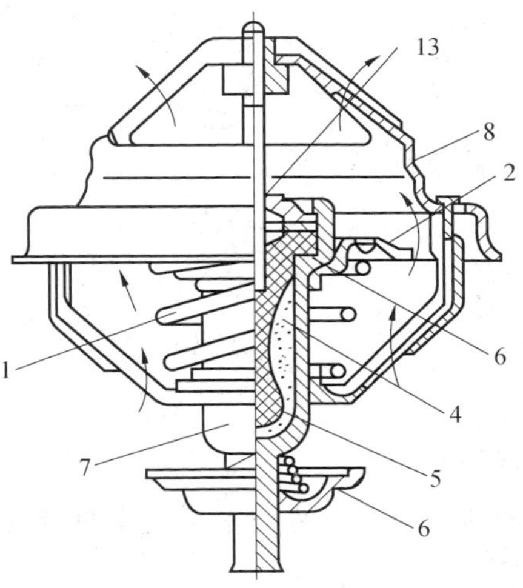

1—弹簧
2—主阀门
3—推杆
4—石蜡
5—胶管
6—副阀门
7—节温器外壳
8—支架

图 8-15 蜡式节温器

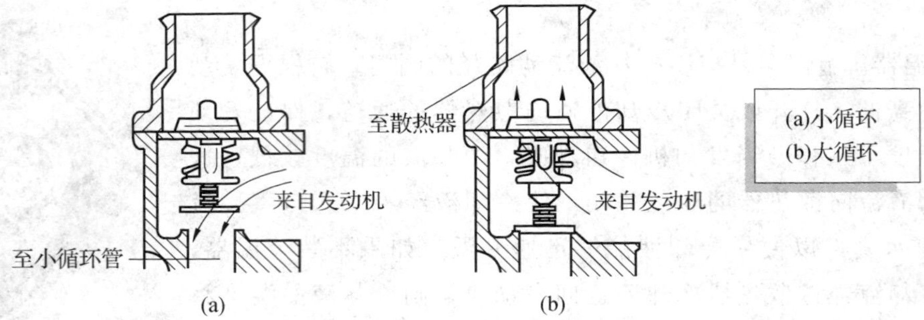

图 8-16 冷却液的大小循环

(2)电子节温器。随着汽车尾气排放和燃油经济性法规的日益严格，在发动机所有工况下，要求冷却液温度都能满足燃烧过程的需求，因此，大众奥迪 APF(1.6L 直列 4 缸)发动机用电控蜡式节温器实现灵活控制冷却液温度(图 8-17)。发动机 ECU 根据冷却液温度传感器信号，控制电阻丝 3 加热石蜡的时间，通过推杆 2 位移获得预期的发动机冷却液散热流量和冷却液温度。

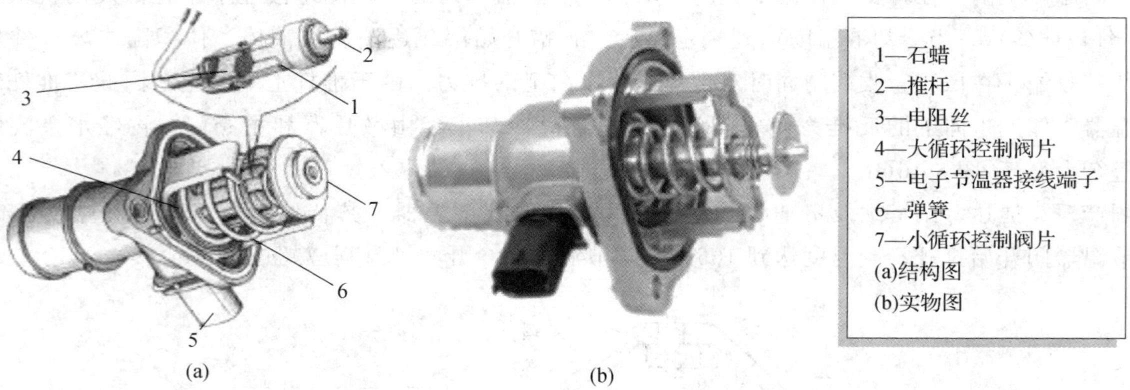

图 8-17 电子节温器

常见问题解析

故障案例 1. 发动机的冷却液既不缺少也不漏，但在行驶中发动机温度过高、动力不足、冷却液沸腾。

故障原因：水泵皮带松弛或因油污而打滑；散热器出水管被吸瘪或堵塞；风扇电动机短路或断路；风扇继电器失效；节温器工作不良；水套水垢沉积过多等。上述都可能使冷却系统冷却效果不良，导致发动机温度过高。因此在实际分析中采用排除法。

首先检查百叶窗是否打开或开度不足。若开度足够，再检查风扇的转动情况及风扇皮带是否打滑。如风扇不转或转速太低，可调整风扇皮带松紧度，或检查风扇离合器，或检查风扇电机及温控开关的好坏。若损坏，则应更换新件；若风扇转动正常，再用手分别感觉散热器和发动机的温度。若散热器温度低，而发动机温度高，说明冷却液循环不良。应检查散热器出水胶管是否被吸瘪，或胶管内壁是否脱层堵塞，若胶管被吸瘪，应更换新管；对于长期未清洗水垢的发动机，若出现过热无法排除时，应考虑水套内积垢太多，可采用化学溶剂法清洗水垢。此外，还应检查是否由其他系统的原因引起过热。

故障案例 2. 发动机冷却系统容纳不了规定的冷却液量，或在运行中冷却液消耗异常，而使发动机温度过高。

故障原因：散热器泄漏；水泵泄漏；冷却系统其他部位泄漏；冷却水套或散热器堵塞。上述导致问题 2 的出现。同样，首先检查冷却系统外部是否漏水，如散热器、水管连接处等水泵泄水孔漏水，常被误认为散热器出水管漏水，可用一干燥洁净木条伸到水泵的泄水孔处，若木条上有水，则说明水泵漏水；若冷却系统外部不漏水，则应考虑为冷却系统内部漏水。若发动机运转时，排气管排出大量水蒸气，或拔出机油尺发现机油中有水，则为水套破裂或汽缸垫水道孔破损，致使冷却水漏入曲轴箱、汽缸内或进、排气道内。

8.2 发动机润滑系统

8.2.1 润滑系统的功用与组成

1. 润滑系统的功用

发动机润滑系统是发动机的基本组成之一，是提高发动机工作可靠性和耐久性的有效途径之一。

任何相互运动的摩擦表面都存在磨损，都需要进行润滑。汽车发动机有众多相互运动件，如曲轴主轴颈与主轴瓦、曲柄销与连杆瓦，曲轴以 5 000～7 000 r/min 的高速旋转，一旦缺少润滑，马上烧熔“抱轴”；活塞与活塞环在汽缸中高速往复运动，其线速度高达 17～23 m/s，若无有效润滑，极容易造成发热而“拉缸”。尤其对于新出厂的发动机，虽然工作表面经过了精细的加工，但微观看这些表面却是粗糙不平的，如图 8-18 所示，工作压力集中，更容易造成“拉缸”“抱轴”现象，致使发动机无法正常运转。

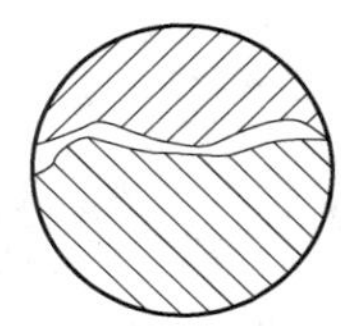

图 8-18 干摩擦表面局部放大图

润滑系统的功用就是在发动机工作时连续不断地把数量足够、温度适当的洁净机油输送到全部传动件的摩擦表面，并在摩擦表面之间形成油膜，实现液体摩擦，从而减小摩擦阻力、降低功率消耗、减轻机件磨损。此外，润滑油还能清理摩擦表面的沙尘、积碳等杂质，吸收摩擦表面的热量，填充零件间空隙，减少气体泄漏，帮助活塞环加强密封，减缓零件间冲击振动，降低工作噪声及防止零件表面生锈，以达到提高发动机可靠性与耐久性的目的。

2. 润滑系统的组成

汽车发动机润滑系统的组成如图 8-19 所示，润滑系统主要由机油泵 3、机油集滤器 5、油底壳 8、机油滤清器 10、机油冷却器 11、油压传感器 9 等组成。

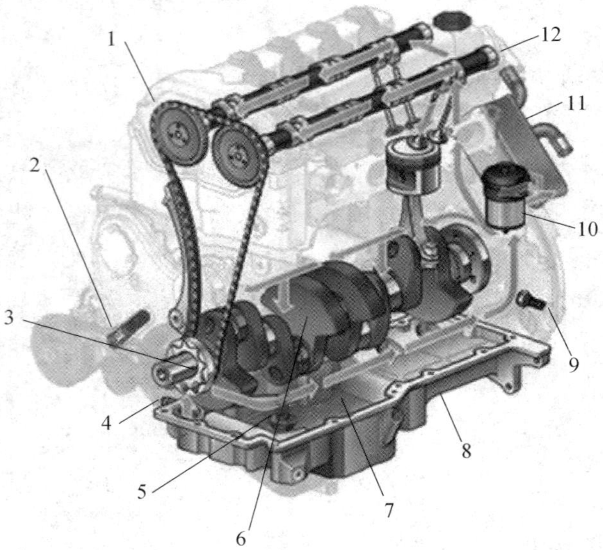

1—正时链条
2—机油泄压阀
3—机油泵
4—放油螺栓
5—机油集滤器
6—曲轴
7—润滑油
8—油底壳
9—油压传感器
10—机油滤清器
11—机油冷却器
12—凸轮轴

图 8-19　汽车发动机润滑系统组成

现代汽车发动机润滑系统的油路大致相同。此图 8-20 所示，发动机工作时，机油经机油集滤器 6 初步过滤后进入机油泵，机油泵输出的机油全部流经机油滤清器 5，然后进入纵向主油道。主油道中的机油分别由各分油道进入曲轴主轴承和连杆轴承，再通过连杆杆身的油道润滑活塞销，并对活塞进行喷油冷却。

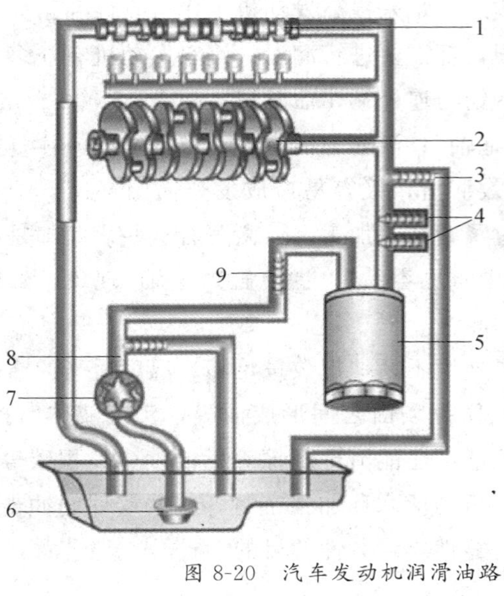

1—凸轮轴
2—曲轴
3—过压阀
4—油压开关
5—机油滤清器
6—机油集滤器
7—机油泵
8—过压阀
9—回油关闭阀

图 8-20　汽车发动机润滑油路组成

8.2.2 润滑系统主要的润滑方式

根据发动机不同运动表面的工作特点，分别采用以下三种润滑方式：

(1)压力润滑。压力润滑是将机油以一定压力供入摩擦表面的润滑方式。主要用于主轴承、连杆轴承及凸轮轴承等负荷较大、相对运动速度较高的摩擦表面的润滑。

(2)飞溅润滑。飞溅润滑是利用发动机工作时运动零件溅泼起来的油滴或油雾润滑摩擦表面的润滑方式。主要用来润滑负荷较轻的汽缸壁面和配气机构的凸轮、挺柱、气门杆以及摇臂等零件的工作表面。

(3)润滑脂润滑。通过润滑脂油嘴定期加注润滑脂来润滑零件的工作表面，如水泵及发电机轴承等。

图 8-21 为本田轿车发动机润滑系统，在此系统中，曲轴的主轴颈与主轴承、曲柄销与连杆轴承、凸轮轴颈与凸轮轴承以及平衡轴的轴颈与轴承均采用压力润滑，其余部位则采用飞溅润滑或润滑脂润滑。此外，此润滑系统还向液压可变配气定时机构、传动液压张紧器以及用来冷却活塞的喷油嘴供给机油。

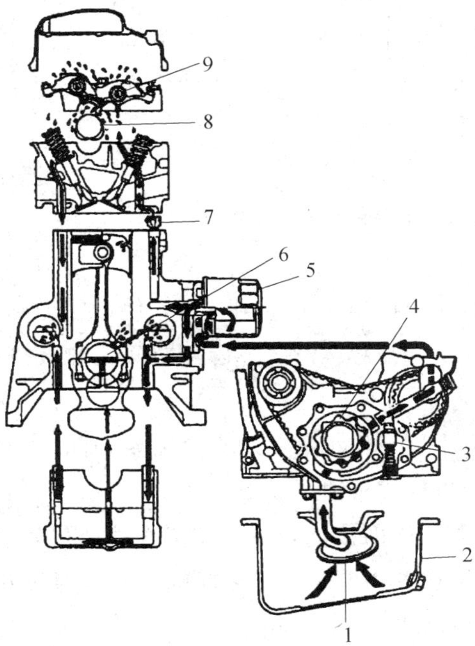

1—机油滤清器
2—油底壳
3—限压阀
4—机油泵
5—机油滤清器
6—曲轴
7—机油控制节流孔
8—凸轮轴
9—摇臂轴

图 8-21　本田轿车发动机润滑系统

8.2.3 润滑系统的主要零部件

1. 机油泵

机油泵用于将油底壳中的润滑油吸出，并在发动机任何转速下都能以足够高的压力向润滑部位输送足够数量的润滑油。按其结构不同分为齿轮式和转子式两种，齿轮式又分为外接齿轮式和内接齿轮式两种。

(1)外接齿轮式机油泵。外接齿轮式机油泵工作原理如图 8-22 所示。在机油泵泵体 6 内装有一对主动齿轮 2 和从动齿轮 5，齿轮的端面由机油泵盖封闭。泵体、泵盖和齿轮的各个齿槽组成工作腔。当齿轮按图示方向旋转时，轮齿逐渐脱离啮合而使进油腔 1 的容积增大，腔内产生一定的真空，机油从油底壳经进油口被吸入进油腔，随后又被轮齿带到出油腔。轮齿逐渐进入啮合而使出油腔 3 的容积减小，使机油压力升高，机油经出油口被压入发动机机体上的油道。在发动机工作时，机油泵齿轮不停地旋转，机油便连续不断地流入油道，经过滤清之后被送到各润滑部位。

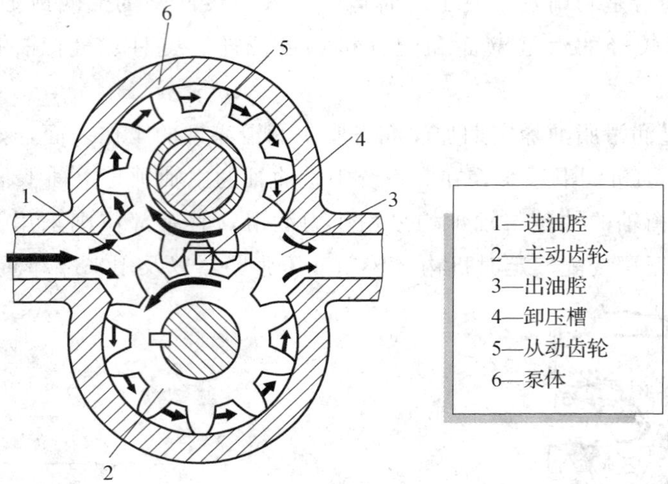

图 8-22 外接齿轮式机工作原理图

当轮齿进入啮合时，封闭在轮齿径向间隙内的机油压力急剧升高，使齿轮受到很大的推力，并使机油泵轴衬套的磨损加剧。所以在泵盖上加工一道卸压槽 4，使轮齿径向间隙内被挤压的机油通过卸压槽流入出油腔，降低油压。

齿轮式机油泵的优点是效率高、功率损失小、工作可靠；缺点是需要中间传动机构，制造成本相应较高。国产桑塔纳、捷达和奥迪等轿车都采用齿轮式机油泵。

(2)内接齿轮式机油泵。内接齿轮式机油泵也称内接齿轮泵，其工作原理与外接齿轮式机油泵相同。内接齿轮泵的结构如图 8-23 所示。其外齿轮 5 是主动齿轮，套在曲轴前端，通过花键由曲轴直接驱动。内齿轮 6 是从动齿轮，装在机油泵体内，泵体固定在机体前端。

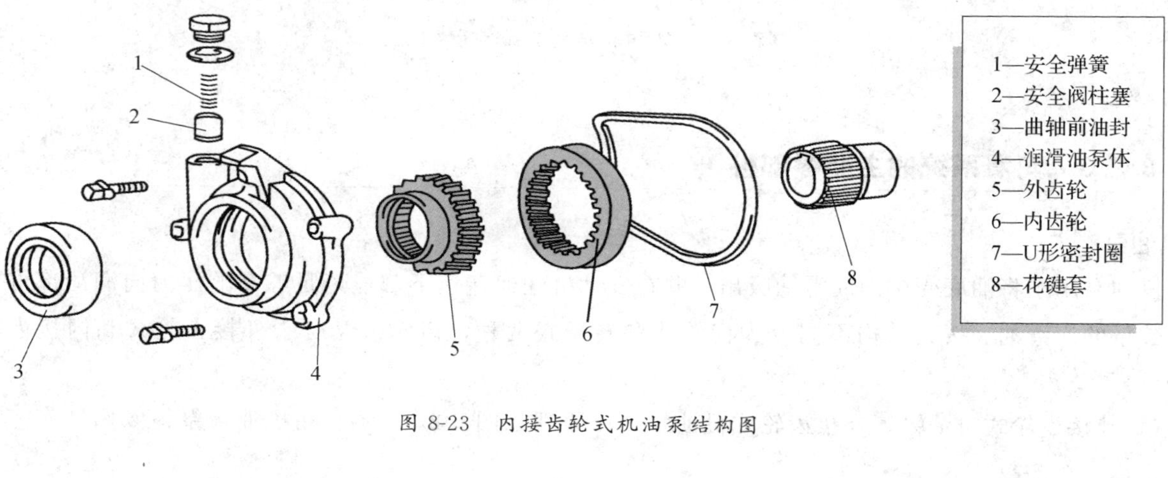

图 8-23 内接齿轮式机油泵结构图

因为内接齿轮泵由曲轴直接驱动，无须中间传动机构，所以零件数量少、制造成本低、占用空间小、使用范围广。但是这种机油泵在内、外齿轮之间有一处无用的空间，使机油泵的泵油效率降低。另外，如果曲轴前端轴颈太粗，机油泵外形尺寸随之增大，发动机驱动机油泵的功率损失也相应有所增加。

(3)转子式机油泵。转子式机油泵主要由内转子、外转子、机油泵体及机油泵盖等零件组成，其结构与工作原理如图 8-24 所示。内转子 3 有四个或四个以上的凸齿，固定在机油泵传动轴上；外转子 4 凹齿数比内转子多一个，自由地安装在泵体内，内、外转子之间有一定的偏心距。当内转子旋转时带动外转子一起旋转，无论转子转到任何角度，内外转子每个齿的齿形轮廓线上总有接触点，于是内外转子之间便形成了四个工作腔。由于内外转子的转速比大于 1，所以外转子的转速总是慢于内转子，且由于偏心距的存在，使工作腔的容积产生较大变化。当某一工作腔从进油腔 2 转过时，容积增大，产生真空，润滑油便经进油孔被吸入；当该工作腔与出油腔 5 相通时，腔内容积减小、油压升高，润滑油经出油孔压出去。

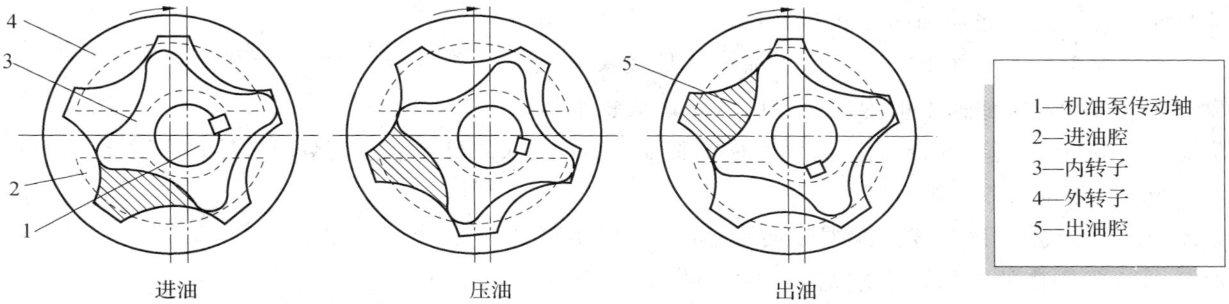

图 8-24　转子式机油泵的结构和工作原理图

转子式机油泵的结构如图 8-25 所示。转子式机油泵结构紧凑、供油量大、供油均匀、噪声小、吸油真空度较高。因此，当机油泵安装在曲轴箱以外或安装位置较高时，采用转子式机油泵比较合适。但是由于内、外转子啮合表面的滑动阻力比齿轮泵大，因此功率消耗较大。

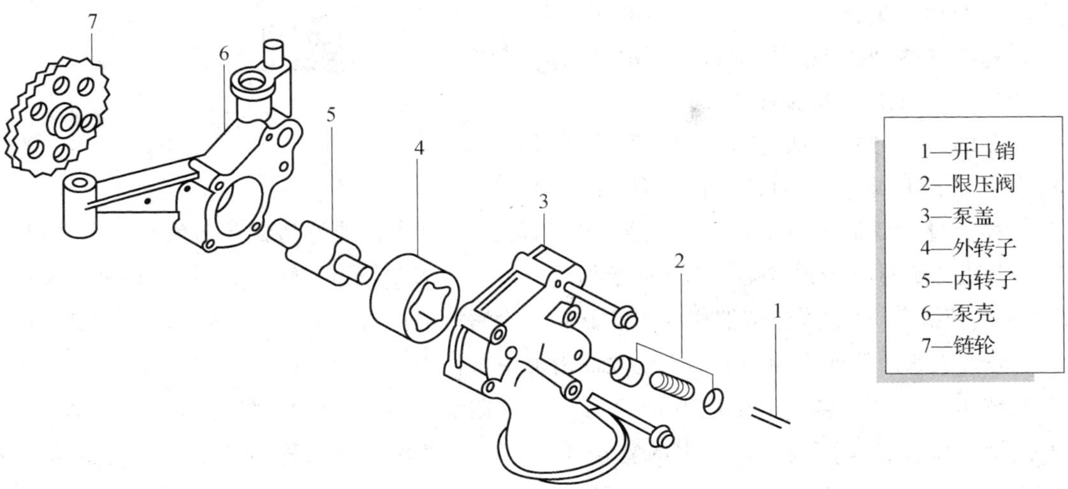

图 8-25　转子式机油泵的结构图

当散热器内压力下降到大气压压力以下出现真空时，真空阀开启，使外部空气进入散热器，防止散热器内产生真空。

(4)安全阀。机油泵由发动机驱动，当发动机转速升高时，机油泵运转速度加快、输油量增加、机油压力升高。为了防止压力过高，在润滑油路中(有的直接在机动泵上或滤清器上)设置有安全阀，结构如图 8-26 所示。当润滑油压力超过规定值时，安全阀打开，多余的润滑油经安全阀流回油底壳。

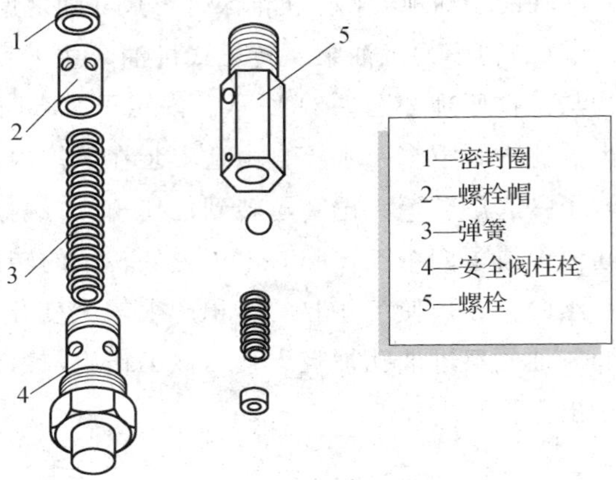

图 8-26　安全阀结构图

2. 机油集滤器

机油集滤器装在机油泵之前的吸油口端，多采用滤网式，防止粒度大的杂质进入机油泵，汽车发动机使用的集滤器目前分为浮式集滤器和固定式集滤器两种。浮式集滤器工作时漂浮于机油油面上，以保证机油泵总是吸入最上层较清洁的机油，但油面上的泡沫易被吸入，造成机油压力降低，润滑可靠性差。固定式集滤器安装在油面下面，吸入的机油清洁度略逊于浮式集滤器，但可防止泡沫吸入，润滑可靠、结构简单、使用广泛。

如图 8-27 所示，固定式集滤器吸油管总成 3 的上端有与机油泵进油孔连接的凸缘，下端与滤网支座中心固定连接。罩 1 的翻边包在支座外缘凸台上，滤网 2 夹装于支座与罩之间。滤网靠自身的弹力紧压在罩上。罩的边缘有四个缺口，形成进油通道。当机油泵工作时，润滑油从罩的缺口处经滤网被吸入，粗大的杂质被滤网滤去，然后经吸油管进入机油泵。

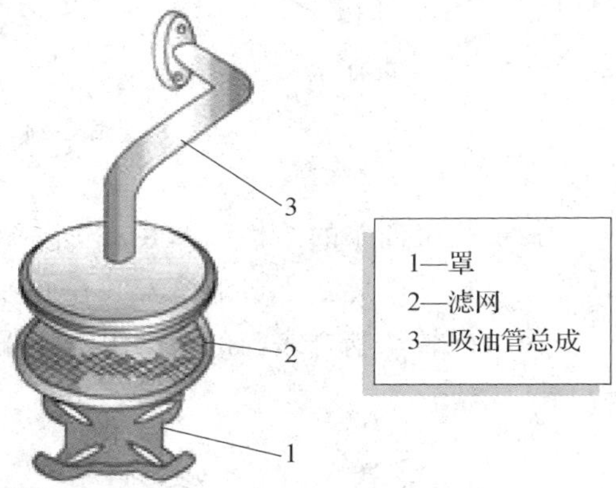

图 8-27　固定式集滤器

3. 机油滤清器

机油滤清器的功用是滤除机油中的金属磨屑、机械杂质和机油氧化物。如果这些杂质随同机油进入润滑系统，将加剧发动机零件的磨损，还可能堵塞油管或油道。

机油滤清器的滤清方式有两种：全流式和分流式。全流式机油滤清器串联于机油泵和主油道之间，如图 8-28(a)所示。因此全部机油都经过它滤清。目前在轿车上普遍采用的为全流式机油滤清器。若滤清器与主油道并联安装，只有一部分机油经过滤清器过滤，称该滤清器为分流式滤清器[图 8-28(b)]。有的发动机两种滤清器都有(如重型货车发动机)，全流式滤清器作为粗滤器，滤除润滑油中直径为 0.05 mm 以上的较大杂质，再进入主油道，用分流式滤清器作为细滤清器，滤除润滑油中直径为 0.005 mm 以上的细小杂质。

在润滑系统中，一般要装几个不同滤清能力与不同阻力的滤清器，如集滤器、细滤器、粗滤器等。实际采用的润滑系统往往是两者兼而有之的复合系统，如全流式滤清器采用低阻力的粗滤器，从而使油流在夹带细小颗粒的情况下有尽可能多的机油量被过滤，而分流式滤清器则常用细滤器，这样既能使机油得到较好的滤清，又不至于造成很大的流动阻力。

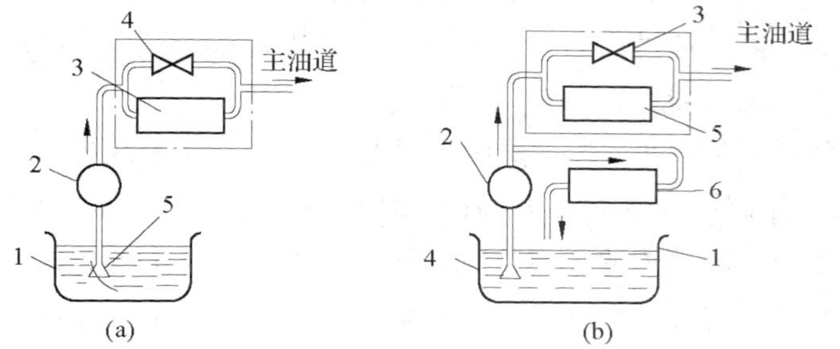

1—油底壳
2—机油泵
3—旁通阀
4—集滤器
5—机油粗滤器
6—分流式机油细滤器
(a)全流式
(b)分流式

图 8-28 机油滤清器的滤清方式

(1)全流式机油滤清器。轿车发动机的滤清器和货车发动机的粗滤器都采用全流式机油滤清器，其结构如图 8-29 所示。

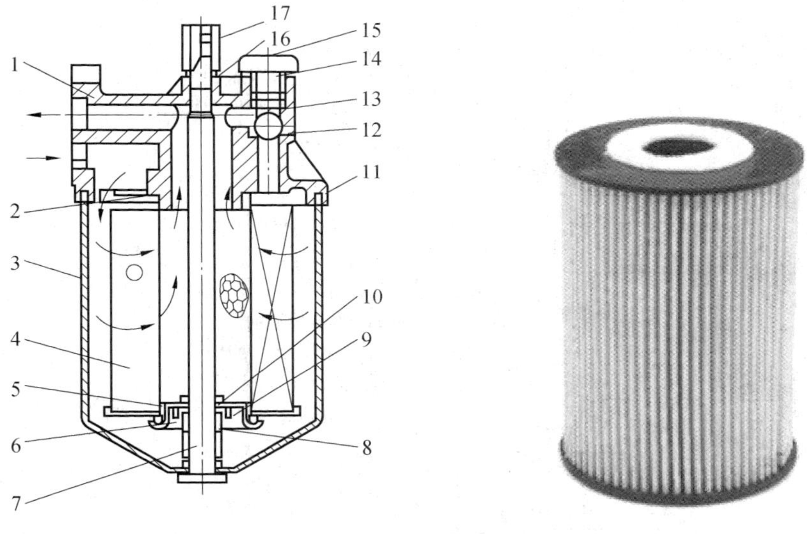

(a) (b)

1—上盖
2，6—密封圈
3—外壳
4—滤芯
5—托板
7—拉杆
8—托簧
9—垫圈
10，11—密封圈
12—旁通阀
13—弹簧
14，16—垫圈
15—阀座
17—螺母
(a)全流式机油滤清器
(b)纸滤芯

图 8-29 全流式机油滤清器与纸滤芯

机油从纸滤芯的外围进入滤清器中心，然后经出油口流进机体主油道。机油流过滤芯时杂质被截留在滤芯上。滤芯的下部装有旁通阀 12，一旦滤芯堵塞，进出油口的压差达 150～180 kPa 时，润滑油便从旁通阀直接流入主油道，以防供油中断。有些发动机中的润滑油滤清器除设置旁通阀外，还加装止回阀。当发动机停机后，止回阀将滤清器的进油口关闭，防止润滑油从滤清器流回油底壳。在这种情况下，当重新启动发动机时，润滑系统便能迅速地建立起油压，从而可以减轻由于启动时供油不足而引起的零件磨损。

滤芯由经过树脂处理的多孔滤纸制成，滤纸折成扇形或波纹形，这种滤纸具有较高的强度，有较好的抗腐蚀性和抗湿性。滤芯内装有金属丝网或带有网眼的薄铁皮做滤芯的骨架。纸滤芯具有质量轻、体积小、结构简单、滤清效果好、阻力小和成本低等优点，因而得到了广泛的应用。机油滤清器的滤芯还可以采用其他纤维材料制作。

(2)分流式机油滤清器。分流式机油滤清器有过滤式和离心式两种类型，过滤式存在着滤清能力与通过能力的矛盾，而离心式则有滤清能力高，通过能力大，且不受沉淀物影响等优点。因此，汽车发动机多以离心式机油滤清器作为分流式机油细滤器。

①离心式机油滤清器基本结构。解放 CA6102 型发动机所采用的 FL100 型离心式机油滤清器的构造如图 8-30 所示。在底座 4 上装有进油限压阀 1 和转子轴 9，后者用转子轴推力片 2 锁止。转子体 15 套在转子轴上，在其上下镶嵌两个衬套，以限定转子体的径向位置，转子体可以绕转子轴自由转动，其下端装有两个径向对称水平安装的喷嘴 3 和转子体外罩导流罩 8。紧固螺母 12 将转子罩 7 与转子体紧固在一起，形成各空腔，用冕形螺母 14 将外罩 6 紧固在底座上。

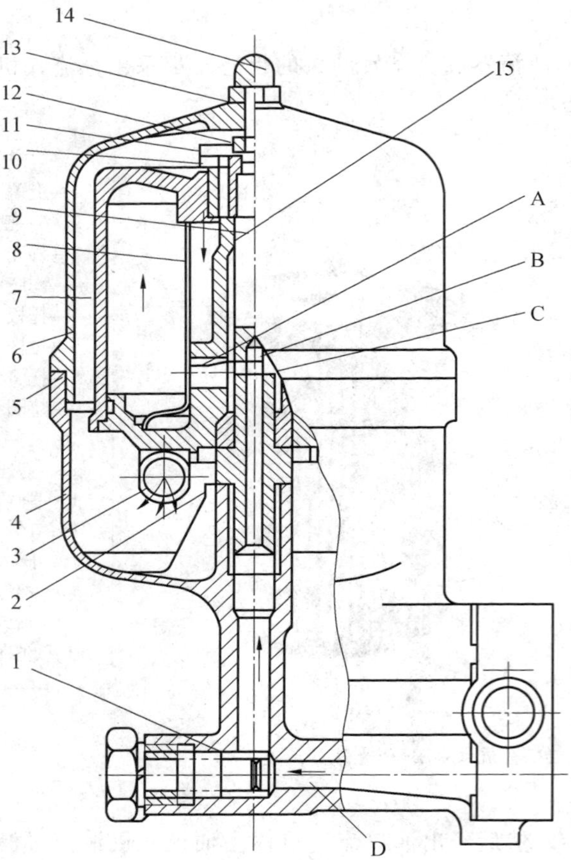

1—进油限压阀
2—转子轴推力片
3—喷嘴
4—底座
5—密封圈
6—外罩
7—转子罩
8—导流罩
9—转子轴
10—推力垫片
11，13—垫圈
12—紧固螺母
14—冕形螺母
15—转子体
A—导流罩油孔
B—转子轴油孔
C—转子体进油孔
D—滤清器进油孔

图 8-30 离心式机油滤清器结构图

②离心式机油滤清器工作原理。发动机工作时，从机油泵来的机油进入滤清器进油孔 D，若油压低于 0.147 MPa，进油限压阀 1 不开启，机油全部进入主油道，保证发动机可靠润滑，若油压超过 0.147 MPa，进油限压阀开启，机油沿转子轴 9 的中心油孔，经转子轴油孔 B、转子体进油孔 C 和导流罩油孔 A 流入转子罩 7 的内腔，再经导流罩 8 的引导在两个喷嘴 3 的推动下高速旋转。当压力为 0.3 MPa时，转子体的转速可高达 5 000～6 000 r/min。机油中的杂质在离心力的作用下被甩向转子罩的内壁，洁净的机油不断从喷嘴喷出，并经出油门流回油底壳。

离心式滤清器滤清能力强、通过性好，不需更换滤芯，只要定期清洗即可。但对胶质的滤清效果差，制造和装配精度要求高，一般只作分流式连接。

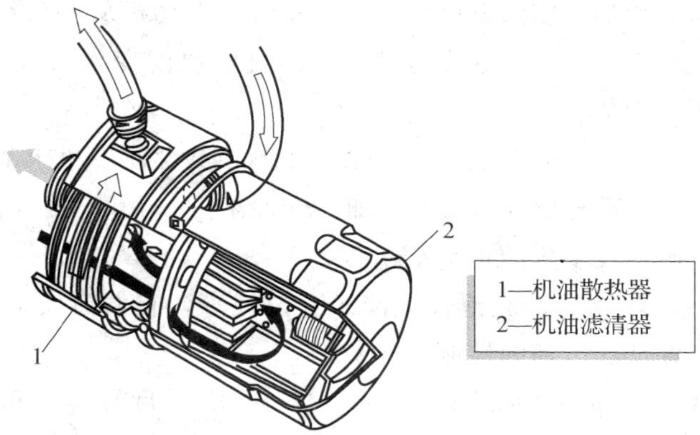

图 8-31　水冷式机油散热器

4. 机油冷却器

为了使机油保持最有利的工作温度，除了靠油底壳和其他零件的自然散热外，有的发动机还装有机油冷却器。机油冷却器分为风冷和水冷两种。风冷式机油冷却器安放在发动机前部，其结构与冷却系统的散热器相似，靠汽车行驶时迎面风对润滑油进行冷却。

如图 8-31 所示，水冷式机油散热器外形尺寸小，布置方便，且不会使机油冷却过度，因此在轿车上应用较广。滤清器滤清之后直接进入散热器，机油在散热器芯内流动，从散热器出水管引来的冷却液在散热器芯外流过。两种流体在散热器内进行热交换，使高温机油得以冷却降温。

8.2.4　润滑剂

汽车发动机润滑剂包括润滑油(机油)和润滑脂(黄油)两种。

1. 润滑油

(1)润滑油的功用。

①润滑。

机油在运动零件的所有摩擦表面之间形成连续的油膜，以减小零件之间的摩擦。

②冷却。

机油在循环过程中流过零件工作表面，可以降低零件的温度。

③清洗。

机油可以带走摩擦表面产生的金属碎末及冲洗掉沉积在汽缸、活塞、活塞环及其他零件上的积碳。

④密封。

附着在汽缸壁、活塞及活塞环上的油膜，可起到密封防漏的作用。

⑤防锈。

机油有防止零件发生锈蚀的作用。

(2)润滑油的主要性能

①黏度。黏度是指润滑油受外力作用移动时，分子间产生的内摩擦力大小。它是润滑油分级和选用

的主要依据。黏度过小，在高温、高压下容易从摩擦表面流失，不能形成足够厚度的油膜；黏度过大，冷启动阻力增加，启动困难，润滑油不能及时被泵送到摩擦表面，导致启动磨损严重。

②黏温性。黏温性是指润滑油黏度随温度而变化的特性。发动机从启动到满负荷工作，温度变化范围大，导致润滑油温度变化大于 1 000℃。若润滑油的黏度随温度变化太大，就会使高温时黏度太低，而低温时黏度太高，影响正常润滑。

③氧化安定性。氧化安定性是指润滑油抵抗氧化作用不使其性质发生永久变化的能力。润滑油工作温度高达 950℃，产生氧化后，颜色变暗、黏度增加、酸性增大，并产生胶状沉积物。氧化变质的润滑油将腐蚀发动机零件，甚至破坏发动机的正常工作。

④其他性能。如极压性、防腐性、起泡性、清净分散性等，它们对发动机的润滑都产生一定的影响，需要加入各种添加剂，保证润滑油的性能。

(3)润滑油的分类。国际上广泛采用美国工程师学会(SAE)黏度分类法和 API 使用分类法，而且它们已被国际标准化组织(ISO)确认。SAE 按照机油的黏度等级，把机油分为冬季用机油和非冬季用机油。冬季用机油有六种牌号：SAE0W，SAE5W，SAE10W，SAE15W，SAE20W 和 SAE25W。非冬季用机油有四种牌号：SAE20，SAE30，SAE40 和 SAE50。号数较大的机油黏度较大，适于在较高的环境温度下使用。

API 使用分类法是美国石油学会(API)根据机油的性能及其最适合的使用场合，把机油分为 S 系列和 C 系列两类。S 系列为汽油机油，目前有 SA，SB，SC，SD，SE，SF，SG 和 SH 八个级别。C 系列为柴油机油，目前有 CA，CB，CC，CD 和 CE 五个级别。级号越靠后，使用性能越好，适用的机型越新或强化程度越高。其中 SA，SB，SC 和 CA 等级别的机油，除非汽车制造厂特别推荐，否则将不再使用。

我国的机油分类法参照采用 ISO 分类方法。GB/T 7631.3－1995 规定，按机油的性能和使用场合分为：

①汽油机油：SC，SD，SE，SF，SG，SH 共六个级别。

②柴油机油：CC，CD，CD-II，CE ，CF4 共五个级别。

③二冲程汽油机油：ERA，ERB，ERC 和 ERD 共四个级别。

每一种级别又有若干单一黏度等级和多黏度等级的润滑油牌号。例如，CC 级润滑油有三个单一黏度等级和六个多黏度等级的润滑油牌号，它们分别是 30，40 和 50 号及 SW－30，SW－40，10W－30，10W－40，15W－40 和 20W－40。

(4)润滑油的选用。根据汽车发动机的强化程度选用合适的机油使用级。汽油的强化程度往往与生产年份有关。后生产的汽车比早年生产的汽车强化程度高，应选用使用级别较高的润滑油。根据地区的季节气温选用适当黏度的相应等级机油。按当地的环境温度选用润滑油时，可参考图 8-32。

2. 润滑脂

润滑脂具有良好的黏附性，在常温下可附着于垂直表面而不流淌，可以在敞开或密封不良及受压较大的摩擦部位工作，并有防水、防尘、密封作用，具有其他润滑剂所不能代替的特点。因此，在汽车的许多部位都使用润滑脂润滑。

目前，进口汽车和国产新车普遍推荐使用汽车通用锂基润滑脂，这种润滑脂具有良好的高低温适应性，可在－30～120℃的宽广温度范围内使用；具有良好的抗水性和防锈性能，可用于潮湿和与水接触的摩擦部位；具有良好的安定性和润滑性，在高速运转的机械部位使用，不变质、不流失、保证润滑。

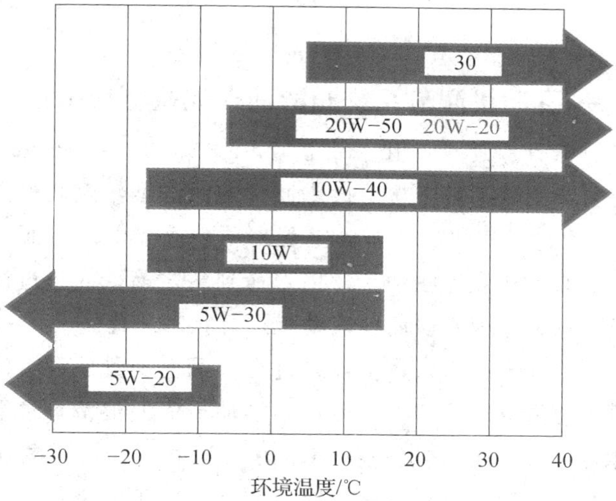

图 8-32 发动机润滑油的选择

常见问题解析

故障案例 1. 发动机启动后，机油压力很快降低；发动机在正常温度和转速下，机油压力始终过低，机油压力警报指示灯亮。

故障原因：机油量不足，发动机刚启动时油压正常，但运转一段时间后，因机油量的不足会导致机油泵泵油不足，机油压力低；机油泵性能不良，机件磨损严重，造成工作间隙过大，导致发动机怠速油压偏低；或机油泵限压阀弹簧调整不当，弹力减小，高速时油压偏低；曲轴主轴承、连杆轴承、凸轮轴承配合间隙过大，使机油流失过多，机油升压困难；机油集滤器、机油滤清器堵塞，油管破裂，接头不密封等造成机油泵吸空或吸不足现象；机油黏度太低，机油选择不当或失效变质。上述都可能使冷却系统冷却效果不良，导致发动机温度过高。因此在实际分析中采用排除法。

故障案例 2. 发动机在正常工作温度和转速下，机油压力始终高出正常值；发动机工作过程中，机油压力突然升高。

故障原因：机油黏度过大，机油牌号选用不当；机油限压阀弹簧压力调整过大，机油限压阀卡死在开启位置，使机油压力升高时，限压阀开启滞后或根本无法开启；汽缸体润滑油道堵塞。新装的发动机曲轴主轴承、连杆轴承、凸轮轴承配合间隙过小；机油滤清器滤芯堵塞且旁通阀开启困难；机油表或压力表传感器工作不良。因此在实际分析中逐一进行排除。

知识拓展

发动机润滑系统润滑油在线监测技术

发动机润滑油具有有限的寿命，典型使用寿命在 5 000～30 000 km 行驶里程不等。为了维持对发动机足够的保护，到达油品使用寿命时必须进行更换。通常的做法是，人们根据润滑油生产厂家或原始设备制造商(OEMs)的推荐，按固定时间间隔或行驶里程来更换润滑油。然而，这种方法并不是基于特定发动机里真实的油品状况，换油往往发生在油品使用寿命到达之前，或超过油品使用寿命之后。这是非经济性的，因为会产生浪费，也可能因延误而使发动机运行状态恶化。

发动机润滑油在线实时评定技术的引入，可以通过在车辆上安置发动机润滑油即时监控装置，通过在线实时自动化评定，给予驾驶员及时提醒，避免过早换油造成的浪费，也能使驾驶者在机油寿命终结时及时换油。在线检测技术主要使用的方法包括声学方法、电化学法、电导率法、数学运算法、温度法、多传感器技术及其他方法。下面主要介绍电导率法和多传感器技术。

1. 电导率法

Hochstein 展示了一款发动机和传动系统油液变质及温度监控器。用于测量因油品污染和变质产生的电导率变化，电路包含一个衰减回路，可以补偿由于温度变化引起的电导率变化。他们认为，用油的污染和变质会改变特定温度下的初始电导率。虽然油液的电导率随温度升高而升高，但包含热敏电阻的补偿电路会产生相应的信号，把温度变化的影响抵消，使测量结果有效。

Liu 开发出基于介电常数的发动机润滑油报警系统。他们证实了介电常数作为润滑油变质评价指数是可行的，建立了介电常数三参数韦布分布模型，通过分析计算与图形分布形态评估相结合，实现了参数预测，基于润滑油质量确定了介电常数的阀值。他们还采纳了传感器技术并整合进单片机。通过实车试验，该系统能够可靠地检出润滑油衰变趋势，实时地实现“按质换油”，确保发动机始终处于润滑状况良好的状态。

2. 多传感器技术

Kawakita 开发出了发动机油牌号和状况监测系统。该监测系统包含监测油品质量的传感器以及能够检测换油操作本身的传感器。每次换油之后，油品质量传感器的输出读数被自动记录储存起来，下一次换油的合适阀值自动生成，此外，还有一个传感器用于检测油液的高低，另一个传感器用于检测油品变质的速率。

Preethichandra 设计了多功能传感器，用于测量发动机机油的黏度、清洁度、温度和电容，根据具体情况做出更确定的判定。多功能传感器依照最小化和简单原则设计出具备相对更简单的结构和更低的成本。该多功能传感器可以提供足够的信息，通过智能系统做出最佳发动机换油周期决定。

Agoston 开发了红外吸收传感器原型装置，用于确定发动机机油的变质情况。可以测定 5.85 pm 处的吸收率和几乎不受氧化情况影响的参考波。装置包含一个宽波段发射源，一个用于红外线穿透油样的液池，可以选择两个波段的红外窄波段过滤器和一个宽波段感应器。该传感器装置具有小型化的潜能，可进一步拓展应用，监测发动机油的硝化指数、烟灰、水分和乙二醇含量。

多传感器技术具有评定结果最准确可靠的优势，但制造和维护成本较高，未来在高成本车辆上有更大的应用前景。

思考与练习

一、 填空题

1. 汽车发动机的冷却系统根据所用冷却介质不同可分为________、________。
2. ________的作用是将水套出来的大股热水分成许多小股水流并将其热量散给周围的空气。
3. 散热器由________、________及________等三部分构成。
4. 散热器芯管的结构形式有________、________和________。
5. 节温器是通过改变冷却水的________来调节冷却强度，目前汽车上多采用________节温器。
6. 发动机润滑系统具有________、________、________、________和防锈五大作用。
7. 发动机的润滑方式有________、________和________润滑等三种。
8. 发动机用机油滤清器有________、________和________等三种。
9. 机油泵的作用是将一定________和________的润滑油供到润滑表面，汽车发动机常用的机油泵有________和________两种。
10. 汽车发动机润滑系统所用的润滑剂有________和________两种。

二、 问答题

1. 冷却系统的功用是什么？
2. 简述水冷系统的基本组成及工作过程。
3. 水冷系统为什么要装节温器？它是如何工作的？
4. 若发动机正常工作一段时间后停机，冷却系统中的冷却液会发生什么现象？
5. 简述冷却水大、小循环的路线。
6. 为什么要在机油中加入各种添加剂？
7. 简述机油泵的作用和工作原理。
8. 机油有哪些功用？机油 CB 与 CD 有什么不同？
9. 润滑系统一般由哪些零部件组成？各有什么功用？
10. 采用双机油滤清器时，它们是并联还是串联于润滑油路中？为什么？

单元 9 发动机点火系统

单元目标

知识目标

1. 了解传统的点火系统
2. 理解电子点火系统的组成及原理
3. 理解点火系统的主要零部件的结构及工作原理
4. 掌握点火系统的故障排除流程

能力目标

1. 点火系统的认知
2. 拆卸和装配传统的点火系统线路
3. 排除点火系统的故障

知识脉络图

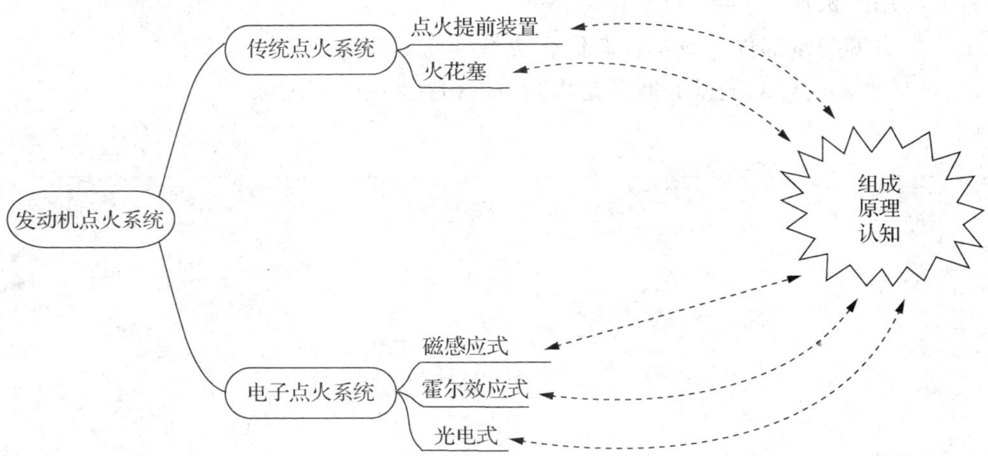

9.1 概述

9.1.1 点火系统的作用

点火系统的作用是将汽油发动机工作时吸入汽缸的可燃混合气，在压缩行程终了时，及时地用电火花点燃可燃混合气，并满足可燃混合气充分地燃烧及发动机工作稳定的性能要求，使汽油发动机顺利地实现从热能到机械能的转变。如图 9-1 所示，为点火系统的功能。

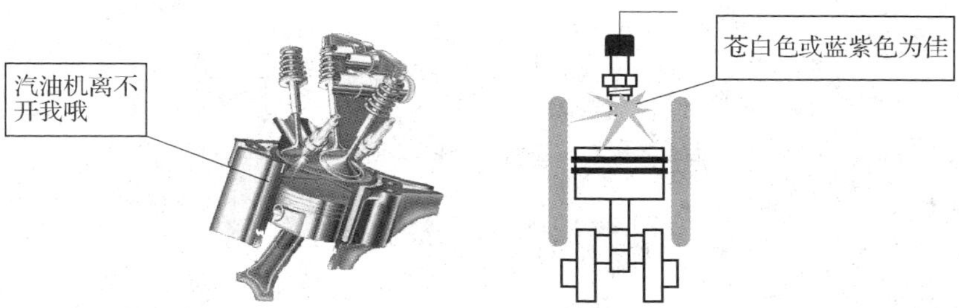

图 9-1　点火系统的功能

9.1.2 对点火系统的要求

1. 点火系统应能迅速及时地产生足以击穿火花塞电极间隙的高电压

使火花塞电极之间产生火花的电压称为击穿电压。影响击穿电压的因素有：火花塞电极间隙、汽缸内混合气的压力与温度、电极的温度与极性。发动机正常工作时击穿电压一般均在 15 kV 以上；发动机在满载低速时击穿电压为 8～10 kV；启动时需 19 kV。

2. 电火花应具有足够的点火能量

在正常工作情况下，可靠点燃可燃混合气的点火能量为 50～80 mJ，启动时需 100 mJ 左右的点火能量。

3. 能根据发动机各种工况提供最佳的点火时刻

发动机的温度、负荷、转速和燃油品质等，都直接影响混合气的燃烧速度。点火系统必须能适应上述情况变化，并实现最佳点火时刻的变化。

9.1.3 点火系统的分类

汽车上使用的点火系统种类繁多，按不同的分类方法分类如下：

1. 按初级电路的控制方式

按初级电路的控制方式汽车点火系统可分为传统点火系统、半导体点火系统和计算机控制点火系统。

2. 按点火系统储存点火能量的方式

按点火系统储存点火能量的方式汽车点火系统可分为电感蓄能式点火系统和电容储能式点火系统。

3. 按点火信号产生的方式

按点火信号产生的方式汽车点火系统可分为磁感应式、光电式和霍尔效应式。

常见问题解析

1. 故障案例

发动机不能启动。

2. 故障原因

(1)冲洗过发动机，造成分电器、点火模块、火花塞、高压线等进水受潮。

(2)火花塞损坏。

(3)蓄电池电压不足。

(4)惯性开关断开。

3. 检测及排除

(1)避免直接冲洗发动机。

(2)定期检查、调整或更换火花塞。

(3)指定服务站检查、更换损坏件。

(4)给蓄电池充电。

(5)按下惯性开关，恢复电路。

9.2 传统点火系统

9.2.1 传统点火系统的组成

传统点火系统一般由电源蓄电池和发电机、点火线圈、分电器、火花塞、点火开关、附加电阻和高压线等组成。图 9-2 为传统点火系统的组成。

1. 电源

电源是由蓄电池或发电机供给点火系统工作所需的电能。

2. 点火线圈

点火线圈的作用是将电源提供的 12 V 低压电变成 15～20 kV 的高压电。

3. 分电器

由断电器、配电器、电容器和点火提前机构等部分组成。各部分作用如下：

(1)断电器：接通与切断点火线圈初级电路。

(2)配电器：将点火线圈产生的高压电按汽缸的工作顺序送至各缸火花塞。

(3)电容器：减小断电器触点火花，延长触点使用寿命并提高次级电压。

(4)点火提前机构：随发动机转速、负荷和汽油辛烷值变化改变点火提前角。

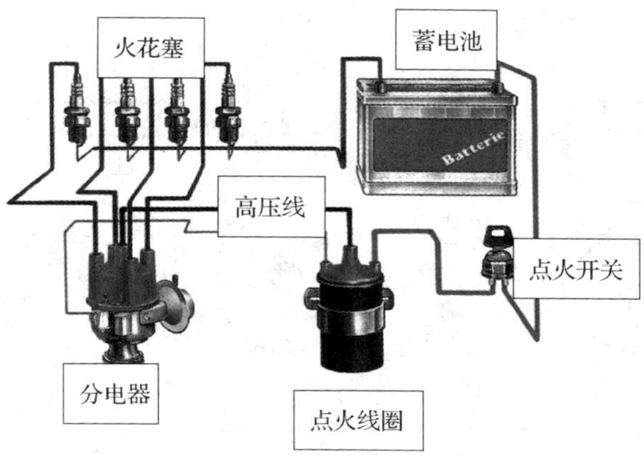

图 9-2　传统点火系统的组成

4. 火花塞

火花塞的作用是产生电火花，点燃汽缸内的可燃混合气。

5. 点火开关

点火开关的作用是控制点火线圈的初级电路。

6. 附加电阻

附加电阻作用是稳定点火线圈的初级电流，改善点火性能和启动性能。

7. 高压线

高压线的作用是将点火线圈产生的高压电送到火花塞。

9.2.2 传统点火系统电路

1. 传统点火系统电路组成

传统点火系统电路可分为初级低压电路和次级高压电路两部分。

初级低压电路的作用是控制点火线圈初级电路的通断。低压电路主要包括蓄电池、点火开关、附加电阻、点火线圈初级绕组、断电器、电容器等。

次级高压电路的作用是在点火线圈初级电路被切断时感生出高压电，击穿火花塞间隙，点燃可燃混合气。高压电路主要包括点火线圈次级绕组、中心高压线、配电器、分缸高压线、火花塞等。

2. 传统点火系统电路原理

在传统点火系统中，蓄电池或发电机供给 12 V 低电压，经点火线圈和断电器转变为高电压，再经配电器分送到各缸火花塞，使电极间产生电火花，如图 9-3 所示。

发动机工作时，断电器轴连同凸轮一起在发动机凸轮轴的驱动下以 1∶1 的传动关系旋转。断电器凸轮转动时，断电器触点交替地闭合和打开，因此传统点火系统的工作原理可分为三个阶段进行分析：触点闭合，初级电流增长；触点断开，次级绕组产生高压；火花塞电极间火花放电。

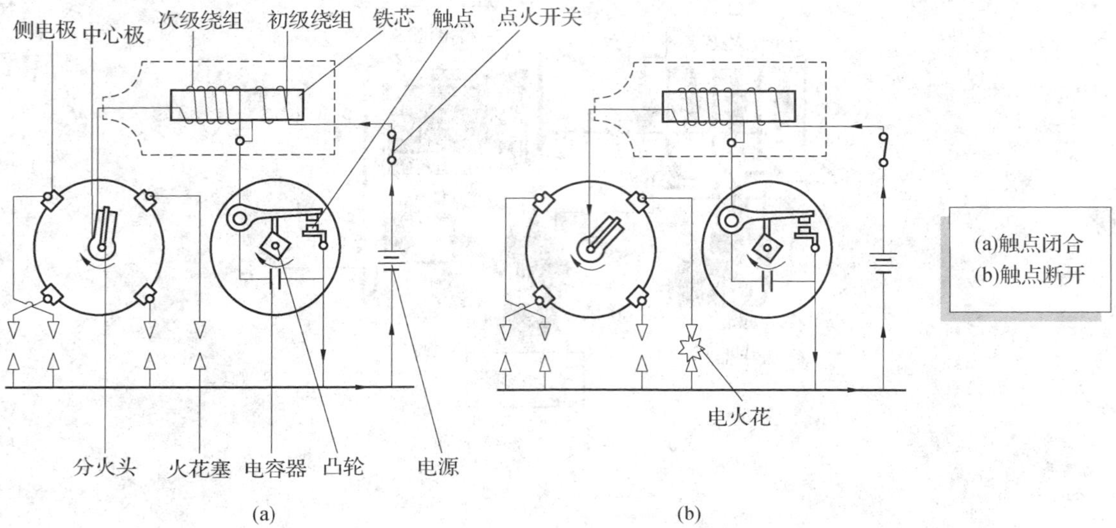

图 9-3　传统点火系统的工作原理

(1)触点闭合，初级电流增长的过程。触点闭合时，初级电流由蓄电池的正极→点火开关→点火线圈“+”开关接线柱→附加电阻→点火线圈开关接线柱→点火线圈初级绕组→点火线圈“−”接线柱→断电器触点→搭铁蓄电池负极。在触点闭合后约 20 ms，初级电流就接近于其极限值。初级电流增长时，不仅在初级绕组中产生自感电势，同时在次级绕组中也会感出电势，为 1.5～2 kV，不能击穿火花塞间隙。

(2)触点断开，次级绕组产生高压的过程。触点断开后，初级电流迅速降至零，磁通也随之迅速减少，此时，在初级绕组和次级绕组中都产生感应电动势，初级绕组匝数少，产生 200～300 V 的自感电势，次级绕组由于匝数多，产生高达 15～20 kV的互感电势。

(3)火花塞电极间火花放电过程。火花塞的击穿电压总低于次级电压最大值，在这种情况下，就使火花间隙击穿而形成火花。同时次级电压突然下降。实验证明，电感放电持续的时间越长，点火性能越好。发动机工作期间，断电器凸轮每转一周(曲轴转两周)，各缸按点火顺序轮流点火一次。若要停止发动机的工作，只要断开点火开关，切断初级电路即可。

9.2.3　传统点火系统的主要元件

传统点火系统主要元件有分电器、点火线圈及附加电阻、火花塞、点火开关。

1. 分电器

传统分电器由断电器、配电器、电容器和点火提前机构等组成，如图 9-4 所示。

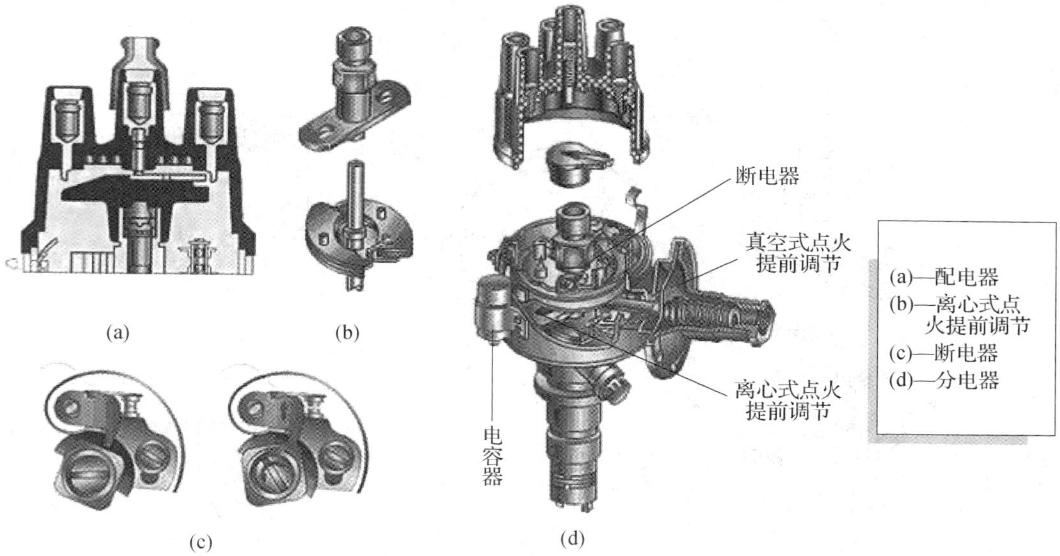

图 9-4　传统分电器的构造

(1)断电器。断电器由固定在断电器底板上的断电器触点和断电器凸轮组成。断电器的触点由钨制成，一个触点及支架固定在底板上且直接搭铁，并可借助转动固定触点支架的偏心螺钉调整触点间隙。另一个触点为活动触点，在触点臂回位弹簧的作用下，向固定触点靠近。

(2)配电器。配电器安装在断电器的上方，它由胶木制的分电器盖和分火头组成。分电器盖的中央有一高压线插孔(中央电极，其内装有带弹簧的炭柱，压在分火头的导电片上)。分电器盖的四周均匀分布着与发动机汽缸数相等的旁电极(各缸高压线插孔)，可通过分缸高压线与各汽缸火花塞相连。分火头装在断电器凸轮的顶端，随凸轮一起旋转。

当断电器触点断开时，分火头上的导电片总是正对某一旁电极，此时来自点火线圈的高压电经中心高压线引入到分火头上，跳过分火头与旁电极之间较小的气隙到旁电极，再由分缸高压线引入到各缸火花塞上跳火，点燃汽缸内的可燃混合气而使发动机做功。

(3)点火提前机构。由于可燃混合气从点燃到产生最高温度与最大压力需要一段时间来实现，根据可燃混合气的燃烧理论，火花塞应当在活塞达到上止点前，相对于曲轴转角的某一时刻点火，使汽缸内的气体压力，在活塞运行到上止点后相对于曲轴转角 10°～15°时达到最高值，发动机才能发挥最大的热效率。因此，我们将这一点火时刻称之为点火提前角(点火后曲拐转到上止点所转过的角度)。

最佳点火提前角应根据发动机转速、混合气的浓度及混合质量、燃油品质等诸多因素来确定。当转速一定时，随着负荷的加大，点火提前角应适当减小；发动机负荷减少时，点火提前角应当加大。当负荷一定时，点火提前角应随转速提高适当增大；当使用高辛烷值汽油时，因其抗爆性好，点火提前角应适当增大。

分电器的点火提前机构一般设有两套：一套是能随发动机转速的变化而自动调节点火提前角的离心式点火提前机构；另一套是按发动机负荷不同而自动调节点火提前角的真空式点火提前机构。

①离心式点火提前机构。离心式点火提前机构是在发动机不同转速下自动调节点火提前角的装置，其结构如图 9-5 所示。

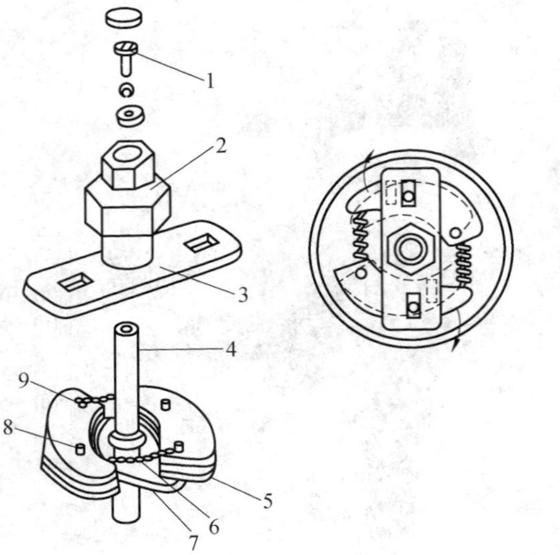

1—凸轮固定螺钉及垫片
2—凸轮
3—拨板
4—分电器轴
5—离心重块
6—弹簧
7—托板
8—销钉
9—柱销

图 9-5　离心式点火提前机构

当发动机转速升高时，离心重块在离心力的作用下克服弹簧拉力向外甩开，其上的销钉推动断电器凸轮带离心提前机构横板沿原旋转方向，相对于分电器轴转动一个角度，使凸轮提前顶开触点，即点火提前角增大。当发动机转速降低时，离心重块的离心力相应减小，弹簧将离心重块拉回一些，点火提前角减小。

发动机的转速越高，并非要求点火提前角成线性增加，而是随着发动机转速越高，点火提前角的增幅应适当减小。为此，有些离心点火调节器的每个离心重块设有一粗一细两个弹簧。细弹簧在发动机转速较低时起作用，而粗弹簧要在转速达到一定值、离心重块上的离心力较大时才能起作用。由于离心重块在发动机高速运转时有两个弹簧起作用，相应的点火提前角的增幅也就较小，使之更符合发动机对点火提前角的要求。

②真空式点火提前机构。真空式点火提前机构能根据发动机负荷的变化自动调节点火提前角，使点火提前角随发动机负荷的增大而减小。真空点火提前机构装在分电器壳体的外侧，其结构如图 9-6(a)所示。

真空式点火提前机构中膜片的左侧通大气，右侧通过真空软管与节气门轴偏前方的进气管道孔相通。当发动机怠速运转时，由于节气门接近关闭，节气门前方的真空度几乎为零。真空式点火提前机构的膜片在弹簧力作用下向左拱曲至最大，拉杆拉动断电器底板连同触点，沿分电器轴旋转方向转动最大角度，使点火提前角最小或不提前，如图 9-6(b)所示。

当发动机小负荷工作，在节气门开度小于 1/4 开度时，随着负荷增大，节气门开度增大，吸气孔处的真空度也增加，膜片克服弹簧力向右拱曲，拉杆拉动断电器底板连同触点，沿分电器轴旋转方向的逆向转动一个角度，使凸轮提前顶开触点，点火提前角增大。当发动机大负荷工作时，随着负荷增大，节气门开度增大，吸气孔处的真空度减小，弹簧推动膜片使点火提前角减小，如图 9-6(c)所示。

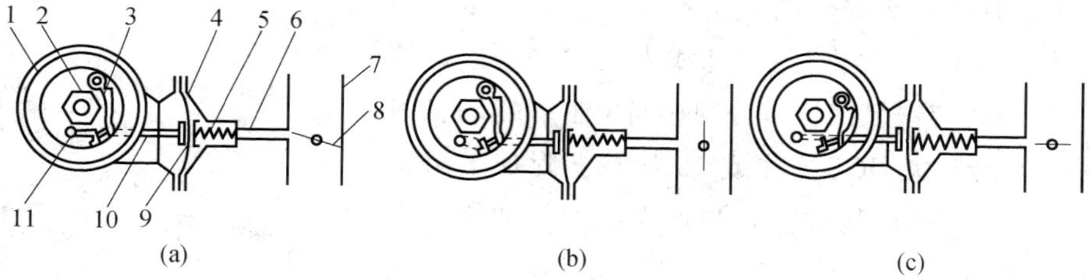

1—分电器外壳 2—断电器凸轮 3—断电器触点 4—真空式点火提前机构外壳
5—弹簧 6—软管 7—化油器 8—节气门 9—膜片 10—拉杆 11—固定销
(a)—结构图片 (b)—发动机怠速运转时，点火提前装置工作原理
(c)—发动机小负荷运转时，点火提前装置工作原理

图 9-6 真空式点火提前机构结构及原理示意图

2. 点火线圈及附加电阻

点火线圈由初级绕组、次级绕组和铁芯等组成。按磁路的结构形式不同，可分为开磁路式点火线圈和闭磁路式点火线圈。

(1)开磁路式点火线圈。如图 9-7 所示，是一种常见的开磁路式点火线圈。有二接柱式(不带附加电阻)和三接柱式之分。点火线圈的中心是用硅钢片叠成的铁芯，在铁芯外面套上绝缘的纸板套管，纸板套管上绕有直径为 0.06～0.10 mm，11 000～23 000 匝的次级绕组；初级绕组用直径为 0.5～1.0 mm，约绕 230～370 匝的高强漆包线，绕在次级绕组的外面，以利于散热。绕组和外壳之间装有导磁钢套，底部有瓷质绝缘支座，上部有绝缘盖，外壳内充满沥青或变压器油等绝缘物，加强绝缘并防止潮气侵入。

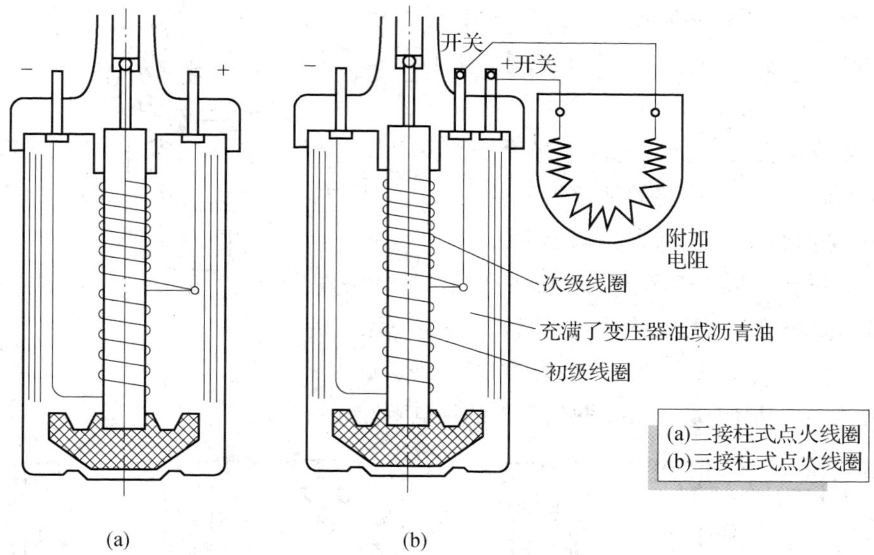

图 9-7 开磁路式点火线圈

三接柱式与二接柱式点火线圈的区别在于三接柱式带附加电阻，而二接柱式不带附加电阻。三接柱式点火线圈的绝缘盖上有“－”“开关”“＋开关”三个接柱，分别接断电器、启动机附加电阻短路接柱、点火开关“IG”接柱或15接柱。附加电阻接在标有“开关”和“＋开关”的两接柱上，与点火线圈的初级绕组串联。

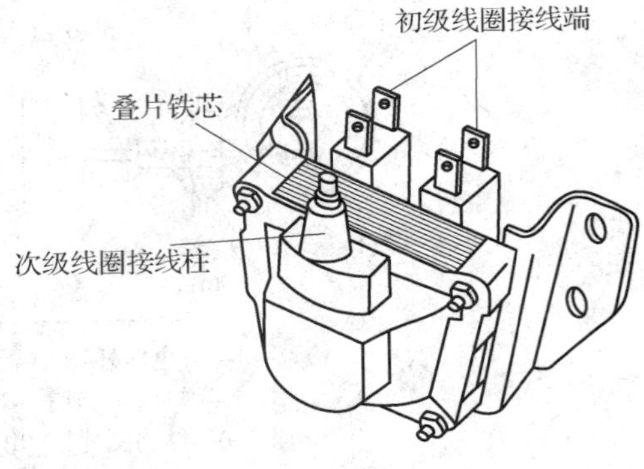

图 9-8　闭磁路式点火线圈

(2)闭磁路式点火线圈。闭磁路式点火线圈的结构如图9-8所示。有“口”字形和“日”字形之分。与开磁路式点火线圈不同的是铁芯内绕有初级绕组，而次级绕组绕在初级绕组外面。绕组在铁芯中的磁通，通过铁芯形成闭合磁路，故称为闭磁路式点火线圈。

此外，与开磁路式点火线圈相比，闭磁路式点火线圈具有漏磁少、转换效率高、体积小、质量轻、铁芯裸露易于散热等优点，目前已在电子点火系统中广泛采用。

(3)附加电阻。附加电阻是一种正温度系数的热敏电阻，一般用低碳钢丝、镍铬丝或纯镍丝制成，具有受热时电阻值迅速增大，而冷却时电阻值迅速降低的特性。因此，用在点火系统的初级电路，来稳定初级电流，改善高速时的点火特性。

3. 火花塞

火花塞要受到高压、高温以及燃烧产物的强烈腐蚀，因此要求火花塞必须具有足够的机械强度，能够承受冲击性高压电的作用，能承受剧烈的温度变化且具有良好的热特性，并要求火花塞的材料能抵抗燃气的腐蚀。

(1)火花塞的结构。如图9-9所示，火花塞主要由接线螺母、绝缘瓷体、导电金属杆、壳体、导电玻璃、中心电极、垫圈、侧电极组成。

(2)火花塞的型号与类型。火花塞的型号由三部分组成：

第一部分为字母，表示火花塞的结构类型及主要形式尺寸。

第二部分为阿拉伯数字，表示火花塞热值。

第三部分为汉语拼音字母，表示火花塞派生产品、结构特性、材料特性及特殊技术要求等。常用的火花塞类型如图9-10所示。

例如，F5RTC型火花塞，表示螺纹规格为M14X1.25、旋合长度为19 mm、壳体六角对边为20.8 mm、热值为5的带电阻。

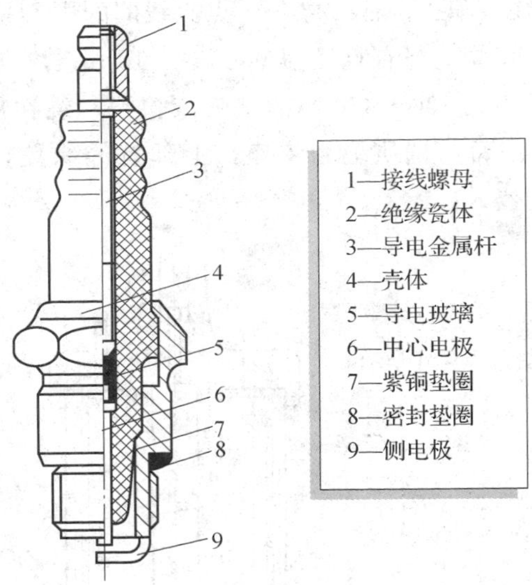

图 9-9　火花塞结构图

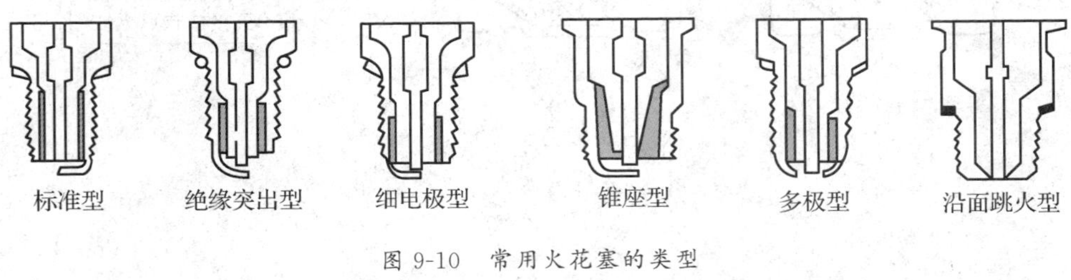

图 9-10　常用火花塞的类型

(3)火花塞的热特性。要使火花塞能正常工作，其下部绝缘体——裙部的温度应保持在 500～700℃，这样才能使落在绝缘体上的油滴立即烧掉，不致形成积碳，通常称这个温度火花塞的自净温度。如果温度低于自净温度，就可能使油雾聚积成油层，引起积碳而不能跳火；如果温度过高，例如，超过 850℃，会形成炽热点，发生表面点火，使发动机遭受损坏。

火花塞裙部的工作温度取决于火花塞热特性和发动机汽缸的工作温度。火花塞热特性就是指火花塞发火部位的热量向发动机冷却系统散发的性能，如图 9-11 所示。影响火花塞热特性的主要因素是火花塞裙部的长度。裙部较长时，受热面积大、吸收热量多，而散热路径长、散热少、裙部温度较高，把这种火花塞称为热型火花塞，其适用于低速、低压缩比的小功率发动机上。反之，当裙部较短时，吸热少、散热多、裙部温度较低，把这种火花塞称为冷型火花塞，其适用于高速、高压缩比的大功率发动机。

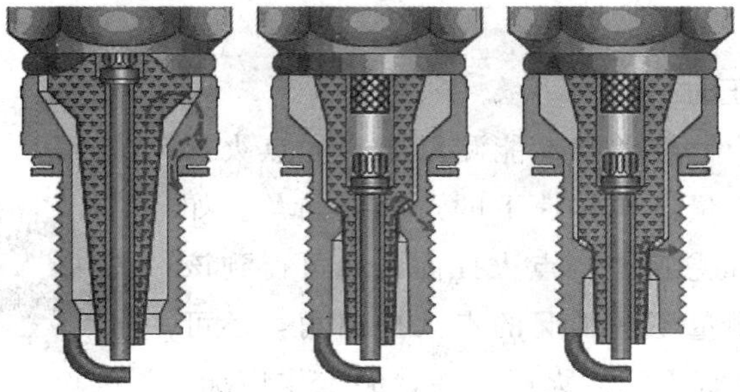

图 9-11 火花塞裙部与热特性的关系

火花塞的热特性，我国是以绝缘体裙部的长度来标定的，并分别用热值来表示。火花塞的热特性选用是否合适的判断方法是：如火花塞经常由于积碳而导致断火，表示它太冷；如果发生炽热点火(易引起爆燃或化油器回火现象)，则表示太热。

9.2.4 传统点火系统点火正时的校正

点火正时就是让分电器轴的位置与发动机活塞的位置相匹配，使点火系统能有正确的初始点火提前角，最佳点火时刻是随发动机工况变化而变化的，为了使发动机在各种工况都能获得最佳点火提前角，在分电器内设置了点火提前装置，但是初始点火提前角检查调整(点火正时)需人工进行。将发动机运转至正常温度，在车速为 25～30 km/h(试验转速因车型而不同)时突然急加速，若能听到短促而轻微的爆燃声并立即消失，表明点火正时正确；若无爆燃声为点火过迟；若爆燃声严重为点火过早。点火过迟或点火过早均应进行调整，而且当需要更换分电器时，需要对点火正时进行检查与调整，所以更换前为避免不必要的麻烦，一般会做一下标记。

点火正时校正时应先用人工法调整点火正时，然后利用点火正时灯检查点火正时。

1. 人工法调整点火正时

拆下第一缸火花塞，摇转曲轴，若听到从火花塞孔发出排气声，说明第一缸已处于压缩行程。此时应在慢摇曲轴的同时，观察正时标记并使它们对齐，然后停止摇转并抽出摇把。如图 9-12 所示，为正时标记。拆去分电器真空式调节器的连接管路，松开分电器壳与缸体之间的定位螺钉，松开分电器固定板，逆着分火头旋转方向转动分电器外壳(增大点火提前角)或顺着分火头旋转方向转动分电器外壳(减小点火提前角)。重复上述过程，点火提前角达到正常后拧紧分电器壳定位螺钉，将分电器固定，并连接好真空式调节器的管路。

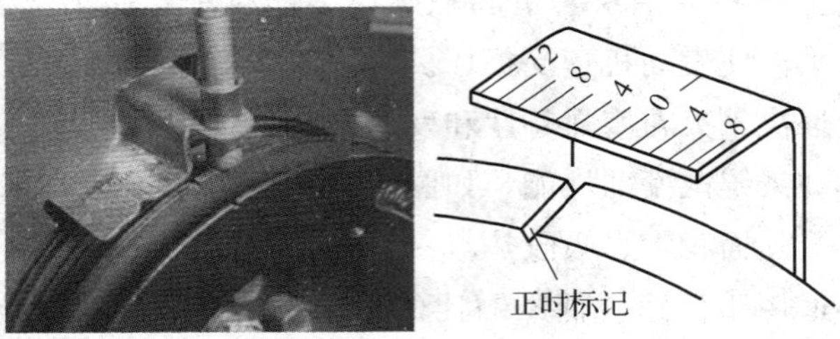

图 9-12 正时标记

2. 利用点火正时灯检查点火正时

经验法诊断点火正时准确性较差，不能测量准确的点火提前角。利用点火正时灯可以测量不同转速下的点火提前角。如图 9-13 所示，为正时灯。测量怠速时的点火提前角，可得到该发动机的初始点火提前角。测量不同工况的点火提前角，还可以反映出离心式点火调节器和真空式点火调节装置的工作情况。将测量的值与标准值相比较，就可以判断点火正时是否准确，并为点火正时调整提供技术数据。方法如下：

图 9-13 正时灯

将正时灯的电源线接到蓄电池的正负极柱上，再将传感器夹在第一缸分高压线上，并事先擦拭飞轮或曲轴带轮上第一缸压缩终了上止点标记，最好用粉笔或油漆将标记涂白。发动机怠速下稳定运转，打开正时灯并对准飞轮壳或机体前端面上的固定指针。使飞轮或曲轴传动带盘上的标记逐渐与固定指针对齐，此时读数即为发动机怠速运转时的点火提前角，测出的点火提前角应与规定值进行对照。测完后，注意将正时灯及时关闭。

常见问题解析

1. 故障案例

发动机不能启动，在启动时，发动机无发动的征兆。

2. 故障分析

(1)导线有短路、断路、接触不良处。

(2)点火开关损坏，点火线圈损坏、附加电阻断路。

(3)触点氧化、烧蚀，固定触点搭铁不良。

(4)触点间隙过大、过小。

(5)火花塞积碳或油污，间隙过大、过小，漏电。

(6)分电器安装位置有误。

(7)分缸线位置插错。

3. 检测及排除：

(1)检查与紧固及更换连接导线。

(2)更换点火开关及点火线圈，观察启动效果。

(3)清洁或更换热特性适当的火花塞。

(4)更换或打磨触电，检测触点间隙是否符合标准。

(5)调整分电器后，重新对点火正时，或更换分缸线。

9.3 电子点火系统

9.3.1 电子点火系统的优点

电子点火系统作为第三代点火装置，它具有次级上升速度更高、点火能量大、对火花塞积碳不敏感、高速点火可靠等优点，使发动机燃烧更充分、工作更可靠，同时还对降低燃料的消耗、改善排放污染起到了积极的作用。

9.3.2 电子点火系统结构原理

电子点火系统按储能方式的不同，可分为电感储能式(以点火线圈作为储能元件)和电容储能式(以电容作为储能元件)两大类，电感储能式电子点火系统与电容储能式相比，具有结构简单、成本低、发动机低速点火性能好等优点，从而在普通汽油发动机上得以广泛地应用，而电容储能式点火系统仅应用在高速发动机上。

电子点火系统按信号发生器的性质不同，又可分为磁感应式、霍尔效应式和光电式电子点火装置三种。

1. 磁感应式电子点火装置

磁感应式(或称磁脉冲式)分电器与传统的分电器相比，只是由磁感应式点火信号发生器取代了断电器，并取消了电容器。

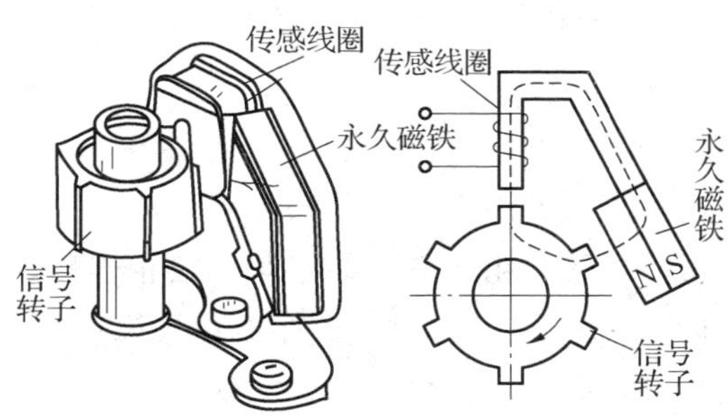

图 9-14 磁感应式点火信号发生器

(1)结构组成。磁感应式点火信号发生器主要由信号转子、传感线圈、铁芯、永久磁铁等组成，如图 9-14 所示。

(2)工作原理(图 9-15)。信号发生器的信号转子上有与发动机缸数相同的凸齿，其套在分电器的轴上可随分电器轴一起转动，信号转子与永久磁铁构成一定的磁场与磁路。当信号转子转到与铁芯对齐时，磁路被接通并形成闭合的磁路，磁场增强，如图 9-15(b)所示；当信号转子转离铁芯时，磁路被切断，磁场减弱，于是在感应线圈中产生交变的电压信号并输出，如图 9-15(c)所示。该交变电压信号输出给点火器，用以控制点火器的正常工作。

磁感应式点火信号发生器具有点火信号电压的大小随发动机转速的变化而变化的特点。发动机转速升高时，点火信号发生器磁路的磁阻变化速率提高，相应磁通量的变化速率也提高，传感线圈产生的信号电压也就随之增大。

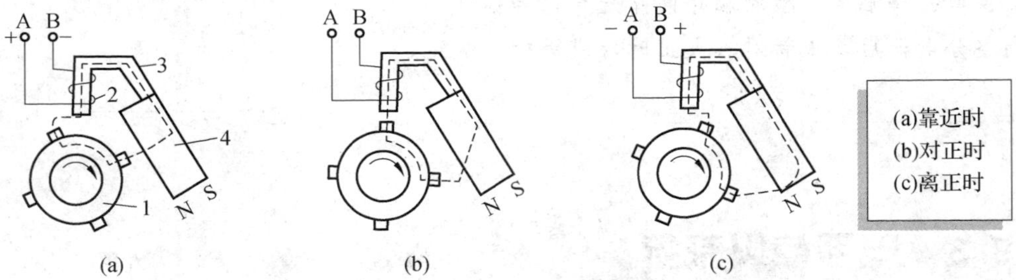

图 9-15　磁感应式点火信号发生器的工作原理

(3)磁脉冲式电子点火装置实例。图 9-16 为丰田汽车常用的磁脉冲式无触点电子点火装置。它由点火信号发生器、电子点火器、分电器、点火线圈、火花塞等组成。

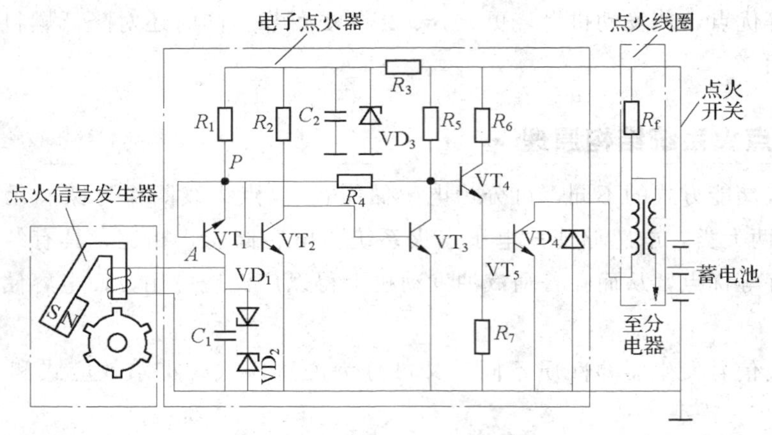

图 9-16　丰田汽车磁脉冲式无触点电子点火装置

工作原理：

点火器组装在一个小盒内，用来对点火系统的工作进行控制。点火器中有 5 个晶体管，VT_1 是 NPN 型晶体管，由于其发射极与基极相连接，故相当于一个二极管，只有当图中 P 点电位高于 A 点电位(晶体管 VT_1 的基极电位高于集电极电位)时，VT_1 才导通，VT_1 主要起温度补偿作用。VT_2 为触发管，起信号检测作用。VT_3、VT_4 起放大作用，将 VT_2 的输出进行放大以驱动 VT_5。VT_5 为大功率管，串联在点火线圈的初级电路中，控制初级电路的通断。

接通点火开关时，蓄电池的电压使 VT_1 导通，其直流电路为：蓄电池(或发电机)正极→点火开关→R_3→R_1→VT_1→信号线圈→搭铁→蓄电池(或发电机)负极构成回路。

当点火信号发生器产生正向脉冲时，信号电压与 VT_1 的正向电压降低叠加后，高于 VT_2 的导通电压，VT_2 导通。VT_2 的导通使 VT_3 的基极电位下降而截止，VT_3 的截止使 VT_4 的基极电位上升而导通，VT_5 因 R_7 的正向偏置而导通。于是初级电流回路为：蓄电池(或发电机)正极→点火开关→点火线圈附加电阻 R_f→点火线圈初级绕组→VT_5→搭铁→蓄电池(或发电机)负极构成回路，点火线圈储能。

当点火信号发生器产生反向脉冲时，信号电压与 VT_1 的正向电压降低叠加后，使 VT_2 的基极电位降低，VT_2 截止。VT_2 的截止使 VT_3 的基极电位上升而导通，VT_3 的导通使 VT_4 的基极电位下降而截止，晶体管 VT_5 没有正向偏置电压而截止。于是初级电流被切断，在次级绕组中产生高压，经配电器按点火次序分配到各缸火花塞点火，点燃可燃混合气使发动机做功。

电路中三极管 VT_1 的基极和发射极相连，相当于发射极为正、集电极为负的二极管，起温度补偿作用。其原理如下：当温度升高时，VT_2 的导通电压会降低，使 VT_2 提前导通而滞后截止，从而导致点火推迟；VT_1 与 VT_2 的型号相同，具有同样的温度特性系数，故在温度升高时，VT_1 的正向导通电压也会降低，使 P 点电位 U_P 下降，正好补偿了温度升高对 VT_2 工作电位的影响，而使 VT_2 的导通和截止时间与常温时相同。

2. 霍尔效应式电子点火装置

(1)霍尔效应原理。霍尔效应如图 9-17 所示。当电流 I 通过放在磁场中的半导体基片(即霍尔元件)，且电流方向与磁场方向垂直时，在垂直于电流和磁场的半导体基片的横向侧面上将产生一个电压 U_H(通常称之为霍尔电压)。霍尔电压的高低与通过的电流和磁感应强度成正比，当通过的电流 I 为一定值时，霍尔电压 U_H 随磁感应强度 B 的大小而变化。霍尔信号发生器正是利用霍尔现象来产生点火信号的。

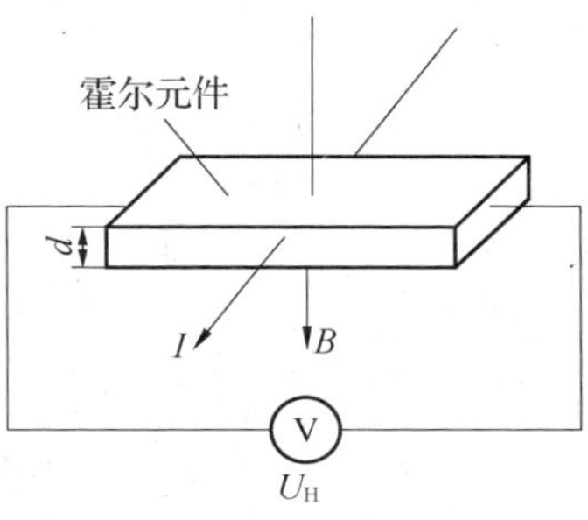

图 9-17 霍尔效应图

(2)霍尔式电子点火系统。霍尔式电子点火信号发生器的结构组成如图 9-18 所示，主要由与分火头制成一体的触发叶轮、霍尔集成块、带导板的永久磁铁等构成。

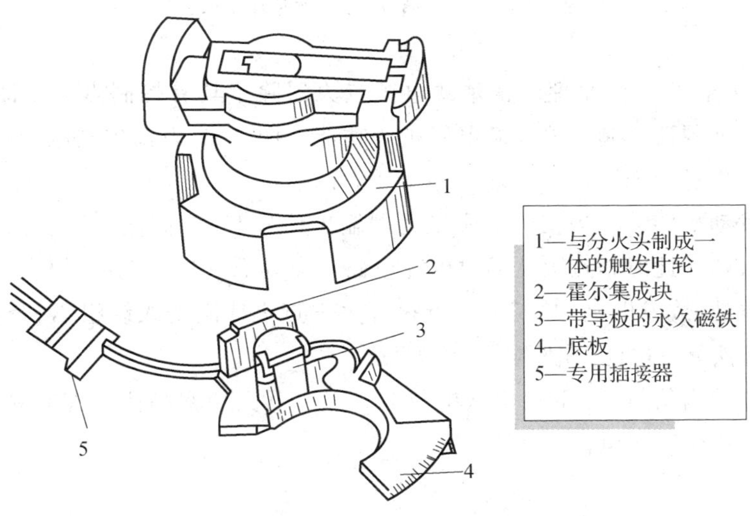

图 9-18 霍尔式电子点火信号发生器结构图

在与分火头制成一体的触发叶轮的四周，均布着与发动机汽缸数相同的缺口，当触发叶轮由分电器轴带着转动，转到触发叶轮的本体(没有缺口的地方)对着装有霍尔集成块的地方时(叶片在气隙内)，通过霍尔集成块的磁路被触发叶轮短路，如图 9-19 所示，此时霍尔集成块中没有磁场通过，不会产生霍尔电压；当触发叶轮转到其缺口对着装有霍尔集成块的地方时(叶片不在气隙内)，永久磁铁所产生的磁场在导板的引导下，垂直穿过通电的霍尔集成块，于是在霍尔集成块的横向侧面产生一个霍尔电压 U_H，但这个霍尔电压 U_H 是 mA 级，信号很微弱，还需要进行信号处理，这一任务由集成电路完成。这样霍尔元件产生的霍尔电压 U_H 信号，经过放大、脉冲整形，最后以整齐的矩形脉冲(方波)信号 U_g 输出，如图 9-20 所示。

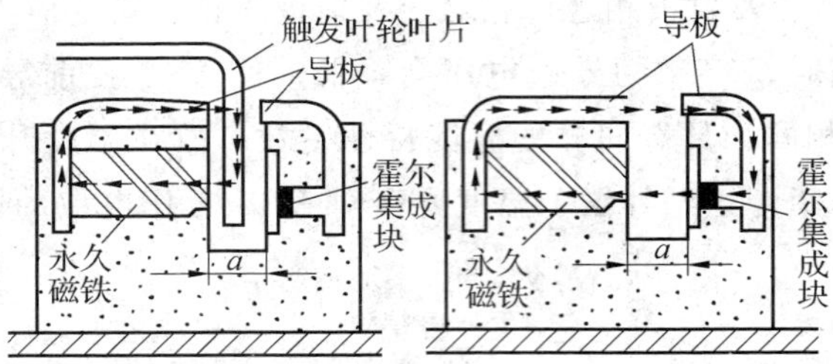

图 9-19　霍尔式电子点火信号发生器的工作原理

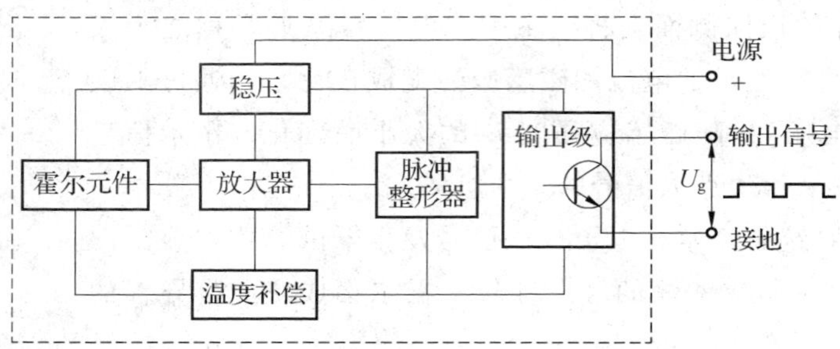

图 9-20　霍尔集成块的工作原理框架图

(3)霍尔式电子点火器的工作原理。霍尔式电子点火器除了具有控制点火线圈初级电流的通断外，还具有其他辅助控制，如限流控制、停车断电保护等功能。图 9-21 为霍尔式电子点火装置的工作电路，其电子点火器的基本工作过程如下：

接通点火开关，发动机转动，当霍尔信号发生器输出信号 U_g 为高电位，该信号通过点火器插座⑥端子和③端子进入点火器。此时，点火器通过内部电路，驱动点火器大功率晶体管 VT 导通，接通初级电路。其电路是：蓄电池(或发电机)“+”极→点火开关→点火线圈初级绕组 N_1→点火器大功率晶体管 VT→反馈电阻 R_s→搭铁→蓄电池(或发电机)“－”极。

当霍尔信号发生器输出信号 U_g 下跳为低电位时，点火器大功率晶体管 VT 立即截止，切断点火线圈初级电路，次级绕组产生高压电。

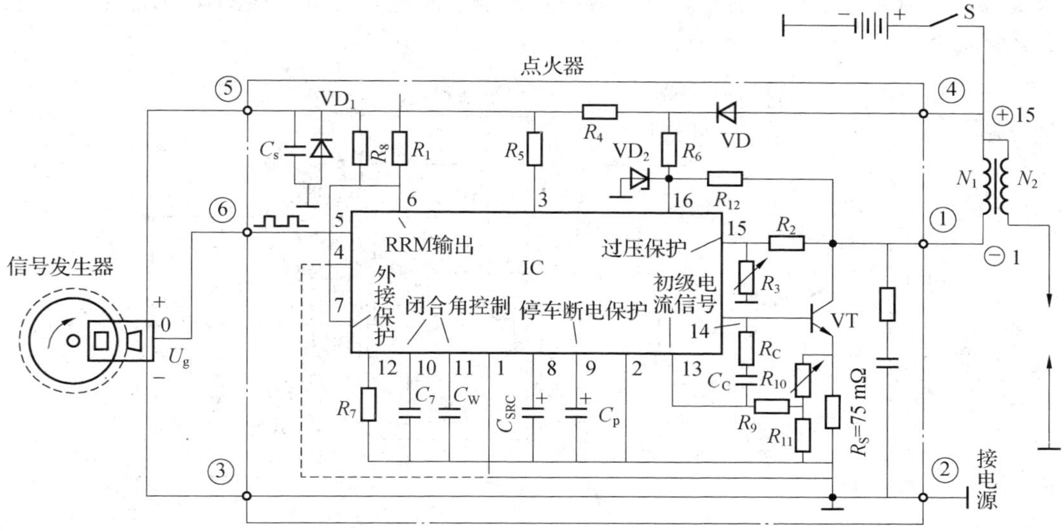

图 9-21　霍尔式电子点火装置的工作电路

3. 光电式电子点火装置

（1）光电式点火信号发生器的工作原理。安装有分电器轴上的遮光盘上，开有与发动机汽缸数相同的缺口，在遮光盘的上、下两面分别装有发光二极管和光敏三极管，如图 9-22 所示。工作时遮光盘随分电器轴一起转动，当遮光盘遮住了发光二极管发出的光线而光敏三极管感受不到光线时，光敏三极管截止；当遮光盘的缺口转到装有光电元件的位置时，光敏三极管感受到发光二极管发出的光照时，光敏三极管导通，产生点火信号电压，输出到点火模块。点火模块根据该信号来控制点火线圈初级电流的通断，从而产生次级电压。

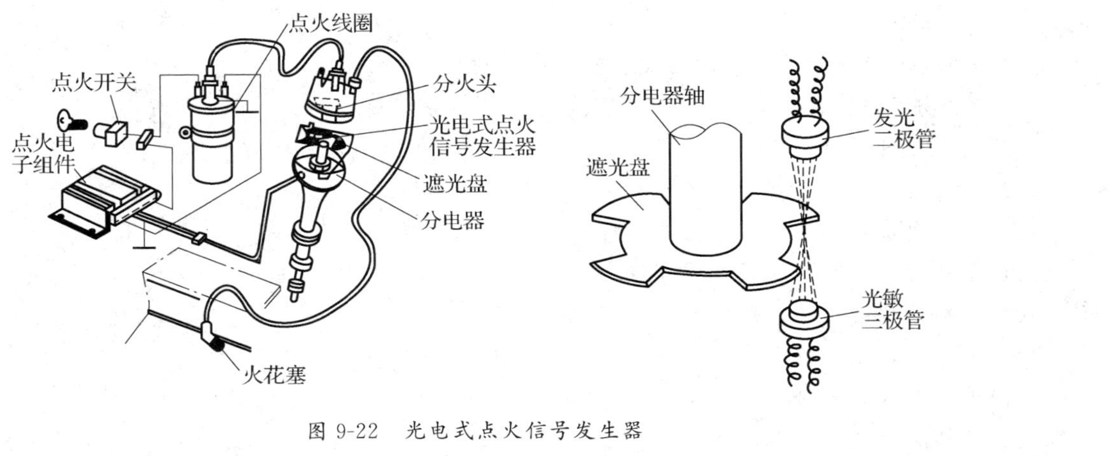

图 9-22　光电式点火信号发生器

（2）光电式电子点火装置的工作原理（图 9-23）。当光敏三极管 V 受光导通时，三极管 VT_1 获得正向偏压而导通。VT_1 导通后为 VT_2 提供正向偏压 UR_4，使 VT_2 导通。VT_2 导通后，VT_3 处于截止状态。功率三极管 VT 获得正向偏压 UR_6 导通，从而使点火线圈初级绕组通电；当光敏三极管 V 失光时，由导通转为截止，VT_1 失去基极电流由导通转为截止，VT_2 也截止，VT_3 因获得正偏由截止转为导通。VT

失去正向偏压 UR_6，则由导通转为截止，点火线圈初级绕组断电，在点火线圈次级绕组产生高压，经配电器分送至各缸火花塞。

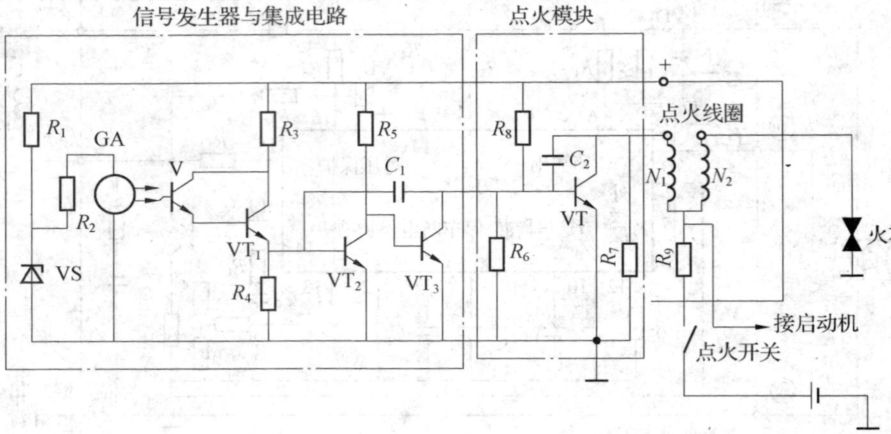

图 9-23　光电式电子点火装置工作电路

其他元件的作用：稳压二极管 VS 用以保证发光二极管 GA 获得稳定的工作电压；电容 C_1 为正反馈电路，用以提高功率管 VT 的开关速度，减少功率损耗，防止发热；电阻 R_7 用以保护功率三极管 VT，当 VT 由导通转为截止时，在次级绕组 N_2 产生次级电压的同时，初级绕组也产生 300 V 左右的自感电动势，R_7 可为其提供回路，防止 VT 被击穿损坏；电阻及 R_8 与电容 C_2 也具有 R_7 的作用，同时 C_2 还具有滤波功能；电阻 R_9 为点火线圈的附加电阻。

常见问题解析

1. 故障案例

桑塔纳汽车启动困难，启动后发动机运转不稳定。

2. 故障分析

(1)点火正时调整不当。

(2)点火提前角调节装置故障。

(3)点火模块损坏或信号发生器损坏。

(4)个别缸火花塞绝缘损坏或积碳。

(5)个别分缸线损坏、漏电。

3. 检测及排除

(1)重新对点火正时。

(2)更换桑塔纳的分电器。

(3)更换点火模块。

(4)更换火花塞，更换分缸线。

知识拓展

微机点火

点火系统按照点火线圈初级电流的控制方式不同，又分为信号触发式(上述的霍尔式、磁感应式、光电式电子点火系统)和微机控制式点火系统。因为影响点火时机的因素很多，如发动机冷却液温度、进气温度、进气压力、汽车速度等。所以信号触发式点火系统控制的点火时机不可能实现精确控制。

微机点火控制系统是采用微型计算机(即单片机)根据与发动机工作参数有关的各种传感器(如曲轴位置传感器、节气门位置传感器、冷却液温度传感器、进气温度及进气压力传感器等)输入的信号，经过逻辑运算和判断再对点火时机进行控制。因此，微机点火控制系统能实现精确控制，也是现代主流的点火系统控制方式。如图 9-24 所示，为微机点火原理。

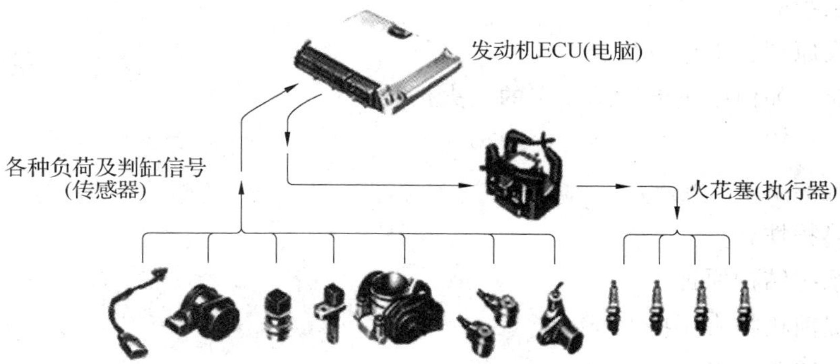

图 9-24　微机点火原理

思考与练习

一、 填空题

1. 目前汽车上使用的点火系统，大致可分为________点火系统、________点火系统、________点火系统和磁电机点火系统。
2. 点火系统的作用就是________；将蓄电池或发电机的________变成________，再按发动机各汽缸的工作顺序________混合气，使发动机运转。
3. 传统点火系统主要由________、________、________、________、________点火开关及辅助装置等组成。
4. 断电器的作用是接通与切断点火线圈中的________电流，以便在________中产生变化的磁场，供________升压。
5. 配电器的作用是将点火线圈产生的________按顺序配送至各缸的________。

思考与练习

6. 点火提前装置包括提前调节装置________，________提前调节装置和辛烷值选择器。

7. 蓄电池点火系统的低压电路电流走向为：蓄电池正极→________→点火线圈→断电器活动触点→________→________分电器壳体，流回蓄电池负极。

8. 分电器由________、________、________、________装置四大部分组成。

9. 火花塞主要由接触螺母、________、导电金属杆、壳体、导电玻璃、中心电极、垫圈、侧电极组成。

10. 断电器由固定在断电器底板上的断电器________和断电器凸轮组成。

二、 问答题

1. 简述传统点火系统的工作过程。
2. 简述霍尔式点火原理及工作过程。
3. 什么是点火正时？如何校正桑塔纳轿车的点火正时？
4. 简述点火系统的作用。
5. 简述对点火系统的要求。
6. 简述火花塞的热特性。
7. 简述电子点火系统结构原理。
8. 分电器的点火提前机构有哪些？
9. 什么是开磁路和闭磁路点火线圈？
10. 如何选配火花塞？

单元10 发动机启动系统

单元目标

知识目标

1. 了解启动机作用、结构和工作原理
2. 掌握启动系统维护、使用及检修的相关知识
3. 掌握启动控制电路的分析

能力目标

1. 正确规范地更换启动机
2. 对启动系统的维护
3. 点火开关的更换

知识脉络图

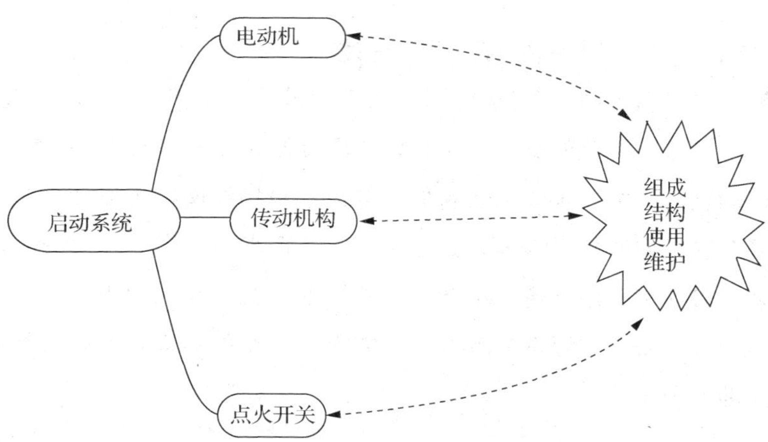

10.1 启动系统概述

1. 启动认知

曲轴在外力作用下开始转动到发动机自动地怠速运转的全过程，称为发动机的启动。

汽车发动机常用的启动是用电动机作为机械动力，当将电动机轴上的齿轮与发动机飞轮周缘的齿圈啮合时，动力就传到飞轮和曲轴，使之旋转，如图 10-1 所示。

启动机的工作可以分为三个环节：首先控制装置将启动机的驱动齿轮与发动机的飞轮啮合；其次再将电流输入给直流电动机，使之产生强大的电磁转矩，并通过驱动齿轮带动飞轮转动到能使发动机启动的最低转速；最后当发动机能正常运转后，自行切断与发动机的动力传递，直至启动结束。

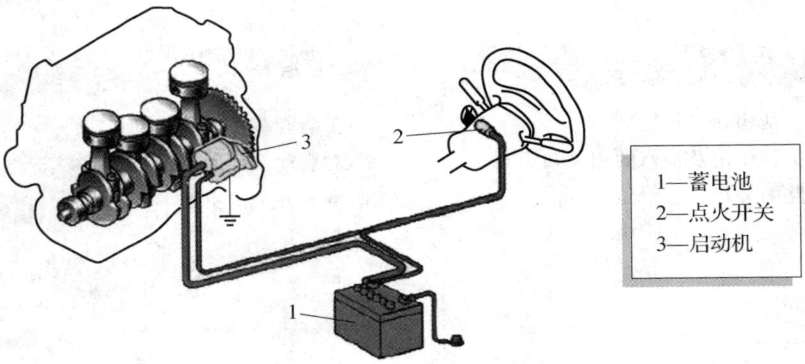

图 10-1 电力启动

2. 启动机认知

(1)启动机分类。常见电力启动机主要有以下三种：

①电磁控制强制啮合式启动机(常规启动机)(如老款桑塔纳轿车用的 QD1225 型)。其磁极一般采用电磁铁，传动机构中一般只是由简单的驱动齿轮、单向离合器和拨叉等组成，无特殊的结构和装置。

②永磁启动机。电动机的磁极用永久磁铁制成，取消了磁场线圈，可以使结构简化，体积小、质量轻。这主要用于老款轿车和轻型的越野汽车，如奥迪 100 型轿车。

③减速启动机。减速启动机采用高速、小型、低力矩电动机。在传动机构中设有减速装置，结构和工艺比较复杂。主要用于现代轿车和轻型越野汽车，如丰田轿车的启动机。随着技术的发展与成熟，现代生产的小型汽车绝大部分采用减速启动机。

(2)启动机的型号和规格。

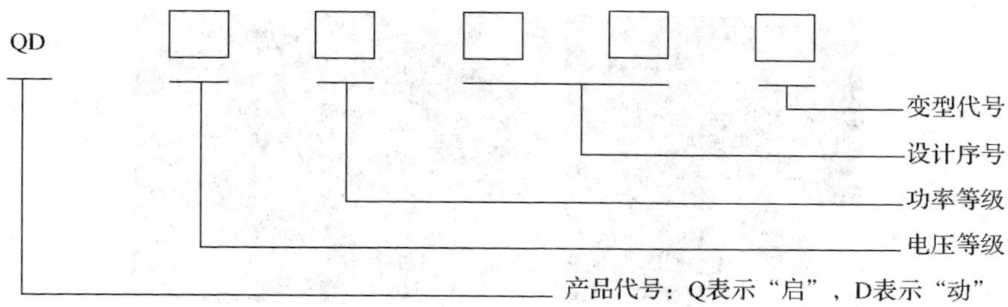

①电压等级：1～12 V；2～24 V。

②功率等级(表 10-1)

表 10-1　功率等级表

功率等级	1	2	3	4	5	6	7	8	9
功率(kW)	<1	1～2	2～3	3～4	4～5	5～6	6～7	7～8	>8

例如，QD1225 表示额定电压为 12 V，功率为 1～2 kW，第 25 次设计的启动机。

(3)常规启动机的组成。常规启动机由直流电动机、传动机构、控制装置组成，如图 10-2 所示。

①直流电动机。其作用是产生电磁转矩。

②传动机构(或称啮合机构)。其作用是在发动机启动时，使启动机驱动齿轮啮入飞轮齿环，将启动机转矩传给发动机曲轴。而在发动机启动后，使驱动齿轮打滑与飞轮齿环自动脱开。

③控制装置(即电磁开关)。作用是用来接通和切断启动机与蓄电池之间的电路。在有些汽车上，还具有接入和隔除点火线圈附加电阻的作用。

图 10-2　启动机组成

3. 点火开关认知

启动机受点火开关控制，点火开关是汽车大部分电源系统的供电分配点，同时也控制着汽车其他的一些特殊功能。一般安装在方向管柱和方向盘的周围，安装在方向管柱上，具有方向盘的锁止功能，如

图 10-3 所示。

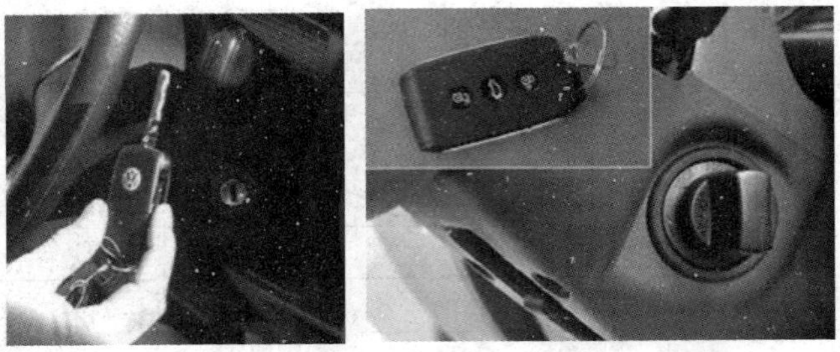

图 10-3　点火开关位置

点火开关由机械锁芯和电路开关两部分组成，Lock：锁止挡，对方向盘进行锁止；Off：切断所有供电；ACC：附件供电；On：给发动机及附件供电；Start：启动挡，如图 10-4 所示。

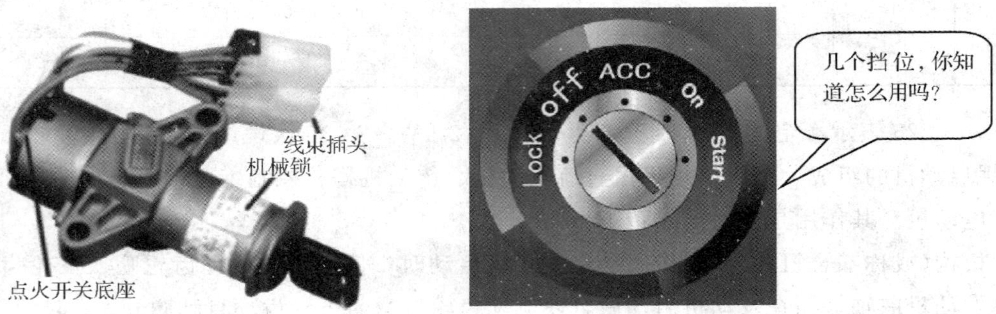

图 10-4　点火开关结构及挡位

4. 启动机的规范使用与维护

(1)每次启动时间不超过 5 s，启动时间间隙 2～3 min，如连续三次未能发动，应检查修理；冬天启动时，必须先转动曲轴数次，方可启动发动机。

(2)车辆行驶 2 000 km 后，应检查紧固件连接是否牢靠，导线接触是否良好。

(3)发动机必须空载启动。

5. 如何选用启动机

(1)启动机选用第一原则，原厂原则；通常汽车上的启动机都是配套使用的，不能混用，所以最好买原厂的启动机，避免安装时不必要的麻烦。

(2)无法买到原厂的启动机时，就只能对启动机进行维修。

6. 启动机更换前准备

(1)给蓄电池断电，避免异常打火，在拆装启动机时，为避免电瓶线束搭铁产生火花，故需要断开蓄电池负极接线柱。

(2)注意拆装顺序，准备专用工具。有些车型启动机的安装部位比较特殊，需要拆掉其他部件，这时就要注意拆装顺序，有时还需要用到转向接头。

常见问题解析

1. 故障案例：

启动时，启动机没有反应。

2. 故障分析

(1)蓄电池亏电或接柱过脏。

(2)点火开关及其线路断路或接触不良。

(3)电磁开关故障(接触盘接触不良、吸拉或保持线圈断路等)。

(4)直流电动机故障(定子总成、转子总成断路或搭铁、电刷接触不良等)。

3. 检测及诊断

(1)按下喇叭或开大灯，根据喇叭的响声及大灯的亮度判断蓄电池电量是否充足。

(2)检测线路是否脱离。

(3)短接电磁开关的两个主触点和主触点与电磁开关接头，判断电磁开关是否正常。

(4)当短接电磁开关的两个主触点后，启动机无力或无启动反应则为启动机内部故障。

10.2 启动机的结构

启动机一般由直流电动机、传动机构和电磁开关三部分组成。

10.2.1 直流电动机

直流电动机由电枢、磁极、电刷与电刷架、外壳等组成，如图 10-5 所示。

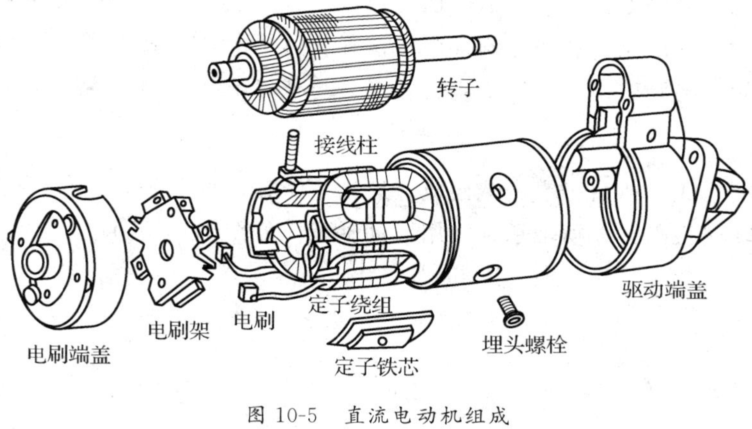

图 10-5 直流电动机组成

1. 电枢总成

电枢用来产生电磁转矩，它由电枢铁芯、电枢绕组、电枢轴及换向器组成，如图 10-6 所示。

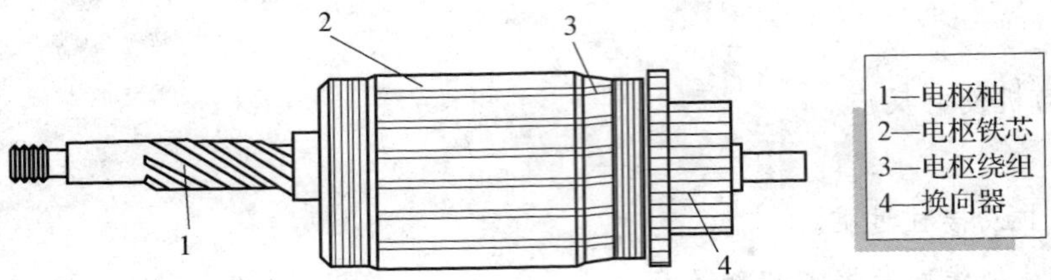

图 10-6　电枢总成

2. 磁极

磁极由铁芯和励磁绕组构成，如图 10-7 所示，其作用是在电动机中产生磁场，磁极铁芯一般由低碳钢制成，并通过螺钉固定在电动机壳体上。磁极一般是四个，由四个励磁绕组形成两对磁极，并两两相对，常见的励磁绕组一般与电枢绕组串联在电路中，故被称为串激式直流电动机。

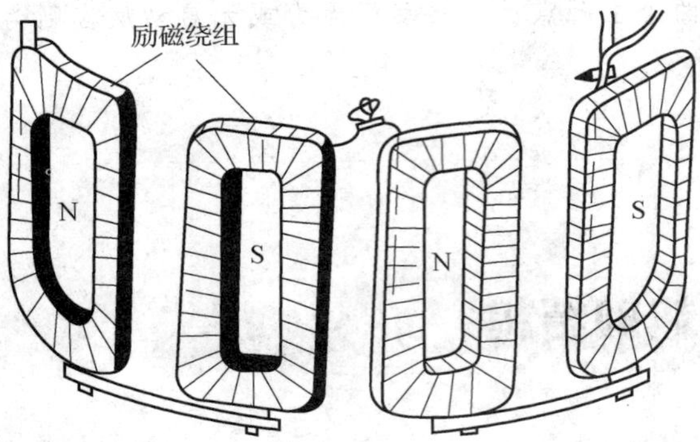

图 10-7　磁极

3. 电刷和电刷架

电刷与电刷架的作用是将电流引入电枢，使电枢产生连续转动。电刷一般用铜和石墨压制而成，有利于减小电阻及增加耐磨性。电刷装在电刷架中，借弹簧压力紧压在换向器上。与外壳直接相连构成电路搭铁，称为搭铁电刷；与励磁绕组和电枢绕组相连，与外壳绝缘，称为绝缘电刷，如图 10-8 所示。

4. 外壳

外壳由低碳钢卷制而成，或由铸铁铸造而成。启动机工作时间很短，所以一般采用滑动轴承。减速启动机由于其电枢的转速很高，电枢轴承则采用滚动轴承，如图 10-9 所示。

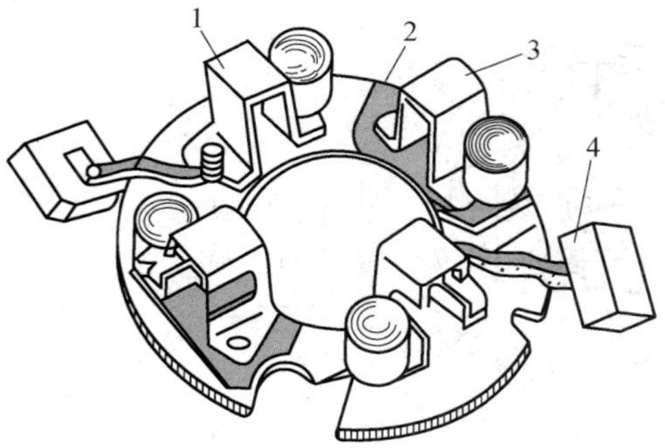

1—搭铁电刷架
2—绝缘垫
3—绝缘电刷架
4—搭铁电刷

图 10-8　电刷及电刷架

图 10-9　定子外壳

10.2.2　传动机构

启动机的传动机构是由单向离合器和减速机构组成。单向离合器是启动机传动机构的重要组成部分，其作用是将电动机的转矩传递给发动机的飞轮齿圈，并使发动机迅速启动，同时又能在发动机启动后自动打滑，防止启动机不被飞轮反拖，保护启动机不致飞散损坏。

滚柱式单向离合器是目前国内外汽车启动机中使用最多的一种，其结构如图 10-10 所示。其中，驱动齿轮与外壳连成一体。外壳内装有十字块，十字块与外壳形成了四个楔形槽，槽内装有四套滚柱及弹簧。十字块与花键套固定连接，壳底与外壳相互折合密封。花键套筒的外面装有缓冲弹簧、拨环及卡环。滚柱式单向离合器总成利用花键套与启动机轴的花键形成动配合，可以做轴向移动和随轴移动。

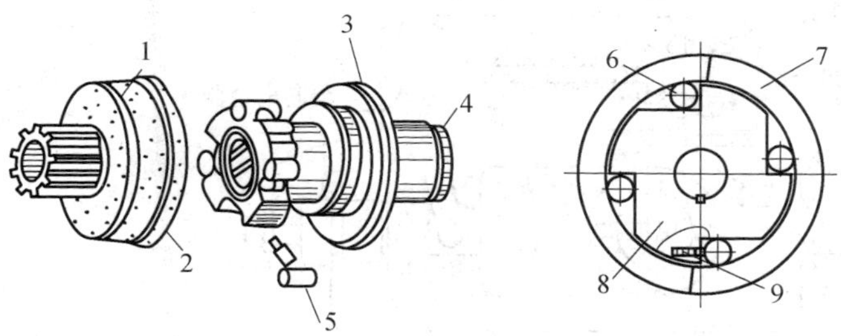

1—驱动齿与套筒
2—弹簧
3—防尘罩
4—十字块与套筒
5—滚柱
6—滚柱
7—套筒
8—十字块
9—弹簧顶杆

图 10-10　滚柱式单向离合器结构图

滚柱式单向离合器的工作原理如图 10-11 所示，发动机启动时，由于十字块处于主动状态，随电动机电枢一起旋转，使四个滚柱进入楔形槽的窄端，将十字块与外壳挤紧，于是电枢的转矩就可由十字块经滚柱、外壳传给驱动齿，如图 10-11(a)所示。

当发动机启动后，飞轮齿圈的转速高于驱动齿轮，十字块处于被动状态，外壳与滚柱的摩擦力使滚柱进入楔形槽的宽端而自由滚动，启动机空转，如图 10-11(b)所示。这种单向离合器的打滑功能，防止了电枢超速飞散的危险。

滚柱式单向离合器具有结构简单、坚固耐用、体积小、质量轻、工作可靠等优点，因此得到广泛采用。其不足是不能用于大功率启动机上。

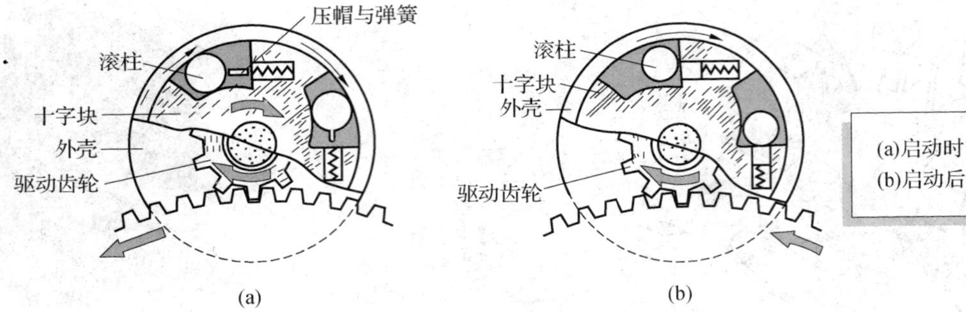

图 10-11 滚柱式单向离合器的工作原理

10.2.3 电磁开关

启动机的操纵机构主要由启动电磁开关、拨叉、拨环等组成。启动机的工作主要受电磁开关控制。如果电磁开关直接受点火开关的控制，则称为直接控制式电磁开关；如果在电磁开关的控制回路中加入继电器控制回路，则称为带启动继电器式电磁开关。

1. 直接控制式电磁开关

直接控制式电磁开关的控制电路如图 10-12 所示。通过电磁开关推动启动机驱动齿轮强制啮入飞轮齿圈。直接控制式电磁开关的控制电路共有三条工作回路，其工作过程如下：

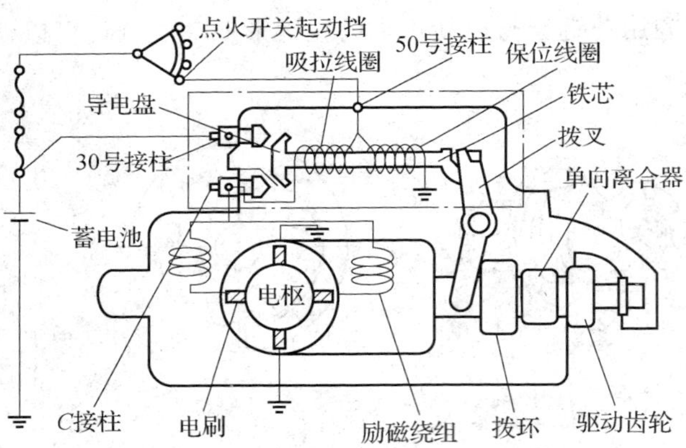

图 10-12 直接控制式电磁开关的控制电路图

(1)启动时，将点火开关打到启动挡。

回路 1：蓄电池正极→点火开关→50 号接柱→吸拉线圈→C 接柱→启动机励磁绕组→电枢→搭铁→蓄电池负极。

回路 2：蓄电池正极→点火开关→50 号接柱→保位线圈→搭铁→蓄电池负极。

动作 1：流经励磁与电枢绕组中的小电流，启动机缓慢转动，保证驱动齿轮被强制啮入时与飞轮齿圈的顺利啮入。

动作 2：磁场铁芯在吸拉线圈与保位线圈所产生的磁场共同作用下，向左移动，并同时通过拨叉推动启动机驱动齿轮向右移动，与飞轮齿圈啮合。

磁场铁芯向左移动，致使导电盘接通电磁开关上的 30 号接柱与 C 接柱，此时回路 1 短路，磁场铁芯依靠回路 2 保位线圈所产生磁场，继续保持导电盘将 30 号接柱与 C 接柱接通，接通了新的回路 3，产生了新的动作 3。

回路 3：蓄电池正极→30 号接柱→导电盘→C 接柱→启动机励磁绕组→电枢→搭铁→蓄电池负极。

动作 3：回路 3 中流经励磁与电枢绕组中的大电流使启动机产生大转矩，经启动机的传动机构驱动飞轮齿圈使曲轴旋转，用来启动发动机。

(2)发动机启动后，松开点火开关，50 号接柱断电，由于机械惯性，在松开点火开关的瞬间，导电盘仍将 30 号接柱与 C 接柱接通，瞬间构成一个新的回路：蓄电池正极 30 号接柱导电盘→吸拉线圈→保位线圈→搭铁→蓄电池负极，吸拉线圈与保位线圈产生相反方向的磁场，而有效磁场大大削弱，磁场铁芯因失去磁场力，而在回位弹簧的作用下迅速回位，导电盘与 C 接柱、30 号接柱分开，回路 3 被断开，同时驱动齿轮通过拨叉被拉回位，启动完毕。

2. 带启动继电器式电磁开关

带启动继电器控制电磁开关的控制电路图，如图 10-13 所示。(1)控制回路：蓄电池正极→点火开关→启动继电器线圈→搭铁→蓄电池负极。

(电磁)开关回路：蓄电池正极→继电器磁轭→继电器触点 K→启动机接线柱 50→保位线圈→搭铁→蓄电池负极→吸拉线圈接柱→吸拉线圈→导电片→主触头→励磁绕组→电枢→搭铁→蓄电池负极。

主回路：蓄电池正极→主触头→接触盘→主触头 30→定子绕组→电枢→搭铁→蓄电池负极。

这三条回路的控制关系是：控制回路控制着开关回路，开关回路又控制着主回路。

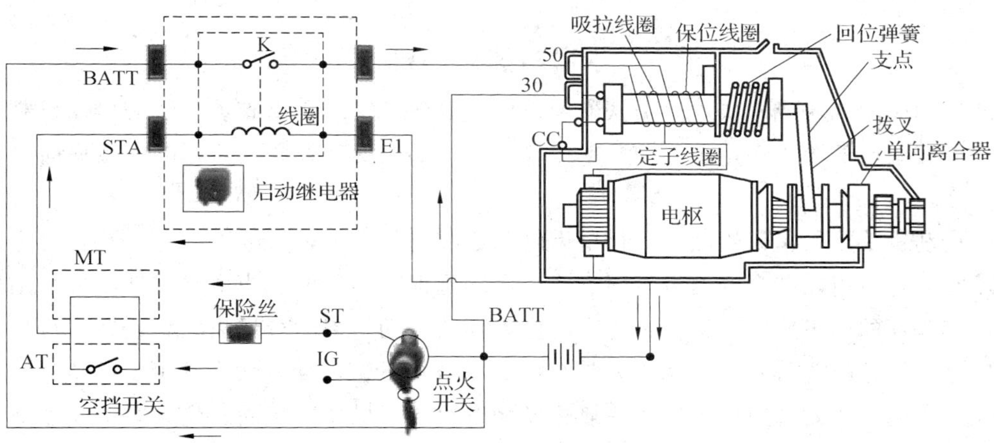

图 10-13　带启动继电器控制电磁开关的控制电路图

工作原理。发动机启动时，将点火开关旋至启动挡位，启动继电器通电后，吸下搭铁使触点闭合，接通电磁开关回路，启动机投入工作。发动机启动后，松开点火开关，点火开关自动转回到点火工作挡位，启动继电器线圈断电而触点被断开，电磁开关回路也随即断开，启动机停止工作。

利用启动继电器来控制电磁开关回路，能减小通过点火开关启动触点的电流，避免点火开关的烧蚀，延长点火开关的使用寿命。

常见问题解析

1. 故障案例

启动时，启动机空转，发动机不能正常启动。

2. 故障分析

(1)一般多为单向离合器故障。

(2)动力不经过启动机的驱动齿轮。

(3)飞轮齿圈严重损害。

3. 检测及诊断

(1)先检查发动机飞轮齿圈及启动机的驱动齿轮是否有严重磨损情况。

(2)若为飞轮齿圈磨损，可以将齿圈翻边或更换。

(3)若为驱动齿轮磨损，一般应更换。

(4)如果不是上述元件故障，则必定是单向离合器打滑，应更换。

知识拓展

永磁减速启动机

永磁减速启动机用四块或六块永久磁铁磁场组件代替磁场绕组，与磁场绕组的启动机相比，具有质量轻、结构简单和温升低等优点，图 10-14 为其结构图。因为没有磁场绕组，电流经换向器和电刷直达电枢。

永磁减速启动机采用行星齿轮减速。行星齿轮总成由装在电枢轴端的太阳轮、装在行星齿轮架上的三个行星齿轮和与行星齿轮啮合的内齿齿环组成，齿环是保持不动的。当电枢旋转时，太阳轮带动三个行星齿轮绕内齿齿环的内齿旋转，行星齿轮绕内齿齿环的运动，带动行星齿轮架旋转。行星齿轮架与输出轴连接。用这种齿轮配置得到的减速比为 4.5∶1。这样大的减速比，大大减少了启动机的电流。

在电气控制方面，永磁减速启动机与一般磁场绕组的启动机基本相同。注意搬动永磁减速启动机时要避免磕碰，因为永久磁铁是脆性的，容易损坏。

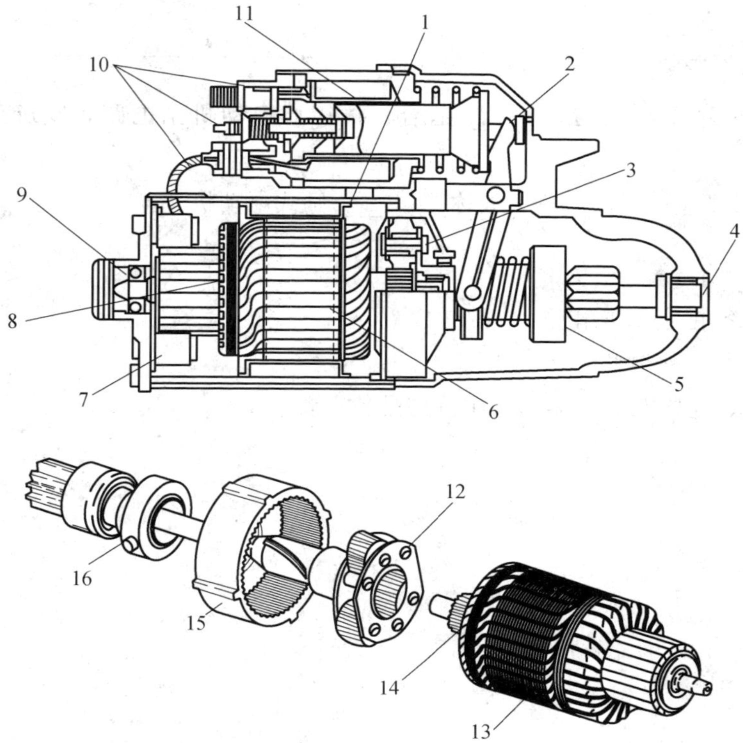

1—永久磁铁
2—启动机构
3—行星齿轮减速器总成
4—轴承
5—单向离合器
6—电枢
7—电刷
8—焊接连接
9—密封的球轴承
10—气体保护焊连接
11—活动铁芯
12—行星齿轮架
13—电枢
14—太阳轮
15—不动的齿环
16—DR-115型启动机构

图 10-14　永磁减速启动机结构图

思考与练习

一、 填空题

1. 启动机的结构由________、________、________等三部分组成。
2. 启动机转子的组成有________、________、________、________。
3. 电磁开关是由两组线圈组成的，分别是________________、________________。各个线圈的作用有________________、________________。
4. 点火开关的挡位有________、________、________、________。
5. 启动机的传动机构是由________和减速机构组成。
6. 单向离合器常见的有________式、________式和________式三种。
7. 启动机操纵机构的作用是________或________启动机与蓄电池之间的主电路，驱动拨叉使________与________啮合。有些启动机控制机构还能在启动时将________短接，以增大启动时的点火能量。
8. 启动系统电路常见的有________控制式、________控制式、________控制式。

思考与练习

9. 启动机工作时，应先让单向离合器小齿轮与________啮合，再接通启动机主电路，以避免________现象产生。

10. 一般励磁式启动机励磁绕组与转子呈________联，故称________励式电动机。

二、 问答题

1. 常规启动机由哪几个部分组成？各起什么作用？
2. 减速传动型启动机的减速机构有哪三种类型？
3. 直流串励式电动机中磁极、电枢、电刷及换向器的作用分别是什么？
4. 什么是发动机启动？
5. 启动机的分类具体有哪些？
6. 启动机如何使用？
7. 磁极的组成与作用有哪些？
8. 直流电动机由哪些部件组成？
9. 电刷和电刷架的作用是什么？
10. 启动机的传动机构的作用是什么？

单元11 传动系统

单元目标

知识目标

1. 理解传动系统组成、功用及布置方式
2. 理解离合器的功用和工作原理
3. 理解同步器和分动器的工作原理
4. 认识液力耦合器、液力变矩器和变速器
5. 掌握主减速器、传动轴、半轴、桥壳、万向节的结构和工作原理

能力目标

1. 拆装传动系统各部件
2. 拆装离合器
3. 拆装液力耦合器和液力变矩器结构
4. 拆装万向传动装置
5. 拆装变速器、半轴、桥壳和差速器

知识脉络图

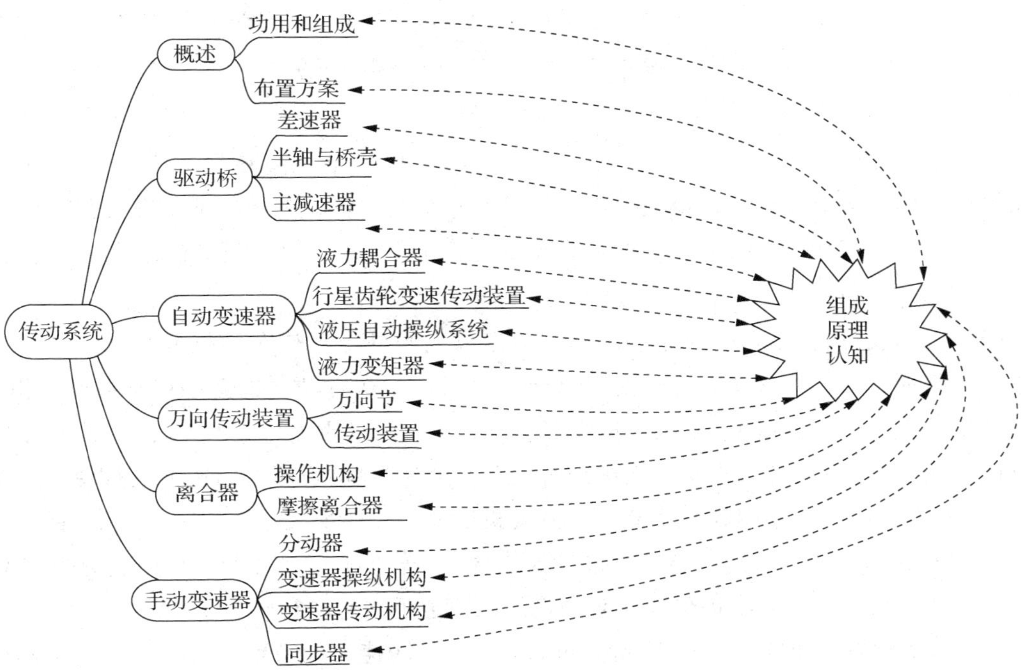

11.1 传动系统概述

11.1.1 传动系统的功用和组成

汽车传动系统是位于发动机和驱动车轮之间的动力传动装置，其作用是将发动机发出的动力传给驱动车轮。

1. 汽车传动系统的组成

传动系统的组成及其在汽车上的布置形式，取决于发动机的形式和性能、汽车总体结构形式、汽车行驶系统及传动系统本身的结构形式等诸多因素。目前广泛应用于普通双轴货车上，并与活塞式发动机配用的机械式传动系统的组成及布置示意图如图 11-1 所示。发动机纵向安置在汽车前部，并且以后轮为驱动轮。图中有标号的部分为传动系统。发动机发出的动力依次经过离合器 1、变速器 2、万向节 3 和传动轴 8 组成的万向传动装置以及安装在驱动桥 4 中的主减速器 7、差速器 5 和半轴 6，最后传到驱动车轮。

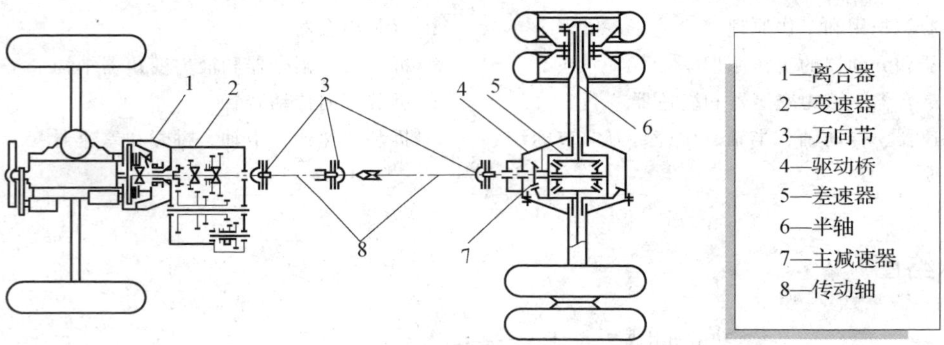

图 11-1　机械式传动系统的组成及布置示意图

2. 汽车传动系统的功能

传动系统的首要任务是与发动机协同工作，以保证汽车在各种行驶条件下正常行驶时所必需的驱动力与车速，并使汽车具有良好的动力性和燃油经济性。为此，任何形式的传动系统都必须具有以下功能：

(1)减速增矩。只有当作用在驱动轮上的驱动力足以克服外界对汽车的阻力时，汽车方能起步并正常行驶。由实验得知，即使汽车在平直的沥青路面上以低速匀速行驶，也需要克服数值约相当于 1.5% 汽车总重量的滚动阻力。以东风 EQ1090E 型汽车为例，该车满载质量为 9 290 kg(总重力为 91 104 N)，其最小滚动阻力约 1 376 N。若要求该车在满载时能在坡度为 30°的道路上匀速上坡行驶，所需要克服的上坡阻力即达 2 734 N。该车采用的 6100Q-1 型发动机所能产生的最大转矩为 353 N/m(此时发动机转速为 1 200～1 400 r/min)。假设将这一转矩直接如数传给驱动轮，则驱动轮得到的牵引力为 784 N。显然，在此情况下，汽车不仅不能爬坡，即使在平直的良好路面上也不可能行驶。

另外，6100Q-1 型发动机在发出最大功率 99.3 kW 时的转速为 3 000 r/min。假如将发动机与驱动轮之间直接相连接，则对应这一发动机转速的汽车速度将达 510 km/h。这样高的车速既不实用，又不可能实现(因为相应的驱动力太小，汽车根本无法起步)。

为解决上述矛盾，必须使传动系统具有减速增矩的作用，亦即使驱动轮的转速降低为发动机转速的若干分之一，相应地驱动轮所得到的转矩则增大到发动机转矩的若干倍。此项功能通常由变速器 2 和驱动桥 4 中的主减速器 7 共同来实现。在机械式传动系统中，若不计摩擦损失，则驱动轮的转矩与发动机的转矩之比等于发动机转速与驱动轮转速之比。该比值称为传动系统的传动比，以符号 i 表示。

(2)实现汽车变速。汽车的使用条件，如汽车的装载质量、道路坡度、路面状况、道路宽度和曲率、交通情况所允许的车速等，都在很大范围内不断变化，这就要求汽车牵引力和速度也有相当大的变化范围。另外，就活塞式发动机而言，在整个转速范围内转矩的变化不大，而功率及燃油消耗率的变化却很大，因而发动机处于功率较大而燃油消耗率较低的曲轴转速范围，即有利转速范围是很窄的。为了使发动机能保证在有利转速范围内工作，而汽车牵引力和速度又在足够大范围内变化，应当使传动系统传动比在最小值和最大值之间变化，即传动系统应起变速作用。此项功能通常由变速器 2 来实现。

传动系统中的变速器和驱动桥中的主减速器是串联的，整个传动系统总的传动比等于变速器和主减速器传动比的乘积，即 $i=i_g i_o$。传动系统的传动比的最小值应保证汽车能在平直良好的路面上克服滚动阻力和空气阻力，并以相应的最高速度行驶。通常变速器直接挡的传动比为最小值 $i_g=1$，则整个传动系统的最小传动比 i_{min}就等于主减速器的传动比 i_o。轿车和轻型货车的 i_{min}一般为 3～6，中、重型货车的 i_{min}一般为 6～15。

当要求驱动力足以克服最大的行驶阻力，或要求汽车具有某一最低稳定速度时，传动系统传动比就相应取为最大值 i_{max}。整个传动系统传动比的最大值 i_{max}等于变速器的一挡传动比 i_g与主减速器传动比 i_o的乘积。i_{max}在轿车上约为 12～18，在轻、中型货车上为 35～50。

若传动比在一定范围内的变化是连续的和渐进的，则称为无级变速。无级变速可以保证发动机保持在最有利的工况下工作，因而有利于提高汽车的动力性和燃油经济性。但对机械式传动系统而言，实现无级变速比较困难。因此，大部分机械式传动系统是有级变速的，即变速器的挡位数是有限的。一般轿车和轻、中型货车的传动比有 3～5 挡，越野汽车和重型货车的传动比多达 8～10 挡。实现有级变速的结构措施，大多数只在主减速器之前的辅助减速机构中设置并联的若干对减速齿轮，其传动比 i 各不相同，而且任何一个齿轮都可以在驾驶员操纵下加入或退出传动。在汽车行驶过程中，驾驶员可根据需要选用其中一对齿轮与主减速器串联传动，以获得不同的传动系统总传动比。在良好道路上欲使汽车以较高速度行驶时，则可选用变速器中传动比较小的挡位，即高速挡；在艰难道路上行驶或爬行较大坡度时，则可选用变速器中传动比较大的挡位，即低速挡。三轴式变速器的直接挡传动比为 1，即变速器不起减速作用，仅依赖主减速器实现减速。绝大多数变速器有超速挡，即传动比小于 1 的挡。

有些重型汽车在变速器与主减速器之间还加设一个辅助变速机构——副变速器，必要时还将主减速器设计成两个挡位，借以增加传动系统传动比的挡位数。

(3)实现汽车倒驶。汽车在某些情况下(如进入停车场或车库，在狭窄路面上调头时)，需要倒向行驶。然而发动机是不能反向旋转的，与发动机共同工作的传动系统必须在其旋转方向不变的情况下，使驱动轮反向旋转。一般结构措施是在变速器内加设具有中间减速齿轮副的倒挡机构。

(4)必要时中断传动系统的动力传递。发动机只能在无负荷情况下启动，而且启动后的转速必须保持在最低稳定转速上，否则可能会熄灭。所以，在汽车起步之前，必须将发动机倒车驱动轮的动力传递路线切断，以便启动发动机。发动机进入正常怠速工况运转后，再逐渐地恢复传动系统的传动能力，亦即从零开始逐渐对发动机曲轴加载，同时加大节气门的开度，以保证发动机不致熄灭，且汽车能平稳起步。此外，在变换传动系统传动比挡位(换挡)和对汽车进行制动之前，也都有必要暂时中断动力传递。为此，在发动机与变速器之间可装设一个依靠摩擦来传递动力，且其主动和从动部分可在驾驶员操纵下彻底分离，随后再柔和结合的机构——离合器 1。

在汽车长时间停车或在发动机不停止运转情况下使汽车暂时停车，以及在汽车获得相当高的车速后，欲停止对汽车供给动力，使之靠自身惯性进行长距离滑行时，传动系统应能长时间保持在中断动力传递状态。为此，变速器应设有空挡，通过驾驶员操纵使各挡齿轮都能保持在脱离传动的位置。

(5)应使两侧驱动车轮具有差速作用。当汽车转弯行驶时，左右两侧车轮滚动的距离不同，如果两侧驱动轮仅用一根刚性轴驱动，则两者角速度必然相同，因而汽车转弯时必然产生车轮相对于地面滑动的现象。这将使转向困难、汽车动力消耗增加、传动系统内某些零件和轮胎加速磨损，所以驱动桥 4 内装有差速器 5，使左右两驱动轮可以不同的角速度旋转。动力由主减速器先传到差速器，再由差速器分配给左右两半轴 6，最后传到两侧的驱动轮。

此外，由于发动机、离合器和变速器固定在车架上，而驱动桥和驱动轮一般是通过弹性悬架与车架联系的，因此在汽车行驶过程中，变速器和驱动轮经常有相对运动。在此情况下，两者之间不能用简单的整体传动轴传动，而应采用万向节 3 和传动轴 8 组成的万向传动装置传动。

根据汽车传动系统中传动元件的特征，传动系统可分为机械式、液力式和电力式等类型。

11.1.2 机械式传动系统的布置方案

机械式传动系统的布置方案与汽车的总体布置方案是相适应的，可分为以下几种。

1. 发动机前置后轮驱动的 FR 方案

图 11-1 所示的机械式传动系统是 4×2 型汽车的传统总体布置方案，即发动机前置后轮驱动的 FR 方案，主要应用在载货汽车上，在部分轿车和客车上也有应用。该种方案的优点是维修发动机方便，离合器、变速器的操纵机构简单，货箱地板高度低，前、后轮的轴荷分配比较合理。其缺点是需要一根很长的传动轴，这不仅增加了整车质量，而且影响了传动系统的效率。

2. 发动机前置前轮驱动的 FF 方案

如图 11-2 所示，FF 方案是将发动机 1、离合器 2、变速器 3、主减速器 5、差速器 6 等都装配在一起，成为十分紧凑的整体，固定在汽车前面的车架和车身底架上，前轮为驱动轮，因此，在变速器和驱动桥之间省去了万向节和传动轴。

发动机在车上的布置可以横置，也可以纵置。在发动机横向布置时，将发动机的曲轴轴线布置成垂直于车身轴线，此时，变速器轴线与驱动桥轴线平行，主减速器可以采用结构、加工都较简单的圆柱斜齿轮副；在发动机纵向布置时，将发动机的曲轴轴线布置成平行于车身轴线，主减速器则大多采用主、从动齿轮轴线垂直的准双曲面或曲线圆锥齿轮副。

FF 方案省去了 FR 方案中变速器和驱动桥之间的万向节和传动轴，使车身底板高度可以降低，有助于提高汽车的乘坐舒适性和高速行驶时的操纵稳定性；整个传动系统集中在汽车前部，因而其操纵机构比较简单。这种布置方案目前已广泛应用于微型和中型轿车上，在中高级和高级轿车上的应用也日渐增多。但由于前轮既是驱动轮，又是转向轮，需要使用等速万向节 7，使其结构较为复杂，且前轮的轮胎寿命较短，汽车的爬坡能力相对较差。

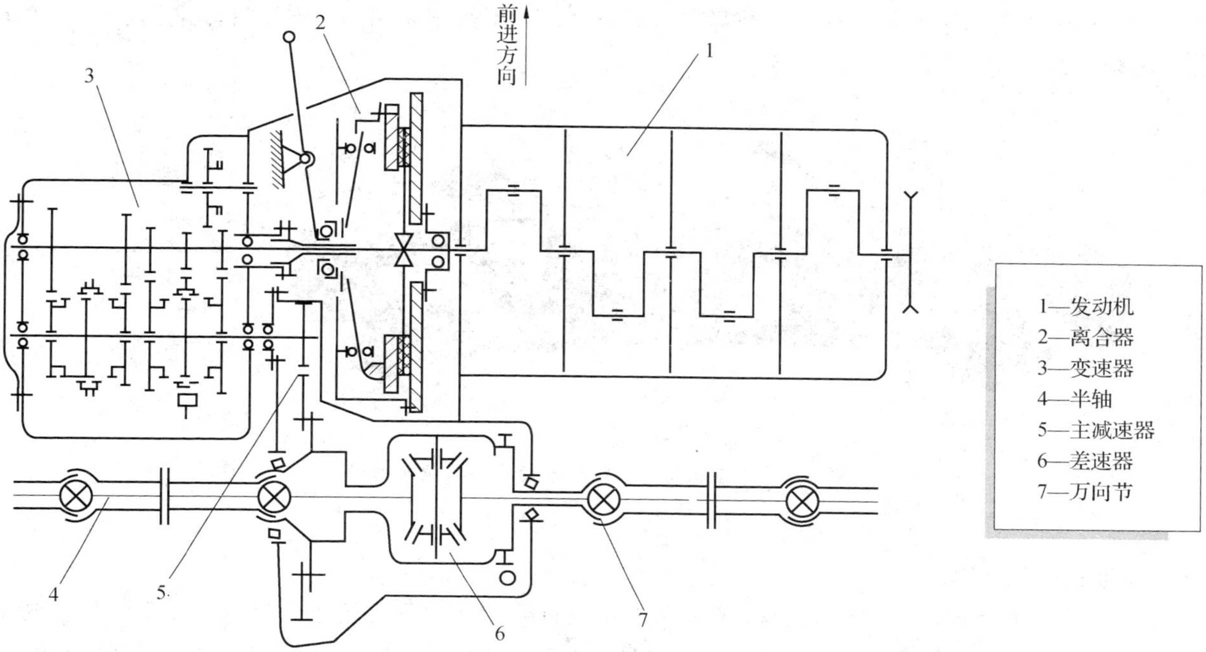

图 11-2　发动机前置前轮驱动的传动系统示意图

3. 发动机后置后轮驱动 RR 方案

如图 11-3 所示，RR 方案是将发动机 1、离合器 2 和变速器 3 都横向布置于驱动桥 6 之后，驱动桥采用非独立悬架。由于驱动桥与变速器之间距离较大，其相对位置经常变化，所以有必要设置角传动装置 4 和万向传动装置 5。大、中型客车广泛采用这种布置方案，使其前、后轴更容易获得合理的轴荷分配，并具有车内噪声低、空间利用率高、行李箱体积大等优点。但是，在此情况下，发动机的冷却条件较差，发动机和离合器、变速器的操纵机构都较复杂。目前，只有少数轿车和微型汽车采用这种方案。

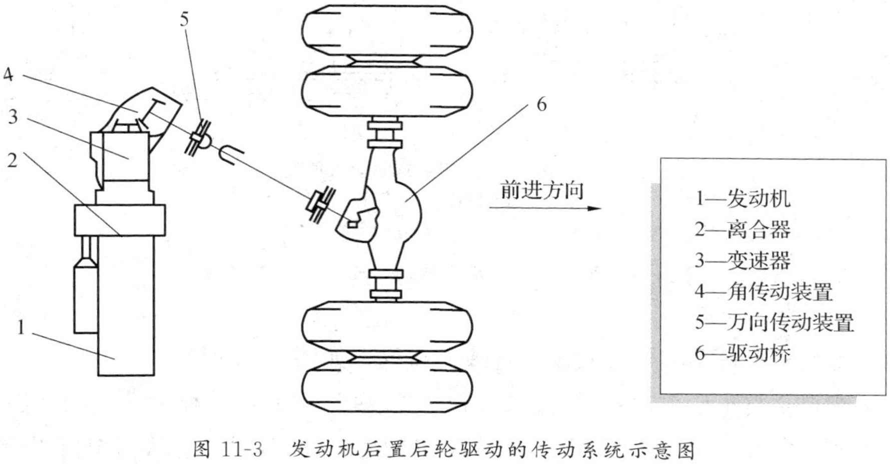

图 11-3　发动机后置后轮驱动的传动系统示意图

4. 发动机中置后轮驱动的 MR 方案

MR 方案发动机布置于驾驶室后面的汽车的中部，采用后轮驱动，如图 11-4 所示。该布置方案有利于实现前、后轴较为理想的轴荷分配，是赛车和部分大、中型客车采用的方案。客车采用这种方案布置时，能得到车厢有效面积的最高利用率。

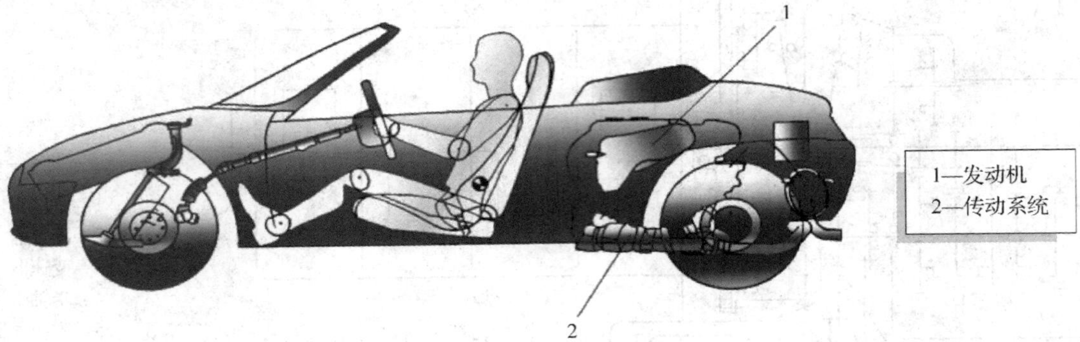

图 11-4　发动机中置后轮驱动的传动系统示意图

5. 全轮驱动的 nWD 方案

nWD 是英文 n Wheel Drive 的缩写，n 是指与车轮总数相等的驱动轮数，表示传动系统是全轮驱动方案，它起源于很早以前的军用车。对于要求能在坏路面或无路地带行驶的越野汽车，为了充分利用所有车轮与地面之间的附着条件，以获得尽可能大的驱动力，提高其通过性，总是将全部车轮都作为驱动轮，这时在变速器后要设置分动器，将动力分配给各驱动轮。对于三桥和四桥驱动的越野汽车，如采用贯通式驱动桥替代非贯通式驱动桥，可简化结构布置，减少零件数，提高零件的通用性，如图 11-5 所示。

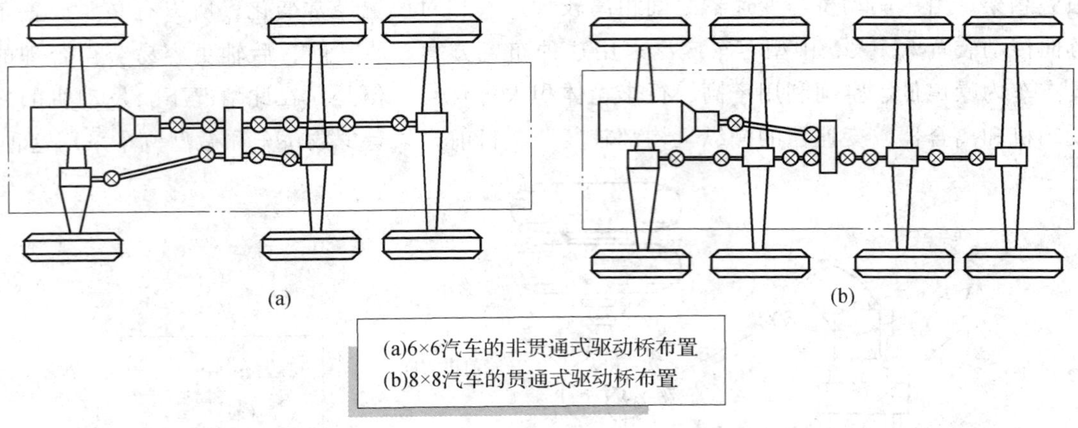

图 11-5　多轴驱动越野汽车的传动系统布置示意图

四桥驱动的越野汽车也可采用侧边式及混合式的布置，如图 11-6 所示。

有些轿车为了在提高整车牵引性和通过性的同时，改善汽车的行驶稳定性、制动性和转向特性，也采用全轮驱动的方案。图 11-7 为德国宝马 4WD 轿车的传动系统布置图。从图中可以看出，前驱动桥 1

和后驱动桥 8 都是驱动桥。为了将变速器 3 输出的动力分配给前、后两驱动桥，在变速器与两驱动桥之间设置有分动器 5，并且相应增设了自分动器通向前驱动桥的前传动轴 4。这种驱动形式称为短时四轮驱动，它的特点是根据行驶需要，驾驶员可通过拨叉或开关操纵分动器，使前桥接通或断开，实现四轮驱动与两轮驱动切换。还有一种驱动形式为常时四轮驱动，它的特点是用锥齿轮式中间差速器或黏性轴连器式中间差速器代替短时四轮驱动方案中的分动器，实现四个车轮始终都具有驱动力，并同时吸收前后车轮的转速差。为了防止四个车轮中有一个车轮发生空转而导致汽车不能正常行驶，可采取将中间差速器锁死或限制中间差速器差动等方法。

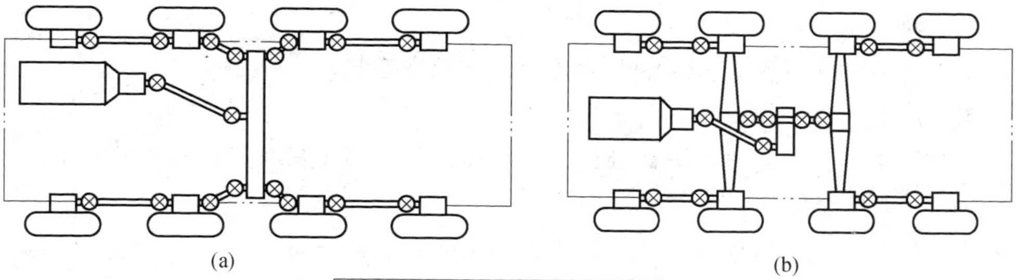

(a)侧边式布置 (b)混合式布置

图 11-6　8×8 越野汽车的侧边式及混合式布置

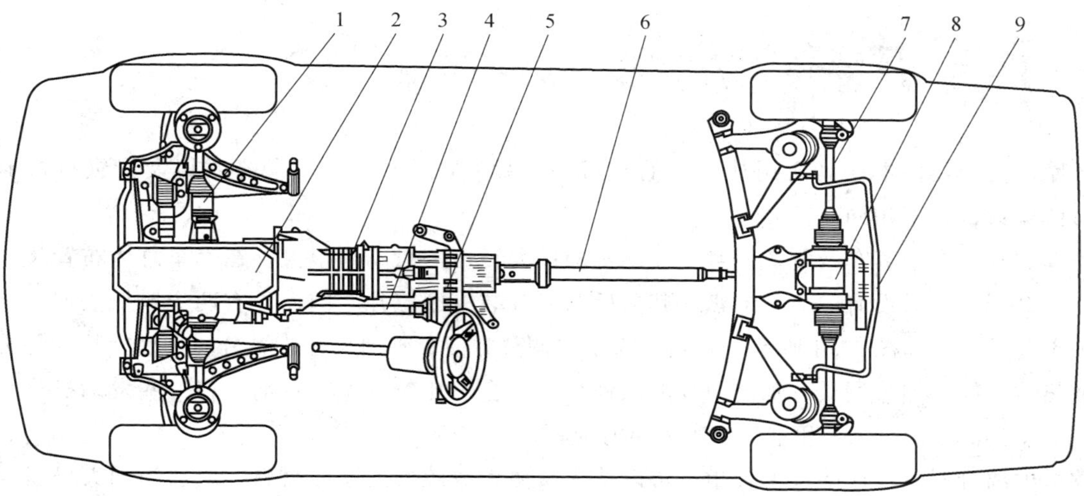

1—前驱动桥　2—发动机　3—变速器　4—前传动轴　5—分动器
6—后传动轴　7—后驱动桥的半轴　8—后驱动桥　9—横向稳定器

图 11-7　4WD 轿车的传动系统布置图

常见问题解析

传动轴中间支撑松旷

1. 故障现象

当汽车行驶时，发出“呜、呜”的响声，车速越快，声音越大，即为中间支撑损坏故障。

2. 故障原因

(1)滚动轴承缺油烧蚀或磨损严重。

(2)中间支撑安装方法不当，造成附加载荷而产生异常磨损。

(3)橡胶圆环磨损。

(4)车架变形，造成前后连接部分的轴线在水平面内的投影不同线而产生异常磨损。

3. 故障诊断与排除方法

(1)给中间支撑轴承加注润滑脂，响声消失，则故障是由缺油引起的。

(2)松开夹紧橡胶圆环的所有螺钉，待传动轴转动数圈后再拧紧，否则可能是橡胶圆环损坏，或者滚动轴承技术状况不佳或者车架变形等引起。

11.2 离合器

对于摩擦离合器，根据其所用从动盘的数目、压紧弹簧的形式、安装方式以及操纵机构形式的不同，其总体构造也各不相同。

对轿车和轻、中型客车及货车而言，发动机的最大转矩一般不是很大，在汽车总体布置尺寸允许的条件下，离合器通常只设有一片从动盘，其前后两面都装有摩擦片，因而具有两个摩擦表面。这种离合器称为单盘离合器，如图 11-8 所示，其结构简单，调整方便，轴向尺寸小，分离彻底，从动部分转动惯量小，散热性能好，加采用具有轴向弹性的从动盘时接合也比较平顺。目前，在一些发动机最大转矩不大于 1 000 N·m 的大型客车和重型货车上也有应用。

若欲增大离合器所传递的最大转矩，可以选用摩擦因数较大的摩擦材料，或适当加大压紧弹簧的压紧力，或加大摩擦面的尺寸。有些吨位较大的中、重型汽车要求离合器传递的转矩相当大，采用上述几种结构措施时，可能仍然满足不了要求。因为摩擦因数的提高受到摩擦衬片材料的限制，摩擦面尺寸的增加又受发动机飞轮尺寸所限制，过分加大压紧弹簧的压紧力，在采用螺旋弹簧的条件下，将使操纵费力。在这种情况下，最有效的措施就是将摩擦面数增加一倍，即增加一片从动盘，成为双盘离合器，如图 11-9 所示。与单盘离合器相比，传递转矩的能力得到增大，接合也更平顺、柔和。在传递相同转矩的情况下，其径向尺寸较小，操纵更轻便。但其轴向尺寸大，结构复杂，中间压盘的通风散热性差，分离行程较大，分离不彻底，从动部分的转动惯量大，易使换挡困难。因此，它主要在一些传递转矩大且径向尺寸受到限制的汽车上应用。

根据所用压紧弹簧布置位置的不同，可分为周布弹簧离合器、中央弹簧离合器和周布斜置弹簧离合器；根据所用压紧弹簧形式的不同，可分为圆柱螺旋弹簧离合器、圆锥螺旋弹簧离合器和膜片弹簧离合器。

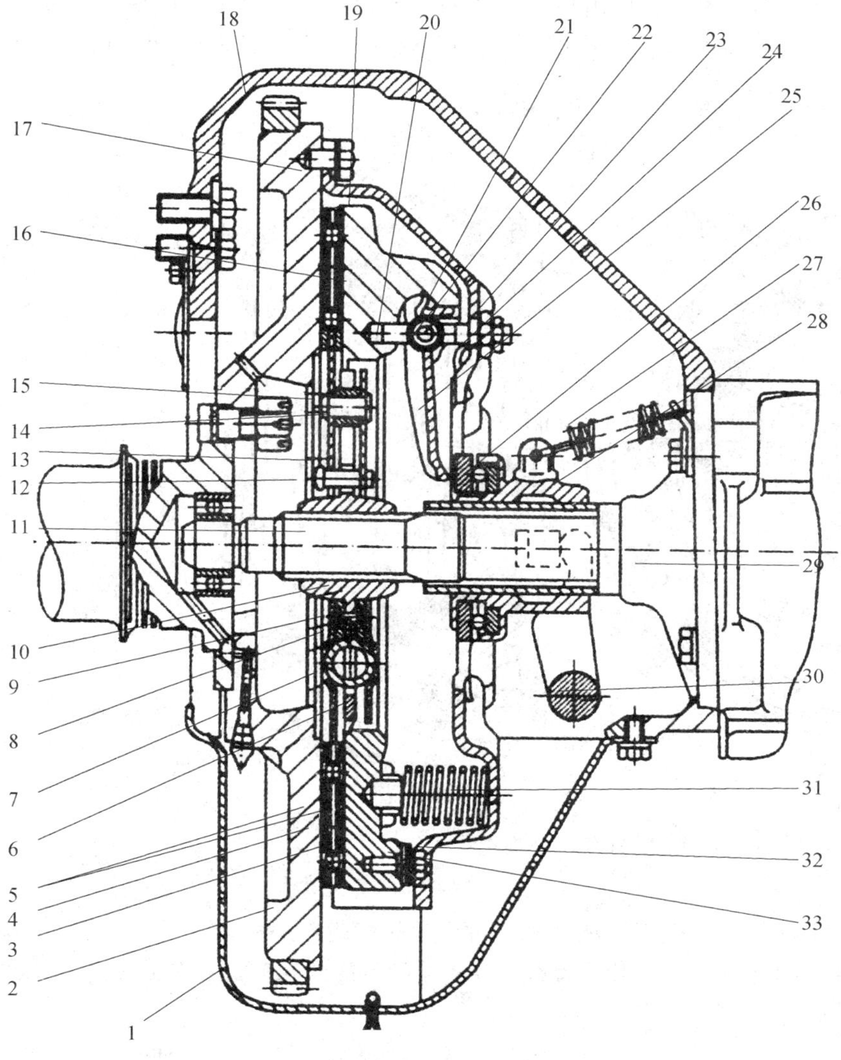

1—离合器壳底盖
2—飞轮
3—摩擦片铆钉
4—从动片
5—摩擦片
6—减震器盘
7—减震器弹簧
8—减震器阻尼片
9—阻尼片铆钉
10—从动盘毂
11—变速器第一轴(离合器从动轴)
12—阻尼弹簧铆钉
13—减震器阻尼弹簧
14—从动盘铆钉
15—从动盘铆钉隔套
16—压盘
17—离合器盖定位销
18—离合器壳(飞轮壳)
19—离合器盖
20—分离杠杆支承柱
21—摆动支片
22—浮动销
23—分离杠杆调整螺母
24—分离杠杆弹簧
25—分离杠杆
26—分离轴承
27—分离套筒回位弹簧
28—分离套筒
29—变速器第一轴轴承盖
30—分离叉
31—压紧弹簧
32—传动片铆钉
33—传动片

图 11-8　东风 EQ1090E 型汽车单盘离合器

1. 周布弹簧离合器

采用若干个螺旋弹簧作压紧弹簧，并沿从动盘圆周分布的离合器，称为周布弹簧离合器。东风 EQ1090E 型汽车的单盘离合器结构如图 11-8 所示。离合器的主动部分、从动部分和压紧机构都装在发动机后方的离合器壳(飞轮壳)18 内，而操纵机构的各个部分则分别位于离合器壳(飞轮壳)的内部、外部和驾驶室中。

发动机的飞轮 2 和压盘 16 是离合器的主动部分。离合器盖 19 和压盘之间通过四组沿圆周方向均匀分布的具有弹性的传动片 33 来传递转矩。传动片由弹簧钢片制成，每组两片，其一端用传动片铆钉 32 铆接在离合器盖上，另一端则用传动片固定螺钉与压盘连接，离合器盖用螺钉固定在发动机的飞轮上。因此，压盘能随飞轮一起旋转。离合器分离时，四组传动片两端沿离合器轴向做相对位移，产生弯曲变形。为使离合器分离时不至于破坏压盘和离合器的平衡，四组传动片是相隔 90°沿圆周切向均匀分布的。

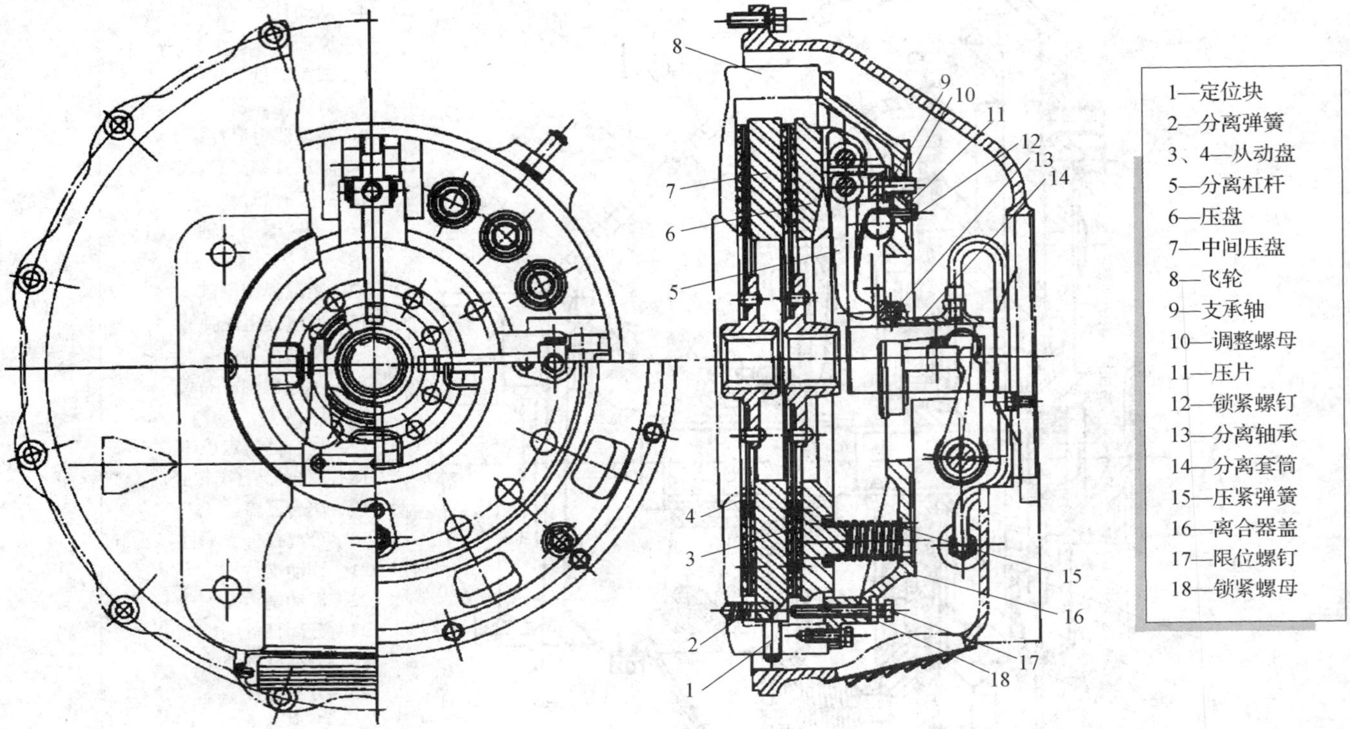

图 11-9　黄河 JN118C13 型汽车双盘离合器

在飞轮和压盘之间装有一片带有扭转减震器的从动盘。铆接在从动盘毂 10 上的从动片 4 由薄钢片制成，故其转动惯量较小。从动片的两面各铆接一片摩擦片 5。从动盘毂的内花键套在变速器第一轴 11 前端的外花键上，并可沿轴向移动。

16 个沿圆周布置的螺旋压紧弹簧 31 将压盘压向飞轮，并将从动盘夹紧在中间，使离合器处于接合状态。这样，在发动机工作时，其转矩一部分将由飞轮经与之接触的摩擦片直接传给从动片另一部分，则由飞轮通过八个固定螺钉传到离合器盖上，并由此经四组传动片将转矩传到压盘，最后也通过摩擦片传给从动片，从动片再将转矩通过从动盘毂的花键传给变速器第一轴，由此输入变速器。

离合器须与曲轴飞轮组组装在一起进行动平衡校正，为了在拆卸离合器后重新组装时仍保持动平衡，离合器盖与飞轮之间的相对角位置通过离合器盖定位销 17 来定位。

在压紧弹簧的作用下，离合器经常处于接合状态，只有在必要时暂时分离。位于离合器内部的分离操纵机构主要有分离杠杆 25、分离轴承 26、分离套筒 28 和分离叉 30。它有四个径向安装的、用薄钢板冲压制成的分离杠杆，其中以分离杠杆支承柱 20 孔中的浮动销 22 为支点，外端通过摆动支片 21 抵靠在压盘的钩状凸起部。当在分离杠杆内端施加一个向左的水平推力时，分离杠杆将绕支点转动，其外端通过摆动支片推动压盘克服压紧弹簧的作用力而后移，从而撤除对从动盘的压紧力，于是摩擦作用消失，离合器不再传递任何转矩，即离合器转入分离状态。当需要使离合器由分离状态恢复到接合状态时，驾驶员可松开离合器踏板，踏板和分离叉分别在回位弹簧的作用下退回原位，压紧弹簧又重新将从动盘压紧在压盘与飞轮之间，使离合器恢复接合状态。为使接合平顺，驾驶员应该逐渐地放松离合器踏板。

由图 11-8 可以看出，从动盘摩擦衬片经使用磨损变薄后，在压紧弹簧作用下，压盘和从动盘向飞轮方向多移动一段距离，则分离杠杆的内端相应地要更向后移动一段距离，才能保证离合器完全接合。如果未磨损前分离杠杆内端和分离轴承之间没有预留一定间隙，则在摩擦片磨损后，离合器将因分离杠杆内端不能后移而难以保证离合器完全接合，从而在传动时经常出现打滑现象。这不仅减小了其所能传递的转矩数值，而且将使摩擦片和分离轴承加速磨损。因此，当离合器处于正常接合状态，分离套筒回位弹簧 27 拉到后极限位置时，在分离轴承和分离杠杆内端之间应留有一定的间隙(对东风 EQ1090E 型汽车而言，$A=3\sim4$ mm)，以保证摩擦片在正常磨损过程中离合器仍能完全接合。

由于上述间隙的存在，驾驶员在踩下离合器踏板后，先要消除这一间隙，然后才能开始分离离合器。为消除这一间隙所需的离合器踏板行程，称为离合器踏板自由行程。东风 EQ1090E 型汽车离合器踏板自由行程设计值为 30～40 mm。根据规定，EQ1090E 型汽车每行驶 1 000 km 左右，要检查调整离合器踏板的自由行程。调整的方法是拧动分离拉杆上的球形调整螺母，通过调整拉杆有效长度来调整间隙座，从而使自由行程恢复到标准值。

在调整离合器踏板自由行程之前，必须先将四个分离杠杆内端的后端面调整到与飞轮端面平行的同一平面内，否则在离合器分离和接合过程中，压盘平面会歪斜，致使分离不彻底，并且在汽车起步时会发生颤抖现象。调整方法是拧动支承柱上的分离杠杆调整螺母 23。

2. 中央弹簧离合器

仅采用一个或两个轴线重合、刚度较大的内外螺旋弹簧作压紧弹簧，并布置在离合器中央的称为中央弹簧离合器。如图 11-10 所示，长征 XD2150 型汽车所用的即为中央弹簧双盘离合器。飞轮、离合器盖、压盘和中间压盘组成离合器的主动部分。传力销的尾部压入飞轮内圆面上的径向孔中，而其头部则伸入中间压盘边缘的切口内。铸造离合器盖内表面的凸起嵌入压盘上相应的切口中。发动机动力一部分从飞轮经传动销传给中间压盘，另一部分由飞轮经离合器盖传递给压盘。中央压紧弹簧的前端通过一个用钢板冲压制成的支承座支承于离合器盖上，其后端压紧在分离套筒上。轴向安装在分离套筒上的三根传动杆分别与三根压紧杠杆的内端相连。压紧杠杆以固定在离合器盖上的支承销为支点，其外端通过压块与压盘相接触，于是中央弹簧的压紧力便通过分离套筒、传动杆和压紧杠杆，将离合器的主动和从动部分压紧。

当驾驶员踩下离合器踏板时，操纵机构中的分离叉将分离套筒推向前方，进一步压缩中央弹簧，同时通过传动杆将压紧杠杆内端向前推移，使压紧杠杆外端后移而与压盘脱离。于是，压盘便在分离弹簧的拉力作用下离开后从动盘。为保证各摩擦面彻底分离，装有分离摆杆。分离摆杆的轴销插在中间压盘边缘的径向孔内，其上装有扭转弹簧，使分离摆杆的两摆臂分别紧紧抵靠在飞轮和压盘的端面上。当压盘后移时，分离摆杆便在扭转弹簧的作用下转动，使中间压盘后移，并保证中间压盘在飞轮和压盘工作端面之间的正中位置，从而使两个从动盘具有相同的轴向移动间隙。

由于压紧杠杆的内臂比外臂长得多，中央弹簧的压紧力是经过压紧杠杆放大后才传到压盘上的，这样便可以用较软的弹簧获得较大的压紧力。相应地，为分离离合器而进一步压缩中央弹簧所需的力也较小。所以，中央弹簧离合器在一些重型载货汽车上用得较多。为了获得尽可能大的杠杆比，长征XD2150 型汽车离合器的三根压紧杠杆不是径向布置的，而是沿压盘内圆的切线方向布置的。

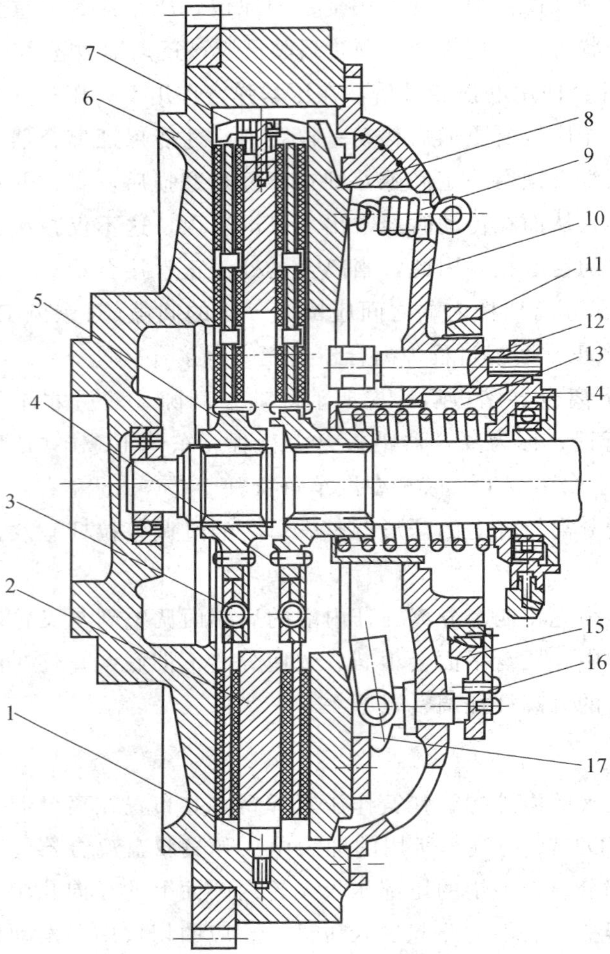

1—传动销
2—中间压盘
3—扭转减震器
4，5—从动盘
6—飞轮
7—分离摆杆
8—压盘
9—分离弹簧
10—离合器盖
11—调整环
12—传动杆
13—压紧弹簧
14—分离套筒
15—平衡盘
16—支承销
17—压紧杠杆

图 11-10　长征 XD2150 型汽车所用的中央弹簧双盘离合器

为使中央弹簧的压力均匀分配到三根压紧杠杆上，长征 XD2150 型汽车离合器上设有自动平衡机构。支承销顶住平衡盘，平衡盘与调整环以球面相配合调整环通过螺纹固定在离合器盖上。假如三个压紧杠杆传递的压紧力不相等，则通过三个支承销作用在平衡盘上的力也不平衡，使平衡盘沿球面转动，直至三个杠杆传递的压紧力相等为止。

3. 周布斜置弹簧离合器

如图 11-11 所示的结构是在某重型汽车上采用的一种周布斜置弹簧离合器。周向布置的若干个压紧弹簧 6 安装在离合器盖与传力盘 2 之间，各个弹簧的轴线相对于离合器轴线倾斜各个角度 α。作用在传力盘上全部弹簧压紧力的轴向分力之和，通过以外端为支点的压紧杠杆 1 放大后作用于压盘上。分离离合器时，分离叉 4 通过分离轴承 3 和分离套筒 5 将传力盘向右拉，撤除压紧杠杆对压盘的压紧力，使压盘在分离弹簧 7 的作用下与从动盘脱离接触。压紧弹簧的倾斜安装可对摩擦片的磨损起补偿作用。

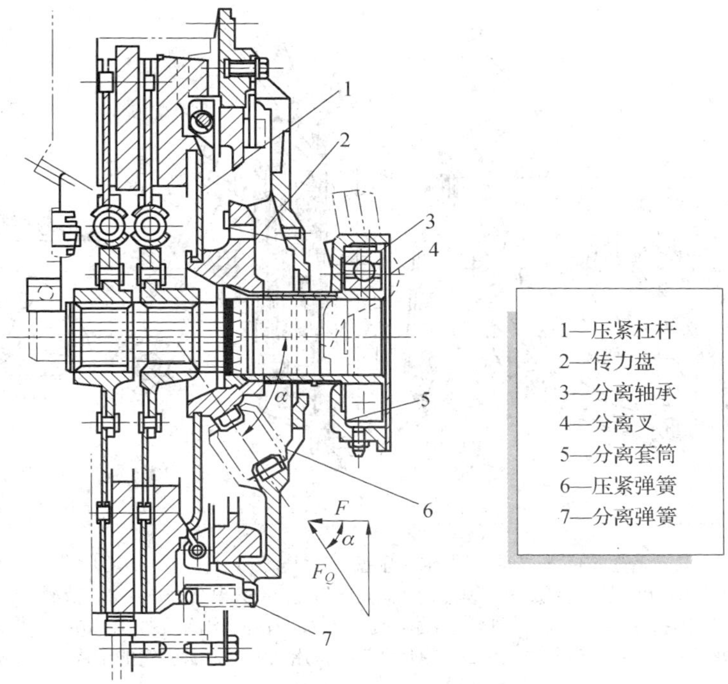

图 11-11 周布斜置弹簧离合器

设压紧弹簧总的作用力为 F_Q，则其轴向分力 $F=F_Q\cos\alpha$。当摩擦片磨损时，压紧杠杆内端左移，压紧弹簧伸长，F_Q减小；但与此同时，α 夹角也减小，$\cos\alpha$ 增大。这样，在摩擦片磨损范围内，压紧弹簧作用力的轴向分力 $F=F_Q\cos\alpha$ 几乎保持不变，从而使压盘的压紧力也几乎保持不变。同样，当分离过程中向右拉动传力盘时，F 值也大致不变。因此，与上述两种离合器相比，这种离合器的突出优点是工作性能十分稳定，彻底分离所需的踏板力较小。

4. 膜片弹簧离合器

目前，汽车上广泛采用膜片弹簧作为压紧弹簧的离合器，称为膜片弹簧离合器。

图 11-12(a)为某微型汽车上采用的膜片弹簧离合器。膜片弹簧 8 实质上是一种用薄弹簧钢板制成的带有锥度的碟形弹簧，如图 11-12(b)所示。其小端在锥面上均匀地开有许多径向切槽，以形成分离，起分离杠杆的作用，其余未切槽的大端部分起压紧弹簧的作用。

此时离合器盖与飞轮安装面之间有一段距离，当将离合器盖用连接螺钉固定到飞轮上时，如图 11-13(a)所示。由于离合器盖靠向飞轮，膜片弹簧钢丝支承圈则压向膜片弹簧使之发生弹性变形，膜片弹簧的圆锥底角变小，几乎接近于压平状态，如图 11-13(b)所示。同时，在膜片弹簧的大端对压盘产生压紧力，使离合器处于接合状态。当分离离合器时，分离轴承左移，如图 11-13(c)所示，膜片弹簧被压在前钢丝支承圈上，其径向截面以支承圈为支点转动，膜片弹簧变成反锥形状，使膜片弹簧大端右移，并通过分离弹簧钩 7 拉动压盘使离合器分离。

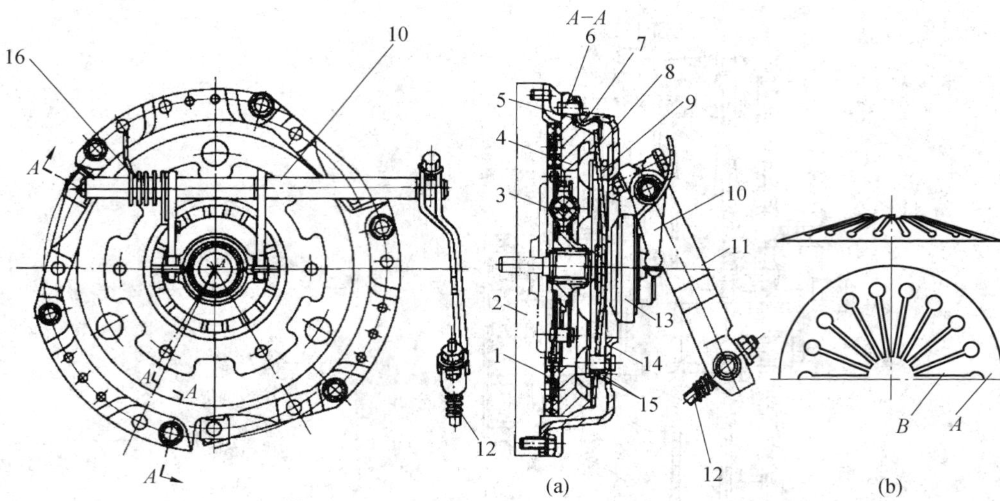

1—从动盘　2—飞轮　3—扭转减震器　4—压盘　5—压盘传动片　6—传动片固定铆钉
7—分离弹簧钩　8—膜片弹簧　9—膜片弹簧固定铆钉　10—分离叉　11—分离叉臂
12—操纵锁组件　13—分离轴承　14—离合器盖　15—膜片弹簧钢丝支撑轴　16—分离叉回位弹簧
A—起分离作用　B—起压紧作用　(a)—膜片弹簧的作用　(b)—膜片弹簧的结构

图 11-12　膜片弹簧离合器

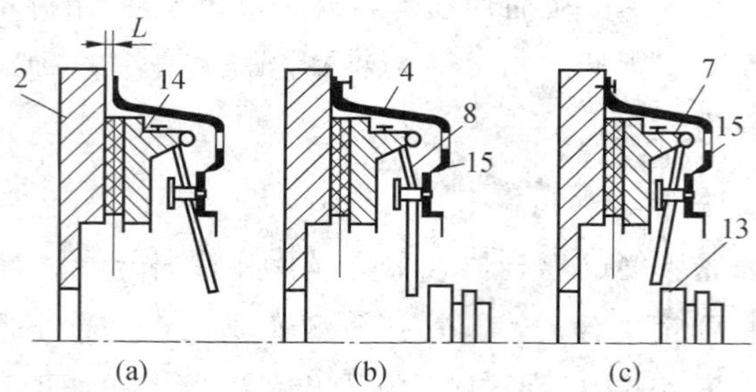

2—飞轮
4—压盘
7—分离弹簧钩
8—膜片弹簧
13—分离轴承
14—离合器盖
15—钢丝支撑圈
(a)自由状态
(b)压紧状态
(c)分离状态

图 11-13　膜片弹簧离合器的工作原理示意图

(1)膜片弹簧离合器的结构特点。

①膜片弹簧的轴向尺寸较小而径向尺寸很大，这有利于在提高离合器传递转矩能力情况下减小离合器的轴向尺寸。

②膜片弹簧的分离只起分离杠杆的作用，故不需要专门的分离杠杆，使离合器结构大大简化，零件数目少、质量轻。

③由于膜片弹簧轴向尺寸小，所以可以适当增加压盘的厚度，提高热容量；而且还可以在压盘上增设散热筋及在离合器盖上开设较大的通风孔来改善散热条件。

④膜片弹簧离合器的主要部件形状简单，可以采用冲压加工，大批量生产时可以降低生产成本。

(2)膜片弹簧的弹性特性。图 11-14 为离合器压紧弹簧的弹性特性曲线，曲线 1 表示处于预压紧状态的螺旋弹簧的弹性特性曲线，曲线 2 表示膜片弹簧的弹性特性曲线。由图可以看出，当压紧力相同时，即都为 F_b，轴向的变形量为 λ_b。当摩擦片磨损量达到容许的极限值 $\Delta\lambda'$时，两种弹簧压缩变形量减小到 λ_a，此时螺旋弹簧压紧力便降低到 F'_a。显然 $F'_a < F_b$，两者相差较大，将使离合器的压紧力不足而产生滑磨。而膜片弹簧压紧力变化到 F'_a与 F_b相差无几，确保离合器仍能正常工作。因此，膜片弹簧传递转矩的能力比螺旋弹簧大。

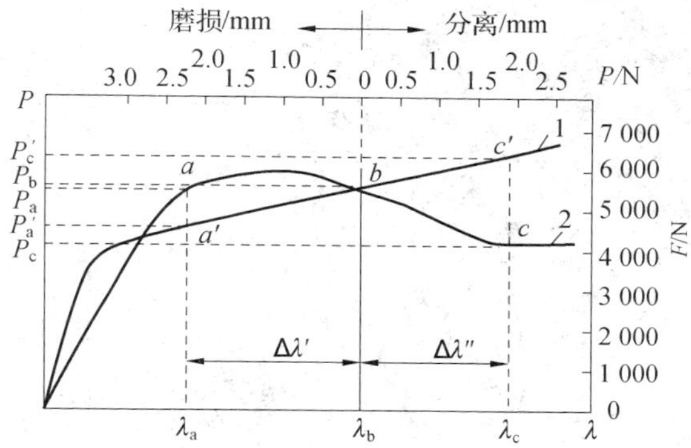

图 11-14　离合器压紧弹簧的弹性特性曲线

当离合器分离时，如两种弹簧的进一步压缩量均为 $\Delta\lambda''$，由图可知，膜片弹簧所需的作用力为 F_c，比螺旋弹簧所需的作用力 F'_c减少约为 20%。另外，膜片弹簧离合器一般采用传动片装置，它具有轴向弹性，在分离时其弹性恢复力和分离力方向一致，而且膜片弹簧离合器取消了分离杠杆装置，减少了这部分摩擦损失，因此离合器分离时的踏板操纵力大大减小。

由于膜片弹簧与压盘以整个圆周接触，使压力分布较为均匀，与摩擦片的接触良好、磨损均匀，摩擦片的使用寿命长。此外，膜片弹簧的安装位置对离合器轴的中心线是对称的，其压力不受离心力的影响，具有高速性能好、平衡性好、操作运转时冲击和噪声小等优点。膜片弹簧离合器的主要缺点是制造工艺(加工和热处理条件)和尺寸精度(板材厚度和离合器与压盘高度公差)等要求严格。

膜片弹簧离合器现已在轿车、客车、轻型和中型货车上被广泛采用，在重型货车上也得到了应用。

(3)膜片弹簧离合器的结构形式。膜片弹簧离合器根据分离时，内端受推力还是受拉力，可分为推式膜片弹簧离合器和拉式膜片弹簧离合器。

①推式膜片弹簧离合器。推式膜片弹簧离合器的结构如图 11-15 所示。根据其支环数目的不同，可分为双支承环、单支承环和无支承环三种形式。

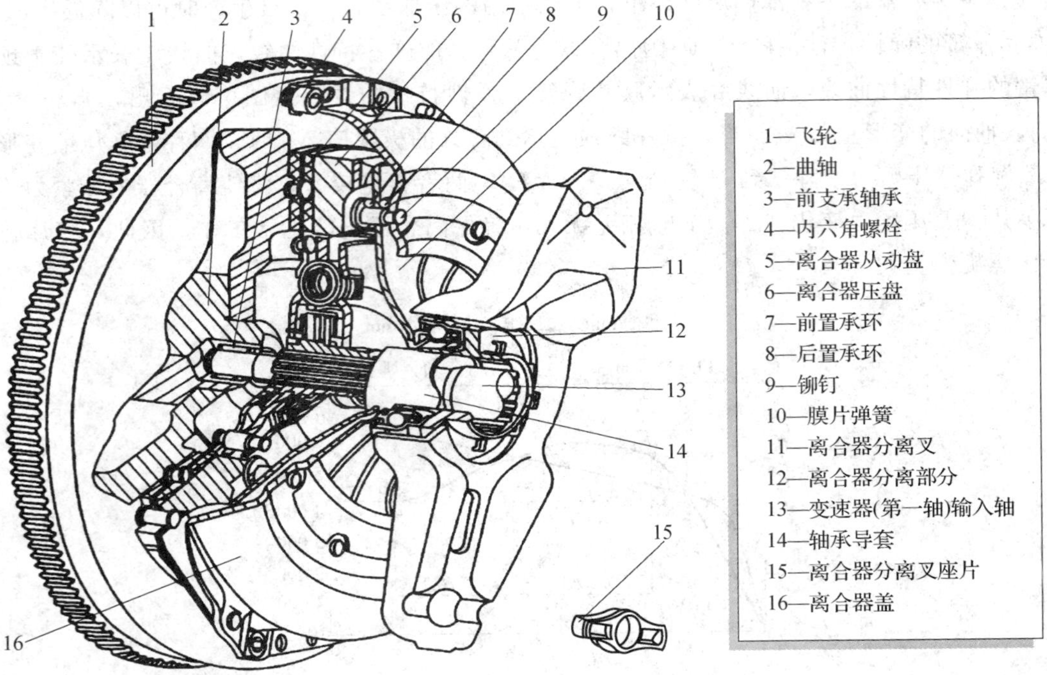

图 11-15 一汽红旗 CA7220 型轿车的推式膜片弹簧离合器

②拉式膜片弹簧离合器。拉式膜片弹簧离合器的膜片弹簧的安装方向与推式相反，接合时膜片弹簧的大端支承在离合器盖上，以中部压紧在压盘上。将分离轴承向外拉离，即可实现分离。

根据支承环数目的不同，拉式膜片弹簧离合器可分为无支承环和单支承环两种形式。

③推式和拉式膜片弹簧离合器的优缺点。与推式膜片弹簧离合器相比，拉式膜片弹簧离合器具有如下优点：

a. 由于拉式膜片弹簧是以其中部压紧压盘，在压盘大小相同的条件下可使用直径相对较大的膜片弹簧，从而实现在不增加分离时的操纵力的前提下，提高压盘的压紧力和传递转矩的能力或在传递转矩相同的条件下，减小压盘的尺寸。

b. 由于减少或取消了中间支承，零件数目少，使其结构更加简单、紧凑、质量更轻。

c. 拉式膜片弹簧的杠杆比大于推式膜片弹簧的杠杆比，且中间支承少，减小了摩擦损失，传动效率高，使分离时的踏板力更小。

d. 无论是在接合状态还是分离状态，拉式膜片弹簧的杠杆始终与离合器盖支承保持接触，因而在支承环磨损后不会产生冲击和噪声。

e. 在接合状态或分离状态下，离合器盖的变形量小、刚度大，使分离效率更高。

f. 使用寿命更长。但是，由于拉式膜片弹簧的分离爪与分离轴承套筒总成嵌装在一起，需要使用专门的分离轴承，使结构较复杂，安装和拆卸较困难，而且分离时行程大于推式膜片弹簧离合器。

由于拉式膜片弹簧离合器综合性能优越，膜片弹簧离合器推式结构正逐渐被拉式结构所取代。

5. 从动盘和扭转减震器

(1)从动盘的结构和组成。从动盘主要由从动片、摩擦片和从动盘毂三个基本部分组成。

为了使单盘离合器接合柔和、起步平稳，从动盘一般应具有轴向弹性。具有轴向弹性的从动盘结构形式大致有整体式、分开式和组合式几种，如图 11-16 所示。东风 EQ1090E 型汽车离合器采用的是整体式弹性从动盘，在从动片上径向切有若干 T 形槽，外缘形成许多扇形，并将它们依次沿周向弯曲成波浪形，两边的摩擦片分别与其波峰和波谷部分铆接在一起，如图 11-16(a)所示。在接合过程中，弯曲的波浪形扇形部分被逐渐压平，从动盘轴向压缩量与压紧力也逐渐增加，使从动盘在轴向具有一定的弹性，保证了接合平顺柔和。图 11-16(b)所示的结构为分开式弹性从动盘，将从动片的直径做得较小，而在其外缘上铆接若干个扇状的波形弹簧片，两摩擦片分别与从动片和波形弹簧片铆接在一起。由于波形弹簧片比从动片薄，容易得到较小的转动惯量，另外波形弹簧片的刚度通过挑选可保证一致。它主要应用在轿车和轻型货车上。图 11-16(c)所示的结构为组合式弹性从动盘，从动片是平面的，靠近飞轮一侧的摩擦片直接铆接在从动片上，在靠近压盘一侧的从动片上铆接有若干个扇形的波形弹簧片，摩擦片也用铆钉与从动片铆合。这种结构的转动惯量大，但强度较高，传递转矩的能力大，主要应用在中、重型货车上。

双盘离合器由于其接合比较平顺，一般都不采用具有轴向弹性的从动片，否则会使离合器踏板行程大大增加或要缩小分离杠杆比而使踏板操纵力增加。

摩擦片与从动片之间可以铆接，也可以黏接。铆接的铆钉采用铜或铝等较软的金属制造，其优点是连接可靠、更换摩擦片方便，适用于在从动片上安装波形弹簧片，但摩擦面积利用率小，使用寿命短；黏接可增加摩擦面积，且摩擦片厚度的利用也较好，具有较高的抗离心力和切向力的能力，但更换摩擦片困难，无法在从动片上安装波形弹簧片，使从动盘不具有轴向弹性。

(2)扭转减震器的构造和工作原理。发动机传到汽车传动系统中的转矩是周期不断变化着的，这就使得传动系统中产生扭转振动。如果其振动的频率与传动系统的固有频率相一致，就会发生共振，这对传动系统零件寿命有很大影响。此外，在不分离离合器的情况下进行紧急制动或猛烈接合离合器时，瞬间就对传动系统造成极大的冲击载荷，从而缩短零件的使用寿命。为了避免共振，缓和传动系统所受的冲击载荷，提高零件的寿命，通常在各种轿车轻中型货车的传动系统中都装有扭转减震器，有些汽车上将扭转减震器制成单独的部件，但更多的是将扭转减震器附装在离合器从动盘中。因此，从动盘还有不带扭转减震器和带扭转减震器之分。

不带扭转减震器的从动盘中的从动片是直接铆在从动盘毂上的，结构简单、质量较轻，多用在重型汽车的双盘离合器中。

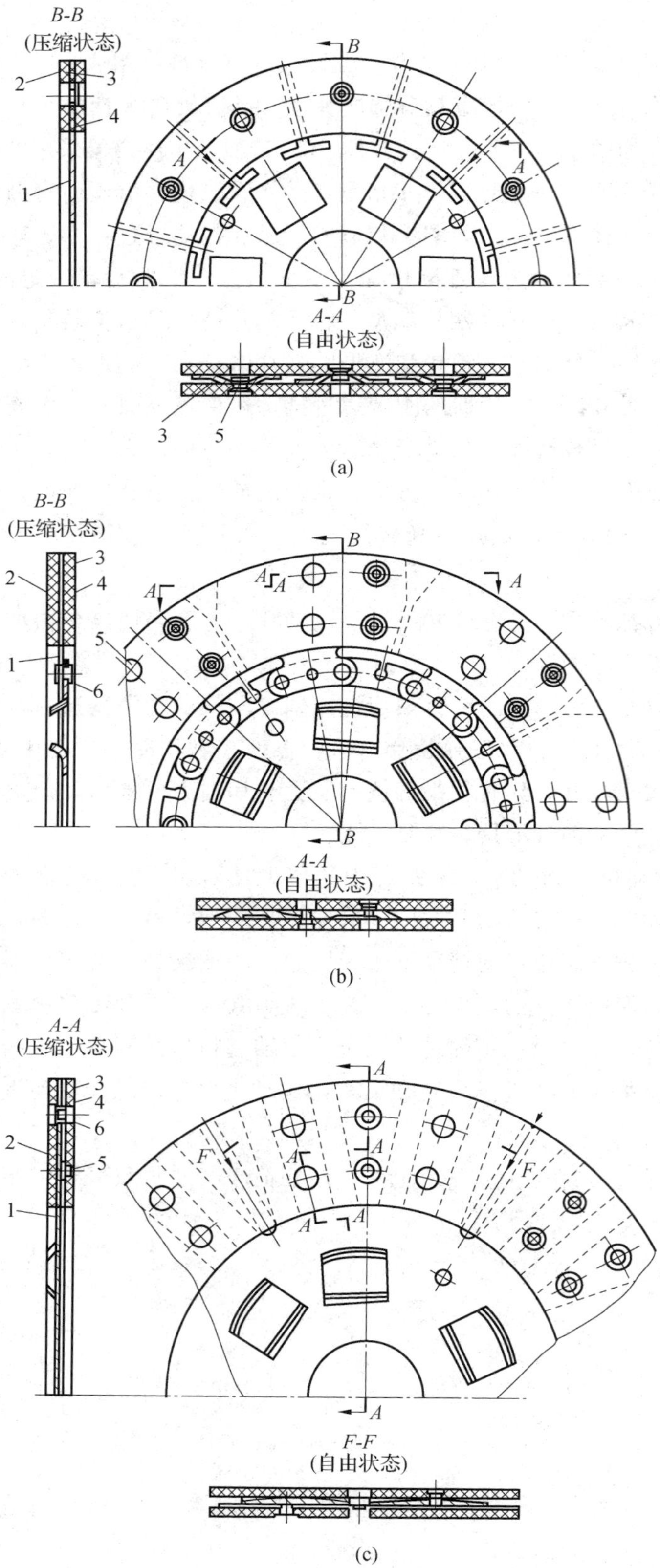

1—从动盘
2，4—摩擦片
3—波形弹簧片
5—摩擦片铆钉
6—波形弹簧片铆钉
(a)整体式
(b)分开式
(c)组合式

图 11-16　弹性从动盘的结构形式

6. 离合器的通风散热措施

前已述及，摩擦离合器在工作过程中将产生大量的热。此热量若不能及时散发出去，有关零件将因受热而温度过高，产生不良后果。摩擦片的温升过高时，其摩擦性能将降低，磨损速度会加快，严重时甚至烧毁摩擦片。如果从动片是一个整圆盘形，可能会因温度升高而出现扭曲变形，影响离合器的正常工作。

因此在汽车离合器的从动片上开有径向的窄切口，借以预留热变形的余地。压紧弹簧如受热过度，会引起退火，压紧力降低。为此，压盘上作为弹簧座的部分做成凸起的“卜”字形肋条，以减少从压盘到弹簧的传导热量。在另外一些车型的离合器中，在压紧弹簧和压盘之间装有石棉混合物制成的隔热垫。为了将摩擦面产生的热量及时散出，离合器盖一般用钢板冲压成特殊的形状，在其侧面与飞轮接触处开有四个缺口，装配后形成若干窗口。当离合器旋转时，空气将不断地循环流动，以使离合器通风散热。

除了上述方法以外，还可采取以下方法来确保离合器良好的通风散热：

(1)使压盘具有足够大的质量以保证其足够的热容量。

(2)可在压盘上加设散热筋或鼓风筋。

(3)在压盘体内铸出足够多的导风槽。

(4)将离合器盖和分离杠杆设计成带有鼓风叶片的结构。

(5)在摩擦片表面开槽，不仅排除摩擦产生的碎屑，防止对偶摩擦面之间产生相互吸附的作用，也能起到散热效果。

(6)在离合器壳上设置冷却气流的入口和出口，在壳内安装冷却气流导向的导流罩，以实现对摩擦表面有较强定向气流通过的通风散热。

常见问题解析

离合器发抖

1. 故障现象

当离合器按正常操作平缓地接合时，汽车不是逐渐而平滑增加速度，而是间断起步，甚至使汽车产生抖动，直至离合器完全接合。

2. 原因及维修方法

(1)主、从动盘间压力分布不均。接合式离合器压紧弹簧弹力不均，各分离杠杆调整不一致或膜片弹簧分离指端不平，会使压紧先后时间不一致，压盘受力不均，甚至使压盘歪斜，造成主、从动盘接触不良，引起离合器抖动。此时应更换离合器压紧弹簧，调平分离杠杆。

(2)离合器扭转、减震弹簧弹力变弱、离合器压紧弹簧弹力变弱、膜片弹簧产生裂纹等都会引起离合器接合时发抖。此时应更换弹簧。

(3)离合器衬片接触不良，表面硬化黏上胶状物，容易引起离合器发抖。此时应重新铆离合器衬片。

(4)从动盘翘曲、歪斜和变形时，在离合器接合过程中离合器衬片会产生不规则接触，压力不能平顺地增大。此时应校正或更换从动盘。

(5)离合器操纵机构被锁紧或连接松动，离合器片花链毂严重磨损，变速器一轴弯曲等原因也会引起离合器发抖。此时应更换相应零件。

(6)发动机安装松动或变速器一轴与发动机曲轴的中心线不同心时，会产生离合器发抖。这时应紧固发动机或更换零件。

(7)从动盘毂铆钉折断或松动，从动盘钢片断裂，转动件动平衡不符合要求等也会引起离合器发抖。此时应更换零件或重新铆接从动盘毂。

11.3 手动变速器

11.3.1 手动变速器概述

1. 手动变速器的功用

(1)实现变矩。变矩汽车上所应用的发动机具有转矩变化范围小、转速高的特点，这与汽车实际的行驶状况是不相适应的。如果没有变速器而直接将发动机与驱动桥连接在一起，首先由于发动机的转矩小，不能克服汽车的行驶阻力，使汽车根本无法起步。其次假使汽车行驶起来，也会由于车速太高而不实用，甚至无法驾控。所以必须改造发动机的转矩和转速特性，使发动机的转矩增大、转速下降以适应汽车实际行驶的要求。变速器是通过不同的挡位来实现这一功用的。

(2)实现倒车。发动机的旋转方向从前往后看为顺时针方向，且是不能改变的，为了实现汽车的倒向行驶，变速器中设置了倒挡。

(3)实现中断动力传动。在发动机启动和怠速运转、变速器换挡、汽车滑行和暂时停车等情况下，都需要中断发动机的动力传动，因此变速器中设有空挡。

2. 手动变速器的类型

现代汽车上所采用的变速器有多种结构形式，一般可以按照传动比和操纵方式进行分类。

(1)按传动比的变化方式分。变速器按传动比的级数可分为有级式、无级式和综合式三种。

①有级式变速器。有级式变速器采用齿轮传动，具有若干个定值传动比。轿车和轻、中型货车变速器多采用3～5个前进挡和一个倒挡，每个挡位对应一个传动比。重型汽车行驶的路况复杂，变速器的挡位较多，可有8～20个挡位。齿轮式变速器具有结构简单、易于制造、工作可靠、传动效率高等优点。这种齿轮式的有级变速器按照结构不同又可以分为二轴式变速器和三轴式变速器。二轴式变速器广泛用于发动机前置前轮驱动的轿车，而三轴式变速器可应用于其他各类型车辆。

②无级式变速器。无级式变速器英文缩写为CVT，它的传动比的变化是连续的。目前的无级变速器一般都是采用金属带传递动力，通过主、从动带轮直径的变化实现无级变速。这种变速器在中、高级轿车的应用越来越多。

③综合式变速器。综合式变速器是由液力变矩器和有级齿轮式变速器组成的，一般都是由电脑来自

动实现换挡，所以多把这种变速器称为自动变速器。这种变速器的传动比可在最大值与最小值之间的几个间断的范围内做无级变化，目前应用较多。

(2)按变速器操纵方式分。按变速器操纵方式可分为手动变速器、自动变速器和手动自动一体变速器三种。

①手动变速器。手动变速器(MT，Manual Transmission)，它是通过驾驶员用手操纵变速杆来选定挡位，并直接操纵变速器的换挡机构进行挡位变换。齿轮式有级变速器大多数都采用这种换挡方式。

②自动变速器。自动变速器(AT，Automatic Transmission)。这种变速器的自动控制系统根据发动机的负荷和车速的变化情况自动地选定挡位，并进行挡位变换，即自动地改变传动比。驾驶员只需要操纵加速踏板控制车速。

③手动自动一体变速器。这种变速器可以自动换挡，也可以手动换挡，比较典型的如奥迪 A6 和上海帕萨特 1.8T。

11.3.2 手动变速器的传动机构

变速器在换挡过程中，必须使所选挡位的一对待啮合齿轮轮齿的圆周速度相等(即同步)，才能使之平顺地进入啮合而挂上挡。如两齿轮轮齿不同步时即强制挂挡，势必因两轮齿间存在速度差而发生冲击和噪声。这样，不但不易挂挡，而且影响轮齿寿命，使齿端部磨损加剧，致使轮齿折断。

为使换挡平顺，驾驶员应采取合理的换挡操作步骤。现以图 11-17 所示无同步器的五挡变速器中四、五挡(四挡为直接挡，五挡为超速挡)互相转换的过程为例，说明其原理。

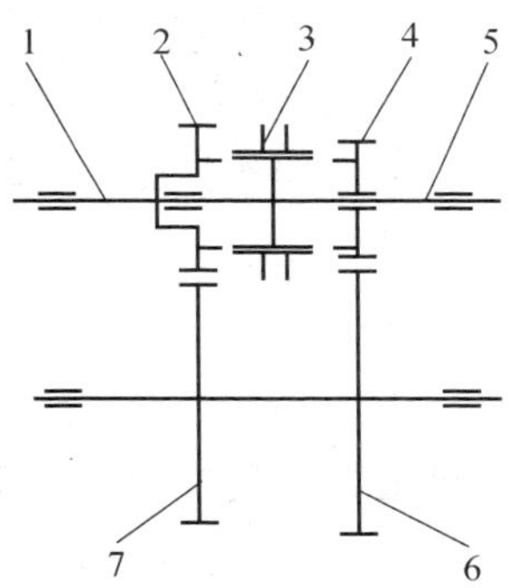

1—第一轴
2—第一轴齿轮
3—结合套
4—第二轴五挡齿轮
5—第二轴
6—中间轴五挡齿轮
7—中间轴常啮传动齿轮

图 11-17　无同步器换挡原理示意图

第一轴 1 及第一轴齿轮 2 直接与离合器从动盘连接，第二轴五挡齿轮 4 则通过中间轴五挡齿轮 6、中间轴常啮传动齿轮 7 与第一轴齿轮 2 保持传动关系。结合套 3 借花键毂与第二轴 5 相连，而第二轴又依次通过万向传动装置、驱动桥和行驶系统与整个汽车保持传动关系，所以第一轴齿轮 2 和第二轴五挡齿轮 4 的转速及其轮齿和花键齿的圆周速度都与离合器从动盘转速成正比。同理，结合套 3 的转速及其花键齿的圆周速度都与汽车速度成正比。

(1)从低速挡(四挡)换入高速挡(五挡)。变速器在四挡工作时，结合套 3 与第一轴齿轮 2 上的结合齿圈结合，显然两者的圆周速度相等。欲从四挡换入五挡，驾驶员应先踩下离合器踏板，使离合器分离，随即通过变速杆等将结合套 3 右移，推入空挡位置。

在结合套 3 刚与第一轴齿轮 2 脱离结合的瞬间，仍然是 $U_3=U_2$，由于从中间轴五挡齿轮 6 到第二轴五挡齿轮 4 的升速比大于第一轴齿轮 2 到中间轴常啮传动齿轮 7 的减速比，第二轴五挡齿轮 4 的转速永远高于第一轴齿轮 2 的转速，从而第二轴五挡齿轮 4 的花键齿圆周速度为 $U_4>U_2$，所以在刚推入空挡的瞬间 $U_4>U_3$。为避免产生冲击，不应在此时立即将结合套 3 推向中间轴五挡齿轮 6 而挂五挡，而须在空挡位置停留片刻。此时，由于离合器从动盘已与发动机脱离，动力传递中断，结合套 3 与第二轴五挡齿轮 4

的转速及其花键齿的圆周速度 U_3 和 U_4 都在逐渐降低。但是，变速器尚处于空挡，结合套 3 和第二轴五挡齿轮 4 间没有联系，U_3 和 U_4 下降的快慢有所不同，结合套 3 因与整个汽车联系在一起，惯性很大，故 U_3 下降较慢；而第二轴五挡齿轮 4 只与中间轴及其齿轮、第一轴和离合器从动盘相联系，惯性很小，故 U_4 下降较快。这样，虽然 U_4 原先大于 U_3，但由于下降得比 U_3 快，故在变速器推入空挡以后的某个时刻，必然会有 $U_3=U_4$（同步）的情况出现，而过此时刻，又将出现 $U_4<U_3$ 的情况。所以，最好是恰在 $U_3=U_4$ 的时刻使结合套 3 右移而挂入五挡。若与第二轴五挡齿轮 4 相联系的一系列零件的惯性越小，则下降得越快，而同步情况出现得越早，并且在同样速度差的情况下，齿的冲击力也越小。这就是单元 14 中提出的，要求离合器从动部分转动惯量尽可能小的理由。

(2) 从高速挡（五挡）换入低速挡（四挡）。变速器在五挡工作以及刚从五挡推入空挡时，结合套 3 与第二轴五挡齿轮 4 的花键齿圆周速度相同，即 $U_3=U_4$，同时 $U_4>U_2$（理由同前），故 $U_3>U_2$。但是退入空挡后，由于 U_2 下降得比 U_3 快，根本不可能出现 $U_3=U_2$ 的情况；相反，停留在空挡的时间越久，两者的差值将越大。所以，驾驶员在分离离合器并使结合套 3 左移到空挡以后，随即重新连接离合器，同时踩一下加速踏板，使发动机将离合器从动盘和第一轴的转速提高，也就是使第一轴齿轮 2 的转速高于结合套转速，即 $U_2>U_3$，然后再分离离合器片等待片刻，当 $U_2=U_3$ 时，即可挂入四挡（直接挡）。

上述相邻挡位相互转换时所应采取的不同操纵步骤，虽然只举结合套换挡为例，但同样适用于移动齿轮换挡的情况，因为所依据的速度分析原理是一样的。

由此可见，欲使一般变速器换挡时不产生轮齿或花键齿间的冲击，需要进行较复杂的操作，并应在短时间内迅速而准确地完成。这对于即使是技术很熟练的驾驶员，也易造成疲劳。因此，要求在变速器结构上采取措施，既保证挂挡平顺，又使操作简化，减轻驾驶员劳动强度。同步器即是在这样的要求下产生的。

11.3.3 同步器

同步器是在结合套换挡机构基础上发展起来的，其中除有前已述及的结合套、花键毂、对应齿轮上的结合齿圈外，还增设了使结合套与对应结合齿圈的圆周速度迅速达到并保持一致（同步）的机构，以及阻止两者在达到同步之前结合以防止冲击的结构。同步器有常压式、惯性式、自行增力式等类型，目前广泛采用的是惯性式同步器。

惯性式同步器与常压式同步器一样，都是依靠摩擦作用实现同步。但它可以从结构上保证结合套与待结合的花键齿圈在达到同步之前不可能接触，以避免发生齿间冲击和噪声。

轿车和轻、中型货车广泛采用锁环式惯性同步器，其结构和工作原理可用解放 CA1091 型中型载货汽车六挡变速器中的五、六挡同步器为例来说明，该同步器构造如图 11-18(a)所示。同步器花键毂 15 的内花键与轴上的外花键配合，用卡环轴向固定。同步器结合套 7 的内花键齿与花键毂 15 的外花键齿滑动配合，结合套 7 可轴向移动。在花键毂两端与五挡结合齿圈 9 之间，各有一个青铜制成的锁环（同步环）4，锁环上有断续的短花键齿圈。在图 11-18(b)中，花键齿的断面齿廓、尺寸及齿数与齿圈及花键毂 15 的外花键齿均相同。两个锁环上的花键齿，在对着结合套的一端都有倒角（称锁止角），且与结合套齿端的倒角相同。锁环具有与齿圈上的锥形面锥度相同的内锥面，锥面上制出细牙的螺旋槽，以便两锥面接触后能破坏油膜，增加锥面间的摩擦，缩短同步时间。三个滑块 5 分别嵌合在花键毂的三个花键毂轴向槽 b 内，并可沿轴向滑动。三个定位销 6 分别插入三个滑块的通孔中，在弹簧 16 的作用下，定位销 6 压向结合套 7，使定位销端部的球面正好嵌在结合套中间凹槽 a 中，起到空挡定位作用。滑块 5 的两端伸入锁环的三个缺口中。三个锁环凸起部 d 分别伸入花键毂的三个花键毂缺口 e 中，只有当锁环凸起部 d 位于花键毂缺口 e 的中央时，结合套与锁环的齿方能啮合。

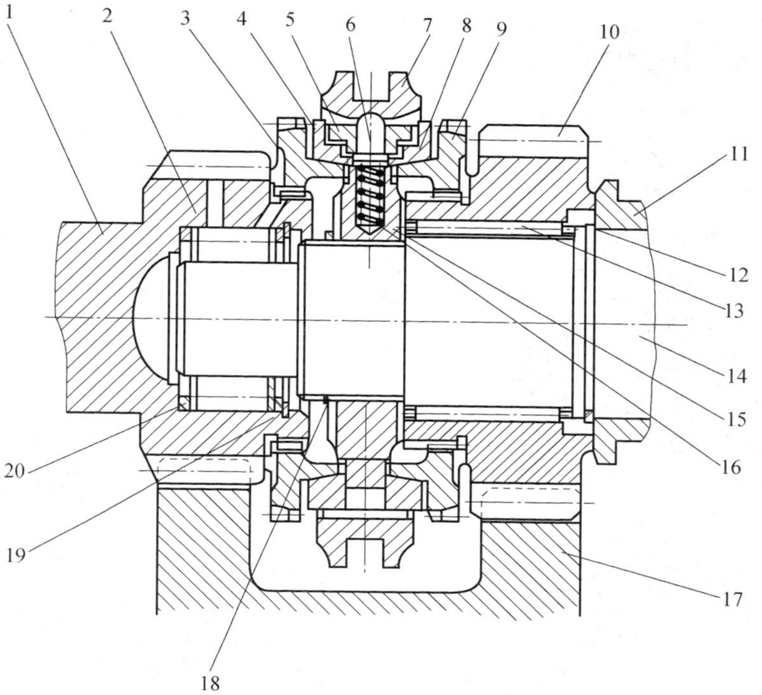

1—第一轴
2—滚针轴承
3—六挡结合齿圈
4，8—锁环
5—滑块
6—定位销
7—结合套
9—五挡结合齿圈
10—第二轴五挡齿轮
11—衬套
12，18，19—卡环
13—滚针轴承
14—第二轴
15—花键毂
16—弹簧
17—中间轴五挡齿轮
20—挡圈
(a)同步器装配结构图

(a)

图 11-18 CA1091 型中型载货汽车六挡变速器中的五、六挡惯性同步器

图 11-18(c)为变速器由五挡挂入六挡(低速挡换入高速挡)时，该同步器工作过程。当结合套刚从五挡退到空挡时，如图 11-18(c)中(ii)图所示，齿圈 3 结合套 7(连同锁环)都在其本身及其所联系的一系列运动件的惯性作用下，继续沿原方向旋转。设它们的转速分别为 n_3，n_7 和 n_4，则此时 $n_4=n_7$，$n_3>n_7$，即 $n_3>n_4$。锁环 4 在轴向是自由的，故其内锥面与齿圈 3 的外锥面并不接触。

若要挂入六挡，可通过五、六挡换挡拨叉拨动结合套 7，并通过定位销 6 带动滑块 5 一起向左移动。当滑块左端面与锁环 4 的缺口 d 端面接触时，便推动锁环移向齿圈，具有转速差($n_3>n_4$)的两锥面一经接触便产生摩擦作用，如图 11-18(c) 中(ii) 图所示。齿圈通过摩擦作用带动锁环相对于结合套超前转过一个角度，直到锁环的凸起部 d 与花键毂 15、花键毂缺口 e 的另一侧面接触时，锁环便与结合套同步转动。此时，结合套的齿与锁环的齿，较锁环的凸起部 d 位于花键毂 15 的花键毂缺口 e 中央时错开了半个齿厚(花键毂通槽宽度为锁环凸起部 d 的宽度加上结合套的一个齿厚 A，从而使结合套的齿端倒角与锁环相应的齿端倒角正好互相抵触而不能进入啮合。在上述锁环与结合套齿端倒角相互抵触的情况下，若要结合套齿圈与锁环的齿圈结合上，必须使锁环相对于结合套后退一个角度。由于驾驶员始终对结合套施加一个轴向力，使结合套齿端倒角压紧锁环齿端倒角，于是在锁环的锁止角斜面上作用有法向压力 F_N，如图 11-18(c) 中(i) 图所示。F_N 可分解为轴向力 F_1 和切向力 F_2。切向力 F_2 所形成的力矩试图使锁环相对于结合套向后退转，称为拨环力矩。轴向力 F_N 则使锁环 4 与齿圈 3 的锥面相互压紧产生摩擦力矩，使

两者转速 n_3 和 n_4 迅速接近，并且实际上可认为 n_4 不变，只是 n_3 趋近于 n_4。这是因为锁环 4 连同结合套 7 通过花键毂 15 与整个汽车相联系，转动惯量大，转速下降很慢，而齿圈仅与离合器从动部分相联系，转动惯量很小，速度降低较前者快得多。

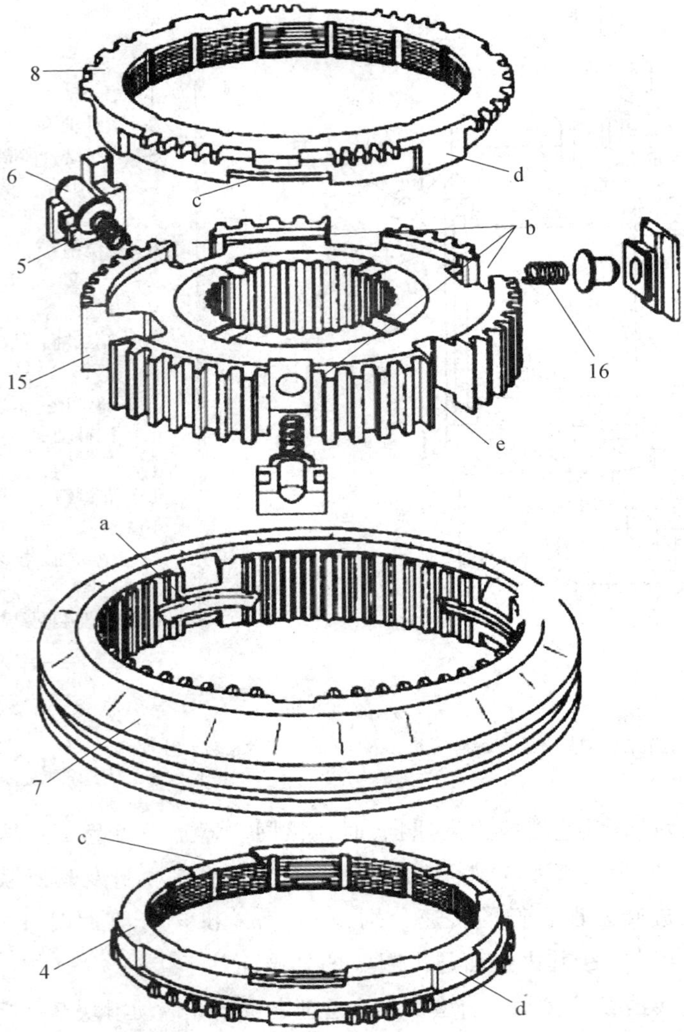

4，8—锁环
5—滑块
6—定位销
7—结合套
15—花键毂
16—弹簧
a—结合套中间凹槽
b—花键毂轴向槽
c—锁环缺口
d—锁环凸起部
e—花键毂缺口
(b)同步器零件结构图

(b)

图 11-18 (续)CA1091 型中型载货汽车六挡变速器中的五、六挡惯性同步器

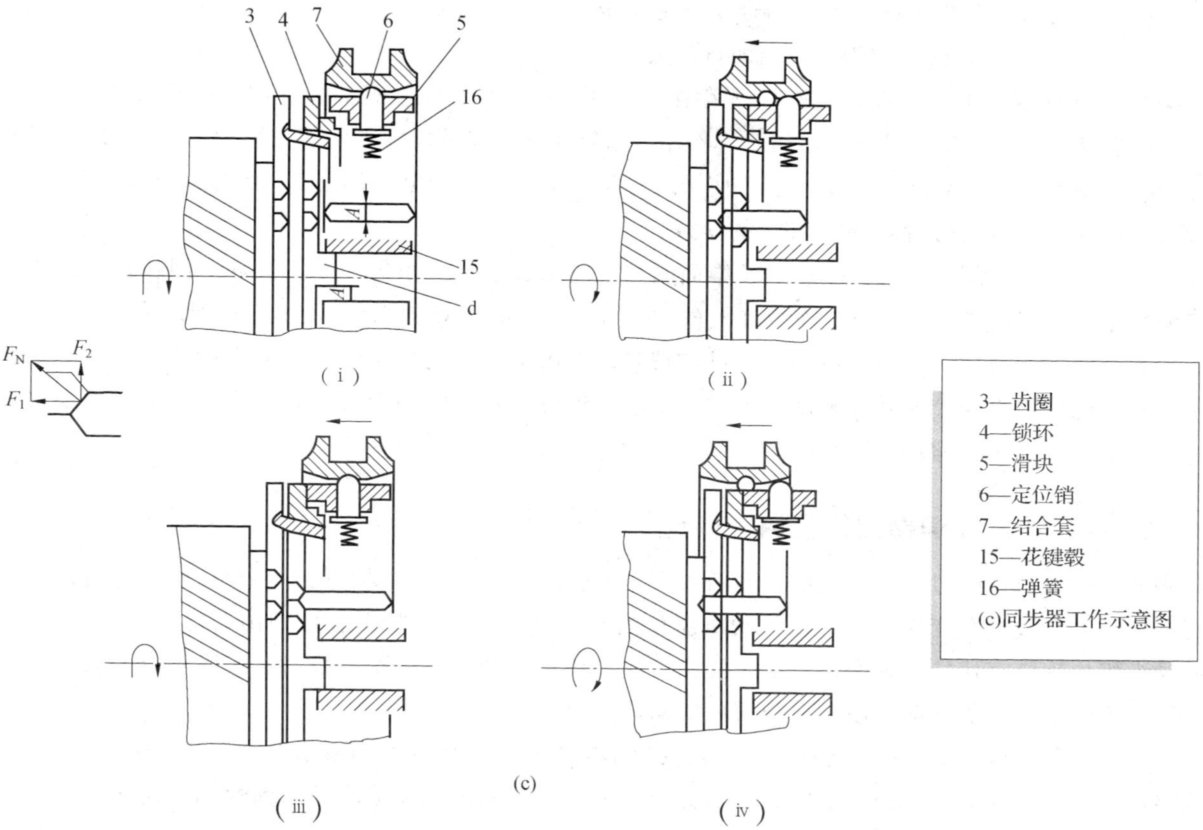

图 11-18 （续）CA1091 型中型载货汽车六挡变速器中的五、六挡惯性同步器

因为齿圈 3 是减速旋转，根据惯性原理，所产生惯性力矩的方向与旋转方向相同。此惯性力矩通过摩擦锥面作用到锁环上，阻止锁环相对结合套向后旋转。亦即在锁环上作用着两个方向相反的力矩：其一为切向力 F_2，形成的力为使锁环相对于结合套向后退转的拨环力矩 M_2；另一个为摩擦锥面上阻止锁环向后退转的惯性力矩 M_1。在 n_3 尚未等于 n_4 之前，两个锥面间摩擦力矩的数值与齿圈 3 的惯性力矩相等。如果 $M_2 > M_1$，则锁环 4 即可相对于结合套向后退转一个角度，以便两者进入结合；若 $M_2 < M_1$，则两者不可能进入结合。摩擦力矩 M_1 与轴向力 F_1 的垂直于摩擦锥面的分力成正比，而 M_2 则与切向力 F_2 成正比。F_1 和 F_2 都是法向压力 F_N 的分力，两者的比值取决于花键齿锁止角的大小。因此，在设计同步器时，适当地选择锁止角和摩擦锥面的锥角，便能保证在达到同步（$n_3 = n_4$）之前，齿圈 3 施加在锁环 4 上的惯性力矩 M_1 总是大于切向力 F_N，形成拨环力矩 M_2，因而不论驾驶员通过操纵机构加在结合套上的轴向推力有多大，结合套齿端与锁环齿端总是互相抵触而不能结合。这说明锁环 4 对结合套的锁止作用是由齿圈 3 的惯性力矩造成的，而不像常压式同步器那样由定位销的弹力造成，此即“惯性式”名称的由来。

只要驾驶员继续加力于结合套 7 上，摩擦作用就迅速使齿圈 3 的转速降到与锁环 4 的转速相同，保持同步旋转，即齿圈 3 相对于锁环的转速和角减速度均为零，于是其惯性力矩便消失。但由于轴向力 F_1 的作用，两个摩擦锥面还是紧密结合着的，因而此时切向力 F_2 形成的拨环力矩便使锁环连同齿圈 3 及与之相连的所有零件一起相对于结合套向后退转一个角度，使锁环凸起部 d 又移到花键毂 15 花键毂缺口 e 的中央，两个花键齿圈不再抵触。此时结合压下定位销 6 继续左移，而与锁环的花键齿圈进入结合，如图 11-18 中(c)(iii) 所示，锁环的锁止作用即行消失。

结合套与锁环结合后，轴向力 F_1 不再存在，锥面间的摩擦力矩也就消失。如果此时结合套花键齿与齿圈 3 的花键齿发生抵触，则与上述相似，作用在齿圈 3 花键齿端斜面上的切向分力，使齿圈 3 及其相连零件相对于锁环及结合套转过一个角度，使结合套与齿圈 3 进入结合，如图 11-18 中(c)(iv) 图所示，从而最后完成换挡(由低速挡换入高速挡)的全过程。

考虑结构布置上的合理性、紧凑性及锥面间产生的摩擦力矩大小等因素，锁环式同步器多用于轿车和轻型货车上。但近年来在中型货车变速器的中、高速挡中也开始被采用(上述变速器即为此例)。

在中型及大型载货汽车的变速器中，目前较多地采用锁销式惯性同步器。当变速器第二轴上的常啮齿轮及其结合齿圈直径较大时，装用锁销式同步器不仅使齿轮的结构形式合理，而且还可在摩擦锥面间产生较大的摩擦力矩，缩短了同步时间。

11.3.4 手动变速器操纵机构

变速器操纵机构应保证驾驶员能准确而可靠地使变速器挂入所需要的任一挡位工作，并可随时使之退到空挡。大多数汽车变速器布置在驾驶员座位附近，变速杆由驾驶室底板伸出，驾驶员可直接操纵。这种操纵机构称为直接操纵式变速器操纵机构。它一般由变速杆、拨块、拨叉、拨叉轴以及安全装置等组成，多集中装于上盖或侧盖内，结构简单，操作方便。

图 11-19 为 CA1091 型中型载货汽车六挡变速器操纵机构的组成与布置示意图。拨叉轴 7，8，9，10 的两端均支承于变速器盖的相应孔中，可以轴向滑动。所有的拨叉和拨块都以弹性销固定于相应的拨叉轴上。三、四挡拨叉 2 的上端具有拨块。拨叉 2 和拨块 3，4，14 的顶部制有凹槽。变速器处于空挡时，各凹槽在横向平面内对齐，叉形拨杆 13 下端的球头即伸入这些凹槽中。选挡时可使变速杆绕其中部球形支点横向摆动，则其下端推动叉形拨杆 13 绕换挡轴 11 的轴线摆动，从而使叉形拨杆下端球头对准与所选挡位对应的拨块凹槽，然后使变速杆纵向摆动，通过叉形拨杆带动拨叉轴及拨叉向前或向后移动，即可实现挂挡。例如，横向摆动变速杆使叉形拨杆下端的球头深入二挡拨块 3 顶部的凹槽中，再纵向摆动变速杆使二挡拨块 3 连同二挡拨叉轴 9 和二挡拨叉 5 沿纵向向前移动一定距离，便可挂入二挡；若向后移动一段距离，则挂入一挡。当使叉形拨杆下端的球头深入倒挡拨块 14 的凹槽中，并使其向前移动一段距离时，便挂入倒挡。不同变速器的挡数和操纵机构的结构与布置都有所不同，因而相应于各挡位的变速杆上端手柄位置排列，即挡位排列也不相同。因此，汽车驾驶室仪表板上(或操纵手柄上)应标有该车变速器挡位排列图[图 11-19(a)]。

在有些汽车上，由于变速器离驾驶员座位较远，则需要在变速杆与拨叉之间加装一些辅助杠杆或第二套传动机构，进行远距离操纵。这种操纵机构称为间接操纵式变速器操纵机构。该操纵机构应有足够的刚度，且各连接件间隙不能过大，否则换挡时手感不明显。由于布置上的原因，它多用在轿车和轻型汽车上。

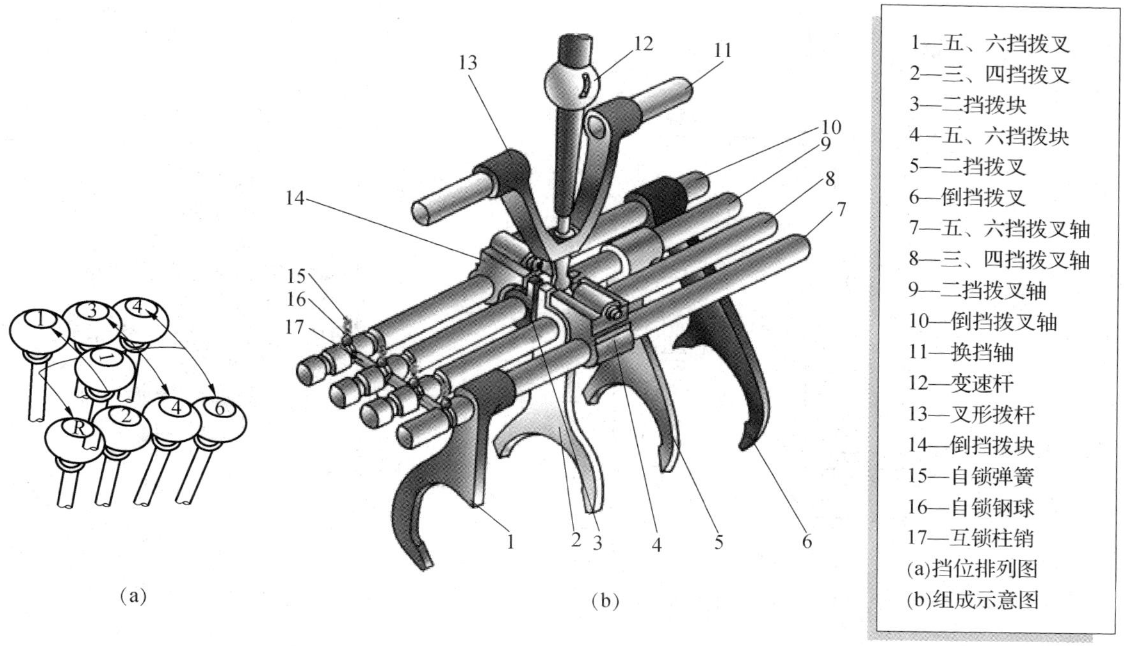

图 11-19 CA1091 型中型载货汽车六挡变速器操纵机构的组成与布置示意图

为保证变速器在任何情况下都能准确、安全、可靠地工作，对变速器操纵机构提出如下要求：保证变速器不自行脱挡或挂挡，在操纵机构中应设有自锁装置；保证变速器不同时挂入两个挡位，在操纵机构内应设互锁装置；为防止误挂倒挡，在变速器操纵机构中应设有倒挡锁。

①自锁装置。在自锁装置挂挡过程中，若操纵变速杆推动拨叉前移或后移的距离不足时，齿轮将不能在全齿宽上啮合而影响齿轮的寿命。即使达到全齿宽啮合，也可能由于汽车振动等原因，齿轮产生轴向移动而减少了齿的啮合长度，甚至完全脱离啮合。为防止上述情况，应设置自锁装置。

②互锁装置。若变速杆能同时推动两个拨叉，即同时挂入两个挡位，则必将造成齿轮间的机械干涉，变速器将无法工作直至损坏。为此，应设置互锁装置。

③倒挡锁。汽车行进中若误挂倒挡，变速器轮齿间将发生极大冲击，导致零件损坏。汽车起步时若误挂倒挡，则容易出现安全事故。为此，应设有倒挡锁。

11.3.5 分动器

在多轴驱动的汽车上，为了将变速器输出的动力分配到各驱动桥，均装有分动器。分动器的基本结构也是一个齿轮传动系统。其输入轴直接或通过万向传动装置与变速器第二轴相连，而其输出轴则有若干个，分别经万向传动装置与各驱动桥连接。

东风 EQ2080 型三轴越野汽车的两挡分动器如图 11-20 所示。分动器单独安装在车架上，其输入轴 1 通过万向传动装置与变速器第二轴连接。输出轴共有三根，即通往后驱动桥的输出轴 8、通往中驱动桥的输出轴 12 和通往前驱动桥的输出轴 17。

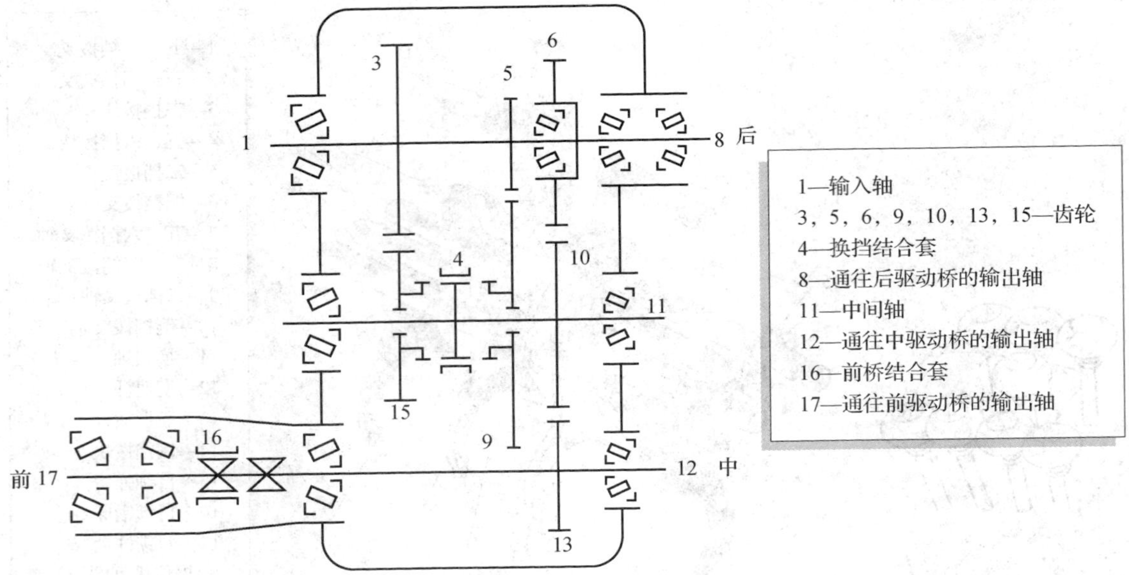

图 11-20　东风 EQ2080 型三轴越野汽车的两挡分动器

越野汽车在坏路或无路情况下行驶时，为使汽车有足够的驱动力，需要前桥参加驱动；而在好路上行驶时，则前桥应作为从动桥，以免增加功率消耗和轮胎及传动系统零件的磨损。因此，分动器中通往前驱动桥的输出轴 17 与通往中驱动桥的输出轴 12 之间装有前桥结合套 16。只有将前桥结合套 16 右移，使通往前驱动桥的输出轴 17 与通往中驱动桥的输出轴 12 刚性连接时，前桥方参加驱动。若前桥结合套 16 已与通往中驱动桥的输出轴 12 结合，则动力还可以从通往中驱动桥的输出轴 12 传给通往前驱动桥的输出轴 17。分动器的这一挡位为高速挡，其传动比为 1.08。当分动器挂入低速挡工作时，其输出转矩较大。为避免中、后桥超载，此时前桥必须参与驱动，以分担一部分载荷。因此，分动器的操纵机构必须保证：非先接上前桥，不得挂上低速挡；非先退出低速挡，不得摘下前桥。

一种简单的越野汽车分动器的操纵机构如图 11-21 所示。轴 7 借两个支承臂 8 固定在变速器的盖上，分动器的两个操纵杆 1 和 2 位于变速器变速杆的右侧。换挡操纵杆 1 以其中部的孔松摇臂 6，其臂端经传动杆 5 与操纵前桥结合套的摇臂相连。驾驶员欲使分动器挂入低速挡，只须将换挡操纵杆 1 的上端推向前方。此时，操纵杆 1 绕轴 7 逆时针转动，其下臂便压推螺钉 3，带动前桥操纵杆 2 向接前桥的方向转动。这就使得挂入低速挡的同时也接上了前桥。但当操纵杆 1 被扳到空挡或高速挡位置时，并不能带动前桥操纵杆 2 回位而摘下前桥。同理，当将前桥操纵杆 2 的上端拉向后方，以便摘下前桥时，螺钉 3 则绕轴 7 向前推动换挡操纵杆 1，使之先退出低速挡位置，但并不妨碍退出低速挡后再接前桥。

此外，分动器操纵杆机构中也有自锁装置，其结构原理与变速器的自锁装置相同。装有上述形式分动器的汽车，当用全轮驱动行驶于不平路面或弯道上时，或在前后驱动轮由于轮胎磨损而半径不等的情况下行驶时，将引起发动机功率的消耗和轮胎及传动系统零件的磨损。为克服这两个缺点将转矩大体根据轴荷比例分配给各驱动桥，有些汽车(如尤尼克 27-66 型汽车)的分动器内装设了带有差速锁的非对称式行星齿轮轴间差速器。

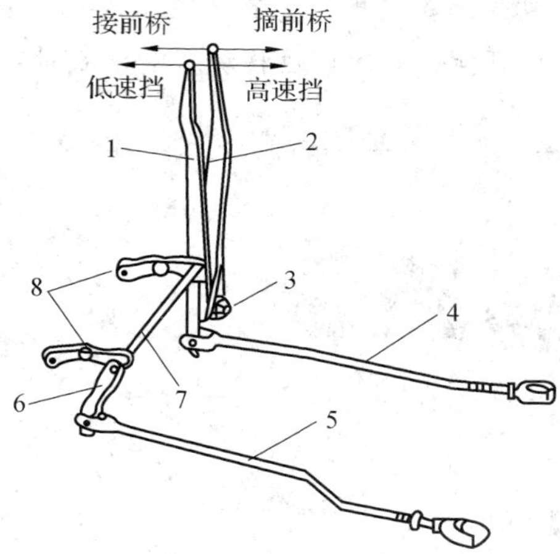

1—换挡操纵杆
2—前桥操纵杆
3—螺钉
4，5—传动杆
6—摇臂
7—轴
8—支承臂

图 11-21　无同步器换挡原理示意图

为保证输入轴上高速挡和低速挡主动齿轮和滚针轴承可靠工作，应采用压力润滑。装在输出轴右端的柱塞式油泵，由输入轴驱动，将分动器壳底部的润滑油吸入，并将压力油沿输入轴的轴向和径向油道送往滚针轴承和齿轮处。

常见问题解析

跳挡

1. 故障现象

汽车在行驶中，变速杆自动跳回空挡位置。此情况一般是在中高速以及负荷突然变化或剧烈振动时出现。

2. 故障原因

(1)齿轮或齿套磨损成锥形。

(2)接合套花键齿槽磨损过甚而松旷。

(3)止动弹性卡环或轴端锁紧螺母松动或脱掉，齿轮背面的止推垫圈磨损，引起轴与齿轮的轴向窜动。

(4)换挡拨块、换挡连杆、换挡销轴、变速叉、换挡销及支点螺栓等配合表面过度磨损，不能正确控制滑动齿套。

(5)定位装置失效，变速叉轴无法定位。

(6)变速箱轴承松旷，壳体变形，固定螺栓松动等。

3. 判断与排除

发现某挡跳挡时，将变速杆推入该挡，将发动机熄火，拆掉变速箱上盖查看齿轮啮合情况。如啮合不好，应检查轴承是否磨损松旷，变速叉是否变形，变速箱换挡销与滑动齿套上的环槽配合间隙是否过大，如过大应焊修，若变速叉变形应校正。若啮合良好，应检查定位装置工作情况。若定位不良，需拆下变速叉轴检查定位弹簧，若弹簧过软或折断，应更换。如定位装置亦良好，应检查齿轮是否磨损成锥形。若齿轮磨损成锥形，应更换；若轴前后移动越限，应调整到适当。

11.4 自动变速器

11.4.1 自动变速器的功用及类型

1. 自动变速器的功用

(1)根据汽车行驶条件自动地改变传动比，加大驱动轮转矩和转速的变化范围，同时使发动机在有利的工况下工作，目前大多数自动变速器提供四个以上挡位：前进挡、停车挡、一个空挡和一个倒挡。

(2)在发动机旋转方向不变的前提下，使汽车能倒退行驶。

(3)利用空挡，中断动力传递，以使发动机能够启动和怠速运转。

(4)利用液力变速器，在一定范围内实现无级变速，并在很大程度上减缓传动系统的冲击，延长传动系统和发动机的使用寿命。

2. 自动变速器的类型

(1)按齿轮变速器的类型分类。自动变速器按其齿轮变速器的类型不同，可分为普通齿轮式和行星齿轮式两种。普通齿轮式自动变速器体积较大，最大传动比较小，只有少数几种车型使用(如本田ACCORD轿车)；行星齿轮式自动变速器结构紧凑，能获得较大的传动比，为绝大多数轿车采用。

(2)按汽车驱动方式分类。自动变速器按照汽车驱动方式的不同可分为前驱动自动变速器和后驱动自动变速器两种，这两种自动变速器在结构和布置上有很大的不同。

后驱动自动变速器的布置如图 11-22 所示。前驱动自动变速器除了具有与后驱动变速器相同的组成外，在自动变速器的壳体内还装有主减速器和差速器，如图 11-23 所示，也称为自动变速驱动桥。

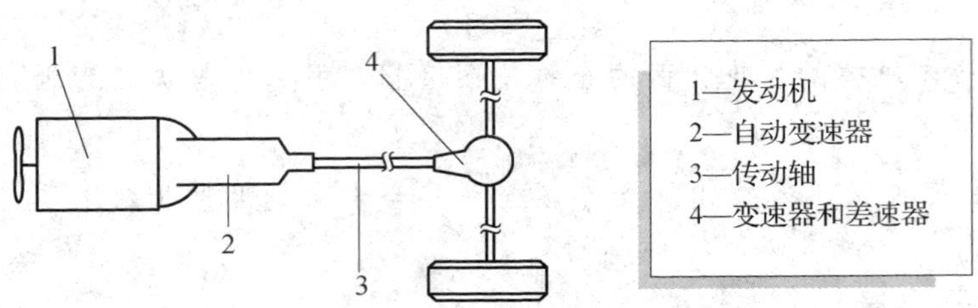

图 11-22　后驱动自动变速器布置图

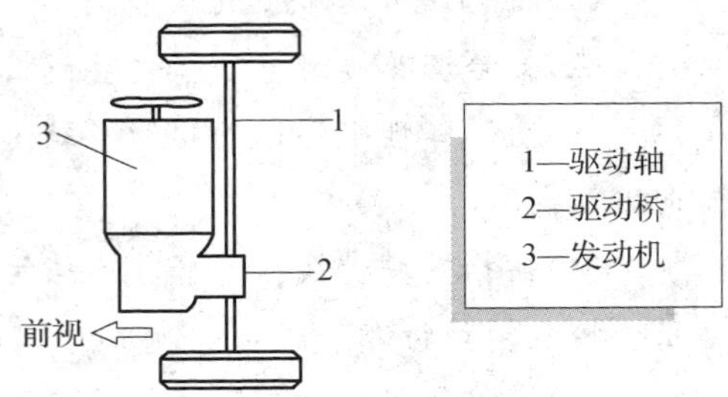

图 11-23　前驱动自动变速器布置图

(3)按变矩的方式分类。自动变速器按变矩的方式不同，可分为机械式自动变速器(MT)、液力机械式自动变速器(AT)和金属带式自动变速器(CVT)三大类。

(4)按换挡的控制方式分类。自动变速器按控制方式不同，可分为液力控制自动变速器和电子控制自动变速器两大类。

3. 自动变速器的组成

如图 11-24 所示，液力控制自动变速器主要由液力元件、行星齿轮变速器、液压操纵系统等组成。

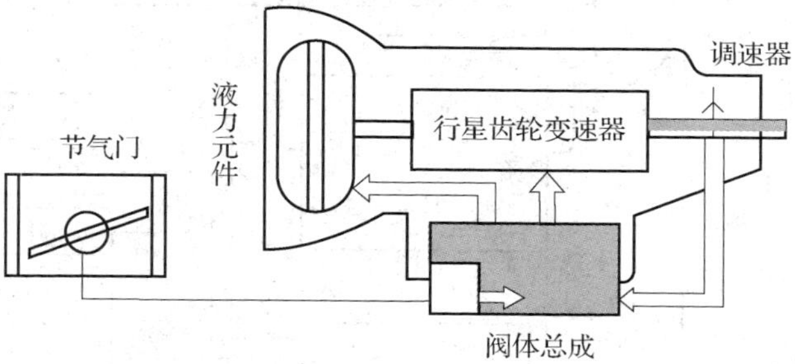

图 11-24　液力控制自动变速器组成示意图

(1)液力元件。目前，液力元件为变矩器，其功能是在一定范围内自动、连续地改变转矩比，以满足不同行驶阻力的要求。

(2)行星齿轮变速器。行星齿轮机构提供数个前进挡和一个倒挡，行星齿轮机构的基本组成元件包括太阳轮、齿圈、行星架(行星架上有若干个行星轮)。

(3)液压操纵系统。液压操纵系统包括动力源、执行机构和液压控制系统，用来实现控制行星齿轮机构自动换挡动力源，包括液压泵等，产生系统所需的油压执行元件的动作，从而用来控制行星齿轮机构的元件(太阳轮、齿圈、行星架)，使某个元件接受动力成为输入元件，使某个元件固定或使某个元件自由转动，自动地形成特定的挡位执行机构，包括由液压活塞驱动的离合器、制动器和纯机械的单向离合器，离合器、制动器和单向离合器可以称为执行元件。液压控制系统的各种控制阀大多集中在阀体总成上，调速器阀一般在自动变速器输出轴上，根据汽车行驶中换挡参数的变化，引导压力油流进或流出特定执行元件的活塞缸，使执行元件产生需要的动作，进而实现自动换挡。

液控自动变速器换挡的直接参数是节气门油压和调速阀油压，节气门阀产生的节气门油压反映节气门开度的大小，调速阀产生的油压反映车速的高低。

(4)电子控制自动变速器。电子控制自动变速器组成示意图如图 11-25 所示，电子控制自动变速器与液力控制自动变速器相比，主要是增加了电子控制系统，其操纵系统是电子控制液压式自动变速器的电子控制系统，与其他汽车电子控制系统一样，由信号输入装置(传感器)、控制单元(ECU)和执行元件(电磁阀)组成。控制单元根据各种传感器的信号，发出控制指令，使电磁阀产生动作，进一步通过液压操纵系统实现自动换挡。

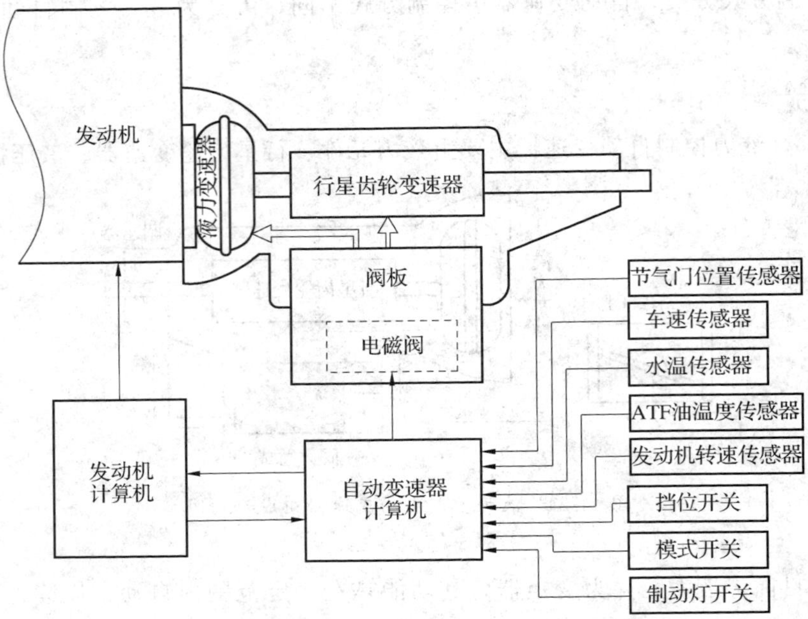

图 11-25　电子控制自动变速器组成示意图

电子控制自动变速器的换挡控制的主要参数是车速信号和节气门开度信号。

4. 自动变速器的特点

汽车上采用的自动变速器，具有如下优点：

(1)消除了离合器操作和频繁换挡，使驾驶员操作简单、省力，提高了行车的安全性。

(2)能自动适应汽车行驶阻力的变化。在一定范围内实现无级变速，提高了汽车的动力性和平均车速。

(3)汽车起步、加速更加平稳，能吸收和衰减换挡过程中的振动与冲击，提高了乘坐舒适性。

(4)因采用了液力传动，发动机和传动系统是柔性连接，能缓冲结合冲击，减轻传动系统零件的负荷，有利于延长有关零件的使用寿命。

(5)可避免因外界负荷突增而造成发动机熄火的现象，减少发动机启动次数，提高燃油经济性，降低排放污染。

其缺点在于结构复杂，价格较高，对维修人员的技术要求高，液力传动的效率低。

自动变速器较广泛地应用于中高级轿车、起重型自卸车、高通过性军用越野车和一级城市用大型客车上。

11.4.2 液力耦合器

自动变速器的液力元件是通过油液的动能来传递发动机动力的，把这种发动机与自动变速器的连接方式，称为柔性连接或软连接，这使得在发动机转速低、自动变速器处于前进挡位时，汽车保持停止状态。液力元件的作用：①传递或改变发动机的转矩；②具有离合器的作用；③兼有飞轮的作用。汽车上常用的液力元件有液力耦合器和液力变矩器。

液力耦合器结构示意图如图 11-26 所示。在发动机曲轴 1 的凸缘上固定着耦合器外壳 2，泵轮 3 与耦合器外壳 2 刚性连接并随曲轴一起旋转，是耦合器的主动元件，称为泵轮。涡轮 4 与从动轴 5 相连，为耦合器的从动元件，称为涡轮。泵轮与涡轮统称为工作轮。泵轮和涡轮具有相同内、外径，都安装有径向排列的叶片。泵轮和涡轮相对安装，两者端面间留有 3～4 mm 间隙，没有机械联系。泵轮与涡轮装合后成为一个整体，其轴线断面一般为圆形，称为循环圆，内腔充满工作液。

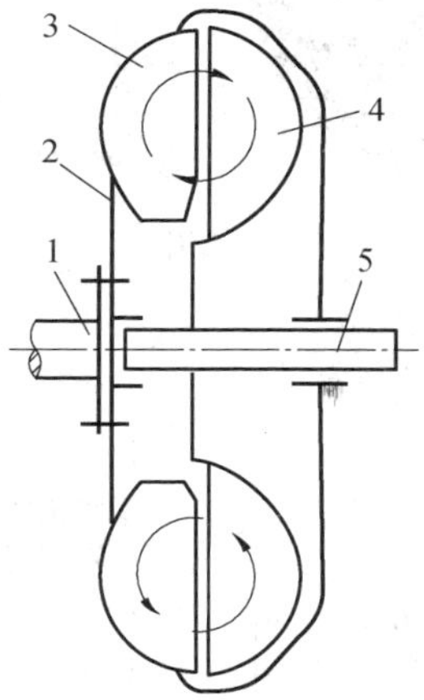

1—发动机曲轴
2—耦合器外壳
3—泵轮
4—涡轮
5—从动轴

图 11-26 液力耦合器结构示意图

当发动机带动泵轮旋转时，动力经发动机曲轴 1 传给泵轮 3，由于泵轮叶片的作用，使耦合器内部的工作液也随叶片一起绕轴线旋转，在离心力的作用下，迫使工作液沿叶片间通道从半径较小的内缘处向半径较大的外缘处流动，此时，叶片外缘处工作液的动能和压力都大于叶片内缘处工作液的动能和压力，其动能的差值取决于泵轮的内外缘半径差和泵轮的转速工作液，在到达叶片外缘时，已成为具有一定压力和速度的高速液流，并将发动机的机械能转换为工作液的动能。在一般情况下，涡轮的转速总是低于泵轮的转速，因此，泵轮外缘处工作液的能量大于涡轮外缘处工作液的能量，在此能量差的作用下，离开泵轮后的高速液流紧接着流入涡轮，并作用于涡轮叶片，当能克服涡轮转动所产生的阻力和负载时，便推动涡轮转动，经从动轴 5 输出，将液体的动能转换为涡轮输出轴上的机械能。

11.4.3 液力变矩器

液力变矩器的作用主要有：①增大由发动机产生的转矩；②起到自动离合器的作用，传递(或不传递)发动机转矩至变速器；③缓冲发动机和传动系统的扭振；④起到飞轮作用，使发动机转动平稳；⑤驱动液压控制系统的机油泵。

1. 液力变矩器的结构

液力变矩器主要由可旋转的泵轮 4 和涡轮 3 以及固定不动的导轮 5 三个零件组成，如图 11-27 所示。其液力变矩器结构示意图如图 11-28 所示。这些零件的泵轮 4 与变矩器壳 2 连成一体，用螺栓固定在发动机曲轴 1 后端的凸缘上。变矩器壳 2 做成两半，装配后焊成一体(有的用螺栓连接)，变矩器壳体外面装有启动齿圈 8。涡轮 3 通过从动轴 7 与传动系统的其他部件相连。导轮 5 固定在不动的导轮固定套管 6 上。所有工作轮装配后，形成断面为循环圆的环状体。

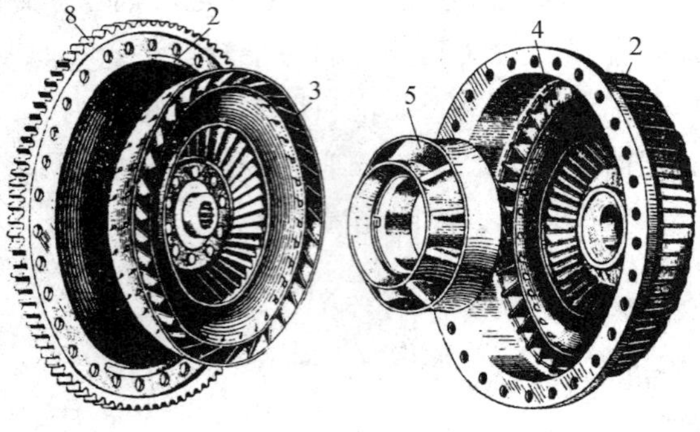

1—发动机曲轴
2—变矩器壳
3—涡轮
4—泵轮
5—导轮
6—导轮固定套管
7—从动轴
8—启动齿圈

图 11-27　液力变矩器的主要零件

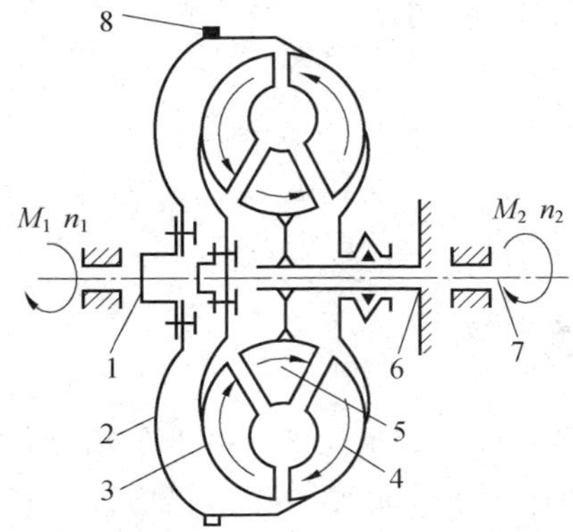

1—发动机曲轴
2—变矩器壳
3—涡轮
4—泵轮
5—导轮
6—导轮固定套管
7—从动轴
8—启动齿圈

图 11-28　液力变矩器结构示意图

2. 液力变矩器的工作原理

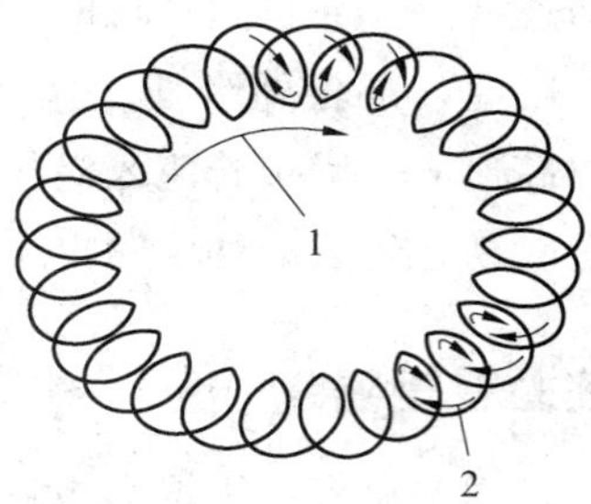

1—环流
2—涡流

图 11-29　环流和涡流

与液力耦合器一样，液力变矩器正常工作时，处于环形内腔中的工作液的实际流动是由涡流和环流叠加而成的，如图 11-29 所示。所谓涡流就是泵轮泵出的液流通过涡轮和导轮，然后再回到泵轮的液流。车辆启动时，泵轮和涡轮的转速差越大，涡流就越大。所谓环流就是变矩器内与变矩器转动方向相同的液流。当泵轮与涡轮转速差较小时，环流就大，此时车辆以恒速行驶，与耦合器不同的是，变矩器不仅能传递转矩，而且能在泵轮转矩不变的情况下，随着涡轮的转速(反映汽车行驶速度)不同而改变涡轮输出的转矩数值。

变矩器之所以能起变矩作用，是由于结构上比耦合器多了导轮机构。在循环流动的过程中，固定不动的导轮给涡轮一个反作用力矩，使涡轮输出的转矩不同于泵轮输入的转矩。用变矩器叶轮的展开图(图 11-30)来说明变矩器的工作原理。将循环圆上的中间流线(此流线将液流通道断面分割成面积相等的内外两部分)展开成一直线，各循环圆上的中间流线均在同一平面上展开，于是在展开图上，泵轮 B、涡轮 W 和导轮 D 便成为三个环形平面。

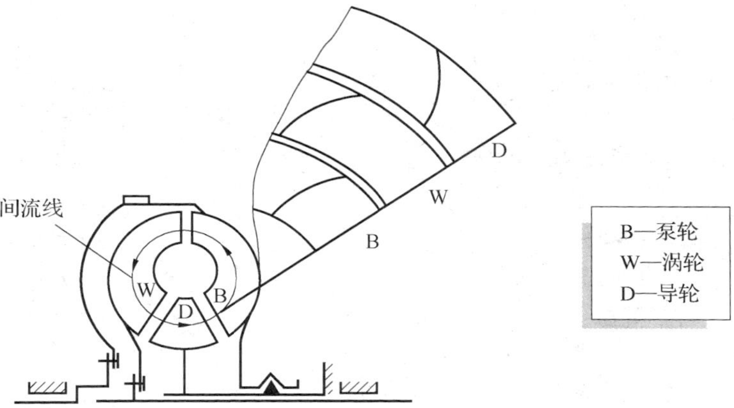

图 11-30　液力变矩器工作轮的展开示意图

为了便于说明，现假设在液力变矩器工作中，发动机的转速和负荷不变，即液力变矩器的泵轮转速和转矩为常数。

(1)汽车起步行驶工况

如图 11-31(a)所示，刚起步时，涡轮转速 n_w为零，工作液在泵轮叶片带动下，以一定的绝对速度沿图中箭头 1 的方向冲向涡轮叶片。因涡轮静止不动，液流将沿着涡轮叶片流出，液流方向沿图中箭头 2 所示冲向导轮，然后液流再从固定不动的导轮叶片沿箭头 3 方向流入泵轮中。当工作液流过叶片时，受到叶片的作用力，其方向发生变化，设泵轮、涡轮和导轮对液流的作用转矩分别为 M_b、M'_w和 M_d，根据液流受力平衡条件，$M_b+M'_w+M_d=0$，由于液流对涡轮的作用转矩 M'_w与 M_w大小相等，方向相反，因而在数值上涡轮转矩 $M_w=M_b+M_d$，因此，$M_w>M_b$。即液力变矩器起增大转矩的作用。

(2)汽车加速行驶工况

当变矩器输出的转矩经传动系统传到驱动轮上所产生的驱动力足以克服汽车起步阻力时，汽车即起步并开始加速，涡轮转速 n_w也从零逐渐增加。如图 11-31(b)所示，冲向导轮叶片的液流的绝对速度 v 应为在涡轮出口处沿叶片方向的相对速度，和沿圆周方向的牵连速度 u 的矢量和因原假设泵轮转速不变，起变化的只是涡轮转速 n，故涡轮出口处相对速度不变，只是牵连速度 u 起变化。冲后导轮叶片的液流的绝对速度 v 将随着牵连速度 u 的增加(即涡轮转速 n_w的增加)而逐渐向左倾斜，使导轮上所受转矩值 M_d 逐渐减小。当涡轮转速增大到某一数值，由涡轮流出的液流方向正好沿导轮出口方向冲向导轮时，由于液体流经导轮时方向不改变，液流与导轮叶片之间无相互作用力，所以导轮转矩 $M_d=0$，于是可得

$$M_w=M_b$$

当涡轮转速 n_w继续增大，液流绝对速度 v'的方向继续向左倾斜[图 11-31(b)中所示方向]，液流冲击导轮叶片的背面，导轮转矩方向与泵轮转矩方向相反，则涡轮转矩为 $M_w=M_b-M_d$，即 $M_w<M_b$，即变矩器输出转矩反而比输入转矩小。当涡轮转速 n_w增大到与泵轮转速 n_b相等时，工作液在循环圆中的流动停止，将不能传递动力。为避免这种现象发生，在导轮和壳体之间可设置单向离合器，当液体冲击导轮背面时，导轮绕导轮固定套管空转，液流作用在导轮上的转矩为零，有

$$M_w=M_b$$

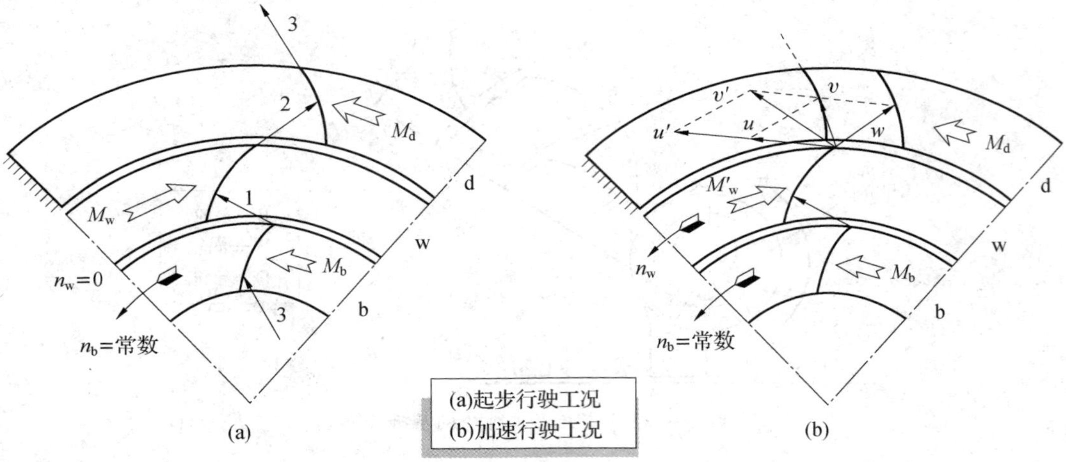

图 11-31 液力变矩器的工作原理

3. 液力变矩器的特性

液力变矩器在泵轮转速 n_b 和转矩 M_b 不变的条件下，涡轮转矩 M_w 随其转速 n_w 变化的规律称为液力变矩器特性，可以用图 11-32 表示。

液力变矩器传动比 i 的定义与前述齿轮变速器不同，为输出转速(即涡轮转速 n_w)与输入转速(即泵轮转速 n_b)之比，即

$$i=\frac{n_w}{n_b} \tag{11-1}$$

变矩系数为液力变矩器输出转矩 M_w 与转入转矩(即泵轮转矩 M_b)之比，用 K 表示，即

$$K=\frac{M_w}{M_b} \tag{11-2}$$

变矩器效率是指涡轮输出功 P_w 与泵轮输入功率 P_b 之比，即

$$\eta=\frac{P_w}{P_b}=Ki \tag{11-3}$$

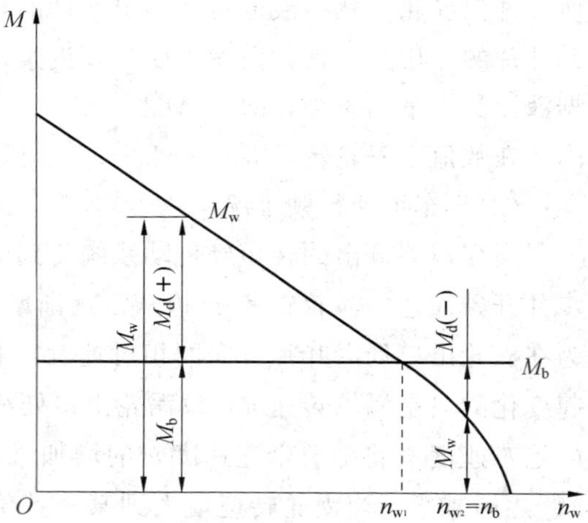

图 11-32 液力变矩器特性(n_b=常数)

图 11-32 所示的液力变矩器特性是在转速 n_b 和泵轮转矩 M_b 不变的条件下得出的，所以图中的 M_w-n_w 曲线也反映了变矩系数 K 与涡轮转速 n_w(或传动比 i)之间的变化关系。当 $K>1$ 时，称为变矩工况；当 $K=1$ 时，称为耦合工况；当 $n_w=0$ 时，相当于起步前的工况，也称零速工况或启动工况，在此工况下，变矩系数最大(K 值一般为 1.9～2.5)。

因此，液力变矩器是一种能随汽车行驶阻力的不同而自动改变变矩系数的无级变速器。此外，液力耦合器具有保证汽车平稳起步、衰减传动系统中的扭转振动、防止传动系统超载等功能，液力变矩器也同样具备。

11.4.4 行星齿轮变速传动装置

1. 单排行星齿轮机构的组成

单排行星齿轮结构如图 11-33 所示，是由一个太阳轮、一个齿圈、一个行星架和数个行星齿轮组成的，其工作原理示意图如图 11-34(a)所示。在单排行星齿轮的工作过程中，齿圈、太阳轮和行星架可作为输入、输出或固定元件，行星齿轮一般不具有此功能。

齿圈制有内齿，其余齿轮均为外齿。太阳轮位于机构的中心，行星齿轮与太阳轮外啮合，行星齿轮与齿圈内啮合。通常行星齿轮有 3～6 个，通过滚针轴承安装在行星齿轮轴上，行星齿轮轴对称、均匀地安装在行星架上。行星齿轮机构工作时，行星齿轮除了绕自身轴线自转外，同时还绕着太阳轮公转，行星架也绕太阳轮旋转。

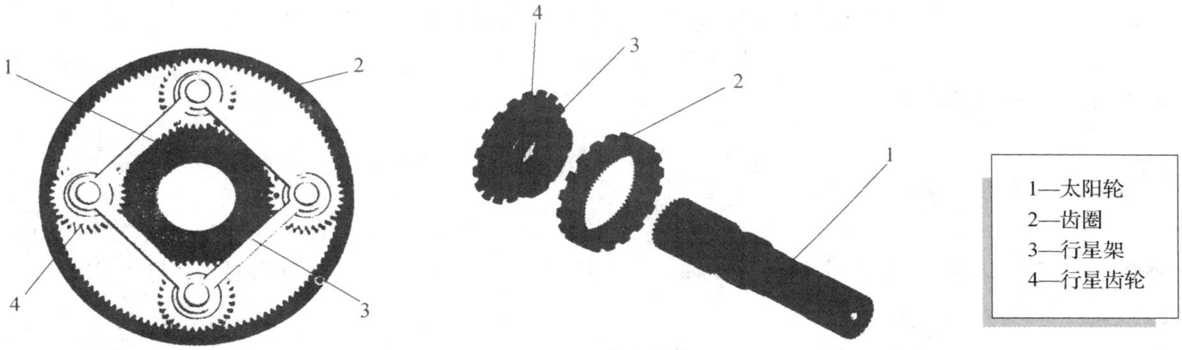

图 11-33　单排行星齿轮结构图

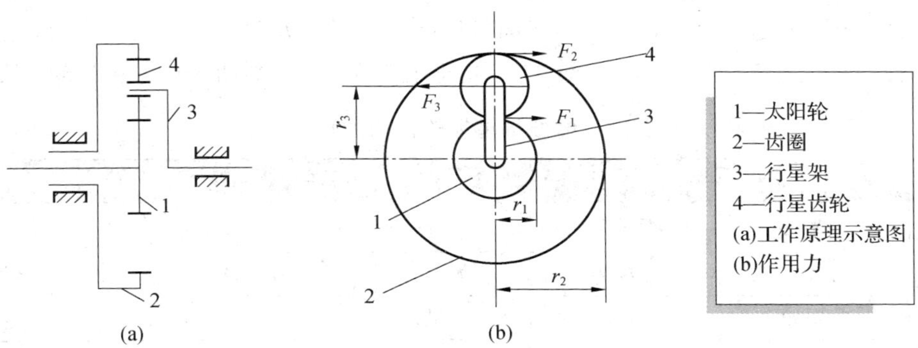

图 11-34　单排行星齿轮工作原理示意图及作用力

2. 单排行星齿轮机构的工作原理

为了计算各种行星齿轮机构的传动比，下面先分析最简单的单排行星齿轮机构传动比的计算方法，其他各种形式的行星齿轮机构传动比可以用同样的方法导出。

单排行星齿轮机构的行星齿轮 4 所受到的作用力[图 11-34(b)]：

作用于太阳轮 1 的力矩：$M_1 = F_1 r_1$；

作用于齿圈 2 上的力矩：$M_2=F_2r_2$；

作用于行星架 3 上的力矩：$M_3=F_3r_3$；

令齿圈和太阳轮的齿数比为 α，则 $\alpha=\frac{r_2}{r_1}=\frac{z_2}{z_1}$。

因此 $r_2=\alpha r_1$，

又 $r=(r_1+r_2)/2=r_1(1+\alpha)/2$，

式中，r_1、r_2 分别是太阳轮、齿圈的节圆半径；r_3 是行星齿轮与太阳轮的中心距；z_1、z_2 分别是太阳轮、齿圈的齿数。

由行星齿轮的受力平衡条件可得：$F_3=2F_2$，

因此，太阳轮、齿圈和行星架上的力矩分别为：

$$M_1=F_1r_1 \quad M_2=\alpha F_1r_1 \quad M_3=-(1+\alpha)F_3r_3 \tag{11-4}$$

根据能量守恒定律，三个元件上的输入和输出功率的代数和应等于零，即

$$M_1\omega_1+M_2\omega_2+M_3\omega_3=0 \tag{11-5}$$

将式(11-4) 代入得

$$\omega_1+\alpha\omega_2-(1+\alpha)\omega_3=0 \tag{11-6}$$

若用转速代替角速度，则式(11-6) 可以写成

$$n_1+\alpha n_2-(1+\alpha)\omega_3=0 \tag{11-7}$$

式中，n_1 是太阳轮转速；n_2 是齿圈转速；n_3 是行星架转速；α 是齿圈齿数 z_2 与太阳轮齿数 z_1 之比。

式(11-7) 为单排行星齿轮机构一般运动规律的特性方程式。太阳轮、齿圈和行星架三者具有同一旋转轴线，将此三者中的任一构件与主动轴相连，第二构件与从动轴相连，加上第三个条件，第三构件被强制固定或使其运动受到一定约束，即该构件的转速为某一定值，则整个系统就以一定的传动比传递动力，实现不同挡位速度的变化。按连接和制动情况的不同可以有六种组合方案，加上直接传动和空挡共有八种组合方案，相应可以获得五种不同的传动表，表 11-1 列出了单排行星齿轮机构的各种传动方案。

表 11-1　单排行星齿轮机构的传动方案

方案	主动件	被动件	固定件	传动比	备注
1	太阳轮	行星架	齿圈	$1+\alpha$	减速增矩
2	齿圈	行星架	太阳轮	$(1+\alpha)/\alpha$	
3	太阳轮	齿圈	行星架	$-\alpha$	
4	行星架	齿圈	太阳轮	$\alpha/(1+\alpha)$	增速增矩
5	行星架	太阳轮	齿圈	$1/(1+\alpha)$	
6	齿圈	太阳轮	行星架	$-1/\alpha$	
7	任意两个连成一体			1	直接传动
8	既无任一元件制动，又无两元件连成一体			三元件自由转动	不传递动力

3. 辛普森式行星齿轮变速机构

辛普森式行星齿轮变速机构是一种双排行星齿轮机构，如图 11-35 所示。其结构特点是：前、后两个行星排的太阳轮连接为一个整体，称为共用太阳轮组件；前一个行星排的行星架和后一个行星排的齿圈连接为另一个整体，称为前行星架和后齿圈组件，输出轴通常与前行星架和后齿圈组件连接。经过上述的组合后，该机构成为一种具有四个独立元件的行星齿轮机构。这四个独立元件是：前齿圈、前后太阳轮组件、后行星架、前行星架和后齿圈组件。根据前进挡的挡数不同，可将辛普森式行星齿轮变速机构分为辛普森式 3 挡和 4 挡行星齿轮机构两种。

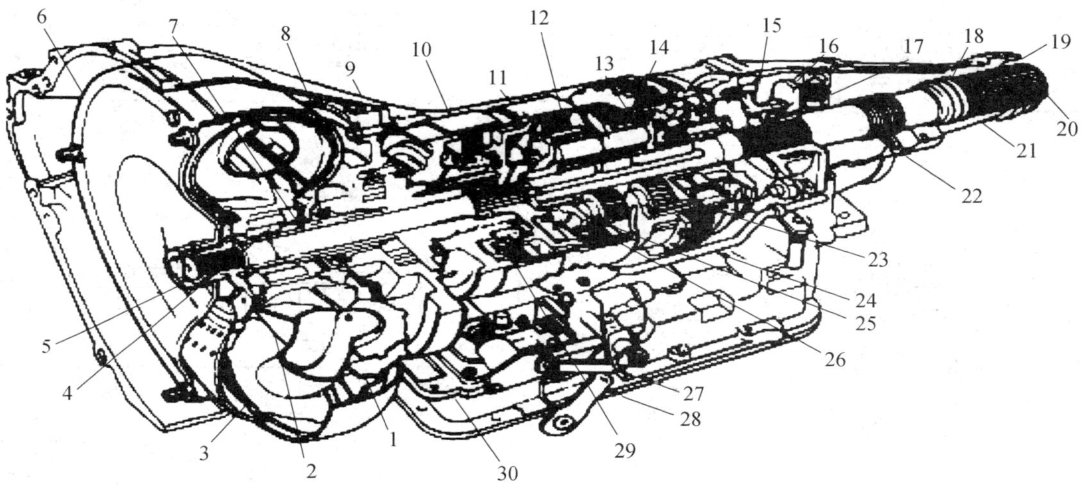

1—泵轮 2—导轮 3—涡轮 4—变矩器单向离合器 5，7—输入轴 6—变矩器 8—油泵 9—壳体 10—中间挡制动带 11—驱动套 12—前进挡离合器和齿圈 13—倒挡齿圈 14—低挡/倒挡离合器 15—速度阀分配器套 16—集油环 17—速度阀 18—花键油封 19—加长壳油封 20—输出轴 21—加长壳 22—里程表驱动齿轮 23—倒挡行星架 24—驻车爪驱动杆 25—前进挡行星架 26—前进挡离合器 27—降挡杠杆 28—平动杠杆 29—倒挡和高挡离合器 30—控制阀体

图 11-35 福特 C-6 自动变速器

辛普森式行星齿轮变速机构以其简单、传动效率高以及运转平稳、噪声低等优点而著称，尤其因为其制造成本低而在现代轿车上得到了广泛的应用。

福特 C-6 自动变速器可实现一个空挡、三个前进挡和一个倒挡。图 11-36 为福特 C-6 自动变速器各挡传动路线示意图。

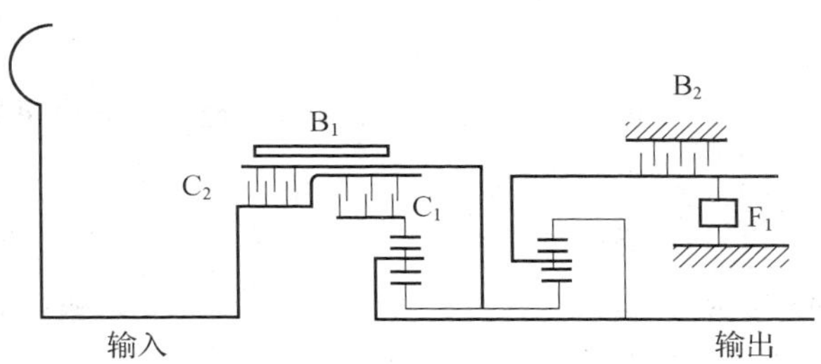

C_1—前进挡离合器
C_2—高挡/倒挡离合器
B_1—中间挡制动带
B_2—低挡/倒挡制动器
F_1—单向离合器

图 11-36 福特 C-6 自动变速器传动原理示意图

处于驾驶挡“1 挡”时，如图 11-37(a)所示，执行元件 C_1 和 F_1 起作用，输入轴顺时针将动力传到 C_1，因 C_1 接合将动力传到前齿圈，前齿圈顺时针转动。驱动前行星齿轮顺时针转动。该挡位是起步挡，与输出轴相连的前行星架和后齿圈可以假想地看成是固定的。这时前行星齿轮就驱动太阳轮逆时针转动，前、后两个太阳轮是一个整体，故太阳轮驱动后行星齿轮顺时针转动。F_1 将后行星架固定，后行星齿轮将动力传到后齿圈，当输入的动力足以克服阻力时，齿圈带动输出轴转动而汽车起步，太阳轮不是自由空转，前行星架也有动力输出。

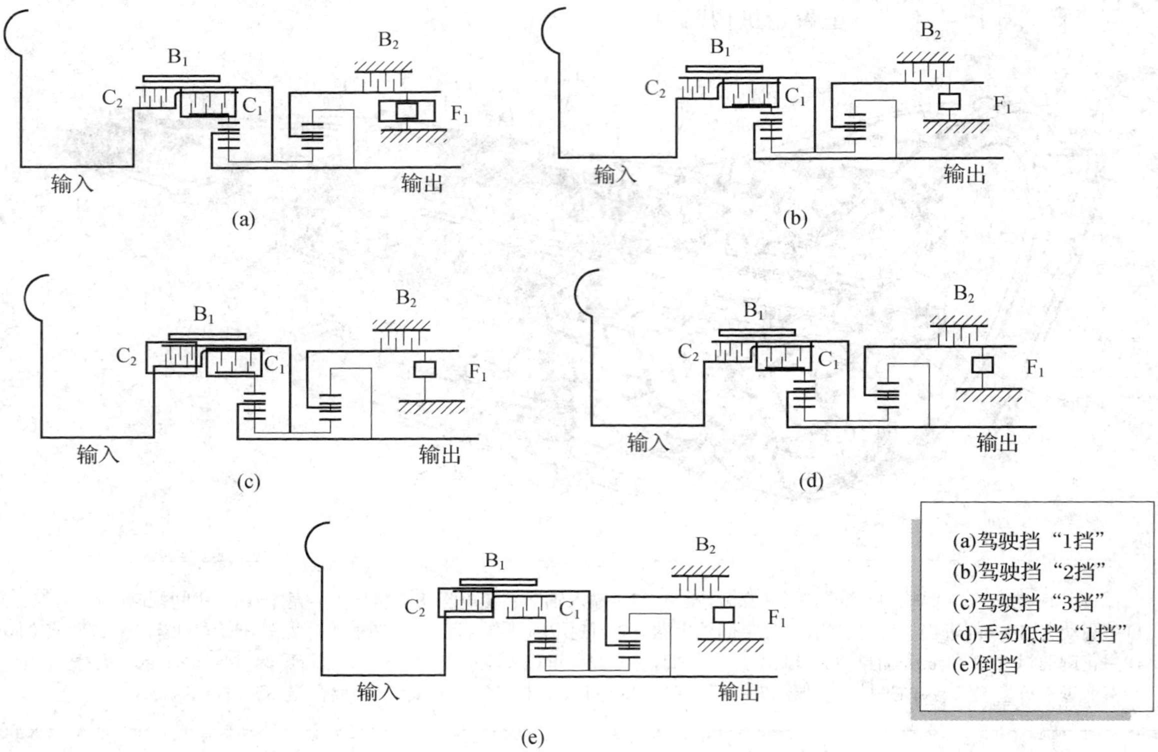

图 11-37　福特 C-6 自动变速器各挡传递路线示意图

处于驾驶挡“2 挡”时，如图 11-37 (b)所示，执行元件 C_1 和中间挡制动带 B_1 起作用，输入轴顺时针转动将动力传到 C_1，由于 C_1 接合将动力传到前齿圈，前齿圈顺时针转动驱动前行星齿轮顺时针转动。B_1 将太阳轮固定，在太阳轮固定时前行星齿轮的自转与公转方向相同，前行星架与前行星齿轮的转动相一致，即前行星架顺时针转动而输出。

处于驾驶挡“3 挡”时，如图 11-37 (c)所示，执行元件 C_1 和 C_2 起作用，输入轴顺时针转动将动力传到前齿圈，接合将动力传到前齿圈，同时 C_2 接合将动力传到太阳轮，此时行星齿轮机构锁止成为一个整体，即直接挡，传动比 $i=1$。

处于手动低挡“1 挡”时，如图 11-37 (d)所示，执行元件 C_1 和 B_2 起作用，传动原理和驾驶挡“1 挡”相似，不同之处在于此处低挡/倒挡制动器 B_2 固定后行星架，下长坡时可以利用发动机制动功能。

处于倒挡时，如图 11-37 (e)所示，执行元件 C_2 和 B_2 起作用，输入轴顺时针转动将动力传到 C_2，C_2 接合将动力传到太阳轮，太阳轮顺时针转动驱动后行星轮逆时针自转。B_2 接合固定后行星架，逆时针转动的后行星轮驱动后齿圈逆时针转动而输出。

4. 拉威娜式行星齿轮变速机构

拉威娜式行星齿轮变速机构与辛普森式行星齿轮变速机构齐名，且比辛普森式行星齿轮变速机构更紧凑。从 20 世纪 70 年代起，被奥迪、福特、马自达等公司使用在轿车自动变速器中，特别是用于前轮驱动车型。拉威娜式行星齿轮变速机构也采用双行星排组合，如图 11-38 所示。其结构特点是：双行星排具有公共行星架和齿圈，前太阳轮 2、短行星齿轮 4、长行星齿轮 5、行星架 3 及齿圈 6 组成一个双行星轮式行星排，后太阳轮 1、长行星齿轮、行星架及齿圈组成一个单行星轮式行星排，因此，它具有四个独立元件，即前太阳轮、后太阳轮、行星架和齿圈。

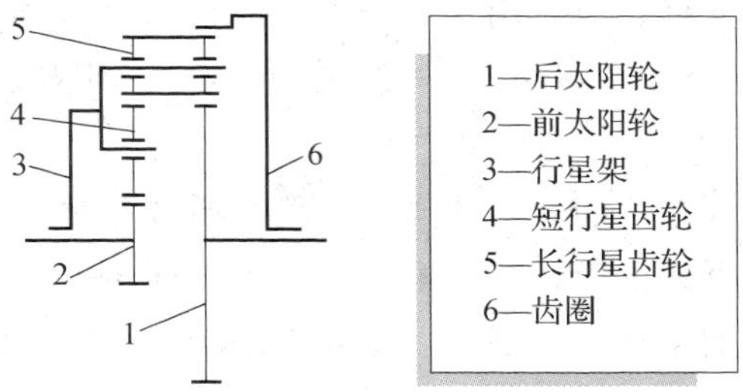

图 11-38 拉威娜式行星齿轮变速机构

拉威娜式四挡行星齿轮变速器中有八个执行元件，即四个离合器、两个制动器和两个单向离合器，构成具有超速挡的四个前进挡和一个倒挡的行星齿轮变速器。各挡执行元件的工作情况见表 11-2。

表 11-2 拉威娜式四挡行星齿轮变速器挡位与执行元件工作关系表

操纵手柄位置	挡位	换挡执行元件							
		C_1	C_2	C_3	C_4	B_1	B_2	F_1	F_2
D	1 挡	○						○	○
	2 挡	○				○			○
	3 挡	○			○				○
	超速挡	●			○	○			
R	倒挡		○				○		
S、1 或 2、1	1 挡			○			○		
	2 挡			○		○			
	3 挡			○	○				

11.4.5 液压自动操纵系统

液压自动操纵系统包括动力源、执行机构、制动器和单向离合器四部分。

1. 动力源

动力源是装在变矩器与前阀体之间，由变矩器泵轮驱动的液压泵，常见的是内啮合齿轮式液压泵、叶片泵及转子泵。它除了方向控制机构、执行机构供应压力油以实现换挡外，还向液力变矩器供应工作油液，向行星齿轮变速器供应润滑油。液压泵的排量取决于变矩器尺寸及执行机构工作缸尺寸和数目以及油路的繁简，轿车的液压泵常用排量范围为 10～20 L/1 000 r。

2. 执行机构

行星齿轮机构的换挡执行机构和传统的手动齿轮变速器不同，行星齿轮机构中的换挡由所有齿轮来实现。通过适当地选择被约束的基本元件和约束的方式，就可以使该机构具有不同的传动比，从而组成不同的挡位。

换挡执行机构起到连接、固定和锁止的作用。其主要由湿式多片离合器、湿式多片或带式制动器以及单向离合器等组成。

湿式多片离合器既用作驱动元件，也可用作锁止元件。湿式多片离合器如图 11-39 所示，它通常由液压活塞 1、活塞复位弹簧 2、复位弹簧座圈 3、一组主动片 4、一组从动片 7、调整垫片、离合器毂 8 及几个密封圈 10 等组成。

驱动离合器多位于变矩器和油泵之间，多片离合器毂 8 通过花键与液压活塞 1 相连或与其制成一体的主动片 4 通过外缘键齿与离合器毂的内花键槽配合，与涡轮同步旋转。从动片 7 通过内缘键齿与花键毂相连，花键毂与行星齿轮机构的主动元件制成一体的主动片和从动片均可轴向移动压盘 5 固定于键槽中，用以限制主、从动盘的位移量，其外侧安装了弹性挡圈 6，液压活塞 1 装于离合器毂内，活塞复位弹簧 2 一端抵于活塞端面，另一端支撑在座圈上，图 11-40 为分离状态和结合状态的示意图。

当离合器处于分离状态时，活塞在复位弹簧的作用下处于左极限位置，主、从动片间存在一定间隙。当压力油经油道进入活塞左腔室后，液压力克服弹簧张力使活塞右移，将所有主、从动片依次压紧，离合器接合，该元件成为输入元件。主、从动片依次压紧，离合器接合，该元件成为输入元件动力经涡轮轴、离合器毂、主动片和花键毂传至行星齿轮机构，油压撤除后，活塞在复位弹簧的作用下复位，离合器分离，动力传递路线被切断。

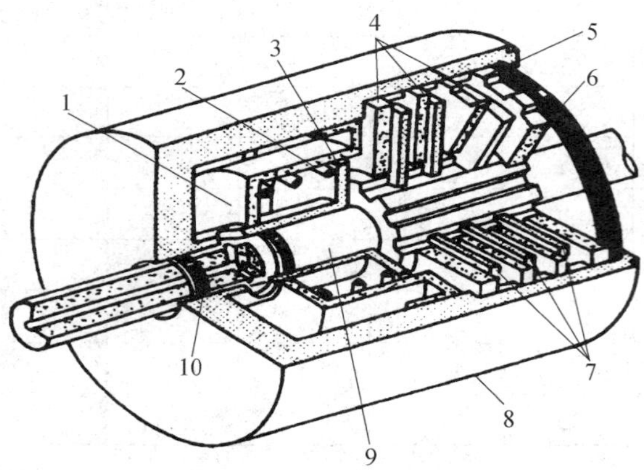

1—液压活塞
2—活塞复位弹簧
3—复位弹簧座圈
4—主动片
5—压盘
6—弹性挡圈
7—从动片
8—离合器毂
9—输入轴
10—密封圈

图 11-39　湿式多片离合器总成

3. 制动器

制动器的功用是将行星排中的太阳轮、齿圈、行星架这三个基本元件之一加以固定，目前最常见的是湿式多片制动器和带式制动器。

(1)湿式多片制动器。湿式多片式制动器也称为多片式制动器，在机构上与湿式多片离合器没有多大差别，典型多片式制动器工作原理如图 11-41 所示，主要由制动毂、活塞组件、复位弹簧、钢片和摩擦片组件等组成。钢片与制动毂连接，此处制动毂就是变速器壳体内槽，钢片可以沿轴向移动但不能转动；摩擦片与制动毂连接，制动毂与行星齿轮机构的某个元件连接。例如，制动毂和太阳轮制成一体，摩擦片在分离状态下与制动毂一起转动，向制动器活塞缸供油时，活塞把制动器的钢片和摩擦片压紧在一起，处于接合状态，不能转动的钢片使摩擦片制动，从而使制动毂和行星齿轮机构的元件(图中为行星架)也停止转动，即制动油液排出时，复位弹簧使活塞复位，制动器就处于分离状态，制动毂和行星齿轮机构的元件(图中为行星架)就可以转动了。

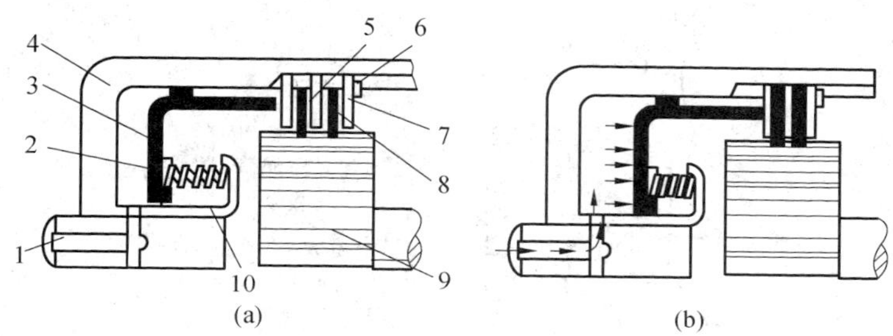

1—涡轮轴
2—活塞复位弹簧
3—液压活塞
4—离合器毂
5—主动片
6—弹性挡圈
7—压盘
8—从动片
9—花键毂
10—复位弹簧座圈
(a)分离状态
(b)接合状态

图 11-40　多片式离合器工作原理示意图

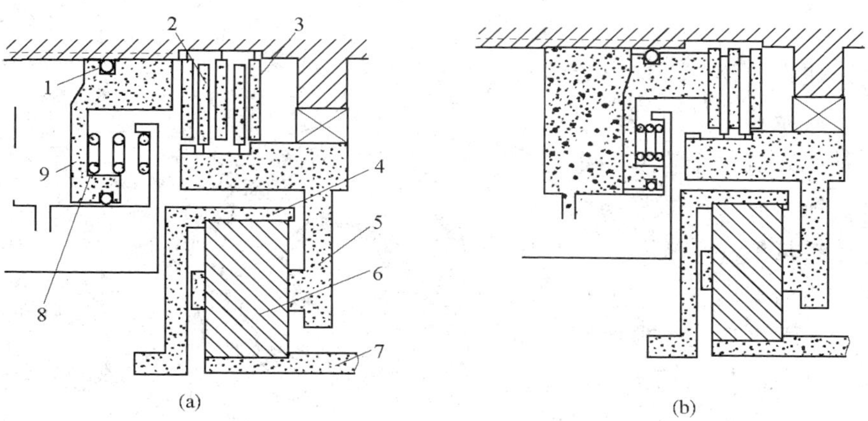

1—密封
2—摩擦片
3—钢片
4—太阳轮
5—行星架
6—行星齿轮
7—太阳轮
8—复位弹簧
9—活塞
(a)非制动状态
(b)制动状态

图 11-41　多片式制动器工作原理示意图

(2)带式制动器。带式制动器是执行机构中的锁止元件，由制动带及其伺服装置(控制液压缸)组成汽车自动变速器中的带式制动器，采用一内敷摩擦材料的制动带包绕在制动毂的外圆表面，制动带的一端固定在变速器壳体上，另一端则通过推杆与制动液压缸中的活塞相连。如图 11-42 所示，制动时，当液压施加于活塞时，活塞在缸体内移动至左端，压缩复位弹簧，活塞带动推杆移动，推动制动带的一端，因为制动带的另一端固定在变速器壳体上，制动带的直径即减小，因此制动带夹持制动毂，使其不能转动，此时制动毂以高速旋转，制动带受到来自制动毂的旋转反作用力。如果活塞和推杆为整体结构，这个反作用力会使活塞产生振动。为防止这种状况，活塞是通过一内弹簧安装在推杆上，当制动带受到反作用力时，推杆被推，可压缩内弹簧缓冲这个反作用力。

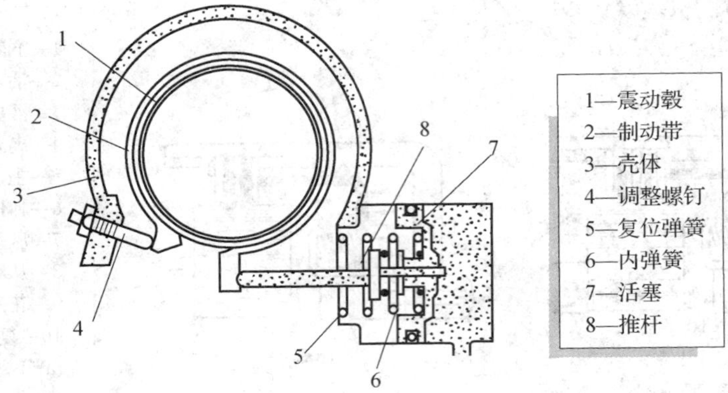

图 11-42 带式制动器的组成和工作原理

解除制动后，制动带与制动毂之间应存在一定间隙，否则会造成制动带和制动毂的过度磨损，影响行星齿轮机构的正常工作，调整该间隙的常见结构有以下两种：①长度可调的推杆；②通过调整螺钉调整长度的杠杆。

4. 单向离合器

单向离合器也称为单向超速离合器。单向离合器只允许它的内外座圈沿某一个方向做相对的旋转运动，而另外一个方向则完全卡滞而锁止。若一个座圈固定，锁止时两座圈均不能转动，那么锁止时两座圈将同速同向旋转。内座圈通常与行星齿轮机构的元件连接，与外座圈相连的可以是变速器壳体、制动器的摩擦片或行星齿轮机构的元件，前一种连接情况下单向离合器所起的作用与制动器相同，后者则与离合器的作用相同。自动变速器中使用较多的是单滚柱式单向离合器和楔块式单向离合器。

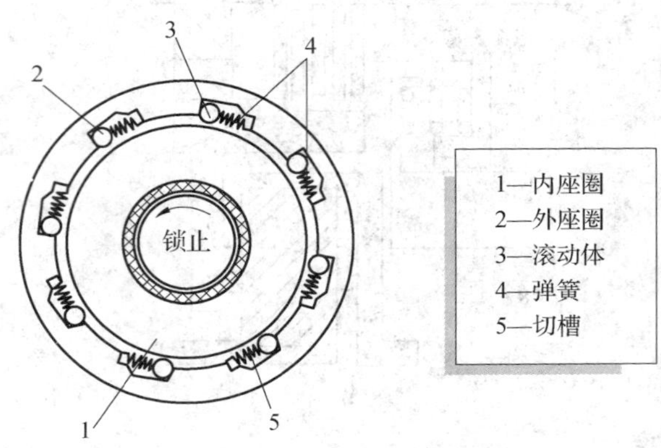

图 11-43 单滚柱式单向离合器

(1)单滚柱式单向离合器。单滚柱式单向离合器如图 11-43 所示，由内座圈 1、外座圈 2、滚动体 3 和弹簧 4 等组成，外座圈内侧加工出楔形切槽，切槽较窄端的尺寸小于滚柱直径，而较宽端的尺寸大于滚柱直径。

若外圈固定，当内圈顺时针转动时，将滚柱带到楔形切槽的较宽端，内座圈可以自由转动称为自由状态。当内圈逆时针转动时，将滚柱带到楔形切槽的较窄端，内外座圈被滚柱卡紧，使内座圈停止转动，称为锁止状态单向离合器的锁止或锁止状态，这取决于内外座圈的转向及转速。

(2)楔块式单向离合器。楔块式单向离合器如图 11-44 所示。当外座圈 4 要按图 11-44(a)中箭头方向转动时，就会推动楔块 2 顶部，由于 $l_1<l$，楔块就会倾翻，使外座圈转动；但当外座圈按图 11-44(b)所示朝相反方向转动时，因为 $l_2>l$，楔块就无法倾翻，这样楔块就起到楔子的作用，锁住外座圈，使其无法转动。另外，还安装了定位弹簧 3，使楔块总是朝着锁止外座圈的方向略为倾斜，以加强楔块的锁止功能。

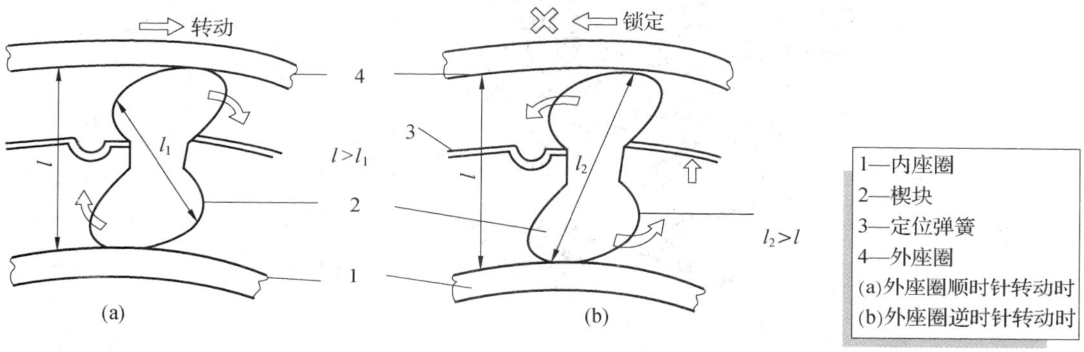

图 11-44　楔块式单向离合器

自动变速器换挡执行机构处于频繁工作状态，因此会出现打滑、卡死、烧损等故障，在楔块式单向离合器使用中要注意正确操作，及时维护和修理。

(3)控制系统。控制系统即液压控制系统，或者是电子控制系统与液压控制系统的组合。根据汽车行驶中换挡参数的变化，引导压力油流进或流出特定执行元件的活塞缸，使执行元件产生需要的动作，进而实现自动换挡。大多数自动变速器的液压控制系统，各种控制阀集中在阀体总成上，调速器阀一般在自动变速器输出轴上，如图 11-45 所示。阀体总成由上、下阀体及用以分隔上、下阀体的隔板组成。阀体总成位于自动变速器油底壳内，用螺钉固定在变速器壳体上，电控自动变速器的电磁阀也位于阀体上。不同的自动变速器，液压阀的数目、具体结构形式及其组合的方式也不尽相同，但是基本组成和工作原理大致相同。液控自动变速器液压控制系统的主要元件包括控制手柄及开关、主油路系统中的主调压阀、手动换挡阀、换挡阀、节气门阀、调速阀、蓄能器等，电控自动变速器还包括电磁阀。

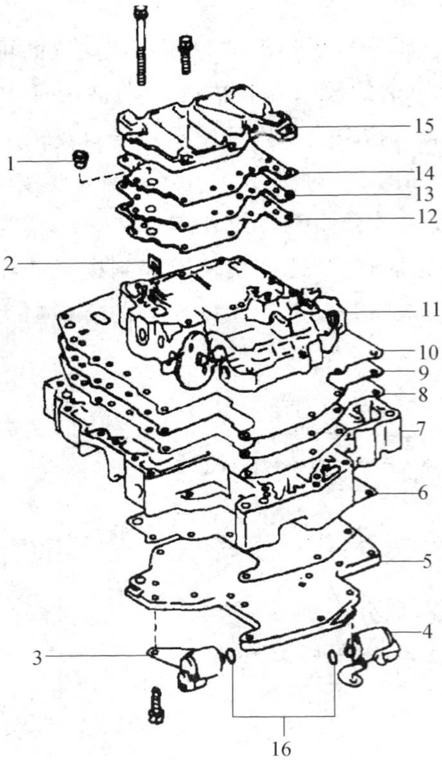

1—滤网
2—套筒挡块
3—2号电磁阀
4—1号电磁阀
5—下阀体盖
6、12、14—垫圈
7—下阀体
8—2号垫圈
9—板
10—1号垫圈
11—上阀体
13—板
15—上阀体盖
16—O形环

图 11-45　阀体总成

11.4.6　自动变速器液压自动控制系统

1. 自动变速器操纵手柄

自动变速器是由驾驶员通过选挡元件进行挡位选择。选挡元件有按钮式和拉杆式两种类型，按钮式一般布置在仪表板上，拉杆式即通常所称的选挡杆。自动变速器的选挡元件以拉杆式最为常见，选挡杆通过连杆机构或钢索与液压系统控制元件的控制阀相连，为液压系统提供操纵信号。

自动变速器选挡杆位置的意义与普通变速器有所不同。

轿车自动变速器的选挡杆通常有六个位置，OD/OFF 开关的通断控制超速挡，功能如下：

①P 位：驻车挡选挡杆。置于此位置时，驻车锁止机构将自动变速器输出轴锁止。

②R 位：倒挡选挡杆。置于此位置时，液压系统倒挡油路被接通。驱动轮反转，实现倒向行驶。

③N 位：空挡选挡杆。置于此位置时，所有机械变速器的齿轮机构空转，不能输出动力。

④D 位：前进挡选挡杆。置于此位置时，液压系统控制装置根据节气门开度信号和车速信号自动接通相应的前进挡油路，行星齿轮变速器在换挡执行元件的控制下得到相应的传动比。随着行驶条件的变化，在前进挡中自动升降挡，实现自动变速功能。

⑤2 位：高速发动机制动挡选挡杆。置于此位置时，液压控制系统只能接通前进挡中的一、二挡油路，自动变速器只能在这两个挡位间自动换挡，无法升入更高的挡位，从而使汽车获得发动机制动效果。

⑥L 位(也称 1 位)：低速发动机制动挡选挡杆。置于此位置时，汽车被锁定在前进挡的一挡，只能在该挡位行驶而无法升入高挡，发动机制动效果更强。

这个挡位多用于山区等路况的行驶，可以避免频繁换挡，提高变速器的使用寿命。

常见的选挡杆的位置可布置在转向柱上或驾驶室地板上，发动机只有在选挡杆置于 N 或 P 位时，汽车才能启动，此功能靠空挡启动开关来实现。

2. 自动变速器控制开关

自动变速器除了用操纵手柄进行换挡控制外，还可以通过操纵手柄上或汽车仪表板上的一些控制开关来进行，其他一些控制不同车型的自动变速器，控制开关的数量和名称不尽相同，常见的有以下几种。

(1)超速挡开关。通常安装在自动变速器变速杆上，由驾驶员控制，使 ECT(电子控制自动变速器)可以或不可以进入超速挡行驶，当该开关接通后，如果相应的条件满足时，ECT 便进入超速挡；当该开关断开后，ECT 在任何情况下都不能换入超速挡。

(2)模式开关又称为程序开关。用于选择自动变速器的控制模式，即选择自动变速器的换挡规律，以满足不同的使用要求，常见的控制模式大致有以下几种。

①经济模式。该模式以汽车获得最佳燃油经济性为目标设计换挡规律，当自动变速器在经济模式下工作时，其换挡规律使汽车在行驶过程中，发动机经常在经济转速范围内运行，从而降低了燃油消耗。这种换挡规律通常当发动机转速相对较低时，就会换入高一挡，即提前升挡。

②动力模式。该模式以汽车获得最大动力性为目标设计换挡规律，当自动变速器在动力模式下工作时，其换挡规律使汽车在行驶过程中，发动机经常处在大转矩、大功率范围内运行，从而提高了汽车的动力性能和爬坡能力。通常这种换挡规律，只有发动机转速较高时，才能换入高一挡，即延迟升挡。

③普通模式。普通模式的换挡规律介于经济模式与动力模式之间，它使汽车既保证了一定的动力性，又有较好的燃油经济性。

④手动模式。该模式让驾驶员可在 1～4 挡之间以手动方式选择合适的挡位，使汽车像装了手动变速器一样行驶，而又不必像手动变速器那样换挡时必须踩离合器踏板。

⑤雪地模式。该模式适用于在雪地上行驶的方式。当变速杆置于 2 位时，自动变速器保持在 2 挡工作，而变速杆置于 1 位时，自动变速器保持在 1 挡工作。若初始位置在 2 挡，则当车速降至 1 挡后，不再升挡。

上述控制模式并不是每种电控式自动变速器所必备的，通常自动变速器只具备这些模式中的几项，有些甚至只有一种模式固化于电脑程序中，因而没有模式开关。

3. 控制阀

(1)主调压阀。由发动机直接驱动油泵，提供给自动变速器油液，经主油路压力调节阀这一可变节流装置后，便产生主油路压力，主油路压力调节阀除产生或提供主油路压力外，还能对该压力进行较精确的调控，以满足汽车自动变速器各种不同工况的要求，保证油路中有足够高的油压，以防止油压过低，使离合器、制动器打滑，影响自动变速器的动力传递。

主调压阀由上部的主调压阀阀体、下部的反馈柱塞和调压弹簧组成，如图 11-46 所示。压力油经主调压阀油道流向主油路，同时经油道流向主调压阀阀体 3 的上部产生的油压与调压弹簧力相平衡，当主油路压力较高时，作用在主调压阀上部的压力增大，克服弹簧力，推动阀体下移，接通回油道，主油路泄油，压力下降，主油路油压越高，阀体下移量越大，泄油量越多；反之，若主油路油压降低，则主调压阀阀体上移，泄油量减少，又使油压回升。如此反复，使主油路油压保持稳定。

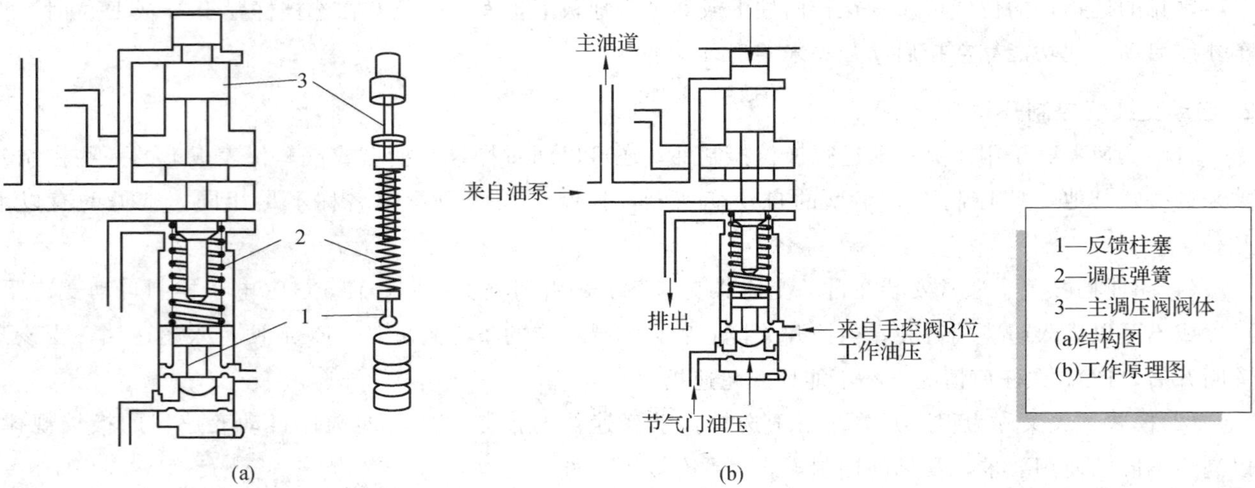

图 11-46 主油路调压阀

调压阀下部的反馈柱塞 1 上作用着节气门油压和来自手控阀倒挡油路油压这两个反馈油压，对反馈柱塞产生向上的推力，并通过柱塞及调压弹簧 2 作用在主调压阀阀体上，使阀体上移，减小泄油通道，从而使主油路油压增大。

节气门油压由节气门阀控制，节气门开度越大，节气门油压越高，主油路油压随之升高，满足了大负荷对主油路油压的需求；前进挡时，倒挡油路没有压力油，只有当手控阀位于倒车挡位时，才有压力油作用在反馈柱塞上，使主油路油压升高，从而满足了倒挡对主油路油压的需求。

(2)手动换挡阀。手动换挡阀是一种典型的滑阀式控制阀，直径较大的部分称为阀轴，是精加工表面，有几段阀轴就称为几轴式，直径较小的部分称为阀杆，与阀孔内壁形成油液通道，如图 11-47 所示。手动换挡阀是六位七通阀，三轴式结构，它有一个压力油入口，六个出口，随选挡手柄位置(P，R，N，D，2，L)不同有六个工作位置，手动换挡阀由选挡手柄通过机械联动装置操纵，其基本工作原理是当阀体处于不同的位置时，使相应的油路接通或关闭，将选挡手柄置于不同的挡位，则阀体就处于不同的工作位置，对主油路压力油到达换挡执行元件的油路完成初次控制。选挡手柄置于空挡(N 位)时，如图 11-47(a)所示，阀体的工作位置关闭了主油路压力油的入口 P，压力油不能通过手动换挡阀到达任何一个换挡执行元件，行星齿轮机构没有动力输入而处于空挡；选挡手柄置于 D 位时，如图 11-47(b)所示，阀体所处的工作位置关闭了倒挡和手动低挡油路，主油路压力油从入口可以到达前进挡、2 挡及高挡执行元件油路，自动变速器的挡位可以在 1～4 挡之间切换(必须注意，具体的挡位还要由换挡阀根据汽车行驶条件加以控制)。

(3)节气门阀。节气门阀也称为节流阀，功能是根据节气门开启的角度调节形成节气门油压(也称为节流阀油压等)。节气门阀有机械式和真空式，常见的机械式节气门阀由加速踏板通过机械连动装置操纵，如图 11-48 所示。加速踏板的动作通过拉索带动凸轮转动，凸轮驱动推杆、柱塞、弹簧控制节气门阀的相对位置，利用节流调压力原理调节出与节气门开度相适应的节气门油压。

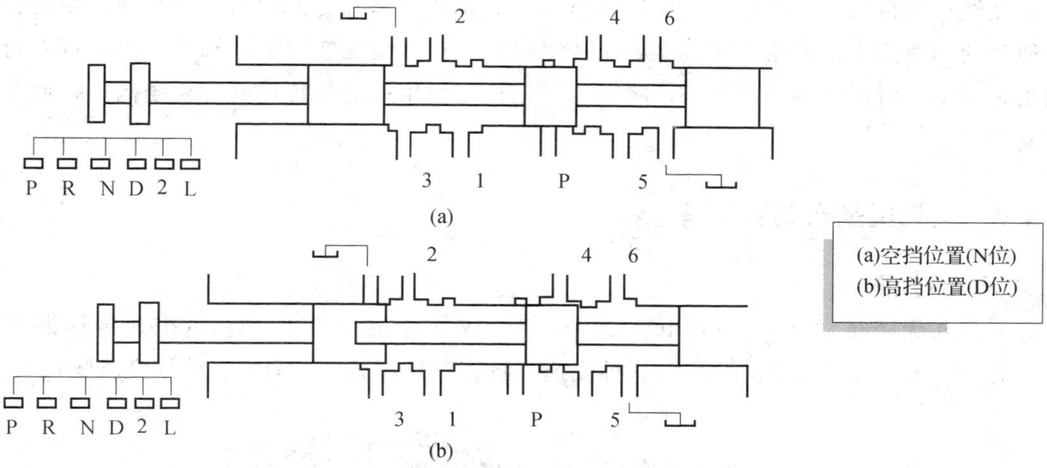

图 11-47 手动换挡阀工作原理示意图

如图 11-49 所示，节气门阀由节流阀和降挡柱塞两部分组成，当踩下加速踏板时，降挡柱塞 8 通过节气门拉索和节气门凸轮向上运动，因节气门阀阀体被弹簧向上推移，打开主油路油压通道，产生节气门油压 7，节气门油压同时作用在阀体 B 处，另外来自减压阀 6 的油压作用在阀体 A 处，由于阀体 A 处和 B 处，横断面面积比下横断面面积小，A、B 两处产生的油压力向下，试图将节气门向下推动少许。当向下推动阀体的油压力(在 A、B 两处产生)与弹簧作用力(由降挡柱塞，即节气门开度决定)平衡时，阀体关闭主油路油压通道，节气门油压就由向上和向下推动节气门阀体的作用力之差决定，也就是由发动机节气门开启度和车速所决定。发动机节气门开度增大时，降挡柱塞向上的移动量同时增大，节气门阀阀体向上移动量也增大，主油路油压 3 通往节气门油压的通道增大，使节气门油压上升，当调速器油压升高时，来自减压阀 6 的油压升高，向下压节气门阀体的油压力也升高，使节气门油压减小，节气门阀向每个换挡阀提供与调速器油压方向相反的节气门油压，同时，以节气门油压为基础的节气门油压控制随动阀的油压作用于一次调节阀，从而根据节气门开度和车速(减压阀油压)调节主油路的油压。

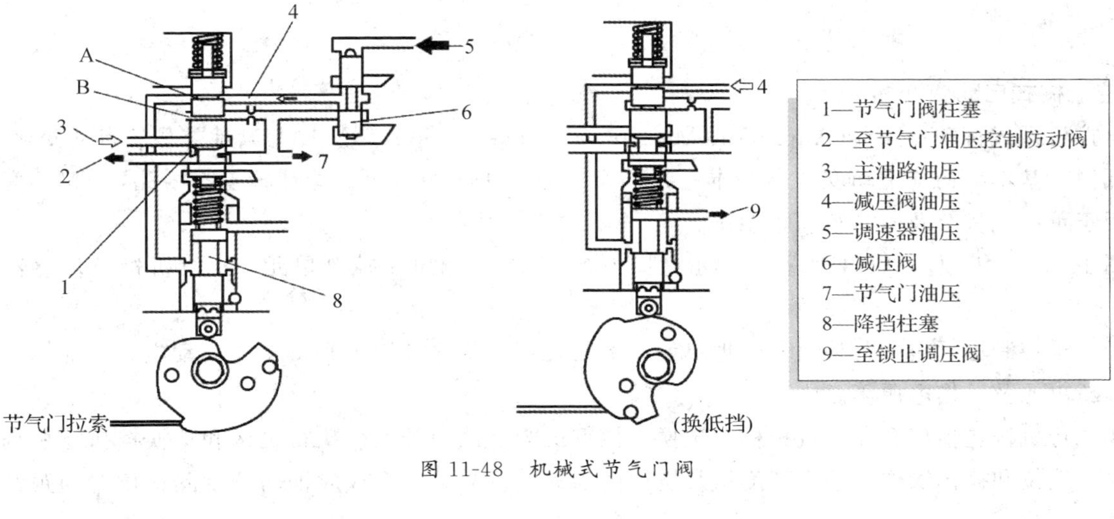

图 11-48 机械式节气门阀

(4)调速阀。由于自动变速器的换挡规律取决于调速阀的工作特性，为了使换挡规律能满足汽车的行驶需要，使汽车获得最佳的耗油率，要求调速阀在低速和高速应有不同的工作特性，因此在汽车自动变速器中使用的调速阀大多采用双级式。节流调速阀安装在自动变速器输出轴上，感应汽车行驶速度的变化，输出与车速相对应的调速阀油压，将车速信号转变为压力信号传递到各换挡阀，控制自动变速器的换挡时刻。

11.4.7 其他类型自动变速器

1. 金属带式无级变速器

装备金属带式无级传动(Continously Variable Transmission，CVT)结构的变速器称为 VDT-CVT，图 11-49 为金属带式无级变速器的结构，这种变速器具有工作可靠、寿命长、效率高且噪声低等优点。

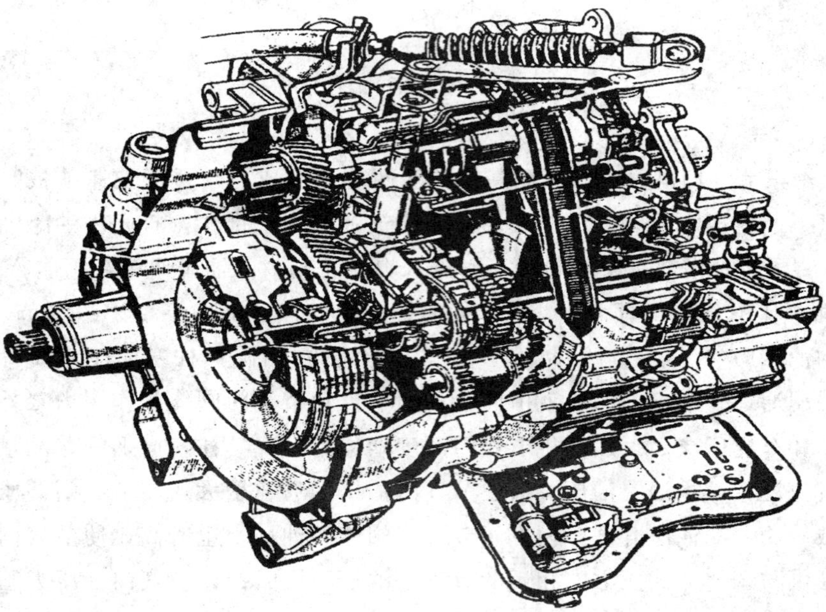

图 11-49 金属带式无级变速器结构示意图

2. 电控机械式自动变速器

电控机械式自动变速器(Automatic Mechanical Transmission，AMT)与其他类型的自动变速器相比，成本低但其基本结构与手动变速器基本一致，换挡冲击比较明显，舒适性较差，因此，AMT 变速器主要应用于重型载货车及微型车、小型车。

图 11-50 为伊顿 AMT 变速器结构示意图。AMT 主要由电子控制单元、执行机构及传感器三部分组成。

①电子控制单元包括各种信号处理单元、微处理器、程序及数据存储器、驱动电路、显示单元、故障自诊断单元及工作电源等。

②执行机构包括离合器执行机构、选换挡执行机构及油门开度。执行机构和选换挡执行机构用来完成摘挡、选位和换挡操作；油门开度执行机构由步进电机驱动，完成对油门开度踏板位置的跟踪以及换

挡过程中发动机转速的调节；离合器执行机构实现离合器的自动分离和平稳接合控制。

③传感器用来采集控制参数，如拖拉机运行和作业过程中的速度、油门开度和滑转率参数，并将采集到的信号转换成 ECU 能识别的信息，便于 ECU 进行处理，从而对车辆的运行状态做出及时反应以调整车辆行驶状态。

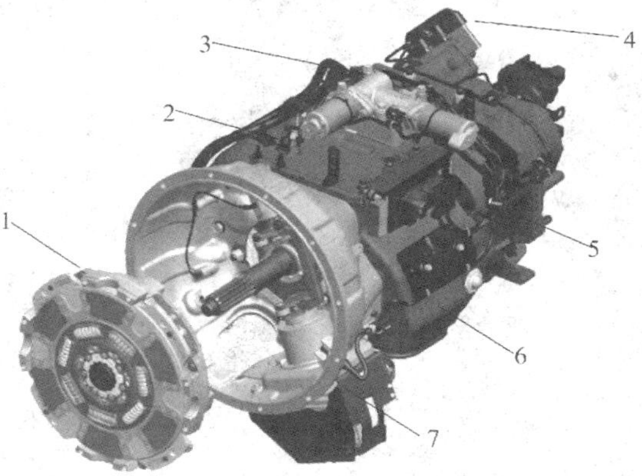

1—伊顿离合器
2—转速传感器
3—电控换挡机构
4—副箱执行器
5—ECU
6—变速器本体
7—电控离合器执行器

图 11-50　伊顿 AMT 变速器结构示意图

根据选换挡和离合器的操纵方式的不同，AMT 可分为气压驱动式、电动机驱动式和液压驱动式三种。

①气压驱动式。气压驱动式电控机械式自动变速器中，选换挡和离合器的操纵由气压系统控制，重型汽车上多采用气压驱动式，由于气压系统压力波动较大，对选换挡和离合器的精确控制不利。

②电动机驱动式。电动机驱动式电控机械式自动变速器是采用直流电机来驱动选换挡机构和离合器，其优点是结构简单、能够灵活控制、适应能力强、制造简单、成本低、能耗小；其缺点是电动机的执行动作比液压缸慢，而且不精确，在对选换挡速度要求不太快的情况下可以选用电动机驱动式。

③液压驱动式。液压驱动式电控机械自动变速系统中，选换挡和离合器的操纵靠液压油来实现，需要建立一个液压控制系统，液压控制系统根据 ECU 的指令控制电磁阀，使执行机构自动地完成离合器分离、接合和变速器选、换挡等动作。液压驱动式 AMT 的优点是操作简便、容量大，易于实现安全保护，方便空间布置，具有一定的吸收振动和冲击的能力；其缺点是温度变化会使执行机构中液压油品质发生变化，另外液压元件对加工精度要求非常高，成本大。

3. 双离合器自动变速器

双离合器自动变速器也称直接换挡变速器(Direct Shift Gearbox，DSG)，也被统称为 DCT（ Dual Clutch Transmission)，它是基于手动变速器发展而来的。其工作原理是将变速器挡位按奇、偶数分开布置，分别与两个离合器连接，通过切换两个离合器的工作状态，就可以完成换挡动作。它既具有手动变速器的高传动效率，又具有自动变速器的舒适性、易用性，装备 DSG 变速器的汽车可以获得更好的燃油经济性、动力性以及更高的车速，而其城市工况和综合工况油耗几乎与搭载手动挡变速器的车型相同。

(1)DSG 的结构及工作原理。典型六挡双离合器自动变速器的结构如图 11-51 所示。图 11-52 为六挡双离合器自动变速器结构原理示意图。

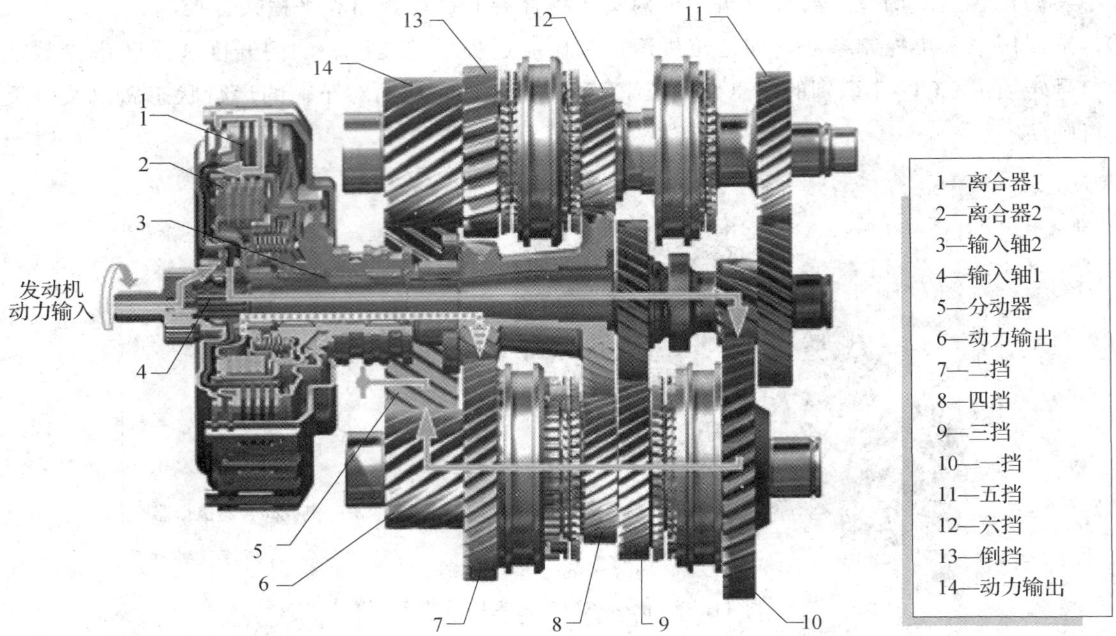

图 11-51　六挡双离合器自动变速器结构图

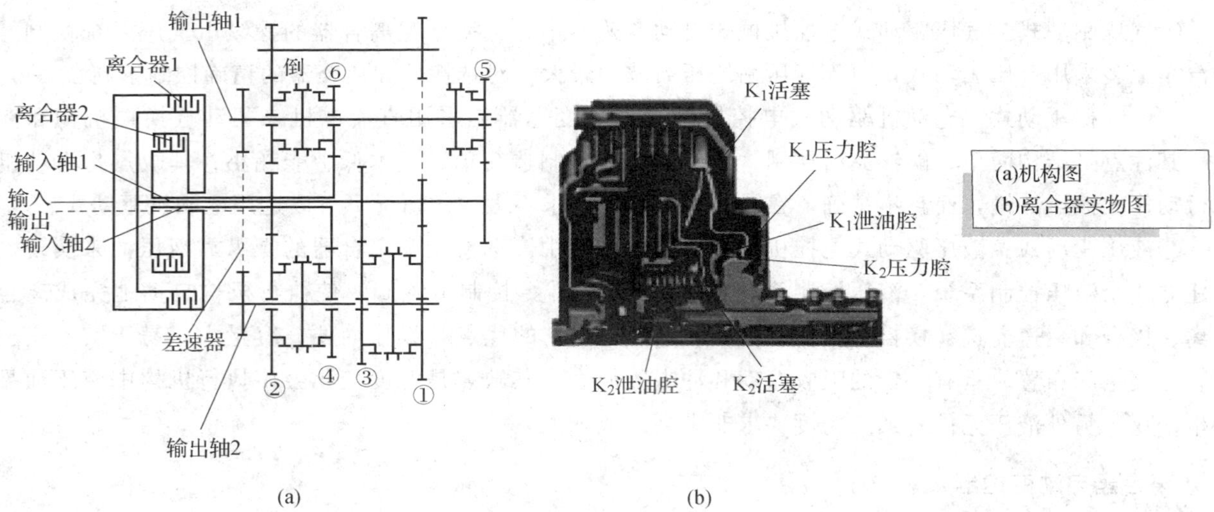

图 11-52　六挡双离合器自动变速器结构原理示意图

发动机扭矩通过离合器输入变速器内部，在变速器中通过输入轴、齿轮啮合及输出轴形成动力传递路线，并将扭矩输出到驱动桥，输入轴 1 和输入轴 2 空套在一起，输入轴 1 在空心的输入轴 2 的内部，通过花键与多片离合器片 K 相连；输出轴 2 通过花键和多片离合器片相连，输入轴 1 上有一、二、三、四换挡齿轮及转速传感器，一、二、三、四挡采用同步器换挡，与差速器相连的输出轴 2 上有五、六挡及倒挡换挡齿轮及变速器输出转速传感器，与差速器相连的输出齿轮通过增加一根倒挡轴改变了动力输出的方向，形成倒挡，最终与输出轴 2 相连。

输出轴转速传感器的作用是识别车速和车辆行驶方向(通过两个传感器相位差的变化实现)，若该传感器失效，控制单元用 ABS 的车速信号和 ESP 中的行驶方向信号代替。

下面以倒挡和一挡来分析动力传递路线：

倒挡传输路线：发动机—K 离合器—输入轴 1－1/R 挡主动齿轮—倒挡轴—倒挡从动齿轮—输出轴 2—输出齿轮—差速器—驱动车轮。

一挡传输路线：发动机—K 离合器—输入轴 1—一挡主动齿轮—一挡从动齿轮—输出轴—输出齿轮—差速器—驱动车轮。

(2)DSG 的类型。根据双离合器形式不同，DSG 分为湿式和干式两种类型。

湿式双离合自动变速器的摩擦片浸没在变速器油中，利用油压进行传动，离合器工作环境全封闭，避免外界湿度、粉尘及内部机油的影响，工作性能更加稳定。由于湿式离合器摩擦副间有油膜，接合过程为混合摩擦状态，接合过程平顺。湿式离合器冷却散热效果好，特别是在频繁接合和半接合工况。干式离合器是用空气来冷却离合器，使用中，要求离合器能轻便自如地与动力接合与分离，在较短时间的半离合状态下工作，离合器也不应出现过热现象。干式离合器因为没有机油的阻力，一般来说，咬合的反应较快而且咬合力大一点。因为没有机油的降温，一般干式离合器都会采用外露的方式来散热。湿式双离合使用寿命一般为干式离合器的3～4倍，但湿式离合器结构比较复杂，价格高于干式离合器。

图 11-53　六速 DSG 双离合器自动变速器构造剖视图

图 11-53 为六速 DSG 双离合器自动变速器构造剖视图，六速 DSG 双离合器自动变速器采用湿式双离合器，双离合器为一大一小两组同轴安装在一起的多片式离合器，分别连接一、三、五挡以及倒挡和二、四、六挡齿轮。“湿式”是指双离合器安装于一个充满液压油的封闭油腔里，这种“湿式”结构具有更好的调节能力和优异的热容性。

常见问题解析

自动变速器不能升挡故障的排除

1. 故障现象

行驶途中自动变速器只能升一挡，不能升二挡及高速挡，或可以升二挡，但不能升三挡或超速挡。

2. 故障原因

节气门拉线或节气门位置传感器调整不当；调速器存在故障；调速器油路漏油；车速传感器故障；二挡制动器或高挡离合器存在故障；换挡阀卡滞或挡位开关故障。

3. 故障诊断及排除方法

电控自动变速器应先进行故障诊断。检查调整节气门拉线和节气门位置传感器；检查车速传感器；检查挡位开关信号。测量调速器油压，如果车速升高后调速器油压为0或很低，说明调速器有故障或漏油。如果控制系统无故障，应拆检自动变速器，检查换挡执行组件是否打滑，用压缩空气检查各离合器、制动器油缸或活塞有无泄漏。

11.5 万向传动概述

11.5.1 万向传动装置功用

万向传动装置的功用是连接具有轴间夹角和相对位置经常发生变化的两条转轴，并传递动力。

在现代汽车的总体布置中，发动机、离合器和变速器(对于前置发动机前轮驱动形式，主减速器、差速器还和变速器装在一个壳体内)连成一体固装在车架上，而车轮装在车桥两端的轴头上，车桥通过弹性悬架与车架连接。由此可见，当汽车行驶时，悬架的跳动会造成变速器与主减速器(或主减速器与驱动轮)之间的相对位置(距离、夹角)发生变化，即上述传动装置的输出轴与输入轴之间的距离、夹角会发生变化，因此不可能刚性连接，必须安装万向传动装置。图 11-54 为在汽车中最常见的应用——位于变速器与驱动桥之间的万向传动装置。

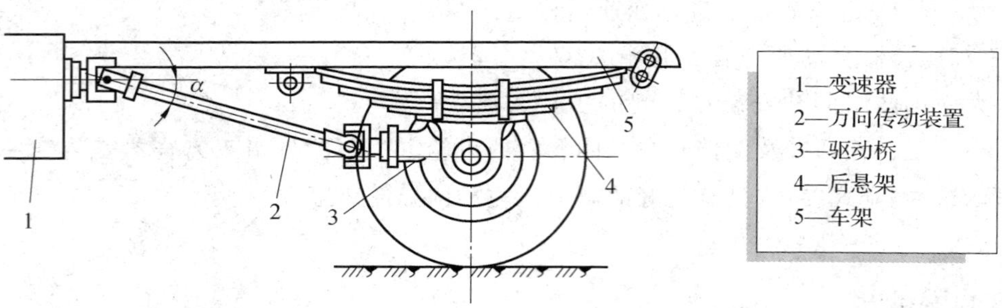

图 11-54　变速器与驱动桥之间的万向传动装置

1. 万向传动装置的组成

万向传动装置一般由万向节和传动轴两部分组成，如图 11-55 所示。当动力传递距离较远时，为了减小弯曲变形，提高传动轴的刚度和极限转速，常常将传动轴分成二段或三段，并设置中间支承。

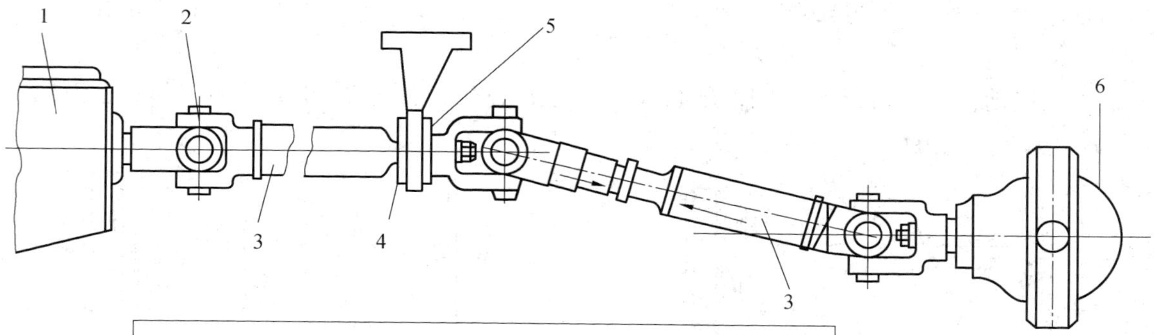

1—变速器 2—万向节 3—传动轴 4—球轴承 5—中间支承 6—驱动桥

图 11-55 万向传动装置的组成

2. 万向传动装置的应用

万向传动装置在汽车上的应用主要有以下几个方面：

(1)变速器与驱动桥之间(4×2 汽车)。如图 11-56 所示，一般情况下汽车的变速器、离合器与发动机三者装合为一体，装在车架上，驱动桥通过悬架与车架相连。负荷变化或汽车在不平路面行驶时引起的跳动，会使驱动桥输入轴与变速器输出轴之间的夹角和距离发生变化，因此需安装万向传动装置。

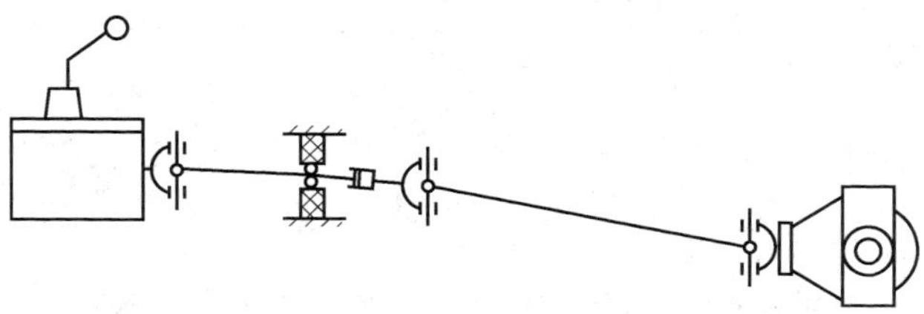

图 11-56 变速器与驱动桥之间的万向传动装置

(2)越野汽车变速器与分动器、分动器与驱动桥之间。如图 11-57 所示，为消除车架变形及制造、装配误差等引起的轴线与轴度误差对动力传递的影响，在越野汽车变速器与分动器、分动器与驱动桥之间需装有万向传动装置。

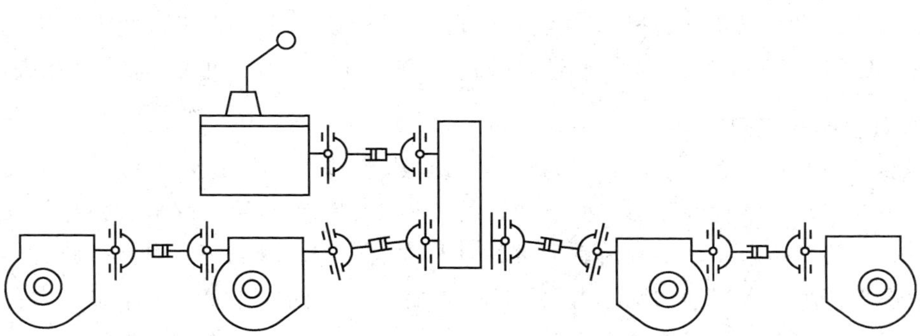

图 11-57 变速器与分动器、分动器与驱动桥之间的万向传动装置

(3)转向驱动桥的内、外半轴之间。如图 11-58 所示，转向时两段半轴轴线相交且夹角变化，因此要用万向节连接。

(4)断开式驱动桥的半轴之间。如图 11-59 所示，主减速器壳在车架上是固定的，桥壳上下摆动，半轴是分段的，因此需用万向节。

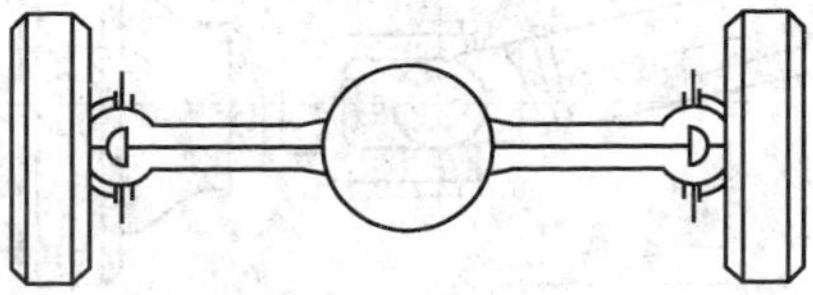

图 11-58　转向驱动桥内、外半轴之间的万向传动装置

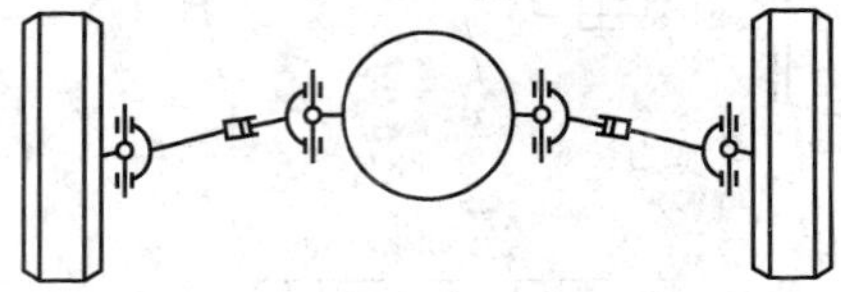

图 11-59　断开式驱动桥半轴之间的万向传动装置

(5)转向机构的转向轴和转向器之间。如图 11-60 所示，为满足转向机构总体布置的要求，有些汽车将转向轴断开，在转向轴之间、转向轴与转向器之间安装万向传动装置。

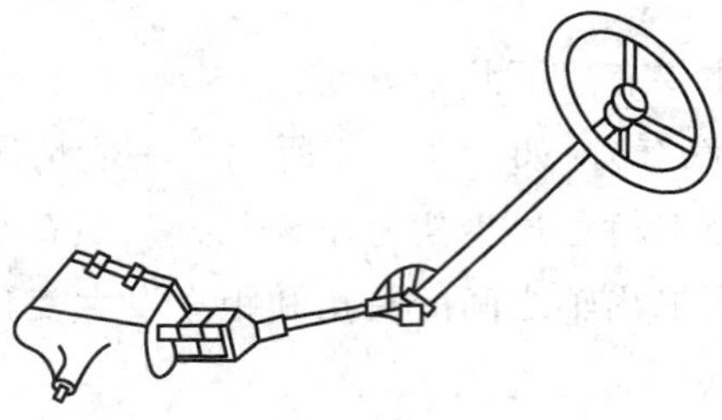

图 11-60　转向机构的转向轴和转向器之间的万向传动装置

11.5.2　万向节

万向节是一种用来连接两根具有一定夹角的转动轴并传递动力的元件。万向节按传递动力过程中输入、输出转速特性的不同，可分为不等速万向节(常用的有十字轴式万向节)、准等速万向节(常用的有双联式万向节和三销轴式万向节)和等速万向节(常用的有球叉式万向节和球笼式万向节等)三类；按受力时零件的变形不同，可分为刚性万向节和柔性万向节两类。

目前在汽车上应用较多的是十字轴式刚性万向节和等速万向节。十字轴式刚性万向节主要用于发动机前置后轮驱动的变速器与驱动桥之间；等速万向节主要用于发动机前置前轮驱动的内、外半轴之间。

目前，常用的不等速万向节为十字轴式刚性万向节，它应用广泛，允许相邻两轴的最大夹角为 15°～20°。

1. 十字轴式刚性万向节的结构

十字轴式刚性万向节主要由十字轴、万向节叉等组成，如图 11-61 所示。万向节叉上的孔分别套在十字轴的四个轴颈上，在十字轴轴颈与万向节叉孔之间装有滚针和套筒，用带有锁片的螺钉和轴承盖来使之轴向定位。为了润滑轴承，十字轴内有油道，且与油嘴、安全阀相通，如图 11-62 所示，为避免润滑脂流出及尘垢进入轴承，十字轴轴颈的内端套装着油封。安全阀的作用是当十字轴内腔润滑脂压力超过允许值时，使润滑脂外溢，因而使油封不会因油压过高而损坏。现代汽车多采用橡胶油封，多余的润滑脂从油封内圆表面与十字轴轴颈接触处溢出，故无须安装安全阀。

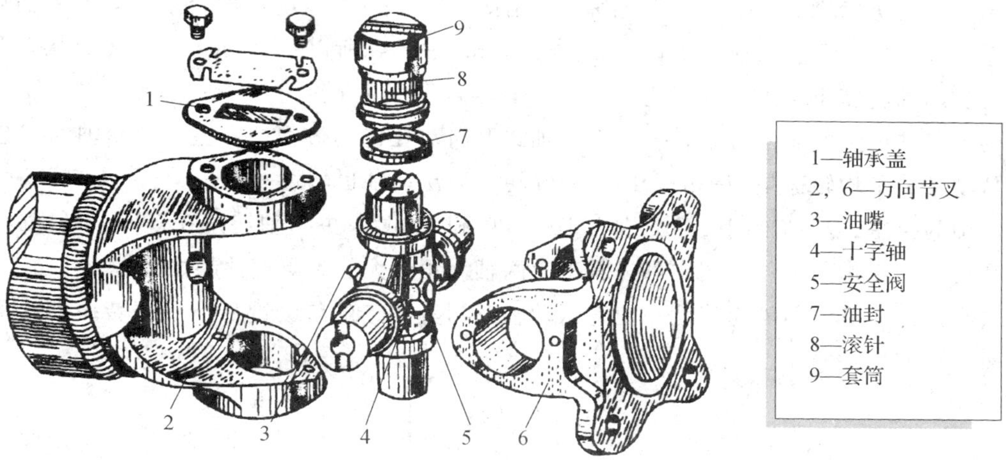

图 11-61　十字轴式刚性万向节结构图

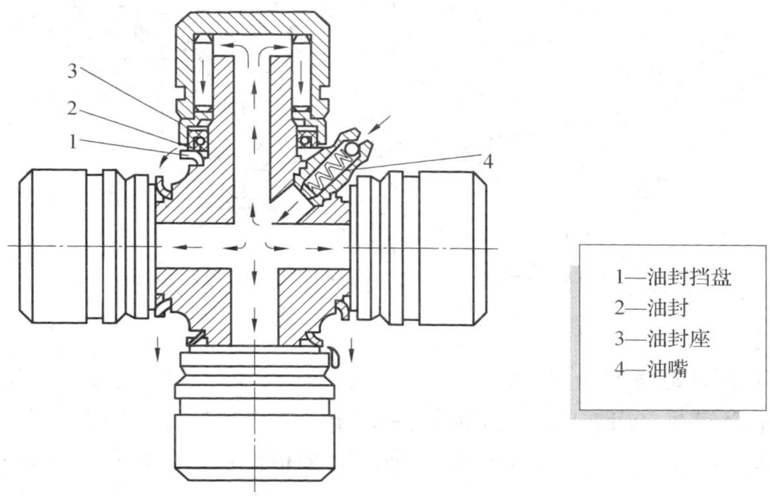

图 11-62　润滑油道及密封装置

2. 十字轴式刚性万向节的速度特性

单个十字轴式刚性万向节在主动轴和从动轴之间有夹角的情况下，当主动叉等角速转动时，从动叉是不等角速的，这称为十字轴式刚性万向节的不等速特性。下面就单个万向节传动过程中的两个特殊位置进行运动分析，说明它传动的不等速性。

(1)主动叉在垂直位置，并且十字轴平面与主动轴垂直[图 11-63(a)]。主动叉与十字轴连接点 a 的线速度 v_a 在十字轴平面内；从动叉与十字轴连接点 b 的线速度 v_b 在与主动叉平行的平面内，并且垂直于从动轴。点 b 的线速度 v_b 可分解为在十字轴平面内的速度 v'_b 和垂直于十字轴平面的速度 v''_b。由速度直角三角形可以看出，在数值上 $v_b > v'_b$。由于十字轴各轴颈长度相等，即 $O_a = O_b$，所以，$v'_b = v_a$，因此，$v_b > v_a$。由此可知，当主、从动叉转到这一特殊位置时，从动轴的转速大于主动轴的转速。

(2)主动叉处于水平位置，且十字轴平面与从动轴垂直[图 11-63(b)]。此时主动叉与十字轴连接点 a

的线速度 v_a 在平行于从动叉的平面内，并且垂直于主动轴。点 a 线速度 v_a 可分解为在十字轴平面内的速度 v'_a 和垂直于十字轴平面的速度 v''_a。因为 $v'_a=v_b$，$v_a>v'_a$，所以 $v_a>v_b$。即当主、从动叉转到这一特殊位置时，从动轴转速小于主动轴转速。

由上述两个特殊位置的分析可以看出，十字轴式万向节在传动过程中，主、从动轴的转速是不相等的。而主、从动轴的平均转速是相等的，即主动轴转一周从动轴也转过一周。

图 11-63(c)为当主、从动轴间夹角分别为 10°、20°和 30°时，主动轴转角在 0°～180°范围内变化时，主、从动轴转角差的变化情况。从图中可以看出，两轴夹角越大，不等速性越严重。

十字轴式刚性万向节的不等速特性，使得从动轴及与其相连的传动部件产生扭转振动，从而产生附加的交变载荷，影响部件寿命。

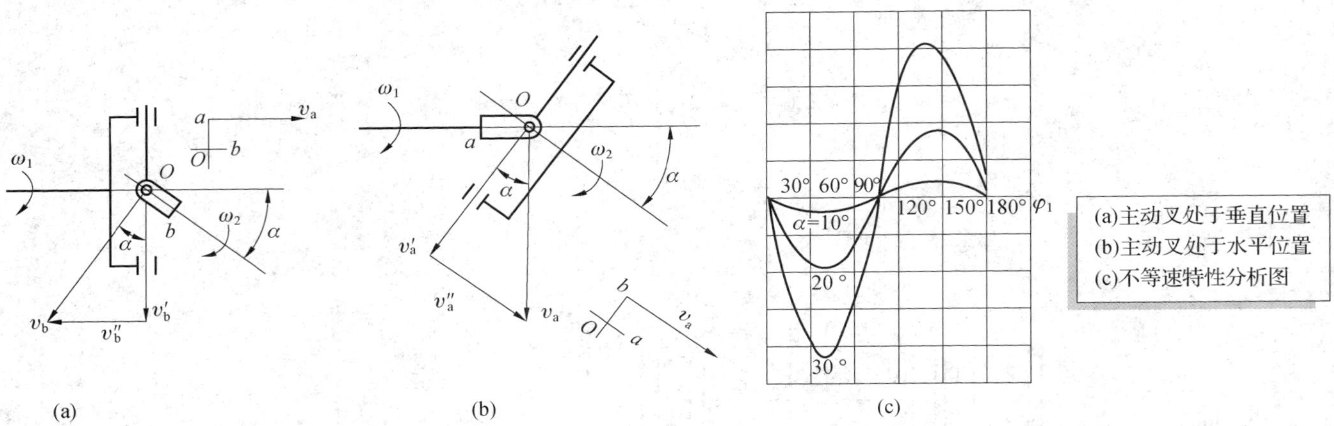

图 11-63　十字轴式刚性万向节的不等速特性分析

3. 十字轴式刚性万向节传动的等速条件

如上所述，在两轴之间若采用如图 11-64 所示的双万向节传动，则第一万向节的不等速效应就有可能被第二万向节的不等速效应所抵消，从而实现两轴间的等角速传动。根据运动学分析得知，要达到这一目的，必须满足以下两个条件：①第一万向节两轴间夹角 α_1 与第二万向节两轴间的夹角 α_2 相等；②第一万向节的从动叉与第二万向节的主动叉处于同一平面内，后一条件完全可以由传动轴和万向节叉的正确装配来保证。但是，前一条件($\alpha_1=\alpha_2$)只有在驱动轮采用独立悬架时，才有可能通过整车的总布置设计和总装配工艺的保证而实现。

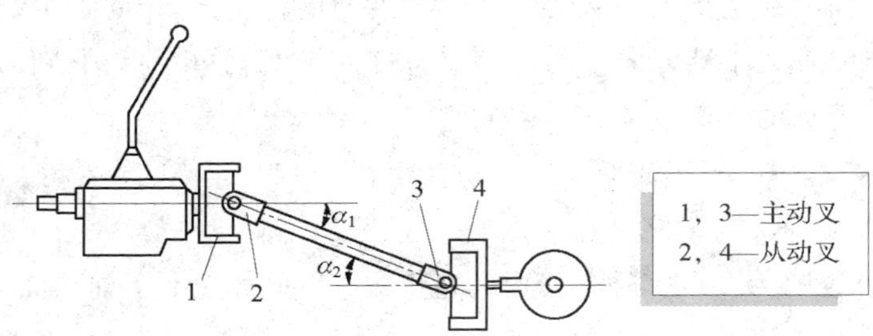

图 11-64　双万向节等速传动布置示意图

11.5.3 准等速万向节

准等速万向节是根据两个普通万向节实现等速传动的原理制成的，常见的有双联式和三销轴式万向节两种。

1. 双联式万向节

双联式万向节实际上是一套传动轴长度减缩至最小的双万向节传动装置，如图 11-65 所示。双联叉相当于两个在同一平面内的万向节叉，要使万向节叉轴 1 和万向节叉轴 2 的角速度相同，必须保证 $\alpha_1 = \alpha_2$。为此有的双联式万向节装有分度机构（多为球销之类零件组成），使双联叉的对称线平分所连两轴的夹角。目前，汽车转向驱动桥采用的双联式万向节为使结构简化，省去了分度机构，在结构上将内半轴或外半轴用组件定位在壳体上，保证汽车直线行驶时万向节中心点位于主销轴线与半轴轴线的交点。

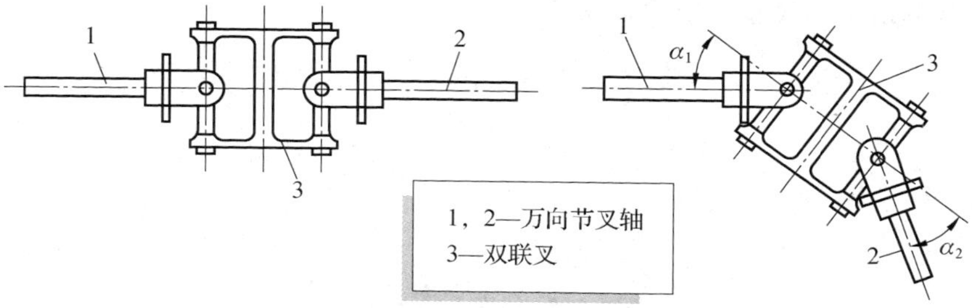

图 11-65 双联式万向节的原理图

双联式万向节允许有较大的轴间夹角，且结构简单、制造方便。

2. 三销轴式万向节

三销轴式万向节是由双联式万向节演变而来的准等速万向节，如图 11-66 所示，它由两个偏心轴叉、两个三销轴以及六个滑动轴承和密封件等组成。每一偏心轴叉的两叉孔通过轴承和一个三销轴大端的两轴颈配合，两个三销轴的小端互相插入对方的大端轴承孔内，形成了 Q_1-Q_1'，Q_2-Q_2'，$R-R'$ 共三根轴线。传递转矩时，由主动偏心轴叉经轴 Q_1-Q_1'，Q_2-Q_2'，$R-R'$ 传到从动偏心轴叉。

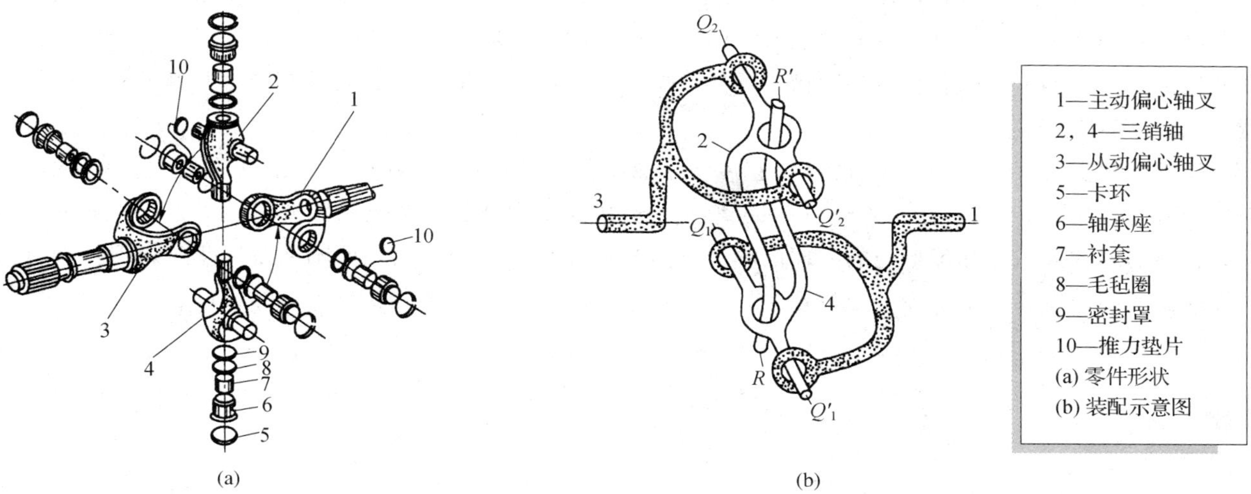

图 11-66 三销轴式万向节

与主动偏心轴叉相连的三销轴的两个轴颈端面和轴承座之间装有推力垫片，其余轴颈端面均无推力垫片，且端面与轴承座之间留有较大的空隙，以保证转向时三销轴式万向节无运动干涉现象。

三销轴式万向节的最大特点是允许相邻两轴有较大的交角，最大可达 45°。采用此万向节的转向驱动桥可使汽车获得较小的转弯半径，提高了汽车的机动性。

11.5.4 等速万向节

等速万向节的基本原理是传力点永远位于两轴夹角的平分面上。如图 11-67 所示，一对大小相同的锥齿轮的接触点 P 位于两齿轮轴线夹角的平分面上，由 P 点到两轴的垂直距离都等于 r。P 点处两齿轮的圆周速度相等，两齿轮的角速度也相等。可见，万向节的传力点在其夹角变化时，始终位于两轴夹角的平分面上，因而能保证等速传动。

等速万向节的常见结构形式有球笼式和球叉式两种。

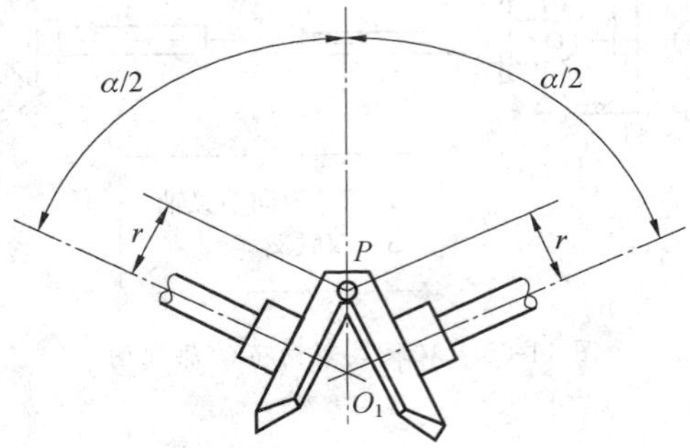

图 11-67　等速万向节的工作原理

1. 球笼式等速万向节

球笼式万向节按主、从动叉在传递转矩过程中轴向是否产生位移分为固定型球笼式万向节(RF 节)和伸缩型球笼式万向节(VL 节)。

(1)固定型球笼式万向节(RF 节)。固定型球笼式万向节(RF 节)的结构如图 11-68 所示。星形套 7 以内花键与主动轴 1 相连，其外表面有六条凹槽，形成内滚道。球形壳 8 的内表面有相应的六条凹槽，形成外滚道。六个钢球分别装在各条凹槽中，并由保持架 4 使之保持在一个平面内。动力由主动轴 1 经钢球 6、球形壳 8 输出。

固定型球笼式万向节(RF 节)的等角速传动原理如图 11-69 所示。外滚道中心 A 与内滚道中心 B 分别位于万向节中心 O 的两边，且与 O 等距离。钢球中心 C 到 A、B 两点的距离也相等。保持架的内外球面、星形套的外球面和球形壳的内球面均以万向节中心 O 为球心。故当两轴夹角变化时，保持架可沿内外球面滑动，以保持钢球在一定位置。

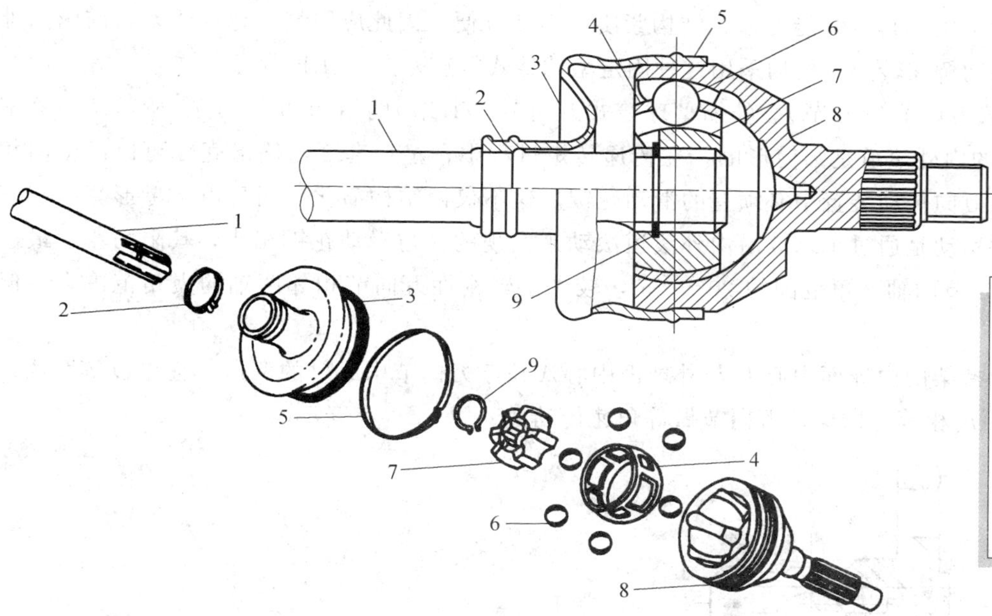

1—主动轴
2、5—卡箍
3—外罩
4—保持架(球笼)
6—钢球
7—星形套(内滚道)
8—球形壳(外滚道)
9—卡环

图 11-68　固定型球笼式等速万向节(RF 节)结构图

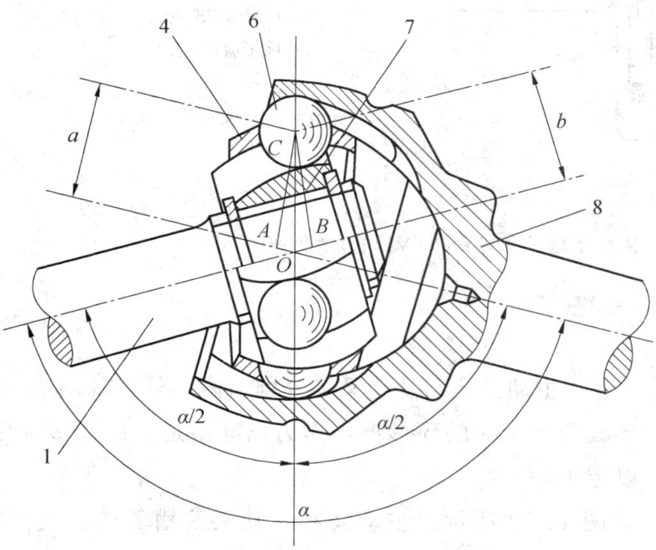

O—万向节中心
A—外滚道中心
B—内滚道中心
C—钢球中心
α—两轴夹角(指钝角)

图 11-69　固定型球笼式万向节等角速传动原理图

由图 11-69 可见，由于 $OA=OB$，$CA=CB$，CO 是共边，则两个三角形 $\triangle COA$ 与 $\triangle COB$ 全等。故 $\angle COA=\angle COB$，即两轴夹角为任意值 α 时，传力的钢球 C 都位于交角平分面上。此时钢球中心到主、从动轴轴线的距离 a 和 b 相等，从而保证了从动轴与主动轴以相等的角速度旋转。

固定型球笼式等速万向节(RF 节)两轴允许夹角范围较大(45° ~ 50°)，如奥迪、捷达、红旗 CA7220

型等轿车采用的 RF 节的两轴夹角最大可达 47°，且在工作时，无论传动方向如何，六个钢球全部传力。与球叉式等速万向节相比，其承载能力强、结构紧凑、拆装方便，因此应用越来越广泛。目前国内外大多数轿车的前转向驱动桥在转向节处均采用这种固定型球笼式等速万向节(RF 节)。

(2)伸缩型球笼式万向节(VL 节)。伸缩型球笼式万向节(VL 节)的结构如图 11-70 所示。伸缩型球笼式万向节(VL 节)的内外滚道是圆筒形的，在传递转矩过程中，星形套 2 与筒形壳 4 可以沿轴向相对移动，故可省去其他万向传动装置中必须有的滑动花键。这不仅使结构简化，而且由于星形套 2 与筒形壳 4 之间的轴向相对移动是通过钢球 5 沿内外滚道滚动来实现的，与滑动花键相比，其阻力小，最适用于断开式驱动桥。VL 节两轴夹角范围约 20°～25°，较十字轴刚性万向节相邻两轴的夹角范围大，但小于球叉式和 RF 节。

这种万向节的保持架的内球面中心 B 与外球面中心 A 位于万向节中心 O 的两边，且与 O 等距离。钢球中心 C 到 A、B 距离相等，以保证万向节做等角速传动。

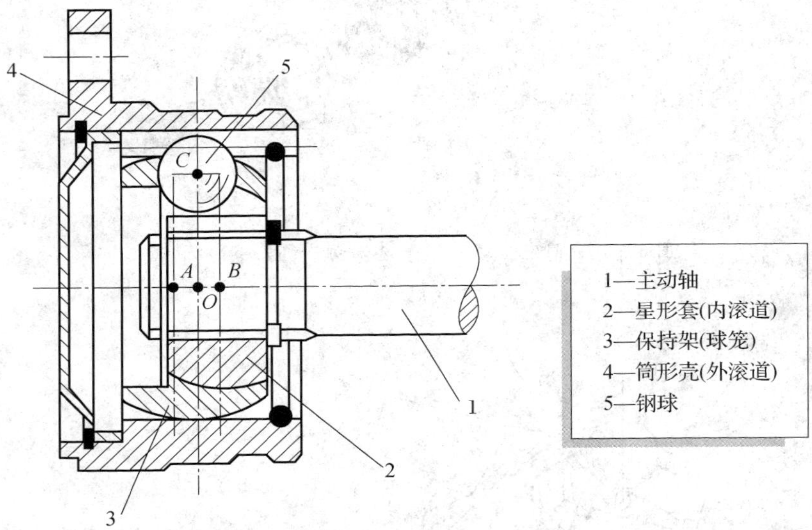

图 11-70 伸缩型球笼式万向节(VL 节)结构图

2. 球叉式等速万向节

球叉式等速万向节的构造如图 11-71 所示。主动叉 5 与从动叉 1 分别与内、外半轴制成一体。在主、从动叉上，各有四个曲面凹槽，装合后，形成两个相交的环形槽，作为钢球滚道。四个传动钢球放在槽中，定心钢球 6 放在两叉中心的凹槽内，以定中心。

球叉式等速万向节的等角速传动原理如图 11-72 所示。主动叉和从动叉凹槽的中心线是以 O_1、O_2 为圆心的两个半径相等的圆，而圆心 O_1、O_2 与万向节中心 O 的距离相等。因此，在主动轴和从动轴以任何角度相交的情况下，传动钢球中心始终位于两圆的交点上，亦即所有传动钢球都位于角平分面上，因而保证了等角速传动。

球叉式等速万向节结构简单，两轴间允许最大交角为 32°～33°。一般应用于转向驱动桥的转向节处。

球叉式等速万向节工作时，只有两个钢球传力，反转时，则由另外两个钢球传力。因此钢球与曲面凹槽之间的单位压力较大，容易磨损，影响使用寿命。

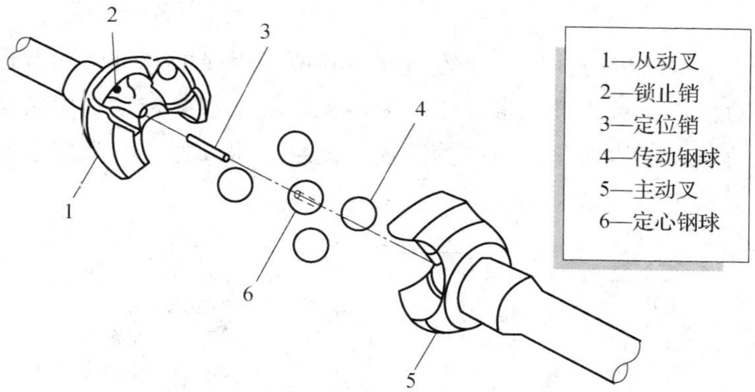

图 11-71　球叉式等速万向节结构图

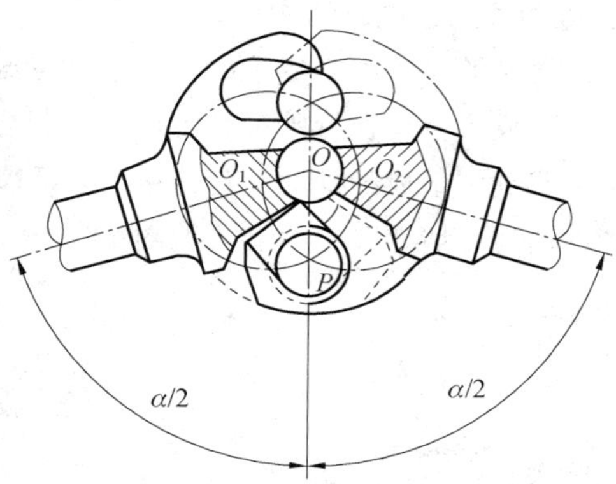

图 11-72　球叉式等速万向节等角速传动原理

11.5.5　柔性万向节

柔性万向节如图 11-73 所示，它依靠弹性连接件的弹性变形来保证在相交两轴间传动时不发生机械干涉。弹性连接件采用橡胶盘、橡胶金属套筒、六角形橡胶圈等结构。因弹性连接件的弹性变形有限，故柔性万向节适用于两轴夹角不大(3°～5°)和微量轴向位移的万向传动装置。例如，有的汽车在发动机与变速器之间、变速器与分动器之间装有柔性万向节，以消除制造安装误差和车架变形对传动的影响。

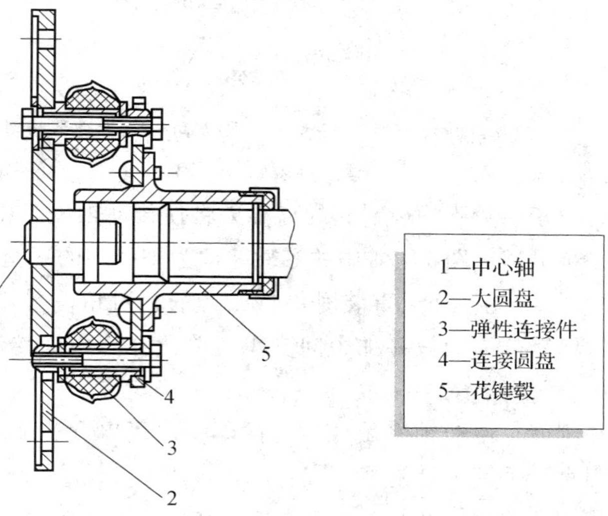

图 11-73　柔性万向节结构图

11.5.6　传动轴与中间支承

传动轴是万向传动装置中的主要传力部件，通常用来连接变速器(或分动器)和驱动桥；在转向驱动桥和断开式驱动桥中，则用来连接差速器和驱动车轮。

1. 传动轴的组成及结构

常见的轻、中型货车中，连接变速器与驱动桥的传动轴装置由传动轴及其两端焊接的花键轴和万向节叉组成。汽车在行驶过程中，变速器与驱动桥的相对位置经常变化，为避免运动干涉，传动轴由滑动叉和花键轴组成的滑动花键连接，以适应传动轴长度的变化。为减少磨损，还装有用以加注润滑脂的油嘴、油封、堵盖和防尘套，如图 11-74 所示。

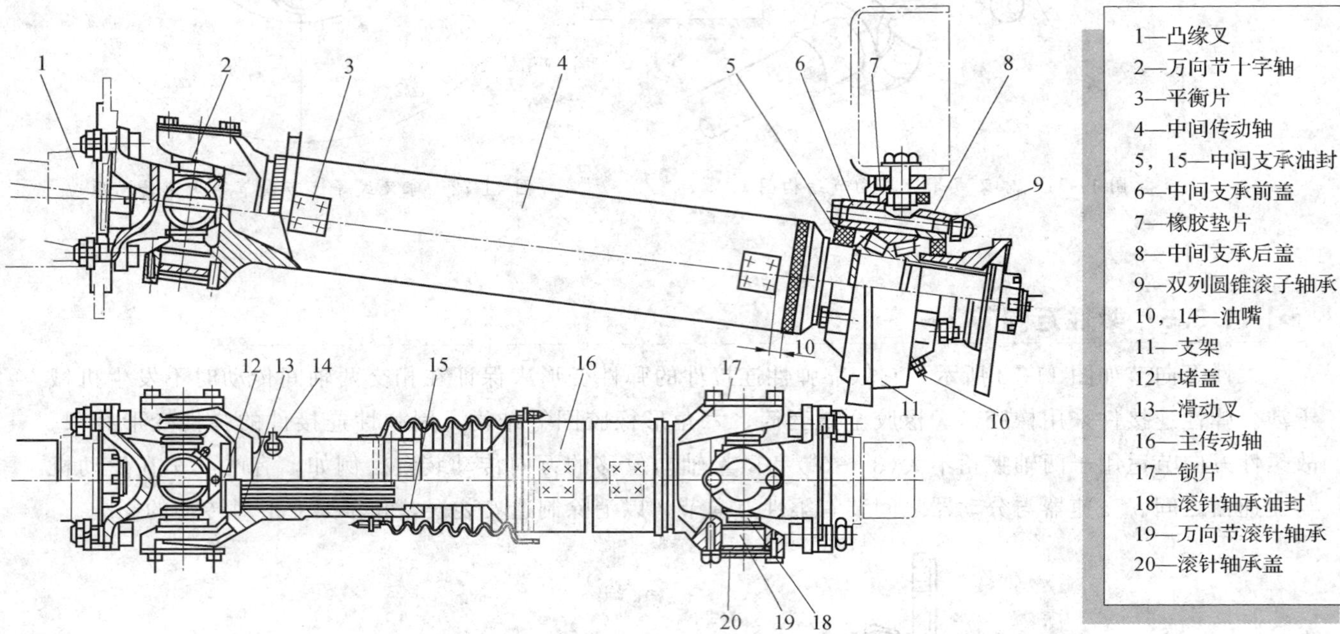

图 11-74　解放 CA1092 型汽车的万向传动装置结构图

传动轴在高速旋转时，由于质量不均衡引起的离心力将使传动轴发生剧烈振动。因此，当传动轴与万向节装配后必须进行动平衡测试。图 11-74 中的零件 3 即为平衡用的平衡片。平衡后，在滑动叉 13 与主传动轴 16 上刻上箭头记号，以便拆卸后重装时保持二者的相对角位置不变。传动轴过长时，自振频率降低，易产生共振。故常将其分为两段并加中间支承。前段称为中间传动轴，后段称为主传动轴(图 11-74 下部)。

为了得到较高的强度和刚度，传动轴多做成空心的，一般用厚度为 1.5～3.0 mm 的薄钢板卷焊而成。超重型货车的传动轴则直接采用无缝钢管。

在转向驱动桥、断开式驱动桥或微型汽车的万向传动装置中，通常将传动轴制成实心轴。

2. 传动轴的中间支承

传动轴分段时须加中间支承。通常中间支承安装在车架横梁上，应能补偿传动轴轴向和角度方向的安装误差以及汽车行驶过程中由于发动机窜动或车架等变形所引起的位移。一般有蜂窝式中间支承和摆动式中间支承两种类型。

(1)蜂窝式中间支承。解放 CA1091 型系列汽车的中间支承，采用如图 11-75 所示的蜂窝软垫式球轴承的中间支承。由于蜂窝形橡胶垫 5 的弹性作用，能适应传动轴的安装误差和行驶中出现的位移，此外，还可吸收振动，减少噪声传导，蜂窝软垫式的结构简单，效果好，应用较广泛。

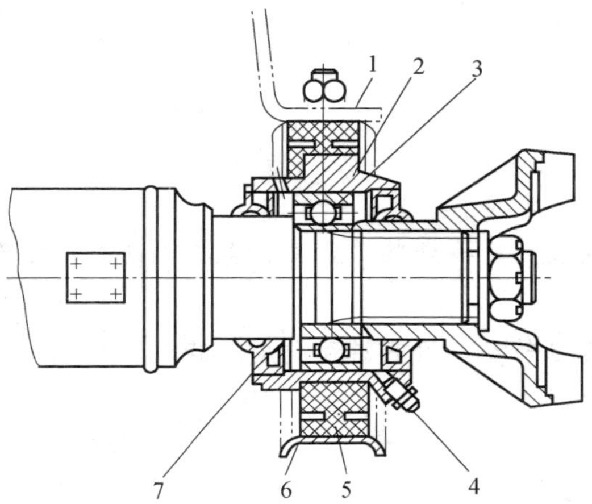

1—车架横梁
2—轴承座
3—轴承
4—滑脂嘴
5—蜂窝形橡胶垫
6—U形支架
7—油封

图 11-75　东风系列汽车传动轴中间支承结构图

(2)摆动式中间支承。摆动式中间支承如图 11-76 所示。当发动机轴向窜动时，中间支承可绕支承轴 3 摆动，改善了轴承的受力状况。此外，橡胶衬套 2 和 5 能适应传动轴线在横向平面内少量的位置变化。

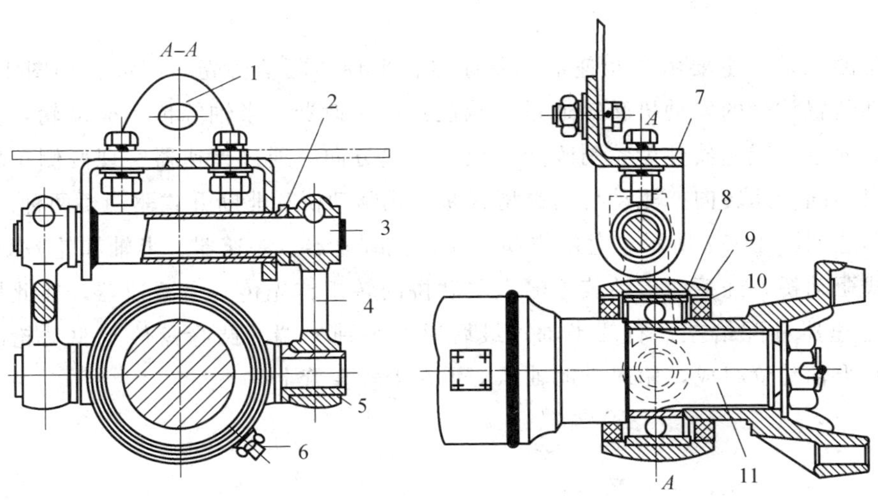

1—支架
2—橡胶衬套
3—支承轴
4—摆臂
5—橡胶衬套
6—滑脂嘴
7—车架
8—卡环
9—支承座
10—油封
11—中间传动轴

图 11-76　摆动式中间支承结构图

常见问题解析

万向节松旷的故障如何诊断与排除

1. 故障现象

在汽车起步或突然改变车速时，传动轴发出“吭”的响声；在汽车缓行时，发出“咣当、咣当”的响声。

2. 故障原因

(1)凸缘盘连接螺栓松动。

(2)万向节主、从动部分游动角太大。

(3)万向节十字轴磨损严重。

3. 故障诊断与排除方法

(1)用榔头轻轻敲击各万向节凸缘盘连接处，检查其松紧度。太松旷则故障由连接螺栓松动引起，否则继续检查。

(2)用双手分别握住万向节主、从动部分转动，检查游动角度。若游动角度太大，则故障由此引起。

11.6 驱动桥

11.6.1 概述

驱动桥位于汽车传动系统的末端，主要由主减速器、差速器、半轴和驱动桥壳等组成，如图 11-77 所示。其功用是：将万向传动装置传来的发动机转矩通过主减速器、差速器、半轴等传到驱动轮，实现降低转速、增大转矩的目的；通过主减速器柱齿轮副改变转矩的传递方向；通过差速器实现两侧车轮的差速作用，保证内外侧车轮以不同转速转向。驱动桥的类型有断开式驱动桥和非断开式驱动桥两种。

一般汽车的驱动桥总体构造如图 11-77 所示。它由驱动桥壳、主减速器、差速器、半轴和轮毂组成。从变速器或分动器到非断开式驱动桥，经万向传动装置输入驱动桥的转矩首先传到主减速器，在此增大转矩并相应降低转速后，经差速器分配给左、右两半轴，最后通过半轴外端的凸缘盘传至驱动轮的轮毂。驱动桥壳由主减速器壳和半轴套管组成，轮毂借助轴承支承在半轴套管上。

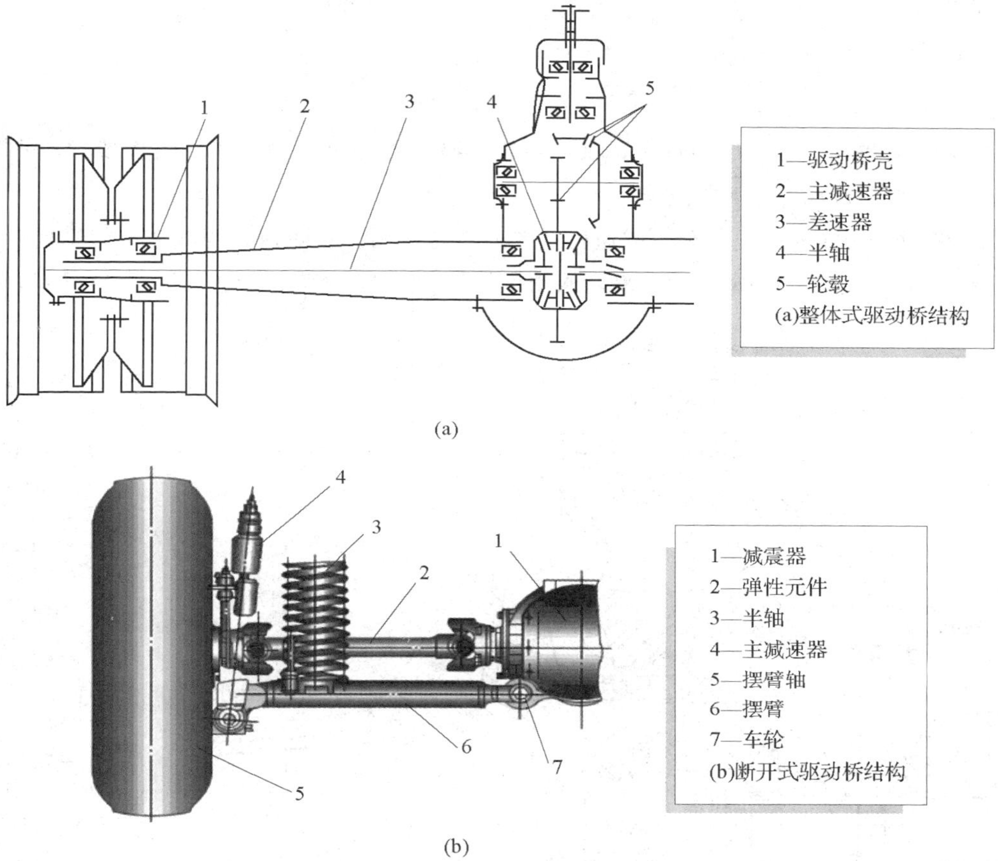

图 11-77　驱动桥总体构造

整个驱动桥通过弹性悬架与车架连接，由于半轴套管与主减速器壳是刚性连成一体的，因而两侧的半轴和驱动轮不可能在横向平面内做相对运动，故称这种驱动桥为非断开式驱动桥，亦称为整体式驱动桥。断开式驱动桥是为了提高汽车行驶平顺性和通过性，有些轿车和越野汽车全部或部分驱动轮采用独立悬架，即将两侧的驱动轮分别用弹性悬架与车架相连，两轮可彼此独立地相对于车架上下跳动，与此相应，主减速器壳固定在车架上。驱动桥壳应制成分段并通过铰链连接，这种驱动桥称为断开式驱动桥。主减速器固定在车架或车身上，两侧轮分别通过各自的弹性元件、减震器和摆臂组成的弹性悬架与车架相连。为适应车轮绕摆臂轴上下跳动的需要，差速器与轮毂之间的半轴两端用万向节连接。

11.6.2　主减速器

主减速器的功用是将输入的转矩增大并相应降低转速，以及当发动机纵置时还具有改变转矩旋转方向的作用。为满足不同的使用要求，主减速器的结构形式也是不同的。

按参加减速传动的齿轮副数目分，有单级主减速器和双级主减速器。在双级主减速器中，若第二级减速器齿轮有两副，并分置于两侧车轮附近，实际上成为独立部件，可称为轮边减速器。

按主减速器主传动比挡数分，有单速式和双速式。前者的传动比是固定的，后者有两个传动比供驾驶员选择，以适应不同行驶条件的需要。

按齿轮副结构形式分，有圆柱齿轮式(又分为轴线固定式和轴线旋转式即行星齿轮式)、锥齿轮式和准双曲面齿轮式。

1. 单级主减速器

目前，对于轿车和一般轻、中型货车，采用单级主减速器即可满足汽车动力性要求。它具有结构简单、体积小、质量小和传动效率高等优点。

图 11-78 为东风 EQ1090E 型汽车主减速器及差速器总成图。主减速器的减速传动机构为一对准双曲面锥齿轮 18 和 7。主动锥齿轮 18 有 6 个齿，从动锥齿轮 7 有 38 个齿，故主传动比 $i=38/6=6.33$。

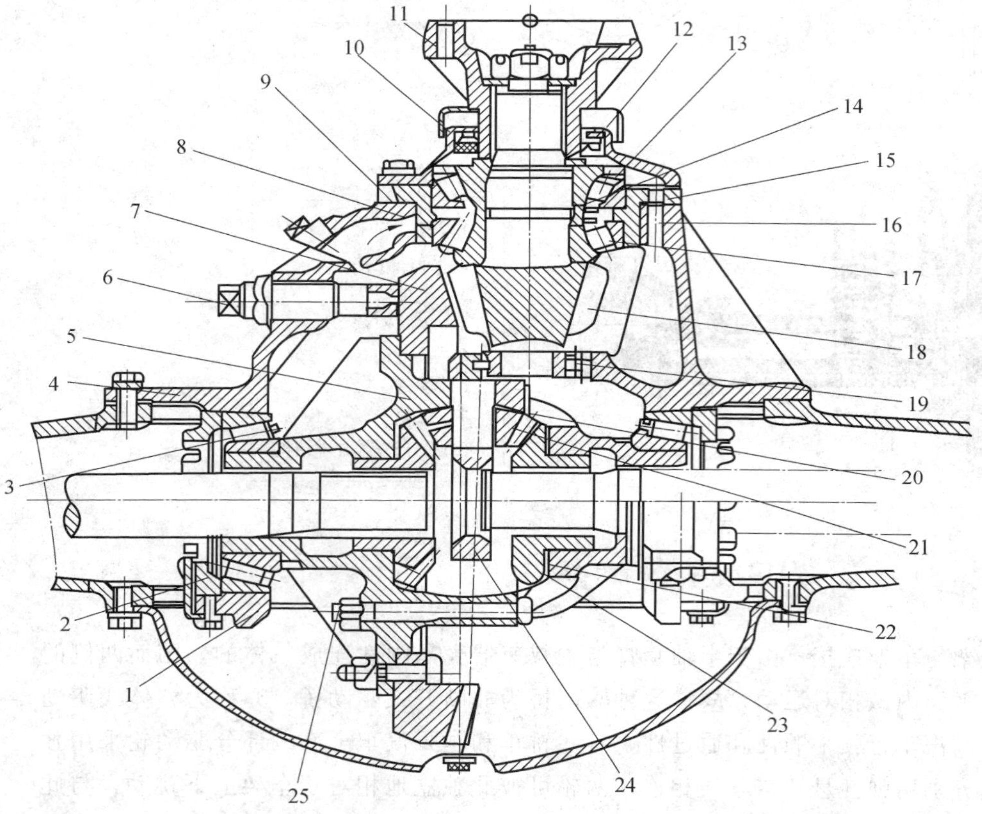

1—差速器轴承盖
2—轴承调整螺母
3，13，17—圆锥滚子轴承
4—主减速器壳
5—差速器壳
6—支承螺栓
7—从动锥齿轮
8—进油道
9，14—调整垫片
10—防尘罩
11—叉形凸缘
12—油封
15—轴承座
16—回油道
18—主动锥齿轮
19—圆柱滚子轴承
20—行星齿轮垫片
21—行星齿轮
22—半轴齿轮推力垫片
23—半轴齿轮
24—行星齿轮轴(十字轴)
25—螺栓

图 11-78　东风 EQ1090E 型汽车主减速器及差速器总成图

主动和从动锥齿轮之间必须有正确的相对位置，方能使两齿轮啮合传动时冲击噪声较小，而且轮齿沿其长度方向磨损较均匀。为此，在结构上，一方面要求差动和从动锥齿轮有足够的支承刚度，使其在传动过程中不至于发生较大变形而影响正常啮合；另一方面应有必要的啮合调整装置。

为保证主动锥齿轮有足够的支承刚度，主动锥齿轮 18 与轴制成一体，前端支承在互相贴近而小端相向的两个圆锥滚子轴承 13 和 17 上，后端支承在圆柱滚子轴承 19 上，形成跨置式支承。环状的从动锥齿轮 7 连接在差速器壳 5 上，而差速器壳则用两个圆锥滚子轴承 3 支承在主减速器壳 4 的座孔中。在从动锥齿轮的背面，装有支承螺栓 6，以限制从动锥齿轮过度变形而影响齿轮的正常工作。装配时，支承螺栓与从动锥齿轮端面之间的间隙为 0.3～0.5 mm，装配主减速器时，圆锥滚子轴承应有一定的装配预紧度，即在消除轴承间隙的基础上再给予一定的压紧力。其目的是为了减小在锥齿轮传动过程中产生的轴向力所引起的齿轮轴的轴向位移，以提高轴的支承刚度，保证锥齿轮副的正常啮合。但预紧度也不能过大，过大则传动效率低，且加速轴承磨损。为调整圆锥滚子轴承 13 和 17 的预紧度，在两轴承内座圈之间的隔离套的一端装有一组厚度不同的调整垫片 14。如发现预紧度过大，则增加垫片 14 的总厚度；反之，减小垫片的总厚度。工程上用预紧力矩表示预紧度的大小。在本例中，调整到能以 1.0～1.5 N·m的力矩转动叉形凸缘 11，预紧度即为合适。支承差速器壳的圆锥滚子轴承 3 的预紧度靠拧动两端轴承调整螺母 2 调整。调整时应用手转动从动锥齿轮，使滚子轴承处于适宜的预紧度，调好后应能以 1.5～2.5 N·m 的力矩转动差速器组件。应该指出圆锥滚子轴承预紧度的调整必须在齿轮啮合调整之前进行。

锥齿轮啮合的调整是指齿面啮合印迹和齿侧间隙的调整。先在主动锥齿轮轮齿上涂以红色颜料(红丹粉与润滑油的混合物)，然后用手使主动锥齿轮往复转动，于是从动锥齿轮轮齿的两侧工作面上便出现红色印迹。若从动锥齿轮轮齿正转和逆转工作面上的印迹位于其齿高的中间偏于小端，并占齿面宽度的 60%以上，则为正确啮合。正确啮合的印迹位置可通过改变主减速器壳与主动锥齿轮轴承座 15 之间的调整垫片 9 的总厚度(即移动主动锥齿轮的位置)而获得。

2. 双级主减速器

根据发动机特性和汽车使用条件，要求主减速器具有较大的主传动比时，由一对锥齿轮构成的单级主减速器已不能保证足够的最小离地间隙，这时则需要采用两对齿轮来实现降速的双级主减速器。

如图 11-79 所示，解放 CA1091 型汽车主减速器的第一级传动比由一对曲线齿锥齿轮副 11 和 16 所决定，第二级传动比由一对斜齿圆柱齿轮副 5 和 1 所决定。目前，该车主减速器主传动比有三种：其一，主动锥齿轮和从动锥齿轮的齿数分别为 13 和 25，第二级主、从动斜齿圆柱齿轮齿数分别为 15 和 45，主传动比为 5.77；其二，主传动比为 6.25；其三，主传动比为 7.63。

主动锥齿轮与轴制成一体，采用悬臂式支承，即主动锥齿轮轴支承在位于齿轮同一侧的两个相距较远的圆锥滚子轴承上，而主动锥齿轮悬伸在轴承之外。这种支承形式的结构比较简单，但支承刚度不如跨置式的大。一般双级主减速器中，主动锥齿轮轴多用悬臂式支承的原因有两点：一是第一级齿轮传动比较小，相应的从动锥齿轮直径较小，因而在主动锥齿轮外端要再加一个支承，布置上很困难；二是因传动比小，主动锥齿轮及轴颈尺寸有可能做得较大，同时尽可能将两轴承的距离加大，同样可得到足够的支承刚度。主动锥齿轮轴承的预紧度，可借增减调整垫片 8 的厚度来调整，中间轴圆锥滚子轴承预紧度则借助改变两侧的轴承盖 4、15 和主减速器壳 12 间的调整垫片 6 和 13 的总厚度来调整。支承差速器壳的圆锥滚子轴承的预紧度是靠旋动调整螺母 3 来调整的。为便于进行锥齿轮副的啮合调整，主动和从动锥齿轮的轴向位置都可以略加移动。增加轴承座 10 和主减速器壳 12 间的调整垫片 7 的厚度，第一级主动锥齿轮 11 则沿轴向离开从动锥齿轮；反之则靠近。若减小左轴承盖 4 处的调整垫片 6 的厚度，同时将这些卸下来的垫片都加到右轴承盖 15 处，则第一级从动锥齿轮 16 右移；反之则左移。若两组调整垫片 6 和 13 的总厚度的减量和增量不相等，则将破坏已调整好的中间轴轴承的预紧度。

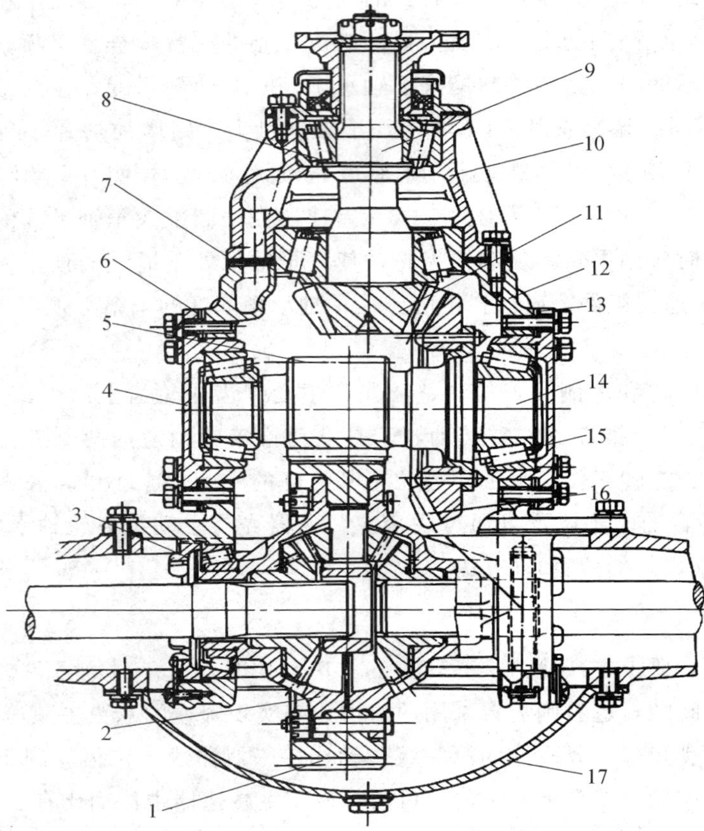

1—第二级从动圆柱齿轮
2—差速器壳
3—调整螺母
4，15—轴承盖
5—第二级主动圆柱齿轮
6，7，8，13—调整垫片
9—第一级主动锥齿轮轴
10—轴承座
11—第一级主动锥齿轮
12—主减速器壳
14—中间轴
16—第一级从动锥齿轮
17—后盖

图 11-79　解放 CA1091 型汽车双级主减速器及差速器剖面图

11.6.3　差速器

差速器的功用：当汽车转弯行驶或在不平路面上行驶时，使左右驱动车轮以不同的角速度滚动，以保证两侧驱动轮与地面间做纯滚动运动。汽车在行驶过程中，车轮对路面的相对运动有两种状态——滚动和滑动，其中滑动又有滑转和滑移两种。

设车轮中心在车轮平面内相对路面的移动速度为 u，车轮旋转角速度为 ζ，车轮纯滚动半径为 r，若 $u=r\zeta$，则车轮对路面的运动为纯滚动；若 $\zeta\neq0$，$u=0$ 时，则车轮的运动为纯滑转；若 $u\neq0$，$\zeta=0$ 时，则车轮的运动为纯滑移。

当汽车转弯行驶时，内外两侧车轮中心在同一时间内移过的曲线距离显然不同，即外侧车轮移动的距离大于内侧车轮。若两侧车轮都固定在同一刚性转轴上，两轮角速度相等，则此时外轮必然是边滚动边滑移，内轮必然是边滚动边滑转。同样，汽车在不平路面上直线行驶时，两侧车轮实际移过的曲线距离也不相等。即使路面非常平直，但由于轮胎制造尺寸误差、磨损程度不同、承受的载荷不同或充气压力不等，各个轮胎的滚动半径实际上不可能相等。因此，只要各车轮角速度相等，车轮对路面的滑动就必然存在。

车轮对路面的滑动不仅会加速轮胎磨损，增加汽车的动力消耗，而且可能导致转向和制动性能的恶化。因此，在正常行驶条件下，应使车轮尽可能不发生滑动。为此，在汽车结构上，必须保证各个车轮有可能以不同角速度旋转。如果主减速器从动齿轮通过一根整轴同时带动两侧驱动轮，则两轮角速度只能是相等的。因此，为了使两侧驱动轮可以以不同角速度旋转，以保证其纯滚动状态，就必须将两侧车轮的驱动轴断开(称为半轴)，而由主减速器从动齿轮通过一个差速齿轮系统，差速器分别驱动两侧半轴和驱动轮。这种装在同一驱动桥两侧驱动轮之间的差速器为轮间差速器。

多轴驱动汽车的各驱动桥间由传动轴相连。如果各桥的驱动轮均以相同的角速度旋转，同样也会发生上述轮间无差速器时的类似现象。为使各驱动桥有可能具有不同的输入角速度，以消除各桥驱动轮的滑动现象，可以在各驱动桥之间装设轴间差速器。

当遇到左、右或前、后驱动轮与路面之间的附着条件相差较大的情况时，简单的齿轮式差速器将不能保证汽车得到足够的驱动力。此时，只是附着较差的驱动轮高速滑转而汽车却不能前进，故经常遇到这种情况的汽车应当采用防(限)滑差速器。

防滑差速器常见的形式有齿轮式差速器、强制锁止式差速器、高摩擦自锁式差速器(包括摩擦片式、滑块凸轮式等)、牙嵌式自动轮差速器、托森差速器、粘性联轴(差速)器等。此外，目前轿车中还广泛采用了变速驱动桥。

1. 齿轮式差速器

齿轮式差速器有锥齿轮式和圆柱齿轮式两种。

按两侧的输出转矩是否相等，齿轮式差速器有对称式(等转矩式)和不对称式(不等转矩式)两类。对称式用作轮间差速器或由平衡悬架联系的两驱动桥(6×6 或 6×4 汽车的中、后驱动桥)之间的轴间差速器。不对称式用作前、后驱动桥之间(4×4 汽车)或前驱动桥与中、后驱动桥之间(6×6 汽车)的轴间差速器。目前，汽车上广泛应用的是对称式锥齿轮差速器，其结构如图 11-80 所示。

对称式锥齿轮轮间差速器由行星齿轮、行星齿轮轴(十字轴)、半轴齿轮和差速器壳等组成。在图 11-80 中，差速器壳由用螺栓固紧的左壳和右壳组成。主减速器的从动锥齿轮用铆钉或螺栓固定在差速器左壳的凸缘上。装合时，十字形的行星齿轮轴的四个轴颈嵌在差速器壳两半端面上相应的凹槽所形成的孔内，差速器壳的剖分面通过行星齿轮轴各轴颈的中心线。每个轴颈上浮套着一个直齿行星齿轮，它们均与两个直齿半轴齿轮啮合。而半轴齿轮的轴颈分别支承在差速器壳相应的左、右座孔中，并借花键与半轴相连。动力自主减速器从动锥齿轮依次经差速器壳、十字轴、行星齿轮、半轴齿轮及半轴输出给驱动轮。当两侧车轮以相同的转速转动时，行星齿轮绕半轴轴线转动(公转)；若两侧车轮阻力不同，则行星齿轮在做上述公转运动的同时，还绕自身轴线转动(自转)。因此，两半轴齿轮带动两侧车轮以不同转速转动。

行星齿轮的背面和差速器壳相应位置的内表面均做成球面，保证行星齿轮对正中心，以利于和两个半轴齿轮正确地啮合。

由于行星齿轮和半轴齿轮是锥齿轮传动，在传递转矩时，沿行星齿轮和半轴齿轮的轴线作用着很大的轴向力，而齿轮和差速器壳之间又有相对运动。为减少齿轮和壳的磨损，在半轴齿轮和差速器壳之间装有软钢的半轴齿轮推力垫片 2；而在行星齿轮与差速器壳之间装着软钢的行星齿轮球面垫片 10。当汽车行驶一定里程、垫片磨损后可换上新垫片，以提高差速器寿命。垫片通常用铜或聚甲醛塑料等制成。

差速器靠主减速器壳体中的润滑油润滑。在差速器壳体上开有窗口，供润滑油进出。为保证行星齿轮和十字轴轴颈之间有良好的润滑，在十字轴轴颈上铣出一平面，有时还在行星齿轮的齿间钻有油孔。

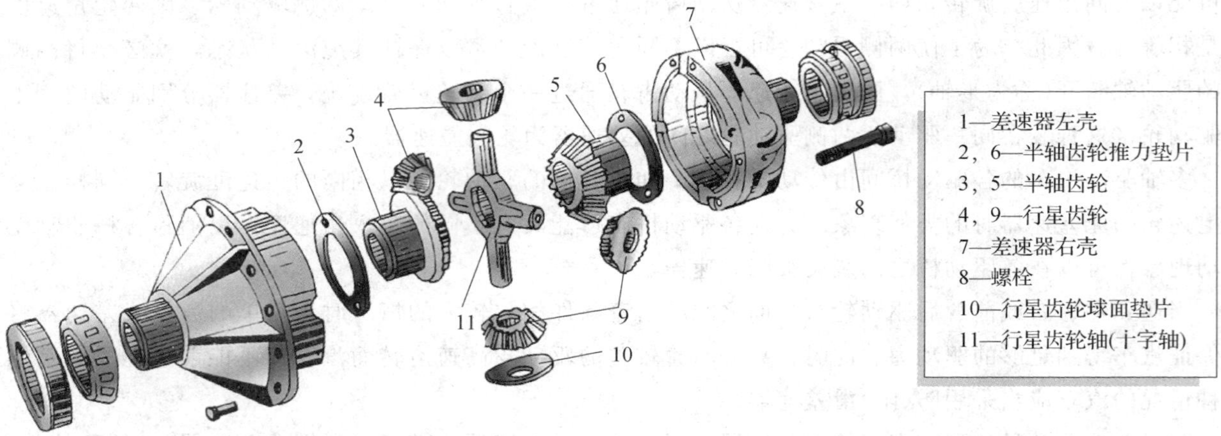

图 11-80　对称式锥齿轮差速器结构图

微型及部分轻型载货汽车和大部分轿车的车桥，因主减速器输出的转矩不大，故可用两个行星齿轮。因此，行星齿轮轴相应为一根直销轴，差速器壳也不必分成左右两半，而制成整体式，其前后两侧都开有大窗孔，以便拆装行星齿轮和半轴齿轮。奥迪 100 型轿车差速器即为这种结构。差速器壳为一整体式壳体，从动锥齿轮通过螺栓 8 与差速器壳连接，在行星齿轮轴上装有两个行星锥齿轮，通过弹性圆柱销固定齿轮轴于差速器壳体中。两个半轴锥齿轮的背面也是球面，因此两个半轴齿轮和两个行星齿轮背面的垫片制成一整体球形耐磨垫片，装配于差速器壳体中。左、右轴承架及内圈通过左、右调整垫片来调整轴承预紧力和齿轮的正确啮合。

目前广泛使用的对称式锥齿轮差速器的内摩擦力矩很小，其锁紧系数 $k=0.05\sim0.15$，转矩比 k_b 为 $1.1\sim1.4$。可以认为，无论左、右驱动轮转速是否相等，其转矩基本上总是平均分配的，这样的分配比例对于汽车在好路面上直线或转弯行驶时，都是满意的。但当汽车在坏路面上行驶时，却严重影响了通过能力。例如，当汽车的一个驱动轮接触到泥泞或冰雪路面时，在泥泞路面上的车轮原地滑转，而在好路面上的车轮静止不动。这是因为在泥泞路面上车轮与路面之间附着力很小，路面只能对半轴作用很小的反作用转矩。虽然另一车轮与好路面间的附着力较大，但因对称式锥齿轮差速器具有转矩平均分配的特性，使这一个车轮分配到的转矩只能与传到滑转的驱动轮上的很小的转矩相等，致使总的驱动力不足以克服行驶阻力，汽车便不能前进。

2. 强制锁止式差速器

为了提高汽车在坏路上的通过能力，可采用各种形式的防滑差速器。其共同出发点都是在一个驱动轮滑转时，设法使大部分转矩甚至全部转矩传给不滑转的驱动轮，以充分利用这一侧驱动轮的附着力而产生足够的驱动力，使汽车能继续行驶。为实现上述要求，最简单的办法是在对称式锥齿轮差速器上设置差速锁，使之成为强制锁止式差速器。当一侧驱动轮滑转时，可利用差速锁使差速器不起差速作用。

强制锁止式差速器的差速锁结构简单、易于制造，但操纵不便，一般要在停车时进行，而且如果过早接上或过晚摘下差速锁，亦即在好路段上左、右车轮仍刚性连接，则将产生前已述及的在无差速器情况下出现的一系列问题。

因此，有些越野汽车采用了在行驶过程中能根据路面情况自动改变驱动轮间转矩分配的高摩擦自锁式差速器。

3. 摩擦片式自锁差速器

摩擦片式自锁差速器是在对称式锥齿轮差速器的基础上发展而成的。为增加差速器内摩擦力矩，在半轴齿轮与差速器壳之间装有摩擦片组。十字轴由两根互相垂直的行星齿轮轴组成，其端部均切出凸 V 形斜面，相应地差速器壳孔上也有凹 V 形斜面，两根行星齿轮轴的 V 形斜面是反向安装的。每个半轴齿轮的背面有推力压盘和主、从动摩擦片组。主、从动摩擦片组由弹簧钢片和若干间隔排列的主动摩擦片及从动摩擦片组成。主、从动摩擦片上均加工出许多油槽(两面均有)，以利于增大摩擦。推力压盘以内花键与半轴相连，而且轴颈处用外花键与从动摩擦片联结。主动摩擦片则用花键与差速器壳的内键槽相配。推力压盘和主、从动摩擦片均可做微小的轴向移动。

当汽车直线行驶、两半轴无转速差时，转矩平均分配给两半轴。由于差速器壳通过斜面对行星齿轮轴两端压紧，斜面上产生的轴向力迫使两行星齿轮轴分别向左、右方向(向外）略微移动，通过行星齿轮使推力压盘压紧摩擦片。此时，转矩经两条路线传给半轴：一路经行星齿轮轴、行星齿轮和半轴齿轮，将大部分转矩传给半轴；另一路则由差速器壳经主、从动摩擦片、推力压盘传给半轴。

当汽车转弯或一侧车轮在路面上滑转时，行星齿轮自转起差速作用，左、右半轴齿轮的转速不等。由于转速差的存在和轴向力的作用，主、从动摩擦片间在滑转的同时产生摩擦力矩，其数值大小与差速器传递的转矩和摩擦片数量成正比，而其方向与快转半轴的旋向相同，与慢转半轴的旋向相反。由于较大数值的内摩擦力矩作用的结果，使慢转半轴传递的转矩明显增加。

摩擦片式自锁差速器结构简单、工作平稳，锁紧系数 k 可达 0.6～0.7 或更高，常用于轿车和轻型汽车上。

4. 托森差速器

托森差速器作为一种新型差速机构，在四轮驱动轿车上得到日益广泛的使用。它利用蜗杆传动的不可逆性原理和齿面高摩擦条件，使差速器根据其内部差动转矩(差速器的内摩擦力矩)大小而自动锁死或松开，即在差速器内差动转矩较小时起差速作用，而过大时自动将差速器锁死，有效地提高了汽车的通过性。轴间托森差速器的结构图如图 11-81 所示。

托森差速器由空心轴 2、差速器外壳 3、后轴蜗杆 5、前轴蜗杆 9、蜗轮轴 7(6 个)和直齿圆柱齿轮 6(12 个)、蜗轮 8(6 个)等组成。空心轴 2 利用差速器外壳 3 通过花键相连而一同转动。每个蜗轮轴 7 的中间有一个蜗轮 8 和两个尺寸相同的直齿圆柱齿轮 6。蜗轮 8 和直齿圆柱齿轮 6 通过蜗轮轴 7 安装在差速器外壳 3 上。其中三个蜗轮与前轴蜗杆 9 啮合，另外三个蜗轮与后轴蜗杆 5 相啮合。与前、后轴蜗杆相啮合的蜗轮 8 彼此通过直齿圆柱齿轮相啮合，前轴蜗杆 9 和驱动前桥的差速器前齿轮轴 1 为一体，后轴蜗杆 5 和驱动后桥的差速器后齿轮轴 4 为一体。

当汽车驱动时，来自发动机的动力通过空心轴 2 传至差速器外壳 3，差速器外壳 3 通过蜗轮轴 7 传到蜗轮 8，再传到蜗杆。前轴蜗杆 9 通过差速器前齿轮轴 1 将动力传至前桥，后轴蜗杆 5 通过差速器后齿轮轴 4 将动力传至后桥，从而实现前、后驱动桥的驱动作用。当汽车转向时，前、后驱动轴出现转速差，通过啮合的直齿圆柱齿轮相对转动，使一轴转速加快，另一轴转速下降，实现差速作用。

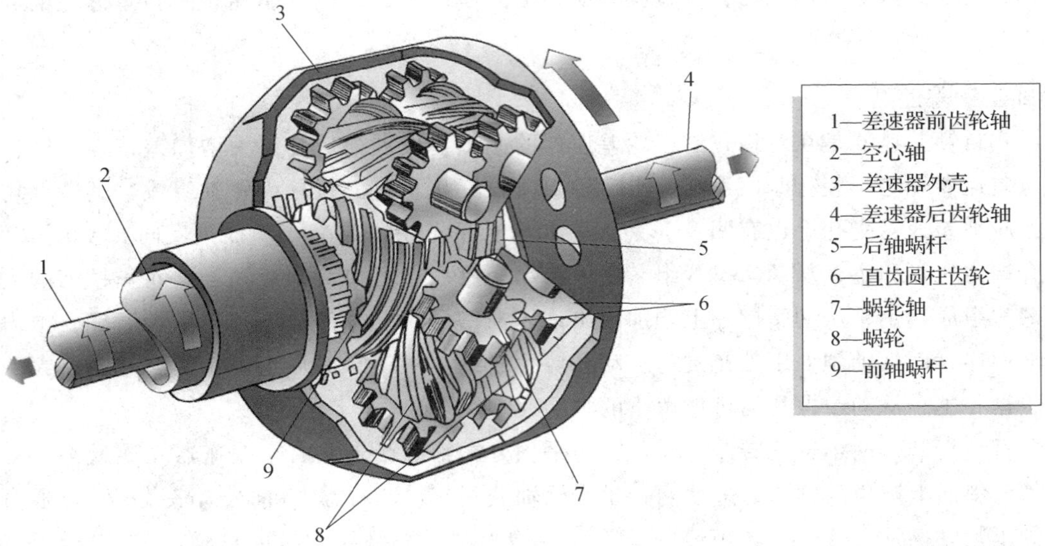

图 11-81　轴间托森差速器的结构图

11.6.4　半轴与桥壳

1. 半轴

(1)全浮式半轴支承。半轴是在差速器与驱动轮之间传递动力的实心轴，如图 11-82 所示。其内端用花键与差速器的半轴齿轮连接，而外端则用半轴凸缘 3 与驱动轮的轮毂相连，半轴齿轮的轴颈支承在差速器壳两侧轴颈的孔内，而差速器壳又以其两侧轴颈借助轴承直接支承在主减速器壳上。半轴与驱动轮的轮毂在桥壳上的支承形式，决定了半轴的受力状况。现代汽车基本上采用全浮式半轴支承和半浮式半轴支承两种支承形式。

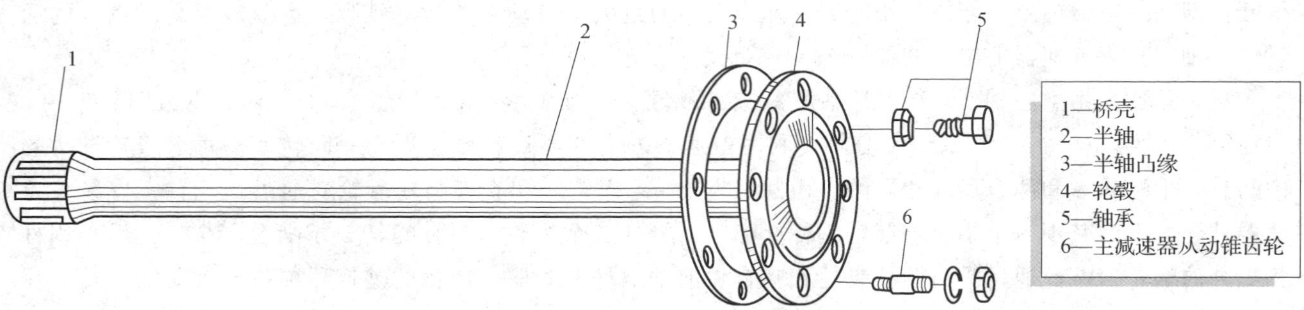

图 11-82　全浮式半轴支承

全浮式半轴支承广泛应用于各种类型的载货汽车上。半轴外端锻出凸缘，借助轮毂螺栓与轮毂连接。轮毂通过两个相距较远的圆锥滚子轴承和支承在半轴套管上。半轴套管与驱动桥壳压配成一体，组成驱动桥壳总成。采用这种支承形式时，半轴与桥壳没有直接联系。

全浮式半轴支承的半轴也称为全浮式半轴，它易于拆装，只须拧下半轴凸缘上的螺栓，即可将半轴从半轴套管中抽出，而车轮与桥壳照样能支承住汽车。

(2)半浮式半轴支承。图 11-83 为红旗 CA7560 型轿车的驱动桥。其半轴 2 内端的支承方法与上述相同，即半轴内端不受力及弯矩。半轴外端是锥形的，锥面上切有纵向键槽，最外端有螺纹。轮毂 6 有相应的锥形孔与半轴配合，用键 5 联结，并用锁紧螺母 4 紧固。半轴 2 用圆锥滚子轴承 3 直接支承在桥壳凸缘 7 内。显然，此时作用在车轮上的各反力都必须经过半轴传给驱动桥壳。因这种支承形式只能使半轴内端免受弯矩，而外端却承受全部弯矩，故称为半浮式支承。半浮式支承半轴当中车轮与桥壳无直接联系而支承于半轴外端，距支承轴承有一悬臂。

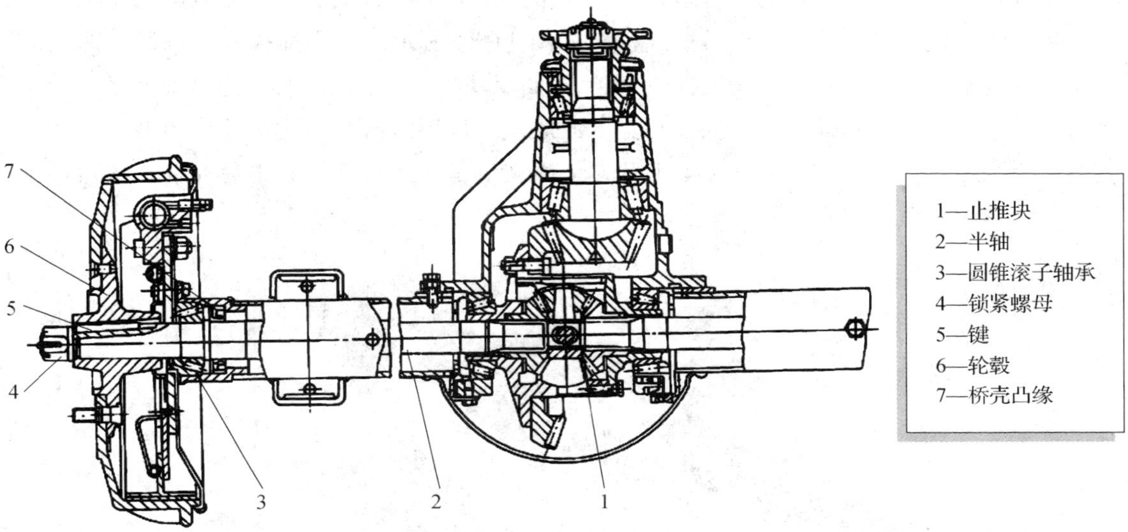

图 11-83　红旗 CA7560 型轿车驱动桥及半浮式支承半轴

半浮式半轴支承中，半轴与桥壳间的轴承一般只用一个。为使半轴和车轮不致被向外的侧向力拉出，该轴承必须能承受向外的轴向力。另外，在差速器行星齿轮轴的中部浮套着止推块(图 11-83)，半轴内端正好能顶靠在止推块 1 的平面上，因而不致在朝内的侧向力作用下向内窜动。

半浮式半轴支承半轴又称为半浮式半轴。由于它结构简单，故广泛应用于承受反力和弯矩较小的各类轿车上。

半轴本身的结构除上述两种最常见的形式外，还受到驱动桥结构形式的影响。在转向驱动桥中，半轴应断开，并用等角速万向节连接。在断开式驱动桥中，半轴也应分段，并用万向节和滑动花键或伸缩型等角速万向节连接。

2. 驱动桥壳

驱动桥壳的功用是支承并保护主减速器、差速器和半轴等，使左、右驱动轮的轴向相对位置固定；与从动桥一起支承车架及其以上各总成的质量；汽车在行驶时，承受由车轮传来的路面反作用力和力矩，并经悬架传给车架。

驱动桥壳应有足够的强度和刚度，质量要小，并便于主减速器的拆装和调整。由于桥壳的尺寸和质量一般比较大，制造较困难，故其结构形式在满足使用要求的前提下，要尽可能便于制造。

驱动桥壳从结构上可分为整体式驱动桥壳和分段式驱动桥壳两类。

(1)整体式驱动桥壳。解放 CA1091 型汽车的整体式驱动桥壳，中部是一个环形空心梁，用球墨铸铁铸成。两端压入钢制的半轴套管，并用止动螺钉限定位置。半轴套管外端用以安装轮毂轴承。凸缘盘用来固定制动底板。主减速器和差速器顶先装合在主减速器壳内，然后用固定螺钉将其固定在空心梁的中部前端面上。空心梁中部后端面的大孔供检查驱动桥内主减速器和差速器的工作情况使用，后盖上装有检查油面用的螺塞，主减速器壳上有加油孔和放油孔。

整体式驱动桥壳具有较大的强度和刚度，且便于主减速器的装配、调整和维修，因此普遍应用于各类汽车上。

整体式驱动桥壳因制造方法不同又有多种形式，常见的有整体铸造、中段铸造两端压入钢管、钢板冲压焊接、钢管扩张成型等形式。整体铸造式桥壳如图 11-84 所示。为增加强度和刚度，两端压入无缝钢管制成半轴套管。图 11-85 为东风 EQ1090E 型汽车的驱动桥壳，也是整体铸造式驱动桥壳。半轴驱动套管压入后桥壳中。桥壳上有通气塞，保证高温下的通气，保持润滑油品质和使用周期。这种整体铸造驱动桥壳刚度大、强度高、易铸成等强度梁形状。但因其质量大，铸造质量不易保证，故适用于中、重型汽车，更多的是用于重型汽车上。

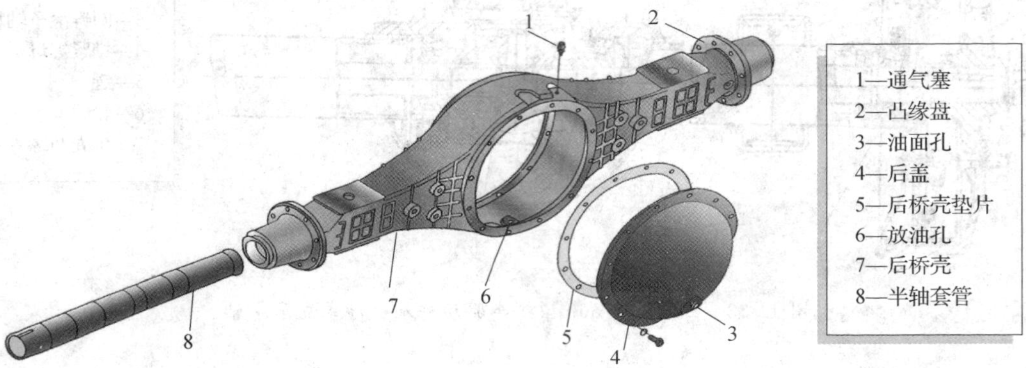

图 11-84 整体铸造式驱动桥壳

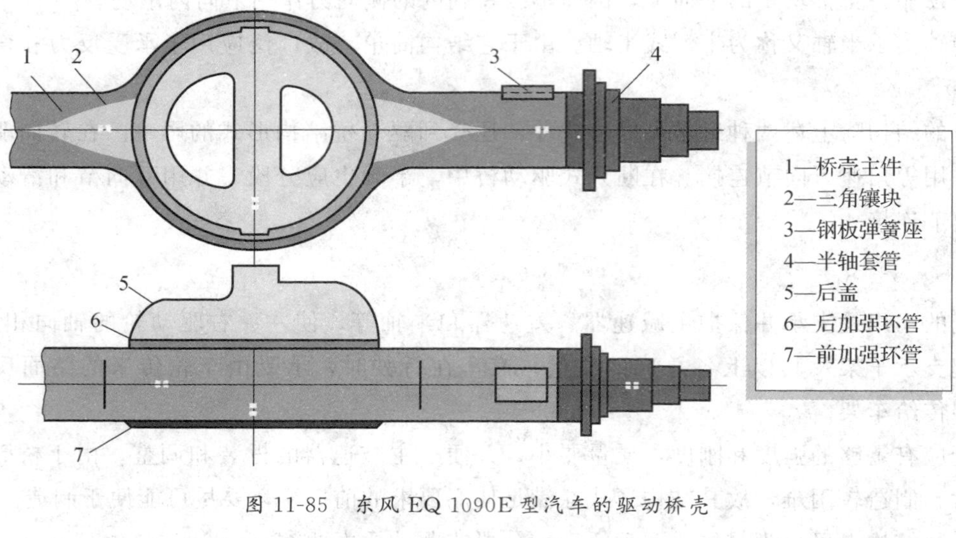

图 11-85 东风 EQ 1090E 型汽车的驱动桥壳

中段铸造两端压入钢管式驱动桥壳质量较轻，工艺简单且便于变形，但刚度较差，适用于批量生产。北京 BJ2020 型汽车驱动桥壳属于这种类型的整体式驱动桥壳。

钢板冲压焊接式驱动桥壳具有质量小、制造工艺简单、材料利用率高、抗冲击性能好以及成本低等优点，并适于大量生产。目前，它在轻型货车和轿车上得到广泛采用。

北京 BJ1040 型汽车为钢板冲压焊接式驱动桥壳。它主要由冲压成型的上、下两个桥壳主件和壳块三角镶块、前后两个加强环管、一个后盖以及两端两个半轴套管组焊而成。为了防止桥壳内润滑油外溢，有的汽车在桥壳轴管处焊有挡油环或加装油封。

(2)分段式驱动桥壳。分段式驱动桥壳一般分为两段，由螺栓将两段连成一体，它由主减速器壳、盖和两个半轴套管及凸缘盘等组成。

分段式驱动桥壳比整体式驱动桥壳易于铸造，加工简便，但维修保养不便。对于分段式驱动桥壳，当拆检主减速器时，必须把整个驱动桥从汽车上拆卸下来，故目前已很少采用。

常见问题解析

驱动桥过热

1. 故障现象

汽车行驶一段里程后，驱动桥壳中部或主传动器壳异常烫手。

2. 故障原因

(1)齿轮啮合间隙和行星齿轮与半轴齿轮啮合间隙调整过小。

(2)轴承调整过紧。

(3)润滑油量不足、变质或牌号不符合要求。

(4)止推垫片与主减速器从动齿轮背隙过小。

(5)齿轮油变质，油量不足或者牌号不符合要求。

3. 故障诊断与排除方法

①局部过热

a. 油封处过热，则故障由油封过紧引起。

b. 轴承处过热，则故障由轴承损坏或调整不当引起。

c. 油封和轴承处均不过热，则故障由止推垫片与主减速器从动齿轮背隙过小引起。

②普遍过热

a. 检查齿轮油油面高度：油面太低，则故障由齿轮油油量不足引起；否则检查齿轮油规格、黏度或润滑性能。

b. 检查结果不符合要求，则故障由齿轮油变质或规格不符引起；否则检查主减速器齿轮啮合间隙大小。

c. 松开驻车制动器，变速器置于空挡，轻轻转动主减速器的凸缘盘；若转动角度太小，则故障由主减速器齿轮啮合间隙太小引起；若转动角度正常，则故障由行星齿轮与半轴齿轮啮合间隙太小引起。

知识拓展

变速器的发展趋势

受到法规和驾驶乐趣的驱动，电气化将对今后的汽车动力总成技术产生巨大影响。目前大多数混合动力总成系统使用的都是基于传统变速箱的混动化扩展方案，即使用现有变速箱并进行调整，使其适用于电机驱动。这种混动化拓展方案的一个很好的案例是大众的DQ400e变速箱。一个模块置于发动机和DCT之间，增强了标准DCT变速箱的功能。另外一个案例是采埃孚的8P70H变速箱，其钟形壳体被延长用于支撑替代变矩器的电机，齿轮箱中的一个离合器的强度提高后可用于车辆起步。这种混动化拓展方案因其可再利用零部件和生产线，减少开发工作量，从而有若干优势。随着混合动力总成系统产量的不断增长，功能、重量、布置、成本方面和更高效率的要求驱使混合动力系统向专用化、更优化的解决方案方向发展，从而产生了混合动力专用变速器。目前国内外已有汽车厂家的混合动力车型采用这种专用变速器方案，如丰田和上汽集团等。但混合动力专用的电驱变速箱需要高技术、大投入来支持开发，以及较大批量时物料成本才有优势。

根据国内9家主要汽车企业新能源汽车专家的集体预测，未来3～5年乃至更远，油耗法规是新能源汽车发展的主要驱动力。(插电)混合动力性能优良，节能效果明显，电池容量小，预计未来几年的产销量将加快增长，至2020年或稍后1～2年，将形成与电动汽车齐头并进的局面。但(插电)混合动力汽车能否得到快速发展，取决于能否自主创新，开发出高效、低成本、可靠性良好的耦合系统，一旦形成突破，将有跳跃性发展。

目前不论是在国际还是在国内市场，混合动力技术进入大PK时代，丰田汽车、采埃孚、麦格纳、格特拉克、大陆汽车、AVL、IAV、邦奇动力、PUNCH Powerglide等公司将分别介绍最新的增程式、专用变速器DHT、P2、P3、P4等混动变速器和驱动技术解决方案及研发技术。

丰田-FF小容量混合动力变速箱的国产化开发，搭载在卡罗拉、雷凌双擎上的混合动力变速箱在常熟生产，约50%的构成部件实现了国产化。考虑到中国的道路环境，在中国进行了一系列台架、整车试验。

采埃孚：适用于前、后桥发动机横置车型的平行增程驱动方案的开发。ZF提出了一个基于单电机的平行增程解决方案，具备与同传统纯燃油车辆竞争的能力。该方案可为电机提供2级速比，为内燃机提供4级速比，其中电机能够满足市区及高速公路绝大部分情况下的驱动需求，而内燃机在需要的时候提供辅助驱动力并进行增程发电。一个应用实例为一个传统三轴型齿轮箱与行星排结合的变速器机构。实物样机已得到验证，目前正在主机厂支持下进行高级驾驶性能及燃油经济性的验证试验。

思考与练习

一、 填空题

1. 驱动桥是由________、________、________和________四部分组成。
2. 主减速器按齿轮副的数目分________式和________式；按齿轮副的结构形式分________式和________式。
3. 发动机纵向布置的汽车，其主减速器(单级式)采用一对________齿轮传动；发动机横向布置的汽车，其主减速器(单级式)采用一对________齿轮传动。
4. 桑塔纳 2000 单级式主减速器采用一对准双曲面________齿轮传动。
5. 主减速器调整的内容通常有________、________和________；调整的顺序为先调________，后调________和________；在进行啮合调整时不得改变已经调好的轴承紧度。
6. 主减速器主、从动锥齿轮的啮合印痕与啮合间隙发生矛盾时，要以________为主。
7. 倘若两侧驱动轮都固定在同一刚性转轴上，任何时候两轮角速度相等，当汽车转弯行驶时外侧驱动轮必然是________，内侧驱动轮必然是________。
8. 差速器按其工作特性可分为________差速器和________差速器。
9. 普通锥齿轮差速器的运动特性方程式为________。

二、 问答题

1. 汽车驱动桥的功用是什么？每个功用主要由驱动桥的哪部分来实现和承担？
2. 试分析为什么主减速器主动锥齿轮支承轴承相向布置，而从动锥齿轮和差速器支承轴承却相背布置？
3. 双速主减速器有何特点？试说明行星齿轮式双速主减速器的工作原理。

单元12 行驶系统

单元目标

知识目标	能力目标
1. 了解行驶系统的功用和组成 2. 理解行驶系统的受力情况 3. 理解减震器的工作原理 4. 掌握独立悬架和非独立悬架的类型及结构原理 5. 理解多轴汽车的平衡悬架、主动悬架和半主动悬架	1. 认识汽车行驶系统 2. 拆卸和装配汽车行驶系统

知识脉络图

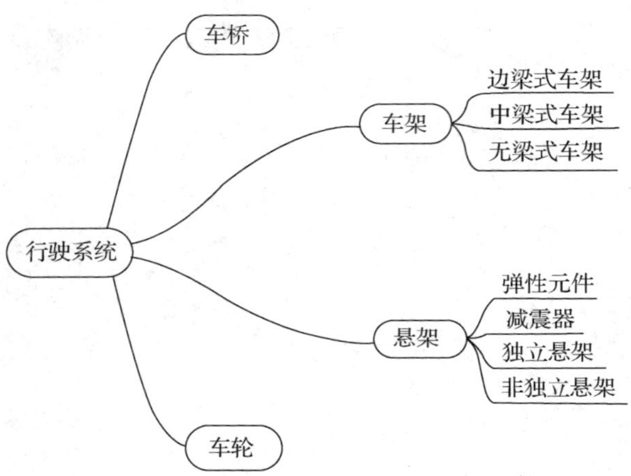

12.1 行驶系统概述

12.1.1 行驶系统的功用和组成

1. 汽车行驶系统的功用

汽车行驶系统主要用来将发动机的转矩经传动系统传递到驱动轮产生驱动力，使汽车行驶。同时，传递并承受路面作用于车轮上的各向反力及其所形成的力矩；缓和不平路面对车身造成的冲击，并衰减其振动，以保证汽车行驶平顺性；与汽车转向系统协调配合工作，实现汽车行驶方向的正确控制，以保证汽车操纵稳定性。

2. 汽车行驶系统的组成

轮式汽车行驶系统一般由车架、车桥、车轮和悬架组成，如图 12-1 所示。车架 1 是全车的装配基础，汽车的各相关总成都直接或间接地安装在车架上。从动桥 6 通过前悬架 7 安装在车架上，前轮 5 安装在从动桥上，驱动桥 3 通过后悬架 2 也安装在车架上，后轮 4 安装于驱动桥上。悬架由弹性材料制造而成，主要用来减小汽车在不平路面上行驶时车身所受到的冲击力及振动。

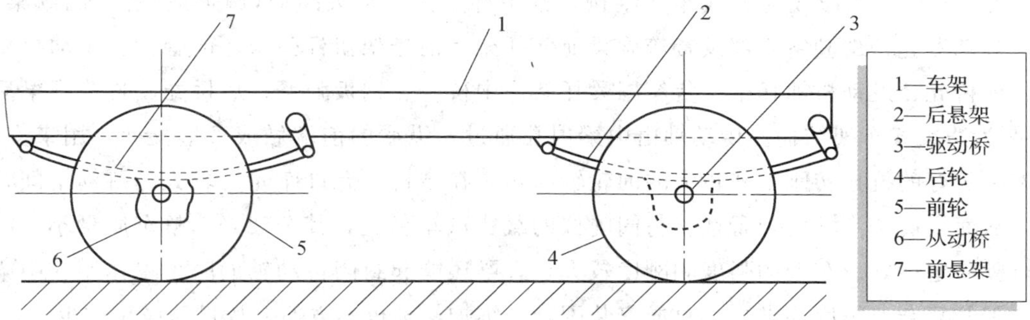

图 12-1 行驶系统的组成

12.1.2 行驶系统总体构成

1. 车架

车架的功用是安装汽车的各总成和部件，并使它们保持正确的相对位置，承受来自车上和地面的各种静、动载荷。车架的结构首先应满足汽车总体布置的要求，包括车架应具有足够的强度和适合的刚度，以满足承受各种静、动载荷之要求，车架结构简单，质量应尽可能小，便于机件拆装、维修；车架的结构形状应尽可能有利于降低汽车质心和获得大的转向角，以提高汽车行驶的稳定性和机动性。这一点对轿车和客车更为重要。按照车架类型与结构可以分成边梁式、中梁式、无梁式车架三种。

(1)边梁式车架。边梁式车架是由两根位于两边的纵梁和若干根横梁组成，有挂钩、保险杠、发动机前悬置横梁、前悬梁、发动机后悬支架及横梁、驾驶室后悬置横梁、第四横梁、角撑横梁组件、拖钩、后横梁、后钢板弹簧后支架横梁、后钢板弹簧前支架横梁、纵梁、蓄电池托架，如图 12-2 所示。

边梁式车架是用铆接法或焊接法将纵梁与横梁连接成坚固的刚性构架。其承载能力和抗扭刚度强，结构简单，工艺要求较低。钢制边梁质量沉重，边梁纵贯全车，影响整车的布局和空间利用率，且使整车重心偏高。多用于货车、中型客车、大型客车。

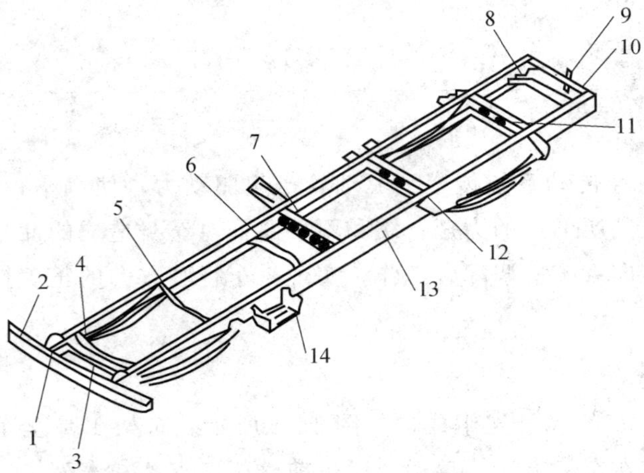

1—挂钩
2—保险杠
3—发动机前悬置横梁
4—前悬梁
5—发动机后悬支架及横梁
6—驾驶室后悬置横梁
7—第四横梁
8—角撑横梁组件
9—拖钩
10—后横梁
11—后钢板弹簧后支架横梁
12—后钢板弹簧前支架横梁
13—纵梁
14—蓄电池托架

图 12-2　边梁式车架结构

(2)中梁式车架。图 12-3 为梁式车架结构，其中部是由一根大断面(圆形或矩形)的纵梁、连接桥、中央脊梁、分动器壳、驾驶室后部及货箱副梁前部托架、前悬架扭杆弹簧、前脊梁、发动机后部及驾驶室前托架、前桥壳、发动机前托架、货箱副梁托架、中桥壳、钢板弹簧、后桥壳、货箱副梁后托架等组成。图 12-2 为边梁式车架结构。传动轴由中梁内孔通过。纵梁的前端做成叉形支架，用来安装发动机。中梁式车架有较好的抗扭转刚度和较大的前轮转向角，在结构上允许车轮有较大的跳动空间，便于装用独立悬架，从而提高了汽车的越野性。与同吨位的载货汽车相比，其车架轻、整车质量小，同时质心也较低，故行驶稳定性好。车架的强度和刚度较大，脊梁还能起封闭传动轴的防尘罩作用。中梁式车架的缺点是制造工艺复杂，精度要求高，总成安装困难，维护修理也不方便，故目前应用较少。

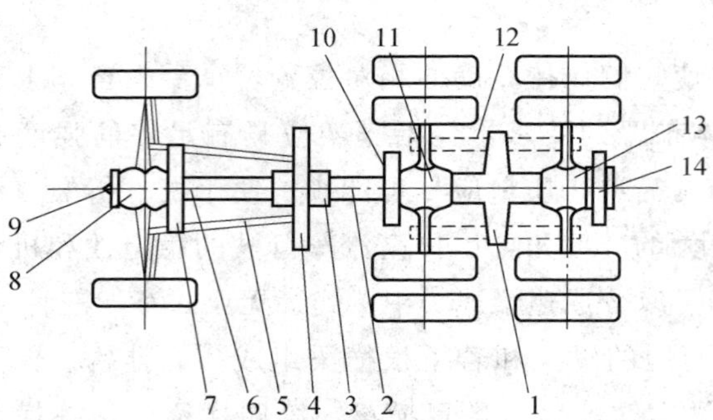

1—连接桥
2—中央脊梁
3—分动器壳
4—驾驶室后部及货箱副梁前部托架
5—前悬架扭杆弹簧
6—前脊梁
7—发动机后部及驾驶室前托架
8—前桥壳
9—发动机前托架
10—货箱副梁托架
11—中桥壳
12—钢板弹簧
13—后桥壳
14—货箱副梁后托架

图 12-3　中梁式车架结构

(3)无梁式车架(承载式车架)。如图 12-4 所示，无梁式车架是用金属制成坚固的车身，再将发动机、悬架等机械零件直接安装在车身上，车身承受所有的载荷，充当车架，称为承载式车身。车架和车身合二为一，重量轻，可利用的空间大，重心低，操控反应好，而且传递的震动、噪声都较少。对设计和工艺的要求都很高，刚度(尤其是抗扭刚度)不足，多用于轿车。

(4)承载式车身与非承载式车身。汽车的车身总共分成两种，一种是承载式车身，另一种是非承载式车身。非承载式车身是指车辆有刚性车架，就是我们俗称的底盘和大梁，发动机和动力部分通过悬架直接连接在车架上，车架通过前后悬架装置与车轮连接，这样的车身抗扭曲性非常强、高度高，所以一般用于客车、卡车以及越野车上，当然它的缺点就是笨拙而且很重。

如图 12-5 所示，承载式车身是没有车架的，只是一个整体的车壳，所有部件安装到相应的位置上，车身负载通过悬架装置传给车轮，这样的车身可以承受各种负荷力的作用，安全性和稳定性非常好，而且高度低、质量轻、易装配，所以通常用于轿车和跑车上。

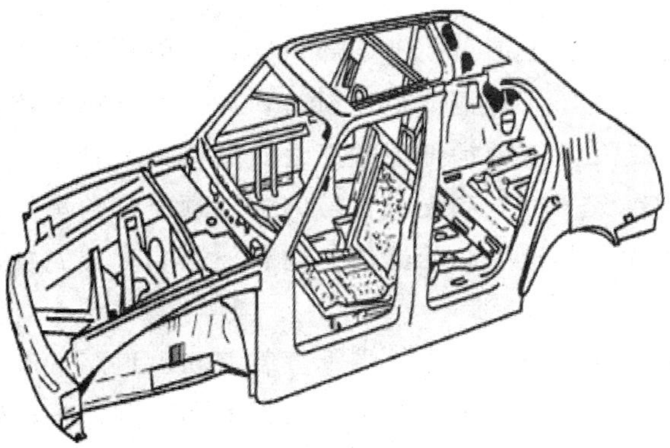

图 12-4　无梁式车架

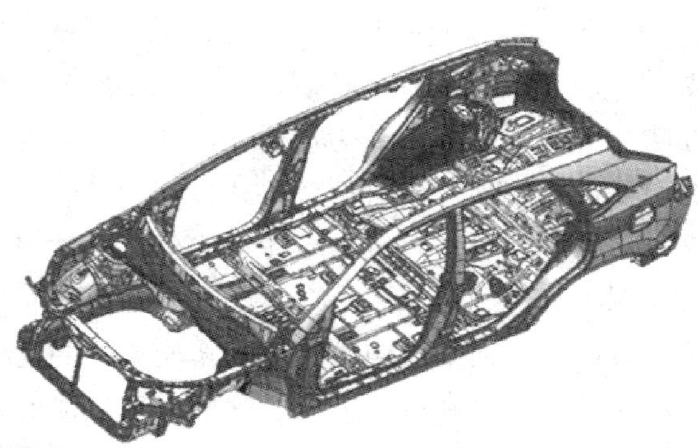

图 12-5　承载式车身

2. 车桥

车桥是通过悬架与车架(或承载式车身)相连，两端安装车轮，其功用是传递车架(或承载式车身)与车轮之间各方向作用力。车桥的结构形式与悬架结构以及传动系统的布置形式有关：按悬架结构不同，车桥分为整体式和断开式两种。整体式车桥的中部是刚性实心或空心梁，与非独立悬架配用；断开式车桥为活动关节式结构，与独立悬架配用。按车桥上车轮的作用不同，车桥分为转向桥、驱动桥、转向驱动桥和支持桥四种类型。其中转向桥和支持桥都属于从动桥。在后轮驱动的汽车中，前桥不仅用于承载，而且兼起转向作用，称为转向桥；转向桥由制动鼓、轮毂、轮毂轴承、转向节臂、油封、衬套、主销、滚子止推轴承、前轴等组成。后桥不仅用于承载，而且兼起驱动的作用，称为驱动桥。

汽车的转向桥结构基本相同，主要由前轴、主销、转向节和轮毂等四部分组成，如图 12-6 所示。通常，轿车中不设独立的主销，而以转向节上、下球头中心的连线为主销的轴线。前轴用中碳钢铸造，断面呈工字形，以提高抗弯强度。两端由工字形断面过渡到方形断面，以提高抗扭强度。中部两处用以支承钢板弹簧的底座，其上钻有四个安装骑马螺栓的通孔和一个位于中心的钢板弹簧定位凹坑。前轴中部向下弯曲，使发动机位置降低，降低汽车质心，减小传动轴与变速器输出轴之间的夹角。前轴两端各有一个拳形，主销插入孔内。主销中部切有槽，用楔形锁销将主销固定在拳部孔内。

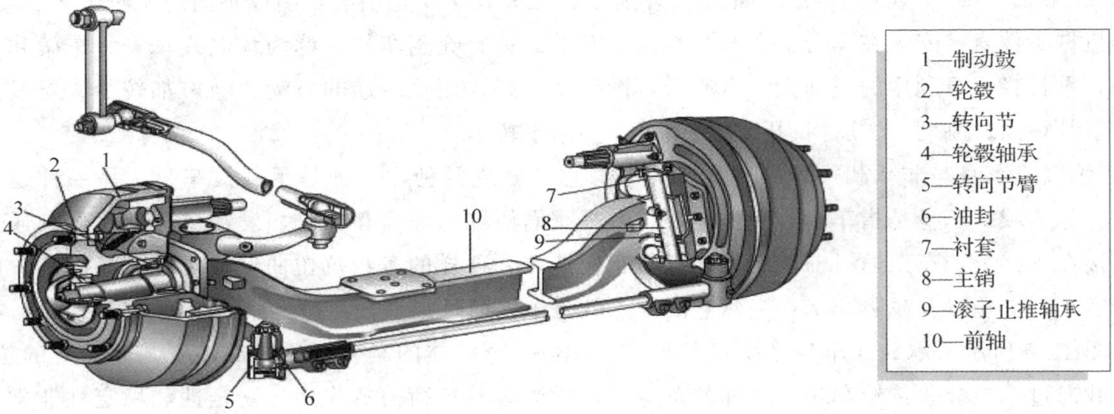

图 12-6 转向桥结构

转向节是一个叉形部件，上、下两叉制有同轴销孔，通过主销与前轴拳部相连，使前轮可以绕主销偏转一定角度而使汽车转向。为了减小磨损，转向节销孔内压入青铜或尼龙衬套，衬套上开有油槽，用油嘴注入润滑脂润滑。为使转向灵活轻便，在转向节下销孔与前轴拳部下端面之间装有推力轴承。上销孔与拳部上端面之间有调整垫片。车轮轮毂通过两个圆锥滚子轴承和支承在转向节轴颈上，轴承的松紧度可用调整螺母加以调整。轮毂内侧装有油封，以防止润滑脂进入制动器内。轮毂外端装有金属罩，以防止泥水和尘土侵入。

转向桥能使装在前端的左右车轮偏转一定的角度来实现转向，还能承受垂直载荷和由道路、制动等力产生的纵向力和侧向力以及这些力所形成的力矩。因此，转向桥必须有足够的强度和刚度。车轮转向过程中相对运动部件之间摩擦力应该尽可能小，并且保证汽车转向轻便和方向的稳定性。

(1)前轴。如图 12-7(a)所示，前轴是转向桥的主体，其断面形状一般采用工字形或管状，用以提高前轴的抗弯强度，同时减轻自重。为提高抗扭强度，前轴两端加粗并呈拳形，主销插入拳形通孔内，将前轴与转向节连接。在主销孔内侧装有楔形锁销，用以固定主销。前轮可随转向节绕主销偏转，从而实现汽车转向。

(2)转向节。如图 12-7(b)所示，转向节是用中碳合金钢锻造而成的叉形部件。

(3)主销。如图 12-7(c)所示，主销的作用是铰接前轴与转向节，使转向节绕着主销摆动，以实现车轮转向。

(4)轮毂。如图 12-7(d)所示，轮毂用以安装车轮，轮毂通过两个轮毂轴承安装在转向节外端的轴颈上，轴承的预紧度可用调整螺母进行调整。

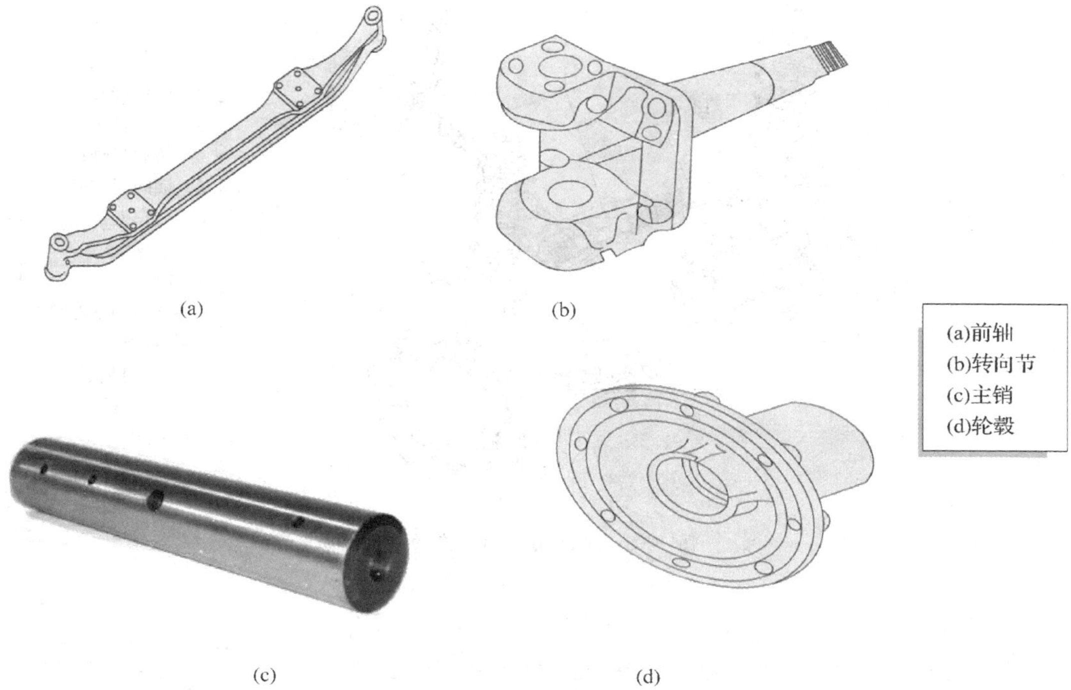

图 12-7　前轴、转向节、主销、轮毂

3. 车轮

图 12-8 为上海桑塔纳轿车的前桥总成，采用断开式独立悬架转向驱动桥。车桥上端通过左、右悬架与承载式车身相连，下端通过左、右下摇臂与固定在车身上的副车架相连。悬架车轮轴承壳与下摇臂之间通过可移动球形接头连接，从而使前轮固定，并通过下摇臂上的长孔可调整车轮外倾角度。为了减小车辆转弯时的倾斜度，在副车架与下摇臂之间装有横向稳定杆。

所谓转向轮定位，就是汽车的前轮、转向节、车桥与车架的安装应保持一定的相对位置。转向轮定位参数有：主销后倾、主销内倾、前轮外倾和前轮前束四个参数。主销铰接前轴与转向节，使转向节绕主销摆动偏转一定角度使汽车转向，使其转向轻便、直线行驶稳定，减少轮胎和机件的磨损等。桑塔纳型轿车前桥，既是转向桥又是驱动桥，由两个柱式独立悬架总成、传动轴总成、下摇臂和副车架组成。前悬架总成上端通过减震器支柱座与车身连接，下端通过左、右下摇臂与固定在车身上的副车架连接，车轮转向节与下摇臂通过球销接头连接。下摇臂安装球销座的长孔用来调整车轮外倾角。在副车架与下摇臂之间装有横向稳定杆，用来保证车辆的稳定转向和减少车身的侧倾。前悬架总成桑塔纳轿车为独立悬架，采用滑柱连杆式(麦克弗逊式)。其特点是筒式减震器作为悬架杆系的一部分兼起主销作用，滑柱在作为主销的圆筒内上下移动，减震器支柱座与车身连接，取消了上摇臂。这种悬架结构简单、布置紧凑、横向刚度高、操纵稳定性好，在前置前驱动轿车中应用较多。其特点是承载能力强，无论传动方向如何，6 个钢球全部传力，且结构紧凑，拆装方便，应用广泛。副车架钢板冲压成型，上下两片点焊成封闭箱形断面结构。发动机总成通过支承橡胶安装在副车架上，下摇臂通过橡胶轴承与副车架连接。横向稳定杆通过 4 个橡胶支承分别与副车架和下摇臂固定。副车架通过 4 个橡胶垫与车身连接。

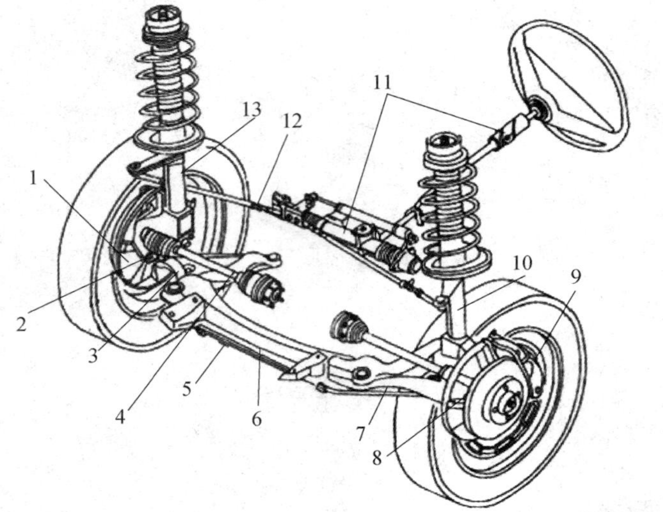

1—车轮轴承壳
2—球形接头
3—下摇臂
4—传动半轴总成
5—横向稳定杆
6—副车架
7—下摇臂
8—制动盘
9—前轮制动器总成
10—悬架
11—转向装置总成
12—横拉杆
13—悬架

图 12-8　上海桑塔纳轿车的前桥总成

(1)主销后倾。主销安装在前轴上，其上端略向后倾斜。主销后倾角 γ 是在纵向平面内，主销轴线与垂线之间的夹角(图 12-9)。主销后倾后，其轴线延长线与路面的交点 a 位于轮胎与地面接触点 b 之前，b 点距离 a 点为 L。若汽车转弯时(如右转弯)，则汽车的离心力将引起路面对车轮的侧向反作用力，通过 b 点作用于车轮上，形成稳定力矩 $M=FL$，其方向与车轮旋转方向相反，它有使转向轮自动恢复到原来中间位置的趋势。主销后倾的作用是保证汽车直线行驶的稳定性，并力图使转弯后的转向轮自动回正。

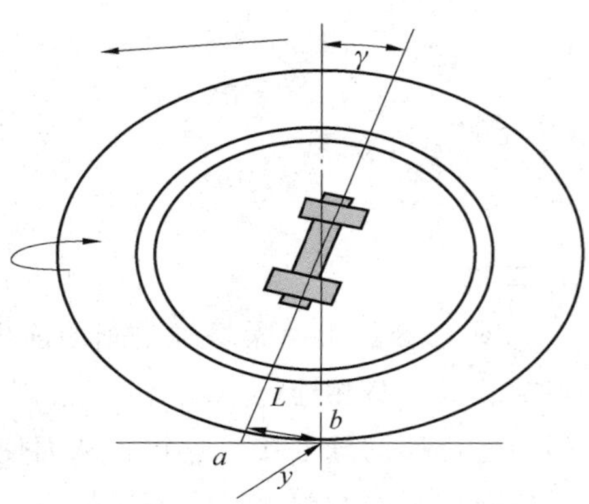

图 12-9　主销后倾

主销后倾角越大，车速越高，转向轮的稳定效应越强，但转向越沉重，主销后倾角一般不超过 3°。现代汽车为了提高行驶速度，普遍采用扁平低压胎，轮胎变形增加，引起稳定力矩增加，因此主销后倾角可以减小甚至接近于零，有的为负值。主销后倾角是由前轴、悬架和车架装配在一起时，使前轴向后倾斜或依靠钢板弹簧座间加装楔形垫块而形成的。

(2)主销内倾。主销安装到前轴上后上部略向内倾，称为主销内倾(图 12-10)。在汽车的横向铅垂平面内，主销轴线与铅垂线之间的夹角为 β，称为主销内倾角。主销内倾角使主销轴线延长线与路面交点到车轮中心平面的距离减小，从而使转向操纵轻便。一般主销内倾角在 5°～8°，距离 c 一般为 40～60 mm。若主销内倾角过小，易导致方向不稳定，前轮易摇摆。

(3)转向轮外倾。转向轮的旋转平面与纵向平面垂直平面之间的夹角 α 称为转向轮外倾角(图 12-11)。转向轮外倾能使转向轻便和提高前轮工作的安全性。如果空车时车轮的安装正好垂直于路面，则满载时车桥因承载变形而可能出现车轮内倾，这样将加速车轮胎的磨损。转向轮外倾角一般为 1°左右，较大时，对汽车的安全性和操纵性有利，但过大会导致轮胎横向偏磨，增加油耗。

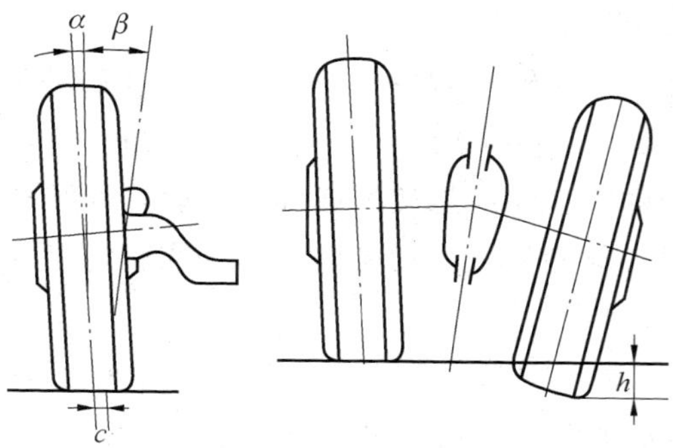

图 12-10　主销内倾

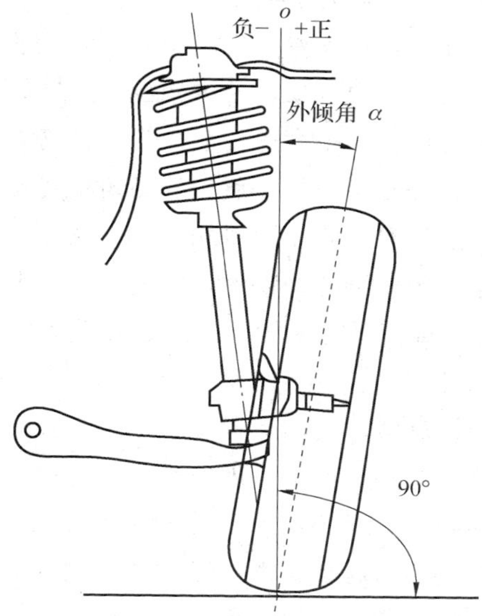

图 12-11　转向轮外倾

(4)前轮前束。俯视车轮，汽车的两个前轮的旋转平面并不完全平行，而是稍微带一些角度，这种现象称为前轮前束。在通过两前轮中心的水平面内，两前轮的前边缘距离 B 小于两前轮后边缘距离 A，$A-B$ 之差称为前轮前束值，如图 12-12 所示。前端小、后端大，像内八字样的称为前束，而后端小、前端大，像外八字样的称为后束或负前束。

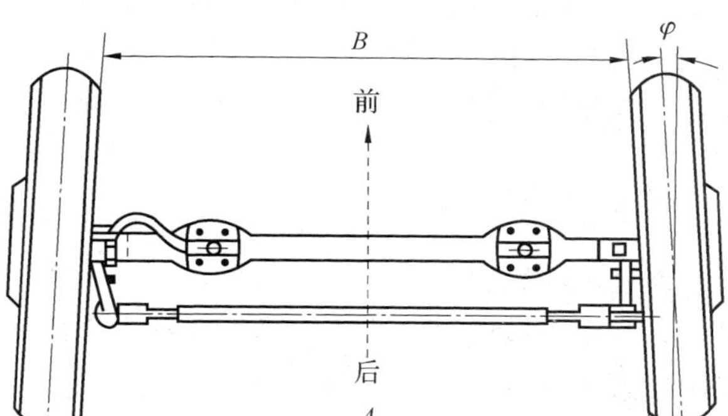

图 12-12　前轮前束

前轮前束的作用是为了消除由车轮外倾而引起的前轮“滚锥效应”。车轮有了外倾角后，在滚动时，就类似于圆锥滚动，从而导致两侧车轮向外滚开。由于转向横拉杆和车桥的约束使车轮不可能向外滚开，车轮将在地面上出现边滚边向内滑移的现象，从而增加了轮胎的磨损。

前轮前束可通过改变横拉杆的长度来调整，一般前束值为 0～12 mm。有的汽车为与负前轮外倾角相配合，其前束也取负值，即负前束(如上海桑塔纳轿车前束为－1～3 mm)。

随着道路条件的改善，现代轿车的行驶速度越来越高，现在有许多高档轿车设置四轮定位，不仅要求前轮定位，还需要有后轮定位。其原因是对于前轮驱动汽车和独立后悬架汽车来说，如果后轮定位不当，即使前轮定位良好，仍然会有不良的操纵性和轮胎早期磨损。为了防止高速行驶时，汽车出现的“激转”及自动转向现象，在结构设计上应确保汽车具有不足转向特性。汽车后轮具有一定程度的外倾角和前束可使后轮获得合适的侧偏角，提高高速行驶的操纵稳定性。

像前轮外倾角一样，后轮外倾角也对轮胎磨损和操纵性有影响。理想状态是四个车轮的运动外倾角均为零，这样轮胎和路面接触良好，从而得到最佳的牵引性能和操纵性能。

车轮外倾角不是静态的，它随悬架的上下移动而变化。车辆加载后悬架下沉就会引起车轮外倾角改变。为了对载荷进行补偿，采用独立后悬架的大多数车辆常有一个较小的正后轮外倾角。滑柱筒破坏或错位、滑柱弯曲、上控制臂衬套破坏、上控制臂弯曲、弹簧压缩或悬架过载都会使后轮外倾角产生变成负外倾角的趋势。转向节弯曲、下控制臂弯曲会使后轮外倾角过大。后轮驱动车辆在转矩过大、严重超载或道路损坏的情况下，即使是刚性的后桥壳也会变弯。

如同前轮前束一样，后轮前束也是后轮定位的一个重要项目。如果前束不当，后轮轮胎也会被擦伤，另外还会引起转向不稳定及降低制动效能(对于防抱死制动系统，切记此点)。像后轮外倾角一样，后轮前束也不是一个静态量。悬架摇动和反弹时它就要起变化。滚动阻力和发动机转矩对它也有影响。对于前驱动车辆：前驱动轮宜前束，后从动轮宜负前束；后驱动车辆则相反：前轮宜负前束，独立悬架的后驱动轮应尽可能为前束。

如果后轮前束不符合技术要求，就要影响轮胎磨损和转向稳定性，其影响程度与前轮前束相同。前束测量值在规定范围内，并不意味着车轮一定正确定位，尤其对后轮前束测量值来说更是如此。如果一侧后轮前端向内偏斜量与另一侧后轮前端向外偏斜量相等，虽然前束值在规定的范围内，但由于后轮与车纵轴线不平行，车辆还会跑偏。

如果两后轮相互平行且与整车平行，那么驱动力作用线将垂直于后轴并与车辆纵轴线重合。但如果一个或两个后轮前端偏里或偏外，或者一个车轮相对于另一个略为后缩，驱动作用线就要偏离中心线，从而产生了一个驱动力偏离角并使车辆朝与偏离角相反方向偏行。例如，驱动力作用线偏右时，汽车向左侧跑偏。

驱动力偏离角的出现，使得车辆在冰、雪或湿路面上的方向稳定性变差。在车辆制动或急剧加速时它有时会使车辆跑偏。用于转向控制的前轮要克服后轮的这种作用，从而使轮胎磨损加剧。只有消除驱动力偏离角才能解决上述问题。通过重新设置后轮前束，可使驱动力作用线回中。在大多数前驱动车辆上，这一点容易做到，可以采用厂家提供的前束调整方法，也可在后轮转向节和后轴间放置前束/车轮外倾角垫片，或者使用偏心轴套组。而由于后轮驱动车辆具有整体式后桥，后轮前束的调整就不那么容易。有时因制造或撞车会造成车的底板或车梁位不正确。如果没有在碰撞修理上牵拉底盘，将控制臂恢复到正确或恢复弹性悬架的正确几何特性，那么只有通过试用某种偏置纵臂轴套及配用的螺旋弹簧或者改变悬架吊耳或钢板弹簧或 U 形螺栓的位置来予以校正。如果后轮前束难以改变，另一种最佳做法是根据后轴驱动力作用线而不是车辆纵轴线调整前轮定位。

4. 轮辋

车轮与轮胎用来支承全车的重量吸收、缓和由路面传来的冲击力，通过轮胎同路面间附着力来产生驱动力和制动力，从而保证汽车正常转向行驶的同时，通过轮胎产生自动回正力矩，使汽车保持稳定的直线行驶方向。安装轮胎、连接半轴或转向节，并承受汽车重量和半轴或转向节传来的力矩。车轮由轮毂、轮辋和轮盘等组成。轮毂通过滚柱轴承支承在半轴套管或转向节轴上，轮辋用来安装轮胎，轮盘用来连接轮毂和轮辋。

轮辋也称钢圈，用于安装轮胎。它由轮辋、挡圈和锁圈等组成。轮辋按其结构特点的不同，可分为深式轮辋、平式轮辋和可拆式轮辋。深式轮辋(深槽式)，它用钢板冲压成整体结构，中部的深凹槽是为了便于外胎拆装而专设的，凹槽两侧略倾斜。这种轮辋结构简单、刚度大、重量小，适用于安装尺寸小、弹性较大的轮胎，它主要用于轿车及轻型越野车上平式轮辋(平底式)，轮辋底面呈平环状，它的一边有凸缘，另一边用可拆卸的挡圈做凸缘，它用一个具有弹性的锁圈来防止挡圈脱出。这种轮辋的优点是便于安装轮胎，一般用于大中型货车，如东风 EQ1092 和解放 CA1092 型汽车可拆式轮辋(对开式)，它将平式轮辋制成可拆开的两部分，其中一部分与轮盘制成一体，两部分用螺栓连成一体，拆装轮胎时，只需拧下螺栓的螺母即可，挡圈也是可拆的。这种轮辋只能装用单个轮胎，主要用于大、中型越野车上。车轮是外部装轮胎，中心装车轴并承受负荷的旋转部件，由轮毂、轮辋和轮辐组成。按照轮辐的构造，车轮可分为辐板式车轮和辐条式车轮。

(1)辐板式车轮

目前，普通轿车和轻、中型载货汽车广泛采用辐板式车轮。典型的辐板式车轮如图 12-13 所示，由挡圈、嵌入轮胎的轮毂、安装在车轴上的辐板和气门嘴伸出口等组成。

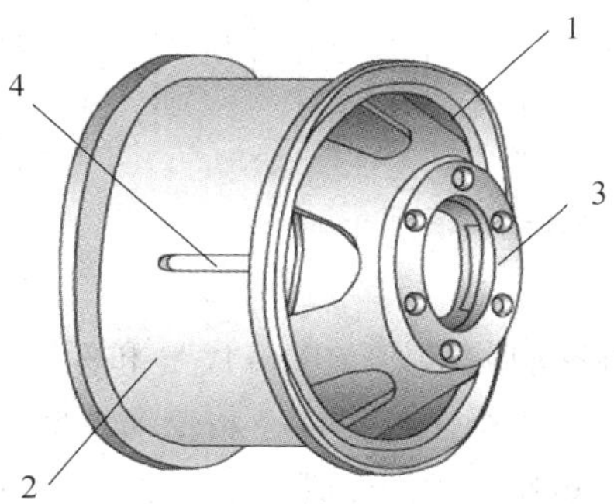

图 12-13 辐板式车轮结构图

(2)辐条式车轮

辐条可以用铸造件或钢丝制造。铸造辐条常常用于装载质量大的重型汽车上，而钢丝辐条主要用于极少数追求独特的车辆。辋用来安装和固定轮胎，当轮胎装入与其规格不同的轮辋时，就会使轮胎变形，影响轮胎的性能。因此，不同规格的轮胎，应该配用相应规格的标准轮辋。轮辋类型按其断面结构分为深槽、平底、开放轮辋。

①深槽轮辋。如图 12-14 所示，深槽轮辋结构简单、刚度大、重量较轻，对于小尺寸弹性较大的轮胎最适宜。

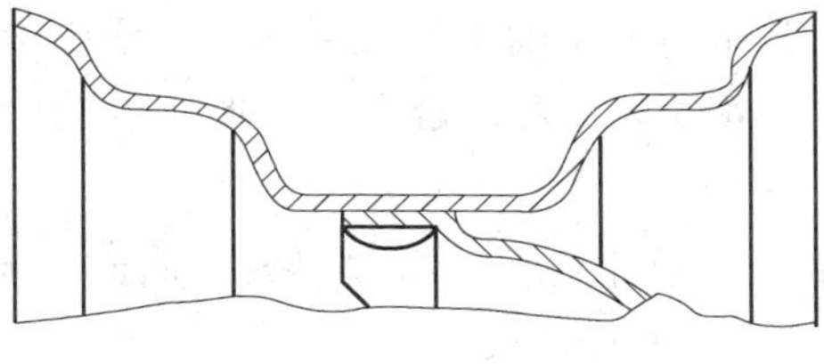

图 12-14 深槽轮辋示意图

②平底轮辋。如图 12-15 所示，平底轮辋结构。挡圈是整体的，用开口弹性锁圈防止挡圈脱出。

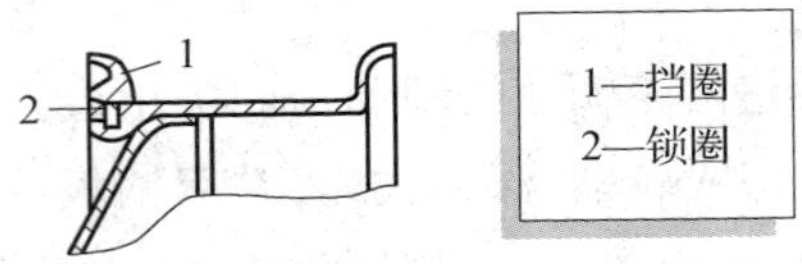

图 12-15　平底轮辋结构图

③开放轮辋。图 12-16 为开放轮辋，由内外两部分组成，靠螺体固紧在一起，内外两部分轮辋可以是等宽度，也可以是不等宽度。近年来，为了适应提高轮胎负荷能力的需要，开始采用宽轮辋，以提高轮胎的使用寿命，并改善汽车的通过性和行驶稳定性。

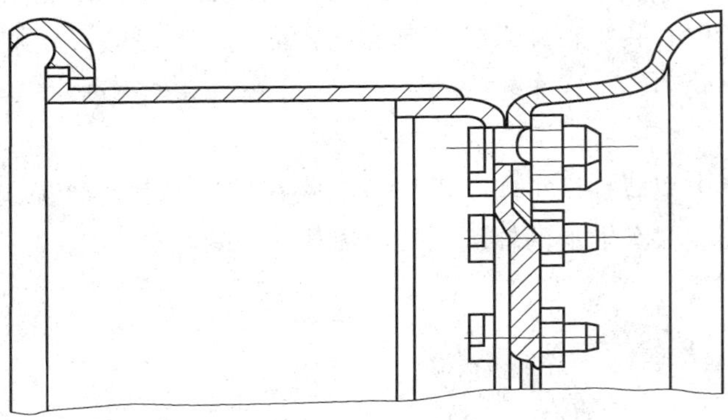

图 12-16　开放轮辋示意图

国产轮辋规格按国家标准《充气轮胎用车轮和轮辋的术语、规格代号和标志》(GB/T 2933－1995)，用轮辋名义宽度、轮缘高度代号、轮辋结构形式代号、轮辋名义直径和轮辋轮廓类型代号来表示。

轮辋名义宽度和轮辋名义直径均用数字表示，单位为英寸(以毫米表示时，要求轮胎与轮辋的单位一致)。轮辋高度代号用一个或几个拉丁字母表示，如 C、D、E、F 等。轮辋结构形式代号，用符号"×"表示一件式轮辋；用"—"表示多件式轮辋。

轮辋轮廓类型代号用字母表示，DC—深槽轮辋，WDC—深槽宽轮辋，SDC—半深槽宽轮辋，FB—平底轮辋，WFB—平底宽轮辋，TB—全斜底轮辋，DT—对开式轮辋。

5. 轮胎

轮胎作用主要支承汽车的总重量，用来传递驱动力和制动力吸收与缓和汽车行驶时所受到的部分冲击和振动，保证汽车有良好的乘坐舒适性和行驶平顺性，保证轮胎与路面的良好附着，以提高汽车的动力性、制动性和通过性。

按胎体结构不同，可分为充气轮胎和实心轮胎。现代汽车绝大多数都采用充气轮胎。充气轮胎按结构可分为有内胎和无内胎两种；按其胎内工作气压分为高压胎、低压胎和超低压胎；按其轮胎胎面花纹的不同，可分为普通花纹轮胎、越野花纹轮胎和混合花纹轮胎；按其胎体内帘线排列方向的不同，又可分为普通斜交轮胎和子午线轮胎。

有内胎的充气轮胎结构是由胎面、缓冲层、帘布层组成。胎圈外胎胎面由胎冠、胎肩、胎侧组成，其中胎冠是行驶面，为了承受冲击与磨损，同时为了加强附着力，胎冠上制有花纹。花纹类型包括普通花纹、混合花纹、越野花纹。胎肩是胎冠与胎侧的过渡部分。胎侧是贴在帘布层侧壁的薄橡胶。帘布层是外胎的骨架，承受负荷，保持轮胎外缘尺寸和形状。缓冲层是位于胎面与帘布层之间，质软弹性大。帘布层（双数）和缓冲层各相邻层帘线交叉排列，并与子午断面成 52°～54°的交角。帘布层数越多，强度越大，但弹性降低。胎圈是帘布层的根基，帘布层靠胎圈固定在轮辋上。内胎充有压缩空气。

胎圈橡胶密封层处于胎圈外侧，以保证轮胎与轮辋之间的气密性。轮胎穿孔时，压力不会急剧下降，能安全地继续行驶；不存在因内、外胎之间摩擦和卡住而引起的损坏；气密性较好，可以直接通过轮辋散热，所以工作温度低，使用寿命较长；结构简单，质量较小。但轮胎途中修理较为困难。

高压胎用 $D\times B$ 表示，单位为英寸。“×”表示高压胎；低压胎用“B-d”表示，“－”为低压胎。如 10.00R-20，表示轮胎断面宽度 10 in，轮辋直径 20 in 的子午线轮胎。R 表示子午线轮胎。

D：轮胎外径；d：轮胎内径；H：轮胎断面高度；B：轮胎断面宽度。R：负荷下静半径。Rd：滚动半径，见表 12-1。

表 12-1　轮胎字母含义表

字母	D	d	H	B	R	Rd
含义	轮胎半径	轮胎内径	轮胎断面高度	轮胎断面宽度	负载下静半径	滚动半径

多个国家的低压胎用 $B\times d$ 标记，尺寸单位用 mm。例如，185×400 轮胎，表示其轮胎断面宽度 B 为 185 mm，轮辋直径 d 为 400 mm。这种规格的轮胎相当于 7.50-16 轮胎。

目前，美国、德国、日本等一些国家用如下的表示方法，如德国的奥迪轿车无内胎充气轮胎的标记：185/70，其中，185 表示轮胎宽度 185 mm，70 表示轮胎的高宽比 H/B 或又称扁平率为 70%。

轮胎气压调节系统，气压调节系统是车在松软地面上行驶时，可降低轮胎气压，增大轮胎的接地面积，减小其单位面积载荷，从而提高汽车的通过性。当轮胎穿孔而漏气时，轮胎气压调节系统可为轮胎充气而使汽车继续行驶，不需马上更换轮胎，使轮胎保持所需要的气压，有效提高汽车行驶安全性和燃油经济性。轮胎气压调节系统见表 12-2。

表 12-2　轮胎气压调节系统

符号	F	G	K	L	M	N	P	Q	R	S	T	H	V	W
km/h	80	90	100	120	130	140	150	160	170	180	190	210	240	270

常见问题解析

车架是整个汽车的基础，它承受着汽车内外的各种载荷。车架零件大部分由薄板冲压而成，受力非常复杂。因此，要求车架具有足够的强度和刚度。厚度方向的尺寸比其他方向的尺寸小得多。因此，车架的宽度主要由前、后轮距确定，确定车架的宽度按以下原则进行：车架前部宽度主要考虑前轮的最大转角，选用成型的方向机要考虑方向机的安装，有时结合驾驶室的安装统一考虑。车架中部的宽度要考虑发动机及发动机附件(排气管、变速操纵杆)的安装。为考虑高速车的稳定性，希望增加车架后部宽度，以便能加大后簧托距而不使板簧支架的悬臂过长。对双胎车，后轮距确定后，车架后部宽度取决于轮胎、板簧、车架三者的间隙。从简化工艺的角度看，最好做成前后等宽，对低价位的产品，这一点很重要，如BJ1046E6就是采用这种结构设计的。

12.2 悬架

12.2.1 概述

汽车悬架是车架或车身与车轿之间一切传力连接装置的统称。汽车悬架弹性地连接车轿与车架或车身，缓和行驶中车辆受到的由不平路面引起的冲击力，保证乘坐舒适和货物完好；迅速衰减由于弹性系统引起的振动，传递垂直、纵向、侧向反力及其力矩；起导向作用，使车轮按一定轨迹相对车身运动。

悬架一般由弹性元件、导向装置、减震器和横向稳定杆等组成。悬挂系统的弹簧以圈状弹簧最常用，原因是容易制作、性能效率高、价格低。弹簧在物理学上的定义就是储存能量，当我们施一固定的力于弹簧，它会产生变形，当我们移开施力，则弹簧会有恢复原状的趋势，但弹簧在回弹时振荡的幅度往往会超过它原来的长度，直到有摩擦阻力的出现才会减缓弹簧回弹后造成的自由振荡，这减缓弹簧自由振荡的工作通常是避震器的任务。一般的弹簧是所谓的线性弹簧，也就是弹簧受力时它的压缩变形量是遵循物理学上的胡克定律：$F=KX$，其中F为施力，K为弹力系数，X为变形量。举例来说，有一线性弹簧承载40 kg的重物时会造成1 cm的压缩，之后每增加40 kg的重物弹簧一定会增加1 cm的压缩量。

在传统弹簧、吸震筒式的悬挂系统中，弹簧的作用是支持车身以及吸收不平路面和其他施力对轮胎所造成的冲击，冲击包含加速、减速、刹车、转弯等所对弹簧造成的力。改善轮胎与路面的接触是汽车结构首要考虑的问题，弹簧的最主要功能就是维持车子的舒适性和保持轮胎完全与地面接触，在弹簧刚度较大时，悬挂系统也就发挥不了作用。弹簧的刚度选择是要由路面不平度来决定，越崎岖要越软的弹簧。但是在行经一般路面时却会造成悬挂系统较大的上下摆动，影响操控。而在配备有良好空气动力学组件的车，软的弹簧在速度提高时会造成车高的变化，造成低速和高速时不同的操控特性。

图12-17为悬架结构。主要由弹性元件、导向机构、减震器等部件组成。从轿车上来讲，弹性元件多指螺旋弹簧，它只承受垂直载荷，缓和及抑制不平路面对车体的冲击，具有占用空间小、质量小、无须润滑的优点，但由于本身没有摩擦从而没有减振作用。减震器又指液力减震器，其功能是为加速衰减车身的振动，它也是悬挂系统中最精密和复杂的机械件。导向机构则是指车架的上下摆臂等叉形钢架、转向节等元件，用来传递

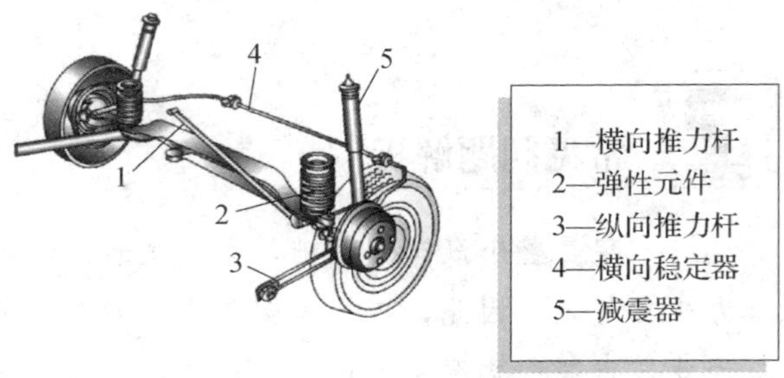

图 12-17 悬架结构

纵向力、侧向力及力矩，并保证车轮相对于车架有确定的相对运动规律。

悬架应保证汽车有良好行驶平顺性，具有合适的衰减振动能力，并保证汽车具有良好的操纵稳定性；汽车制动或加速时要保证车身稳定，减少车身纵倾；转弯时车身侧倾角要合适；有良好的隔声能力；结构紧凑、占用空间尺寸要小；可靠地传递车身与车轮之间的各种力和力矩，在满足零部件质量要小的同时，还要保证有足够的强度和寿命。

汽车在侧向力作用下，车身在通过左、右车轮中心的横向垂直平面内发生侧倾时，相对于地面的瞬时转动中心称为侧倾中心。侧倾中心到地面的距离称为侧倾中心高度。侧倾中心位置高，它到车身质心的距离缩短，可使侧倾力臂及侧倾力矩小些，车身的侧倾角也会减小。但侧倾中心过高，会使车身倾斜时轮距变化大，加速轮胎的磨损。车轮定位参数的变化：车轮相对车身上、下跳动时，主销内倾角、主销后倾角、车轮外倾角及车轮前束等定位参数会发生变化。主销后倾角变化大，容易使转向轮产生摆振，轮外倾角变化大，会影响汽车直线行驶稳定性，同时也会影响轮距的变化和轮胎的磨损度。当汽车做稳态圆周行驶时，在侧向力作用下，车厢绕侧倾轴线转动，并将此转动角度称之为车厢侧倾角。车厢侧倾角与侧倾力矩和悬架总的侧倾角刚度大小有关，并影响汽车的操纵稳定性和平顺性。横向刚度：悬架的横向刚度影响操纵稳定性。若用于转向轴上的悬架横向刚度小，则容易造成转向轮发生摆振现象。悬架占用的空间尺寸：占用横向尺寸大的悬架影响发动机的布置和从车上拆装发动机的困难程度。占用高度空间小的悬架，则允许行李箱宽敞，而且底部平整，布置油箱容易。表 12-3 为双横臂式、单横臂式、单纵臂式、单斜臂式、麦弗逊式、扭转梁随动臂式对比表。

表 12-3　悬架对比表

<table>
<tr><th>悬架</th><th>双横臂式</th><th>单横臂式</th><th>单纵臂式</th><th>单斜臂式</th><th>麦弗逊式</th><th>扭转梁随动臂式</th></tr>
<tr><td>侧倾中心高度</td><td>比较低</td><td>比较高</td><td>比较低</td><td>居单横臂式和单纵臂式之间</td><td>比较高</td><td>比较低</td></tr>
<tr><td>车轮定位参数的变化</td><td>车轮外倾角与主销内倾角均有变化</td><td>车轮外倾角与主销内倾角变化大</td><td>主销后倾角变化大</td><td>有变化</td><td>变化小</td><td>左、右轮同时跳动时不变</td></tr>
<tr><td>轮距</td><td>变化小，轮胎磨损速度慢</td><td>变化大，轮胎磨损速度快</td><td>不变</td><td>变化不大</td><td>变化很小</td><td>不变</td></tr>
<tr><td>悬架侧倾角刚度</td><td>较小，需用横向稳定器</td><td>较大，可不装横向稳定器</td><td>较小，需用横向稳定器</td><td>居单横臂式和单纵臂式之间</td><td colspan="2">较大，可不装横向稳定器</td></tr>
<tr><td>横向刚度</td><td colspan="2">横向刚度大</td><td>横向刚度小</td><td>横向刚度较小</td><td colspan="2">横向刚度大</td></tr>
<tr><td>占用空间尺寸</td><td>占用空间较多</td><td>占用空间较少</td><td colspan="2">几乎不占用高度空间</td><td colspan="2">占用空间小</td></tr>
</table>

1. 后悬架的选择

采用的方案：前轮和后轮均采用非独立悬架。汽车后悬挂形式是车架(或承载式车身)与车桥(或车轮)之间的一切传力连接装置的总称，是影响汽车舒适性的重要参数之一。汽车悬架包括弹性元件、减震器和传力装置等三部分。这三部分分别起缓冲、减振和力的传递作用。从轿车上来讲，弹性元件多指螺旋弹簧，它只承受垂直载荷，缓和及抑制不平路面对车体的冲击；具有占用空间小，质量小，无须润滑的优点，但由于本身没有摩擦从而没有减振作用。减震器指液力减震器，是为了加速衰减车身的振动，它是悬架机构中最精密和复杂的机械件。传力装置是指车架的上下摆臂等叉形钢架、转向节等元件，用来传递纵向力、侧向力及力矩，并保证车轮相对于车架(或车身)有确定的相对运动规律。

图 12-18　非独立悬架示意图

图 12-18 为前轮和后轮均采用非独立悬架示意图。

2. 悬架主要参数的确定

(1)概念

静挠度指汽车满载静止时悬架上的载荷 F_w 与此时悬架刚度 c 之比，即 $f_c = F_w/c$。

动挠度指从满载静平衡位置开始悬架压缩到结构允许的最大变形(通常指缓冲块压缩到其自由高度的 1/2 或 2/3) 时，车轮中心相对车架(或车身) 的垂直位移。

(2)选择要求及方法

使悬架系统具有较低的固有频率。汽车前、后悬架与其弹簧上质量组成的振动系统的固有频率，是影响汽车行驶平顺性的主要参数之一。因现代汽车的质量分配系数 ε 近似等于 1，于是汽车前、后轴上方车身两点的振动不存在联系。

3. 悬架的种类

按控制形式不同，悬架可分为被动式悬架和主动式悬架，目前多数汽车上采用被动式悬架。被动式悬架是汽车姿态(状态)只能被动地取决于路面、行驶状况和汽车的弹性元件、导向装置以及减震器这些机械零件。主动悬架可根据路面和行驶工况自动调整悬架刚度和阻尼，从而使车辆能主动控制垂直振动及其车身或车架的姿态。

按汽车导向装置的不同，悬架又可分为独立悬架和非独立悬架，非独立悬架的结构特点是两侧车轮由一根整体式车桥相连，车轮连同车桥一起通过弹性悬架与车架(或车身)连接。当一侧车轮因道路不平而发生跳动时，必然引起另一侧车轮在汽车横向平面内发生摆动，故称为非独立悬架。独立悬架的结构特点是车桥做成断开的，每一侧的车轮可以单独地通过弹性悬架与车架(或车身)连接，两侧车轮可以单独跳动，互不影响，故称为独立悬架。

如图 12-19(a)所示，非独立悬架的结构特点是两侧车轮由一根整体式车架相连，车轮连同车桥一起通过弹性悬架悬挂在车架或车身的下面。非独立悬架具有结构简单、成本低、强度高、保养容易、行车中前轮定位变化小的优点，但由于其舒适性及操纵稳定性都较差，在现代轿车中基本上已不再使用，多用在货车和大客车上。

如图 12-19(b)所示，独立悬架是每一侧的车轮都是单独地通过弹性悬架悬挂在车架或车身下面。其优点是：质量轻，减少了车身受到的冲击，并提高了车轮的地面附着力；可用刚度小的较软弹簧，改善汽车的舒适性；可以使发动机位置降低，汽车重心也得到降低，从而提高汽车的行驶稳定性；左右车轮单独跳动，互不相干，能减小车身的倾斜和振动。不过，独立悬架存在着结构复杂、成本高、维修不便的缺点。现代轿车大都是采用独立悬架，按其结构形式的不同，独立悬架又可分为横臂式、纵臂式、多连杆式、烛式以及麦弗逊式悬架等。

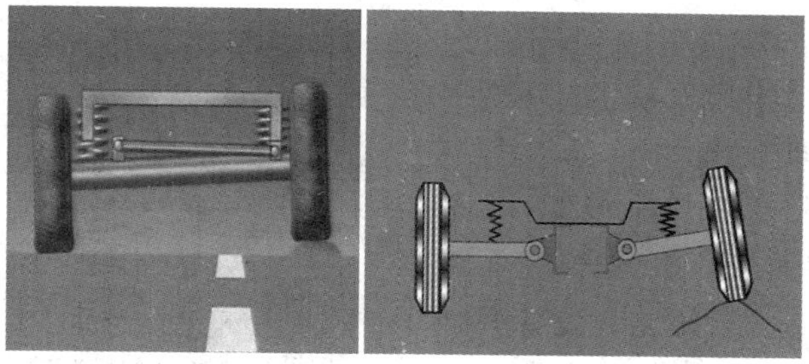

(a)非独立悬架
(b)独立悬架

(a) (b)

图 12-19　独立悬架和非独立悬架

12.2.2　减震器

减震器主要用来抑制弹簧吸震后反弹时的震荡及来自路面的冲击。在经过不平路面时，虽然吸震弹簧可以过滤路面的震动，但弹簧自身还会有往复运动，而减震器就是用来抑制这种弹簧跳跃的。其作用是迅速衰减汽车行驶中产生的振动，提高汽车行驶平顺性。图 12-20(a)为减震器结构图，减震器由活塞杆、油液、阀门、节流孔、活塞组成。如图 12-20(b)所示，减震器的工作原理就是利用液体流动的阻力来消耗振动的能量，使振动消失。减震器太软，车身就会上下跳跃，减震器太硬就会带来太大的阻力，妨碍弹簧正常工作。在关于悬挂系统的改装过程中，硬的减震器要与硬的弹簧相搭配，而弹簧的硬度又与车重息息相关，因此较重的车一般采用较硬的减震器。与引震曲轴相连的装置，用来抗衡曲轴的扭转振动(即曲轴受汽缸点火的冲击力而扭动的现象)。

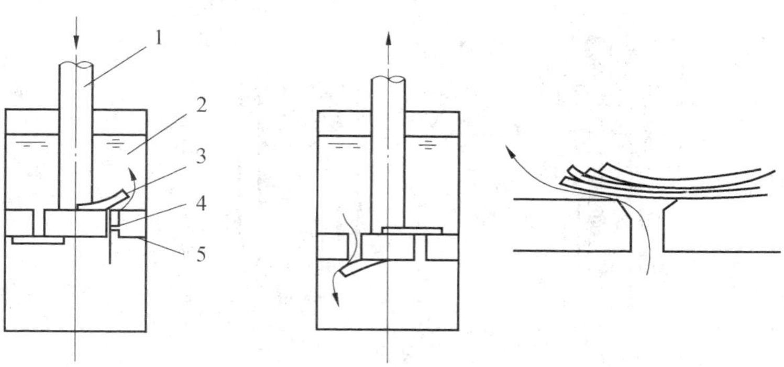

1—活塞杆
2—油液
3—阀门
4—节流孔
5—活塞
(a)结构图
(b)工作原理图

(a) (b)

图 12-20　减震器原理

1. 减震器的类型及工作原理

汽车悬架系统中通常采用液力减震器，如图 12-20(a)所示，利用液体流动的阻尼的节流孔 4 来消耗冲击振动的能量，当车架或车身与车桥间受振动出现相对运动时，减震器内的活塞 5 上下移动，减震器内的油液 2 便反复地从一个腔经过不同的孔隙流入另一个腔内。此时，孔壁与油液间的摩擦和油液分子间的内摩擦消耗了振动的能量，而对振动形成阻尼力，使汽车振动能量转化为油液热能，再由减震器吸收散发到大气，阀门 3 打开。

图 12-21 为减震器结构。减震器若阻尼力过大，振动衰减变得过快，使悬架的弹性元件的缓冲作用变差，甚至使减震器 1 连接件及车架损坏。所以减震器 1 与弹性元件 4 应协调工作，为此必须满足以下要求：在悬架压缩行程中(车桥和车架相互靠近)，减震器阻尼力较小，以便充分发挥弹性元件的弹性作用，缓和冲击。

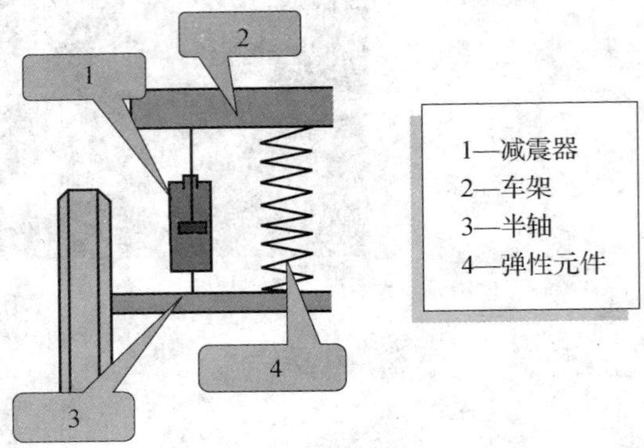

图 12-21　减震器位置

这时，弹性元件 4 起主要作用；在悬架伸张行程中(车桥和车架相互远离)，减震器阻尼力应较大，以迅速减振，此时减震器 1 起主要作用；当车架 2 或车身与车桥间的相对运动速度过大时，要求减震器能自动加大液流量，使阻尼力始终保持在一定限度之内，以避免车架或车身承受过大的冲击力。

减震器按工作原理分为单向作用式减震器和双向作用式减震器。在压缩和伸张两个行程中均能起减振作用的减震器称为双向作用式减震器；只在伸张行程中起减振作用的减震器称为单向作用式减震器。按结构可分为双筒式减震器和单筒式减震器。按工作介质分为液压式和充气式减震器。目前，新型汽车大多采用双向作用筒式减震器。双筒式减震器和单筒式减震器结构，如图 12-22 所示。部分型式的汽车中，开始采用充气式减震器。

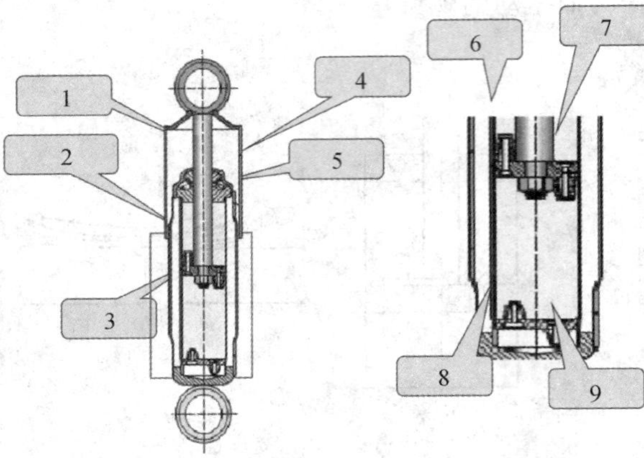

图 12-22　双筒式减震器和单筒式减震器结构

2. 双向作用筒式减震器

改善汽车行驶的平顺性和舒适性，汽车悬架系统上一般都装有减震器，目前汽车上广泛采用的是双向作用筒式减震器。减震器是汽车使用过程中的易损配件，减震器工作好坏，将直接影响汽车行驶的平稳性和其他机件的寿命，因此我们应使减震器经常处于良好的工作状态。可用下列方法检验减震器的工作是否良好。图 12-23 为双向作用筒式减震器的结构图。由于采用浮动活塞 3 而减少了一套阀 6、7、8 的系统，使结构简化，重量减轻。减震器里充有高压氮气，能减少车轮受突然冲击时的振动，并可消除噪声。它有三个同心钢筒，外面的钢筒是防尘罩 10，其上部的吊耳与车架相连。中间是储油缸筒 5，内装有一定量的油液(不装满)，其下端的吊耳与车桥相连。里面是工作缸筒 2，其内装满油液。它还有四个阀，即压缩阀 6、伸张阀 4、流通阀 8 和补偿阀 7。流通阀 8 和补偿阀 7 是一般的单向阀，其弹簧很弱，当阀上的油压作用力与弹簧弹力同向时，阀处于关闭状态，完全不通油液；而当油压作用力与弹簧弹力反向时只要很小的油压，阀便能开启。压缩阀 6 和伸张阀 4 是卸载阀，其弹簧较强，预紧力较大，只有当油压增高到一定程度时，阀才能开启；而当油压减低到一定程度时，阀即自行关闭。

(1)压缩行程时，减震器被压缩，汽车车轮移近车身，减震器内的活塞向下移动，下腔的容积减小，油压升高。大部分油液冲开流通阀流入上腔，由于上腔被活塞杆占去了一部分空间，因而上腔增加的容积小于下腔减小的容积，于是另一部分油液就推开压缩阀，流回到储油缸内。油液通过阀孔时，受到一定的节流阻力。为克服这种节流阻力而消耗了振动能量，使振动衰减。

(2)伸张行程时，减震器受拉伸，车轮远离车身，减震器活塞向上移动，上腔油压升高，流通阀被关闭，上腔内的油液压开伸张阀流入下腔。

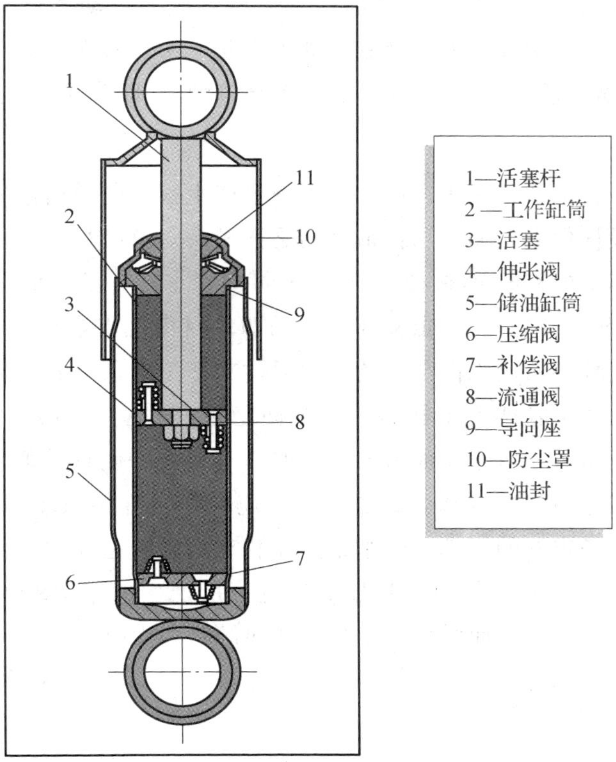

图 12-23　双向作用筒式减震器结构图

3. 气式减震器

图 12-24 为气式减震器结构图。与双向作用筒式减震器相比，气式减震器的优点：由于采用活塞而减少了一套阀的系统，使结构简化，重量减轻。减震器里充有高压氮气，能减少车轮受突然冲击时的振动，并可消除噪声。气式减震器的工作缸和活塞直径都大于相同条件的双向作用筒式减震器，因而其阻尼力更大，工作可靠性更强。气式减震器内部的高压气体和油液被浮动活塞隔开，消除了油的乳化现象。气式减震器的不足之处是油封要求高、充气工艺复杂、不易维修，当缸筒受外界较大冲击而变形时，则不能工作。

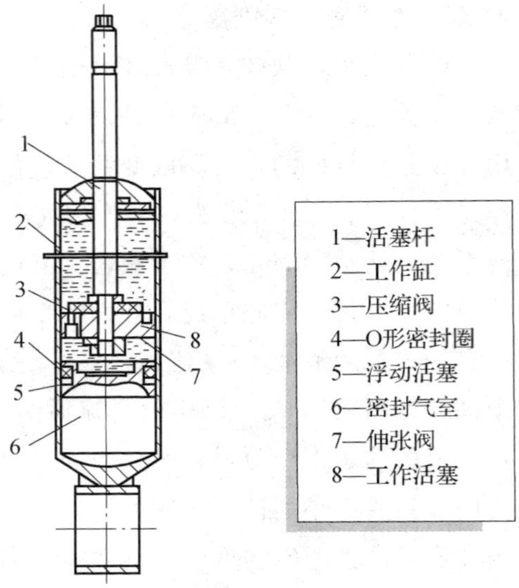

图 12-24 气式减震器结构图

对减震器的要求：悬架在压缩行程中(车桥和车架互相靠近)，减震器阻尼力应较小，以便充分发挥弹性元件的弹性缓和冲击。此时弹性元件起主要作用。悬架伸张行程中，减震器阻尼力应较大(为压缩行程 2～5 倍)，以迅速减振。此时，减震器起主要作用。当车架或车身与车桥间的相对运动速度过大时，要求减震器能自动加大液流量，使阻尼力始终保持在一定的限度内，以避免车架或车身承受过大的冲击载荷。

气式减震器称为缓冲器，它通过一种称为阻尼的过程来控制不希望发生的弹簧运动。减震器通过将悬架运动的动能转换为可通过液压油耗散的热能，来放缓和减弱振动性运动的大小。要了解其工作原理，最好是观察减震器内部的结构和功能。减震器基本上是一个放置在车架与车轮之间的机油泵，减震器的上支座连接到车架(即簧载质量)，下支座靠近车轮连接到轴(即非簧载质量)。

4. 横向稳定杆

轿车悬架一般都很软，在高速行驶中转向时，车身会产生很大的横向倾斜和纵向角振动。为减少这种横向倾斜，在悬架中加设横向稳定器。用得最多的是杆式横向稳定器。

杆式横向稳定器在汽车上的安装如图 12-25 所示。横向稳定杆 3 呈扁平的 U 形，横向地安装在汽车的前端或后端(也有的轿车前后都有)。稳定杆 3 中部的两端自由地支承在两个橡胶套筒 2 内，而套筒 2 则固定在车架上。横向稳定杆的两侧纵向部分的末端通过支杆 1 与悬架下摆臂上的弹簧支座 4 相连。

当车身只做垂直移动而两侧悬架变形相等时，横向稳定杆在套筒内自由转动，横向稳定杆不起作用。当两侧悬架变形不等而车身相对于路面横向倾斜时，车架的一侧移进弹簧支座，稳定杆的该侧末端就相对车架向上移；而车架的另一侧远离弹簧支座，相应的稳定杆的末端则相对于车架向下移。然而，在车身和车架倾斜时，横向稳定杆的中部对于车架并无相对运动。这样在车身倾斜时，稳定杆的纵向部分向不同方向偏转，于是稳定杆便被偏转。弹性的稳定杆所产生的扭转的内力矩妨碍了悬架弹簧的变形，起到了阻止车身倾斜的作用，因而减小了车身的横向倾斜和横向角振动。

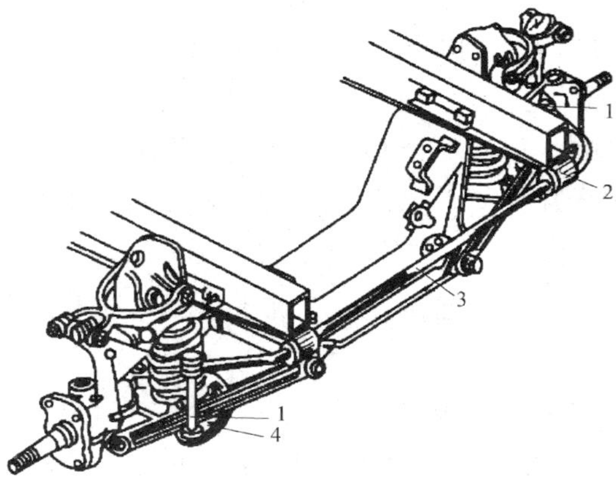

1—支架
2—套筒
3—横向稳定杆
4—弹簧支座

图 12-25 横向稳定器的安装

12.2.3 弹性元件

1. 钢板弹簧

如图 12-26 所示，钢板弹簧由卷耳、主片、内装衬套、销子，若干曲率半径不同、长度不等、宽度相等的弹簧钢片叠加而成，近似等强度梁。

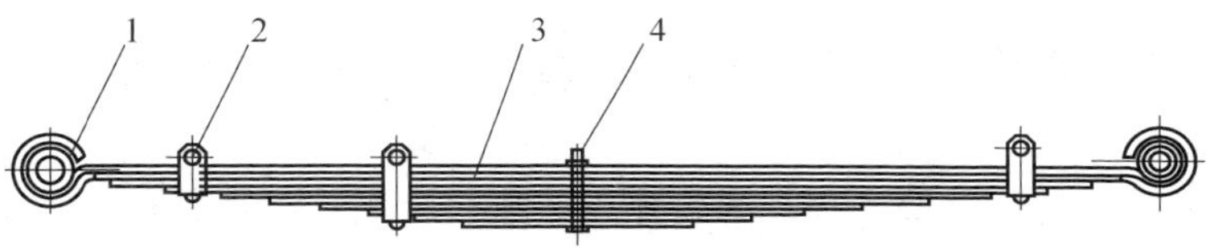

1—卷耳
2—主片
3—内装衬套
4—销子

图 12-26 钢板弹簧示意图

钢板弹簧是汽车悬架中使用最为广泛的弹性元件，由若干片长度不等、宽度相等、厚度不等或相等、曲率半径不等的合金弹簧片叠加在一起组合成一根近似等强度的梁，钢板弹簧最上面的一片(最长的一片)称为主片，其两端弯成卷耳，内装青铜或其他材料制成的衬套，用弹簧销与固定在车架上的支架或吊耳做铰链连接。钢板弹簧的中心部位用 U 形螺栓与车轿固定。

如图 12-27 所示，钢板弹簧在载荷作用下变形，各片之间因相对滑动而产生摩擦，可使车架的振动衰减。各片之间处于干摩擦，同时还要将车轮所受冲击力传递给车架，因此增大了各片的磨损。所以在装合时，各片之间涂上较稠的石墨润滑脂进行润滑，并应定期维护。

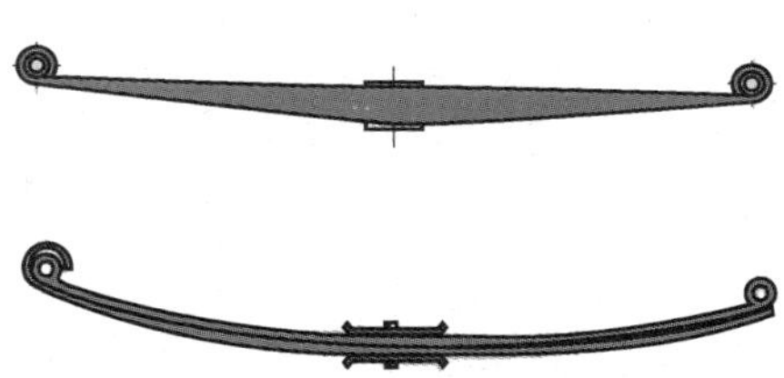

图 12-27 钢板弹簧中心弹簧位置

钢板弹簧本身还起导向装置的作用，可不必单设导向装置，使结构简化。有些高级轿车的后悬架也采用钢板弹簧做弹性元件。近年来一些汽车上采用变厚度的单片或二至三片的钢板弹簧，可以减小片与片之间的干摩擦，同时减轻重量。

(1)卷耳。主片两端有卷耳，内装衬套，用钢板销与车架连接。为了增加主片及卷耳的强度，常将第二片两端做成加强卷耳，3/4包在主片卷耳外面。主片与第二片卷耳间通常留有较大间隙，以便主片受力变形时有较大的滑动余地。

(2)中心螺栓。钢板弹簧中心螺栓用以连接各弹簧片，并保证装配时各片的相对位置，且作为钢板弹簧安装到前轴或后桥壳上的定位销。

(3)钢板夹。钢板弹簧钢板夹主要作用是当钢板弹簧反向变形，即车架离开车桥时，使各片不会互相分开，而将反力传给较多的弹簧片，以免主片单独承载，同时还可防止各片横向错动。装配钢板夹时，应将螺栓头朝向车架一面，而使螺母在车轮一面，以防止螺栓松脱时刮伤轮胎片间润滑。

为了减小弹簧片的磨损，在装合弹簧片时，各片须涂上较稠的石墨润滑脂。有些弹簧片间还夹装塑料衬片或橡胶衬片，也有的将弹簧片装在保护套内，以防止润滑脂流失或尘土污染。

2. 螺旋弹簧

螺旋弹簧广泛应用于独立悬架。螺旋弹簧是用弹簧钢钢棒料卷制而成，有刚度不变的圆柱形螺旋弹簧和刚度可变的圆锥形螺旋弹簧两种。

螺旋弹簧特点：它与钢板弹簧相比具有不需润滑、不怕泥污、占用空间小、质量小、缓和冲击好的优点。但只能承受垂直载荷，本身无摩擦减振的作用，用它做弹性元件的悬架要加设导向机构和减震器。

如图 12-28 所示螺旋弹簧为轿车的后悬架，它是螺旋弹簧非独立悬架。螺旋弹簧套在减震器的外面，减震器的下连接环用螺栓与焊在后轴的支座相连。弹簧下座紧套在减震器缸筒外面，并由减震器外筒上沿圆周分布的三个凸台限位。弹簧上座用螺栓紧固在车身底板上。弹簧和弹簧上座之间装有弹簧软垫，防止车轮的高频振动传给车身。在弹簧上座及车身之间还装有橡胶隔振块，它除起隔振作用外还可保证减震器的上铰链点不发生运动干涉。左右车轮用一根整体轴相连，纵向推力杆的后端与车轴焊在一起，其前端头部有孔，孔中装有橡胶衬套，连接螺栓穿过橡胶衬套与车身相连，并形成橡胶铰链点。车轮跳动时，整个后轴在汽车纵向平面内绕左右橡胶铰链中心连线摆动。与此同时，左右车轮还绕横向推力杆与车身的铰链点在汽车的横向平面内摆动。由于这些铰链点都采用橡胶衬套，故可消除两个方向摆动的干涉。螺旋弹簧非独立悬架一般只用作轿车的后悬架，其纵、横向推力杆是悬架的导向机构，是用来承受和传递车轴及车身之间的纵向和横向作用力及其力矩。加强横向推力杆的安装强度，可使车身受力均匀。

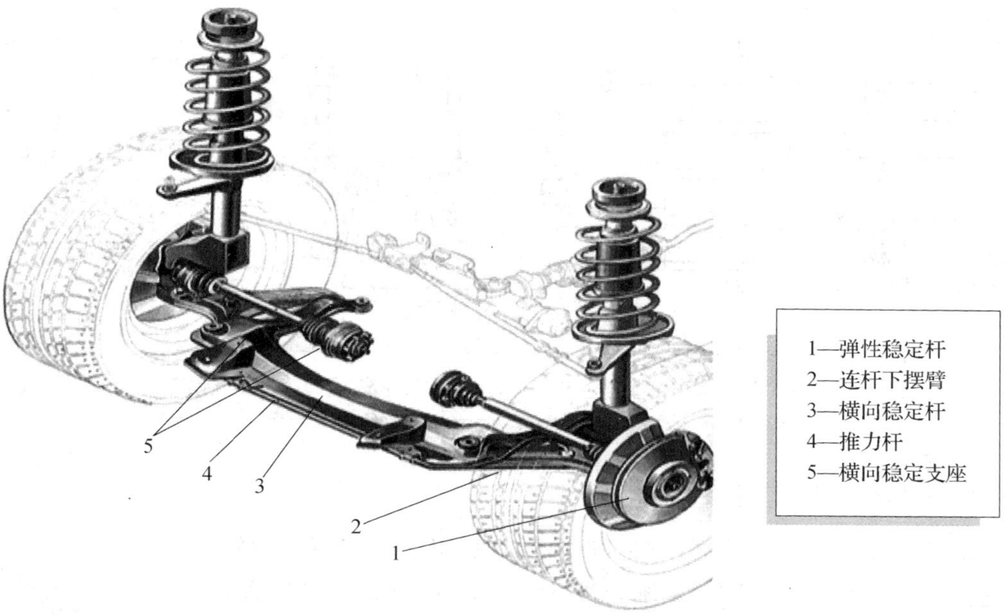

图 12-28 螺旋弹簧

3. 扭杆弹簧

扭杆弹簧用铬钒或硅锰合金弹簧钢制成，并具有扭曲刚性。扭杆断面常为圆形，少数是矩形或管状。为保护扭杆表面，可在其上涂抹环氧树脂，并包一层玻璃纤维，再涂一层环氧树脂，最后，涂上沥青和防锈油漆，以防磨蚀和损坏表面，从而提高扭杆弹簧的使用寿命。

扭杆一端固定于车架上，另一端与悬架控制臂连接。车轮上下运动时，扭杆便发生扭曲，起弹簧作用，借以保证车轮与车架的弹性联系。扭杆弹簧与钢板弹簧相比，质量较轻，而且不需润滑，保养维修简便。扭杆弹簧可以节省纵向空间，适用于小型车及箱式车的悬架系。扭杆弹簧悬架与螺旋弹簧悬架一样，要设导向装置和减震器。

4. 气体弹簧

气体弹簧主要有空气弹簧和油气弹簧两种。气体弹簧是以空气做弹性介质，即在一个密闭的容器内装入压缩空气(气压为 0.5～1 MPa)，利用气体的可压缩性实现弹簧的作用。空气弹簧又可分为囊式和膜式两种，如图 12-29 所示。这种弹簧随着载荷的增加，容器内压缩空气压力升高，其刚度也随之增加；载荷减少，刚度也随空气压力降低而下降，因而这种弹簧具有理想的变刚度特性。由于空气弹簧只能承受垂直载荷，因此采用这种弹簧的悬架也必须加设导向装置和减震器。

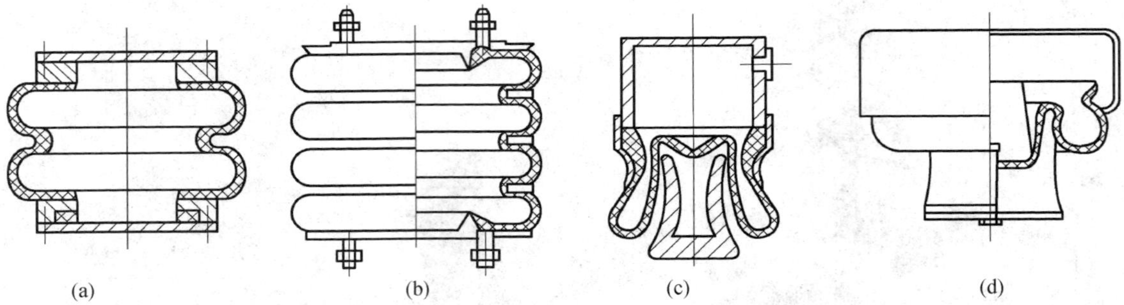

图 12-29 气体弹簧

(1)油气弹簧。如图 12-30 为单气室油气弹簧。以气体(氮气)作为弹性介质，用油液作为传力介质，它将气体和液体分开，便于充气并防油液乳化。

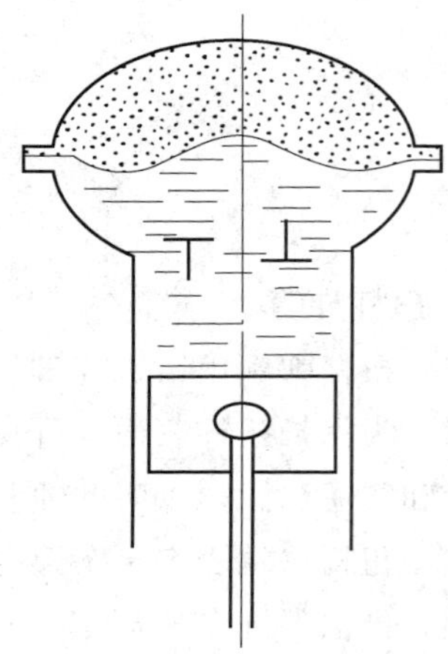

图 12-30 单气室油气弹簧

(2)空气弹簧。以空气作为工作物质利用空气的压缩性实现弹簧作用。

如图 12-31(a)所示，囊式空气弹簧由夹有帘线的橡胶气囊和密闭在其中的压缩空气组成。气囊的内层用气密性的橡胶制成，而外层则用耐油橡胶制成。气囊的上、下盖板将气囊密闭。

如图 12-31(b)所示，膜式空气弹簧主要由上盖板、活塞、橡胶气囊和缓冲块组成。橡胶气囊是由内层橡胶、外层橡胶、帘布层和子口钢丝圈四部分硫化而成。内层橡胶和外层橡胶都属于超弹性材料，内层橡胶主要起密封作用，外层橡胶除了起密封作用外，还起保护作用。帘布层是帘线橡胶复合材料，属于各向异性材料，用于承受囊体的载荷，对空气弹簧的承载能力和耐久性起着决定性作用。帘线方向与橡胶气囊的子午线方向成一定角度，称为帘线角。缓冲垫在空气弹簧中是一个可选件，在空气弹簧漏气或失效情况下起作用。

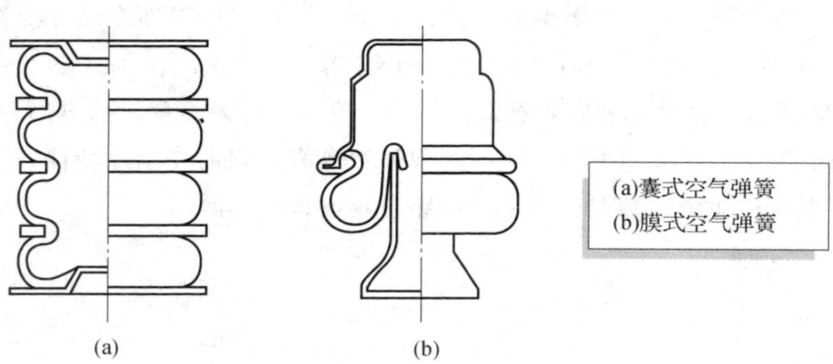

图 12-31 囊式空气弹簧和膜式空气弹簧

5. 橡胶弹簧

如图 12-32 所示，橡胶弹簧是利用橡胶本身的弹性来起弹性元件的作用。多用作悬架的副簧和缓冲块。橡胶弹簧的特点是无噪声、不需润滑，其内摩擦较大，因此具有一定的减振能力。

图 12-32 橡胶弹簧

12.2.4 非独立悬架

非独立悬架结构特点是两侧的车轮安装在一根整体式车桥上。非独立悬架包括钢板弹簧非独立悬架和螺旋弹簧非独立悬架。

钢板弹簧非独立悬架采用钢板弹簧做弹性元件，兼起导向装置的作用，并有一定的减振作用，大大简化了悬架的结构，如图 12-33 所示。主簧由五片较薄的钢板弹簧片组成，副簧由五片较厚的钢板弹簧片组成，用中心螺栓固定在一起。在小载荷的情况下，仅由主簧起作用，而当载荷增加到一定值时，副簧开始与主簧接触，悬架刚度得到提高，弹簧特性为非线性。当副簧全部参加工作后，弹簧特性又变为线性。由于副簧逐渐随载荷增加而参与工作，悬架刚度逐渐变化，从而提高了汽车行驶平顺性。

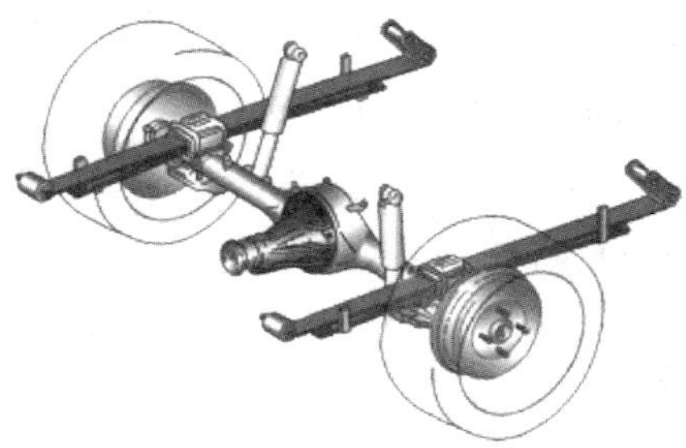

图 12-33 钢板弹簧非独立悬架

螺旋弹簧非独立悬架一般只做轿车的后悬架，螺旋弹簧的上端装在车架上的特制支座上，而下端则固定在后桥壳的座上，并设置有纵横导向杆件，用以传递驱动力、制动力及其力矩、横向力。另外，悬架中还装有减震器。

12.2.5 独立悬架

独立悬架的左右车轮不是用整体车桥相连接，而是通过悬架分别与车架(或车身)相连，每侧车轮可独立地运动。其在轿车和载重量 1 t 以下的货车前悬架广为采用，轿车后悬架上采用也在增加。越野车、矿用车和大客车的前轮也有一些采用独立悬架。独立悬架中的弹性元件往往都使用螺旋弹簧和扭杆弹簧，钢板弹簧和其他形式的弹簧较少使用。独立悬架的结构类型很多，根据导向机构不同的结构特点，独立悬架可分为双横臂、单横臂、纵臂式、单斜臂、多杆式及滑柱(杆)连杆(摆臂)；按弹性元件采用不同分为螺旋弹簧式、扭杆弹簧式、气体弹簧式。双横臂式(双叉式)独立悬架、等臂双横臂式独立悬架上下两摆臂不等长，选择长度比例合适，可使车轮和主销的角度及轮距变化不大，其广泛应用在轿车前轮。

1. 不等臂双横臂式独立悬架

不等臂双横臂式独立悬架上臂比下臂短，如图 12-34 所示。当汽车车轮上下运动时，上臂比下臂运动弧度小，这将使轮胎上部轻微地内外移动，而底部影响很小。这种结构有利于减少轮胎磨损，提高汽车行驶平顺性和方向稳定性。

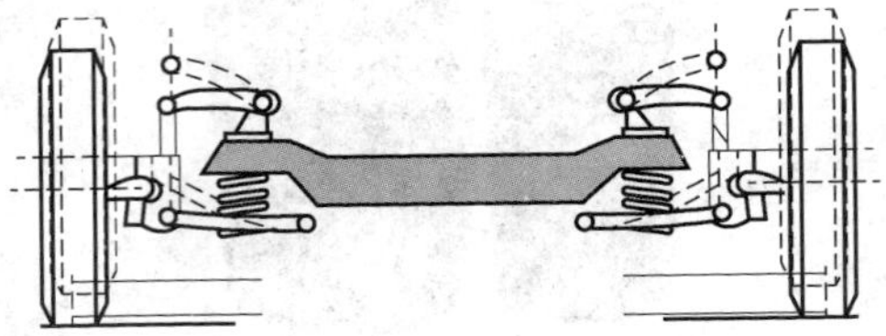

图 12-34　不等臂双横臂式独立悬架

2. 滑柱摆臂式独立悬架（又称麦弗逊式或支柱式）

滑柱摆臂式独立悬架目前广泛应用于发动机前置前轮驱动轿车前悬架。这种悬架由减震器、螺旋弹簧、横摆臂和横向稳定杆等组成。减震器与螺旋弹簧装于一体，作为引导车轮跳动的滑柱，有的还兼起转向主销作用。悬架有一下横摆臂，其上端以橡胶做支承，允许滑柱上端有少许角位移。采用这种悬架的汽车前端空间大，有利于发动机布置，并可降低整车的重心。在轿车中采用较多。

3. 斜置单臂式独立悬架

图 12-35 为斜置单臂式独立悬架，其摆臂绕与汽车纵轴线具有一定交角的轴线摆动，选择合适的交角可以满足汽车操纵稳定性要求。适于做后悬架。

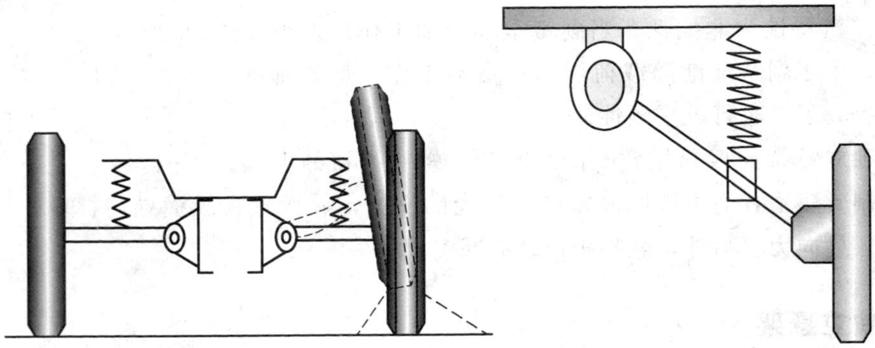

图 12-35　斜置单臂式独立悬架

4. 多杆式独立悬架

多杆式独立悬架多采用螺旋弹簧，因而对于侧向力、垂直力以及纵向力需加设导向装置，即采用杆件来承受和传递这些力。一些轿车上为减轻车重和简化结构，采用多杆式独立悬架。

图 12-36 为多杆式独立悬架。多连杆式独立悬架就是指由三根或三根以上连接拉杆构成，并且能提供多个方向的控制力，使轮胎具有更加可靠的行驶轨迹的悬架结构。以常运用于后轮的五连杆式悬架为例，五根连杆分别指主控制臂、前置定位臂、后置定位臂、上臂。

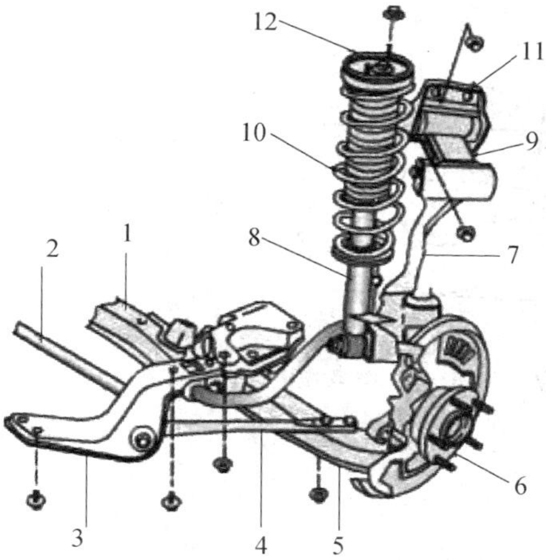

1—悬架横梁
2—前稳定杆
3—拉杆支架
4—黏滞式拉杆
5—下连杆
6—轮毂转向节总成
7—第三连杆
8—减震器
9—上连杆
10—螺旋弹簧
11—上连杆支架
12—减震器隔振块

图 12-36　多杆式独立悬架

悬架横梁 1 主控制臂可以起到调整后轮前束的作用，以提高车辆行驶稳定性，前稳定杆 2 可有效降低轮胎的摩擦。国产丰田凯美瑞的后轮两连杆式独立悬架并不属于多连杆式悬架的范畴，轮毂转向节总成 6仅仅只是融入了多连杆式悬架理念的麦弗逊悬架。位于上端的支柱减震器与悬架横梁 1 相连，下端的黏滞式拉杆 4 变成了两根连杆，在性能表现上两连杆与麦弗逊悬架有许多相似之处，优点在于重量轻、减震响应速度快，但缺点也非常明显，在刚度、侧面支撑、减震方面都不及真正的多连杆悬架。例如，因车速过快造成车辆失控并冲上隔离带，两连杆式后悬架的刚度就会因此而受到考验，同时因为冲上隔离带致使撞击力过大，导致后悬架的两根连杆断裂，于是整个后悬架就有脱落的可能性。

拖曳臂式悬挂具有非独立悬挂存在的缺点，同时也兼备了独立悬挂的优点。拖曳臂悬挂的最大优点就是左、右两轮的空间较大，而且车身外倾角没有变化，减震器隔振块 12 不发生弯曲应力，所以摩擦小。但是该悬挂的舒适性和操控性均有限，当刹车时，除了车头较重会往下沉外，拖曳臂悬挂的后轮也会往下沉来平衡车身，无法像多连杆悬挂那样提供精准的几何控制。

很多厂家对这种悬挂的称谓都不同。例如，纵臂扭转梁独立悬挂、纵臂扭转梁非独立悬挂、H 型纵向摆臂悬挂等，归根结底它们都是同一种悬挂结构——拖曳臂式悬挂，只是叫法以及材料会稍微不同。

12.2.6　多轴汽车的平衡悬架

图 12-37 为另一种形式的平衡悬架——摆臂式平衡悬架。由车架、液压缸、摆臂、支持轮、钢板弹簧、驱动桥组成，这种悬架主要用于 6×2 的货车上。这种货车的结构特点是前桥为转向桥，中桥为驱动桥 6，驱动桥 6 为可以升降的支持桥。当汽车在轻载荷或空载行驶时，操纵举升油缸，可通过杠杆机构将后轮举起，使 6×2 汽车变为 4×2 汽车。这样既可以减少轮胎磨损和降低燃油消耗，同时又能增大驱动轮上的附着力。

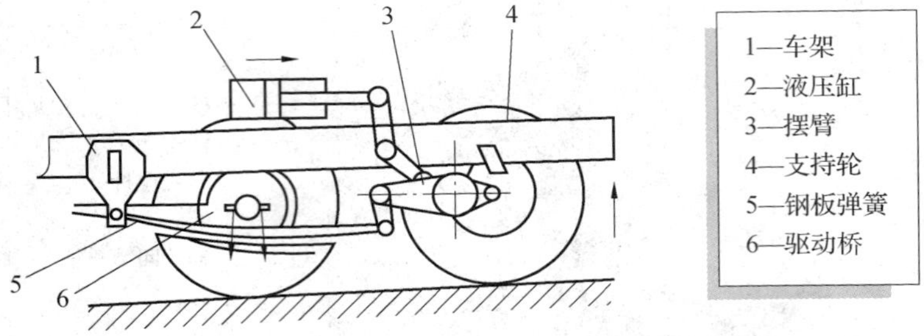

图 12-37 摆臂式平衡悬架

1. 各车桥单独与车架刚性连接

如图 12-38 所示，若在不平道路上行驶，将带来不良后果：一轮悬空(或负荷减小)，可能使其他车桥过载；不能全轮附着，最大牵引力减小，降低越野性；若前轮悬空，汽车操纵能力大大降低，失去操纵性；减震器性能差(轮胎弹性未充分发挥)。

各车桥单独与车架弹性连接，采用独立悬架，可以保证所有车轮与地面良好地接触。

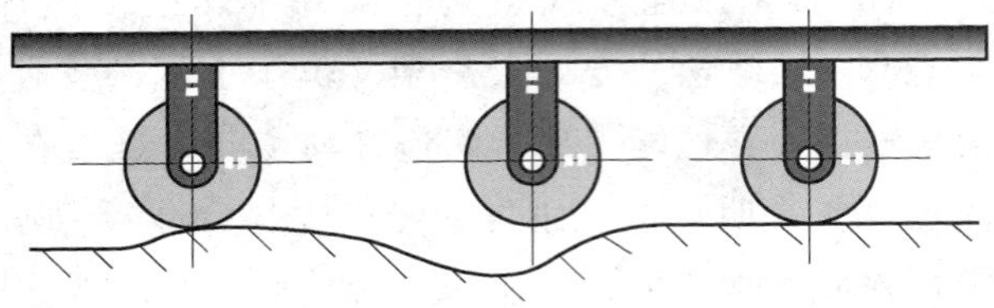

图 12-38 各车桥单独与车架刚性连接

2. 中后桥用平衡悬架与车架连接（三桥）

如图 12-39 所示，将中后桥装在一副钢板弹簧的两端，钢板弹簧相当于一根平衡杆，而平衡杆的中部与车架做铰链连接。由于平衡杆两臂等长，则两个车桥上的垂直载荷在任何情况下都相等。

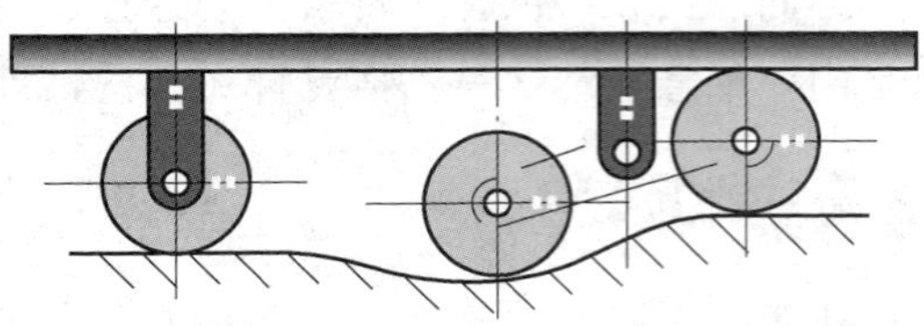

图 12-39 中后桥用平衡悬架与车架连接

12.2.7 主动悬架与半主动悬架

1. 分类

根据有源和无源分为半主动悬架和主动悬架。

半主动悬架是汽车在转向和制动等工况时不能对悬架刚度和阻尼力进行控制；主动悬架是能对其刚度和阻尼力控制外，还可以调整车身高度。

按悬架介质分为油气式主动悬架和空气式主动悬架。

2. 电子控制空气式主动悬架的结构与原理

(1)结构。

主要有传感器、电脑、执行器。

(2)原理。如图 12-40 所示。

①信号输入装置：是由一系列的传感器 4，6，8，10，13 组成，将信号输入的装置。

②发动机 IC 调节器 2 调节系统。

a. 后悬架控制执行器 5。

b. 悬架阻尼的调节。

c. 悬架控制开关 9。

③车身高度调节。使车身高度根据汽车内乘坐人员或车辆载重情况自动做出调整，以保证汽车行驶所需要的高度及汽车行驶姿态的稳定。传统的悬架系统的刚度和阻尼是按经验或优化设计的方法确定的，根据这些参数设计的悬架结构，在汽车行驶过程中，其性能是不变的，也是无法进行调节的，使汽车行驶平顺性和乘坐舒适性受到一定影响，故称传统的悬架系统为被动悬架系统。如果悬架系统的刚度和阻尼特性能根据汽车的行驶调节(车辆的运动状态和路面状况等)进行动态自适应调节，使悬架系统始终处于最佳减振状态，则称为主动悬架。

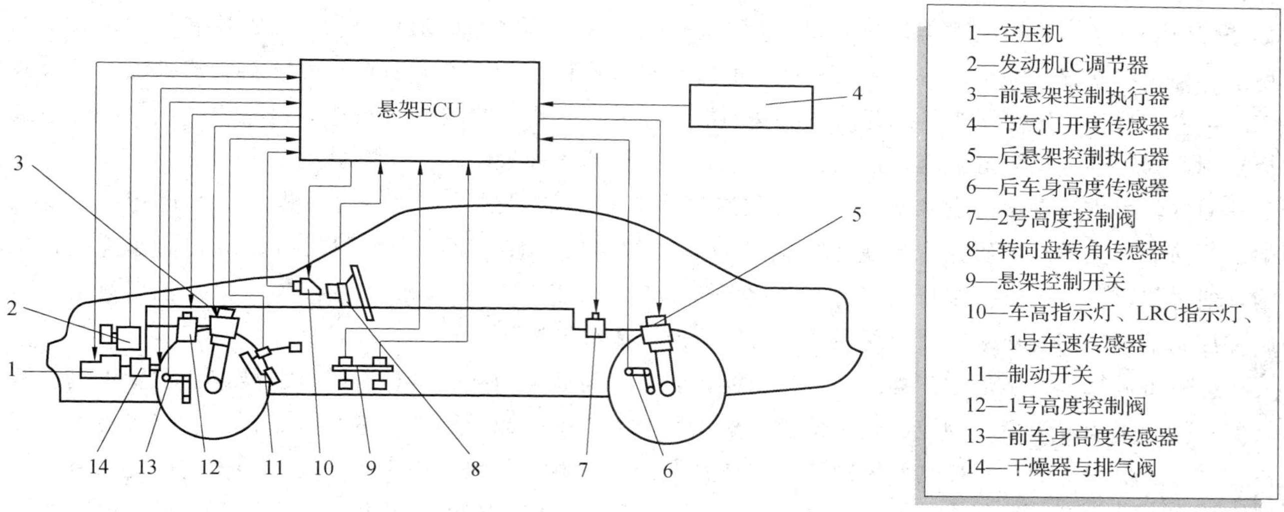

图 12-40 主动悬架的结构示意图

3. 主动悬架

系统按其是否包含动力源可以分为全主动悬架(有源主动悬架)和半主动悬架(无源主动悬架)系统两大类。全主动悬架是根据汽车的运动状态和路面状态，适时地调节悬架的刚度和阻尼，使其处于最佳减振状态。它是在被动悬架(弹性元件、减震器、导向装置)中附加一个可控作用力的装置。通常由执行机构、测量系统、反馈控制系统和能源系统四部分组成。执行机构的作用是执行控制系统的指令，一般分为发生器和转矩发生器(液压缸、汽缸、伺服电动机、电磁铁等)。测量系统的作用是测量系统各种状态，为控制系统提供依据，包括各种传感器。控制系统的作用是处理数据和发出各种控制指令，其核心部件是电子计算机。能源系统的作用是为以上各部分提供能量。目前，主流的半主动悬架不考虑改变悬架的刚度，而只考虑改变悬架的阻尼，因此它无动力源且只由可控的阻尼元件组成。由于半主动悬架结构简单，工作时几乎不消耗车辆动力，而且还能获得与全主动悬架相近的性能，故有较好的应用前景。半主动悬架按阻尼级又可以分成有级式和无级式两种。有级式半主动悬架，是将悬架系统中的阻尼分为两级、三级或更多级，可由驾驶员选择或根据传感器信号自动进行选择悬架所需要的阻尼级。也就是说，可以根据路面条件(好路或坏路)和汽车的行驶状态(转弯或制动)等来调节悬架的阻尼级，使悬架适应外界环境的变化，从而可以较大幅度地提高汽车的行驶平顺性和操纵稳定性。半主动悬架中的三级阻尼可调减震器的旁路控制阀，它是由调节电动机来带动阀芯转动，使控制阀孔具有关闭、小开和大开三个位置，产生三个阻尼值。该减震器应用于 OPEL、SENTOR 和 OPELGA 轿车上。

(1)无级式半主动悬架。它是根据汽车行驶的路面条件和行驶状态，对悬架系统的阻尼在几毫秒内由最小变到最大进行无级调节。无级半主动微处理器从速度、位移、加速度等传感器处接收到信号，计算出系统相适应的阻尼值，并发出控制指令给步进电动机，经阀杆调节阀门，使其改变节流孔的通道节面积，从而改变系统的阻尼。该系统虽然不必外加能源装置，但所需传感器较多，故成本仍较高。

(2)新型的半主动悬架系统。前人基于天棚阻尼的概念发明了半主动阻尼器，并应用于生产，但对悬架性能的改善是极其有限的。后来，有人提出了开关控制的半主动悬架，它能产生较大的阻尼力，这种悬架已应用到实车上，其后又有人在半主动悬架控制中引入了此方法，并改进了控制算法的稳定性。日产公司研制了一种声纳式半主动悬架，它可通过声纳装置预测路面信息，悬架减震器有柔和、适中和稳定三种选择状况。随后有研究人员利用了电流变和磁流体作为工作介质，研究了新型的半主动悬架系统。半主动悬架系统除了少量地开启电液阀的能量以外，几乎不需要外加能源，研究表明，只要恰当选择控制逻辑，半主动阻尼器可以达到像主动减震器一样的减振效果。

通常，半主动悬架是指悬架弹性元件的刚度和减震器的阻尼系数之一可以根据需要进行调节的悬架。目前，半主动悬架研究主要集中在调节减震器的阻尼系数方面，即将阻尼可调减震器作为执行机构，通过传感器检测到汽车行驶状况和道路条件的变化以及车身的加速度，由 ECU 根据控制策略发出脉冲控制信号，实现对减震器阻尼系数的有级可调和无级可调。

有级可调减震器阻尼在三挡之间快速切换，切换时间通常为几毫秒，有级可调减震器实际上是在减震器结构中采用较为简单的控制阀，使通流面积在最大、中等或最小之间进行有级调节。有级可调减震器通过减震器顶部的电机控制旋转阀的旋转位置，使减震器的阻尼在软、中、硬三挡之间变化，有级可调减震器的结构及其控制系统相对简单，但在适应汽车行驶工况和道路条件的变化方面有一定的局限性，有级可调减震器的设计关键是发展先进的阀技术，增加阻尼变化的挡数，缩短切换时间，从而使复杂的控制策略应用成为可能，以进一步提高悬架的控制品质。

无级可调减震器的阻尼调节可采取以下几种方法：

节流孔径调节：通过步进电机驱动减震器的阀杆连续调节减震器的通流面积，来改变阻尼节流阀或其他形式的驱动阀来实现。这类减震器的主要问题是节流阀结构复杂，制造成本高。

减振液黏性调节：使用黏性连续可控的新型的功能材料电流变或磁流变液体作为减振液，从而实现阻尼无级变化，电流变液体在外加电场作用下，其流变材料性能(如剪切强度、表观黏度等会发生显著的变化，将这种电流装入减震器，并在内外筒之间加上电场，通过改变电场强度使电流液体的黏度改变，从而改变减震器的阻尼力。由于电流变减震器的阻尼可随电场强度的改变而连续变化，这无疑是一个较好的选择)。

但电流变液体存在较多问题，其电致屈服强度小，温度工作范围不宽，零电场黏度偏高，悬浮液中固体颗粒与基础液体之间比重相差较大、容易分离，沉降稳定性差，对杂质敏感等难以适应电流变减震器长期稳定工作的需要。

要使电流变减震器响应迅速、工作可靠，必须解决以下几个问题：设计一个体积小、重量轻，能任意调节的高压电源；为保证电流变液体的正常工作温度必须设计一个散热系统；充装电流变液体时，要保证无污染；性能优良的电流变液体；高压电源的绝缘与封装。

电流变减震器在国外已有一些产品问世。如德国的商业电流变液与电流变减震器及美国的相关产品等。

磁流变液体是指在外加磁场的作用下，流变材料性能发生急剧变化的流体，将磁流变液体装入磁流变减震器，通过控制磁场强度，可实现磁流变减震器阻尼的连续、无级可调。

磁流变减震器具有电流变减震器同样的特点，响应比电流变减震器要慢，主要是磁流变液体的磁化和退磁需要时间。磁流变减震器通常采用活塞缸结构，磁流变液的通路由位于活塞上的阻尼孔或单独的旁路构成。在磁流变液的通路上施加磁场，按结构可分为单出杆活塞结构和双出杆活塞结构。

单出杆活塞结构设计的磁流变减震器已用于大型载重汽车司机座椅半主动悬架减振系统。磁流变液体存在的问题是响应时间长，结构比较笨重，流变性能和稳定性还需要改进。

目前成功开发的电流变液体与磁流变液体的特性，从材料特性上看，它们都能满足汽车工作要求，但在屈服应力、温度范围、塑性黏度和稳定性等性能方面，磁流边液体强于电流变液体，这也是选用磁流变液体作为半主动悬架系统减震器的减振液的主要因素。其最主要的问题是实现电源以及降低减震器内液体紊流产生的噪声十分困难。

可控减震器驱动方式有转阀方式、旁路阀方式、压电驱动方式、磁场控制的磁流变方式和永磁直流直线伺服电机驱动方式等。

转阀方式是由控制器单元发出的信号经处理驱动步进电机从而驱动转动阀转动，改变减震器阻尼孔的大小，产生符合系统要求变化的阻尼力。

旁路阀方式是由电磁阀根据控制器单元发出的信号开关打开磁阀，相当于在油路中增加一个节流孔，从而改变总的阻尼孔的面积，产生符合系统要求的有级变化的阻尼力。

压电驱动方式是在减震器的活塞杆内，安装压电执行器和压电传感器。压电执行器由 88 个压电元件叠加而成，在直流电压作用下压电元件会伸长，该位移经位移放大室放大到可以打开转换阀，形成分流油路，从而获得小阻尼。利用压电传感器可将前轮减震器检测到的路面情况传给电控单元，控制后轮减震器的阻尼。

磁场控制的磁流变方式是利用电控单元发出的电压或电流信号控制磁流变减震器内变压线圈产生高压，实现对阻尼的连续无级调节。

永磁直流直线伺服电机驱动方式则是由直线伺服电机直接实现直线运动控制。电机驱动效率高、响应迅速、灵敏度高、随机性好、控制稳定。目前，永磁直流直线伺服电机在航天飞行器中应用广泛，其驱动性能优于液压执行机构。

任何控制系统总存在不可避免的时滞，它会导致反馈控制系统预料外的失稳，出现对安全极为不利的轮跳。因此在汽车半主动悬架振动控制系统开发过程中，应该结合实际车型，研究和开发控制有效、实用简单、造价合理的控制器，并经过大量的实车测试才能推广应用。

主动悬架是根据汽车的运动状态和路面状态，适时地调节悬架的刚度和阻尼，使其处于最佳减振状态。

主动悬挂系统能够根据车身高度、车速、转向角度及速率、制动等信号，由电子控制单元(ECU)控制悬挂执行机构，使悬挂系统的刚度、减震器的阻尼力及车身高度等参数得以改变，从而使汽车具有良好的乘坐舒适性和操纵稳定性。

同时，微电脑独立控制每一个车轮上的执行元件，通过控制减震器内油压的变化产生抽动，从而能在任何时候、任何车轮上产生符合要求的悬挂系统运动，因此，桑塔纳轿车备有多种驾驶模式选择，驾车者只要扳动位于副仪表板上的“正常”或“运动”按钮，轿车就会自动设置在最佳的悬挂系统状态，以求最好的舒适性能。主动悬挂系统具有控制车身运动的功能，当汽车制动或拐弯时的惯性引起弹簧变形时，主动悬挂系统会产生一个与惯力相对抗的力，减少车身位置的变化，例如，德国 benz2000 款 cl 型跑车，当车辆拐弯时悬挂系统传感器会立即检测出车身的倾斜和横向加速度，电脑根据传感器的信息，与预先设定的临界值进行比较计算，立即确定在什么位置上，将多大的负载加到悬挂系统上，使车身的倾斜减到最小。如图 12-41 所示，德国 benz2000 款 cl 型跑车主动式空气悬挂系统主要由空气压缩机、干燥器、空气电磁阀、车身高度传感器、带有减震器的空气弹簧、悬挂控制执行器、悬挂控制选择开关及电子控制单元等组成。空气压缩机由直流电机驱动，形成压缩空气，压缩空气经干燥器干燥后由空气管道经空气电磁阀送至空气弹簧的主气室。

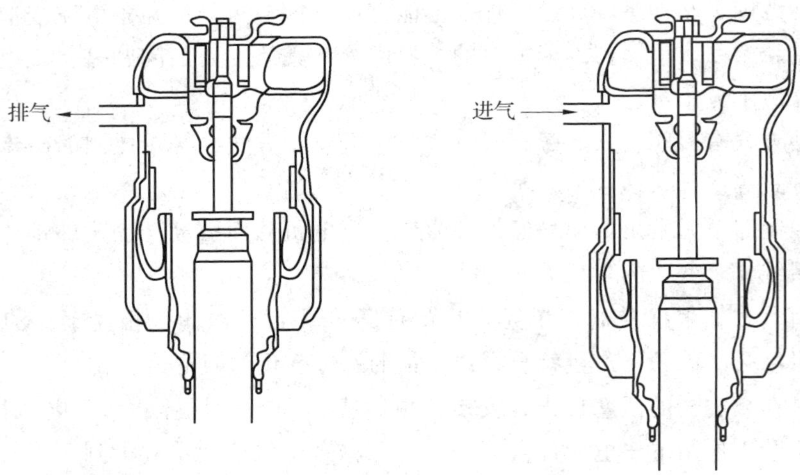

图 12-41 德国 benz2000 款 cl 型跑车主动式空气悬挂系统构成图

当车身需要升高时，电子控制单元控制空气电磁阀使压缩空气进入空气弹簧的主气室，使空气弹簧伸长，车身升高；当车身需要降低时，电子控制单元控制电磁阀使空气弹簧主气室中压缩空气排到大气中去，空气弹簧压缩，车身降低。在空气弹簧的主、辅气室之间有一连通阀，空气弹簧的上部装有悬挂控制执行器(图中未画出)。电子控制单元根据各传感器输出信号，控制悬挂执行器，一方面使空气弹簧主、辅气室之间的连通阀发生改变，使主、辅气室之间的气体流量发生变化，从而改变悬挂的弹簧刚度；另一方面，执行器驱动减震器的阻尼力调节杆，使减震器的阻尼力也得以改变。

丰田索阿拉轿车采用的主动式空气悬挂系统中，车高、弹簧刚度和减震器阻尼力可同时得到控制，且各自可以取三种数值，其所取数值由电子控制单元根据当时的运行条件和驾驶员选定的控制方式决定。驾驶员可以任意选择四种自动控制模式，即控制车身高度的“常规值自动控制”和“高值自动控制”，以及控制弹簧刚度和减震器阻尼力的“常规值自动控制”和“高速行驶时自动控制”，具体控制内容如下：

①利用弹簧刚度/减震器阻尼力进行控制。

②抗后坐：通过传感器检测油门踏板移动速度和位移。当车速低于 20 km/h 且加速度大时(急起步加速)，ECU 通过执行器将弹簧刚度和减震器阻尼力调到高值，从而抵抗汽车起步时车身后坐。如果此时驾驶员选择了“常规值自动控制”状态，则弹簧刚度和减震器阻尼力由软调至硬；如果此时驾驶员选择了“高速行驶自动控制”状态，则刚度和阻尼力由中调至硬。

③抗侧倾：由装于转向轴的光电式转向传感器检测转向盘的操作状况。在急转弯时，ECU 通过执行器使弹簧刚度和减震器阻尼力转换到高(硬)值，以抵抗车身侧倾。

④抗“点头”：在车速高于 60 km/h 时紧急制动，ECU 通过执行器使弹簧刚度和减震器阻尼力调到高(硬)值，而不管驾驶员选择了何种控制状态，以抵抗车身前部的下俯。

⑤高速感应：当车速大于 110 km/h 时，系统将使弹簧刚度和减震器阻尼力调至中间值，从而提高高速行驶时操纵稳定性。即使驾驶员选择了“常规值自动控制”状态(刚度和阻尼处于低、软值)，系统也将刚度和阻尼力调至中间值。

⑥前、后关联控制：车速在 30～80 km/h 时，若前轮车高传感器检测出路面有小凸起(例如，前轮通过混凝土路面接缝等)，则在后轮越过该凸起之前，系统将使弹簧刚度和减震器阻尼力调至低(软)值，从而提高汽车乘坐舒适性。此时。即使驾驶员选择了高速行驶状态(刚度和阻尼力为中间值)，系统仍将刚度和阻尼力调至低(软)值。为了不影响高速时的操纵稳定性，这种动作在车速为 80 km/h 以下才发生。

⑦坏路、俯仰、振动感应(图 12-42)：车速在 40～100 km/h 时，当前轮车高传感器检测出路面有较大凸起时(例如，汽车通过损坏的铺砌路面等)，系统将弹簧刚度和减震器阻尼力调至中间值，以抑制车体的前后颠簸、振动等大动作，从而提高汽车的乘坐舒适性和通过性，而不管驾驶员选择了何种控制状态。车速高于 100 km/h 时，系统将使刚度和阻尼力调至高(硬)值。

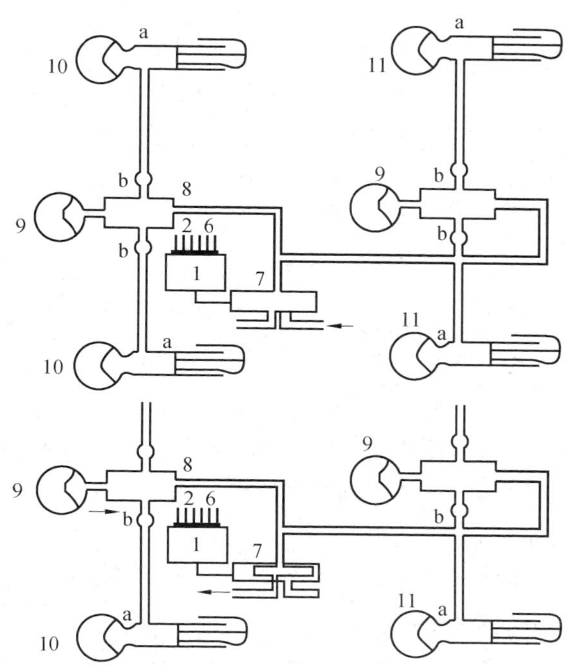

图 12-42　坏路、俯仰、振动感应

⑧良好路面正常行驶：弹簧刚度和减震器阻尼力由驾驶员选择，“常规值自动控制”状态，刚度和阻尼力处于低(软)值；“高速行驶时自动控制”状态，则刚度和阻尼力为中间值。

车身高度控制由左、右前轮和左后轮三个车身高度传感器发出车高信号，ECU 发出指令来进行车身高度调整。高速感应：当车速高于 90 km/h 时，将车身高度降低一级，以减小风阻，提高行驶稳定性。如果驾驶员选择了“常规值自动控制”状态，则车身高度值由中间值(标准值)调至低值；如果驾驶员选择了“高值自动控制”状态，则车高由高值调至中间值(标准值)。在车速为 60 km/h 时，车高恢复原状。连续坏路面感应：汽车在坏路面上连续行驶，车高信号持续 2.5 s 以上有较大变动，且超过规定值时，将车高升高一级，使来自路面的突然抬起感减弱，并提高汽车的通过性能。

连续坏路面上，车速高于 90 km/h 时，不管驾驶员选择了何种控制状态，车高都将调至中间值，这样做是为了避免车身过高对高速行驶稳定性产生不利影响。另外，还具有驻车时车高控制功能。当汽车处于驻车状态时，为了使车身外观平衡，保持良好的驻车姿势，在点火开关断开后，ECU 即发出指令，使车身高度处于常规模式的低状态。

油气弹簧以气体(一般是惰性气体——氮)作为弹性介质，而用油液作为力介质。它一般是由气体弹簧和相当于液力减震器的液压缸组成。通过油液压缩气室中的空气实现刚度特性，而通过电磁阀控制油液管路中的小孔节流实现变阻尼特性。图 12-43 为雪铁龙 XM 轿车的主动式油气弹簧悬挂系统布置图，从图中可以看到，它有五个基本行车状态的传感器。其中，转向盘转角传感器安装于转向柱上，通过转向盘转角信号间接地把汽车转向程度(快慢、大小)的信息送给微机。

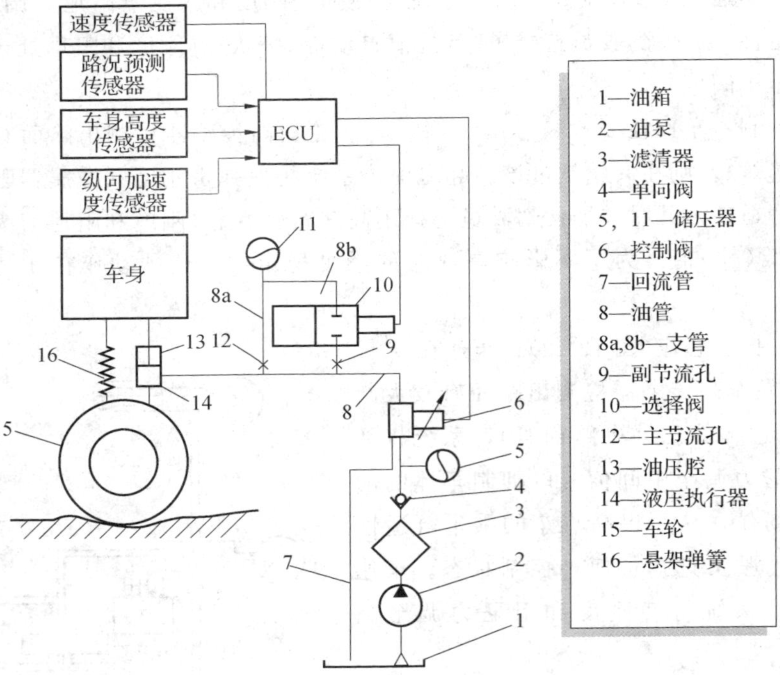

图 12-43　主动式油气弹簧悬挂系统布置图

加速度传感器实际上是与油门踏板连接的油门动作传感器，间接地将加速动作信号送给微机。制动压力传感器安装于制动管路中，当制动时，它向微机发送一个阶跃信号，表示制动，使微机产生抑制“点头”的信号输出。

车速传感器安装于车轮上，送出与转速成正比的脉冲，微机利用它和转向盘转角信号，可以计算出车身的侧倾程度。

车身高度传感器安装于车身与车桥之间，用来测量车身与车桥的相对高度，其变化频率和幅度可反映车身的平顺性信息，同时还用于车高自动调节。

图 12-44 为车身位移传感器示意图。这种传感器通常为超声波传感器，频率为 40 kHz 左右，它安装在车身的前面，以便对其下方的路面状况进行检测。

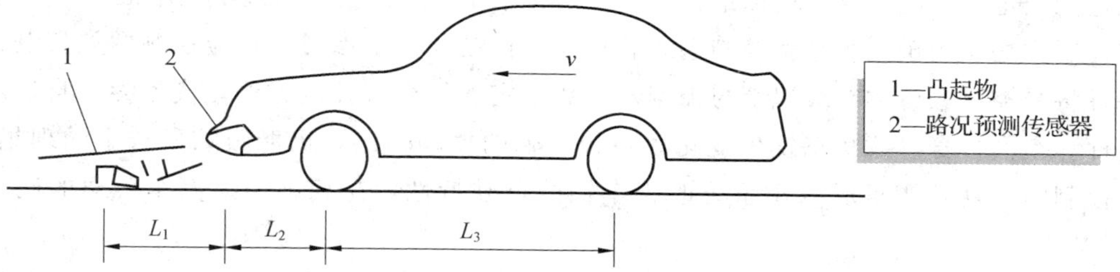

图 12-44　车身位移传感器示意图

在车辆正常行驶时，选择阀关闭，液压执行器的油压腔通过主节流孔与储压器相通，它可以吸收并降低因路面不平而引起的微小振动。当车辆上的路况预测传感器发现路面上有将引起振动的凸起物时，控制单元便控制选择阀打开，并将悬挂系统的阻尼系数减小到一个特定的值上。

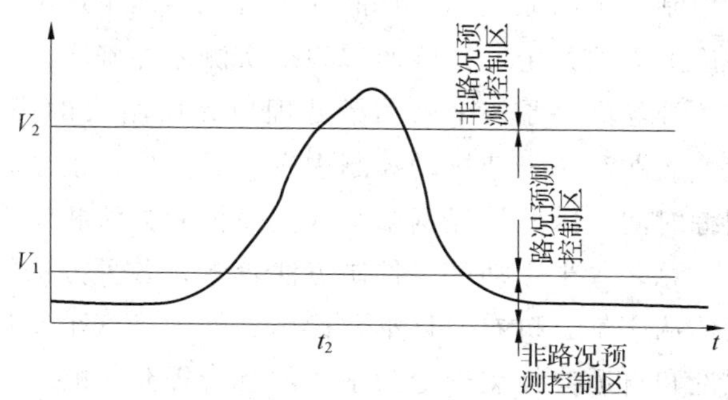

图 12-45　路况预测传感器

图 12-45 为路况预测传感器的输出信号，输出信号的幅值与路面凸起物的大小成正比。如果完全按照传感器输出信号进行控制，悬挂系统的阻尼变化就会过于频繁，因此，在控制系统中设置了一个低阈值 V_1。另外，如果在车辆通过一个很大的凸起物时，悬挂系统的阻尼系数若调整得过低，就可能产生极大的冲击力，形成悬挂底部与车桥的刚性碰撞，因此，控制系统中还设定了一个高阈值 V_2。只有在路况预测信号介于 V_1 和 V_2 之间时，控制单元才输出一个打开选择阀的控制信号。

控制单元在检测路况传感器输出信号的同时，也不断地检测车速。根据车速可以估算出测得的凸起物和实际车轮通过凸起物之间的滞后时间。选择阀应恰好在车轮通过凸起物时打开，这样，在车轮通过凸起物时，悬挂的阻尼系数只是做短暂变化，车轮过了凸起物后，选择阀便再次关闭。

具有路况预测传感器(声纳系统)的主动悬挂系统可以在汽车到达之前对路面情况进行预测处理，因而大大改善了悬挂的工作性能。

4. 半主动悬架控制

最早提出的半主动悬架控制方法是天棚阻尼控制方法，由于其控制算法简单，得到了广泛的应用。但天棚阻尼控制只能解决悬架系统的舒适性，而没有很好地解决操纵稳定性问题。因此，目前研究的重点是改进型的天棚阻尼控制方法在半主动悬架系统中的应用。

以经典控制理论为基础的控制不需要了解被控对象的数学模型，只要根据经验进行调节器参数在线调整，即可取得满意的结果，不足的是对被控对象参数变化比较敏感，研究查表法参数控制 PID 和模糊控制方法在半主动悬架控制系统中的应用有一定的实际意义。

线性最优控制方法在系统建模时忽略了高阶动态环节，如车架轮胎的高阶模态以及减震器、传感器的动态特性等所得到的控制参数是根据确定的系统参数计算出来的，仅对理想的数学模型保证预期的性能。当系统参数变化到一定程度时，会使系统变得不稳定，控制参数不再使性能指标最优，有时甚至会使悬架性能恶化。而实际的悬架系统是含有许多不确定因素的非线性、时变、高阶动力系统，难以用定常反馈系统达到预定的性能要求。所以最优控制方法在半主动悬架控制系统中应用很少。

自适应控制方法应用于汽车悬架控制系统有自校正控制和模型参考自适应控制两类控制策略。自校正控制是一种将受控对象参数在线识别与控制器参数整定相结合的控制方法，模型参考自适应控制是在外界激励条件和车辆自身参数状态发生变化时被控车辆的振动输出，仍能跟踪所选定的理想参考模型。采用自适应控制的车辆悬架阻尼减振系统改善车辆的行驶特性，在德国大众汽车公司的底盘上得到了应用。

模糊控制方法在半主动悬架系统中的应用效果比常规控制方法有效，但模糊控制器的稳定性只通过一些模拟过程测试，判断其稳定性的标准还不存在；控制器只使用于一定的汽车参数；改变轮胎性能会使控制结果明显变坏；路面性质对控制效果影响较大。因此，模糊控制方法在半主动悬架控制中应用从理论上无法判定，只能通过系统实测才能确定。

神经网络是一个由大量处理单元所组成的高度并行的非线性动力系统，其特点是可学习性和并行性，故在汽车悬架振动控制中有广泛的应用前景，但神经网络不适于表达基于规则的知识，需要较长的训练时间，因此神经网络须与其他控制方法相结合构成复合控制模式，才能具有更大的实际应用。

总之，半主动悬架控制方法较多，各种方法均有利弊，综合应用各种方法开发系统控制器是发展方向，从文献分析看，日本、德国、韩国等汽车发达国家基本都是采用基于天棚阻尼控制理论、模糊控制理论和自适应控制理论为主线的复合控制策略。

常见问题解析

汽车行驶系统故障与检修——汽车车架断裂

1. 故障原因

汽车在静止或行驶时，车架承受着悬架以上的所有载荷。超载行驶使车架中部受力和变形大，造成车架断裂。对于后桥驱动的汽车在起步时，会因驱动力使车架中部往上挠曲；而在汽车制动时，会因地面给车轮的反作用力(制动力)而使车架中部也有向上挠曲现象，而货物却使车架下弯，使车架反复地上下弯曲，导致车架的疲劳断裂。汽车行驶在不平路面上，引起的车架垂直冲击载荷超过车架的许用应力。另外，在汽车上下坡、转弯或装载不均时，也会引起车架局部过载而导致车架断裂。车架设计或附属装置造成局部转矩而使车架断裂。如有的车架纵梁前部横截面较小，同时因发动机和变速器的影响，故横梁分布较少，从而使车架的刚度变差。

2. 故障维修

车架断裂后较易看出，应进行焊接，但焊接时应该选好与车架材料相应的焊条，操作应正确，以防重新断裂。

知识拓展

行驶系统故障分析

众所周知，汽车行驶系统是指支持全车并保证车辆正常行驶的专门装置。其主要由车架、车桥、车轮与悬架构成。车辆日常检查维护过程中，一旦行驶系统出现故障，其将直接影响到汽车行驶的平顺性、操纵稳定性、乘坐舒适性和行车安全性等。怎样才能快速、准确地诊断出汽车行驶系统常见故障呢？本课程将从实际情况出发，透过具体的案例，深入浅出地为你讲解如何诊断汽车行驶系统常见故障。解决方案：虽然不同 4S 店在诊断汽车行驶系统常见故障时方法都不尽相同，但万变不离其宗。下面我们从实战经验中总结一些方法流程，此外，一些行驶系统故障会导致车辆跑偏。比如是车辆前束没有调整到厂家规定的范围内；四轮定位偏差；车辆的两侧轴距太大，导致车辆行驶时向轴距短的一侧跑偏，轮胎动平衡问题造成的车辆行驶时跑偏；三角臂和转向节在车辆受到撞击后出现的机械变形，导致定位不准跑偏；转向机转向拉杆球头松旷，导致车辆行驶时出现跑偏现象。

车辆日常检查维护过程中，汽车行驶系统经常会发生各种各样的故障现象。比如，车辆异响；车辆抖动；车辆跑偏等。在诊断车辆异响时，导致车辆行驶系统出现异响的部位有很多：三角臂固定胶套损坏；转向节球头损坏；平衡臂胶套老化；连接杆球头松旷；转向机两侧拉杆球头老化；转向节内轴承老化，减震器老化、减震器稳定支座或固定螺栓松动也会导致减震器发出异响；总之，导致行驶系统产生异响故障部位非常多，判断时，一定要仔细分析后再进行拆解，否则会造成不必要的多次维修。

除了车辆异响外，行驶系统故障也会导致车辆异响。轮胎胎面磨损不均匀或轮胎动平衡不好会导致车辆出现抖动现象；传动轴万向节或十字轴磨损也会造成车辆行驶时的抖动；四轮定位不准也会造成车辆行驶时抖动。此外，车身变形也会造成车辆行驶抖动，这一情况一般是由于车身校对不到位产生的。

思考与练习

一、 填空题

1. 以车轮直接与地面接触的行驶系统，称为____轮式____行驶系统，这样的汽车称为____轮式____汽车。
2. 轮式汽车行驶系统一般由____车架____、____车桥____、____车轮____和____悬架____组成。
3. 车架是整个汽车的____装配基体____，汽车的绝大多数部件和总成都是通过____车架____来固定其位置的。
4. 车架的结构形式首先应满足____汽车总布置____的要求。
5. 边梁式车架由两根位于两边的____纵梁____和若干根____组成。

思考与练习

6. 车桥通过________悬架________和车架相连，两端安装________汽车车轮________。
7. 车桥的功用是________传递车架与车轮之间的各向作用力________。
8. 轮胎的固定基础是________。
9. 转向桥是利用________使车轮可以偏转一定的角度，以实现________。
10. 转向桥主要由________、________、________和________等构成。

二、 问答题

1. 汽车行驶系统的功用是什么？
2. 悬架的功用是什么？
3. 悬架由哪几部分构成？各部分的功用是什么？
4. 试写出悬架固有频率的表达式，并说明它与哪些因素有关。
5. 汽车悬架中的减震器与弹性元件为什么要并联安装？对减震器有哪些要求？
6. 扭杆弹簧有何优缺点？使用过程中应注意些什么？
7. 非独立悬架和独立悬架的结构特点分别是什么？
8. 橡胶缓冲块的作用是什么？
9. 安装副簧的目的是什么？
10. 独立悬架有什么优缺点？

单元13 转向系统

单元目标

知识目标

1. 了解转向系统的类型及组成
2. 理解转向系统的功用
3. 理解转向系统的工作原理
4. 掌握转向系统的类型及结构、原理

能力目标

1. 汽车转向系统组成的认知
2. 拆卸和装配汽车动力转向系统
3. 拆卸和装配汽车转向器
4. 转向系统的检测与调整

知识脉络图

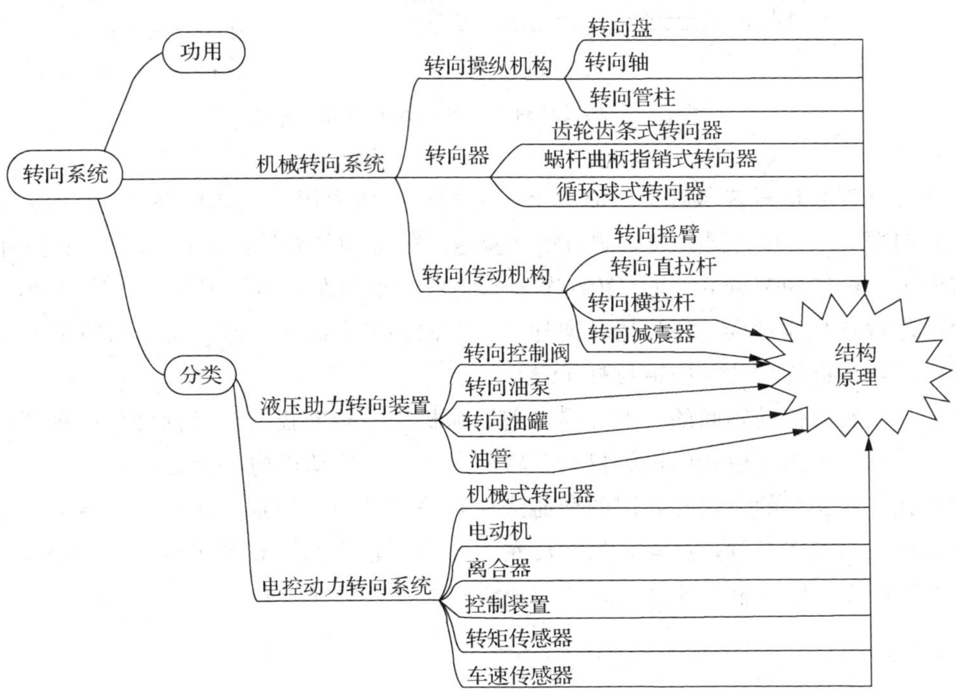

13.1 转向系统

13.1.1 汽车转向系统的功用、分类

1. 转向系统的功用

用来保持、改变、恢复汽车行驶方向的专设机构，称为汽车转向系统。汽车转向系统的功用是保证汽车能按驾驶员的意志而进行转向行驶。

2. 转向系统类型及组成

汽车转向系统根据其转向能源的不同，可以分为机械转向系统和动力转向系统两大类型。

(1)机械转向系统。机械转向系统以驾驶员的体力作为转向能源，其中所有传力件都是机械的。与非独立悬架配合工作的机械转向系统的组成和布置示意图如图 13-1 所示。

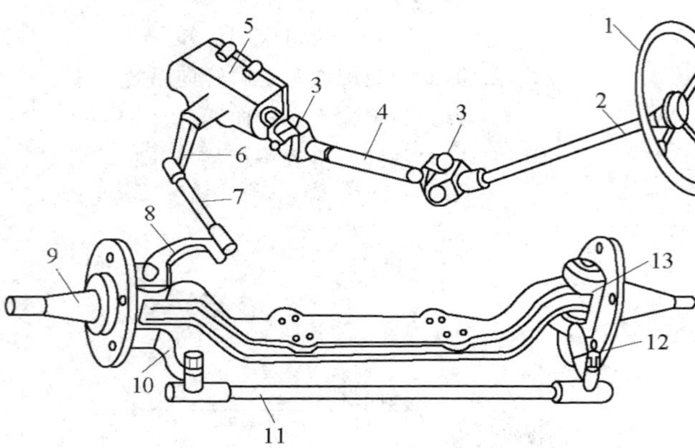

1—转向盘
2—转向轴
3—转向万向节
4—转向传动轴
5—转向器
6—转向摇臂
7—转向直拉杆
8—转向节臂
9—左转向节
10，12—梯形臂
11—转向横拉杆
13—右转向节

图 13-1 机械转向系统的组成和布置示意图

当汽车转向时，驾驶员对转向盘 1 施加一个转向力矩。该力矩通过转向轴 2、转向万向节 3 和转向传动轴 4 输入转向器 5。经转向器放大后的力矩和减速后的运动传到转向摇臂 6，再经过转向直拉杆 7 传给固定于左转向节上的转向节臂 8，使左转向节 9 和它所支承的左转向轮偏转。为使右转向节 13 及其支承的右转向轮随之偏转相应角度，还设置转向梯形。转向梯形由固定在左、右转向节上的梯形臂 10、12 和两端与梯形臂做球铰链连接的转向横拉杆 11 组成。

其中，转向盘到转向传动轴间的零部件属转向操纵机构；转向摇臂到转向梯形间的零部件属转向传动机构。所以，机械转向系统由转向操纵机构、转向器和转向传动机构三大部分组成。

转向盘在驾驶室内安放的位置与各国的交通法规有关。在一些规定车辆左侧通行的国家使用的汽车上，转向盘应安置在驾驶室右侧，这样，驾驶员左方的视野较宽阔，有利于两车安全交会。相反，包括我国在内的大多数国家规定车辆右侧通行，相应地将转向盘安置在左侧。

(2)动力转向系统。动力转向系统是兼用驾驶员体力和发动机动力为转向能源，是在机械转向系统基础上加设一套转向加力装置而形成，动力失效后，仍能用机械转向系统转向。

一种液压式动力转向系统组成如图 13-2 所示，其中，属于动力转向装置的部件为：转向油罐 9、转向控制阀 5、转向动力缸 12。当驾驶员向左转动转向盘 1 时，转向摇臂 7 带动转向直拉杆 6 前移。直拉杆的拉力作用于转向节臂 4，并依次传到梯形臂 3 和转向横拉杆 11，使之右移。与此同时，转向直拉杆还带动转向控制阀 5 中的滑阀移动，转向动力缸 12 的右腔通过控制阀与液面压力为零的转向油罐相通，转向动力缸 12 的左腔与转向液泵 10 的高压油相通，于是转向动力缸的活塞上受到向右的液压作用力便经推杆施加在转向横拉杆 11 上，也使之右移。由于液压作用力较大，便在很大程度上减轻了驾驶员的操纵力。

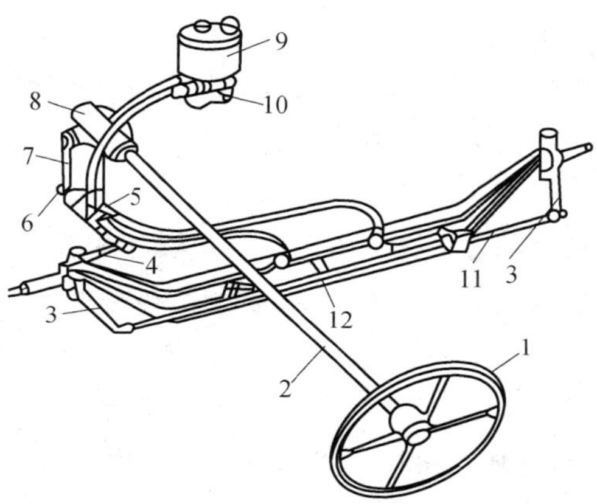

1—转向盘
2—转向轴
3—梯形臂
4—转向节臂
5—转向控制阀
6—转向直拉杆
7—转向摇臂
8—机械转向器
9—转向油罐
10—转向油泵
11—转向横拉杆
12—转向动力缸

图 13-2　液压动力转向示意图

13.1.2　转向理论

1. 内、外轮转角关系

如图 13-3 所示，为了减小汽车转向时路面对汽车行驶的附加阻力和避免轮胎过度磨损，转向系统应能保证在汽车转向时，所有车轮均做纯滚动。显然，这只有在所有车轮的轴线都相交于一点时方能实现，此交点称为理想的汽车转向中心。在确定传动机构的转向梯形参数后，只能在一定的转角范围内近似满足转向理想关系式：

$$\cot\alpha=\cot\beta+\frac{B}{L}(\beta>\alpha) \qquad (13\text{-}1)$$

式中，α 为外转向轮偏转角；β 为内转向轮偏转角；B 为两侧转向轮主销轴线与地面交点间距离；L 为轴距。

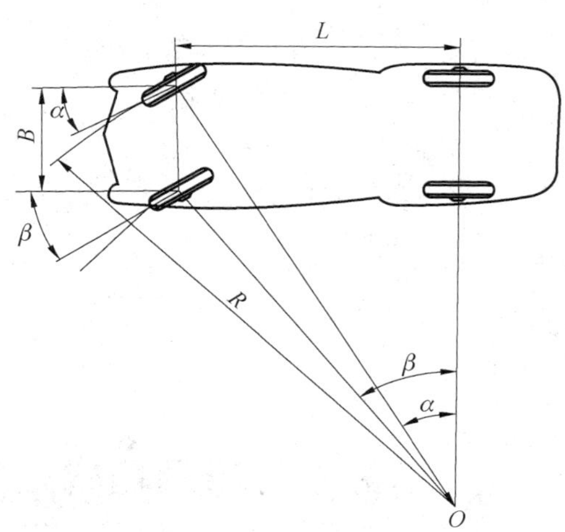

图 13-3　双轴汽车转向示意图

2. 转弯半径

转向中心到外转向轮与地面接触点的距离称为转弯半径。当外转向轮偏转角 α 达到最大值 α_{max} 时，转向半径最小为 R_{min}，在图 13-3 的理想情况下，R_{min} 和外转向轮最大转角的关系式为：

$$R_{min}=\frac{L}{\sin\alpha_{max}} \tag{13-2}$$

汽车最小转向半径越小，汽车活动的面积也可以越小，汽车的机动性能也越好。

常见问题解析

1. 故障现象

汽车在行驶中驾驶员向左、向右转动转向盘时，感到沉重费力，无回正感；当汽车低速转弯行驶和掉头时，转动转向盘感到超乎正常的沉重，甚至打不动。

2. 故障原因

(1)转向器轴承装配过紧。(2)传动副啮合间隙过小。(3)横、直拉杆球头销装配过紧或接头缺油。(4)转向节主销与衬套配合过紧。(5)转向轴或柱管弯曲，互相摩擦或卡住。(6)转向装置润滑不良；轮胎气压不足或前束调整不当。

3. 故障诊断

(1)首先检查前轮轮胎气压是否过低，如过低应按要求充气；否则进行下一步。

(2)顶起前轴(桥)，使前轮悬空，转动转向盘。若感到明显轻便省力，则故障在前轮、前桥或车架。若转向仍然沉重费力，应拆下转向摇臂，转动转向盘，如感觉沉重，则故障在转向器或转向操纵机构，应检查、调整转向器的轴承紧度和传动副啮合间隙。若转动转向盘有松紧不均或有卡住现象，则应拆下转向轴检查传动副及轴承有无损坏，转向轴与柱管有无摩擦或卡住现象，必要时进行修理或更换。

(3)若顶起前轴，转动转向盘时感到轻松，则故障在传动机构。此时可用手左、右扳动前轮，如过紧，应检查转向节主销与衬套、推力轴承及横、直拉杆球头销配合是否过紧，润滑是否良好，必要时进行调整和润滑。

(4)若上述情况均正常良好，则应检查前轴和车架是否变形，前束是否符合标准，必要时调整前束。

13.2 转向操纵机构

汽车转向操纵机构包括转向盘、转向轴、转向管柱等。它的作用是将驾驶员的操纵力传给转向器。为了方便不同体形驾驶员的操纵及保护驾驶员的安全，现代汽车转向操纵机构还带有各种调整机构及安全保护装置。

13.2.1 转向盘的自由行程

单从转向操纵灵敏而言，最好是转向盘和转向节的运动能同步开始并同步终止。然而，这在实际上是不可能的。因为在整个转向系统中，各传动件之间都必然存在着装配间隙，而且这些间隙将随着零件的磨损而增大。在转向盘转动过程的开始阶段，驾驶员对转向盘所施加的力矩很小，因为只是用来克服转向系统内部的摩擦，使各传动件运动到其间的间隙完全消除，故可以认为这一阶段是转向盘空转阶段。此后，才需要对转向盘施加更大的转向力矩以克服经车轮传到转向节上的转向阻力矩，从而实现使各转向轮偏转的目的。转向盘在空转阶段中的角行程，称为转向盘自由行程。转向盘自由行程对于缓和路面冲击及避免使驾驶员过度紧张是有利的，但不宜过大，以免过分影响灵敏性。一般说来，转向盘从相应于汽车直线行驶的中间位置向任一方向的自由行程最好不超过 10°～15°。当零件磨损严重到使转向盘自由行程超过 25°～30°时，必须进行调整。

13.2.2 转向操纵机构的组成和布置

如图 13-4 所示，转向操纵机构主要包括转向盘 1、安全转向柱 2、转向柱转换器、转向角限制器等。转向操纵机构的作用与前述的相同。在大多数与独立悬架配用的机械转向系统中都设有安全转向柱，如图 13-5 所示。它分为上、下转向柱两段，中间用过渡法兰连接。这样如果发生撞车，上、下法兰上的销和孔脱开，使得转向盘和上转向柱后移，从而有效地保护驾驶员的安全。也有采用可伸缩式转向柱，上、下两段转向柱套装在一起，在发生碰撞时，上段或下段可缩进，避免对驾驶员造成伤害。

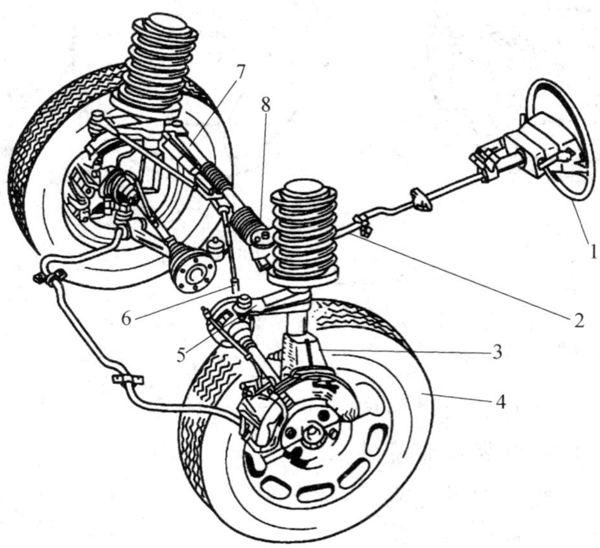

1—转向盘
2—安全转向柱
3—转向节
4—车轮
5—转向节臂
6—左、右横拉杆
7—转向减震器
8—转向器

图 13-4 轿车转向系统

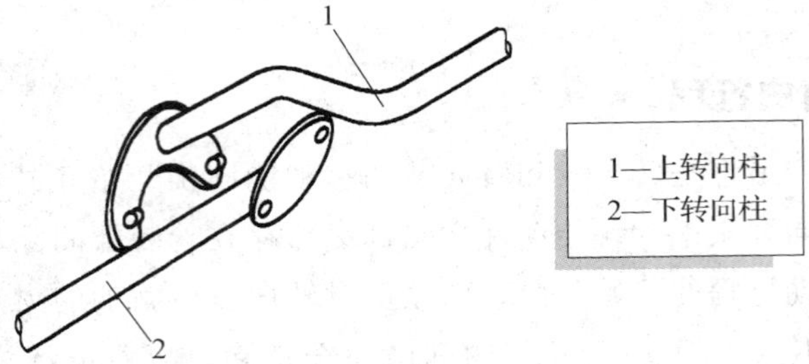

图 13-5 安全转向柱

13.2.3 转向盘

转向盘由轮缘、轮辐、轮毂三部分组成，如图 13-6 所示。轮辐一般为三根辐条[图 13-6(a)]或四根辐条[图 13-6(b)]，也有两根辐条的。转向盘轮毂孔具有细牙内花键，与转向轴的外花键相连接。转向盘内部由成型的金属骨架构成。骨架外面一般抱有柔软的合成橡胶或树脂，也有包皮革的，这样手感良好，还可防止手心出汗时握转向盘的手打滑。

转向盘上还安装有汽车喇叭开关按钮及控制转向灯等开关，以方便驾驶员操作。

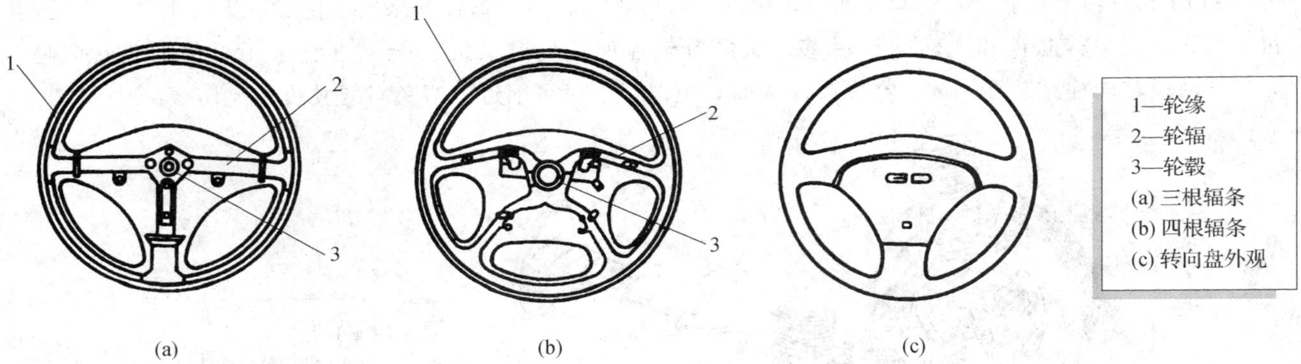

图 13-6 转向盘的构造

13.2.4 转向轴和转向管柱的吸能装置

对于轿车除要求装有吸能式转向盘外，而且还要求转向管柱也必须备有缓和冲击的吸能装置。转向轴和转向管柱的吸能装置有多种形式。其基本结构原理是，当转向轴受到巨大冲击时，转向轴产生轴向位移，使支架或某些支撑件产生塑性变形，从而吸收冲击能量。图 13-7 为网状波纹管式转向柱吸能装置示意图。

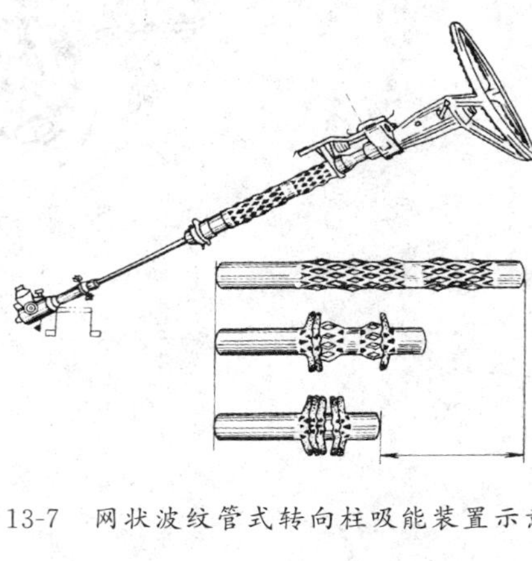

图 13-7 网状波纹管式转向柱吸能装置示意图

常见问题解析

1. 故障现象

汽车保持直线行驶位置或静止不动时，转向盘左、右转动的游动角度过大。

2. 故障原因

(1)转向器内主、从动啮合部位间隙过大或主、从动部位轴承松旷。(2)转向盘与转向轴连接部位松旷。(3)转向摇臂与转向摇臂轴连接松旷。(4)直、横拉杆球头连接部位松旷。(5)直、横拉杆臂与转向节连接松旷。(6)转向节、主销与衬套磨损后松旷。(7)车轮轮毂轴承间隙过大。

3. 故障诊断

更换轴承或调整轴承紧度；更换球头；调整转向器齿轮啮合间隙或更换损坏的齿轮。

13.3 转向器

13.3.1 转向器效率

转向器的输出功率与输入功率之比，称为转向器的传动效率。在由转向轴输入，由转向横拉杆或转向摇臂输出的情况下求得的传动效率，称为正效率。而在传动方向与上述相反时求得的为逆效率。显然，转向器的正效率越高，转向操纵越轻便灵活。

逆效率很高的转向器称可逆式转向器。可逆式转向器很容易将路面反力传到转向轴和转向盘上，有利于汽车转向结束后，转向轮和转向盘的自动回正，但也能将坏路对车轮的冲击传到转向盘上，发生“打手”情况。经常行驶在良好路面上的汽车，多采用可逆式转向器。装有液压转向助力器的重型汽车，由于液体具有良好的阻尼减振和缓和冲击作用，因此也多采用可逆式转向器。

逆效率很低的转向器称不可逆式转向器。不平路面对转向轮的冲击载荷输入到这种转向器，即由其中各传动零件(主要是传动副)承受，而不会传到转向盘上。路面作用于转向轮上的回正力矩同样也不能传到转向盘。这就使得转向轮自动回正成为不可能。此外，道路的转向阻力矩也不能反馈到转向盘上，使得驾驶员不能得到路面反馈信息，丧失“路感”，无法据此调节转向力矩。

逆效率略高于不可逆式的转向器，称为极限可逆式转向器。其反向传力性能介于可逆式和不可逆式转向器之间，驾驶员有一定的路感，转向轮也可实现自动回正，而且只有路面冲击很大时，才能部分地传到转向盘。中型以上的越野车和工矿自卸汽车一般采用极限可逆式转向器。

13.3.2 转向器

转向器是转向系统中的减速增矩装置，并改变转向力矩的传动方向。目前应用广泛、技术成熟的机械转向器有循环球式转向器、齿轮齿条式转向器和蜗杆曲柄指销式转向器等几种。

1. 循环球式转向器

循环球式转向器有两级传动副：第一级是螺杆螺母传动副；第二级是齿条齿扇传动副。

图 13-8 为循环球式转向器的结构图。通过转向盘和转向轴 12 带动转向螺杆 3 转动时，转向螺母 4 不能转动，只能轴向移动，转向螺母 4 外侧的下平面上加工成齿条，与齿扇轴上的齿扇啮合，并驱动齿扇轴 15 转动。

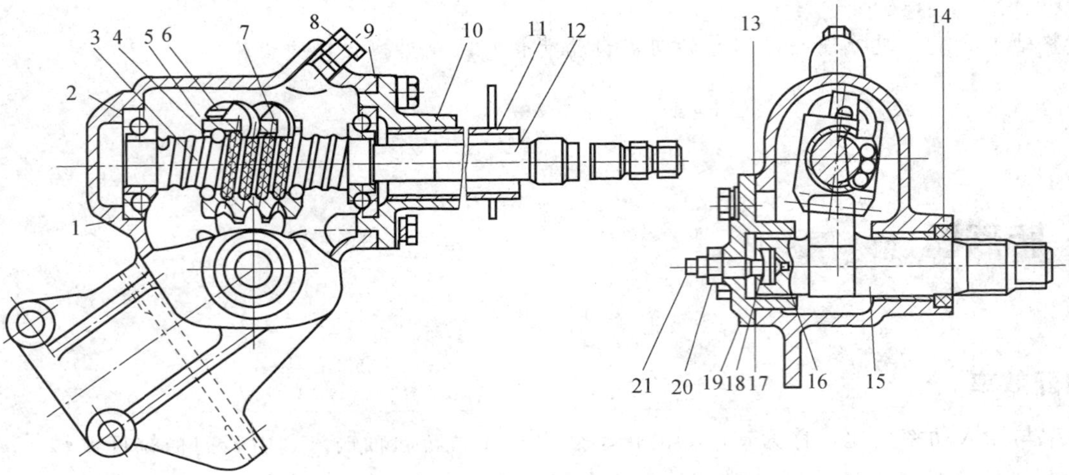

1—转向器壳体
2—推力角接触球轴承
3—转向螺杆
4—转向螺母
5—钢球
6—钢球导向卡
7—钢球导管
8—六角头锥形螺塞
9—调整垫片
10—上盖
11—转向管柱
12—转向轴
13—转向器侧盖衬垫
14—油封
15—齿扇轴
16—摇臂轴衬套
17—垫片
18—孔用弹性挡圈
19—侧盖
20—螺母
21—调整螺钉

图 13-8 循环球式转向器结构图

为了减少转向螺杆与转向螺母之间的摩擦，两者之间的螺纹以沿螺旋槽滚动的许多钢球代之，以实现滑动摩擦变为滚动摩擦。转向螺杆转动时，通道钢球将力传给转向螺母，螺母即沿轴向移动。同时，在螺杆与螺母两者和钢球间的摩擦力偶合作用下，所有钢球便在螺旋管状通道内滚动，形成“球流”。钢球在管状通道内绕行 1.5 周后，流出螺母而进入导管的一端，再由导管另一端流回螺旋管状通道。因此，在转向器工作时，钢球只在封闭通道内循环，而不致脱落。

循环球式转向器中有两处配合需要调整：

(1)支承转向螺杆的推力角接触球轴承 2 为一对推力角接触球轴承，其预紧度通过调整垫片 9 调整。

(2)齿条齿扇啮合间隙齿扇的齿是变厚度的，沿轴向移动齿扇轴 15，即可调整齿条齿扇的啮合间隙。调整螺钉 21 旋装在侧盖 19 上。齿扇轴内侧端部有切槽，调整螺钉的圆柱形端头嵌入此切槽中。将调整螺钉旋入，啮合间隙减小；反之，啮合间隙增大。

循环球式转向器正传动效率很高，可达 90%～95%，故操纵轻便、使用寿命长、工作平稳可靠，但其逆效率也很高，容易将路面冲击力传到转向盘。不过，对于前轴轴载质量不大而又经常在平坦路面上行驶的轻、中型汽车而言，影响不大。因此，循环球式转向器广泛应用于各类各级汽车中。

2. 齿轮齿条式转向器

与独立悬架配用的机械转向系统多采用齿轮齿条式转向器，其结构如图 13-9 所示。当转向柱带动齿轮 2旋转时，则齿轮又带动齿条 1 运动。转向盘转动一圈，齿条移动一定距离。齿轮齿条式转向器的使用，使转向系统重量轻、制造容易，且成本低、刚度大，使汽车具有良好的操纵稳定性。转向器磨损后出现间隙，可通过调整螺钉 4 进行调整。

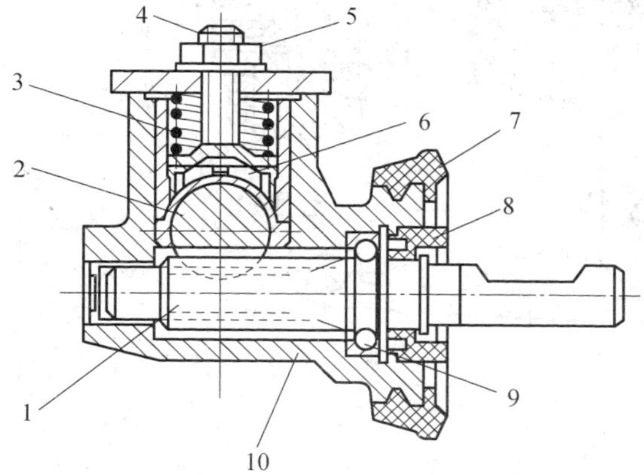

1—齿条
2—齿轮
3—弹簧
4—调整螺钉
5—螺母
6—压板
7—防尘罩
8—油封
9—轴承
10—壳体

图 13-9 齿轮齿条式转向器结构图

3. 蜗杆曲柄指销式转向器

图 13-10 为东风 EQ1090E 型汽车蜗杆曲柄指销式转向器。转向蜗杆 3 通过角接触球轴承 2、9 支承在壳体上，轴承预紧力由调整螺塞 7 在外部调整，调整后用锁紧螺母 8 锁紧。蜗杆上梯形截面螺纹与两个锥形指销啮合，其啮合间隙通过侧盖 16 上的调整螺钉 17 在外部调整，调整后用锁紧螺母 18 锁紧。两个指销 13 通过双列圆锥滚子轴承 14 支于摇臂轴 11 内端的曲柄上。其预紧度在装配时由螺母 15 调整。

双指销式转向器在中间及附近位置时，其两指销均与蜗杆啮合，故每个指销较单指销式转向器的指销所受载荷的力较小，因而其工作寿命较长。当摇臂轴转角相当大时，一个指销与蜗杆脱离啮合，另一个指销仍保持啮合，因此，双指销式转向器摇臂转角较单指销式大。但双指销式结构较复杂，对蜗杆的加工精度要求也较高。

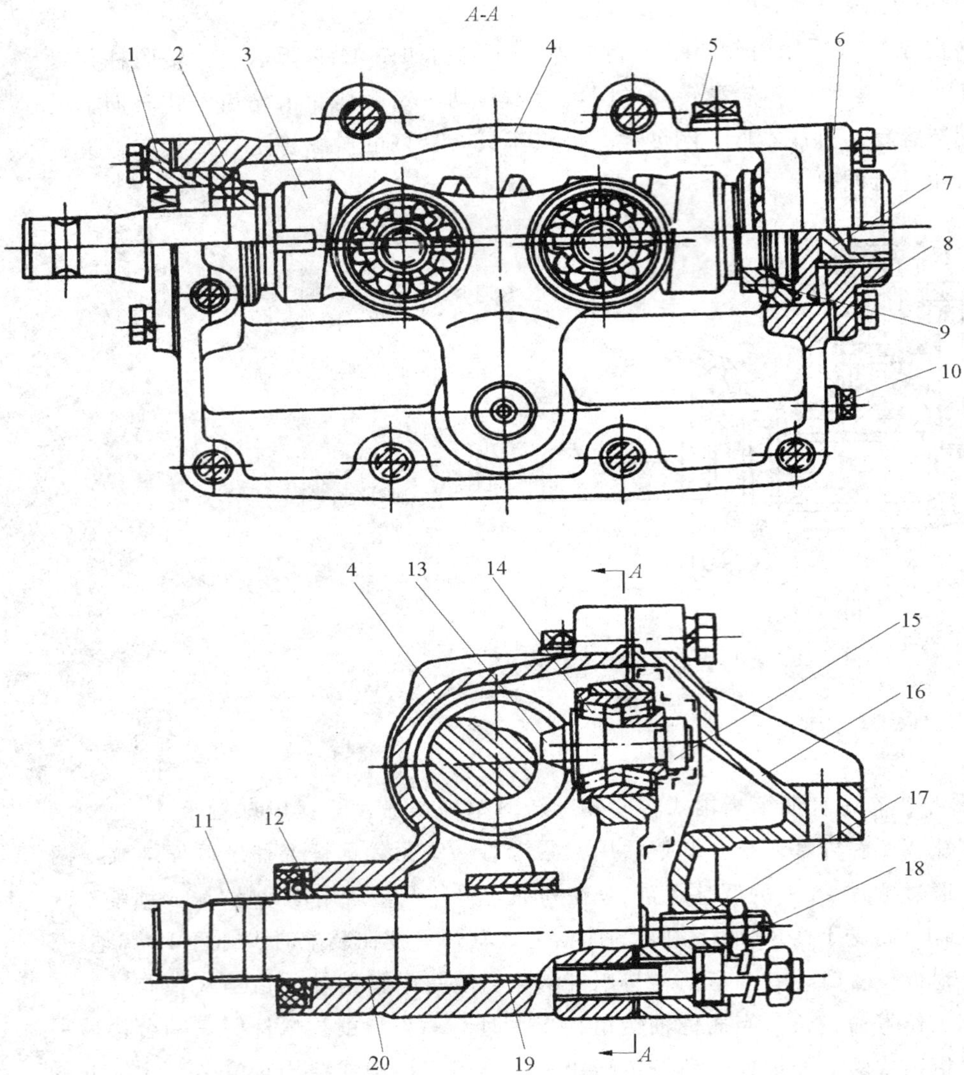

1—上盖
2，9—角接触球轴承
3—转向蜗杆
4—转向器壳体
5—加油螺塞
6—下盖
7—调整螺塞
8—锁紧螺母
10—放油螺塞
11—摇臂轴
12—油封
13—指销
14—双列圆锥滚子轴承
15，18—螺母
16—侧盖
17—调整螺钉
19，20—衬套

图 13-10　东风 EQ1090E 型汽车蜗杆曲柄指销式转向器

常见问题解析

1. 故障现象：车轮回正不良。

2. 故障原因：(1)转向车轮轮胎气压不足。(2)前轮定位失准。(3)转向器齿轮调整不良或损坏。

3. 故障诊断：(1)按标准充气。(2)检查调整前轮定位。(3)调整转向器或更换损坏的齿轮。

13.4 转向传动机构

13.4.1 功用

转向传动机构的功用是将转向器输出的力和运动传到转向桥两侧的转向节，使两侧转向轮偏转，并使两转向轮偏转角按一定关系变化，以保证汽车转向时车轮与地面的相对滑动尽可能小。转向传动机构的组成和布置因转向器位置和转向轮悬架类型不同而异。

13.4.2 与非独立悬架配用的转向传动机构

1. 组成与布置

以图 13-11(a)为例，转向传动机构主要由转向摇臂 2、转向直拉杆 3、转向节臂 4、梯形臂 5 和转向横拉杆 6 等组成。由转向器输出的力矩经上述各组件传到两轮的转向节，并由转向梯形臂和转向横拉杆组成的转向梯形机构保证左右两转向轮的偏转角接近满足转向运动关系。

在前桥仅为转向桥的情况下，转向梯形一般布置在前桥之后[图 13-11(a)]。当转向轮处于与汽车直线行驶相应的中立位置时，梯形臂与横拉杆在与道路平行的平面(水平平面)内的交角 $\theta>90°$。在发动机位置较低或转向桥兼驱动桥的情况下，为避免运动干涉，往往将转向梯形布置在前桥之前。此时，上述交角 $\theta<90°$[图 13-11(b)]。若转向摇臂不是在汽车纵向平面内前后摆动，而是在与道路平行的平面内左右摆动(如北京 BJ2020N 型汽车)，则可将转向直拉杆 3 横置，并借球头销直接带动转向横拉杆 6，使两侧梯形臂转动[图 13-11(c)]。

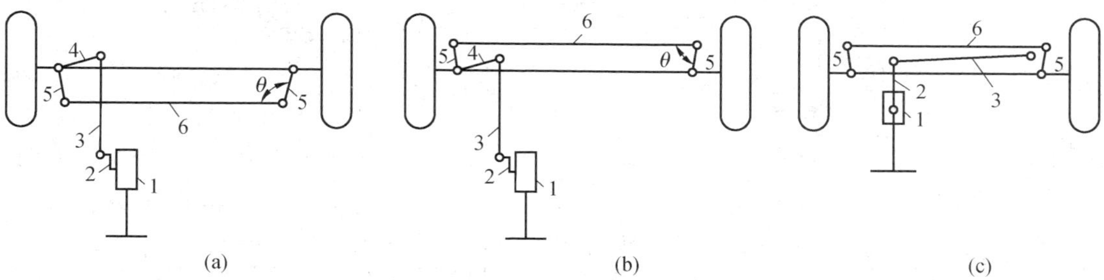

1—转向器 2—转向摇臂 3—转向直拉杆 4—转向节臂 5—梯形臂 6—转向横拉杆

图 13-11 与非独立悬架配用的转向传动机构示意图

2. 转向传动机构零部件结构

(1)转向摇臂。其功用是把转向器输出的力和运动传给直拉杆。转向摇臂的典型结构如图 13-12 所示。转向摇臂 2 上端有带细齿花键的锥孔，与转向器的输出端转向摇臂轴 4 利用带锥度的细齿花键 1 连接。摇臂轴外端面和转向摇臂上端孔的外端面刻有短线等装配标志，以保证正确装配，当转向摇臂轴在中间位置时，汽车处于直线行驶状态。转向摇臂下端通过球头销 3 与直拉杆连接。球头销球面经过强化和硬化处理。

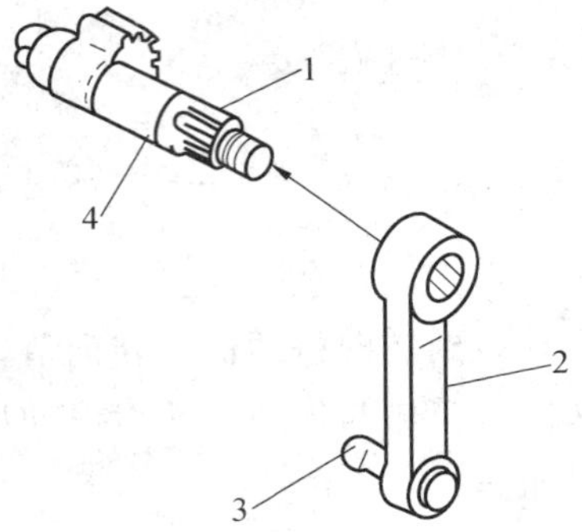

1—带锥度的细齿花键
2—转向摇臂
3—球头销
4—摇臂轴

图 13-12　转向摇臂和摇臂轴

(2)转向直拉杆。其功用是将转向摇臂传来的力和运动传给转向梯形臂或转向节臂，其结构如图 13-13 所示。

直拉杆体 9 是一段两端扩大的钢管。直拉杆前端是球头销，后端是球头销座，分别与转向节臂(或梯形臂)、转向摇臂球形铰相连，以保证三者在相对的空间运动中不发生干涉。前、后球形铰链结构中都有压缩弹簧，以补偿机械磨损，并具有缓和经车轮和转向节传来的路面冲击的作用。弹簧预紧力可用端部螺塞 4 调节。

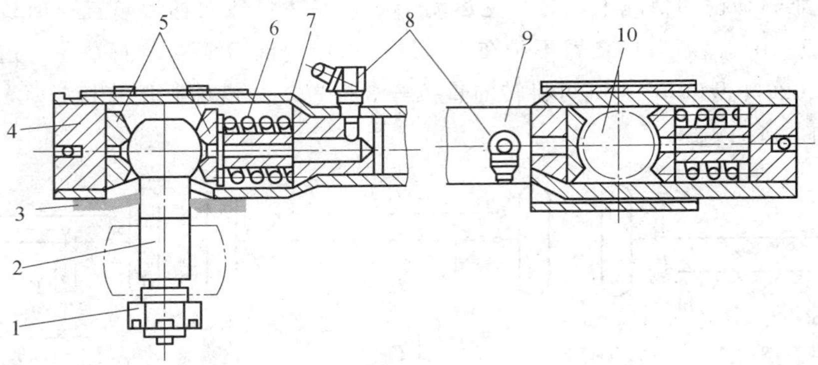

1—螺母 2—球头销 3—橡胶防尘垫 4—端部螺塞 5—球头座 6—压缩弹簧
7—弹簧座 8—油嘴 9—直拉杆体 10—转向摇臂球头销

图 13-13　解放 CA1091 型汽车转向直拉杆结构图

(3)转向横拉杆。如图 13-14 所示，转向横拉杆总成由横拉杆体 2 与旋装在两端的横拉杆接头 1 组成。横拉杆体用钢管或钢钎制成，它的两端切制有正、反螺纹与横拉杆接头连接。由于横拉杆体两端是正反螺纹，所以当放松夹紧螺栓 3 时，旋转横拉杆体即可改变转向横拉杆的有效长度，以调整前轮的前束值。调妥后应将夹紧螺栓拧紧。在横拉杆接头上装有球头销等零件组成球形铰接，分别与两侧的转向梯形臂相连接。球头销的球头部分夹紧在球头销座 9 内。上、下球头销座常用尼龙或聚甲醛制成，具有较好的耐磨性。弹簧 12 将球头座压在球头上，这样在球头和球头座磨损时能自动消除间隙，既可减小转向盘自由行程，也可防止左、右两球头中心距发生改变。球头节上部设有防尘罩 8，以防尘土侵入。

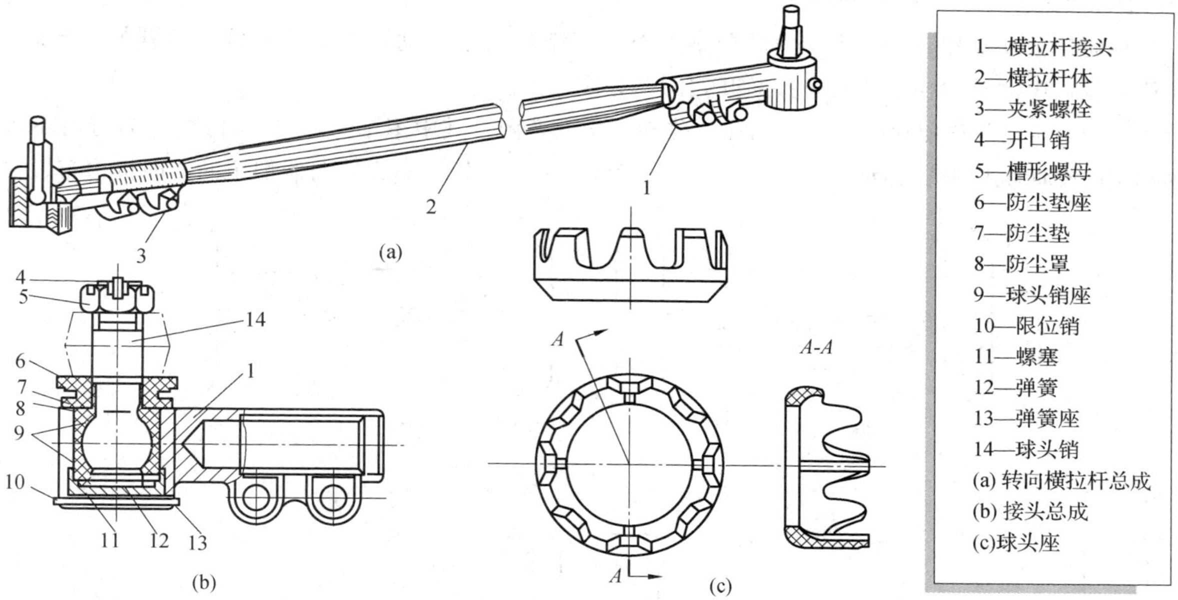

图 13-14　解放 CA1091 型汽车转向横拉杆

有些越野汽车转向传动机构的横拉杆，由于转向驱动桥主减速器尺寸的限制，前置式横拉杆的中部必须弯曲，因而就不能通过它本身的转动来调整前轮前束。通常在横拉杆的一端附加一个可调的短接杆，或将横拉杆的两端用螺纹连接的接头制成叉形，用直销和梯形臂连接，如图 13-15 所示。若需改变横拉杆的长度时，需将接头销拔下，转动叉形接头来进行调整。因每次转动接头只能旋转 180°或 360°才能将接头销装复，所以两端接头的螺纹有粗、细牙之分，用来互相补偿，以保证获得所需的长度。

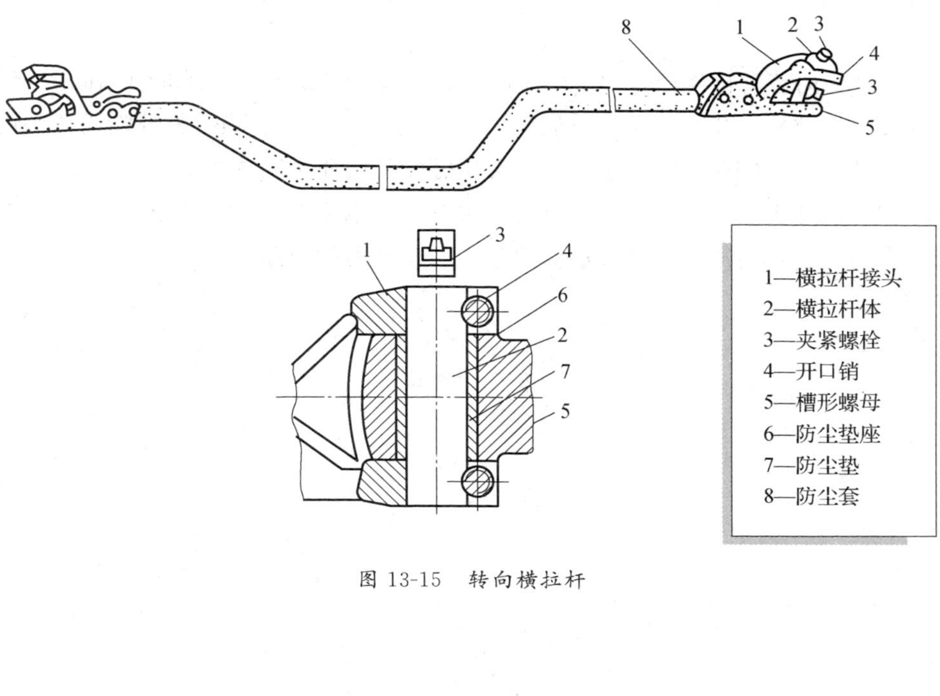

图 13-15　转向横拉杆

13.4.3 与独立悬架配用的转向传动机构

当转向轮独立悬挂时，每个转向轮分别相对于车架做独立运动，因而转向桥是断开的。与此相应，转向传动机构中的转向梯形也必须是断开式的，分成几段。

图 13-16 为几种与独立悬架配用的转向传动机构示意图。其中图 13-16(a)、(b)所示为与循环球式转向器配用的转向机构布置方案，图 13-16(c)、(d)所示为与齿轮齿条式转向器配用的转向机构布置方案。

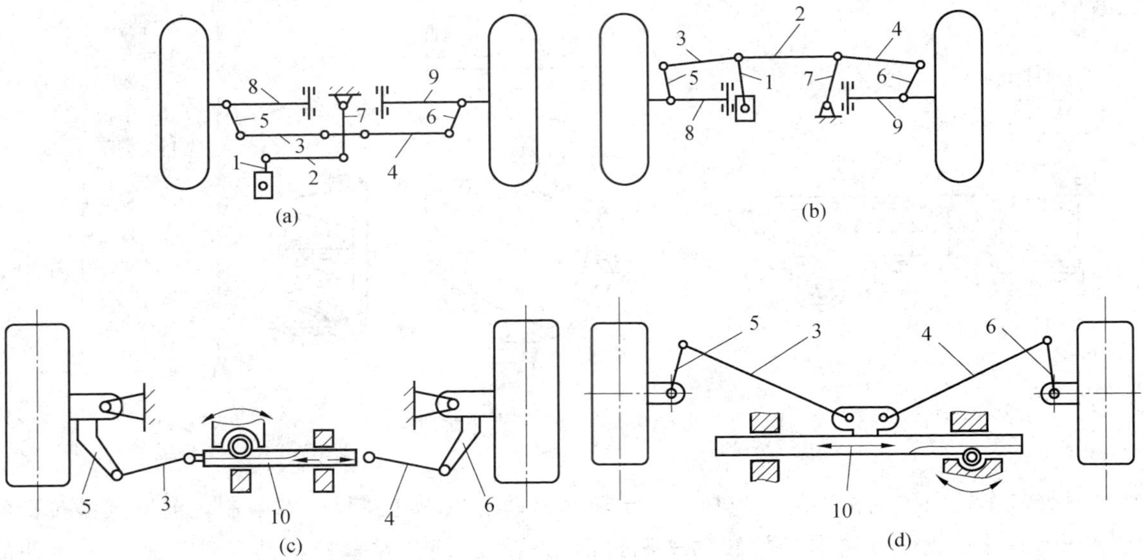

1—转向摇臂 2—转向直拉杆 3—左转向横拉杆 4—右转向横拉杆 5—左梯形臂 6—右梯形臂
7—摇杆 8—悬架左摆臂 9—悬架右摆臂 10—齿轮、齿条式转向器

图 13-16 与独立悬架配用的转向传动机构示意图

红旗 CA7560 型转向传动机构即采用了图 13-17 所示的结构方案。摇杆 3 前端固定于车架横梁中部，后端借球头销与转向直拉杆 1 和左、右转向横拉杆 6、5 连接。左、右横拉杆外端用球头销分别与左梯形臂 7、右梯形臂 4 铰接，故能随同侧车轮相对车架和摇杆在横向平面内上、下摆动。转向直拉杆 1 与转向摇臂球头销 2 相连。球头座两背面各设一个压缩弹簧，分别用于吸收由右转向横拉杆 5 和左转向横拉杆 6 传来的两个方向上的路面冲击，并自动消除球头与座之间的间隙。

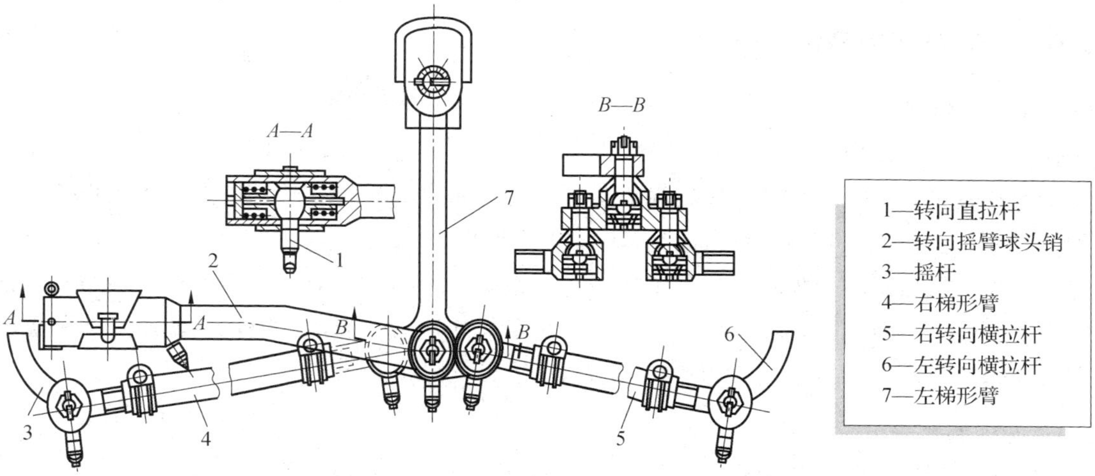

图 13-17　红旗 CA7560 型轿车转向传动机构

常见问题解析

1. 故障现象：转向不稳。

2. 故障原因：(1)转向器轴承过松。(2)传动副啮合间隙过大。(3)横、直拉杆球头销磨损严重。(4)转向节主销与衬套磨损严重，配合间隙过大。(5)前轮毂轴承松旷。(6)前束过大。

3. 故障诊断：(1)一人转动转向盘，另一人在车下察看传动机构，如转向盘转了许多而转向摇臂并不转动，则故障在转向器；如转向摇臂转动了许多而前轮并不偏转，则故障在传动机构。(2)如果故障在转向器，应检查传动副啮合间隙，必要时进行调整。(3) 如果故障在传动机构，应检查转向摇臂以及直、横拉杆各球头销是否松旷，必要时进行调整。(4)经检查上述情况良好，则应架起前轴并用手推动车轮，检查转向节、主销与衬套，前轮毂轴承是否松旷，必要时进行调整或修理。(5) 转向盘经过上述检查、调整后仍不稳定，应检查前轴和车架以及轮辋是否变形，前束是否符合标准规定，必要时进行调整或修理。

13.5　动力转向装置

用以将发动机输出的部分机械能转化为压力能(液压能或气压能)，并在驾驶员控制下，对转向传动装置或转向器中某一传动件施加不同方向的液压或气压作用力，以助驾驶员施力不足的一系列零部件，总称为动力转向装置。动力转向装置是由机械转向器、转向动力缸和转向控制阀三大部分组成。

13.5.1 动力转向装置类型

1. 按传能介质不同来分

按传能介质不同，转向加力装置有气压式和液压式两种。气压式转向加力装置主要应用于一部分其前轴最大轴载质量为 3～7 t，并采用气压制动系统的货车和客车。装载质量特大的货车也不宜采用气压式转向加力装置，因为气压系的工作压力较低(一般不高于 0.7 MPa)，用于这种重型汽车上时，其部件尺寸将过于庞大。液压式转向加力装置的工作压力可高达 10 MPa 以上，故其部件尺寸很小。液压系工作时无噪声，工作滞后时间短，而且能吸收来自不平路面的冲击。因此，液压式转向加力装置已在各类各级汽车上获得广泛应用。本节所讨论的转向加力装置也只限于液压式的。

2. 按所用转向控制阀来分

按所用转向控制阀来分，有滑阀式(图 13-18)和转阀式(图 13-19)两种。

(1)滑阀式转向控制阀。阀体沿轴向移动来控制油液流量的转向控制阀，称为滑阀式转向控制阀，如图 13-18 所示。其中图 13-18(a)为常流式滑阀，图 13-18(b)为常压式滑阀。常流式与常压式滑阀的不同之处在于：当汽车转向盘处于中立位置时，常压式液压系中的工作管路保持高压；而常流式则只在转向时管路提供高压。常流式的优点是结构简单、液压泵寿命长，消耗功率少，广泛应用于各种汽车。常压式的优点在于有储能器积蓄液压能，可以使用较小的液压泵，并可以在液压泵不运转的情况下保持一定的转向助力能力，一些重型汽车上采用这种结构。

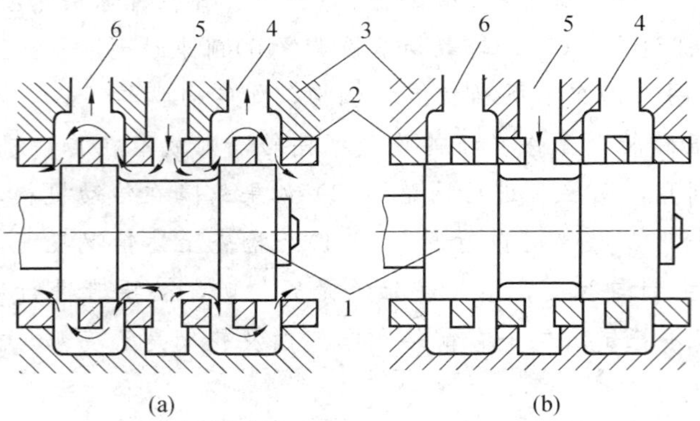

1—阀体
2—阀套
3—壳体
4，6—通动力缸左、右腔的通道
5—通液压泵输出管路的通道
(a) 常流式滑阀
(b) 常压式滑阀

图 13-18　滑阀式转向控制阀的结构和工作原理

对于常流式滑阀，当阀体 1 处于中间位置时，其两个凸棱边与阀套环槽形成四条缝隙。中间的两个缝隙分别与动力缸两腔的油道相通，而两边的两个缝隙与回油道相通。当阀体向右移动很小的一段距离时，右凸棱将右外侧的缝隙堵住，左凸棱将中间的左缝隙堵住，则来自液压泵的高压油经通道 5 和中间的右缝隙流入通道 4，继而进入动力缸的一个腔，而动力缸另一腔的低压油被活塞推出，经由通道 6 和左凸棱外侧的缝隙流回储油罐。

(2)转阀式转向控制阀。阀体绕其轴线转动来控制油液流量的转向控制阀，称为转阀式转向控制阀，如图 13-19 所示。阀套 2 上有四个互相连通的进油口 P，与油泵 6 动力油路来接通；四个互相连通的出油孔 A，与动力缸 1 左腔 L 相通；四个互相连通的出油口 B，与动力缸 1 的右腔 R 相通。阀芯 3 的内腔与低压回油路 O 相通。阀芯与阀套的相对位置不同，油路的流通情况也不同。

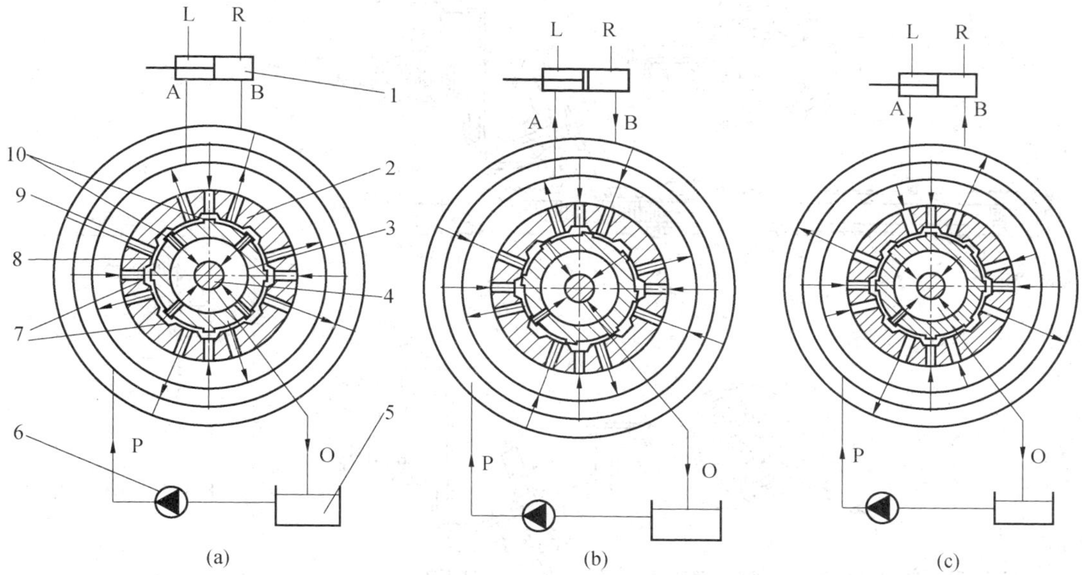

1—动力缸 2—阀套 3—阀芯 4—扭杆 5—储油罐 6—油泵 7，9—纵槽 8，10—槽肩
(a)汽车直线行驶 (b)汽车右转弯 (c)汽车左转弯

图 13-19 转阀式转向控制阀工作原理图

汽车直线行驶转向盘处于中立位置时，阀芯和筒套的相对位置如图 13-19(a)所示。P、O、A、B 四油路相通，此时转向泵卸荷，动力缸 R、L 两腔无压力、无助力作用。

当汽车右转弯阀芯向右转动很小位置时，如图 13-19(b)所示，P→A→动力缸左腔 L，动力缸右腔 R→B→O，产生助力；当汽车左转弯时，阀芯向左移动很小位置，如图 13-19(c)所示，P→B→动力缸右腔 R，动力缸左腔 L→A→ O，产生相反方向助力。

13.5.2 整体式动力转向装置

1. 齿轮齿条式整体动力转向器

目前，国产轿车上几乎毫无例外地采用了转阀式的整体式动力转向器。图 13-20 为捷达轿车上采用的整体式动力转向器的转向加力装置示意图。

控制阀为转阀，如图 13-20(a)所示，与齿轮齿条式机械转向器和转向动力缸设计成一体，组成整体式动力转向器。其转向动力缸活塞 12 与转向齿条 10 制成一体。动力缸活塞 12 将转向动力缸 13 分成左、右两腔。扭杆 4 的前端用销 18 与阀芯 2 相连，后端用销 15 与转向齿轮连接，转向阀套 1 与转向齿轮 11 制成一体，因而转向轴可通过扭杆带动转向齿轮转动。

转向控制阀(转阀)处于中立位置时[图 13-20(a)]，由转向油罐 7、转向液压泵(叶片泵)8、流量控制阀(带安全阀)9 组成的供能装置输出的油液，流入转阀进油口 P[P 的位置见图 13-20(c)]进入阀腔。由于转阀处于中立位置，它使动力缸的两腔相通，则油液经回油管路 6 流回转向油罐 7。故转向动力缸完全不起作用，该转向加力装置为常流式转阀整体式动力转向器。

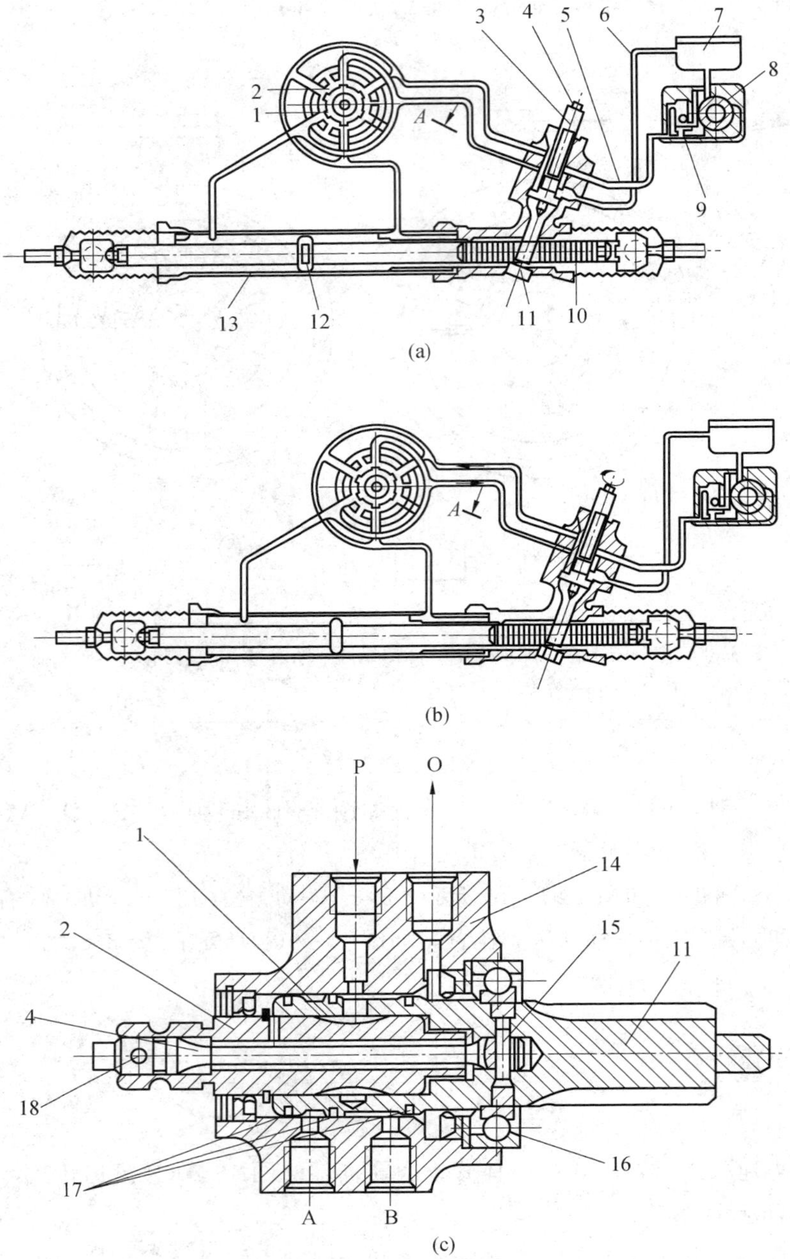

1—转向阀套
2—阀芯
3—转向轴
4—扭杆
5—进油管路
6—回油管路
7—转向油罐
8—转向液压泵(叶片泵)
9—流量控制阀(带安全阀)
10—转向齿条
11—转向齿轮
12—动力缸活塞
13—转向动力缸
14—阀体
15，18—销
16—轴承
17—密封圈
(a) 汽车直线行驶时
(b) 汽车向右转弯行驶时
(c) 转阀的构造

图 13-20　捷达轿车整体式动力转向器的转向加力装置示意图

工作过程及原理分析以右转向盘为例，如图 13-20(b)所示。当刚开始向右转动转向盘时，转向轴连同阀芯被顺时针转动，因为受到转向节臂传来的路面转向阻力，动力缸活塞和转向齿条暂时都不能运动，所以转向齿轮暂时也不能随转向轴转动。这样，由转向轴传到转向齿轮的转矩只能使扭杆 4 产生少许扭转变形，使转向轴(即阀芯)得以相对转向齿轮(即阀套)转过不大的角度，从而转阀使动力缸左腔成为高压的进油腔，右腔则成为低压的回油腔。作用在动力缸活塞上向右的液压作用力，帮助转向齿轮迫使转向齿条开始右移，转向轮开始向右偏转。同时，转向齿轮本身也开始与转向轴同向转动。只要转向盘继续转动，扭杆的扭转变形便一直保持不变，转向控制阀所处的右转向位置也不变。

一旦转向盘停止转动，动力缸暂时还继续工作，导致转向齿轮继续转动，使扭杆的扭转变形减小，直到扭杆恢复自由状态，控制阀(转阀)回到中立位置，动力缸停止工作为止。此时，转向盘即停驻在某一位置上不动，则车轮转角也就保持一定。

转向过程中，若转向盘转动的速度快，阀体与阀芯的相对角位移量也大，动力缸两腔压力差增大，转向助力也随之增大，车轮偏转的速度也快；若转向盘转动的速度慢，助力小，车轮偏转的速度慢；转向盘不动，转向轮也转到某一相应的位置不动，这称之为转向控制阀的“渐进随动原理”。转向后回正时，若驾驶员放松转向盘，阀芯回到中间位置，失去助力作用，此时，车轮在回正力矩的作用下回位。若驾驶员同时逆时针回转转向盘，动力转向器反向助力，帮助车轮回正。

若汽车行驶偶遇外界阻力使车轮发生偏转，则阻力矩通过转向传动机构、转向齿条齿轮作用在阀套上，使阀套、阀芯产生相对角位移，动力缸产生与车轮偏转方向相反的助力作用。在此力的作用下，车轮迅速回正，保证了汽车直线行驶的稳定性。

一旦液压助力装置失效，助力缸不起作用，驾驶员需转动转向盘以较大的角度，使扭杆产生更大变形，传递更大的转矩，以驱动转向齿轮旋转。此时，该动力转向器变成机械转向器。驾驶员需施加更大的力，转向盘的自由行程更大。

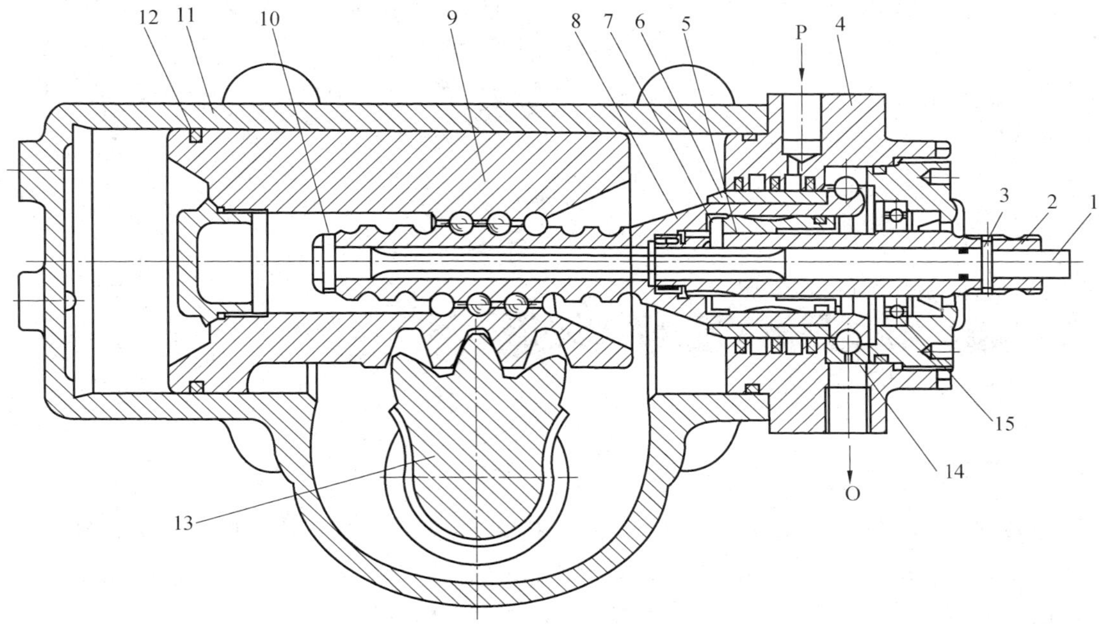

1—扭杆 2—阀芯 3，7，10—销 4—转向器前端盖 5—转阀阀体 6—转阀隔套 8—转向螺杆 9—转向螺母 11—转向器壳体 12—密封圈 13—齿扇轴(摇臂轴) 14，15—轴承 P—转阀进油道 O—转阀回油道

图 13-21 解放 CA1120PK2L2 型汽车的循环球式整体式动力转向器

2. 循环球式整体液压动力转向器

图 13-21 为中型货车所采用的循环球式整体式动力转向器，控制阀也为转阀式，机械转向器为循环球一齿条齿扇式。转向螺杆 8 的前端用销 10 与扭杆 1 连接，后端制成圆筒形，其内圆面上加工有油道，并用轴承 14 支承在转向器前端盖 4 上。扭杆的前端用销 3 与转阀阀芯 2 连接。阀芯 2 与转阀阀体 5 用销 7 连成一体。阀芯 2 用花键与转向轴连接。转向器壳体 11 同时也是转向动力缸的缸体。转向螺母 9 也是动力缸的活塞，其上加工有齿条与摇臂轴 13 上的齿扇相啮合。转向螺母的后端用密封圈 12 将动力缸分成前后两腔。其工作原理与前述的轿车的整体式动力转向相同。

常见问题解析

1. 故障现象：汽车直线行驶时，转向盘发飘或跑偏。

2. 故障原因：(1)转向控制阀回位弹簧损坏或太软，难以克服转向器逆传动阻力，使滑阀不能及时回位。(2)因油液脏污使滑阀运动受到阻滞。(3)由于滑阀与阀体台阶位置偏移使滑阀不在中间位置。(4)流量控制阀卡住，使油泵油量过大或油压管道布置不合理，导致油压系统管道节流损失过大，使动力缸左、右腔压力差过大。

3. 故障诊断：(1)应当检查油液是否脏污，新车或大修后的车辆不认真执行和维护换油规定，往往使油液脏污。(2)对于使用较久的车辆，则可能是流量控制阀或转向控制阀反作用弹簧失效所致，可在不启动发动机的情况下，转动转向盘，凭手感判断滑阀是否开启运动自如。若有怀疑，一般应拆卸检查。

13.6 电子控制动力转向装置

13.6.1 概述

电动助力转向(Electric Power Aided Steering，EPAS)系是一种直接依靠电动机提供辅助转矩的动力转向系统，是为了满足人们对驾驶轻便性的要求而产生的。它可以根据不同的使用工况控制电动机提供不同的辅助动力，这也符合当前电控技术与汽车技术相结合的趋势。

电动助力转向系统主要包括机械式转向器、转矩传感器、减速机构、电磁离合器、电动机、电子控制单元(ECU)和车速传感器等。图 13-22 为电动助力转向系统示意图。转矩传感器 1 通过扭杆连接在转向轴 2中间。当转向轴转动时，转矩传感器开始工作，把两段转向轴在扭杆作用下产生的相对转角转变成电信号传给电子控制单元(ECU)7，ECU 根据车速传感器和转矩传感器的信号决定电动机 6 的旋转方向和助力电流的大小，并将指令传递给电动机，通过电磁离合器 5 和减速机构 3 将辅助动力施加到转向系统(转向轴)中，从而完成实时控制的助力转向。它可以方便地实现在不同车速下提供不同的助力效果，保证汽车在低速转向行驶时轻便灵活，高速转向行驶时稳定可靠。因此，EPAS 系助力特性的设置具有较高的自由度。

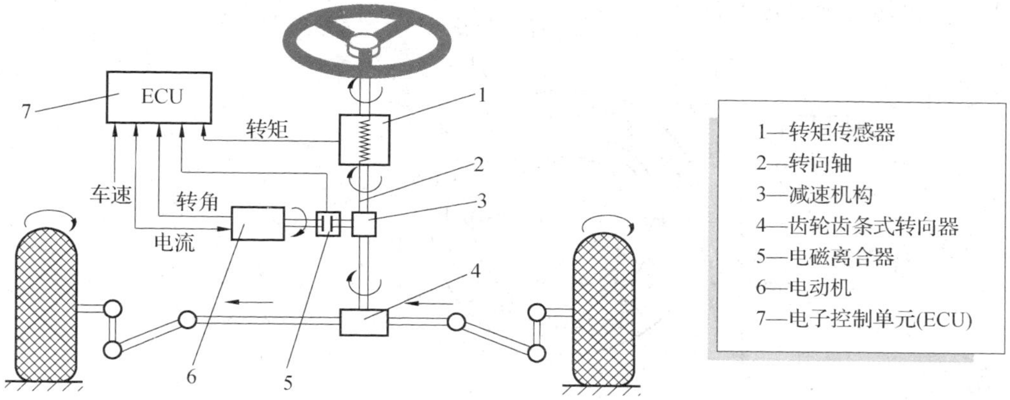

图 13-22 电动助力转向系统示意图

EPAS 系与传统的液压助力转向系统相比较，具有以下优点：

(1)节省动力。因为设计的控制电路使电动机只在需要时才工作，而省去了不断工作的液压泵。

(2)节省空间。因为电动机和减速机构集成在转向柱或者转向器壳体中，此外也省略了液压泵和辅助管路。

(3)质量小。因为仅仅是在机械转向系统的基础上增加了一套电动机和减速机构。

(4)容易集成。因为部件更少且不需要充入液体或滤清空气，所以更加容易集成。

但是，由于使用了电动机和减速机构等部件，增加了电动助力转向系统的成本。另外，减速机构、电动机等部件产生的摩擦力和惯性力可能会影响转向特性(如产生过多转向)，或者改变了转向盘的自动回正作用以及它的阻尼特性等。因此，正确匹配整车性能至关重要。

由此可见，EPAS 系尤其适合使用在对空间、重量要求更高的使用小排量发动机的微型汽车上。

13.6.2 EPAS 的关键部件

1. 转矩传感器

转矩传感器是通过测定转向盘施加于转向器上的转矩作为电动助力依据之一。

图 13-23 为电磁式转矩传感器原理图。转子 1 与转向轴一起转动，只要测出定子 2 和转子之间的相对角位移，即转向轴的扭转角，就可以间接地计算出转向转矩的大小。

定子和转子都是用磁性材料做成，线圈 A、B、C、D 分别绕在定子的极靴上，在四个中点 U、V、W、T 引出接线，接成一个桥式电路。在线圈 U、T 两端施加连续的脉冲电压信号，当转向轴上的转矩为零时，定子与转子的相对转角为零，这时转子处于定子 AC、BD 的对称面上，每个极靴上的磁通量是相同的，因此电桥是平衡的，V、W 两端的电位差为 0，即输出信号。

驾驶员转动转向盘，转向轴发生扭转变形，定子与转子的相对转角不为零，产生相对转角，极靴 A、D 间磁阻增加，B、C 间磁阻减少，电桥失去平衡，V、W 之间出现电位差。这个电位差与转向轴的扭转角和输入电压成正比，即

$$U_o = kU_i\theta \tag{13-3}$$

式中　k——比例常数。

由此可以计算出转向轴的转角和转矩。

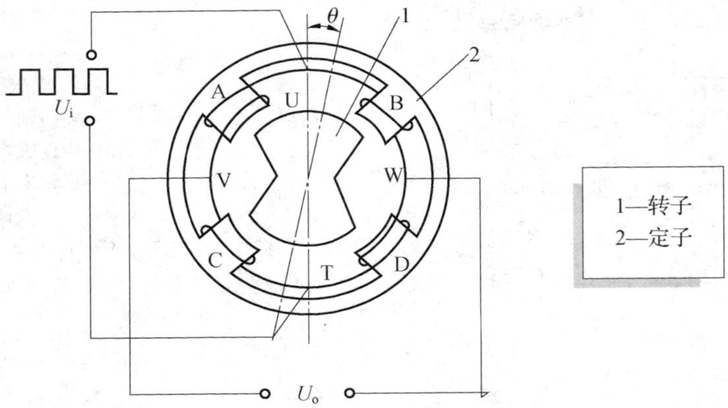

图 13-23　电磁式转矩传感器原理图

2. 电动机

电动机是 EPAS 系的动力源，其功能是根据电子控制单元的指令输出适当的辅助转矩。目前采用较多的是永磁式直流电动机，分为有刷式和无刷式两种。电动机对 EPAS 系的性能有很大影响，所以 EPAS 系对电动机有很高的要求。不仅要求其转矩大、转矩波动小、转动惯量小、尺寸小、质量轻，而且要求其可靠性高、易控制。为此，设计时常针对 EPAS 系的特点，对电动机的结构做一些特殊的处理，如沿转子的表面开出斜槽或螺旋槽，定子磁铁设计成不等厚等。

3. 电磁离合器

电动助力转向系统一般采用单片电位计式扭矩传感器式电磁离合器，其工作原理如图 13-24 所示。当电流通过滑环 1 进入离合器线圈 2 时，在主动轮 6 上产生电磁吸引力，带花键的压板 3 被吸引与主动轮压紧，电动机的动力经过电动机输出轴、主动轮、压板、花键、从动轴传给减速机构。离合器在微机控制下结合或者分离。

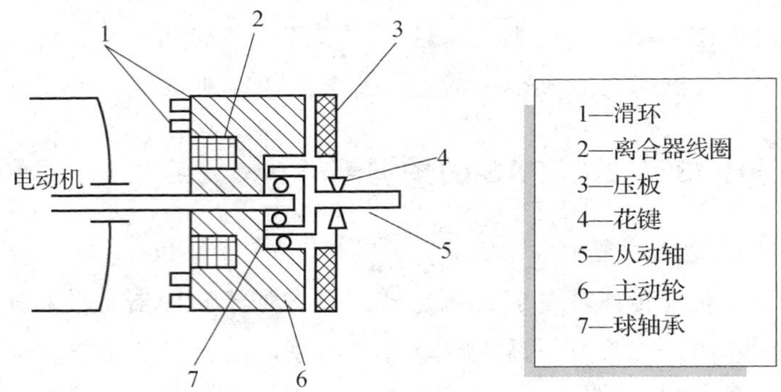

图 13-24　电磁离合器工作原理示意图

4. 电动机减速机构

助力电动机转速高、转矩小，必须经由减速机构减速增转矩后驱动转向器。常用的减速机构有蜗轮蜗杆传动、螺杆螺母传动、行星齿轮减速机构等多种形式。

图 13-25 为蜗轮蜗杆减速机构，蜗杆 5 与电动机 3 的输出轴相连，通过蜗轮 6 和蜗杆的啮合传动将电动机的转矩作用到转向轴 1 上，以实现转向助力。

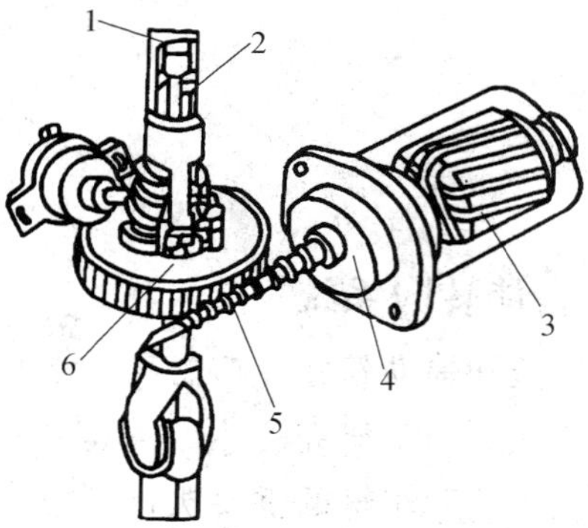

图 13-25　蜗轮蜗杆减速机构

常见问题解析

1. 故障现象：一辆丰田卡罗拉轿车，该车故障表现为转向不灵敏、沉重的现象。

2. 故障诊断：接车后询问车主得知此车在行驶过程中转向沉重，故障指示灯点亮。试车后发现该车存在上述状况，连接丰田专用诊断仪，查询故障码，显示有说明电动机短路开路。记录故障码，然后执行清除故障码，发现故障码无法清除。

由于 ECU 部分很少出现问题，所以我们用丰田专用诊断仪进行检测，将点火开关置于“ON”位置，并接通丰田专用检测仪。

进入菜单项：Chassis/Emps/DataList。选择数据表中的“Motor Actual Current”和“Command Value Current”，并读取智能检测仪上的显示值。向左、向右转动转向盘，查看“Motor Actual Current”和“Command Value Current”输出值。

3. 故障分析：由于丰田卡罗拉轿车采用的是电动转向助力系统，根据转矩大小输出不同驱动电压，以驱动转向助力电动机产生助力，转矩越大输出的驱动电压越高，驱动电压在 27～34 V 变化。但当驾驶员未打方向或车辆直线行驶时，助力电动机不运转，此时助力电动机的电压为零。转向助力电动机的电流由转向力矩及车速控制，随车速变化而变化，EPS ECU 根据转向力矩值及车速大小计算所需输出电流并控制马达运转。因此当电动机或其线路出现故障后，EPS ECU 无法确定输出电压，从而不能控制电机工作，出现转向不灵敏、沉重的现象。

知识拓展

智能转向系统

无人驾驶汽车是一个集环境感知、规划决策和辅助驾驶等功能于一体的综合系统，它包含了自动控制、模式识别和传感器技术等先进技术，已经成为当下研究的热点。其中，智能转向系统需要通过精心的设计完成指定的角度和角速度的转向，是无人驾驶车辆的重要执行机构。智能转向系统是在电动助力转向系统、主动转向系统、差速转向系统等现有转向系统的基础上，完全通过转向电机输出力矩实现转向。智能转向系统设计的关键就是如何通过图像系统的识别以及控制算法设定对既有路径的跟随性。在过去几年，标识线图像识别的导航方法因其技术较易实现而被广泛采用。近年来，由于 GPS 技术的发展，智能转向系统的转向准确性大幅提高。通过 GPS 系统提取路径上的控制点，构造路径数学模型，对路径的曲率、车身与路径切线的夹角以及实际路线与既定路线误差计算，将路径跟随信号传递给 ECU，ECU 结合车速和横摆角速度和侧向加速度等车辆动态特性信号计算车辆所需转向力矩和转向转角，然后对转向电机发出控制电流实现转向。基于 GPS 技术的智能转向结构原理图如图 13-26 所示。

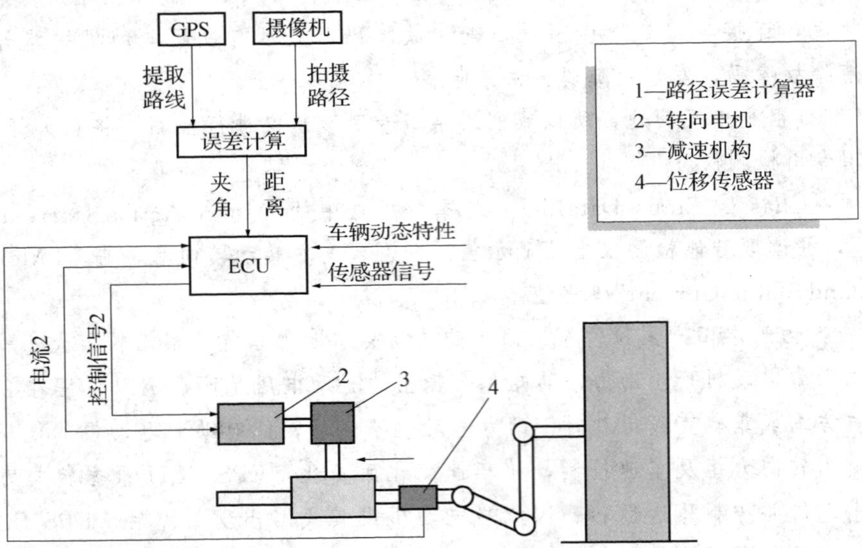

图 13-26　基于 GPS 技术的智能转向结构原理图

思考与练习

一、 填空题

1. 转向系统可按转向能源的不同分为________和________两大类。
2. 机械式转向系统由________、________和________三大部分组成。
3. 转向系统的作用是________。
4. 液压式动力转向系统中，转向加力装置由________、________、________和________组成。
5. 循环球式转向器中一般有两级传动副，第一级是________传动副，第二级是________或________传动副。
6. 齿轮齿条式转向器传动副的主动件是________，从动件是________。
7. 循环球式转向器传动副的主动件是________，从动件是________、________和________。
8. 按传能介质的不同，转向传力装置分为________和________两种。
9. 在转向传动机构中，为了防止运动干涉，各个横纵拉杆均采用________进行连接。

二、 问答题

1. 转向系统作用如何？机械转向系统主要由什么组成？机械转向器常见形式有哪几种？
2. 循环球式和齿轮齿条式转向器的优点、啮合副分别是什么？
3. 何为转向盘自由行程？它的大小对汽车转向操纵有什么影响？一般范围为多大？
4. 为什么目前在轻型及微型轿车和货车上大多数采用齿轮齿条式转向器？
5. 什么是可逆式转向器、不可逆式转向器和极限可逆式转向器？它们各有何优缺点？各用于哪类汽车？
6. 什么是转向盘的自由行程？为什么转向盘会留有自由行程？自由行程过大或过小对汽车转向操纵性能会有什么影响？一般范围应是多少？
7. 为什么在装配曲柄指销式转向器时，摇臂轴外端面和转向摇臂上孔外端面的刻印应对齐？
8. 为什么循环球式转向器广泛应用于各类汽车上？
9. 为什么转向直拉杆、转向摇臂及转向节臂三者之间的连接件都是球形铰链？
10. 在汽车转向系统中，怎样同时满足转向灵敏和转向轻便的要求？

单元14 制动系统

单元目标

知识目标

1. 掌握制动系统功用、要求和组成
2. 掌握制动器的类型及结构原理
3. 掌握人力、伺服和动力制动系统结构和工作原理
4. 掌握 ABS、ASR 的组成和工作原理

能力目标

1. 认识汽车制动系统
2. 拆卸和装配汽车制动系统
3. 拆卸和装配汽车制动器
4. 拆卸和装配汽车 ABS

知识脉络图

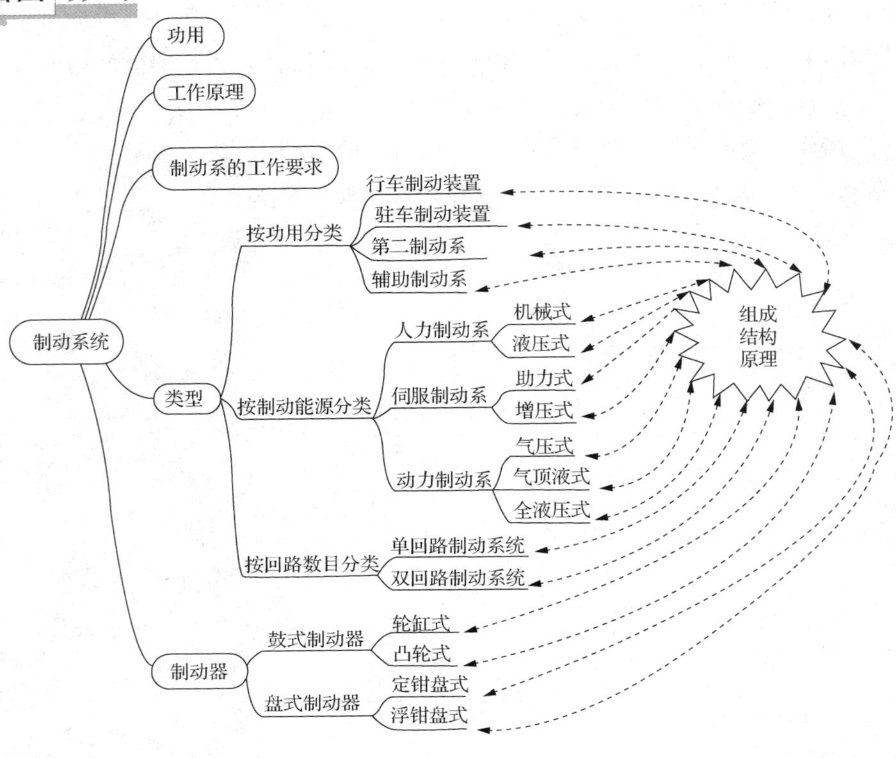

14.1 制动系统概述

汽车以一定的车速行驶时具有一定的动能。随着汽车行驶速度的不断提高，要使行驶中的汽车减速或者停车，就必须强制地对汽车施加一个与汽车行驶方向相反的力，这个力称为制动力。汽车制动系统就是产生制动力的装置。

14.1.1 制动系统功用

驾驶员能够根据道路和交通等情况对制动力进行控制，以实现一定程度的强制制动，必须借助制动系统，制动系统的功用主要包括三个方面：使汽车减速甚至停车；使已停驶的汽车在各种道路条件下(包括在坡道上)稳定驻车；使下坡行驶的汽车速度保持稳定。

14.1.2 制动系统类型

1. 按功用分类

(1)行车制动装置。当汽车行驶时，行车制动装置是驾驶员常使用的制动装置，它一般用脚操纵，能产生较大的制动力。

(2)驻车制动装置。驻车制动装置是驾驶员在停车时使用的制动装置，它一般用手操纵。主要用于停车后防止汽车滑溜。它的制动器可装在变速器或分动器之后的传动轴上，称中央制动装置。也可利用后桥车轮制动器兼充驻车制动器，此种形式称为复合式制动器。

上述两套制动装置是各种汽车应具备的基本制动装置。

(3) 第二制动系统。第二制动系统是当行车制动系统失效时仍然能够保证汽车实现减速或停车的装置。

(4) 辅助制动系统。辅助制动系统是在汽车下长坡时用以稳定车速的装置。经常行驶在山区的汽车，仅靠行车制动系统来达到连续下长坡时稳定车速的目的，可能会致使车轮制动器过热而降低制动效能，甚至会完全失效。

2. 按制动系统的制动能源分类

(1)人力制动系统。人力制动系统是仅靠驾驶员施加于制动踏板或手柄上的力作为制动的动力源，其中又分为液压式和机械式两种。机械式仅用于驻车制动。

(2)伺服制动系统。伺服制动系统是兼用人力和发动机动力进行制动的制动系统。

(3)动力制动系统。动力制动系统是利用发动机的动力作为制动的动力源，由驾驶员通过制动踏板或手柄控制制动时刻与制动强度。其中按传力介质不同又分为气压式、液压式、真空助力一液压式、空气助力一液压式。

3. 按回路数目分类

按制动系统回路数目可分为单回路制动系统和双回路制动系统。单回路制动系统是全车只用一个液压或气压回路；双回路制动系统是全车制动采用两个彼此隔绝的气压或者液压回路。

14.1.3 制动系统组成及基本工作原理

1. 制动系统组成

汽车制动系统一般采用摩擦制动，车轮制动器利用摩擦制动车轮，轮胎与路面间的摩擦力使汽车减速或停车。因此，制动的实质就是将汽车的动能强制地转化为其他形式的能量(通常是热能)，扩散到大气环境中。

汽车的制动系统具有以下四个基本组成部分：

(1)供能装置。供能装置是供给、调节制动所需能量以及改善传能介质状态的部件。其中产生制动能量的部分称为制动能源。人的肌体可作为制动能源，如图 14-1 所示的制动工作原理示意图。

(2)控制装置。控制装置产生制动动作和控制制动效果的部件。如图 14-1 中的制动踏板机构 13，即是最简单的一种控制机构。

(3)传动装置。传动装置是将制动能量传输到制动器的各个部件，如图 14-1 中的制动主缸 2 和制动轮缸 4。

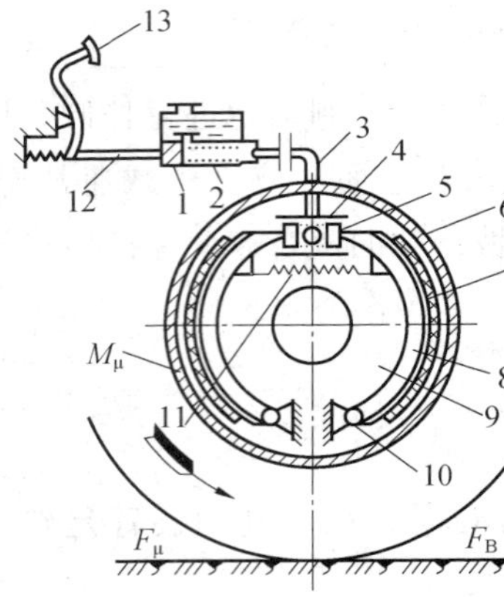

1—制动主缸活塞
2—制动主缸
3—油管
4—制动轮缸
5—制动轮缸活塞
6—制动鼓
7—摩擦衬片
8—制动蹄
9—制动底板
10—支承销
11—制动蹄回位弹簧
12—推杆
13—制动踏板

图 14-1 制动系统工作原理示意图

(4)制动器。制动器是产生阻碍车辆运动或运动趋势的力(制动力)的部件，如图 14-1 中的鼓式制动器。制动器也包括辅助制动系统中的缓速装置。

较为完善的制动系统还应具有制动力调节装置、报警装置、压力保护装置等附加装置。

2. 制动系统的基本工作原理

各种类型的制动系统的工作原理类似，故可用一种简单的液压制动系统来说明。

如图 14-1 所示，制动踏板 13 通常安装在驾驶室里，踩下踏板可使推杆 12 的一端移动，推杆的另一端支承在制动主缸活塞 1 上，制动主缸活塞安装在制动主缸 2 里。制动主缸 2、油管 3 以及制动轮缸 4 里充满了制动液。制动轮缸固定在制动底板 9 上，制动底板用螺钉与转向节凸缘(前轮)或桥壳凸缘(后轮)固定在一起。制动鼓 6 固定在轮毂上，和车轮一起旋转。因此制动时制动鼓减速甚至停止旋转，即制动车轮，使车轮停止旋转而使汽车制动。制动蹄 8 上铆有摩擦衬片 7，蹄的下端松套在支承销 10 上，制动蹄上端用回位弹簧 11 拉紧压靠在制动轮缸活塞 5 上，支承销固定在制动底板 9 上。制动蹄可在轮缸活塞的推力作用下，绕支承销转动压靠到制动鼓上，蹄、鼓接触产生摩擦力，使车轮停止旋转产生制动，使汽车减速或停车。

制动系统不工作时，制动鼓的内圆柱面与制动蹄摩擦片的外圆柱面之间保持一定的间隙，使车轮和制动鼓可以自由旋转。

制动时，驾驶员踩下制动踏板 13，推杆 12 将推动主缸活塞移动，迫使制动液经管路进入制动轮缸

4，推动轮缸活塞 5 移动，驱动两制动蹄 8 张开，与制动鼓 6 贴合压紧。此时，不旋转的制动蹄对旋转的制动鼓将产生一个摩擦力矩 M_{μ}，其方向与车轮的旋转方向相反，大小决定于轮缸的张力、摩擦系数和制动鼓及制动蹄的尺寸。制动鼓将该力矩 M_{μ} 传到车轮后，由于车轮与路面间有附着作用，车轮即对路面作用一个向前的周缘力 F_{B}。与此相反，路面会给车轮一个向后的反作用力 F_{μ}。它的大小等于 M_{μ} 与车轮半径之比值，方向与汽车行驶方向相反，这个力就是车轮受到的制动力 F_{B}。各轮上制动力之和就是汽车受到的总制动力。制动力由车轮经车桥和悬架传给车架及车身，迫使整个汽车产生一定的减速度，甚至停车。制动力愈大，则汽车减速度也愈大。

放松制动踏板，制动蹄在制动蹄回位弹簧 11 的作用下向中央收拢，制动蹄与制动鼓的间隙又恢复，因而制动解除。

14.1.4 制动系统的要求

为了制动系统的功用，制动系统应满足以下要求：

(1)具有良好的制动效能。制动效能即制动距离与制动减速度。驻车制动能力主要是以汽车在良好路面能可靠停住的最大坡度来评价的。

(2)具有良好的制动效能恒定性。汽车涉水后，由于制动器被水浸湿，制动效能也会降低，这种现象称为制动效能的水衰退。为了保证行车安全，汽车涉水后应踩几次制动踏板，使制动蹄和制动鼓发生摩擦，用摩擦产生的热使制动器迅速干燥，恢复原有的制动效能。汽车高速行驶或下长坡连续制动时制动效能保持的程度，称为抗热衰退性能。

(3)具有良好的制动方向稳定性。在制动过程中，维持原来的直线行驶的能力及按预定弯道行驶的能力，称为汽车制动时的方向稳定性。汽车制动方向稳定性差，如制动时跑偏或侧滑，汽车将失去控制，常常引起严重的车祸。其中后轴侧滑最危险，严重时能使汽车掉头 180°。

(4)工作可靠。行车制动装置至少要有两套独立的驱动制动器的管路，当其中一套管路失效时，另一套完好的管路能正常工作。

(5)操纵轻便，并具有良好的随动性。

(6)制动时产生的噪声尽可能的小。

(7)摩擦副要有足够的使用寿命，摩擦副磨损后要有能消除因磨损而产生间隙的机构。

常见问题解析

1. 故障现象

汽车在行驶中使用制动时不能减速，连续踏下制动踏板时各车轮不起制动作用，即制动失效。

2. 故障分析

(1)制动主缸(总泵)内无制动油液或缺少制动油液。

(2)制动主缸或轮缸内皮碗破损或踏翻。

(3)制动油管破裂或接头漏油。

(4)某机械连接部位脱开。

3. 故障诊断：

(1)连续踩下制动踏板不升高，同时感到无阻力，应先检查主缸是否缺油，再检查油管和接头有无破损之处，如有，应修理或更换。

(2)若无漏油之处，应检查各机械连接部位有无脱开，如有，应修复。

(3)若主缸推杆防尘套处严重漏油，大多是主缸皮碗严重损坏或踏翻所致；若车轮制动鼓边缘有大量油液，则是轮缸皮碗损坏或顶翻所致。

14.2 制动器

目前，各类汽车上均采用摩擦式制动器，它是通过固定元件对旋转元件施加制动力矩，使其旋转角速度降低，依靠车轮与路面的附着作用产生制动力，达到减速的目的。

1. 按旋转元件形状不同

按旋转元件形状不同，汽车制动器可分为鼓式和盘式两大类。鼓式制动器的摩擦副中的旋转元件为制动鼓，其工作表面为圆柱面；盘式制动器的旋转元件为盘状的制动盘，以两端面为工作表面。

2. 按旋转元件安装位置

按旋转元件安装位置，汽车制动器有中央制动器和车轮制动器两类。旋转元件固装在传动系统的传动轴上的制动器则称为中央制动器。中央制动器一般只用于驻车制动和缓速制动。车轮制动器一般用于行车制动，也可兼用于第二制动(或应急制动)和驻车制动。中央制动器和车轮制动器作用原理相似，下面主要就车轮制动器相关知识展开讨论。

14.2.1 鼓式制动器

鼓式制动器按工作的表面分为内张型和外束型两种。前者的制动鼓以内圆柱面为工作表面，在现代汽车上使用广泛；后者制动鼓的工作表面则是外圆柱面，目前只有极少数汽车用作驻车制动器，这里主要讲述内张型鼓式制动器。内张型鼓式制动器都采用带摩擦衬片的制动蹄作为固定元件(图 14-2)。位于制动鼓内部的制动蹄在一端承受促动力时，可绕其另一端的支点向外旋转，压靠到制动鼓内圆面(旋转元件)上，产生摩擦力矩(制动力矩)。对蹄端加力使蹄转动的装置称为制动蹄促动装置。根据张开机构不同，分为缸式车轮制动器、凸轮式车轮制动器和楔形块式车轮制动器。如图 14-2 所示，制动器以液压制动轮缸作为制动蹄促动装置，故也称为轮缸式制动器。

1. 轮缸式制动器

轮缸式制动器按制动蹄受力不同，分为领从蹄式、双领蹄式、双从蹄式和自增力式四种。

(1)领从蹄式制动器。领蹄是指制动蹄张开时的旋转方向与制动鼓的旋转方向相同的制动蹄，而从蹄是指制动蹄张开时的旋转方向与制动鼓的旋转方向相反的制动蹄。领蹄在摩擦力作用下，蹄和鼓之间的正压力较大，制动作用较强。从蹄在摩擦力作用下，蹄和鼓之间的正压力较小，制动作用较弱。

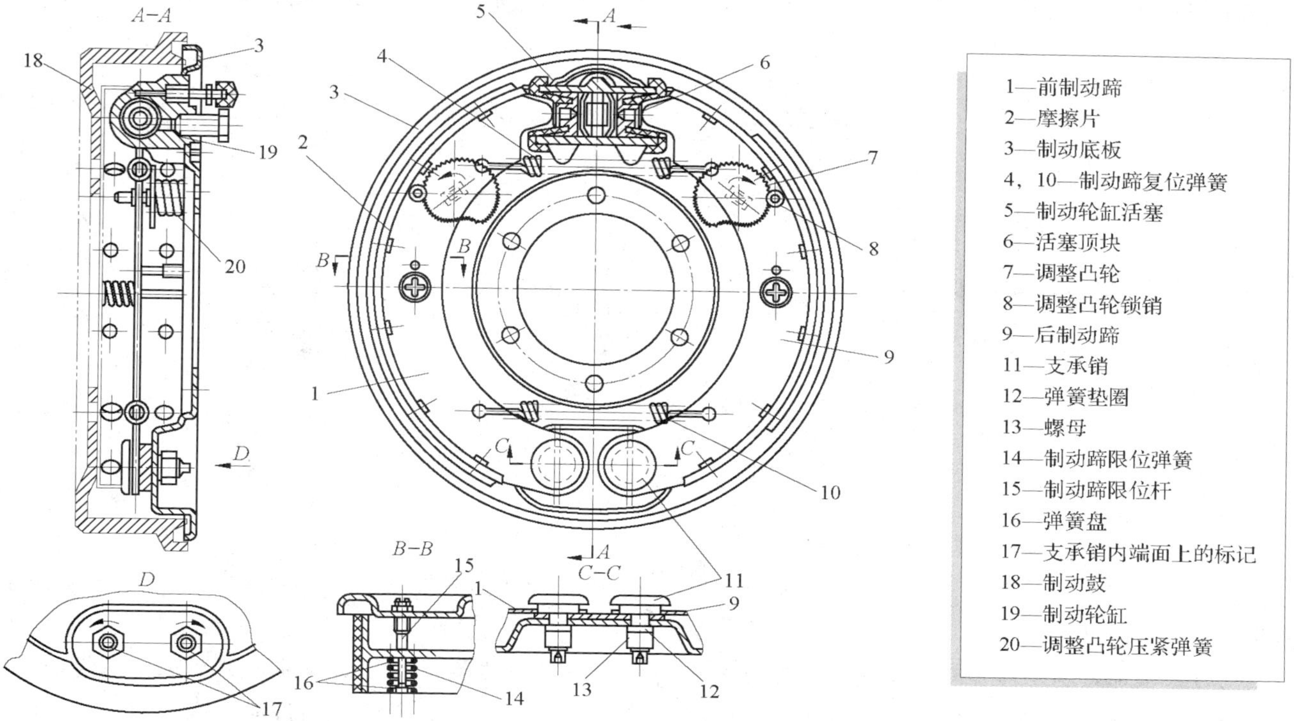

图 14-2 内张型鼓式制动器工作原理示意图

如图 14-3 所示，制动时轮缸中的两活塞直径相同。因此，制动时轮缸对两制动蹄所施加的促动力相等，也称为等促动力制动器。制动时，领蹄 1 和从蹄 4 在相等的促动力 F_S 的作用下，分别绕各自的支承点(支承销 2 和 3) 旋转紧压在制动鼓 5 上。制动鼓即对两制动蹄分别作用着微元法向反力的等效合力(以下简称法向反力)F_{N1} 和 F_{N2} 以及相应的微元切向反力(即微元摩擦力）的等效合力(以下简称切向反力)F_{T1} 和 F_{T2}。这些力的作用点和方向如图 14-3 所示。两蹄上的这些力分别为各自的支点的支反力 F_{S1} 和 F_{S2} 所平衡。由图可见，领蹄上的切向合力 F_{T1} 所造成的绕支点的力矩与促动力 F_S 所造成的绕同一支点的力矩是同向的，所以力 F_{T1} 的作用结果是使领蹄 1 在制动鼓上压得更紧，即力 F_{N1} 变得更大，从而力 F_{T1} 也更大，这表明领蹄具有“增势”作用。与此相反，切向合力 F_{T2} 则使从蹄 2 有放松制动鼓，即有使 F_{N2} 和 F_{T2} 本身减小的趋势，故从蹄具有“减势”作用。汽车倒向行驶制动车时，蹄 4 变成领蹄，蹄 1 变成从蹄，作用效果与上述过程相反。

虽然领蹄和从蹄所受促动力相等，但前、后两制动鼓所受法向反力 F_{N1} 和 F_{N2} 却不相等，且 $F_{N1} > F_{N2}$。相应地，$F_{T1} > F_{T2}$。故二制动蹄对制动鼓所施加的制动力矩不相等。一般说来，领蹄制动力矩约为从蹄制动力矩的 2～2.5 倍。倒车制动时，虽然蹄 4 变成领蹄，蹄 1 变成从蹄，但整个制动器的制动效能还是同前进制动时一样。制动鼓所受来自两蹄的法向力不互相平衡的制动器，属于非平衡式制动器。

显然，由于领蹄和从蹄所受法向反力不等，在两蹄摩擦片工作面积相等的情况下，领蹄摩擦片上的单位压力较大，因而磨损较严重。为了使领蹄和从蹄的摩擦片寿命相近，有些领从蹄式制动器的领蹄摩擦片设计得较大，但是这样将使得两蹄摩擦片不能互换，从而增加了零件种数和制造成本。此外，领从蹄式制动器的制动鼓所受到的来自两蹄的法向力(数值上分别等于力 F_{N1} 和 F_{N2})不相平衡，则此二法向力之和只能由车轮的轮毂轴承的反力来平衡，这就对轮毂轴承造成了附加径向载荷，使其寿命缩短。

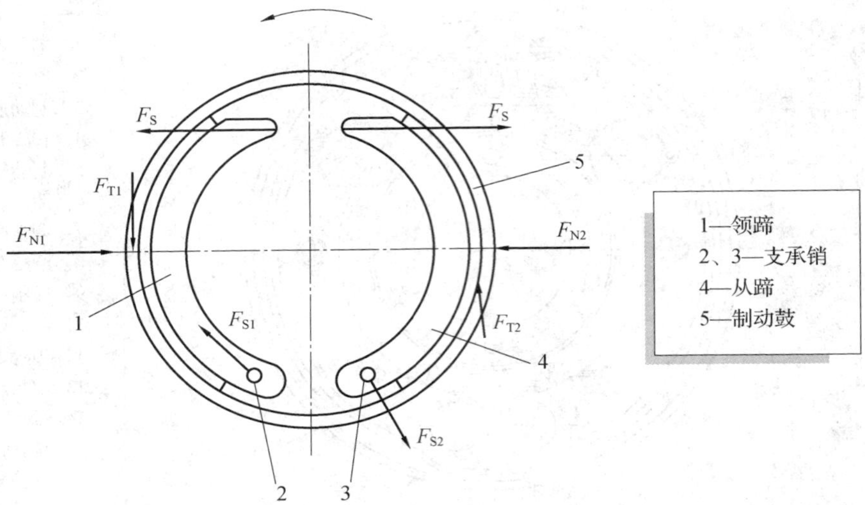

图 14-3　领从蹄制动器制动蹄的受力示意图

(2)双领蹄式制动器。双领蹄式制动器分为单向双领蹄式制动器和双向双领蹄式制动器。在制动鼓正向旋转时，两蹄均为领蹄的制动器称为单向双领蹄制动器(图 14-4)。无论是前进或者倒车制动，两制动蹄都是领蹄的制动器，称为双向双领蹄式制动器(图 14-5)。图 14-6 为双向双领蹄结构图，在前进制动时，所有的轮缸活塞都在液压作用下向外移动，将两制动蹄 4 和 8 压靠到制动鼓 1 上。在制动鼓的摩擦力矩作用下，两蹄都绕车轮中心 O 朝箭头所示的车轮旋转方向转动，将两轮缸活塞外端的支座 9 推回，直到顶靠到轮缸端面为止。此时两轮缸的支座 9 成为制动蹄的支点，制动器的工作情况便同图示的制动器一样。倒车制动时，摩擦力矩的方向相反，使两制动蹄绕车轮中心 O 逆箭头方向转过一个角度，将可调支座 7 连同调整螺母 6 一起推回原位，于是两个支座 7 便成为蹄的新支承点。这样，每个制动蹄的支点和促动力作用点的位置都与前进制动时相反，其制动效能同前进制动时完全一样。

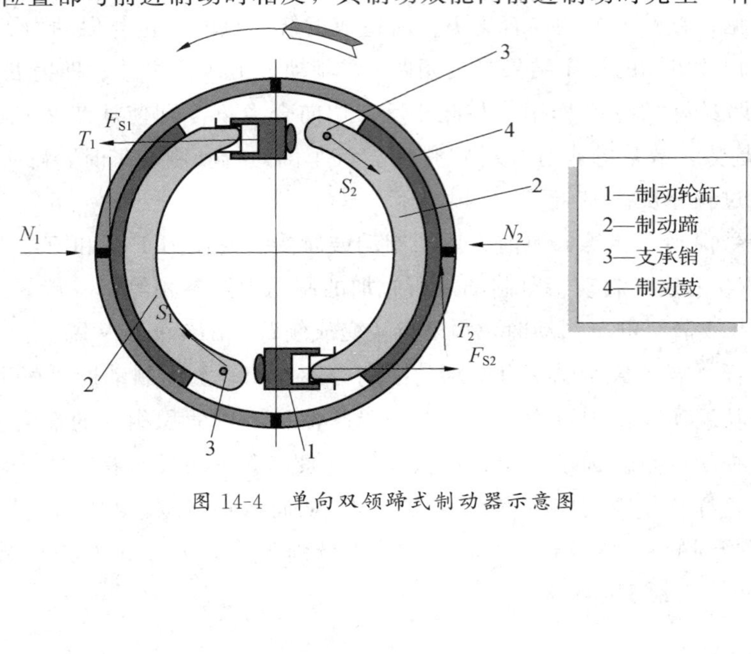

图 14-4　单向双领蹄式制动器示意图

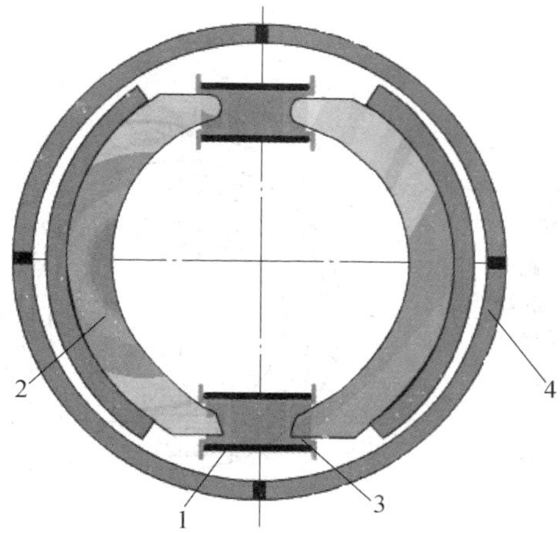

1—制动轮缸
2—制动蹄
3—活塞
4—制动鼓

图 14-5　双向双领蹄式制动器示意图

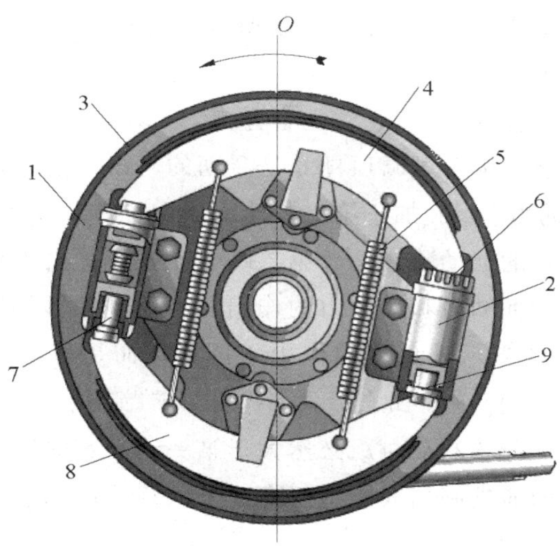

1—制动鼓
2—制动轮缸
3—制动底板
4、8—制动蹄
5—回位弹簧
6—调整螺母
7—可调支座
9—支座

图 14-6　双向双领蹄具体结构图

(3)双从蹄式制动器。如图 14-7 所示，前进制动时两制动蹄均为从蹄的制动器称为双从蹄式制动器，这种制动器与双领蹄式制动器结构很相似，二者的差异只在于固定元件与旋转元件的相对运动方向不同。虽然双从蹄式制动器的前进制动效能低于双领蹄式和领从蹄式制动器，但其效能对摩擦系数变化的敏感程度较小，即具有良好的制动效能稳定性。

(4)自增力式制动器。自增力式制动器分为单向自增力式制动器和双向自增力式制动器两种。

①单向自增力式制动器。单向自增力式制动器的结构原理及制动蹄的受力情况如图 14-8 所示。前、后两制动蹄的下端分别浮支在浮动的可调顶杆 6 的两端。在制动器上方装有支承销 4。不制动时，两蹄上端均借各自的复位弹簧拉靠在支承销 4 上。制动鼓正向旋转方向如箭头所示。

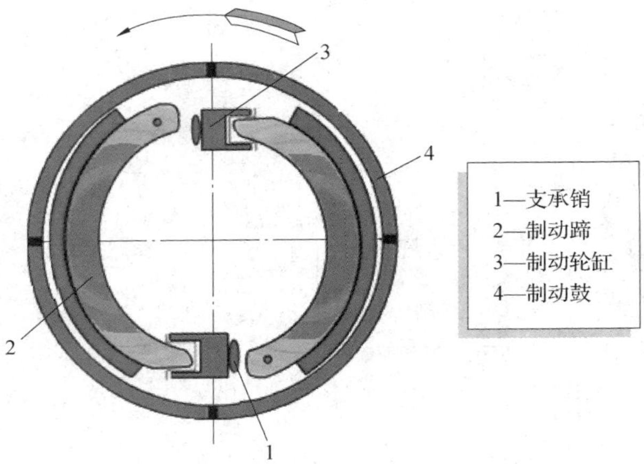

图 14-7　双从蹄式制动器

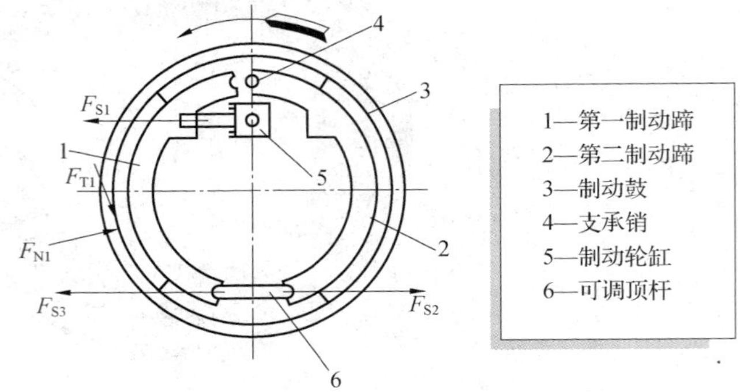

图 14-8　单向自增力式制动器示意图

当汽车前进制动时，制动轮缸 5 将促动力 F_{S1}，加于第一制动蹄 1，迫使其上端离开支承销，制动蹄绕顶杆左端支承点旋转，并压靠在制动鼓 3 上。

显然，此时第一制动蹄是领蹄，并且在促动力 F_{S1}、法向合力 F_{N1}、切向(摩擦)合力 F_{T1} 和沿顶杆轴线方向的支反力 F_{S3} 的作用下处于平衡状态。由于可调顶杆 6 是浮动的，第一制动蹄将通过浮动可调顶杆 6 以与力 F_{S3} 大小相等、方向相反的促动力 F_{S2} 施加于第二制动蹄 2 的下端，而第二制动蹄的上端被推靠在支承销 4 上，顶杆自然成为第二制动蹄的促动装置，故第二蹄也是领蹄。由于顶杆是完全浮动的，不受制动底板约束，作用在第一制动蹄上的促动力和摩擦力的作用和一般制动器的领蹄不同，不能完全被制动鼓的法向反力和固定于制动底板上的支承件反力的作用所抵消，而是通过顶杆传到第二制动蹄上，形成第二制动蹄促动力 F_{S2}，所以 F_{S2} 大于 F_{S1}。此外，力 F_{S2} 对第二蹄支承点的力臂也大于力 F_{S1} 对第一制动蹄支承点的力臂。因此，第二制动蹄的制动力矩必然大于第一制动蹄的制动力矩。在制动鼓尺寸和摩擦因数相同的条件下，这种制动器的前进制动效能不仅高于领从蹄式制动器，而且也高于双领蹄式制动器。

倒车制动时，第一制动蹄上端压靠支承销不动。此时，第一制动蹄虽然仍是领蹄，且促动力 F_{S1} 仍与前进制动时的相等，但其力臂却大为减小，因而第一制动蹄此时的制动效能比一般领蹄的要低得多；第二制动蹄则因未受到促动力而不起制动作用。因此，整个制动器这时的制动效能甚至比双从蹄式制动器的效能还低。第一制动蹄和第二制动蹄的上端被各自的回位弹簧拉拢，并以铆于腹板上端两侧的夹板的内凹弧面支靠着支承销 4。两蹄下端以凹入的平面分别浮支在可调顶杆两端的直槽底面上，并用弹簧拉紧。受法向力较大的第二制动蹄摩擦衬片的面积做得比第一制动蹄的大，使两蹄的单位压力相近。该制动器的间隙调整可借改变可调顶杆的长度来调节。

②双向自增力式制动器。如图 14-9 所示，如果将图 14-8 中的制动轮缸 5 改为图 14-9 中轮缸 4，便可以同时向两蹄施加相等的促动力 F_S，即可实现在制动鼓正向和反向旋转时，均能起双向自增力作用。

双向自增力式制动器其结构采用双活塞式制动轮缸 4，可向两蹄同时施加相等的促动力 F_S。制动鼓正向(如箭头所示)旋转时，前制动蹄 1 为第一制动蹄，后制动蹄 3 为第二制动蹄。制动鼓反向旋转时则情况相反。由图可见，在制动时，第一制动蹄只受一个促动力 F_S 作用，而第二制动蹄则有两个促动力

F_S 和 F_S' 作用，且 $F_S < F_S'$。汽车前进制动的机会远多于倒车制动，且前进制动时制动器工作负荷也远大于倒车制动，故后制动蹄 3 的摩擦衬片面积做得较大。

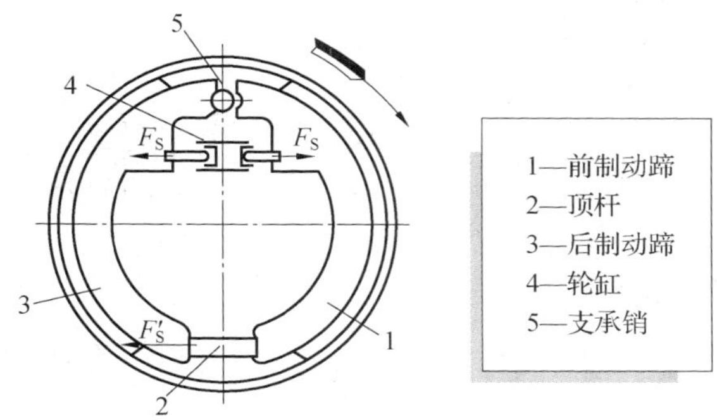

图 14-9　双向自增力式制动器示意图

综上所述，各种结构形式的制动器，都是围绕着提高制动效能、制动的平顺性和稳定性、简单和调修方便等几个方面来考虑的。单就制动效能而言，自动增力式车轮制动器的制动力矩最大，依次为双领蹄式、领从蹄式。但自增力式制动器的效能对摩擦因数的依赖性最大，因而其效能的稳定性最差。此外，在制动过程中，自增力式制动器制动力矩的增长在某些情况下显得过于急速。

双向自增力式制动器多用于轿车后轮，单向自增力式制动器只用于中、轻型汽车的前轮，因倒车制动时对前轮制动器效能的要求不高。

双领蹄式、双向双领蹄式和双从蹄式等具有两个轮缸的制动器，最宜布置双回路制动系统。

领从蹄式制动器发展较早，其效能及效能稳定性均居中游，且具有结构较简单等优点，故目前仍相当广泛地用于各种汽车。

2. 轮缸式制动器间隙的调整

制动器在不工作时，其摩擦片与制动鼓之间应保持合适的间隙称制动间隙，其值由汽车制造厂规定，如鼓式制动器一般在 0.25～0.5 mm。制动间隙如果过小，就不易保证彻底解除制动，造成摩擦副的拖磨；过大又将使制动踏板行程太长，以致驾驶员操作不便，同时也会推迟制动器开始起作用的时间。但是在制动器工作过程中，摩擦片的不断磨损必将导致制动器间隙逐渐增大。此情况严重时，即使将制动踏板踩到极限位置，也产生不了足够的制动力矩。因此，制动器都有检查、调整制动间隙的装置。制动间隙的调整有手动调整和自动调整装置两种。

(1)手动调整装置。图 14-10 为红旗 CA7560 型轿车的制动器间隙的调整。用一字旋具 5 拨动调整螺母 1 的齿槽 4，使螺母转动，带动螺杆的可调支座 3 向内或向外作轴向移动。此操作可使制动蹄上端靠近或远离制动鼓，则制动间隙便减小或增大。间隙调整好以后，用锁片插入调整螺母的齿槽，使螺母的角位置固定。还可以调顶杆长度。在自增力式制动器中，两制动蹄下端支承在可调顶杆上，其间隙调整的示意图如图 14-11 所示。可调顶杆由顶杆体 3、调整螺钉 1 和顶杆套 2 组成。顶杆套一端具有带齿的凸缘套内制有螺纹，调整螺钉借螺纹旋入顶杆套内；顶杆套与顶杆体作配合。当拨动顶杆套带齿的凸缘，可使调整螺钉沿轴向移动，改变可调顶杆的总长度，从而调整了制动器间隙。

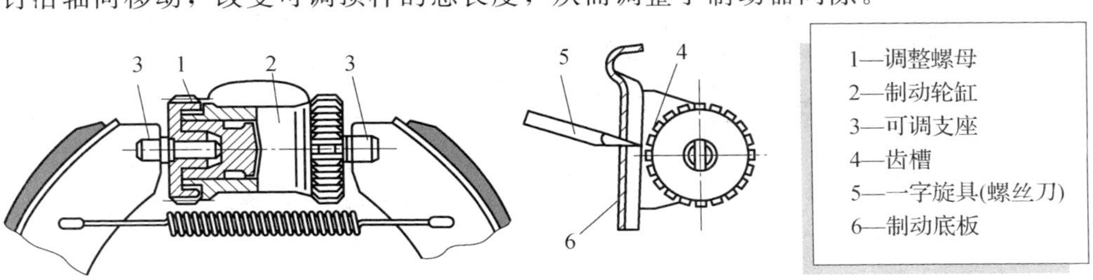

图 14-10　用调整螺母调整制动器间隙的示意图

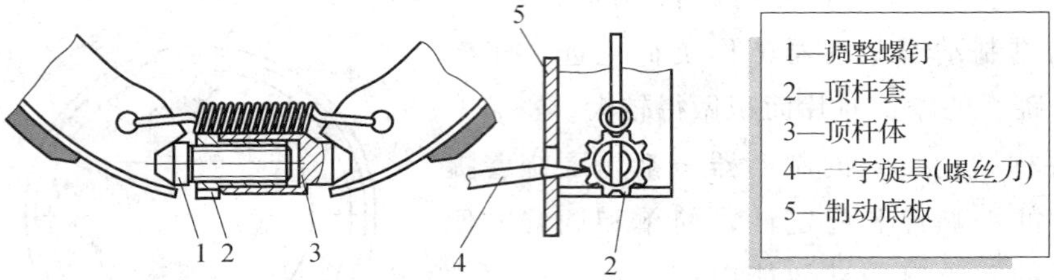

图 14-11　用改变顶杆长度来调整制动器间隙示意图

(2)自动调整装置。自动调整按工作过程的不同可分为一次调准式和阶跃式两种。一次调准式自动调整装置不需要人们去精细调整，只需一次完全制动即可自动地调整到设定值，且在行车过程中可随时补偿过量间隙。正是由于可随时进行补偿，往往也会导致“调整过量”而使冷却状态下的间隙过小。因鼓式制动器的热变形导致的过量间隙远比盘式制动器大许多，故在采用一次调准式的自调装置时只得加大设定间隙量以留出足够的热膨胀量，这就加大了踏板行程损失。为了避免“调整过头”，许多制动器采用了阶跃式间隙自调装置。

图 14-12 为双向增力式制动器阶跃式制动间隙的自动调整。该装置钢索组件上端经钢索连接环 1 固定于制动蹄支承销上，由钢索操纵的调整杠杆 5 和用其中部的弯舌支承于制动蹄的腹板上，另一弯舌嵌入调整螺钉 7 的星形轮的齿间。倒车制动时，调整杠杆 5 的支点随制动蹄下移，而其下臂的弯舌则沿星形轮齿的齿廓上升。当过量间隙值累积到一定值时，弯舌即嵌入星形轮的下一个齿间，并在解除制动过程中转动调整螺钉 7，从而恢复设定间隙。这类结构多设计成只在倒车制动时才起调整作用，以尽量避免制动时热膨胀的影响。

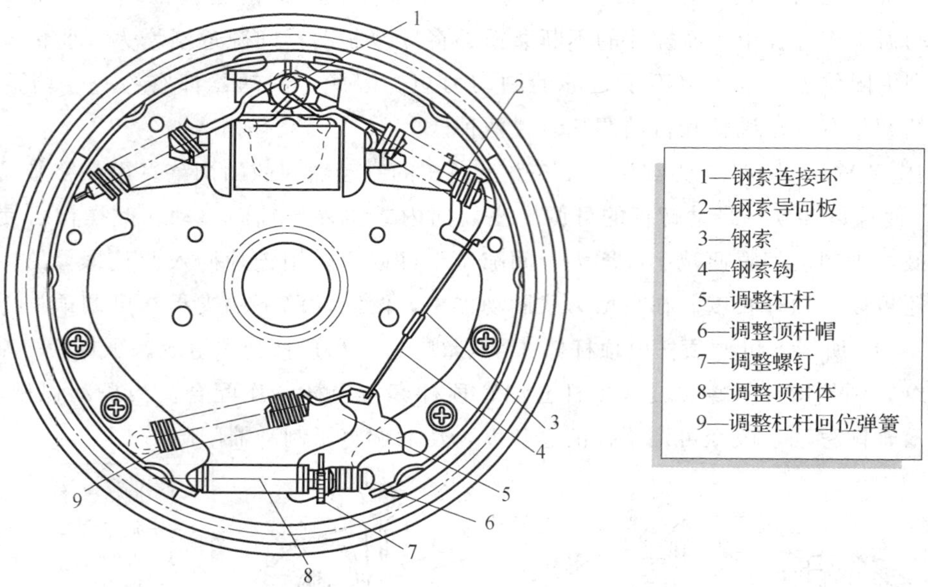

图 14-12　双向增力式制动器阶跃式制动间隙的自动调整

阶跃式自动调整装置必须在制动蹄与制动鼓间隙达到一定值后才起调整作用，而不允许随时微调以补偿随时产生的微小的过量间隙。这样的制动器在装车后要进行多次(可能达 20 次以上)制动动作，才能消除所积累的过量间隙。为此，上述调整螺钉 7 头部的星形轮可用于事先进行粗略的人工调整。

3. 凸轮式制动器

在目前国产汽车和部分进口汽车的气压制动系统中，一般均采用凸轮促动的车轮制动器，而且大部分设计成领从蹄式(图 14-13)。制动时，制动调整臂在制动气室 1 的推杆作用下，带动凸轮轴 2 转动，使得两制动蹄压靠到制动鼓 3 上而制动。由于凸轮轮廓的中心对称性及两蹄结构和安装的轴对称性，凸轮转动所引起的两蹄上相应点的位移必然相等。

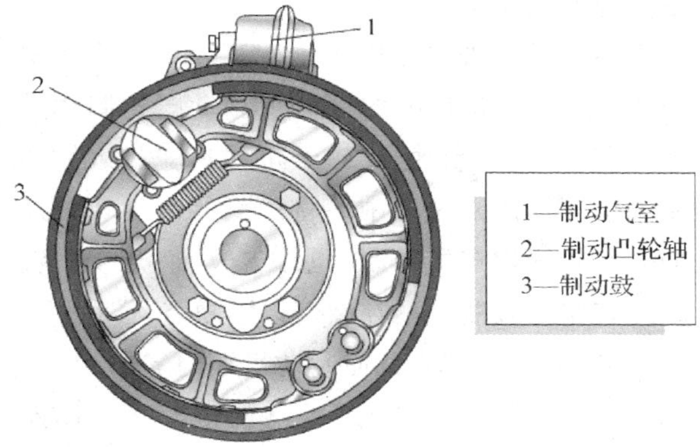

图 14-13　凸轮式制动器

制动时，压缩空气进入制动气室 1，推动橡胶膜片及推杆叉，使制动调整臂绕制动凸轮轴转动，调整臂带动凸轮轴转动，凸轮便迫使两制动蹄张开并压紧在制动鼓上，产生制动作用。

放松制动时，制动气室中的压缩空气排出，膜片和凸轮轴在弹簧的作用下回位。同时，两制动蹄也在其回位弹簧的作用下回位，以其上端支承面靠紧凸轮的两侧，保持一定的蹄、鼓间隙。

这种由轴线固定的凸轮促动的领从蹄式制动器是一种等位移式制动器。如果制动器两蹄摩擦片的相应点与制动鼓间的间隙已调整到完全一致，则制动时两蹄对鼓的压紧程度以及所产生的制动力矩必然相等。但是，制动鼓对蹄的摩擦使得领蹄端部力图离开制动凸轮，同时又使从蹄端部更加靠紧制动凸轮。凸轮对从蹄的促动力大于对领蹄的促动力。因此，虽然领蹄有增势作用，从蹄有减势作用，但就等位移制动器而言，由于这一差别造成了制动效能高的领蹄的促动力小于制动效能低的从蹄的促动力，从而使得两蹄制动力矩相等。然而应当指出，等位移式制动器由于结构上不是中心对称，两蹄作用于制动鼓的微元法向力的等效合力虽然大小相等，但却不在一条直线上，不可能相互平衡，故这种制动器仍然是非平衡式的。

制动器间隙的调整，可以根据需要进行局部或全面的调整。局部调整只是利用制动调整臂来改变制动凸轮轴的原始角位置，使靠近凸轮轴的制动蹄部位与制动鼓的间隙符合要求；全面调整是除了局部调整以外，还应转动带偏心轴颈的支撑销，使整块制动蹄与制动鼓的间隙达到要求。

14.2.2 盘式制动器

盘式制动器由旋转元件(制动盘)和固定元件(制动钳)组成。制动盘是摩擦副中的旋转件，以金属圆盘的端面为工作面。制动钳是由装在横跨制动盘两侧的钳形支架中的制动块和促动装置组成。制动块是由工作面积不大的摩擦块和金属背板组成。按摩擦副中固定元件的结构分，盘式制动器有钳盘式和全盘式两大类。全盘式制动器制动盘的全部工作面可同时与摩擦片接触。全盘式制动器主要用于重型汽车。钳盘式制动器由工作面积不大的摩擦块与其金属背板组成制动块，每个制动器中有 2～4 块，这些制动块及其促动装置都装在横跨制动盘两侧的夹钳形支架中，称为制动钳。钳盘式制动器散热能力强，热稳定性好，轿车和轻型货车广泛采用这种制动器。按制动钳是否固定分，盘式制动器分为定钳盘式和浮钳盘式两种。

1. 定钳盘式制动器

如图 14-14 所示，跨置在制动盘 1 上的制动钳体 5 固定安装在车桥 6 上，它不能旋转也不能沿制动盘轴线方向移动，其内的两个活塞 2 分别位于制动盘 1 的两侧。制动时，制动油液由制动总泵（制动主缸）经进油口 4 进入钳体中两个相通的液压腔中，将两侧的制动块 3 压向与车轮固定连接的制动盘 1，从而产生制动。

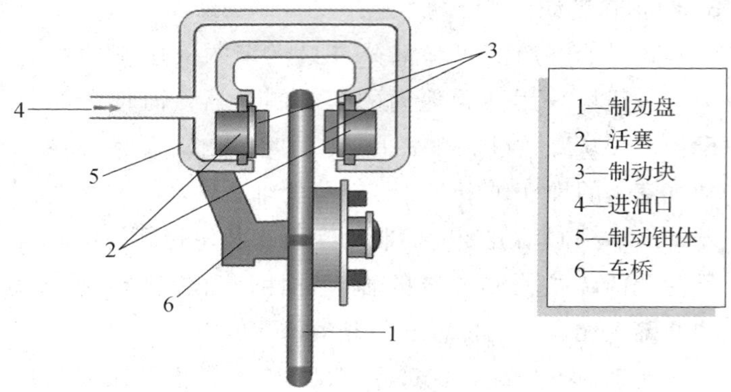

图 14-14 定钳盘式制动器结构示意图

定钳盘式制动器存在着以下缺点：

(1)液压缸较多，使制动钳结构复杂。

(2)液压缸分置于制动盘两侧，必须用跨越制动盘的钳内油道或外部油管来连通，这必然使得制动钳的尺寸过大，难以安装在现代化轿车的轮辋内。

(3)热负荷大时，液压缸（特别是外侧液压缸）和跨越制动盘的油管或油道中的制动液容易受热汽化。

(4)若要兼用于驻车制动，则必须加装一个机械促动的驻车制动钳。

这些缺点使得定钳盘式制动器难以适应现代汽车的使用要求，故自 20 世纪 70 年代以来，大部分汽车使用下述的浮钳盘式制动器。

2. 浮钳盘式制动器

图 14-15 为浮钳盘式制动器的工作原理示意图。它只在制动盘 4 的内侧设置液压缸，外侧的制动块附装在制动钳 1 上。制动钳支架 3 固定在转向节上，制动钳 1 与制动钳支架 3 可沿装在制动钳支架上的导向销 2 轴向滑动。制动时，活塞 8 在液压力 F_{P1} 作用下，将活动制动块 6（带摩擦块磨损报警装置）推向制动盘 4。与此同时，作用在制动钳 1 上的反作用力 F_{P2} 推动制动钳体沿导向销 2 向右移动，使固定在制动钳体上的固定制动块 5 压靠到制动盘上。于是制动盘两侧的摩擦块在 F_{P1} 和 F_{P2} 力的作用下夹紧制动盘，使之在制动盘上产生与运动方向相反的制动力矩，促使汽车制动。

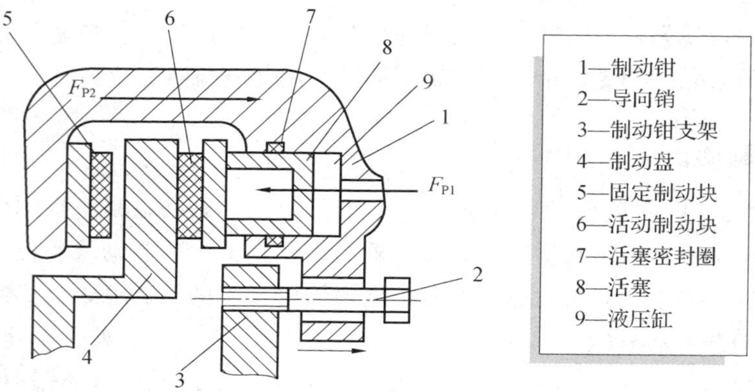

图 14-15 浮钳盘式制动器工作原理示意图

与定钳盘式制动器相比，浮钳盘式制动器的单侧液压缸结构不需要跨越制动盘的油道，因此不仅轴向和径向尺寸较小，有可能布置得更接近车轮轮毂，而且制动液受热汽化的机会较少。

3. 盘式制动器的优缺点

与鼓式制动器相比，盘式制动器优缺点如下：

(1)优点

①一般无摩擦助势作用，因而制动器效能受摩擦因数的影响较小，即效能较稳定。

②在输出制动力矩相同的情况下，尺寸和质量一般较小。

③浸水后效能降低不大，而且只需经过一两次制动即可恢复正常。

④制动盘厚度方向的热膨胀量小，不会像制动鼓热膨胀那样使制动器间隙明显增加而导致制动踏板行程过大。

⑤较容易实现间隙自动调整，其他维修作业也较简便。

(2)缺点

①制动效能较低，故用于液压制动系统时所需制动促动管路压力较高，一般要用伺服装置。

②兼用于驻车制动时，需要加装的驻车制动传动装置较鼓式制动器复杂，因而在后轮上的应用受到限制。目前，盘式制动器已广泛应用于轿车，但除了在一些高级轿车上用于全部车轮外，一般只用作前轮制动器，而后轮采用鼓式制动器，以获得汽车在较高车速下制动的方向稳定性。

常见问题解析

1. 故障现象

汽车行驶中，将制动踏板踩到底后不能立即停车，制动减速度小，制动距离长。

2. 故障分析

(1)制动主缸油液不足或变质；主缸阀门损坏；活塞与缸壁磨损严重，配合松旷；补偿孔和旁通孔堵塞。

(2)制动鼓磨损失圆、过薄变形或有沟槽；制动踏板摩擦片有油污、硬化或铆钉外露；制动鼓与制动蹄接触面积过小；制动间隙过大。

(3)制动管路中渗入空气，油路不畅通，制动油液变质。

3. 故障诊断

(1)踏板位置踩下很低，制动效果差；连续数次踩下踏板后，踏板高度才渐升起，并有弹性感。这主要是管路中有空气，应予排除。

(2)踩下踏板，位置高度正常，但制动效果差。这大多是车轮制动鼓失圆，制动蹄接触不良、硬化、油污或铆钉外露等因素所致，应予以检修排除。

(3)连续踩下踏板，踏板位置能升高，但不能保持，有下沉感觉。这说明制动系统中有漏油处或主缸关闭不严，应检修。

(4)连续踩下踏板，踏板位置高度升高，制动效果好转。这可能是踏板自由行程太大，或制动间隙过大，或主缸回油阀关闭不严所致。应调整踏板自由行程或制动间隙，必要时检查主缸回油阀，若有损坏应更换。

(5)连续数次踩踏板，踏板位置不能升高。这一般是制动主缸补偿孔或旁通孔堵塞所致，应检查疏通；或油液质量差，易受热蒸发导致严重亏缺。

14.3 人力制动系统

人力制动系统的制动能源仅仅是驾驶员的肌体。按其传动装置的结构形式，人力制动系统有机械式和液压式两种。机械式人力制动系统主要用于驻车制动；液压式人力制动系统主要用于行车制动系统。

14.3.1 机械式人力制动系统

机械式人力制动器的结构有凸轮式和钳盘式两种(图 14-16)。其中，凸轮式机械式人力制动器采用杠杆传动方式，传动件由驻车制动杆、传动杆、摇臂及拉杆、制动鼓及制动蹄摩擦片等组成。其工作原理是：当汽车停稳后，驾驶人拉起驻车制动杆，通过传动杆及制动凸轮顶开两侧的制动蹄摩擦片，并与制动鼓内圆接触而静摩擦制动。采用杠杆传动的钳盘式驻车制动器由驻车制动杆、拉杆、摇臂和浮钳盘式制动器组成。其工作原理是：当汽车停稳后，驾驶人拉起驻车制动杆，通过传动杆及摇臂拉动前后制动蹄靠向制动盘，从而夹持制动盘(前后制动力自动平衡)而静摩擦制动。钳盘式机械式人力制动器的传动方式和工作原理与凸轮式机械式人力制动器相似。

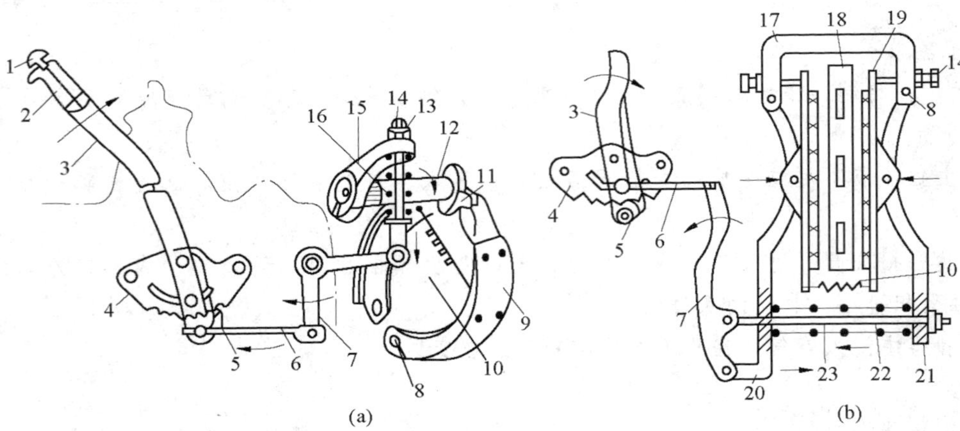

1—自锁按钮 2—回位弹簧 3—驻车制动杆 4—扇齿 5—锁止棘齿 6—传动杆 7—摇臂 8—支承销孔 9—鼓式制动蹄 10—回位弹簧 11—滚轮 12—制动凸轮轴 13—调整螺母 14—调整螺栓 15—摆臂 16—压紧弹簧 17—浮式制动钳 18—制动盘 19—盘式制动蹄 20—前拉臂 21—后拉臂 22—拉簧 23—拉杆 (a)凸轮式 (b)钳盘式

图 14-16 机械式人力制动器

为了保证汽车在原地停驻后不会打滑，上述两种驻车制动杆的下端都必须具有棘齿自锁机构，倘若要解除，应按下驻车制动杆上的按钮，首先放松棘齿与棘轮的啮合，然后才能松开驻车制动器。但须注意的是，中央制动器的驻车制动不宜于行驶过程中的应急制动，否则极易造成传动轴与驱动桥超载，甚至可能因差速器壳抱死而发生制动跑偏甚至掉头等。车轮制动器的驻车制动可用于应急制动。

轿车常用的后轮驻车制动器通常采用双向自增力式鼓式制动器如图 14-17 所示。其驻车制动杠杆下端与驻车制动器拉绳相连；上端与左制动蹄铰链，驻车制动推杆的两端分别支承于驻车制动杆与右制动蹄之间的缺槽中。当驻车制动时，驾驶人通过驻车制动操纵杆及绳索传动，拉动后轮制动器中的制动杠杆，从而通过驻车制动推杆及其反力，同时使前后制动蹄紧压于制动鼓，显然两制动蹄的制动力相等。在解除制动时，先按下按钮解除棘齿与棘轮的啮合，然后推回驻车制动操纵杆而使两制动蹄在复位弹簧作用下复位。轿车驻车制动之所以常采用双向自增力式鼓式制动器，是因为其驻车制动时的制动效能高且热负荷小。

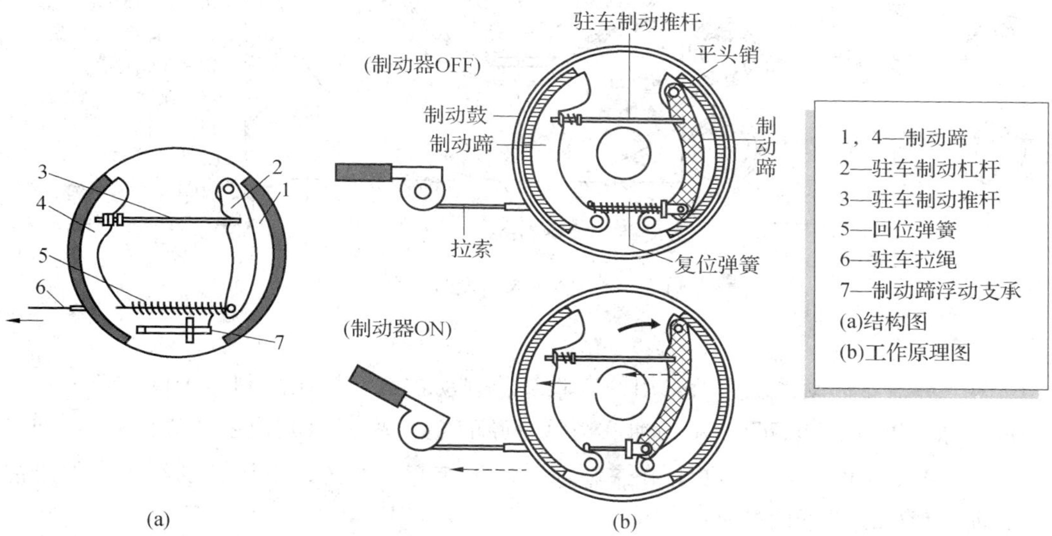

图 14-17　双向自增力式鼓式制动器

14.3.2　液压式人力制动系统

液压式人力制动系统(图 14-18)通常都用于轿车或中、轻型汽车的行车制动。其制动主缸装于车架而制动轮缸装于车轮。其工作原理是：当驾驶人踩下制动踏板时，推杆对制动主缸中的活塞施加制动力，制动主缸便输出液压油，并通过制动管路输入前后车轮的制动器中。车轮制动器中装有活塞式制动轮缸，输入的液压油通过活塞将制动蹄推向制动鼓或制动盘，并使制动蹄摩擦片与制动鼓或制动盘产生摩擦而产生制动。在制动过程中，制动轮缸中的液压力随驾驶人踏板力的增大而增大。倘若忽略制动管路(包括制动软管)的弹性膨胀和摩擦片弹性压缩，且轮胎与路面之间的附着力足够，则汽车所受的制动力与制动踏板力成正比，制动踏板力反映着汽车的制动强度(称为制动踏板路感)。考虑到车轮在行驶过程中经常跳动，因此制动主缸与制动轮缸之间的制动管路除了附装于车架的部分采用金属管外，从车架到车桥以及到车轮均采用特制的橡胶软管连接。

为提高汽车行驶安全性，现代汽车的行车制动系统都采用双回路制动系统，以保证当其中任意一制动回路失效时，另一制动回路仍能正常工作，此时踏板行程会有所增大、制动效能稍有下降。另外，这种液压制动系统的管路中不能侵入空气，否则会因为空气的可压缩性影响制动踏板力及踏板行程，甚至可使制动系统完全失效。

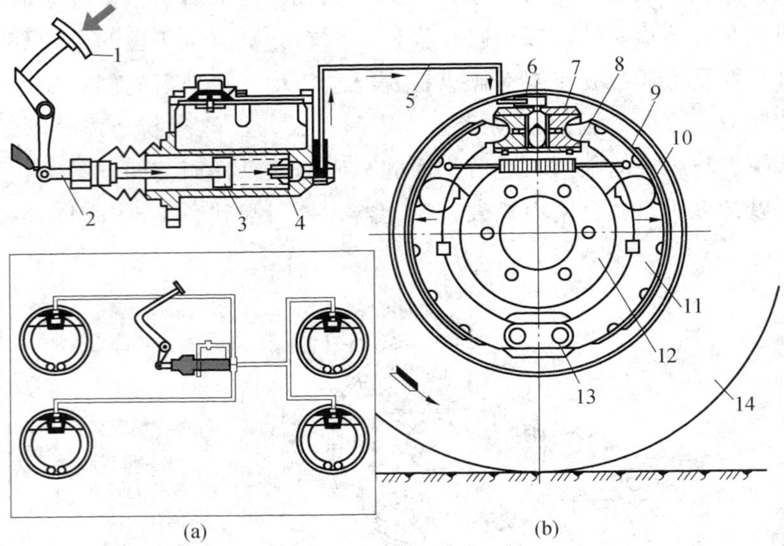

(a)　　　　(b)

1—制动踏板
2—总泵推杆
3—总泵活塞
4—总泵出油阀
5—制动油管
6，7—轮缸活塞
8—制动蹄回位弹簧
9—制动鼓
10—制动蹄调整凸轮
11—制动蹄及摩擦片
12—车轮轮毂
13—制动蹄支承销
14—车轮
(a)制动管路
(b)液压制动系统

图 14-18　液压式人力制动系统

1. 制动主缸

图 14-19 为人力液压制动系统中所采用的串联双腔制动主缸。该主缸相当于两个单腔制动主缸串联在一起而构成。储液罐(图中未示出)中的油液经每一腔的空心螺栓 9(其内腔形成储液室)和各自的旁通孔 7、补偿孔 8 流入主缸前、后工作腔。在主缸前、后工作腔内产生的液压分别经各自的出油阀 5 和各自的管路传到前、后轮制动器的轮缸。

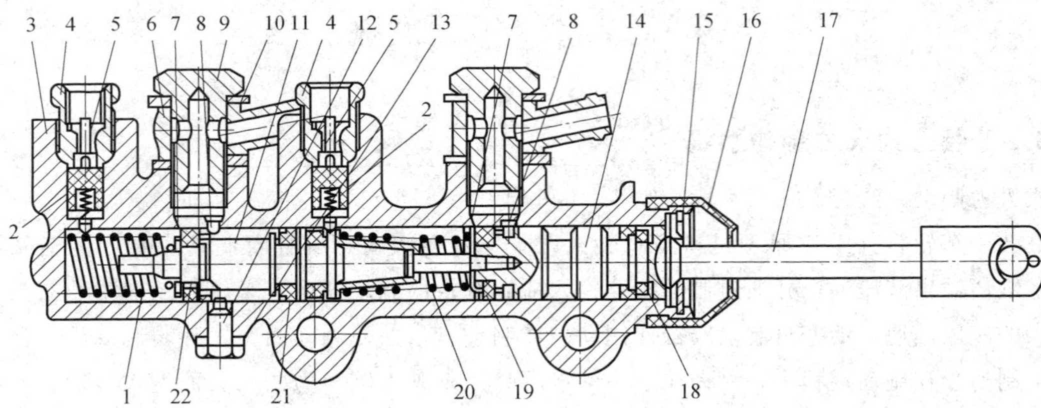

1—前缸弹簧 2—回油阀 3—主缸缸体 4—出油阀座 5—出油阀 6—进油管接头 7—旁通孔 8—补偿孔 9—空心螺栓 10—密封垫 11—前缸(第二活塞) 12—定位螺钉 13—密封垫 14—后缸(第一活塞) 15—挡圈 16—护罩 17—推杆 18—后缸密封圈 19—后活塞皮碗 20—后缸弹簧 21—后缸密封圈 22—前活塞皮碗

图 14-19　串联双腔制动主缸

主缸不工作时，前、后两工作腔内的活塞头部与皮碗正好位于前、后工作腔内各自的旁通孔 7 和补偿孔 8 之间。

当踩下制动踏板时，踏板传动机构通过推杆 17 推动后缸（第一活塞）14 前移，到皮碗掩盖住旁通孔后，此腔液压升高。与此同时，在后腔液压和后缸弹簧 20 的作用下，推动前缸（第二活塞）11 向前移动，前腔压力也随之升高。当继续踩下制动踏板时，前、后腔的液压继续升高，使前、后轮制动器制动。

当迅速放开制动踏板时，由于油液的黏性和管路阻力的影响，油液不能及时流回主缸并填充因活塞右移而让出的空间，因而在旁通孔 7 开启之前，压油腔中产生一定的真空度。此时进油腔液压高于压油腔，因而进油腔的油液便从前、后活塞皮碗 22 和 19 的边缘与缸壁间的间隙流入各自的压油腔以填补真空。与此同时，储液室中的油液经补偿孔 8 流入各自的进油腔。活塞完全回位后，旁通孔 7 已开放，由制动管路继续流回主缸而多余的油液便可经前、后缸的旁通孔流回储液室。液压系中因密封不良而产生的制动液泄漏和因温度变化而引起的制动液膨胀或收缩，都可以通过补偿孔和旁通孔得到补偿。

若与前腔连接的制动管路损坏漏油时，则在踩下制动踏板时，只有后腔中能建立液压，前腔中无压力。此时在液压差作用下，前缸（第二活塞）11 迅速前移直到活塞前端顶到主缸缸体上。此后，后缸工作腔中的液压方能升高到制动所需的值。

若与后腔连接的制动管路损坏漏油时，则在踩下制动踏板时，开始只是后缸（第一活塞）14 前移，而不能推动前缸（第二活塞）11，因为后缸工作腔中不能建立液压。但在后缸活塞直接顶触前缸活塞时，前缸活塞开始前移，使前缸工作腔建立必要的液压而制动。

由上述可知，双回路液压制动系统中任一回路失效时，主缸仍能工作，只是所需踏板行程加大，同时将导致汽车的制动距离增长，制动效能降低。

2. 制动轮缸

制动轮缸其作用是将主缸传来的液压力转变为机械推力。对不同结构车轮制动器，轮缸的数目和结构形式也不同，通常分为单活塞式和双活塞式制动轮缸两类。

（1）单活塞式制动轮缸。图 14-20 为北京 BJ2020N 型汽车双领蹄式前制动器配用的单活塞制动轮缸，它借活塞端面凸台来保持进油间隙。为缩小轴向尺寸，液腔密封采用装在活塞导向面上的皮圈 4。放气阀 1 的中部有螺纹，右端有密封锥面，平时应旋紧压靠在阀座上。与密封锥面相连的圆柱面两侧有径向孔，与阀中心的轴向孔道相通。需要放气时，先取下橡胶护罩 2，再连踩几下制动踏板，对缸内空气加压。然后踩住踏板不放，将放气阀旋出少许，空气即行排出。空气排尽后再将放气阀旋紧。

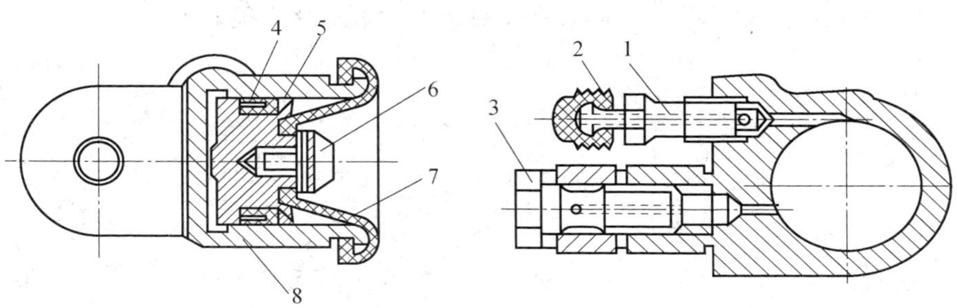

1—放气阀
2—橡胶护罩
3—进油管接头
4—皮圈
5—缸体
6—调整螺钉(顶块)
7—防护罩
8—活塞

图 14-20　单活塞制动轮缸

(2)双活塞式制动轮缸。上海桑塔纳轿车采用的双活塞式制动轮缸结构如图 14-21 所示。缸体 1 用螺栓固定在制动底板上，缸内有两个活塞 2，两个皮碗 3。两个皮碗分别压靠在两活塞上，以保持两皮碗之间的进油孔畅通。活塞外端的凸台孔内压有顶块 5，与制动蹄的上端抵紧。防尘罩 6 用以防止尘土和水分进入，以免活塞与缸体锈蚀而卡死。缸体上方装有放气阀用以排放轮缸中的空气。

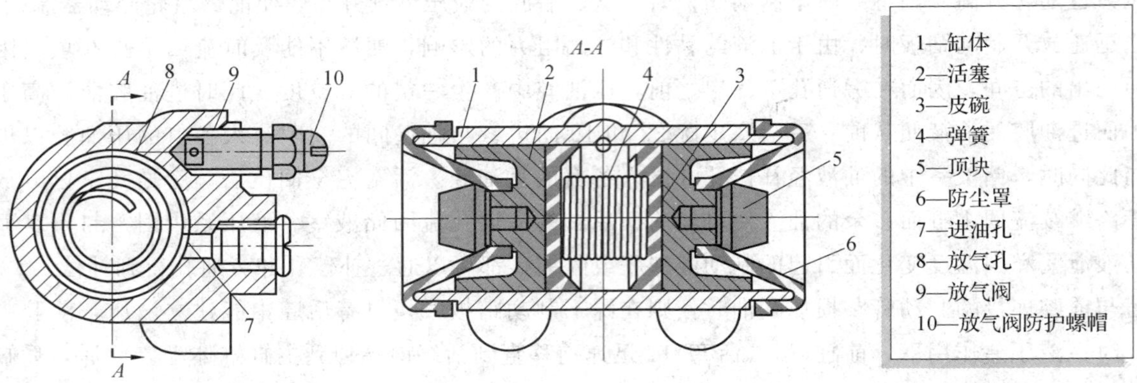

图 14-21　双活塞式制动轮缸

3. 制动液

制动液的质量优劣对液压制动系统的工作性能与可靠性有很大影响。为此，对制动液提出如下要求：

(1)低温下有良好的流动性。

(2)高温下不易汽化，以免产生气阻而使制动失效。

(3)不会使与之经常接触的金属(铸铁、钢、铝或铜)件腐蚀，不会使橡胶件发生膨胀、变硬和损坏。

(4)吸水性差而溶水性良好，即能使渗入其中的水汽形成微粒而与之均匀混合，否则将在制动液中形成水泡而大大降低汽化温度。

(5)能对液压系的运动件起到良好的润滑作用。

现在汽车主要使用矿物制动液和合成制动液，矿物制动液在高温和低温下性能都很好，对金属也无腐蚀作用，但溶水性较差，且易使普通橡胶膨胀，因此活塞皮碗及制动软管等都必须用耐油橡胶制成。合成制动液的汽化温度已超过 190℃，在－35℃的低温下流动性良好，适用于高速汽车制动器，特别是盘式制动器。此外，合成制动液对金属件(铝件除外)和橡胶件都无害，溶水性也很好。

常见问题解析

1. 故障现象

在行车制动中，当抬起制动踏板时，全部或个别车轮仍有制动作用，致使车辆起步困难，行驶阻力大，制动鼓发热。

2. 故障分析

(1)制动踏板没有自由行程或回位弹簧过软、折断。

(2)踏板轴锈滞、发卡而回位困难。

(3)主缸或制动轮缸皮碗、皮圈发胀，活塞变形或被污物黏住。

(4)主缸活塞回位弹簧过软或折断。

(5)制动间隙过小；制动蹄回位弹簧过软、失效；制动蹄在支承销上不能自由转动。

(6)制动管路凹瘪、堵塞，导致回油不畅。

(7)制动油液太脏、黏度太大，回油困难。

3. 故障诊断

(1)汽车行驶一段路程后，用手抚摸各制动鼓，若全部发热，说明故障在制动主缸；若个别车轮发热，则故障在该车轮制动轮缸。

(2)若故障在制动主缸，应先检查踏板自由行程。如果无自由行程，一般为主缸推杆与活塞的间隙过小或没有间隙，应调整。如果自由行程符合标准，则应拆下主缸储油室加油螺塞，踩下踏板慢慢回位，看其回油状况。若不回油，则为回油孔堵塞；若回油缓慢，则为皮碗、皮圈发胀或回位弹簧无力；或是油液太脏、黏度太大。此时，应检查油液清洁度。若油液清洁、黏度适当，则应检查主缸，同时检查踏板回位弹簧是否良好无损，必要时进行修理或更换。

(3)若故障在制动轮缸，可顶起有故障的车轮，旋松制动轮缸放气螺钉，如果制动液随之急速喷出，车轮也立即旋转自如，说明管路堵塞，轮缸不能回油，此时应疏通油管。如果旋转车轮仍有拖滞，可检查制动间隙和回位弹簧，若正常，应拆检制动轮缸，必要时应更换活塞、皮碗。

14.4 伺服制动系统

在人力式制动系统的基础上加设一套动力伺服系(助力)，即兼用人体和发动机作为制动能源，即构成了所谓伺服制动系统。在正常情况下，制动能量大部分由伺服系供给，而在动力伺服系失效时，可全靠驾驶员供给(即由伺服制动转变成人力制动)能量。

按伺服系的输出力作用部位和对其控制装置的操纵方式来分，伺服制动系统可分为助力式(直接操纵式)和增压式(间接操纵式)两类。助力式伺服系控制装置由制动踏板机构直接操纵，其输出力也作用于液压主缸，以助踏板力的不足。增压式伺服系控制装置由制动踏板机构，通过主缸输出的液压操纵，且伺服系的输出力与主缸液压共同作用于一个中间传动液缸(辅助缸)，使该液缸输出到轮缸的液压远高于主缸液压。

按伺服能量的形式来分，分为真空助力式伺服制动系统和增压式伺服制动系统两种，其伺服能量分别为真空能(负气压能)、气压能或液压能。

14.4.1 真空助力式伺服制动系统

轿车大都采用真空助力式伺服制动系统，如红旗 CA7220 型，捷达、奥迪、切诺基以及桑塔纳等轿车。

图 14-22 为红旗 CA7220 型轿车所采用的真空助力式伺服制动系统布置示意图。它采用的是对角线布置的双回路液压制动系统，即左前轮缸与右后轮缸为一液压回路，右前轮缸与左后轮缸为另一液压回路。串联双腔制动主缸 4 的前腔通往左前轮盘式制动器的左前轮缸 11，并经感载比例阀 9，通向右后轮鼓式制动器的右后轮缸 13，制动主缸 4 的后腔通往右前轮盘式制动器的右前轮缸 12，并经感载比例阀 9 通向左后轮鼓式制动器的左后轮缸 10。由真空伺服气室 3、控制阀 2 组合成一个整体部件，称为真空助力器。制动主缸直接装在真空伺服气室前端，真空单向阀 8 直接装在伺服气室上。真空伺服气室工作时产生的推力，也同踏板力一样直接作用在制动主缸的活塞推杆上。

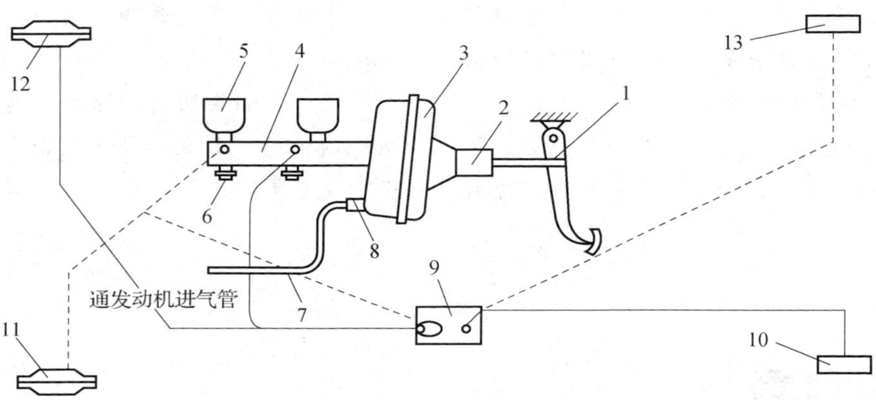

1—制动踏板机构
2—控制阀
3—真空伺服气室
4—制动主缸
5—储液罐
6—制动信号灯液压开关
7—真空供能管路
8—真空单向阀
9—感载比例阀
10—左后轮缸
11—左前轮缸
12—右前轮缸
13—右后轮缸

图 14-22 红旗 CA7220 型轿车真空助力式伺服制动系统布置示意图

红旗 CA7220 型轿车的真空助力器其结构如图 14-23(a)所示，控制部分放大后如图 14-23(b) 和 14-23 (c)所示。

真空伺服气室用导向螺栓 5 和螺栓 17 固定在车身前围板上，并借调整叉 13 与制动踏板机构连接。伺服气室前腔经真空单向阀通向发动机进气管。外界空气经过滤环 11 和毛毡过滤环 14 滤清后进入制动气室后腔。伺服气室膜片座 8 内有连通伺服气室前腔和控制阀腔的通道 A，以及连通伺服气室后腔和控制阀的通道 B。带有密封套的橡胶阀门 9 与在伺服气室膜片座 8 上加工出来的阀座组成真空阀，又与控制阀柱塞 18 的大气阀座 10 组成大气阀。控制阀柱塞同控制阀推杆 12 借后者的球头铰接。真空助力器不工作时，控制阀推杆弹簧 15、控制阀推杆 12 连同控制阀柱塞 18 推到后极限位置(即真空阀开启)，橡胶阀门 9 则被阀门弹簧 16 压紧在大气阀座 10 控制阀推杆上(即大气阀关闭位置)。伺服气室前、后两腔经通道 A、控制阀腔和通道 B 互相连通，并与大气隔绝。在发动机开始工作，且真空单向阀被吸开后，伺服气室左右两腔内都产生一定的真空度。

制动时，踩下制动踏板，踏板力推动控制阀推杆 12 和控制阀柱塞 18 向前移动，在消除柱塞与橡胶反作用盘 7 之间的间隙后，再继续推动制动主缸推杆 1，主缸内的制动液压油以一定压力流入制动轮缸。

与此同时，在阀门弹簧 16 的作用下，橡胶阀门 9 也随之向前移动，直到压靠在伺服气室膜片座 8 的阀座上，从而使通道 A 与 B 隔绝。进而空气阀离开真空阀而开启，空气经过滤环 11、空气阀的开口和通道 B 充入伺服气室后腔。伺服气室因前、后腔的压差而产生推力，除一部分用来平衡膜片回位弹簧 4 的力以外，其余部分都作用在橡胶反作用盘 7 上。通过橡胶反作用盘 7 推动制动主缸推杆 1 向前移动，此时制动主缸推杆上的作用力(即踏板力)和伺服气室反作用盘推力的总和，使制动主缸输出压力成倍增高。这意味着驾驶员所施加的踏板力不仅要足以促动控制阀，使制动主缸产生一定液压，而且还要足以平衡与伺服气室作用力成正比的、经反作用盘反馈过来的力。这样，驾驶员便可以通过所加踏板力的大小来感知伺服气室的作用力大小，即驾驶员有一定的踏板感。

解除制动时，控制阀推杆弹簧促使控制阀推杆弹簧 15 和空气阀向右移动，真空阀离开伺服气室膜片座 8 上阀座，真空阀开启。伺服气室前、后腔相通，均为真空状态。膜片座和膜片在膜片回位弹簧 4 作用下回位，制动主缸解除制动。

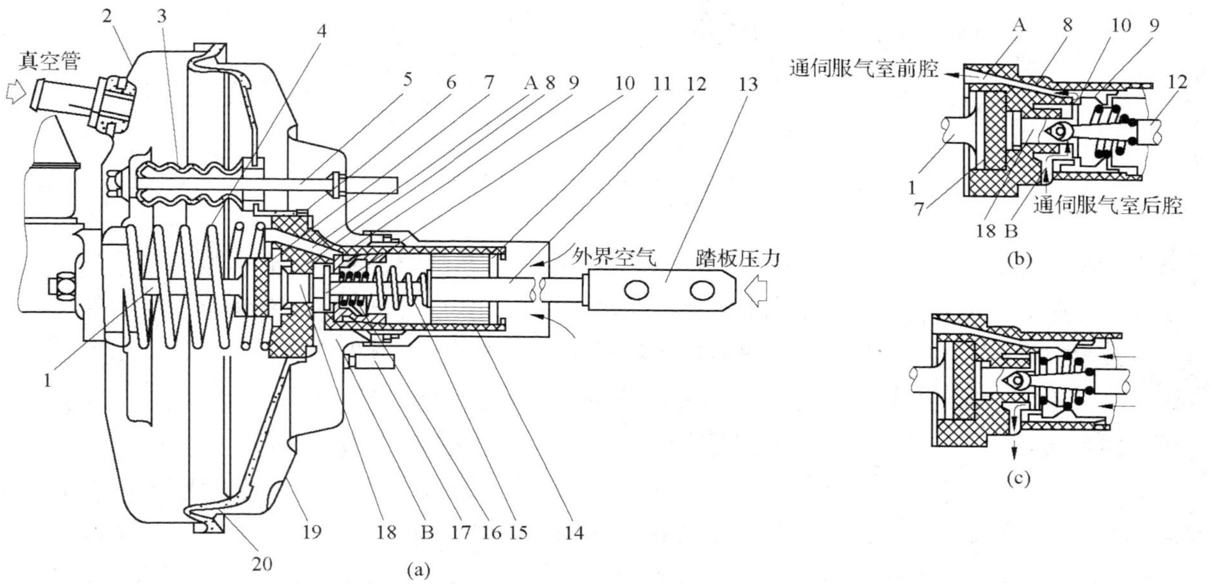

1—制动主缸推杆 2—伺服气室前壳体 3—导向螺栓密封套 4—膜片回位弹簧 5—导向螺栓 6—控制阀 7—橡胶反作用盘 8—伺服气室膜片座 9—橡胶阀门 10—大气阀座 11—过滤环 12—控制阀推杆 13—调整叉 14—毛毡过滤环 15—控制阀推杆弹簧 16—阀门弹簧 17—螺栓 18—控制阀柱塞 19—伺服气室后壳体 20—伺服气室膜片 A，B—通道
(a)真空助力器结构图 (b)，(c)控制部分放大图

图 14-23 真空助力器结构示意图

14.4.2 增压式伺服制动系统

按照使用介质能源，增压式伺服制动系统分为液压真空增压伺服制动系统和气压增压伺服制动系统。

1. 液压真空增压伺服制动系统

图 14-24 为装有真空增压器的双回路液压制动系统。它是在人力液压制动系统基础上，加装一套由发动机进气管 12(真空源)、真空单向阀 11、真空罐 10、控制阀 6、伺服气室 8 及辅助缸 5 等组成的真空增压伺服系统。

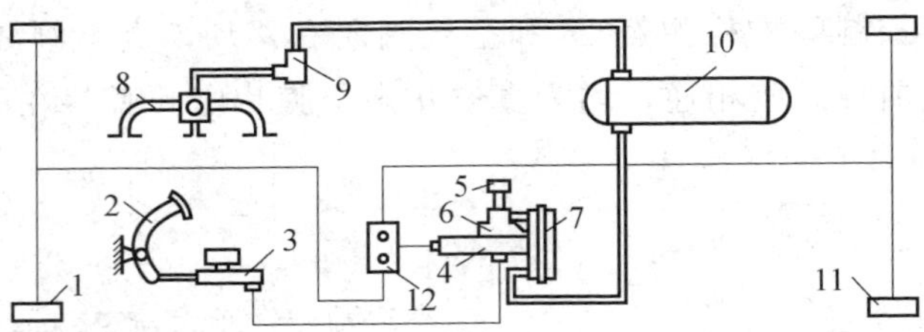

1—前制动轮缸
2—制动踏板机构
3—制动主缸
4—安全缸
5—辅助缸
6—控制阀
7—进气滤清器
8—伺服气室
9—后制动轮缸
10—真空罐
11—真空单向阀
12—发动机进气管

图 14-24　装有真空增压器的双回路液压制动系统示意图

由发动机进气管 12(真空源)、真空单向阀 11、真空罐 10 构成供能装置，控制阀 6 是控制装置，伺服气室 8 和辅助缸 5 构成传动装置。伺服气室的作用是把进气管(或真空泵)产生的真空度与大气压力的压力差转变为机械推力；辅助缸的作用是将低压油变成高压油；控制阀的作用是控制伺服气室的正常工作；真空单向阀 11 的作用是当进气管(或真空泵)的真空度高于真空筒的真空度时，单向阀开启，抽出真空罐及伺服气室内的空气；反之，单向阀关闭，可保持真空罐及伺服气室内的真空度。

当发动机工作时，在发动机进气管 12 中的真空度作用下，真空罐 10 中的空气经真空单向阀 11 被吸入发动机，因而真空罐中也产生并积累一定的真空度(最高可达 0.07 MPa)，作为制动伺服的能源。踩下制动踏板时，制动主缸的输出液压首先传入辅助缸 5，由此一面作为制动促动压力传入前后制动轮缸 1 和 9，一面又作为控制压力输入控制阀 6。控制阀在主缸液压控制下使真空伺服气室的工作腔通真空罐或通大气，并保证伺服气室输出力与主缸液压，从而使制动踏板力和踏板行程呈递增函数关系。真空伺服气室输出力与自主缸传来的液压作用力一同作用于辅助缸活塞，因而辅助缸输送至轮缸的压力高于主缸压力，起到增压作用。

图 14-25 为某种真空增压器的构造。它由辅助缸、控制阀和真空伺服气室等组成。辅助缸内腔被辅助缸活塞 25 分隔成两部分，左腔经辅助缸出油接头 28 通向前、后制动轮缸；右腔经进油接头通向制动主缸。伺服气室推杆 18 的前端嵌装着球阀门 24，其阀座在辅助缸活塞 25 上；推杆穿过尼龙制的密封圈座 19，并以两个橡胶双口密封圈 20 保证孔和轴表面的密封。推杆后端与伺服气室膜片 14 连接。伺服气室不工作时，活塞和推杆分别在辅助缸活塞复位弹簧 27 和伺服气室膜片回位弹簧 17 作用下处于右极限位置。球阀门 24 与阀座保持一定距离，从而保持辅助缸两腔连通。

控制阀是由真空阀 5 和空气阀 6 组成的阀门组件。大气阀座在控制阀体 10 上；真空阀座则在膜片座 4 上。膜片座下面与控制阀活塞 1 连接。不制动时，如图 14-25 所示，空气阀 6 关闭，真空阀 5 开启。控制阀上腔和下腔连通。这样，控制阀上腔和伺服气室右腔便具有与控制阀下腔和伺服气室左腔同等的真空度。

真空伺服气室被其中的伺服气室膜片 14 分隔成左、右两腔。左腔 D 经前壳体加端面的真空管接头(图中已剖去)通向真空罐，且经由辅助缸 26 中的孔道与控制阀下气室 C 相通；其右腔 A 则经焊接在后壳体圆柱面上的气管 8 通到控制阀上腔 B。

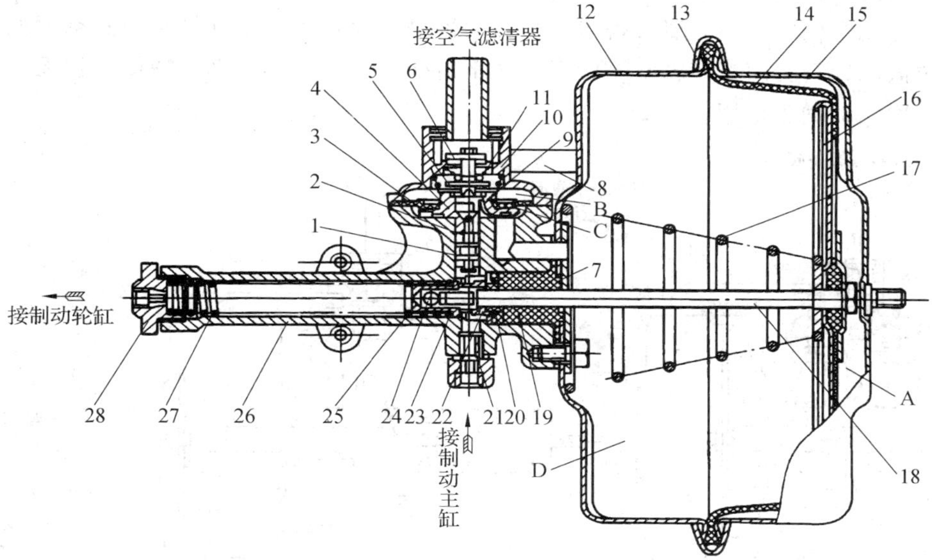

1—控制阀活塞 2，21—皮圈 3—控制阀膜片 4—膜片座(带真空阀座) 5—真空阀 6—空气阀 7—连接块
8—气管 9—控制阀膜片回位弹簧 10—控制阀体(带大气阀座) 11—阀门弹簧 12—伺服气室前壳体
13—卡箍 14—伺服气室膜片 15—伺服气室后壳体 16—膜片托盘 17—伺服气室膜片回位弹簧
18—伺服气室推杆 19—密封圈座 20—密封圈 22—辅助缸进油接头 23—活塞限位座 24—球阀门
25—辅助缸活塞 26—辅助缸 27—辅助缸活塞复位弹簧 28—辅助缸出油接头

图 14-25 真空增压器(66-IV 型)

真空增压器工作原理如下：

(1)踩下制动踏板时。如图 14-26(a)所示，制动液自制动主缸输入辅助缸，由于此时球阀门 24 仍是开启的，故制动液经过辅助缸活塞 25 上的孔进入各制动轮缸，轮缸液压等于主缸液压。与此同时，辅助缸的液压还作用在控制阀活塞 1 上，并推膜片座 4 使真空阀 5 的开度逐渐减小直至关闭，使上腔 A 和下腔 B 隔绝；再开启空气阀 6。于是，外界空气便经进气滤清器流入控制阀上腔 A 和右腔 D，降低了真空度；而此时下腔 B 和左腔 C 中的真空度仍保持不变。在 D、C 两腔压力差的作用下，伺服气室膜片 14 带动伺服气室推杆 18 左移，球阀门 24 关闭，这样，制动主缸与辅助缸左腔隔绝。此时，辅助缸活塞 25 上有两个作用力：一是主缸的液压力，二是推杆的推力，辅助缸左腔和各轮缸的压力高于主缸压力，起到增压作用。

在 A、D 两腔真空度降低(压力升高)过程中，控制阀膜片 3 和阀门组渐渐下移。当 A、D 两腔的真空度下降到一定数值时，空气阀 6 关闭而使真空度保持恒定。这一稳定值的大小取决于制动主缸压力，而制动主缸压力又取决于踏板力和踏板行程。

(2)当松开制动踏板时。如图 14-26(b)所示，制动主缸液压力下降，控制阀平衡状态被破坏。控制阀活塞 1 及膜片座 4 下移，真空阀开启，A、D 两腔压力降低，D、C 两腔压差减小，增压作用降低，制动强度减弱。当制动踏板完全放松时，所有运动件在各自回位弹簧作用下复位，A、B 和 C、D 四腔又都具有一定真空度，以备下次制动之用。

在真空管路无真空度或真空增压器失效的情况下，辅助缸中的球阀门 24 将永远开启，保证制动主缸和各制动轮缸之间的油路畅通。这样，整个制动系统还可以同人力液压制动系统一样工作。当然，此时所需的踏板力比有真空伺服作用时要大得多。当发动机停止运转或其进气管中的真空度低于真空罐的真空度时，真空单向阀即行关闭，使真空罐中真空度不遭受损失。这样，真空罐便能在无真空能补充的情况下，起到若干次制动伺服作用。

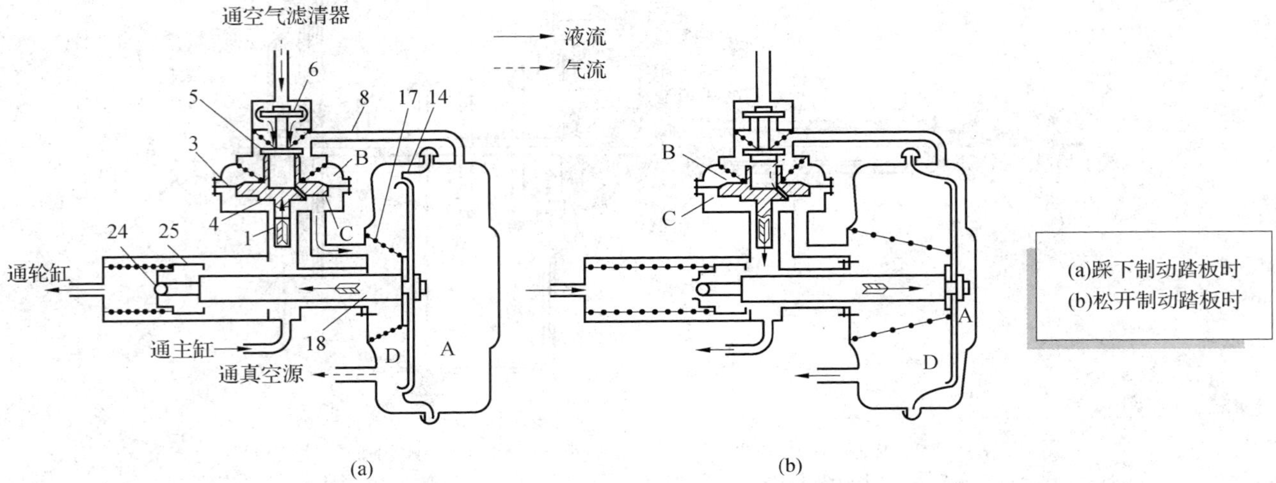

图 14-26　真空增压器示意图(图注同图 14-25)

2. 气压增压伺服制动系统

图 14-27 为日产 T80 系列汽车气压增压伺服制动系统示意图。其中由辅助缸 6、控制阀 4 和气压伺服气室 5 组成的部件称为气压增压器。必要时，控制阀也可作为一个独立部件单独安装。气压增压器之后的液压促动管路中，分别装设有一个单腔安全缸 9，用以实现局部双回路。其中的控制阀和气压伺服气室的结构原理与前述的真空增压器大体相同，区别在于气压增压器所用的高压是压缩空气的压力而不是大气压力；低压是大气压力而不是真空度。

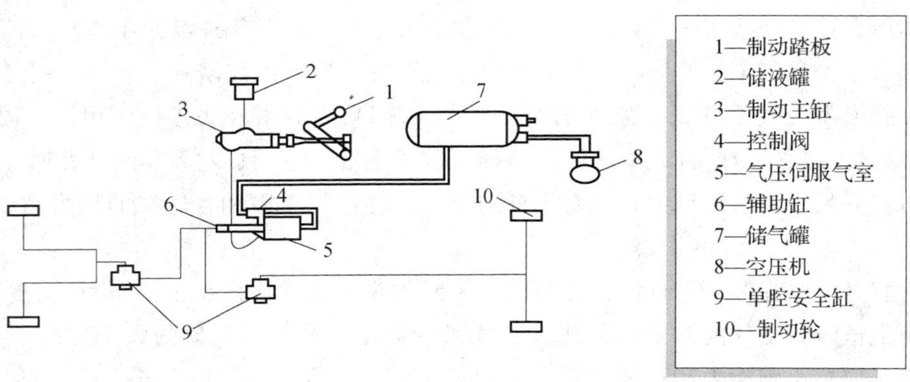

图 14-27　日产 T80 系列汽车气压增压伺服制动系统示意图

常见问题解析

1. 故障现象

制动时左、右轮制动力不等或制动生效时间不一致，导致汽车向制动力较大或制动作用较早一侧偏驶。

2. 故障分析

(1)左、右车轮制动间隙大小不等，或接触面积相差太大；或摩擦片材料不一致。

(2)左、右车轮制动鼓内径相差过多；或回位弹簧拉力相差很大；或轮胎气压不等。

(3)个别车轮摩擦片有油污、硬化或铆钉外露；或轮缸内活塞运动不灵活，皮碗发胀或油管堵塞；或制动鼓失圆。

(4) 车架变形；前轴位移；前后轴不平行；两前钢板弹簧弹力不等。

3. 故障诊断

(1)汽车行驶中使用制动，汽车向左偏斜，即为右轮制动性能差；反之则为左轮制动性能差。通常是根据路试后轮胎拖印判断。拖印短或没有拖印的车轮即为制动效能不良。

(2)发现某个车轮制动不灵时，先检查制动气室。一人踏住制动踏板，另一人检查该车轮制动气室、气管或接头有无漏气。若有漏气之处应修复；若没有漏气处，应检查制动气室推杆伸缩情况，察看是否有弯曲、变形或卡住现象；左、右推杆行程是否一致。

(3)如果上述情况良好，可将车轮架起，从制动鼓检视孔观察摩擦片是否有油污，测量制动间隙是否过大。如果上述情况良好，可踩下制动踏板并迅速抬起，看制动蹄回位是否迅速自如。若不能迅速回位，多为制动蹄回位弹簧拉力不足或凸轮轴卡住，应进行修理或更换。

(4)如上述检查调整无效时，应拆下制动鼓检查是否失圆，摩擦片是否磨损过甚或硬化，铆钉头是否外露，以及弹簧拉力是否符合标准，调整臂凸轮轴转动是否灵活。检查后，可根据需要进行修理或换件。

(5)因摩擦片材料不同而引起制动跑偏时，是在更换新摩擦片后出现的，应换摩擦片。

14.5 动力制动系统

在动力制动系统中，制动所使用的能量主要是由空气压缩机产生的气压能，或由液压泵形成的液压能。而空气压缩机或液压泵是由汽车发动机驱动的，所以，动力制动系统是以汽车发动机为唯一的制动能源，可以认为制动能源是空气压缩机或液压泵，而驾驶员的肌体仅作为控制能源，而不是制动能源。

根据供能装置和传动装置使用能源类型，动力制动系统分为气压制动系统、气顶液制动系统和全液压动力制动系统三种。

气压制动系统是发展最早的动力制动系统，供能装置和传动装置全部是气压式的。其控制装置大多数是由制动踏板机构和制动阀等气压控制元件组成，也有的在踏板机构和制动阀之间还串联有液压式操纵传动装置。

气顶液制动系统的供能装置、控制装置与气压制动系统的相同，但其传动装置则包括气压式和液压式两部分。

全液压动力制动系统中除制动踏板机构以外，其供能装置、控制装置和传动装置全部是液压式。

14.5.1 气压制动系统

气压制动系统是利用压缩空气作为动力源，并将压力转变为机械推力，使车轮产生制动。驾驶员可通过控制踏板的行程，便可调整气体压力的大小，来获得不同的制动力，得到不同的制动强度。

气压制动系统的特点是踏板行程较短、操纵轻便、制动力较大、消耗发动机的动力、结构复杂，制动不如液压式柔和，一般用于中、重型汽车上。

图 14-28 为东风 EQ1090E 型汽车气压双回路制动系统示意图。其中备有两个主储气筒 14 和 17。单缸空气压缩机 1 产生的压缩空气，首先通过储气筒单向阀 4 输入湿储气筒 6 进行油水分离，之后分成两个回路：一个回路经过主储气筒 14、并列双腔制动阀 3 的后腔而通向前制动气室 2；另一个回路是经过主储气筒 17、并列双腔制动阀 3 的前腔和快放阀 13 而通向后制动气室 10。

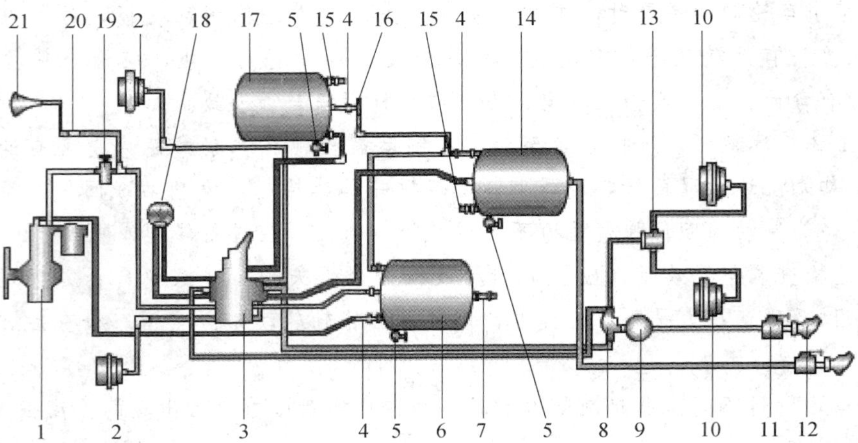

1—空气压缩机 2—前制动气室 3—并列双腔制动阀 4—储气筒单向阀 5—发水阀 6—湿储气筒 7—安全阀 8—梭阀 9—挂车制动阀 10—后制动气室 11—挂车分离开关 12—连接头 13—快放阀 14—主储气筒(供前制动器) 15—低压报警器 16—取气阀 17—主储气筒(供后制动器) 18—双针气压表 19—气压调节器 20—气喇叭开关 21—气喇叭

图 14-28 东风 EQ1090E 型汽车气压双回路制动系统示意图

当其中一个回路发生故障失效时，另一回路仍能继续工作，以维持汽车具有一定的制动能力，从而提高了汽车行驶的安全性。但是，切不可这样仅利用一个制动回路长时间行车，以防止发生意外。

装在并列双腔制动阀 3 至后制动气室 10 之间的快放阀 13 的作用是，当松开制动踏板时，使后轮制动气室放气路线和时间缩短，保证后轮制动器迅速解除制动。前、后制动回路的储气筒上都装有低压报警器 15。当储气筒中的气压低于 0.35 MPa 时，便接通装在驾驶室内转向柱支架内侧的蜂鸣器的电路，使之发出断续的鸣叫声，以警告驾驶员，注意储气筒内气压过低。

在不制动情况下，主储气筒 14 还通过挂车制动阀 9、挂车分离开关 11、连接头 12 向挂车储气筒充气。制动时，双腔制动阀的前、后腔输出气压可能不一致，但都通入梭阀 8。梭阀则只让压力较高一腔的压缩空气输入挂车制动阀 9，后者输出的气压又控制装在挂车上的继动阀，使挂车产生制动。

14.5.2 气顶液制动系统与全液压动力制动系统

1. 气顶液制动系统

气压制动系统属于动力制动系统，容易满足踏板力小、踏板行程短而产生制动力却较大的要求。气压制动系统的工作压力比液压系的大得多，其部件的尺寸和质量都比液压系的相应部件大。液压轮缸可以装在制动器内直接作为制动蹄促动装置，但尺寸很大的制动气室却只能装在制动器外，通过制动臂和制动凸轮轴等一系列零件来促动制动蹄，而且这些零件及其支承座都很笨重，而且属于非簧上质量，有碍于汽车行驶平顺性。其他气压部件，如空气压缩机和储气筒等也都比相应的液压泵和储能器等液压部件更大、更重。因此，气压制动系统只宜用于中型以上，特别是重型的货车和客车。

气压制动系统的工作滞后时间较长，为此有些重型汽车采用了气顶液动力制动系统。

如图 14-29 所示，在双回路制动系统中，供能装置和控制装置都是气压式的。传动装置则是气压液压组合式的。气压能通过互相串联的制动气室和液压主缸转换为液压能。这样，气压系可以布置得尽量紧凑些，以缩短管路长度和滞后时间。用液压轮缸作为制动器促动装置减少了非簧上质量。使用气顶液制动系统的汽车用来牵引挂车时，挂车可用气压制动，也可用液压制动。气压和液压系兼备的汽车的各个车桥的制动器能分别采用液压促动和气压促动。

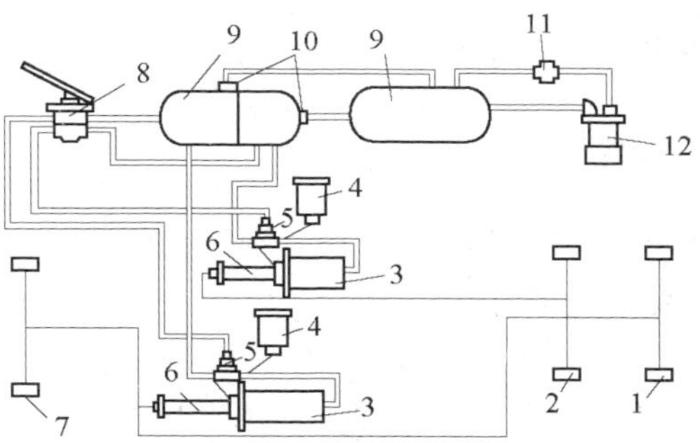

1，2，7—制动轮缸
3—动力气室
4—储液罐
5—气压继动阀
6—液压主缸
8—串联双腔气制动阀
9—储气罐
10—单向阀
11—气调压阀
12—空气压缩机

图 14-29　气顶液制动系统示意图

2. 全液压动力制动系统

全液压动力制动系统是以储能器储存的液压能或限制液流循环而产生液压作用的动力制动装置。其制动系统的液压系同动力转向液压系一样，也有常压式(闭式)和常流式(开式)两种，二者的制动能源都是汽车发动机驱动的液压泵。但目前汽车用的全液压动力制动系统多采用常压式，因为其中设有储能器，可以积蓄液压能，以备在发动机或液压泵停止运转或是泵油管路损坏的情况下，仍能进行若干次完全制动。

图 14-30 为一种较简单的全液压双回路动力制动系统。相对于气压制动系统，液压泵 3 相当于空气压缩机；储能器 5 和 9 相当于储气罐；并列双腔液压制动阀 10 相当于气压制动阀；盘式制动器 1 和 11 中的液压缸（轮缸）相当于制动气室。不过，气压制动系统的传能介质是空气，除了有必要消除排气噪声的情况以外，一般都不设回气管路。液压系的传能介质是特制的制动液，解除制动时由轮缸经液压制动阀排出的低压油液必须通过回油管路加以回收。

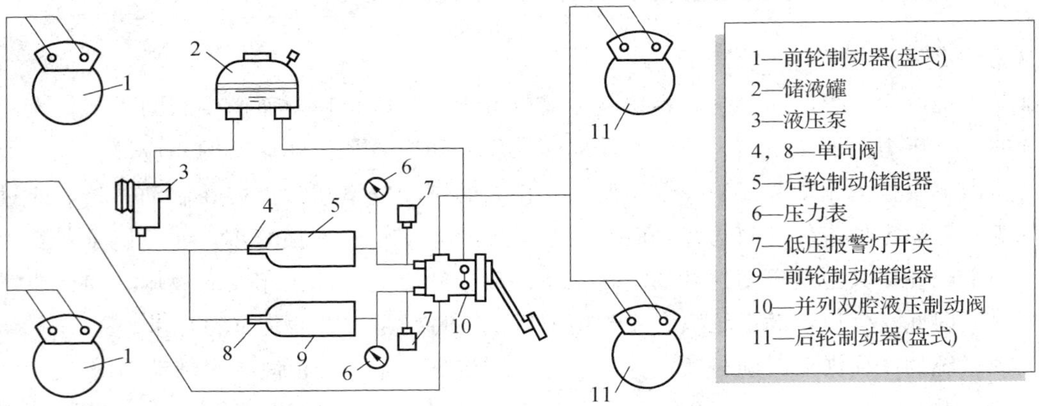

图 14-30　全液压双回路动力制动系统示意图

常见问题解析

1. 故障现象

汽车行驶中使用制动时，不能减速或停车，制动阀无排气声。

2. 故障分析

(1)储气筒内无压缩空气。

(2)制动控制阀的进气阀不能打开或排气阀不能关闭。

(3) 气管堵塞，制动控制阀或制动气室膜片破裂漏气。

(4)制动踏板与制动控制阀拉臂脱节。

3. 故障诊断

(1)检查储气筒内有无压缩空气，若无压缩空气，应查找有无漏气之处，若无漏气，则为空气压缩机故障，应进行检修。

(2) 若空气压缩机工作正常，则可检查制动踏板与制动控制阀拉臂是否脱节，制动控制阀调整螺钉是否松动。如果上述情况都正常，则应拆检制动控制阀、疏通气道。

14.6 防抱死制动系统

14.6.1 概述

当车轮抱死滑移时，车轮与路面间的侧向附着力将完全消失，如果是前轮(转向轮)制动到抱死滑移而后轮还在滚动，汽车将失去转向能力，如果是后轮制动到抱死滑移而前轮还在滚动，即使受到不大的侧向干扰力，汽车将产生侧滑(或甩尾)现象。这些都极易造成严重交通事故。因此，汽车在制动时不希望车轮制动到抱死滑移，而是希望车轮制动到边滚边滑的滑转状态。为了充分发挥轮胎与路面间的这种潜在附着能力，目前多数中高级轿车、大客车和重型货车上装备了防抱死制动系统(Antilock Braking System，ABS)。图 14-31 为干燥硬实路面上附着系数与滑移率的关系曲线。从图中可以看出，当滑移率 S 由 0 增长到 10%左右时，附着系数迅速增大；当滑移率为 10%～30%时，附着系数有最大值(图中所示滑移率在 20%)时，纵向附着系数最大，该最大值称为峰值附着系数，用 φ_P 表示，此时与其相对应的车轮滑移率称为峰值滑移率，用 S_P 表示。当滑移率继续增大，附着系数逐渐减小。车轮抱死时的附着系数即完全滑动附着系数，一般也称为滑动附着系数，用 φ_S 表示。车轮抱死时的滑动附着系数小于峰值附着系数。

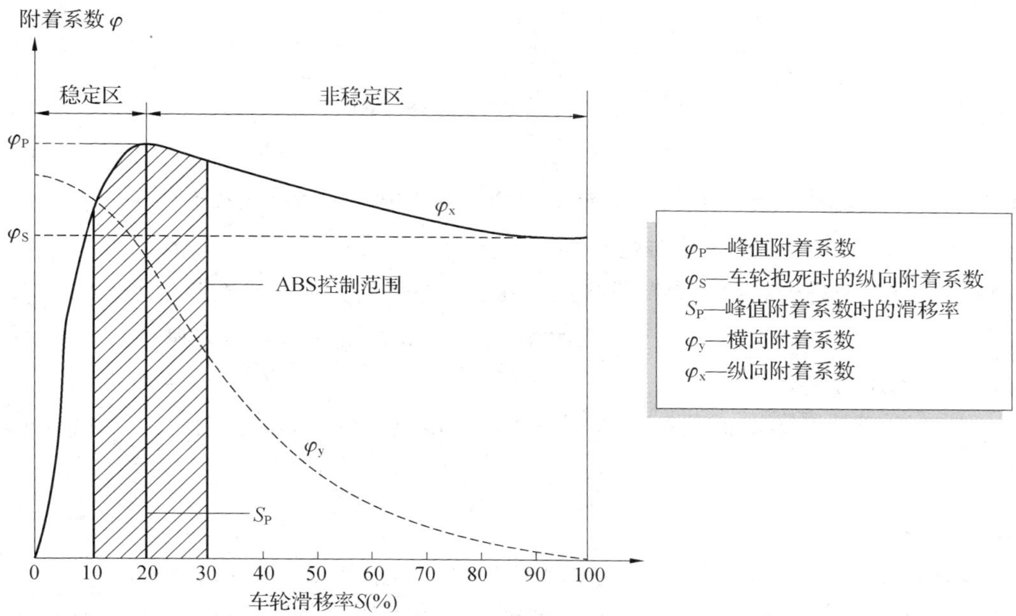

图 14-31 干燥硬实路面上附着系数与滑移率的关系曲线图

汽车 ABS 系统的主要功用是汽车在进行紧急制动和在易滑的路面上进行常规制动时，迅速而又精确地检测出各车轮的滑移量，通过电子控制器的分析、运算和控制，适时并恰当地调节制动器的液压或气压，减小车轮的滑移率，确保制动时汽车方向稳定性、制动可靠性和行驶安全性。

14.6.2 ABS 基本组成及分类

1. ABS 基本组成

汽车制动系统随车型的不同而不同，同样 ABS 系统也一样，因此 ABS 的类型较多，但通常主要是由车轮转速传感器、电子控制单元(ECU)、制动压力调节装置等组成。在不同的 ABS 系中，ECU 的内部结构和控制逻辑可能不尽相同，制动压力调节装置的结构形式和工作原理也往往不同。图 14-32 为一种较为典型的汽车 ABS 系组成的原理图。

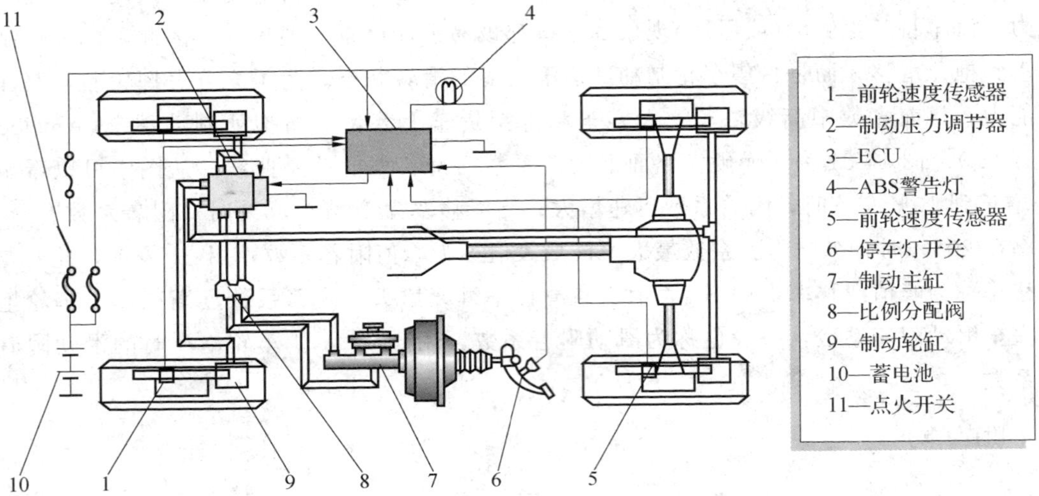

图 14-32　汽车 ABS 系的组成原理图

在图 14-32 所示的 ABS 系中，在汽车的每个车轮上各安装了一个车轮转速传感器，将各个车轮的转速信号输入给 ECU，ECU 根据各车轮转速传感器输入的信号对各个车轮的运动状况进行分析判断，并形成相应的控制指令，发送给制动压力调节装置。制动压力调节装置主要由调压电磁阀总成、电动泵总成和储液器等组成，通过制动管路与制动主缸和各制动轮缸相连。制动压力调节装置受 ECU 的控制，对各制动轮缸的制动压力进行调节。

在正常工作时，所有 ABS 系和传统的助力制动系统相似。在强力制动时，ABS 根据车轮的转速调节通向每个车轮的液压力。

2. ABS 分类

(1)按控制方式分。ABS 按控制方式可分为预测控制方式和模仿控制方式两种。

预测控制方式是预先规定控制参数和设定值等控制条件，然后根据检测的实际参数与设定值进行比较，对制动过程进行控制。根据控制参数不同，预测控制又可分为以车轮减速度为控制参数、以车轮滑移率为控制参数、以车轮减速度和车轮加速度为控制参数，及以车轮减速度、加速度和滑移率为控制参数四种。目前多数车辆采用第四种。

模仿控制方式是在控制过程中，记录前一个控制周期(从制动减压到增压中)的各种参数，再按照这些参数值规定出下一个控制周期的控制条件。无论汽车在什么路面或行驶条件下，都能把车轮的旋转状态控制在非常狭窄的滑移率变化范围内，实现近似理想的控制。但在控制时需要准确和实时测定汽车瞬时速度，目前能满足控制要求的传感器如多普勒雷达，其成本高、技术复杂，故此种控制方式很少采用。

(2)按控制通道及传感器数量分。在 ABS 系统中，能够独立进行制动压力调节的制动管路称为通道。如果某个车轮的制动压力占用一个控制通道，可以单独进行调节，称为独立控制或单轮控制。如果两个车轮的制动压力是一同进行调节的，称为同时控制或一同控制。在两个车轮一同控制时，有低选择和高选择两种。如果以保证附着系数较小的车轮不发生抱死为原则进行制动压力调节，这两个车轮就是按低选择原则一同控制；如果以保证附着系数较高的车轮不发生抱死为原则进行制动压力调节，这两个车轮就是按高选择原则一同控制。

根据通道数，ABS 可分为 4 通道、3 通道、2 通道和 1 通道四种。根据传感器数又可分为 4 传感器和 3 传感器两种。目前汽车上应用较多的为 3 通道(前轮独立控制、后轮低选择控制)4 传感器式、3 通道 3 传感器式和 4 通道 4 传感器式，它们的示意图如图 14-33 和图 14-34 所示。3 通道式与 4 通道式比较而言，前者制动距离较短(尤其是前轮驱动汽车)，操纵性和稳定性好；后者制动距离最短，操纵性最好，但在不对称路面上的稳定性较差。因此，目前轿车上使用的 ABS 多为 3 通道 4 传感器式，如雷克萨斯 LS400，桑塔纳 2000GSi 等车辆。

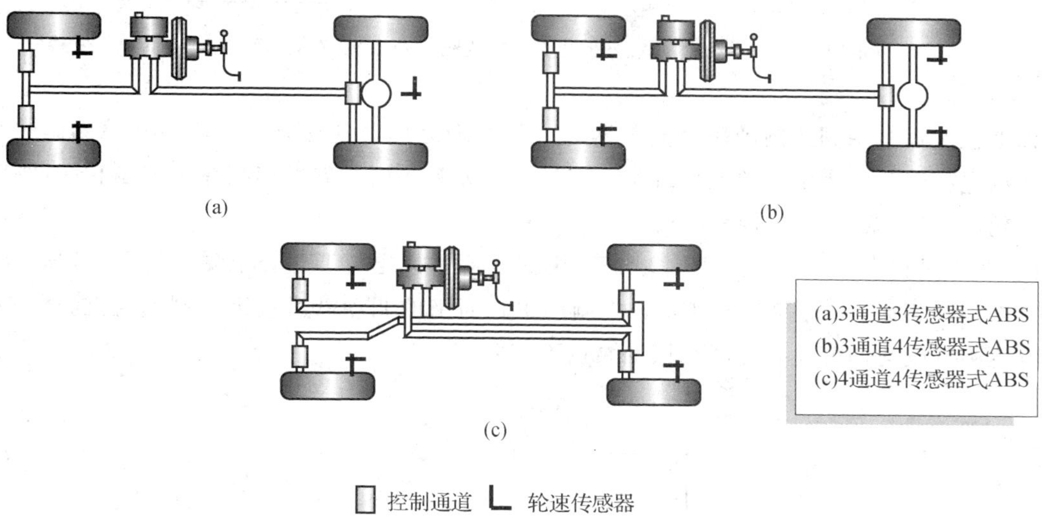

图 14-33　3 通道式 ABS

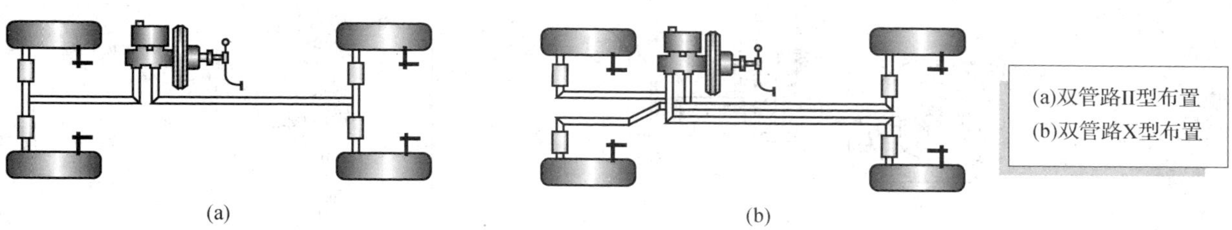

图 14-34　4 通道 4 传感器式 ABS

14.6.3 ABS 工作过程

以红旗 CA7220 型轿车的制动防抱死制动系统(图 14-35)来介绍其工作过程。该 ABS 为 4 通道 4 传感器式布置形式，它将液压调节器和电控单元组合在一起，形成一个总成。其工作原理是四个轮速传感器分别将各车轮的信号传给电子控制器，经电子控制器运算得出各车轮的滑移率，并根据滑移率控制各轮缸油压。当滑移率在 10%～30%时，车辆的纵向附着力和侧向附着力都较高。将这一附着区域内的汽车制动的有关参数预先输入 ABS 的控制系统，电子控制器可随机地根据实际制动工况进行判断，给执行机构发出动作指令，使车轮的滑移率控制在这一最佳工作区范围内。

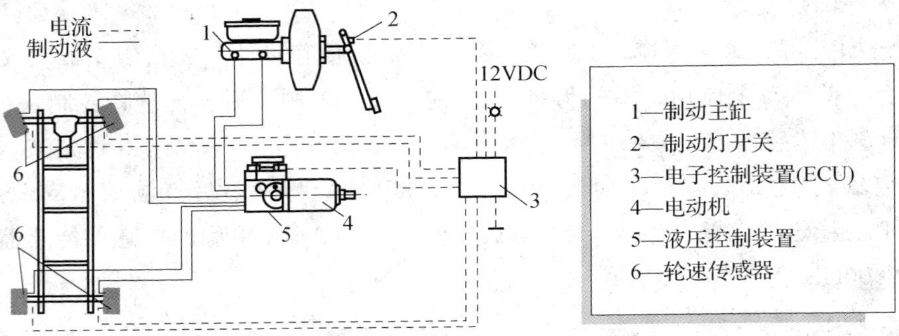

图 14-35 红旗 CA7220 型轿车防抱死制动系统(ABS)的布置

下面以 3 位 3 通电磁阀式制动压力调节器的工作原理为例，制动时，车轮不断检测车轮转速信号，并把信号传给电控单元。当电控单元发现某一车轮有抱死趋势时，即发出指令，控制相应回路的电磁阀动作，此车轮的 ABS 系统工作过程如下：

(1)常规制动过程。ABS 未进入工作状态，电磁线圈中无电流通过，电磁阀处于“升压”状态。制动主缸与轮缸的油路相通，如图 14-36 所示，由制动主缸而来的制动液直接进入制动轮缸，制动轮缸压力随制动主缸压力的变化而变化。此时，回油泵也不需要工作。

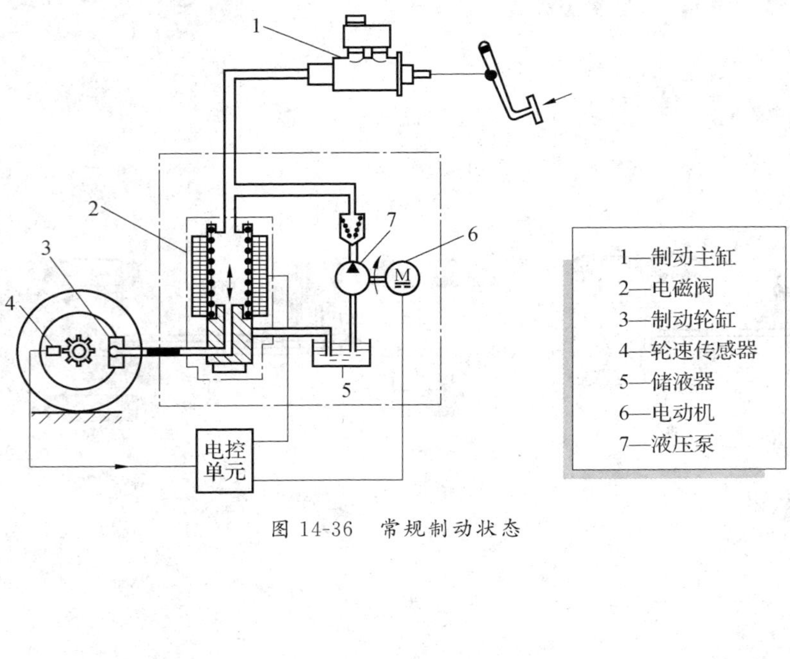

图 14-36 常规制动状态

(2)轮缸保压过程。当 ECU 根据轮速等信号，判断其滑移率等参数达到最佳范围，需要保轮缸的制动压力时，ECU 向电磁线圈输入一个较小的电流，使电磁阀处于“保压”状态位置，如图 14-37 所示，此时，制动主缸、轮缸和回油通道相互隔离密封，轮缸中的制动压力保持一定。

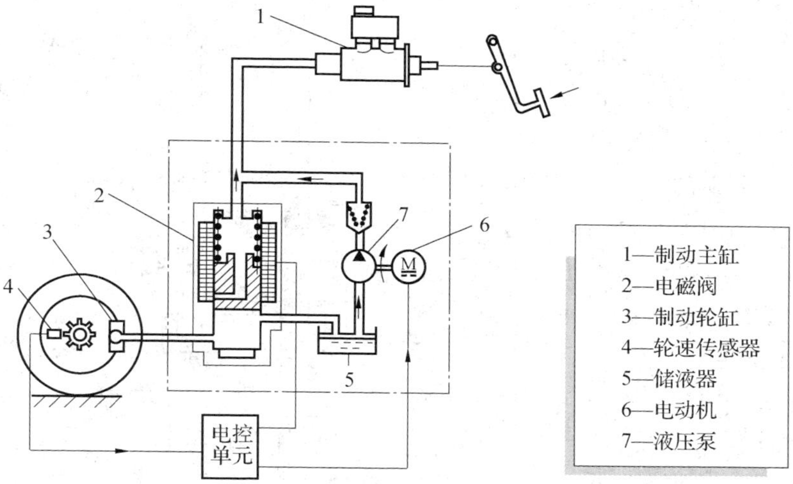

图 14-37　轮缸保压状态

(3)轮缸减压过程。当 ECU 根据轮速等信号，判断其滑移率等参数超出最佳范围，需要减小轮缸的制动压力时，ECU 向电磁线圈输入一个较大的电流，使电磁阀处于“减压”状态位置，如图 14-38 所示，此时，电磁阀将轮缸与回油通道或储液器接通，轮缸中的制动液经电磁阀流入储液器，轮缸制动压力下降。与此同时，驱动电动机启动，带动液压泵工作，把流回储液器的制动液加压后送入主缸，为下一制动过程做好准备。

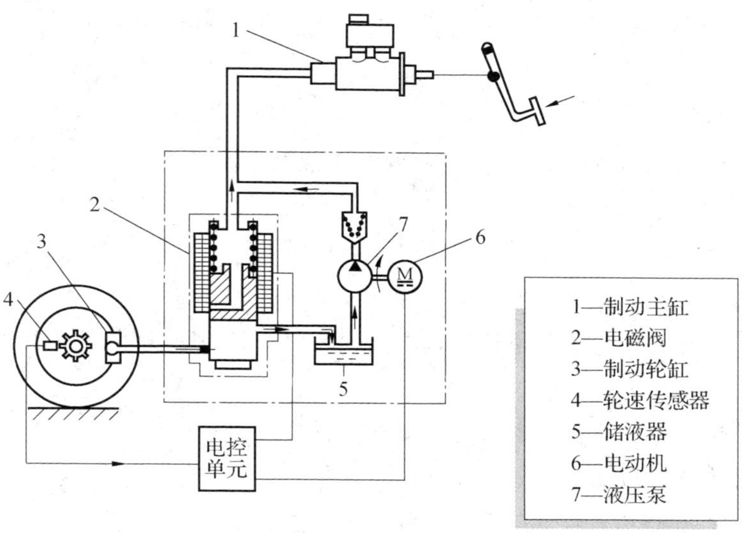

图 14-38　轮缸减压状态

(4)轮缸增压过程。当压力下降后车轮速度再次升高的时候，使得车轮的滑移率趋近于 0，电子控制单元边切断电磁阀的电流，制动主缸与轮缸油路再次相通，制动主缸的高压制动液重新进入制动轮缸，使制动轮缸油压回升，车轮又趋于接近抱死状态。上述过程压力调节是脉冲式的，其频率为 4～10 Hz。

(5)解除制动。当需要解除制动时，驾驶员松开制动踏板，此信号通过制动踏板开关送到 ABS 电子控制单元 ECU，ECU 使电磁阀断电，阀芯在弹簧力的作用下下移到最下端的位置，切断了制动轮缸到储液器和回油泵之间的油路，由于踏板力消失，轮缸液压大于主缸液压，轮缸的制动液通过电磁阀回到制动主缸，如图 14-39 所示。

ABS 的工作过程实际上是“抱死—松开—抱死—松开”的循环工作过程，使车辆始终处于临界抱死的间隙滚动状态，有效地克服紧急制动时的跑偏、侧滑、甩尾，防止车身失控等情况的发生。

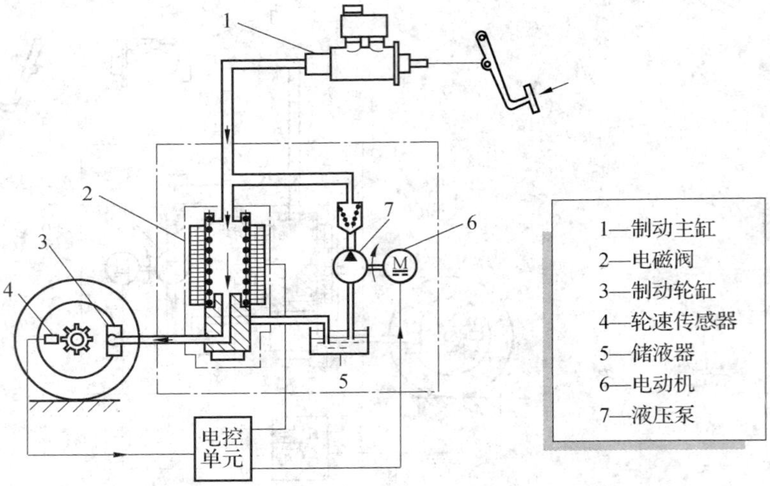

图 14-39　解除制动状态

常见问题解析

1. 故障现象

ABS 液压控制单元损坏，并且漏油，需要对液压控制单元进行更换。

2. 解决方案

(1)首先对液压控制单元进行拆卸

①利用检测设备读取控制单元编码(以便更换液压控制单元后能正常地进行编码匹配)。

②断开蓄电池。

③松开控制单元插头。

④将容器接到左前制动钳排气螺栓处，并打开该螺栓。

⑤将制动踏板下压装置装到制动踏板和司机座位之间，将踏板压到 60 mm 以上。将制动管路重新接到液压单元上后，再取下制动踏板下压装置。

⑥拧上左前制动钳的排气螺栓，溢出的制动液不得流入发动机舱。

⑦用专用堵塞封盖盖住制动管和螺纹孔。

⑧拧下液压控制单元支架上的六角螺母，拆下液压控制单元。

(2)对液压控制单元进行安装，安装与拆卸顺序相反。

14.7 驱动防滑控制系统

14.7.1 驱动防滑控制系统概述

汽车行驶时的车轮滑动，实际指两种情况，一种是汽车在制动时车轮抱死而产生的车轮滑移情况；另一种是车身不动，车轮转动或者是汽车的速度低于转动车轮的轮缘速度，称为滑转。ABS控制前一种情况，对于后一种情况，则是通过汽车驱动防滑控制系统实现对汽车的制动控制。

汽车驱动防滑控制系统(Acceleration Slip Regulation，ASR)。用以防止汽车在起步、加速过程中驱动轮打滑，特别是防止汽车在非对称路面或转弯时驱动轮空转。具体作用有：①能在汽车起步或行驶中使驱动轮获得最佳的驱动力，从而提高汽车在附着系数较小路面上的动力性(如起步能力、加速性能和爬坡能力)。②能保持汽车(特别前驱动汽车)驱动时的转向稳定性。③减少轮胎磨损与发动机油耗。为了获得更好的控制效果，汽车驱动防滑转系统ASR不仅要与汽车制动防抱死系统ABS组合，对滑转驱动轮适当制动，防止驱动导轮原地滑转，而且要与汽车牵引力控制系统TCS(也称TRC)系统配合，以控制发动机的输出转矩，防止驱动轮驱动过猛。

14.7.2 ASR基本组成及工作过程

1. ASR基本组成

ASR系统的基本组成如图14-40所示，该系统是在ABS系统的基础上增设了一些ASR的装置。主要有ASR制动执行器，由步进电动机控制的发动机副节气门装置、电子控制单元(ECU)、传感器和ASR执行器等。

(1)电子控制单元(ECU)。电子控制单元(ECU)是ASR的控制单元，具有运算功能，根据前后轮速传感器传递的信号以及发动机和自动变速器的ECU中节气门开度信号来判断汽车的行驶条件，分析判断后，对副节气门执行器、ASR制动执行器发出指令，执行器完成对发动机供油系统或点火时刻的控制，或对制动压力进行调整。

(2)ASR系统的传感器。ASR系统的传感器主要是轮速传感器和节气门位置传感器。一般轮速传感器与ABS系统共用，主要完成对车轮速度的检测，并将轮速信号传送给ABS和ASR的ECU。主、副节气门开度传感器用于检测节气门的开启角度，并将这些信号传送给发动机与自动变速器的ECU。

(3)ASR系统的执行器。ASR系统的执行器主要是ASR制动执行器和副节气门执行器。前者根据从ABS和ASR电子控制单元传来的信号，为ABS执行器提供液压。后者则根据ASR的ECU传送来的信号，控制副节气门的开启角。

2. ASR工作过程

图14-40中ABS/ASR系统的ECU根据轮速传感器产生的车轮转速信号，确定驱动车轮的滑转率，并与ECU里存储的设定范围值进行比较，若超过此信号便发出指令控制副节气门的步进电机转动减小节气门的开度，此时，即使主节气门的开度不变，发动机的进气量也会因副节气门的开度减小而减小，

从而使发动机的输出转矩、驱动车轮的驱动力随之减小。如果驱动车轮的滑转率仍未降到设定的范围值内，ABS/ASR 系统的 ECU 又会控制 ASR 制动执行器，对驱动车轮施加一定的制动力，进一步控制驱动车轮的滑转率，使之符合要求，以达到防止车轮滑转的目的。在 ASR 处于防滑转的控制中，只要驾驶员一踩下制动踏板，ASR 便会自动退出控制，而不会影响制动过程。

ASR 系统只有在车轮发生滑转时才工作，在其余的所有时间内，ASR 系统只是处于准备工作状态，不干预常规驾驶。如果 ASR 系统出现故障，则系统自动切断所有相关信号，发动机和制动系统恢复到没有装备 ASR 系统的模式下工作，并在仪表盘上通过 ASR 指示灯提醒驾驶员 ASR 系统出现了故障。

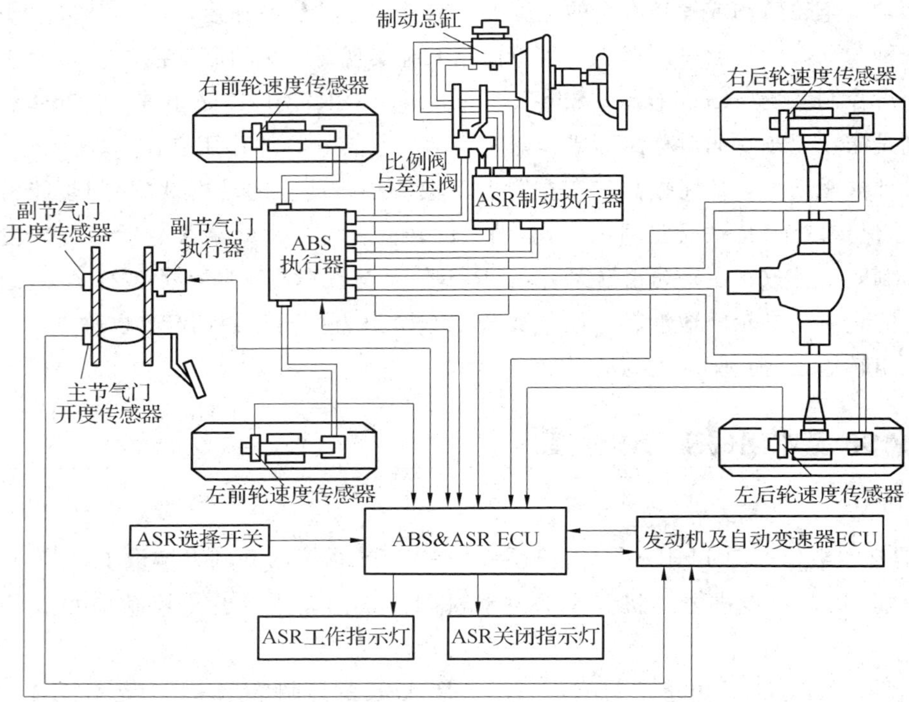

图 14-40 ABS/ASR 系的基本组成

3. ABS 与 ASR 的区别与联系

ABS 和 ASR 这两项汽车防滑控制技术作为汽车主动安全性控制系统的核心内容，对保障汽车在极限驾驶工况下的安全性能起到了显著的作用。

ABS 系统在汽车制动时调节控制制动压力，以获得尽可能高的减速度，使制动器制动力接近但不超过轮胎与路面间的最大附着力，使车轮滑移率保持在 15%～25%的范围内，从而提高制动减速度并缩短制动距离。它能有效地提高制动时汽车的方向操纵性和行驶稳定性。

ASR 在汽车驱动加速时发挥效用，以获得尽可能高的加速度，使驱动轮的驱动力不超过轮胎与路面间的附着力，以防止车轮滑转，从而改善汽车的操纵稳定性及加速性能，提高汽车的行驶平顺性。与 ABS 不同的是 ASR 在整个汽车行驶过程中均起作用。

ABS 及 ASR 均以改善汽车行驶稳定性为前提，以控制车轮运动状态为目标。ABS 是不使车轮转动角速度为零，防止车轮抱死滑移，一般在车速很低(小于 8 km/h)时不起作用。ASR 不使车轮中心平移速度即车速为零，防止车轮滑转，一般在车速很高时(大于 80～120 km/h)不起作用。ABS 与 ASR 均是以车轮的运动学参数或动力学参数为控制参数的，因此两者可以密切配合。ABS 的发展已历经了漫长的时期，而 ASR 继 ABS 之后迅速发展的原因就在于此。当代先进的 ABS，均配有 ASR 功能，这就是常见的 ABS/ASR。

14.7.3 ASR 控制方式与控制原理

1. ASR 控制方式

在车辆起步或加速时，倘若出现驱动轮滑转，则应根据驱动力矩及路面状况采取相应的防滑措施。其控制方式有以下三种：①控制发动机输出转矩。②用锁止差速器来锁止轮间差速器。③对滑转的驱动轮适当制动。上述三种方式既可以单独使用也可以联合使用(特别是轿车)。

2. ASR 控制原理

(1)控制发动机输出转矩。控制发动机的输出转矩是控制驱动轮滑转最基本的方式，即当汽车行驶在泥泞路面而可能导致驱动轮滑转时，应当减小节气门开度以降低发动机输出转矩，以最快速度控制驱动车轮的滑转率。其方法有：①由电控单元(ECU)操纵副节气门开度从而控制其进气量。②由电控单元(ECU)输出驱动防滑指令，从而调节发动机点火时间及供油量。③半联动操纵离合器以减小驱动车轮的驱动转矩。其中，操纵副节气门开度以控制进气量的效果最好，但响应速度较慢，因此还需要与后两种控制方式相配合。

(2)采用锁止差速器。为了实现汽车的差速转向，汽车驱动桥之间设置有轴间差速器，左右两侧车轮之间设置有轮间差速器。但由于差速器只能相等地分配输入转矩(即等转矩传动)，倘若前后或左右两侧的驱动轮与地面之间的附着系数差别过大，则附着系数较小一侧的驱动车轮就极易滑转；附着系数较大一侧的驱动车轮也不能获得更高的驱动力，结果加剧了附着系数较小一侧驱动车轮的滑转。倘若在此情况下将轮间差速器锁止，就可以使未滑转侧的驱动轮获得较高的驱动力，以改善车辆的驱动性能。

采用锁止式差速器是防止驱动轮滑转最常用的方法。但倘若采用的是机械挂挡式的差速锁，当驱动车轮滑转时，不仅需要停车挂挡以锁止差速器，而且事后还要及时地解除差速器锁止，否则不仅会破坏驱动车轮在不滑转情况下的正常行驶和正常转向，而且会使两车轮发生异常磨损或同时滑转，影响汽车的操纵稳定性，为此，现代汽车(特别是四轮驱动汽车)多采用自锁式防滑差速器。例如，摩擦片防滑差速器、托森式防滑差速器以及电控防滑差速器等。其操纵方式是：由电控单元(ECU)根据轮速传感器检测两侧车轮的转速差，倘若两侧车轮转速差超过 150 r/min，电控单元(ECU)即驱动电磁铁或电磁阀使防滑差速器自动锁止。

(3)对滑转的驱动轮实施制动。对已经滑转的驱动轮实施适当的制动，也能起到类似于差速锁的效果(图 14-41)。例如，当右侧驱动轮行驶于高附着系数路面而不易滑转，左侧驱动轮行驶于低附着系数路面而极易滑转时，倘若对左侧驱动轮适当制动，不仅能减少左侧驱动轮的滑转，而且能增加右侧驱动轮的驱动力矩。这种对滑转驱动轮实施适当制动的控制方式虽然对防止驱动轮滑转最为迅速有效，且反应时间最短，但其制动力不仅应缓慢增加，而且在高速行车时还不宜使用，否则会因制动力过大而抱死拖滑。另外，为防止驱动轮制动器过热或抱死，此方式只能用于短时间的低速行驶，且只能作为控制驱动轮滑转的辅助方法。

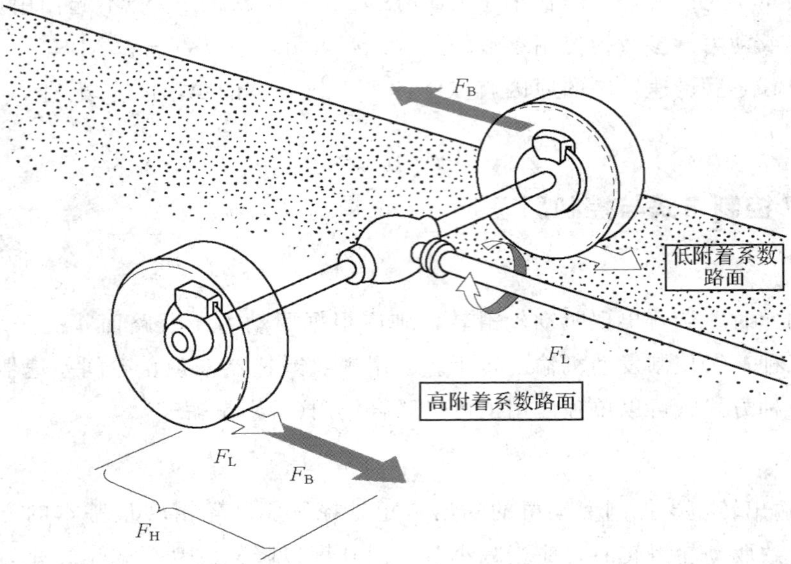

图 14-41 施加制动力产生的差速锁止作用

(4)离合器或变速器控制。离合器控制是指当驱动轮发生过渡滑转时，减弱离合器的接合程度，使离合器主、从动盘出现部分滑转，从而达到减小输出到半轴的发动机输出转矩的目的。变速器控制是指通过改变传动比来改变传递到驱动轮的驱动力矩，以减小驱动轮的滑转程度。由于离合器和变速器控制反应比较慢，而且，离合器控制的反应慢，变速器控制的变化又过于突然，所以一般不作为单独的控制方式，而且由于压力和磨损等问题，使其应用也受到一定的限制。

常见问题解析

1. 故障现象

在汽车行驶的过程中，间断性地出现 ASR 灯闪亮。

2. 解决方案

经检测为牵引力控制开关损坏，需要对其更换。

(1)牵引力控制开关的拆卸

①拆下前地板副仪表板装饰板。

②按下牵引力控制开关每一侧的夹持器。

③从地板副仪表板装饰板的前部，提起牵引力开关。

④从牵引力控制开关上断开电气插头。

(2)牵引力控制开关的安装

①将接头与牵引力控制开关连接好。

②将牵引力控制开关在地板副仪表板装饰板中低位。

③将牵引力控制开关压入地板副仪表板装饰板中，直到夹持器充分到位。

④安装前部地板副仪表板装饰板。

知识拓展

汽车制动液

汽车制动液是汽车液压制动系统传递能量的工作介质，其质量好坏，选用正确与否，直接关系到行车安全。

1. 制动液作用

(1)传递压力，其工作压力一般在 2～5 MPa。

(2)传递热量，制动液对制动系统有降温作用。

(3)防锈防腐作用，提高了制动系统金属零部件的使用寿命。

(4)润滑作用，减少制动器件的滑动摩擦力。

2. 制动液的性能要求

(1)优良的高湿性能，干湿平衡回流沸点高，蒸发性小。

(2)优良的低温性能，－40℃运动黏度小，低温流变性好。

(3)优良的金属防腐蚀性能。

(4)较低的水敏感性。

(5)优良的橡胶皮碗适应性。

(6)优良的热和化学安定性。

(7)良好的润滑性能。

3. 制动液的种类

(1)醇类制动液。醇类制动液由低碳醇类和蓖麻油配制而成，其价格低廉，但由于高、低温性能差，容易引起交通事故，我国于 1990 年 5 月 1 日起就已经强制淘汰。

(2)矿物油型制动液。矿物油型制动液是以深度脱蜡的精制柴油馏分作为基础，加入增黏剂、抗氧化剂、防锈剂等调合而成。此类制动液温度适应性较醇型好，可在－50～150℃的温度范围内使用，但由于其对天然橡胶有溶胀作用，故在使用此类制动液之前应将制动系统的所有皮碗、软管更换成耐油橡胶制品，以免受到腐蚀而制动失灵。我国和欧美已经不使用矿物油型制动液。

(3)合成型制动液。通常是以乙二醇醚、水溶性聚酯、聚醚、硅油等为溶剂加入润滑剂和添加剂组成，其工作温度范围宽。黏湿性好，对橡胶和金属的腐蚀性小，适合于高速、大功率、重负荷和制动频繁的汽车使用。合成制动液分为以下三类：

①醇醚型制动液体，由润滑剂、稀释剂和添加剂组成，常用的润滑剂有乙二醇、聚丙二醇、环氧乙烷加成物、环氧丙烷的聚合物等，常用的稀释剂有二甘醇醚、三甘醇醚、四甘醇醚等。常用的添加剂有抗氧剂、抗腐蚀剂、防锈剂、抗磨剂、pH 值调整剂等，产品性能较为稳定、成本较低、用量较大。其缺点是平衡回流沸点不太高及湿性强，低湿性能差，而且在湿气候条件下使用时，制动部件易锈蚀。

②酯型制动液。其基础液为羧酸酯和硼酸酯，加入量(质量分数)为总量的 20%～50%，常用的稀释

剂为聚乙二醇的单烷基醚等，常用的添加剂有抗氧化剂、抗腐蚀剂、pH 值调整剂等。性能比前者有很大改善。

③硅型制动液。一般为烷撑聚醚硅酸酯，如聚烷撑乙二醇硅酸酯等，并加有橡胶抗溶胀剂和其他添加剂。这类制动液性能较好，但价格昂贵。

4. 制动液的质量等级

我国参照国际标准化组织（ISO）的 DOT 分类方法，制定了强制标准《机动车辆制动液的技术要求》（GB 12981－2003），该标准按机动车辆安全使用要求，将制动液分为 HZY3，HZY4，HZY5 三个质量等级，它们分别对应国际通用产品 DOT3，DOT4，DOT5 或 DOT5.1。

5. 使用和更换制动液时应注意的事项

（1）添加制动液时，应用相同厂家生产的相同规格制动液。如无相同厂家相同规格的制动液时，在更换制动液品牌前一定要用新加入制动液清洗管路。

（2）汽车制动液使用一定时间后会因吸湿、化学变化等原因使性能指标降低，从而影响行车安全，所以应根据汽车维护要求及时更换。

（3）汽车制动液易挥发、易燃，因此应远离火源，注意防火防潮，尤其注意防止日晒雨淋，以防在使用中产生气阻，影响制动力的正常传递，造成制动失灵。在添加或者更换制动液时，如不慎将制动液溅到汽车零部件上，应及时用清水冲洗干净。

（4）定期检查储液罐中的制动液液面位置，一般 1 个月检查 1 次。储存的制动液应保持在标定的最低容量线和最高容量线之间，如果储液罐中的制动液液面低于最低液位标记，则应向储液罐补充新制动液，使液面达到最高标记处。

（5）为了避免水分浸入到制动液，应使用专用设备并选择气温较高、湿度较小的晴天进行添加或者更换制动液。

思考与练习

一、 填空题

1. 制动器的领蹄具有________作用，从蹄具有________作用。
2. 行车制动装置按制动力源可分为________和________两类。其中动力式又有________、________和________等。
3. 按制动传动机构的布置形式，通常可分为________和________两类。其中双回路制动系统提高了汽车制动的________。
4. 车轮制动器主要由________、________、________和________等四部分组成。
5. 液力制动装置主要由________、________、________、________、________等组成。

思考与练习

6. 制动力的大小不仅取决于________的摩擦力矩，还取决于________，而影响摩擦力矩的主要因素是________、________和________等。
7. 车轮制动器按其制动时两制动蹄对制动鼓径向力是否平衡，可分为________、________和________制动器。
8. 浮钳型盘式制动器主要由________等零件组成。
9. 盘式制动器活塞密封圈的作用是________和________。
10. 制动轮缸的功用是________________，通常将其分为________和________两类。

二、问答题

1. 汽车制动系统的作用是什么？
2. 说出盘式制动器的工作过程。
3. 轮缸式制动器有哪几种形式？
4. 什么是双领蹄式制动器？其结构特点如何？
5. 试叙述液力制动在加强制动时的工作情况。
6. 试叙述液力双腔式制动主缸在某一腔控制回路失效时的工作情况。
7. 怎样调整盘式驻车制动器？
8. 试叙述汽车上装用防抱死装置对制动性能和操纵性能的意义。
9. 液力制动主缸活塞回位弹簧的预紧力过小(过软)对制动性能有何影响？
10. 说出真空增压器在维持制动时的工作过程。

单元 15 汽车车身

单元目标

知识目标	能力目标
1. 了解轿车的车身结构	1. 轿车车身附属装置的认知
2. 理解轿车车身的附属装置	2. 客车车身附属装置的认知

知识脉络图

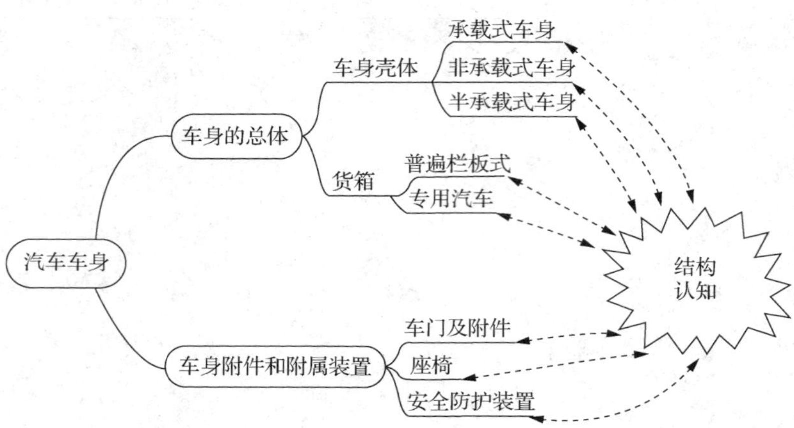

15.1 车身的总体

15.1.1 车身壳体

轿车车身及客车车身应包括车身壳体、散热器罩、发动机舱盖、翼子板、挡泥板等。其中，车身壳体包括车身底骨架(底架纵横梁及车身骨架)、钣金蒙皮、车内外装饰以及敷设于车身壳体内外的隔音、隔热、防振、防腐的密封涂层等；车内外装饰包括厂牌标志、装饰条、装饰性面罩、仪表板及后视镜、顶篷及侧壁、窗帘及地毯，还包括车门车窗及座椅、前照灯、空调装置等。货车和专用汽车的车身则比较简单，仅包括车头、驾驶室、车厢或货箱、车门车窗、车内外装饰件及座椅、车身附件及其他装备等。按照车身的受力情况，可分为非承载式、半承载式和承载式车身。

1. 非承载式车身

绝大多数的货车由于驾驶室较短而都采用非承载式车身结构，其结构特点就是具有明显的车架，而车身与车架之间常用 3 点或 4 点式弹簧或橡胶垫柔性连接。由于车身对车架无加固作用，因此车架不仅要承受安装于车架所有部件的自重(包括车身)，而且还要承受汽车行驶过程中所有的荷载。其中，驾驶室壳体由钣金骨架构件及覆盖件通过搭接、翻边、点焊等组装而成。其主要受力构件有：纵向由门槛和上、下边梁承力；横向由前风窗框上、下横梁、后围上横梁和地板后横梁承力；竖向由前后立柱承力。如图 15-1 所示，货车驾驶室的结构有三种：①长头式。其驾驶室位于发动机之后，并采用 3 点式悬置。其结构紧凑、刚性较好。②上平头式。它位于发动机上，采用 4 点式悬置。为降低高度，地板中部还开有安装发动机的开口，前围也开有安装散热器的开口。由于开口较多且较大，削弱了驾驶室的整体刚度，虽然驾驶室外部尺寸宽大，但内部仍然显得拥挤。③前平头式。其驾驶室位于发动机之前(即前翻型驾驶室)，并采用 4 点式悬置。其结构完整、刚性较好、内部也宽敞，但高度较大。

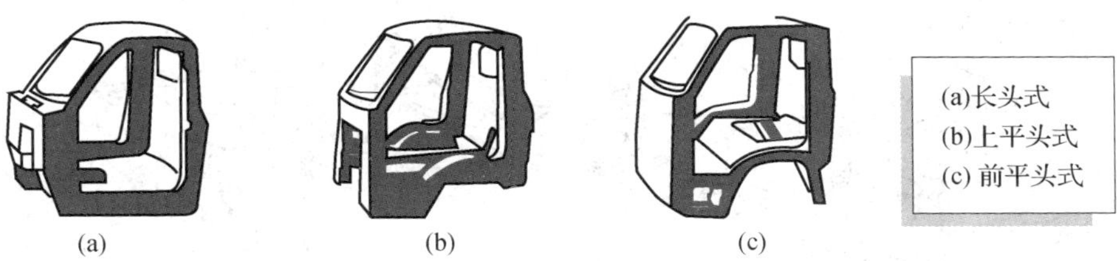

图 15-1 货车驾驶室三种结构

非承载式轿车车身的结构示意图如图 15-2 所示。高级轿车(如运动版轿车)以及越野汽车的车身结构虽然类似于轿车车身，但为了适应恶劣的行驶条件，减少车身变形并提高乘坐舒适性，其通常也采用具有车架的非承载式结构。它将车身或驾驶室均装于车架纵梁，而将左右挡泥板、左右前翼子板、发动机舱盖等用托架固定于车架纵梁。有些越野汽车还将纵梁的前端加长以加装绞盘或专用保险杠等。

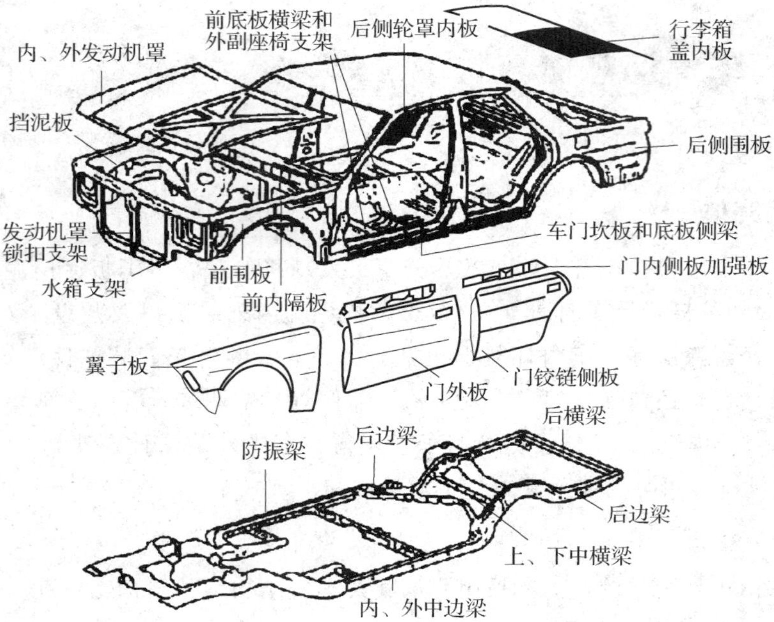

图 15-2　非承载式轿车车身的结构示意图

2. 半承载式车身

半承载式车身主要用于敞篷轿车。其结构特点是也有车架，但没有完整的车身结构，它将车身与车架直接刚性连接而成为平台式底盘，其车身起辅助加固车架的作用。如某些轿车为了便于安装发动机和动力传动系统以及改善安装点部位受力状况而采用副车架结构，副车架通过软垫直接连接到车身上，前、后副车架结构如图 15-3 所示。

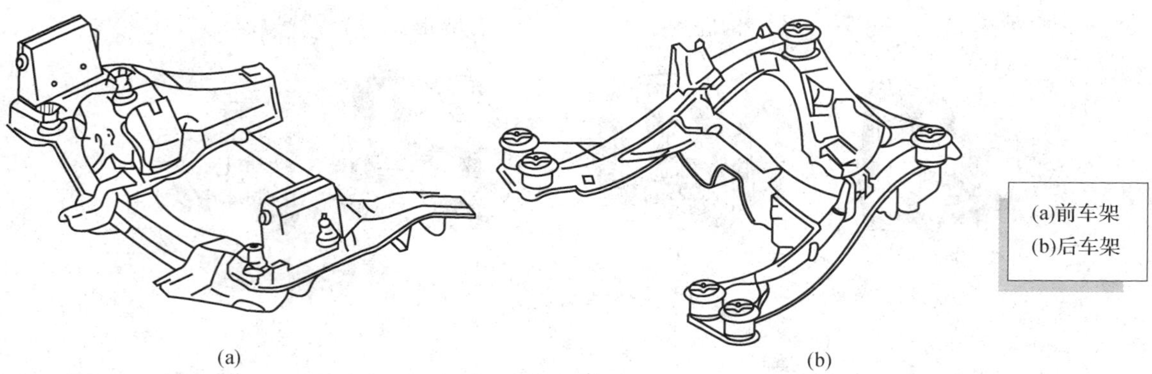

图 15-3　副车架结构示意图

3. 承载式车身

承载式车身的结构特点是没有独立车架的整体结构形式。车身由底板、骨架、内蒙皮和外蒙皮、车顶等组焊成刚性框架结构，整个车身构件全部参与承载，所以称之为承载式车身。由于无独立车架，因此也称之为无车架式车身，如图 15-4 所示。

对承载式车身而言，由于整个车身都参与承载，强度较好，因此可以减轻车身的自重而无须车架，车室内空间可增大，地板高度可降低，整车的高度也可下降，有利于提高轿车的行驶稳定性和上、下车的方便性。

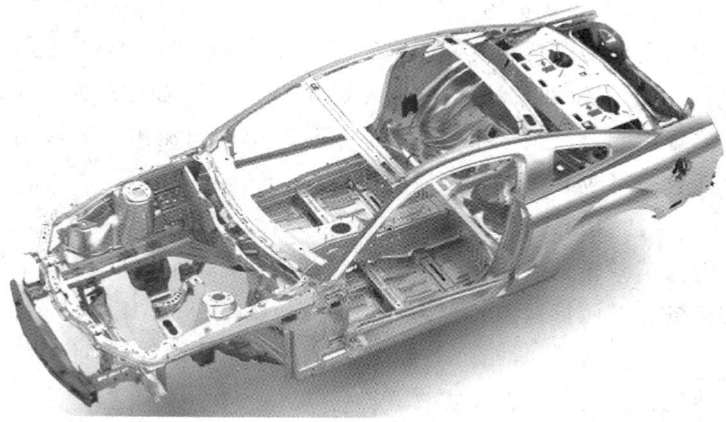

图 15-4　承载式车身示意图

承载式车身的制造工艺性好、生产效率高，适合大批量的现代化生产方式。当汽车发生碰撞时，车身具有均匀受载和将载荷扩散的能力，车身局部变形对轿车室内的影响相对小一些，提高了安全性。承载式车身的主要缺点是振动和噪声直接传至乘客室，影响乘坐的舒适性；车身损坏后修复难度大。

15.1.2 货箱

按照所载运货物种类的不同，货车车厢结构有普通栏板式、专用式(如平台式、自卸式、厢式、罐式、集装箱式等)。

1. 普通栏板式货箱

图 15-5　普通栏板式货箱的货车

普通栏板式货箱(图 15-5)是用得最多的货车货箱，它由底板和前后左右四块侧栏板组成。底板下用纵梁和横梁加固并通过 U 形螺栓与车架纵梁联结。大多数栏板式货箱的前面还装有钢制安全架，以减轻翻车所造成的后果，并运载少量超长货物。根据制作货箱的材料分为木结构、钢结构、钢木混合结构三种。根据栏板高度还可分为高栏板货箱与低栏板货箱两种。其中，低栏板货箱的栏板高度通常为 30～50 cm；高栏板货箱则加高一倍。为了防止高栏板货箱两侧的栏板向外张开，后部还设有链索。有些低栏板货箱两侧栏板也可以加插栏板而成为高栏板货箱；有些高栏板货箱两侧栏板也可以中部折叠放矮。农用车和军用车的货箱两侧还可以加插帆布篷杆。

2. 专用汽车的货箱

专用汽车是在普通载货汽车的基础上改装，具有专门用途的汽车，其货箱通常根据所运载的货物特点进行设计。

(1)密闭式货箱。如图 15-6(a)所示，密闭式货箱常用于日用百货及食品等易污损物品的运输。有些用以运输易腐食品的密闭式货箱还要用绝热保温材料包垫，并设有制冷设备。

(2)容罐式货箱。如图 15-6(b)所示，容罐式货箱常用于气体、液体、粉状或粒状货物运输。货物由罐顶注入，通过气压泵或液压泵从下部阀门流出。运输燃油的油罐车不仅应使发动机排气管远离油罐，而且车身应有接地悬链以防静电。

(3)自卸式货箱。如图 15-6(c)所示，自卸式货箱常用于砂土、矿石、垃圾等运输，常用钢板制成。但为了减轻自重和节约钢材，有些自卸车货箱采用铝合金制成。货箱前部通常装有遮挡驾驶室的护板，还备有能使货箱倾斜自卸货物的液压举倾机构。

(4)平台式货箱。平台式货箱只是钢制的大型平面货台，用较多车轮承载，适用于运输大型机器或建筑预制构件等大件货物。

(5)集装箱。如图 15-6(d)所示，集装箱的顶板、底板及四壁均有钢制壁面，并通过边缘侧梁、端梁、角柱与角件牢固联结构成。集装箱的端壁及侧壁上开有箱门以装卸货物，角件上制有吊装孔，下部侧梁中部开有供叉车搬运的叉槽。集装箱汽车的车架上设有专用转锁，以便将集装箱下部角件扣紧于运输车的车架。集装箱可制成敞顶式、平板式、无侧壁式、容罐式、冷藏保温式等多种专用形式，以适应各类货物的运输需要。集装箱的箱体结构牢固，以承受吊顶、吊底、叉运、拴缚等各种作业，还能承受五六层高的集装箱堆码重压。在集装箱堆码时，上下集装箱的角件须对准并用转锁扣紧。为了集装箱的通用和互换，其外形、尺寸和吊装部位等均应按国家标准或国际标准制造。集装箱运输可以连同货物整箱装运，然后与其他运输工具整体互换，保证了货物的完整和完好。由于集装箱运输减少了货物中转过程及重新装卸工作量，可以加快货物周转并降低运输成本，适用于铁路、公路、水路和航空联运以及国际联运等，因而是一种先进的运输方法。

图 15-6 专用汽车

常见问题解析

1. 故障现象：车辆后车门从内部打不开。

2. 故障分析：轿车一般都在车辆的后门处安装有儿童锁，来防止乘坐在后座的孩童出于误操作使车门打开，出现安全事故。很多人在清洗车辆时由于不注意，搬动了儿童锁的手柄，出现乘坐在后座的乘员从内侧打不开门的情况。

3. 问题解析：这不是故障，只要从车辆外侧打开车门后，再把儿童锁的手柄搬到开的位置就可以了。

15.2 车身附件和附属装置

15.2.1 车门及其附件

现代汽车的车身附件不仅包括车门、车窗、门锁、门铰链、玻璃升降器、风窗刮水器与洗涤器、遮阳板、后视镜、拉手、点烟器与烟灰盒以及门窗的各种密封件，还包括收放机和拉杆天线、无线电话与车用电视、微波炉和电冰箱等。

1. 车门

车门是车身上重要的部件之一，通常按开启方法分为顺开式、逆开式、水平滑移式、折叠式、上掀式、外摆式、旋翼式等类型，如图 15-7、15-8 所示。

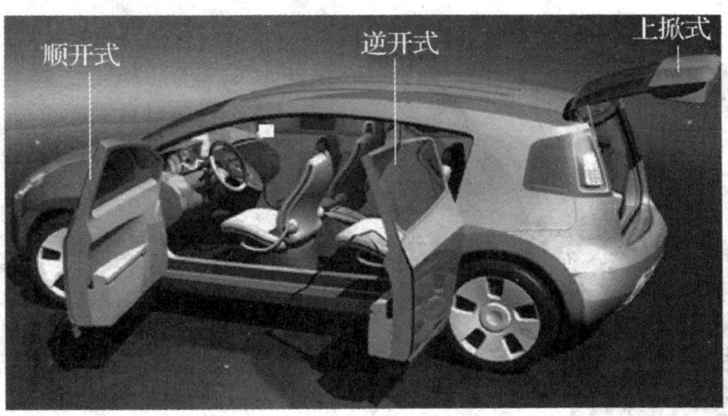

图 15-7 车门的构造

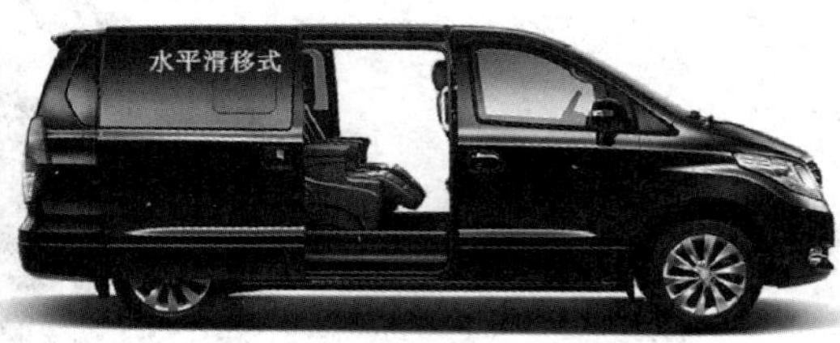

图 15-8 车门的构造

2. 车窗

（1）风窗。汽车的前、后风窗如图 15-9 所示，通常采用有利于视野而又美观的曲面玻璃，轿车的前后风窗又称前后风挡玻璃。

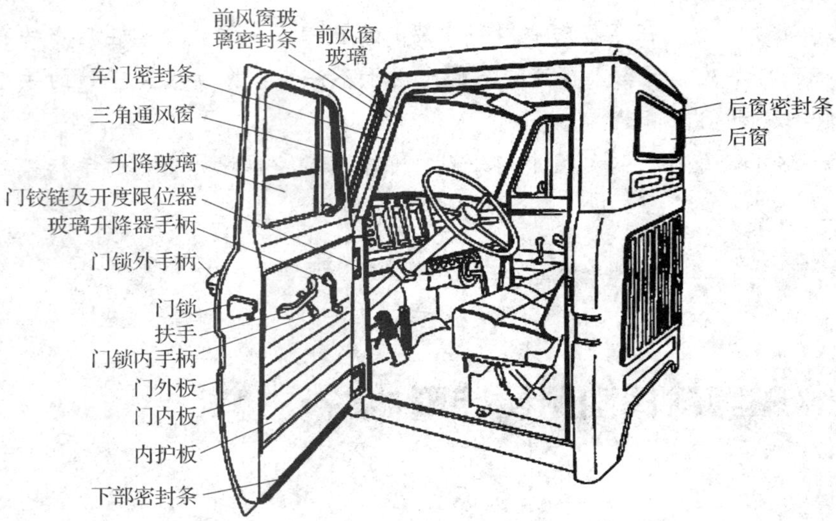

图 15-9　解放 CA1092 型货车驾驶室的车门及车窗

（2）三角通风窗。为便于自然通风，某些汽车在车门上设有三角通风窗，如图 15-9 所示，三角通风窗可绕垂直轴旋转，窗的前部向车内转动而后部向车外转动，使空气在其附近形成涡流并绕车窗循环流动。

3. 车门玻璃升降器

现代轿车广泛采用圆柱面的车门升降玻璃，通常采用齿轮齿扇交叉臂式和钢丝绳式两种玻璃升降器，如图 15-10 所示。

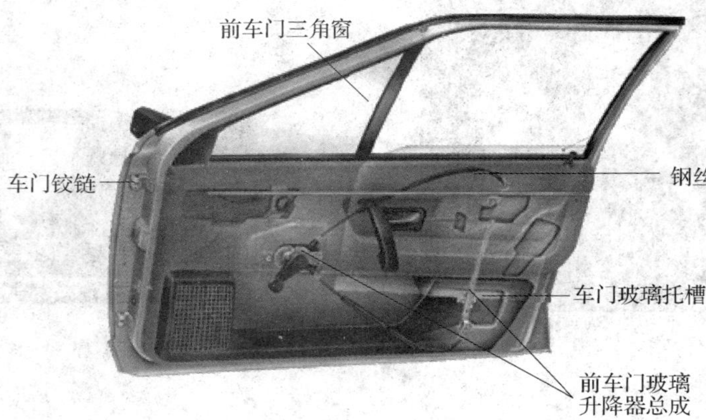

图 15-10　桑塔纳轿车前车门（钢丝绳式玻璃升降器）

4. 客车的侧窗

客车的侧窗可设计成上下开启式或水平移动式。侧窗玻璃采用茶色或带有隔热层，可使车内保温并有安闲宁静的舒适感。具有完善的冷气、暖气、通风及空调设备的高级客车常常将侧窗设计成不可开启式，以提高车身的密封性。

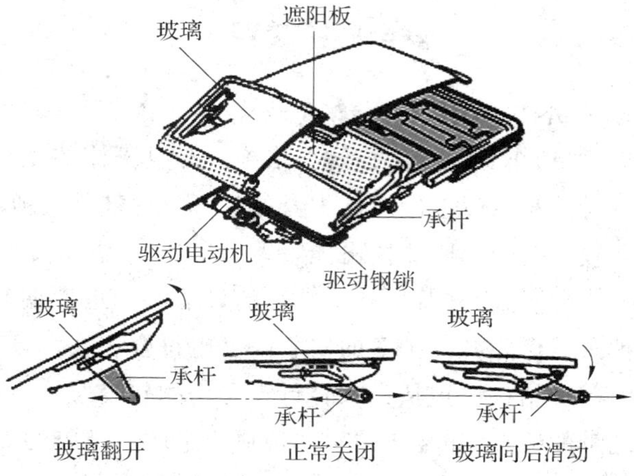

图 15-11　遮阳顶窗的结构

5. 轿车的遮阳顶窗

遮阳顶窗(也称天窗)及其他车窗开启时可使汽车室内与外界连通，如图 15-11 所示，接近敞篷车的性能，以便乘员在风和日丽的季节里充分享受明媚的阳光和新鲜的空气。遮阳顶窗不但可以增加室内的光照度，而且也是一种较有效的自然通风装置。根据不同的需要，可把遮阳顶窗部分或全部关闭，这样就形成了功能优异的全天候式车身结构。

15.2.2　座椅

如图 15-12 所示，座椅是车身内部的重要装置。座椅的作用是支承人体，使驾驶操作方便和乘坐舒适。座椅由骨架、座垫、靠背和调节机构等部分组成。

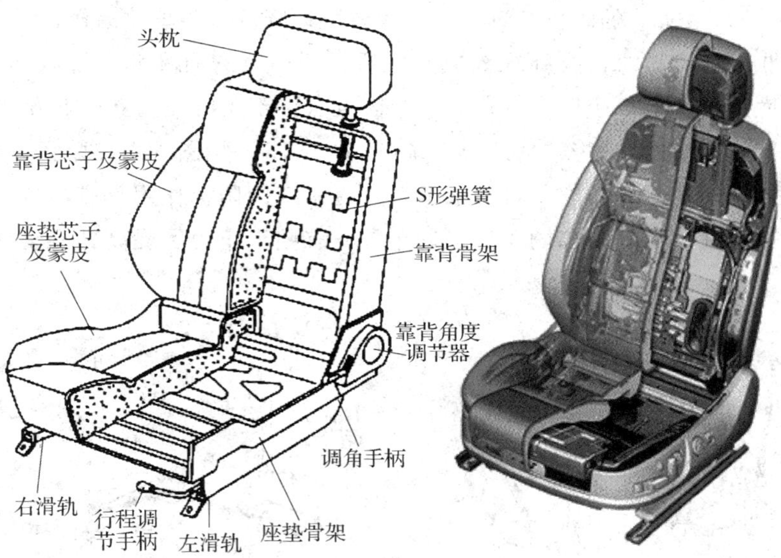

图 15-12　座椅

15.2.3 安全防护装置

1. 车外防护装置

(1)车身壳体结构防护措施。车身壳体的正确结构应该是使驾驶员舱具有较大刚度，以便在碰撞时尽量减小变形；同时使车身的头部、尾部等其他离驾驶员较远的部位的刚度相对较小，在碰撞时得以产生较大变形而吸收撞击能量。

(2)保险杠及护条。汽车的最前端和最后端都有保险杠，许多轿车车身左右两侧还设有纵贯前后的护条。保险杠和护条的安装高度应符合法规，以便汽车相撞时两车的保险杠或护条能首先接触。保险杠的防护结构应包括：减轻行人受伤的软表层，主要由弹性较大的泡沫塑料制成；能吸收汽车一部分撞击能量的装置(如金属构架、塑料或半硬质橡胶的缓冲结构、液压或气压装置等)。

车身侧面的护条与行人接触的可能性较小，一般由半硬质塑料或橡胶制成。

(3)汽车其他外部构件。除了保险杠外，经常撞伤行人的构件主要有前翼板、前大灯、发动机罩、车轮、风窗玻璃等。这些构件不应尖锐、坚硬，最好是平整、光滑而富有弹性的。

某些轿车包括保险杠在内的整个正面均用大块聚氨酯泡沫塑料制成，并将发动机罩顶面用软材料包垫，以提高安全性。

2. 车内防护装置

安全带和气囊(SRS)是避免乘员身体与其前面的构件相撞的两种常用的防护装置。

(1)安全带。安全带是最有效的防护装置，可以大幅度地降低碰撞事故的伤亡。最常用的三点式安全带如图 15-13 所示，带子由结实的合成纤维织成，包括斜跨前胸的肩带和绕过人体胯部的腰带两部分。在座椅外侧和内侧的底板上各有 1 个固定点，第三个固定点位于座椅外侧支柱上方。

(2)气囊系统。气囊系统通常称为辅助约束系统(简称 SRS)，如图 15-14 所示，可与安全带一起对前排乘员提供有效的保护。对于未佩戴安全带的乘客，气囊系统的防护作用是有限的；而对于佩戴安全带的乘客，气囊系统可以有效地减轻头部的受伤。近年来，有些汽车为了提高其安全性，还设置了侧面气囊系统。

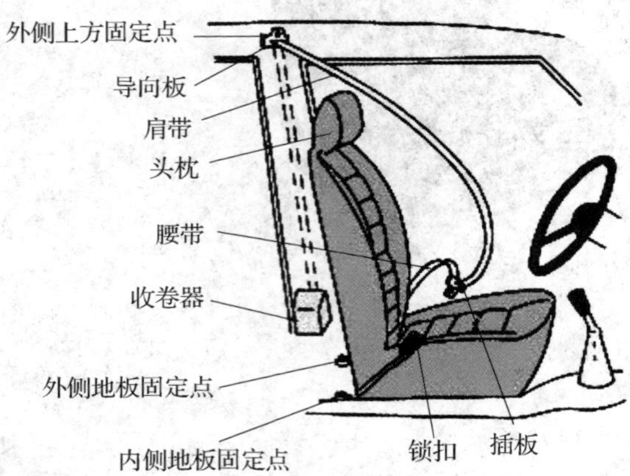

图 15-13 三点式安全带及头枕

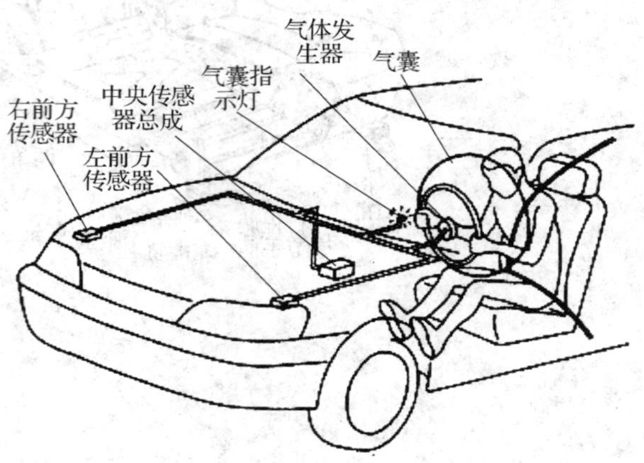

图 15-14 气囊系统

(3)头枕。头枕是在汽车后部受撞时，限制人的头部向后运动的安全装置，它可避免颈椎受伤。

(4)安全玻璃。目前在汽车上广泛应用的安全玻璃有钢化玻璃和夹层玻璃两种。钢化玻璃受冲击损坏时，整块玻璃出现网状裂纹，脱落后分成许多无锐边的碎片。夹层玻璃受冲击损坏时，内、外层玻璃碎片仍黏附在中间层上。中间层韧性较好，在承受撞击时拱起从而吸收一部分冲击能量，起缓冲作用。大量事故调查表明，夹层玻璃的安全性优于钢化玻璃。

(5)门锁与门铰链。在现代汽车上，门锁和门铰链应有足够的强度，能同时承受纵、横两个方向的撞击载荷而不致使车门开启，避免了乘员被甩出车外而受重伤或死亡的危险。此外，在事故结束后，门锁应不失效而使车门仍能被打开。目前，在汽车上已广泛应用可同时承受纵、横向载荷的转子卡板式门锁，不能承受纵向载荷的舌簧式、钩簧式、齿轮转子式等门锁均应淘汰。

(6)室内其他构件。汽车车身内部一切可能受人体撞击的构件都应避免采用尖角、凸棱或小圆弧过渡的形状，而且室内广泛采用软材料包垫。车身室内软化不仅为了满足舒适性的要求，更重要的还是为了满足安全防护性能的要求。

常见问题解析

1. 故障现象

汽车在行驶中，车速达到 80km/h 时，车身出现剧烈地抖动，方向盘不稳。越低于该车速时，车身越稳定。

2. 故障分析

(1)四轮定位出现问题。

(2)个别轮胎出现了不平衡。

(3)四轮的刹车出现不平衡。

(4)车身出现弯曲或扭曲。

(5)发动机动力不足。

3. 故障诊断

(1)汽车静止不动，发动机加油门，检测发动机的动力是否正常。如发动机动力不足，可以检测发动机的问题。

(2)检测四轮定位，可以通过四轮定位仪检测。如定位有问题，则可以检修。

(3)对四个轮胎做动平衡检测，不平衡的需检修。

(4)到车身检测仪上检测，一般上述故障多为车身变形所致。

知识拓展

新材料在汽车车身上的应用

1. 碳纤维材料在汽车上的应用

碳纤维(Carbon Fiber，CF)是一种含碳量在95%以上的高强度、高模量纤维的新型纤维材料。它是在高温状态下，利用各种有机纤维在惰性气体中碳化而制成，具有优异的力学性能。特别是在2 000℃以上高温惰性环境中，是唯一强度不下降的物质。碳纤维和碳纤维增强复合材料(CFRP)作为21世纪的新材料，凭其高强度、高弹性模量及低密度性能，在汽车上迅速得到广泛的应用，无论是车身板件、发动机舱内集气箱，还是车室内门板或饰板等，都可以看到碳纤维的身影。

2. 泡沫金属在汽车中的应用

欧洲共同体已将泡沫金属在汽车上的应用列入光明欧洲计划之中。国外研究表明，在汽车生产中约有20%的车身部件可采用泡沫铝制造，一辆中型轿车用三明治板技术(AFS)板材制造零件可减重27.2 kg左右，同时可使其结构系统简化，零部件数量至少减少1/3，自重减小1 kg，燃油效率可提高0.01 L/km。

思考与练习

一、 填空题

1. 按照车身的受力情况，可分为______、______和______三类车身。
2. 汽车座椅由______、______、______和______等组成。
3. 安全玻璃有______和______两种。
4. 安全气囊也称为______系统。
5. 安全带的带子一般由______织成。
6. 客车的侧窗可设计成______或______。
7. 某些轿车为了便于安装发动机和动力传动系统以及改善安装点部位受力状况而采用______结构。
8. 车身由底板、______、内蒙皮和______、车顶等组焊成刚性框架结构。
9. 按照所载运货物种类的不同，货车车箱结构有普通栏板式、______(如平台式、自卸式、厢式、罐式、集装箱式等)。
10. 现代轿车广泛采用圆柱面的车门升降玻璃，通常采用______和钢丝绳式两种玻璃升降器。

思考与练习

二、 问答题

1. 什么是非承载式车身？
2. 什么是承载式车身？
3. 自卸式货箱主要用于哪些方面？
4. 车门的附件有哪些？
5. 车身壳体的正确结构是什么？
6. 汽车保险杠的结构有哪些要求？
7. 头枕的作用是什么？
8. 座椅的作用是什么？
9. 承载式车身的主要缺点是什么？
10. 对门锁和门铰链应该具有什么样的要求？

单元16 汽车电子与电气设备

单元目标

知识目标

1. 了解各类汽车仪表的布置形式
2. 熟悉风窗附属装置的工作过程
3. 掌握中控门锁的工作原理

能力目标

学会汽车防盗装置的控制方法

知识脉络图

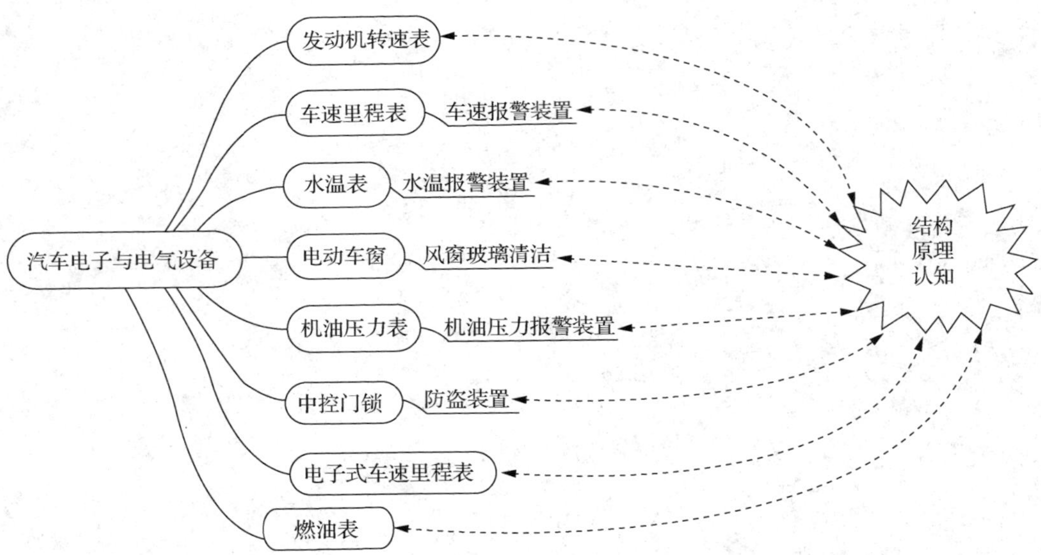

16.1 汽车仪表及照明装置

16.1.1 车速里程表

1. 磁感应式车速里程表

车速里程表由车速表和里程表两部分组成。车速表用来指示汽车瞬时行驶速度，里程表可记录汽车行驶总里程和短程里程。磁感应式车速里程表如图 16-1 所示，车速表和里程表通常安装在同一个壳体中，并由同一根轴驱动，或使用同一个传感器。

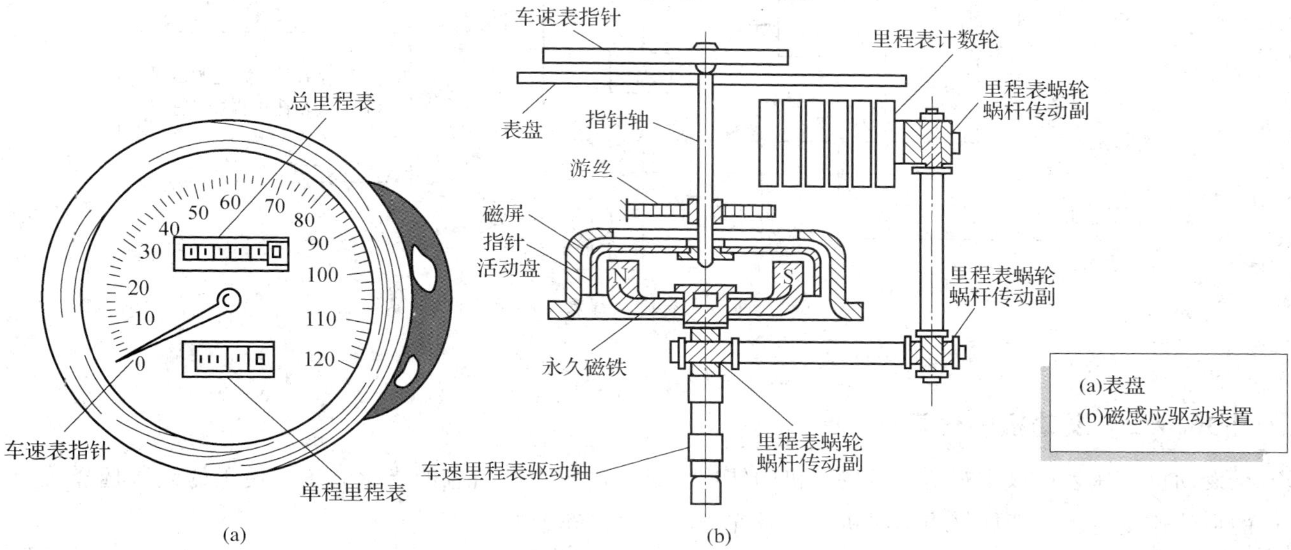

图 16-1　磁感应式车速里程表

2. 电子式车速里程表

电子式车速里程表如图 16-2 所示，由车速里程表传感器、信号处理电路、车速表和里程表组成。

车速里程表传感器安装在组合仪表内，由变速器经软轴驱动，汽车行驶时它产生正比于汽车行驶速度的信号。它由具有一对或几对触点的舌簧开关和转子组成。

信号处理电路由单稳态触发电路、恒流电路、64 分频电路、功率放大电路以及电源稳压等电子电路组成。汽车运行时，它将车速传感器输入的脉冲信号，整形和处理转变为电流信号，并加以放大，以驱动车速表指示车速；同时它还将脉冲信号经分频和功率放大，转变为一定频率的脉冲信号，以驱动里程表步进电机的轴转动，记录汽车的行驶里程。

车速表以一个磁电式电流表作为指示表。汽车以不同的车速运行时，信号处理电路将车速传感器输入的脉冲信号，转变为与车速成比例的电流信号，使电流表的指针偏转，指示出相应的车速。

里程表由步进式电动机、六位十进制计数器及内传动齿轮等组成。汽车运行时车速传感器输出的脉冲信号，经信号处理电路分频和功率放大，转变为一定频率的脉冲信号，作用于步进电机的电磁线圈。步进电机将这一脉冲信号转变为角位移信号，使电动机轴转动，驱动里程表十进制计数器的六个计数轮依次转动，记录汽车行驶的总里程和单程行驶里程。当需要消除短程里程时，只需按一次复位杆，短里程表就会归零。

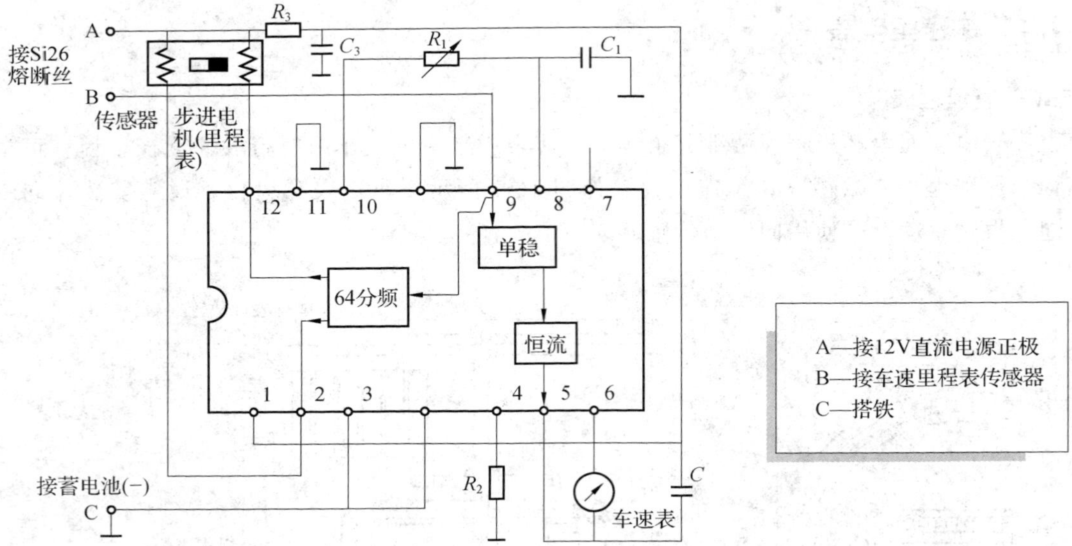

图 16-2　电子式车速里程表电路示意图

16.1.2　发动机转速表

发动机转速表可以直观地指示发动机的转速，是发动机工况信息的指示装置，便于驾驶员选择发动机的最佳速度范围，把握好换挡时机，以及充分利用经济车速等。

发动机转速表有机械式和电子式两种。机械式转速表的结构和工作原理与上述磁感应式车速表基本相同。电子式转速表由于结构简单、指示准确、安装方便等优点在现代车辆中应用广泛。

电子式发动机转速表有汽油机用和柴油机用两种类型。前者的转速信号来自点火系统的脉冲电压，后者的转速信号来自曲轴传感器。

16.1.3　机油压力表

在发动机工作时，机油压力表指示发动机润滑系统主油道中机油压力的大小。它由油压指示表和油压传感器组成。机油压力表安装在仪表板上，机油压力传感器安装在发动机主油道或机油粗滤器上，两者通过导线相连。常用机油压力表有双金属式油压表和双金属式油压传感器、电磁式油压表和电阻式油压传感器等不同形式，双金属式油压表应用较为广泛，如图 16-3 所示。

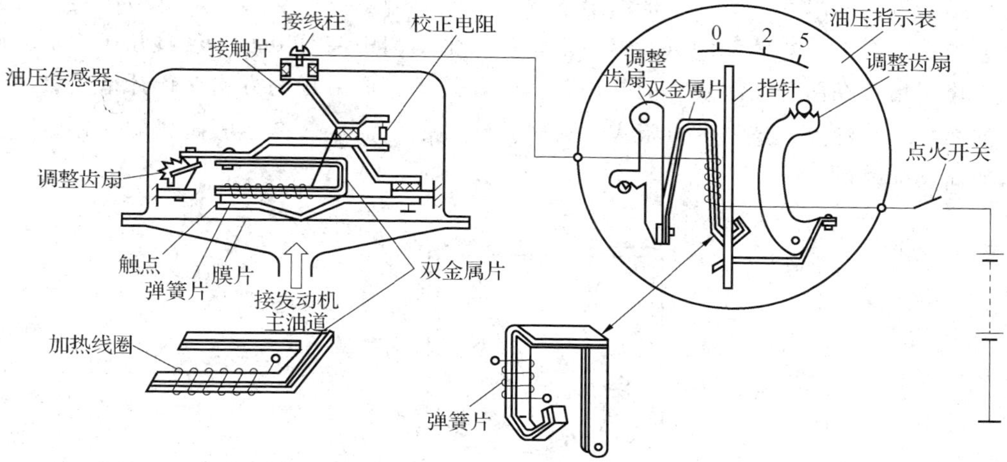

图 16-3　双金属式油压表

16.1.4　燃油表

燃油表用来指示汽车燃油箱内的存油量。它由燃油指示表、油面高度传感器以及电源稳压器等组成。常用的燃油表有电热式、电磁式、电子集成式等不同形式。

1. 电热式燃油表

如图 16-4 所示，电热式燃油表的油面高度传感器为可变电阻式，由可变电阻器和与可变电阻器滑动臂相连的浮子组成，安装在燃油箱内。浮在油面上的浮子，在随油面高度的变化而改变自身位置的同时，带着可变电阻的滑动臂连同触点在电阻器上滑动，改变串联在燃油表电路中的电阻值。

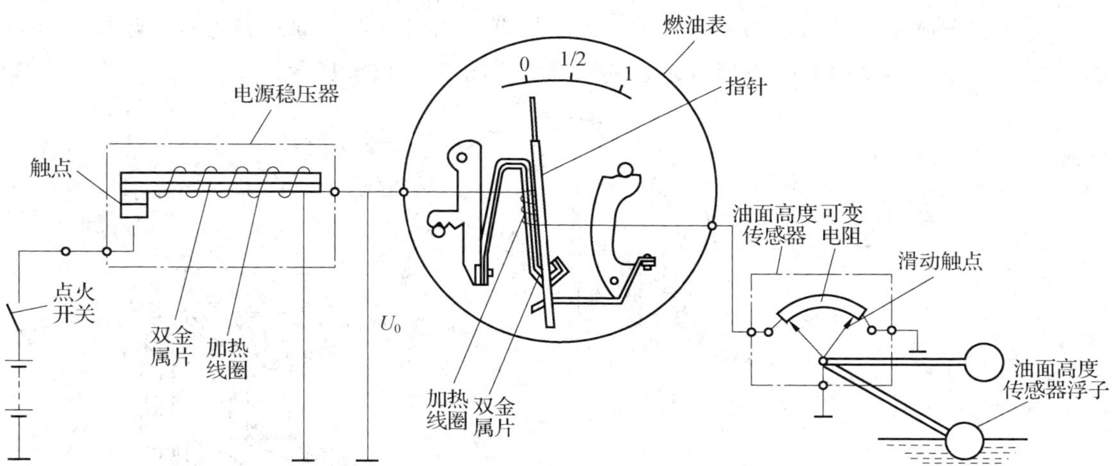

图 16-4　电热式燃油表示意图

2. 电磁式燃油表

电磁式燃油表如图 16-5 所示，其内装有左、右两个线圈，转子与指针相连，并位于两个线圈之间，油面传感器也采用可变电阻式传感器。接通点火开关，电源的电流经左线圈后分为两条支路，一路经右线圈后搭铁，另一路经油面传感器的可变电阻搭铁。两个线圈中均有电流通过，并在两个线圈的周围产生磁场，转子连同指针在两个线圈磁场的作用下偏转，处于合成磁场的方向，指针指向燃油表的某一刻度。油箱中油面高时，油面传感器的电阻大，流过左线圈的电流小，产生的磁场弱，在合成磁场的作用下指针指向油面高的刻度。

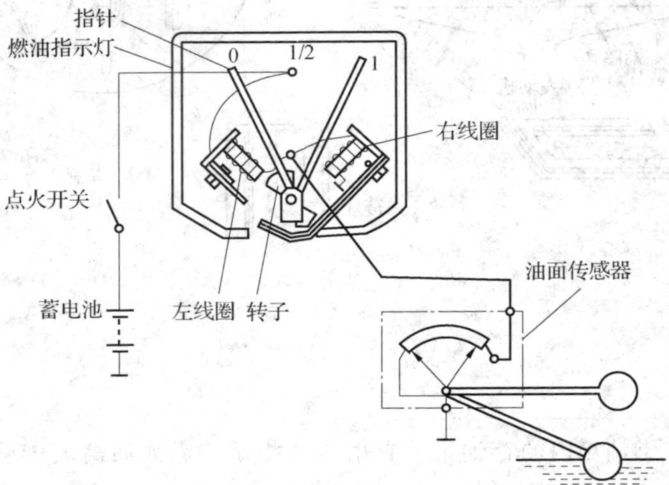

图 16-5　电磁式燃油表示意图

16.1.5　水温表

水温表用来指示发动机冷却水套中冷却液的温度。它由安装在仪表板上的水温指示表、安装在发动机汽缸盖上的水温传感器以及与燃油表共用的电源稳压器等组成。常用的水温表有电热式、电磁式和电子式三种形式，其中电热式水温表应用较多，其原理示意图如图 16-6 所示。

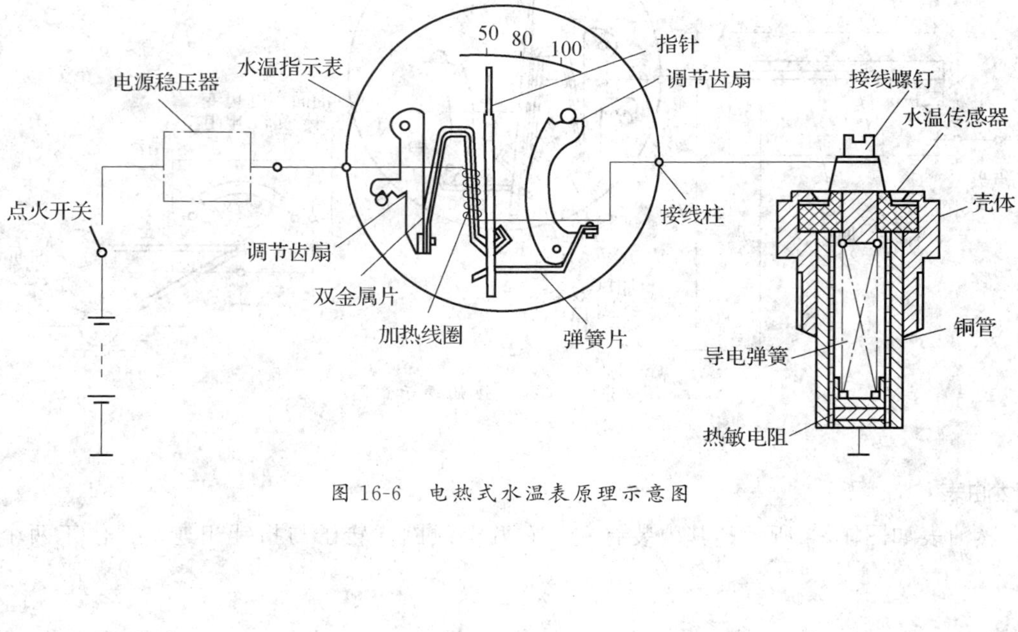

图 16-6　电热式水温表原理示意图

16.1.6 仪表板上的常用标识

汽车驾驶室的仪表板上装有指示汽车、发动机运行工况的各种仪表、报警灯、指示灯、各种控制开关和按钮。为了便于驾驶员识别和控制，在各指示灯、开关的相应位置标有醒目的形象符号。各种符号的含义如图 16-7 对应文字所示。

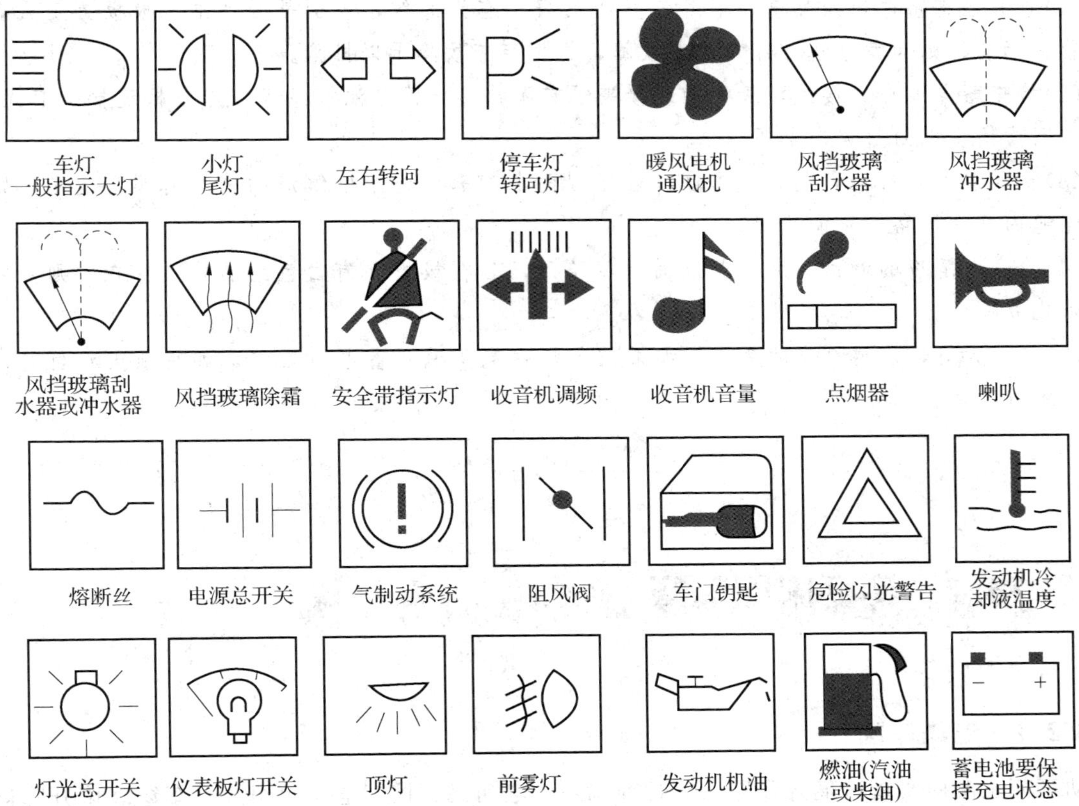

图 16-7　汽车仪表板上常用标识及其含义

常见问题解析

1. 故障现象

汽车启动时，启动机转速很快地减慢，转动无力；按喇叭声音弱、无力；开启大灯，灯光很暗。

平时发现电解液耗损过快；蓄电池自行放电严重。

2. 故障原因

(1)使用新蓄电池前未按要求进行充电。即充电时未经过充、放电循环，说明蓄电池未达到规定容量。

(2)发动机调节器电压调得过低，使蓄电池经常充电不足或蓄电池接线极性与极板连接断裂，致使充电电阻增大。

(3)蓄电池极板有短路，或隔板击穿、损坏。

(4)电解液的相对密度过高，充电电流过大，致使极板硫化。

(5)经常长时间启动启动机，造成大电流放电，致使极板损坏。

3. 故障判断与排除

(1)首先检查蓄电池的外部，看外壳是否良好，有无裂纹，表面是否清洁，极板上是否有腐蚀及污物。如有，则为蓄电池外部自放电故障，根据相应故障予以排除。

(2)检查蓄电池搭铁接线，极柱的连接夹子有无松动，蓄电池接线极柱与极板连接处有无断裂。如有，则为输出电阻过大，电压降低。

(3)蓄电池充电后检查电解液密度，若出现两个相邻电池中电解液的密度有明显差别，则说明单格电池内部有短路，不能使用。

(4)检查电解液的液面高度，若液面高度不足，且在极板上有白色结晶物质存在，则可能存在极板硫化故障。

(5)打开大灯，注意灯光的变化，如果前大灯白亮，说明蓄电池正常，如果前大灯红暗，表明蓄电池容量不足。

16.2 风窗附属装置

16.2.1 电动车窗

电动车窗主要由车窗玻璃升降器(又称换向器)、电动机、控制电路等组成。车窗玻璃升降器主要有蜗轮蜗杆式、齿轮齿扇式和齿轮齿条式等类型。

桑塔纳2000型轿车所用的电动车窗玻璃升降器，机械部分主要由蜗轮、蜗杆、绕线轮、钢索、导轨、滑动支架等组成。当电动车窗玻璃升降器中直流永磁电动机电路接通后，转轴输出转矩，经蜗轮蜗杆减速后，再由缓冲联轴器传递到转丝筒，带动转丝筒旋转，使钢丝绳拉动安装在玻璃支架上的滑动支架在导轨中上下运动，达到车窗玻璃升降的目的。

16.2.2 风窗玻璃清洁装置

为了保证在各种使用条件下，驾驶室的风窗玻璃表面干净、清洁，汽车上都装有风窗玻璃洗涤器和风窗玻璃刮水器，有些汽车还装有风窗玻璃除霜装置。

1. 风窗玻璃洗涤器

风窗玻璃洗涤器的功用是将清洁的水或洗涤液喷射到风窗玻璃上，在刮水器的作用下，清除风窗玻璃上的尘土和污物，使驾驶员有良好的视野。它主要由洗涤器电动机、洗涤器水泵、储液罐、喷嘴、水管等组成。

2. 风窗玻璃清洁装置

轿车风窗刮水器和洗涤器的工作都由刮水器洗涤器组合开关控制，组合开关有五个档位，分别是刮水器高速工作、刮水器低速工作、点动工作、间歇刮水、清洗玻璃。

刮水器电动机上装有一个由凸轮驱动的一掷两位停机自动复位开关，用来保证在刮水器停止工作后，刮水器的刮片停在风窗玻璃下沿的合适位置。

3. 风窗玻璃除霜装置

在较冷的季节，有雨、雪、雾的天气，挡风玻璃上易结霜。另外由于车厢内外温差较大，车厢内的水蒸气也易凝结在挡风玻璃上而结霜，从而严重影响驾驶员的视线。因此，汽车上应安装风窗玻璃除霜装置。前、侧挡风玻璃上的霜层通常是在汽车空调系统的风道中，加设除霜器风门，利用空调系统中产生的暖气(或流动的空气)，达到清除结霜的目的。对后挡风玻璃的除霜，常采用除霜热线。除霜热线是把数条电热线(镍铬丝)均匀地粘在后窗玻璃内部，各线两端相接形成并联电路，当两端加上电压后，各电热线即会升温而加热玻璃，从而达到防止或清除结霜的目的。

常见问题解析

1. 故障现象：

小雨时风窗玻璃刮不干净。

2. 故障分析：

雨下得很大时使用刮水器感觉不错，可是当下小雨启动刮水器时，就会发现刮水器会在玻璃面上留下擦拭不均的痕迹；有的时候会卡在玻璃上造成视线不良。这种情况表明刮水器片已硬化。刮水器是借电动机的转动能量，靠连接棒转变成一来一往的运动，并将此作用力传达至刮水器臂。当刮水器的橡胶部分硬化时，刮水器便无法与玻璃面紧密贴合，或者刮水器片有了伤痕便会造成擦拭上的不均匀，形成残留污垢。

3. 故障排除

刮水器或刮水器胶片面的更换很简单。有的刮水器只需要更换橡胶片，而有的刮水器需整体更换。

16.3 汽车防盗装置及中控门锁

16.3.1 中央控制电动门锁

1. 中央控制电动门锁的功能

(1)中央控制。驾驶员可通过门锁开关同时打开各个车门，也可单独打开某个车门，当驾驶员车门锁住时，其他三个车门也同时锁住。

(2)速度控制。当行车速度达到一定时，各个车门能自行锁定，防止驾驶员误操作车内门把手而导致车门打开。

(3)单独控制。驾驶员车门以外的三个车门设置有单独的弹簧锁开关，可以独立地控制一个车门的打开和锁住。

2. 中央控制电动门锁的组成

中央控制电动门锁主要由门锁开关、门锁控制电路和门锁执行机构三部分组成。

(1)门锁开关。门锁开关是指中央门锁开关，对中央控制电动门锁系统集中控制，开、关全部或单个车门。常用的电子遥控式门锁开关的联络信号可以是声、光、电或磁中的任何一种，这种门锁开关由电子指令发射器和指令接收器组成。

(2)门锁执行机构。门锁执行机构是在门锁控制电路的控制及驱动下，执行门锁锁定和开启任务。

①电磁式门锁执行机构。电磁式门锁执行机构的优点是结构简单、内部摩擦力小、动作敏捷、操作方便；缺点是耗电量大、铁芯质量大且衔铁移动时有冲击声。

②电动机式门锁执行机构。由微型可逆直流电动机、齿轮齿条传动机构等组成。当电动机通电正转时，带动齿条连杆左移锁门；当电动机通电反转时，带动齿条连杆右移开锁。电动机式门锁执行机构的优点是体积小、耗电少、动作迅速；不足之处是当门锁已经锁定或开启时，应即时切断电源，避免电动机长时间带电而烧坏。

3. 门锁控制器

无论是电磁式门锁执行机构，还是电动机式门锁执行机构，都是通过改变执行机构通电电流方向来控制锁扣连杆左、右移动，实现门锁的锁定或开启，因而门锁控制器应具有控制执行机构通电电流方向的功能。同时，由于门锁执行机构长期带电要消耗较大的电能，为了缩短工作时间，门锁控制器应具有定时功能，即当锁扣连杆移动到位、门锁已锁定或开启时，应控制执行机构的通电电流自动中断。

16.3.2 汽车防盗装置

为了防止驾驶员离开汽车后汽车被盗，汽车上都装有安全防盗装置。常用的防盗装置由以下几部分组成：转向锁、燃油切断装置、蓄电池接线柱断路装置、点火系统关断装置、各种电子报警器、各种外用机械防盗锁以及电子控制防盗系统等。

1. 转向锁

转向锁安装在转向柱上，由点火开关控制。当驾驶员从点火开关上拔下钥匙时转向柱即被锁死。这样，即使盗车者在不用点火钥匙的情况下起动发动机，汽车也不能正常驾驶。

2. 电子报警器

电子报警器通过电路控制喇叭鸣叫报警，可以更有效地防止他人私自进入车内，拆卸零件，启动发动机甚至盗走车辆。

3. 电子控制防盗系统

凌志 LS400 轿车防盗系统与门锁采用一个微机控制单元(ECU)，其传感器包括：门控开关、门锁开关、行李舱门钥匙启动开关、钥匙未锁警告开关、钥匙操纵开关和门锁电机位置开关等；其执行器包括：防盗喇叭、汽车喇叭继电器、前灯控制继电器、启动电机继电器、尾灯控制继电器、门锁电机和防盗指示灯等。

常见问题解析

1. 故障现象：有时发动机不能发动，录音机、四门电动玻璃、中控门锁不工作，同时防盗器指示灯虚闪。

2. 故障原因：如果电气设备的搭铁线接触不良，就会造成电气设备工作紊乱。

3. 故障诊断与排除：经检查此车换过点火开关，拆过防盗器，用 V. A. G1551 检测发动机控制单元，查询无故障记录，检测防盗器控制单元不能进入，查阅电路图发现玻璃升降机、中控门锁和防盗器共用一条连接在继电器盒旁车身处搭铁线，检查发现该搭铁线螺栓松动。紧固搭铁线，防盗器控制单元能够进入，故障排除。

知识拓展

福特汽车公司宣布，已研制出一种基于蓖麻油混合物的泡沫塑料。据悉，该材料将应用于未来福特乘用车以及商用车的汽车仪表板中。汽车轻量化是全球范围内炙手可热的一个新议题。为了达到新的燃油经济性指标，全球的汽车零部件生产商们纷纷做出多种尝试。业界普遍认为，汽车装饰件及少许零部件向复合材料转变仅仅是一个开始。

思考与练习

一、 填空题

1. 车速里程表由________和________两部分组成。
2. 电子式车速里程表由车速里程表传感器、信号处理电路、车速表和________组成。
3. 车速表以一个____________作为指示表。
4. 水温表用来指示发动机冷却水套中____________的温度。
5. 电动车窗主要由车窗玻璃升降器(又称换向器)、____________、控制电路等组成。
6. 轿车风窗刮水器和洗涤器的工作都由刮水器洗涤器____________控制。
7. 在较冷的季节，有雨、雪、雾的天气，挡风玻璃上易结霜。因此，汽车上应安装风窗玻璃________装置。
8. 转向锁安装在转向柱上，由________开关控制。
9. 电子报警器通过电路控制________鸣叫报警，可以更有效地防止他人私自进入车内，拆卸零件，启动发动机甚至盗走车辆。
10. 刮水器电动机上装有一个由凸轮驱动的一掷两位停机自动________开关，用来保证在刮水器停止工作后，刮水器的刮片停在风窗玻璃下沿的合适位置。

二、 问答题

1. 列举自己熟知的汽车仪表盘标示名称并说明其作用。
2. 简述电子式车速表的原理。
3. 电子防盗器的结构。

参考文献

[1]陈家瑞. 汽车构造（第 3 版）. 北京：机械工业出版社，2004.

[2]王正健. 现代汽车构造. 广州：华南理工大学出版社，2006.

[3]曲英凯，刘利胜. 汽车底盘构造与维修. 北京：人民交通出版社，2011.

[4]吴际璋，等. 汽车构造. 北京：人民交通出版社，1997.

[5]史文库，姚为民. 汽车构造上册(第 6 版). 北京：人民交通出版社，2013.

[6]钱耀义. 现代汽车发动机燃料供给装置. 北京：人民交通出版社，1996.

[7]李春明，王景晟，冯伟. 汽车构造. 北京：机械工业出版社，2012.

[8]王树凤. 汽车构造. 北京：国防工业出版社，2009.

[9]鲁民巧. 汽车构造. 北京：高等教育出版社，2008.

[10]沈树盛，安国庆. 汽车构造. 北京：人民交通出版社，2012.

[11]倪桂荣，王卫兵. 汽车构造. 北京：天津科学技术出版社，2010.

[12]肖生发，赵树朋. 汽车构造. 北京：北京大学出版社，2012.

致读者

在充分结合在线教育发展趋势的前提下，我们潜心研究，为读者提供一种“纸质图书+线上学习”相配套，全方位自主学习的“互联网+”思路。读者可以根据个人的需求，利用图书及其他配套资源，打造基于移动终端碎片化、终身化的学习模式。

1 关于纸质图书

本书的使用方式

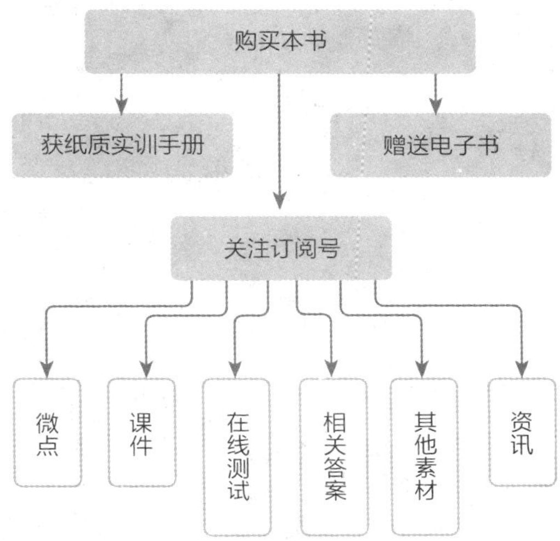

2 关于移动化、碎片化、终身化学习

电子书 ◄	实现无纸化阅读，移动化阅读，修订内容及时更新。
微点 ◄	针对知识点录制的微视频，帮助读者理论与实际结合，巩固应用技能。
在线测试 ◄	及时自我检测，随时自我检测。试题不断更新，实现自检的终身化。
素材集 ◄	图片，案例，标准规范，行业文件，图书，网站等，海量资源不断更新，实现知识的碎片化。
课件 ◄	与教材配套和补充，提炼的知识点供读者及时自我总结。

3 关于资源获取方式

在线资源二维码

欢迎广大读者提供宝贵意见，
共同参与教材及相关资源的建设！

编辑电话：010-57594509
投稿热线：010-57231218